1 MONTH OF
FREE
READING

at

www.ForgottenBooks.com

By purchasing this book you are eligible for one month membership to ForgottenBooks.com, giving you unlimited access to our entire collection of over 1,000,000 titles via our web site and mobile apps.

To claim your free month visit:

www.forgottenbooks.com/free450017

ISBN 978-0-666-75861-3
PIBN 10450017

ANNUAIRE DE L'ASSOCIATION

POUR L'ENCOURAGEMENT

DES ÉTUDES GRECQUES

EN FRANCE

Les réunions du Comité ont lieu à l'École des Beaux-Arts, à quatre heures, le premier jeudi de chaque mois; tous les membres de la Société ont le droit d'y assister, et ont voix consultative. Elles sont interrompues pendant les mois d'août, de septembre et d'octobre.

L'Assemblée générale annuelle a lieu le premier jeudi qui suit la fête de Pâques.

La bibliothèque de l'Association (17, rue Bonaparte) est ouverte tous les jeudis, de 1 à 4 heures.

Les demandes de renseignements et les communications relatives aux travaux de l'Association doivent être adressées, franc de port, à l'École des Beaux-Arts, 14, rue Bonaparte.

Les membres de l'Association sont priés de vouloir bien envoyer le montant de leur cotisation, en un mandat de poste, à M. Ch.-Émile Ruelle, agent et bibliothécaire de l'Association, 17, rue Bonaparte.

Tout membre qui, après deux avis, n'aura pas payé sa cotisation, sera considéré comme démissionnaire.

ANNUAIRE

DE L'ASSOCIATION

POUR L'ENCOURAGEMENT

DES ÉTUDES GRECQUES

EN FRANCE

Reconnue établissement d'utilité publique par décret du 7 juillet 1869

20ᵉ Année, 1886

PARIS

AU SIÈGE DE L'ASSOCIATION, ÉCOLE DES BEAUX-ARTS

14, RUE BONAPARTE, 14

ERNEST LEROUX, LIBRAIRE-ÉDITEUR

28, RUE BONAPARTE, 28

—

1886

ASSOCIATION

POUR L'ENCOURAGEMENT

DES ÉTUDES GRECQUES

EN FRANCE

(Reconnue établissement d'utilité publique
par décret du 7 juillet 1869.)

———————◆———◆———◆———————

STATUTS.

§ I. Objet de l'Association.

Art. 1ᵉʳ. L'Association encourage la propagation des meilleures méthodes et la publication des livres les plus utiles pour le progrès des études grecques. Elle décerne, à cet effet, des récompenses.

2. Elle encourage, par tous les moyens en son pouvoir, le zèle des maîtres et des élèves.

3. Elle propose, s'il y a lieu, des sujets de prix.

4. Elle entretient des rapports avec les hellénistes étrangers.

5. Elle publie un annuaire ou un bulletin, contenant l'exposé de ses actes et de ses travaux, ainsi que l'indication des faits et des documents les plus importants qui concernent les études grecques.

§ II. Nomination des membres et cotisations.

6. Le nombre des membres de l'Association est illimité. Les Français et les étrangers peuvent également en faire partie.

7. L'admission est prononcée par le Comité, sur la présentation d'un membre de l'Association.

8. Les cinquante membres qui, par leur zèle et leur influence, ont particulièrement contribué à l'établissement de l'Association, ont le titre de *membres fondateurs*.

9. Le taux de la cotisation annuelle est fixé au *minimum* de dix francs.

10. La cotisation annuelle peut être remplacée par le payement, une fois fait, d'une somme décuple. La personne qui a fait ce versement reçoit le titre de *membre donateur*.

§ III. Direction de l'Association.

11. L'Association est dirigée par un Bureau et un Comité, dont le Bureau fait partie de droit.

12. Le Bureau est composé de :

Un Président,
Deux Vice-Présidents,

et de au moins :

Un Secrétaire-Archiviste;
Un Trésorier.

Il est renouvelé annuellement de la manière suivante :

1° Le Président sortant ne peut faire partie du Bureau qu'au bout d'un an ;

2° Le premier Vice-Président devient Président de droit ;

3° Les autres membres sont rééligibles ;

4° Les élections sont faites par l'Assemblée générale, à la pluralité des suffrages.

13. Le Comité, non compris le Bureau, est composé de vingt et un membres. Il est renouvelé annuellement par tiers. Les élections sont faites par l'Assemblée générale. Les sept membres sortants ne sont rééligibles qu'après un an.

14. Tout membre, soit du Bureau, soit du Comité, qui n'aura pas assisté de l'année aux séances, sera réputé démissionnaire.

15. Le Comité se réunit régulièrement au moins une fois par mois. Il peut être convoqué extraordinairement par le Président.

Le Secrétaire rédige les procès-verbaux des séances; ils sont régulièrement transcrits sur un registre.

Tous les membres de l'Association sont admis aux séances ordinaires du Comité, et ils y ont voix consultative.

Les séances seront suspendues pendant trois mois, du 1er août au 1er novembre.

16. Une Commission administrative et des Commissions de correspondance et de publication sont nommées par le Comité. Tout membre de l'Association peut en faire partie.

17. Le Comité fait dresser annuellement le budget des recettes et des dépenses de l'Association. Aucune dépense non inscrite au budget ne peut être autorisée par le Comité que sur la proposition ou bien après l'avis de la Commission administrative.

18. Le compte détaillé des recettes et dépenses de l'année écoulée est également dressé, présenté par le Comité à l'approbation de l'Assemblée générale et publié.

§ IV. Assemblée générale.

19. L'Association tient, au moins une fois chaque année, une Assemblée générale. Les convocations ont lieu à domicile. L'Assemblée entend le rapport qui lui est présenté par le Secrétaire sur les travaux de l'Association, et le rapport de la Commission administrative sur les recettes et les dépenses de l'année.

Elle procède au remplacement des membres sortants du Comité et du Bureau.

Tous les membres de l'Association résidant en France

sont admis à voter, soit en personne, soit par correspondance.

§ V.

20. Les présents statuts ne pourront être modifiés que par un vote du Comité, rendu à la majorité des deux tiers des membres présents, dans une séance convoquée expressément pour cet objet, huit jours à l'avance. Ces modifications, après l'approbation de l'Assemblée générale, seront soumises au Conseil d'État.

LA MÉDAILLE DE L'ASSOCIATION

Cette médaille, œuvre de notre confrère, M. C.-L. Chaplain, membre de l'Institut (Académie des Beaux-Arts), porte au droit une tête de Minerve, dont le casque, décoré de fleurons, de feuilles d'olivier et d'une figure de Sphinx, rappelle à la fois les anciennes monnaies d'Athènes et les belles monnaies de Thurium. Le module est de 55 millimètres.

Elle pourra être décernée avec une inscription spéciale, par un vote du Comité, aux personnes qui auront rendu à l'Association des services exceptionnels.

Le Comité a décidé aussi qu'elle serait mise à la disposition de tous les membres de l'Association qui désireraient l'acquérir. Dans ce cas, elle portera, sur le revers, le nom du possesseur avec la date de son entrée dans l'Association. Le prix en a été fixé comme il suit :

L'exemplaire en bronze..... 10 fr.
— en argent....., 30

Ceux de nos confrères qui voudraient posséder cette œuvre d'art devront adresser leur demande à M. Ruelle, agent et bibliothécaire de l'Association, à l'École des Beaux-Arts, rue Bonaparte, Paris. Ils sont priés d'envoyer d'avance la somme fixée, suivant qu'ils préfèrent la médaille en argent ou en bronze, afin que l'on puisse y faire graver leur nom. Ils voudront bien, de plus, joindre à cet envoi l'indication des noms et prénoms qui doivent former la légende. Les membres qui habitent la province ou l'étranger devront désigner en même temps la personne de confiance par laquelle ils désirent que la médaille soit retirée pour eux, ou le mode d'envoi qui leur convient. Les frais d'expédition seront naturellement à leur charge.

MEMBRES FONDATEURS DE L'ASSOCIATION.

(1867.)

MM.

† ADERT, ancien professeur de littérature grecque à l'Académie de Genève, rédacteur en chef du *Journal de Genève*.

† ALEXANDRE (Ch.) (1), membre de l'Institut.

BERTRAND (Alexandre), membre de l'Institut, directeur du Musée de Saint-Germain.

† BEULÉ, secrétaire perpétuel de l'Académie des Beaux-Arts.

BRÉAL (Michel), membre de l'Institut, professeur au Collège de France.

† BRUNET DE PRESLE, membre de l'Institut.

BURNOUF (Emile), ancien directeur de l'Ecole française d'Athènes,

CAMPAUX, professeur à la Faculté des lettres de Nancy.

CHASSANG, inspecteur général de l'Instruction publique.

† DAREMBERG, de la bibliothèque Mazarine.

† DAVID (baron Jérôme), ancien vice-président du Corps législatif.

† DEHÈQUE, membre de l'Institut.

DELYANNIS (Théodore-P.), ministre plénipotentiaire de S. M. Hellénique.

† DEVILLE (Gustave), membre de l'École d'Athènes.

† DIDOT (Ambroise-Firmin), membre de l'Institut.

† DÜBNER, helléniste.

DURUY (Victor), membre de l'Institut, ministre de l'Instruction publique.

† EGGER, membre de l'Institut, professeur à la Faculté des lettres de Paris.

† EICHTHAL (Gustave d'), membre de la Société asiatique.

GIDEL, proviseur du lycée Louis-le-Grand.

GIRARD (Jules), membre de l'Institut, professeur à la Faculté des lettres de Paris.

---

(1) La croix indique les membres fondateurs décédés.

Goumy, rédacteur en chef de la *Revue de l'Instruction publique.*

† Guigniaut, secrétaire perpétuel de l'Académie des Inscriptions.

Havet, membre de l'Institut, professeur au Collège de France.

Heuzey (Léon), membre de l'Institut, professeur à l'École des Beaux-Arts.

Hignard, professeur à la Faculté des lettres de Lyon.

Hillebrand, ancien professeur à la Faculté des lettres de Douai.

† Jourdain (Charles), membre de l'Institut.

Legouvé, de l'Académie française.

Lévêque (Charles), membre de l'Institut.

† Longpérier (Adrien de), membre de l'Institut.

Maury (Alfred), membre de l'Institut.

Mélas (Constantin), à Marseille.

† Miller (Emm.), membre de l'Institut.

† Naudet, membre de l'Institut.

† Patin, de l'Académie française, doyen de la Faculté des lettres de Paris.

Perrot (Georges), membre de l'Institut, professeur à la Faculté des lettres de Paris.

Ravaisson (Félix), membre de l'Institut.

Renan (Ernest), membre de l'Institut.

† Renier (Léon), membre de l'Institut.

† Saint-Marc Girardin, de l'Académie française.

† Thénon (l'abbé), directeur de l'École Bossuet.

† Thurot, membre de l'Institut, maître de conférences à l'École normale supérieure.

Valettas (J.-N.), professeur, à Londres.

† Villemain, secrétaire perpétuel de l'Académie française.

† Vincent (A.-J.-H.), membre de l'Institut.

Waddington (W.-Henry), membre de l'Institut, sénateur.

Weil (Henri), membre de l'Institut.

Wescher (Carle), conservateur à la Bibliothèque nationale.

Witte (baron J. de), membre de l'Institut.

MEMBRES FONDATEURS POUR LES MONUMENTS GRECS.

(1875-1885,)

Le Ministère de l'Instruction publique.

Le Musée du Louvre.

L'École nationale des Beaux-Arts.

L'Université d'Athènes.

Le Syllogue d'Athènes pour la propagation des études grecques.

Le Syllogue littéraire hellénique du Caire l'*Union*.

MM.

Barthélemy Saint-Hilaire.

Basili (Demetrio).

Bikélas (D.).

Brault (Léonce).

† Brunet de Presle.

Carathéodory (Etienne).

Castorchi (Euthymios).

† Chasles (Michel).

Chévrier (Adolphe).

Coromilas.

† Didot (A.-F.).

Drême.

† Dumont (Albert).

† Egger (Émile).

† Eichthal (Gustave d').

Foucart (Paul).

Hachette et Cie, libraires éditeurs.

Hanriot.

Heuzey (Léon).

† Laprade (V. de).

Lecomte (Ch.).

Misto (H.-P.).

Negrepontis.

† Ocher de Beaupré (colonel).

Parmentier (général).

Pélicier (P.).

Perrot (Georges).

Piat (A.).

Queux de Saint-Hilaire (marquis de).

Rodocanaki (P.).

Rothschild (baron Edmond de.)

Saripolos (Nicolas).

† Symvoulidis.

Syngros (A.)

Vaney.

Verna (baron de).

Witte (baron J. de).

† Wyndham (George).

† Wyndham (Charles).

Zafiropulo (E.).

Zographos (Christakis Effendi).

M. Zographos, déjà fondateur du prix qui porte son nom, a souscrit à l'œuvre des Monuments grecs pour une somme de *cinq mille francs*. — M. le baron de Witte et M. G. d'Eichthal ont souscrit chacun pour une somme de *quatre cents francs*. — M. le baron E. de Rothschild, pour *deux cents francs*.

ANCIENS PRÉSIDENTS DE L'ASSOCIATION.

1867.	MM. Patin,	membre de l'Institut.
1868.	Egger,	*Id.*
1869.	Beulé,	*Id.*
1870.	Brunet de Presle,	*Id.*
1871.	Egger,	*Id.*
1872.	Thurot,	*Id.*
1873.	Miller,	*Id.*
1874.	Heuzey,	*Id.*
1875.	Perrot,	*Id.*
1876.	Egger,	*Id.*

1877. MM. Chassang, inspecteur général de l'Université.
1878.　　　Foucart, membre de l'Institut.
1879.　　　Gidel, proviseur du lycée Louis-le-Grand,
1880.　　　Dareste, membre de l'Institut.
1881.　　　Weil,　　　　*Id.*
1882.　　　Miller,　　　*Id.*
1883.　　　Queux de Saint-Hilaire (marquis de).
1884.　　　Glachant, inspecteur général de l'Université.
1885.　　　Jourdain, membre de l'Institut.

MEMBRES DU BUREAU POUR 1886-87.

Président honoraire : M. N.
Président : M. Gréard.
1er *Vice-président :* M. Jules Girard.
2e *Vice-président :* M. Alfred Mézières
Secrétaire-archiviste : M. A. Croiset.
Secrétaire-adjoint : M. Paul Girard.
Trésorier : M. J. Magnabal.

MEMBRES DU COMITÉ POUR 1885-86.

Nommés en 1884.

MM. Bréal (Michel).
　　　Collignon (Maxime).
　　　Duruy (Victor).
　　　Gidel.
　　　Homolle.
　　　Houssaye (Henry).
　　　Mis de Queux de Saint-Hilaire.

Nommés en 1885.

MM. Bergaigne.

MM. Cougny.
    Dareste.
    Didot.
    Glachant.
    Martha (Jules).
    Perrot (Georges).

Nommés en 1886.

MM. Cartault.
    Chassang.
    Dussouchet.
    Egger (Max.).
    Edon.
    Legouez.
    Weil.

COMMISSION ADMINISTRATIVE.

MM. Chassang.
    Dareste.
    Houssaye (Henry).
    Laperche.
    Pesson.
    Talbot.

COMMISSION DE PUBLICATION.

MM. Dareste.
    Heuzey.
    Houssaye (Henry).
    Perrot.
    Talbot.

COMMISSION ARCHÉOLOGIQUE.

MM. Collignon (Max.).
Guillaume.
Héron de Villefosse.
Heuzey (L.).
Perrot (G.).
Witte (De).

MEMBRES DONATEURS.

MM.

Adam (Mme Juliette), à Paris.

Alpherakis (Achille), à Taganrog (Russie).

Anquetil, inspecteur d'Académie, à Versailles.

Antrobus (Fr.), à Londres.

Athanasiadis (Athanasios), à Taganrog (Russie).

Avgerinos (Antonios), à Taganrog.

Banque nationale de Grèce, à Athènes.

Barenton (Arm.), à Paris.

Baret, avocat, à Paris.

Basiadis (Héraclès-Constantin), à Constantinople.

Beer (Guillaume), à Paris.

Berranger (l'abbé H. de), à Surville, par Pont-l'Évêque (Calvados).

Berthault (E.-A.), docteur ès-lettres, à Paris.

† Beulé (Ernest), secrétaire perpétuel de l'Académie des Beaux-Arts.

† Bienaymé (Jules), membre de l'Institut.

Bikélas (D.), à Paris.

Bimpos (Th.), archevêque de Mantinée.

Blampignon (l'abbé), à Paris.

Bounos (Élie), à Paris.

† Braïlas (Armenis), ministre de Grèce, à Londres.

BRAULT (Léonce), ancien procureur de la République, à Paris.

BROSSELARD (Paul), capitaine au 2e régiment de tirailleurs algériens.

† BRUNET DE PRESLE (Wladimir), membre de l'Institut.

BRYENNIOS (Philothéos), archevêque de Nicomédie (Turquie).

CALVET-ROGNIAT (le baron Pierre), licencié ès-lettres, à Paris.

CARAPANOS (Constantin), correspondant de l'Institut, à Arta (Grèce).

CARATHEODORY (Ét.), ministre de Turquie, à Bruxelles.

CARTAULT (A.), maître de conférences à l'École normale supérieure.

CASSO (Mme), à Paris.

CASTORCHI (Euth.), professeur à l'Université d'Athènes.

CHARAMIS (Adamantios), professeur à Taganrog.

† CHASLES (Michel), membre de l'Institut.

CHASLES (Henri), à Paris.

CHASSIOTIS (G.), fondateur du lycée de Péra, à Paris.

CHEVRIER (Ad.), avocat général, à Paris.

CHOISY (Auguste), ingénieur en chef des ponts et chaussées, à Paris.

† CHRISTOPOULOS, ministre de l'Instruction publique en Grèce.

CHRYSOVELONIS (Léonidas), négociant, à Manchester.

CLADO (Costa), à Paris.

COMBOTHECRAS (Sp.), à Odessa.

CONSTANTINIDIS (Zanos), à Constantinople.

CORONIO (Georges), à Paris.

COUMANOUDIS (Ét.-A.), professeur à l'Université d'Athènes.

COUSTÉ (E.), ancien directeur de la manufacture des tabacs, à Paris.

CROISET (Alfred), professeur à la Faculté des lettres de Paris.

CROISET (Maurice), professeur à la Faculté des lettres de Montpellier.

CUCHEVAL (Victor), professeur au lycée Condorcet, à Paris.

DAMASCHINO, professeur à la Faculté de médecine de Paris.

DARESTE (Rod.), membre de l'Institut, à Paris.

DELLAPORTA (Vrasidas), à Taganrog.

DELYANNIS (N.), ministre de Grèce, à Paris.

DEMETRELIAS (C.), à Odessa.

† Desjardins (Charles-Napoléon).

Desjardins (Mme veuve Charles-Napoléon), à Versailles.

† Deville (Gustave), docteur ès-lettres, membre de l'École fran·
çaise d'Athènes.

Deville (Mme veuve), à Paris (1).

† Didion, inspecteur général des Ponts et chaussées

† Didot (Ambroise-Firmin), membre de l'Institut.

Didot (Alfred), libraire-éditeur, à Paris.

Dorisas (L.), à Odessa.

Dossios (N.), professeur au Gymnase hellénique de Galatz.

Doudas (D.), à Constantinople.

Doulcet (Henry), à Paris.

Dozon (Aug.), consul de France à Larnaka (île de Chypre).

† Dumont (Albert), membre de l'Institut.

Drème, président de la cour d'appel d'Agen (Lot-et-Garonne).

Dupuy, ancien proviseur, à Saint-Germain-en-Laye.

Duruy (Victor), membre de l'Institut, à Paris.

École hellénique d'Odessa.

† Egger (Émile), membre de l'Institut, à Paris.

Egger (Mme Vve Ém.), à Paris.

Egger (Victor), professeur à la Faculté des lettres de Nancy.

Egger (Max.), professeur au Collège Stanislas, à Paris.

† Eichthal (Gustave d'), membre de la Société asiatique, à Paris.

Falieros (Nicolas), à Taganrog (Russie).

Fallex (Eug.), proviseur du lycée de Versailles.

Fallières, député, ancien ministre de l'Instruction publique.

Ferry (Jules), député, ancien président du conseil et ministre des
affaires étrangères, à Paris.

Fix (Théodore), colonel d'état-major, à Lille.

Foucart (Paul), membre de l'Institut, à Athènes.

Fournier (Mme Vve Eugène), à Paris.

Gennadios, ministre de Grèce à Londres.

Gevaert (F.-Aug.), directeur du Conservatoire royal de musique,
à Bruxelles.

Giannaros (Thrasybule), négociant, à Constantinople.

_____

(1) Don d'une rente annuelle de 500 francs.

GIDEL (Ch.), proviseur du Lycée Louis-le-Grand.

† GILLON (Félix), magistrat à Bar-le-Duc.

GIRARD (Jules), membre de l'Institut.

† GIRAUD (Ch.) membre de l'Institut.

GIRARD (Paul), à Paris.

GLACHANT (Ch.), inspecteur général de l'Instruction publique.

GOIRAND (Léonce), avoué près le tribunal civil de la Seine, à Paris.

GOIRAND (Léopold), avoué près la cour d'appel de Paris.

GONNET (l'abbé), docteur ès-lettres, à Lyon.

GRÉGOIRE, archevêque d'Héraclée, à Constantinople.

† GUMUCHGUERDANE (Michalakis), à Philippopolis.

GRYPARIS (N.), consul de Grèce, à Sébastopol. — 1886.

GYMNASE DE JANINA (pour 15 ans).

HACHETTE (L.) et Cie, libraires-éditeurs, à Paris.

HADGI-COSTA (Lysandre), directeur de l'École hellénique, à Odessa.

HANRIOT, professeur à la Faculté des lettres de Poitiers.

HAUVETTE-BESNAULT (Amédée), professeur au Collège Stanislas.

HAVET (Ernest), membre de l'Institut, ancien professeur au Collège de France.

HAVET (Louis), professeur au Collège de France.

HAVET (Julien), sous-bibliothécaire à la Bibliothèque nationale, à Paris.

† HEUZEY, conseiller à la cour d'appel de Rouen.

HEUZEY (Léon), membre de l'Institut, à Paris.

HOUSSAYE (Henry), homme de lettres, à Paris.

INGLESSIS (Alex.), à Odessa.

JASONIDIS, à Limassol (île de Chypre).

JOHANNIDIS (Emmanuel), scholarque, à Amorgos (Grèce).

JOLLY D'AUSSY (D.-M.), au château de Crazannes (Charente-Inférieure).

JORDAN (Camille), membre de l'Institut, à Paris,

JORET (Ch.), professeur à la Faculté d'Aix.

KALVOCORESSIS (J. Démétrius), négociant, à Constantinople.

KONTOSTAVLOS (Alexandre), à Athènes.

KONTOSTAVLOS (Othon), à Marseille.

† KOSTÈS (Léonidas), à Taganrog.

KRIVTSCHOFF (Mme), à Moscou.

† Labitte (Adolphe), libraire à Paris.

† Lacroix (Louis), professeur à la Faculté des lettres de Paris.

Landelle (Charles), peintre, à Paris.

Laperche, à Paris et à Provins.

Lattry (A.), à Odessa.

Lattry (Georges), président du musée et de la bibliothèque de l'École évangélique, à Smyrne.

† Lattry (Dr Pélopidas), à Odessa.

Lecomte (Ch.), à Paris.

Legantinis (J.-E.), à Odessa.

Legrand (Émile), à Paris.

Lereboullet (le docteur Léon), à Paris.

Lesseps (Ferdinand de), membre de l'Académie française.

Leviez (Ernest), à Paris.

Ludlow (Th.-W.), à New-York.

Macmillan (Georges-A.), éditeur, à Londres.

Maggiar (Octave), négociant, à Paris.

Maisonneuve, libraire éditeur, à Paris.

Mallortie (H. de), principal du collège d'Arras.

Manoussis (Constantinos), à Taganrog.

Manoussis (Demetrios), à Taganrog.

Mantzavinos (R.), à Odessa.

Marango (Mgr), archevêque latin d'Athènes,

† Marcellus (comte Edouard de), ambassadeur de France à Constantinople.

† Martin (Th.-Henri), membre de l'Institut.

Maspero (G.), membre de l'Institut, professeur au collège de France.

† Maurice (Mme Ch.), née Vincent.

Mavro (Sp.), à Odessa.

Mavrocordato (le prince Nicolas).

Mavrocordato (le colonel Alexandre-Constantin).

Mavrocordato (M.), à Odessa.

Maximos (P.), à Odessa.

Mazerolle (Joseph), artiste peintre, à Paris.

† Melas (B.), à Athènes.

Meyer (Paul), membre de l'Institut, direct. de l'École des Chartes.

Misto (H.-P.), frères, négociants, à Smyrne (1).

Monceaux (Paul), à Paris.

Mourier (Ad.), vice-recteur honoraire de l'Académie de Paris.

Negreponte (Michel), négociant, à Paris.

Negropontès (Dimitrios), à Taganrog.

Nicolaïdès (G.), de l'île de Crète, homme de lettres, à Athènes.

Nicolaïdès (Nicolaos), à Taganrog.

Nicolopulo (Jean G.), à Paris.

Nicolopulo (Nicolas N.), à Paris.

Paisant (A.), juge au tribunal civil, à Paris.

Paraskevas (Wladimir), à Odessa.

† Parissi, à Paris.

Parmentier (le général Théod.), à Paris.

† Paspati (J.-F.), à Odessa.

† Patin, secrétaire perpétuel de l'Académie française.

Pélicier, archiviste de la Marne, à Châlons.

† Perrin (Hippolyte).

† Perrin (Ernest), à Paris.

Persopoulo (N.), à Odessa.

Pesson, ingénieur des ponts et chaussées, à Paris.

Phardys (Nicolas B.), de Samothrace, à Cargèse (Corse).

Pispas (Dr B.), à Odessa.

Psicha (Etienne), à Athènes.

Pottier (Edmond), à Paris.

Queux de Saint-Hilaire (marquis de), à Paris.

Rambaud (Alfred), professeur à la Faculté des lettres, à Paris.

Reinach (Salomon), ancien membre de l'École française d'A-
thènes, à Paris.

Renieri, gouverneur de la Banque nationale, à Athènes.

Riant (comte Paul), membre de l'Institut et de la Société des
antiquaires, à Paris.

Richard-Kœnig, à Paris.

Robertet, licencié ès-lettres, chef de bureau au ministère de
l'Instruction publique, à Paris.

Rodocanachi (P.-Th.), à Odessa.

(1) Don d'une somme de 800 francs.

Rodocanachi (Th.-P.), à Odessa.

Rodocanachi (Théodore), à Paris.

Romanos (J.), proviseur du Gymnase de Corfou.

Rothschild (le baron Edmond de), à Paris.

Sarakiotis (Basileios), à Constantinople.

Saraphis (Aristide), négociant, à Constantinople.

Saripolos (Nicolas), ancien professeur à l'Université d'Athènes.

Sathas (Constantin), à Venise.

Sayce, professeur à l'Université d'Oxford.

Scaramanga (Pierre-Jean), à Paris.

Scaramanga (Jean-E.), à Marseille.

Scaramanga (Jean-A.), à Taganrog.

Scaramanga (Doucas-J.), à Taganrog.

† Scaramanga (Jean-P.), à Taganrog.

Scaramanga (Stamatios), à Taganrog.

Schliemann (H.), à Athènes.

† Sclavo (Michel), à Odessa.

Sinadino (Michel), à Paris.

Sinadino (Nicolas), à Paris.

Sinano (Victor), à Paris.

† Somakis (Mme Hélène), à Paris.

Souchu-Servinière, à Laval.

Souvadzoglou (Basili), banquier, à Constantinople.

Stephanovic (Zanos), négociant, à Constantinople.

Svoronos (Michel), négociant, à Constantinople.

Sully-Prudhomme, membre de l'Académie française.

Syllogue littéraire Hermès, à Manchester.

† Symvoulidès, conseiller d'Etat, à Saint-Pétersbourg.

Syngros (A.), à Athènes.

Tarlas (Th.), à Taganrog.

Telfy, professeur de l'Université de Pesth.

† Theocharidès (Constantinos), à Taganrog.

Tilière (marquis de), à Paris.

Tougard (l'abbé), professeur au petit séminaire de Rouen.

Tournier (Éd.), maître de conférences à l'École normale supé
rieure, à Paris.

Tourtoulon (baron de), à Valérgues (Hérault).

Tsacalotos (E.-D.), à Taganrog.

Université d'Athènes (1).

† Valieri (N.), à Odessa.

Valieri (Oct.), à Londres.

Vlasto (Antoine), à Paris.

Vlasto (Ét.-A.), à Marseille.

Vlasto (Th.), à Liverpool.

Vlasto (Ernest), à Paris.

Voulismas (E.), archimandrite, à Odessa.

Vucina (Al.-G.), à Odessa.

Vucina (Emm.-G.), à Odessa.

Vucina (J.-G.), à Odessa.

Wescher (Carle), conservateur à la Bibliothèque nationale, à Paris.

Xanthopoulos (Dem.), à Odessa.

Xydias (Sp.), à Odessa.

Xydias (Nicolas), artiste peintre à Paris.

† Zariphi (Georges), négociant, à Constantinople.

† Zavitzianos (C.), docteur-médecin, à Corfou.

† Ziffo (L.), négociant à Londres.

Zographos (Christakis Effendi), fondateur du prix Zographos, à Paris.

Zographos (Xénophon), docteur-médecin, à Constantinople.

---

(1) L'Université d'Athènes s'inscrit annuellement pour une somme de 400 francs,

LISTE GÉNÉRALE DES MEMBRES AU 15 NOVEMBRE 1886

MM.

Achillopoulos (Évangèle), négociant, à Londres. — 1880.

* Adam (Mme Juliette), 23, boulevard Poissonnière. — 1883.

Adert, ancien professeur de littérature grecque à l'Académie de Genève. — 1867.

Afendouli (Théodore), professeur à l'École de médecine d'Athènes. — 1867.

Albert frères, négociants, rue du Tapis-Vert, 13, à Marseille. — 1868.

Alexandre (le président), 23, rue de l'Arcade. — 1883.

* Alpherakis (Achille), à Taganrog (Russie). — 1869.

Ambanapoulos, négociant, 29, rue de l'Arsenal, à Marseille. — 1867.

Anagnostakis (Georges), négociant, à Alexandrie. — 1877.

Anastasiadis (A.), à Alexandrie. — 1880.

Anastasiadis (Sotiri), courtier, au Caire. — 1880.

Andreadis (Mme), ex-directrice de la maison d'éducation franco-grecque du Caire, 9, rue du Château-Fadaine, à Nîmes. — 1867.

* Anquetil, inspecteur d'Académie, avenue de Paris, 1, à Versailles. — 1872.

Anthopoulos (Constantin), membre du tribunal de commerce, à Constantinople. — 1868.

* Antrobus (Fr.), oratory, S. W., à Londres. — 1879.

Apostolidis (D.), à Alexandrie. — 1876.

Apostolidis (G.), à Constantinople. — 1880.

ARETAIOS (Théodore), professeur à l'École de médecine à Athènes. — 1868.

ARGYROPOULOS (Spyridion), 6, avenue Percier. — 1875.

ARISTARCHY-BEY (Staurace), grand logothète et sénateur, Yenikeni, à Constantinople. — 1884.

ARISTARCHY-BEY (Demetrius), 28, rue Gustave-Courbet. — 1868.

ARISTOCLÈS (Jean-D.), professeur de la grande Ecole patriarcale, à Constantinople. — 1868.

ARMINGAUD, professeur au lycée Henri IV, 7, rue Cassette. — 1868.

ARTEMIADIS (Jacques), à Constantinople. — 1882.

* ATHANASIADIS (Athanasios), à Taganrog (Russie). — 1869.

ATHANASSAKI (Jean), avocat, au Caire. — 1880.

ATHENOGENÈS (Georges), négociant, à Athènes. — 1868.

AUBÉ, professeur au lycée Condorcet, 11, rue de Lisbonne. — 1868.

AUDIAT (G.), professeur au lycée de Poitiers. — 1886.

* AVGERINOS (Antonios), à Taganrog (Russie). — 1869.

AVIERINOS (André), député, à Athènes. — 1873.

BAGUENAULT DE PUCHESSE (Gustave), docteur ès-lettres, 156, rue Bannier, à Orléans. — 1867.

BAGUENAULT DE VIÉVILLE, président de la Société des sciences, belles-lettres et arts, à Orléans. — 1879.

BAILLY (Anatole), professeur au lycée d'Orléans. — 1867.

* BANQUE NATIONALE DE GRÈCE, à Athènes. — 1868.

* BARENTON (Arm. de), place du Palais-Bourbon. — 1877.

* BARET, docteur en droit, avocat à la Cour d'appel, 7, rue de Bréa. — 1871.

BAROZZI (commandeur Nicolò), directeur du musée Correr, à Venise. — 1881.

BARRIAS, 34, rue de Bruxelles. — 1867.

BARTHÉLEMY SAINT-HILAIRE, membre de l'Institut, 4, boulevard Flandrin. — 1867.

* BASIADIS (Héraclès-Constantin), docteur ès-lettres et en médecine, rue Hamel-Bachi, à Constantinople. — 1868.

BASILI (G.-A.), sous-gouverneur de la banque nationale de Grèce, à Athènes. — 1867.

BASILY (D.-M.), négociant, à Paris. — 1867.

BASILIADIS (E.), à Alexandrie. — 1880.

BAYET (Ch.), professeur à la Faculté des lettres de Lyon. — 1875.

BAXTER (John), de Hoboken, New-Jersey (États-Unis d'Amérique). — 1884.

BAZIN (Hippolyte), directeur du petit Lycée de Saint-Rambert (Rhône). — 1883.

BEAU, professeur au lycée Condorcet, 19, rue Saint-Pétersbourg — 1873.

BEAUDOUIN (Mondry), professeur à la Faculté des lettres de Toulouse. — 1884.

BEAUJEAN, inspecteur d'Académie, 39, rue de l'Université. — 1867.

BEAUSSIRE, membre de l'Institut, 96, boulevard Saint-Germain. — 1867.

BEAUTEMPS-BEAUPRÉ, juge au tribunal de la Seine, 22, rue de Vaugirard. — 1878.

BEAUVERGER (baron de), 8, rue du Cirque. — 1883.

* BEER (Guillaume), 34, rue des Mathurins. — 1872.

BELIN et Cie, libraires-éditeurs, 58, rue de Vaugirard. — 1884.

BÉLOT, professeur à la Faculté des lettres de Lyon. — 1867.

BELUZE, président du Cercle catholique, 75, rue de Madame. — 1872.

BENIERI (Anastase), professeur à l'Institut pédagogique de Galatz (Roumanie). — 1885.

BENIZELOS (Miltiadès), professeur à l'École de médecine d'Athènes. — 1868.

BENOIST (Eugène), membre de l'Institut, professeur à la Faculté des lettres, 23, avenue d'Orléans. — 1868.

BENOIT (Ch.), doyen de la Faculté des lettres de Nancy. — 1868.

BERGAIGNE, membre de l'Institut, 12, rue Erlanger.

BERNARD (l'abbé Eugène), 5, rue Gay-Lussac. — 1871.

BERNARDAKIS (Athanase-N.), à Athènes. — 1867.

BERNARDAKIS (Grégoire-N.), docteur ès-lettres, à Mytilène. — 1877.

* BERRANGER (l'abbé H. de), à Surville, par Pont-Lévêque (Calvados). — 1869.

* BERTHAULT (E.-A.), agrégé de l'Université, docteur ès-lettres, 18, rue de Miroménil. — 1882.

BEURLIER (l'abbé), 8, avenue du Maine. — 1886.

BIBLIOTHÈQUE publique de Versailles, représentée par son conservateur, M. Ém. Délerot, à Versailles. — 1875.

* BIKÉLAS (D.), 4, rue de Babylone. — 1867.

* BIMPOS (Théoclète), archevêque de Mantinée (Grèce). — 1808.

BISTIS (Michel), ancien sous-directeur du Lycée hellénique, à Galatz (Roumanie. — 1883.

* BLAMPIGNON (l'abbé), professeur à la Faculté de théologie de Paris, 17, rue d'Issy, à Vanves. — 1869.

BLANCARD (Jules), professeur de grec moderne à la Faculté de Marseille, 40, boulevard Baille, à Marseille. — 1867.

BLANCARD (Théodore), 13, quai aux Fleurs. — 1876.

BLOCH (Am.), professeur d'archéologie grecque et latine à la Faculté des lettres de Lyon. — 1877.

BLOCK (R. de), professeur à l'école normale des humanités, rue Fabri, à Liège (Belgique). — 1872.

BOISSIER (Gaston), de l'Académie française et de l'Académie des inscriptions et belles-lettres, professeur au Collège de France, 79, rue Claude-Bernard. — 1869.

BOISSONADE (G.), professeur agrégé à la Faculté de droit, 7, rue Michel-Ange. — 1867.

BONNEFON (Paul), attaché à la bibliothèque de l'Arsenal, 19, rue Nicole. — 1880.

BONTEMPS (Georges), 11, rue de Lille. — 1883.

BOPPE (Auguste), 13, rue Bonaparte.

BORDIER (Henri), 182, rue de Rivoli. — 1877.

BORG (Raphaël), vice-consul d'Angleterre, au Caire. — 1880.

BOUCHER DE MOLANDON, 23, rue Pothier, à Orléans. — 1879.

BOUCHERIE (Adhémar), ancien chef de bataillon à la Légion étrangère, à Royan. — 1883.

Bougot (A.), professeur suppléant à la Faculté des lettres de Dijon. — 1878.

Bouilhet (Henri), de la maison Christofle et Cie, vice-président de l'Union des arts décoratifs, 58, rue de Bondy. — 1884.

Bouillier (Francisque), membre de l'Institut, 33, rue de Vaugirard. — 1867.

Boulatignier, ancien conseiller d'Etat, à Pise, par Lons-le-Saulnier (Jura). — 1870.

* Bounos (Elie), à Paris. — 1875.

Bourgault-Ducoudray, professeur d'histoire musicale au Conservatoire, 11, rue de Cluny. — 1874.

Bouros (J.-D.), rentier, à Athènes. — 1872.

Bourquin (Ernest-Jules), professeur au lycée de Troyes, à Sainte-Menehould (H^{te}-Marne). — 1879.

Boutmy (Emile), membre de l'Institut, directeur de l'Ecole libre des sciences politiques, 27, rue Saint-Guillaume. -- 1870.

Bouvy (le R. P.) des Augustins de l'Assomption, à Nîmes. — 1883.

Brancovan (le prince et la princesse), 34, avenue Hoche.—1885.

Branos (D.), professeur de grec, à Constantinople. — 1886.

* Brault (Léonce), ancien procureur de la République, à Paris, 77, boulevard Haussman. — 1876.

Bréal (Michel), membre de l'Institut, professeur au Collège de France, 63, boulevard Saint-Michel. — 1868.

Brelay (Ernest), propriétaire, 35, rue d'Offémont, place Malesherbes. — 1867.

Briau (le Dr René), bibliothécaire de l'Académie de médecine, 37, rue Joubert. — 1867.

Broglie (le duc de), de l'Académie française, 10, rue de Solférino. — 1871.

* Brosselard (Paul), capitaine au 2e tirailleurs algériens, à Mostaganem. — 1883.

Brunetière (Ferdinand), rédacteur à la *Revue des Deux-Mondes*, boulevard de Saint-Julien, à Bellevue-Meudon. — 1885.

* Bryennios (Philothéos), archevêque de Nicomédie, membre du patriarcat œcuménique, à Constantinople. — 1876.

Buisson (Benjamin), examinateur à l'Université de Londres, Savile-Club, Piccadilly, à Londres, et à Paris, 100, rue d'Assas. — 1870.

Burnouf (Emile), ancien directeur de l'Ecole française d'Athènes, 34, rue d'Alésia. — 1867.

Bussières (baron de), ancien ambassadeur, 84, rue de Lille. — 1873.

Cabanel (Alex.), membre de l'Institut, 14, rue de Vigny.—1867.

Caffiaux, receveur municipal de la ville de Valenciennes. — 1868.

Caillemer (Exupère), doyen de la Faculté de droit de Lyon. — 1867.

Calliady-Bey (Constantin), conseiller d'Etat, à Constantinople. — 1868.

Calligas (Paul), sous-gouverneur de la Banque nationale, à Athènes. — 1868.

* Calvet-Rogniat (le baron Pierre), licencié ès lettres, 374, rue Saint-Honoré. — 1875.

Cambouroglou, rédacteur en chef de l'*Ephimeris*, à Athènes. — 1875.

Campaux, professeur à la Faculté des lettres de Nancy. — 1867.

* Carapanos (Constantin), correspondant de l'Institut de France, à Athènes. — 1868.

* Caratheodory (Ét.), docteur en droit, ministre de Turquie, à à Bruxelles. — 1872.

Caratheodory (Th.), ingénieur des ponts et chaussées, à Constantinople. — 1876.

Carrière (Auguste), professeur à l'École des langues orientales vivantes, 35, rue de Lille. — 1873.

* Cartault (Augustin), maître de conférences à l'École normale supérieure, 11, rue du Pré-aux-Clercs. — 1875.

* Casso (Mme), 66, avenue d'Iéna. — 1875.

* Castorchis (Euthymios), professeur à l'Université d'Athènes. — 1868.

Castorchis (Constantin), à Athènes. — 1884.

Catzigras (Cosmas), négociant, 24, cours Devilliers, à Marseille. — 1867.

Caussade (de), conservateur à la bibliothèque Mazarine. — 1868.

Cerf (Léopold), ancien élève de l'Ecole normale, imprimeur-éditeur, 13, rue de Médicis. — 1883.

Chabaneau, maître de conférences à la Faculté des lettres de Montpellier. — 1873.

Chaber (Alfred), 6, place Louis XVI, à Montpellier. — 1877.

Chabouillet, conservateur-directeur du Cabinet des médailles, 12, rue Colbert. — 1867.

Chaignet, recteur de l'académie de Poitiers. — 1871.

Chantepie (de), administrateur de la bibliothèque de l'Université. — 1867.

Chaplain (I.-C.), membre de l'Institut, graveur en médailles, 34, rue Jouvenel, à Auteuil. — 1876.

Chappuis, recteur de l'Académie de Dijon. — 1868.

Chapu, membre de l'Institut, statuaire, 23, rue Oudinot. — 1876.

* Chasles (Henri), 9, rue Royale. — 1881.

Chassang, inspecteur général de l'instruction publique, 9, rue de l'Odéon. — 1867.

* Chassiotis (G.), professeur, fondateur du lycée grec de Péra, à Paris, 105, rue Miroménil. — 1872.

Chatel (Eug.), ancien archiviste du département du Calvados, 5, rue Vavin. — 1867.

Chenevière (Ad.), licencié ès-lettres, 50, rue Bassano. — 1882.

Chevreul, membre de l'Institut, au Jardin des Plantes. — 1867.

* Chévrier (Adolphe), avocat général, 13, rue de Téhéran. — 1873.

Chévrier (Maurice), attaché au ministère des Affaires étrangères, 35, rue Jacob. — 1880.

* Choisy (Auguste), ingénieur des ponts et chaussées, 11, rue Chomel. — 1867.

Christofle (Paul), chef de la maison Christofle et Cie, 58, rue de Bondy. — 1884.

* Chrysoveloni (Léonidas), négociant à Manchester, Belmont-Terrace Higher Broughton. — 1869.

Chuit, librairie Fetcherin et Chuit, 18, rue de l'Ancienne-Comédie. — 1882.

CITOLEUX, professeur au lycée Henri IV, 3, rue des Feuillantines. — 1872.

* CLADO (Costa), 176, boulevard Haussmann. — 1884.

CLAVEL, professeur à la Faculté des lettres de Lyon. — 1876.

CLEANTHE (Zénon), architecte, à Constantinople. — 1868.

CLERMONT-TONNERRE (duc de), 41, rue de l'Université. — 1867.

COGORDAN (Georges), avocat, sous-directeur au ministère des Affaires étrangères, 26, rue Martignac. — 1873.

COLLARD (F.), professeur à l'Université de Louvain, 109, rue de la Station. — 1879.

COLLIGNON (Maxime), professeur suppléant à la Faculté des lettres, 6, rue Herschel. — 1875.

COLMET D'AAGE, conseiller-maître à la cour des comptes, 44, rue de Londres. — 1872.

COLMET D'AAGE, doyen honoraire de la Faculté de droit, 126, boulevard Saint-Germain. — 1872.

COMANOS, docteur-médecin, au Caire. — 1880.

* COMBOTHECRAS (S.), à Odessa. — 1873.

COMNOS, ancien administrateur de la Bibliothèque nationale d'Athènes. — 1876.

CONSTANTIN (Othon), négociant, à Alexandrie. — 1879.

* CONSTANTINIDIS (Zanos), négociant, à Constantinople. — 1873.

CONSTANTINIDIS, professeur de lettres helléniques, 84, Kensington Gardens-Square, Baiswaiter, à Londres. — 1873.

CORGIALEGNO (M.), négociant, 71, Cornhill, Londres. — 1867.

COROMILAS (Lambros), libraire-éditeur, à Athènes. — 1878.

* CORONIO (Georges), 66, rue de Monceau. — 1884.

COSSOUDIS (Thémistocle), négociant, à Constantinople. — 1868.

COUAT, doyen de la Faculté des lettres de Bordeaux. — 1876.

COUGNY, inspecteur d'Académie, à Paris, 48, rue Sainte-Placide. — 1871.

* COUMANOUDIS (Etienne-A.), correspondant de l'Institut de France (Académie des Inscriptions et belles-lettres), professeur à l'Université d'Athènes. — 1873.

Courbaud, professeur au lycée Condorcet, 3, rue Vézelay. — 1876.

Courcelles (baron Alphonse de), ambassadeur de France en Allemagne, à Athis-Mons (Seine-et-Oise). — 1886.

Courdaveaux, professeur à la Faculté des lettres de Douai. — 1876.

* Cousté (Augustin-E.), ancien directeur de la manufacture des tabacs, 5, place Saint-François-Xavier.

Crépin (A.), professeur au lycée Charlemagne, 278, boulevard Saint-Germain. — 1870.

Croiset (P.), ancien professeur au lycée Saint-Louis, 7, rue Berthier, à Versailles. — 1874.

* Croiset (Alfred), professeur à la Faculté des lettres, 54, rue Madame . — 1873.

* Croiset (Maurice), professeur à la Faculté des lettres de Montpellier. — 1873.

Crouslé (L.), professeur à la Faculté des lettres, 24, rue Gay-Lussac. — 1880.

* Cucheval (Victor), professeur au lycée Condorcet, 46, rue de Clichy. — 1876.

Cuvillier, professeur au lycée de Vanves, 5 bis, rue des Treilles. — 1884.

* Damaschino (Dr), professeur de pathologie interne à la Faculté de médecine, 26, rue de l'Université. — 1879.

* Dareste (Rodolphe), membre de l'Institut, conseiller à la Cour de cassation, 9, quai Malaquais. — 1867.

Darveroi (S.), à Alexandrie. — 1880.

Dauphin, banquier, 10, rue du Conservatoire. — 1875.

David (Paul), avocat, docteur en droit, 81, rue des Saints-Pères. — 1883.

Decastros (Auguste), négociant, à Constantinople. - - 1873.

Decharme (Paul), professeur de littérature grecque à la Faculté des lettres de Nancy. — 1868.

Decrue, docteur ès lettres, maître de conférences à la Faculté des Lettres de Rennes. — 1877.

Delacroix (Alfred), 37, rue Claude-Bernard. — 1883.

DELACROIX (Gabriel), professeur agrégé au lycée de Sens, et à Paris, 57, rue de Rennes. — 1883.

DELAGRAVE, libraire-éditeur, 15, rue Soufflot. — 1867.

DELALAIN (Henri), libraire-éditeur, 56, rue des Écoles. — 1867.

DELISLE (Léopold), membre de l'Institut, administrateur-directeur de la Bibliothèque nationale. — 1874.

DELLA-DECIMA (comte Spiridion), au Caire. — 1880.

* DELLAPORTA (Vrasidas), à Taganrog. — 1873.

DELOCHE (Maximin), membre de l'Institut, 8, avenue de Gravelle, à Saint-Maurice (Seine). — 1874.

DELTOUR, inspecteur général de l'Université, 42, rue de La Boétie. — 1867.

DELYANNIS (Théodore-P.), président du Conseil des ministres, à Athènes. — 1867.

* DELYANNIS (N.), ministre plénipotentiaire de Grèce, à Paris, boulevard Haussmann. — 1875.

* DEMETRELIAS (C.), à Odessa. — 1873.

DEMOPOULOS (D.), à Alexandrie. — 1880.

DEPASTA (A.-N.), libraire, à Constantinople. — 1868.

DEPASTA (Antoine), négociant, à Constantinople. — 1868.

DESCHAMPS (Arsène), professeur à l'Université de Liège, rue de la Paix. — 1867.

DESCHAMPS (G.), membre de l'École française d'Athènes. — 1886.

* DESJARDINS (Mme ve Charles-Napoléon), 11, rue Maurepas, à Versailles. — 1883.

DESJARDINS (Paul), professeur de rhétorique au collège Stanislas. — 1885.

DESNOYERS, vicaire général, à Orléans. — 1879.

* DEVILLE (Mme veuve), 112, rue de Provence. — 1868.

DEVIN, avocat au Conseil d'Etat et à la Cour de cassation, 9, rue Guénégaud. — 1867.

DEZEIMERIS (Reinhold), correspondant de l'Institut de France, 11, rue Vital-Carle, à Bordeaux. — 1869.

DIAMANTOPOULO, à Athènes. — 1884.

* DIDOT (Alfred), 56, rue Jacob. — 1876.

DIEULAFOY (Marcel), ingénieur des ponts et chaussées, 2, impasse Conti. — 1884.

DIKEOS, médecin et agent consulaire de la Grèce, à Zagazig (Egypte). — 1883.

DIMITZA, professeur de géographie à l'Université d'Athènes. — 1875.

DOLFUS-ENGEL, négociant, à Paris. — 1885.

* DORISAS (L.), à Odessa. — 1873.

DOSSIOS (Nic.), professeur, à Galatz (Roumanie). — 1881.

DOUCET (Camille), secrétaire perpétuel de l'Académie française, au palais de l'Institut. — 1869.

* DOUDAS (D.), banquier, à Constantinople. — 1872.

* DOULCET (l'abbé Henry), 4, place du Palais-Bourbon. — 1881.

DOUNIS (Constantin), licencié en droit, 129, rue d'Eole, à Athènes. — 1883.

* DOZON, ancien consul général de France, à Versailles, 56, rue de la Paroisse. — 1869.

DRAGOUMI (Marc), ancien ministre de Grèce, à Bucharest. — 1872.

DRAPEYRON (Ludovic), professeur au lycée Charlemagne, directeur de la *Revue de géographie*, 55, rue Claude-Bernard. — 1867.

* DRÈME, président de la Cour d'appel d'Agen. — 1867.

DRUON, proviseur honoraire, 2 *bis*, rue Girardet, à Nancy. — 1874.

DUBIEF, directeur de l'institution Sainte-Barbe, à Paris. — 1874.

DUCHATAUX, avocat, président de l'Académie nationale de Reims, 12, rue de l'Échauderie. — 1879.

DUCHESNE (l'abbé L.), professeur à l'Institut catholique, 66, rue de Vaugirard. — 1877.

DUGIT, doyen de la Faculté des lettres de Grenoble.— 1869.

DUMONTIER, commandant du génie en retraite, 75, rue de Rennes. — 1882.

DUPRÉ, professeur de rhétorique au lycée Condorcet, 20, rue Saint-Georges. — 1878.

* Dupuis (Jean), proviseur honoraire, 32, rue de la Salle, à Saint-Germain-en-Laye. — 1881.

Durand (Charles-Henri), 92, rue du Bac. — 1874.

Durassier (Edouard), ancien secrétaire de la direction des ports au ministère de la marine, 70, rue de Miromesnil. — 1875.

Duret (Mme), 1, quai, d'Orsay. — 1867.

· Duruy (Victor), membre de l'Institut, membre du Conseil supérieur de l'Instruction publiqne, ancien ministre de l'Instruction publique, 5, rue de Médicis. — 1867.

Dussouchet, professeur au lycée Henri IV, 46, rue de Madame. — 1871.

Dutilh (E.), consul des Pays-Bas, au Caire. — 1876.

Duverdy (Ch.), 1, place Boïeldieu. — 1884.

Ecole des langues orientales vivantes, 2, rue de Lille. — 1877.

· Ecole Hellénique d'Odessa. — 1873.

Ecole normale d'humanités de Liège. — 1880.

Edon, professeur au lycée Henri IV, 21, rue de Vaugirard. — 1882.

* Egger (Mme v^ve Emile), 68, rue Madame. — 1885.

· Egger (Victor), professeur à la Faculté des lettres de Nancy. — 1872.

* Egger (Max), professeur au collège Stanislas, 29, rue Saint-Placide. — 1885.

Eichthal (Adolphe d'), ancien député, 42, rue des Mathurins. — 1867.

Eichthal (Eugène d'), 57, rue Jouffroy. — 1871.

Elèves (les) de l'École normale supérieure, 35, rue d'Ulm. — 1869.

Elèves (les) du lycée d'Orléans. — 1869.

Elèves (les) de rhétorique du collège Stanislas, rue Notre-Dame-des-Champs. — 1869.

Élèves (les) de rhétorique du lycée Condorcet (division Gidel-Talbot). — 1869.

Elluin (le père A.), pour le collège français à Smyrne, chez M. Mailly, 95, rue de Sèvres. — 1873.

ERLANGER (Emile), banquier, consul général de Grèce, 20, rue Taitbout. — 1869.

ESMEIN (Adhémar), professeur agrégé à la Faculté de droit, 7, rue Leroux. — 1881.

ESSARTS (Emmanuel des), professeur à la Faculté des lettres de Clermont-Ferrand. — 1867.

ETANGS (Georges des), chez M. des Estangs, père, directeur des Forêts, rue de Sévigné, à Rennes.

EUCLIDIS (Jean), avocat à Athènes. — 1875.

EVMORPHOPOULOS (A.-G.), négociant, Ethelburghouse, Bishops-gate street, à Londres. — 1867.

ÉVELARD, ancien professeur au lycée Saint-Louis, 54, rue du Faubourg Saint-Honoré. — 1868.

FAGNIEZ, à Meudon. — 1882.

* FALIEROS (Nicolaos), à Taganrog (Russie). — 1873.

* FALLEX (E.), proviseur du lycée de Versailles. — 1873.

* FALLIÈRES, député, ancien ministre de l'Instruction publique.

FAVRE (Léopold), ancien élève de l'école des hautes études, 6, rue des Granges, à Genève. — 1867.

FERRAI (le professeur), à Venise. — 1883.

* FERRY (Jules), député. — 1880.

FEUARDENT, antiquaire, 4, place Louvois. — 1877.

FILLEUL (E.), 31, rue d'Amsterdam. — 1873.

* FIX (Théodore), colonel d'état-major, donateur de la bibliothèque grecque de Théobald Fix, commandant la place d'Aumale (Algérie). — 1877.

FOLLIOLEY (l'abbé), proviseur du lycée de Laval. — Rétabli en 1884.

FONTAINE (Médéric), ancien notaire, 7, rue Léonie. — 1868.

FORTOUL (l'abbé), à l'église Saint-Leu, rue Saint-Denis. 1870.

* FOUCART (Paul), membre de l'Institut, directeur de l'École française d'Athènes, 13, rue de Tournon, à Paris. — 1867.

FOUGÈRES, membre de l'École française d'Athènes. — 1886.

FOUILLÉE (Alfred), villa Sainte-Anne, à Menton (Var). — 1884.

FOULON (Mgr), archevêque de Besançon. — 1869.

* FOURNIER (Mme vᵉ Eugène), 86, rue La Fontaine. — 1884.

FRINGNET, proviseur du lycée Lakanal, à Sceaux. — 1885.

FROMENT, au château d'Eu. — 1878.

FRONTIER (Mme Sophie), directrice du pensionnat de jeunes filles de la communauté grecque, à Alexandrie. — 1876.

GAFFAREL (Paul), doyen de la Faculté des lettres de Dijon. — 1867.

GALUSKI (Ch.), à Créance (Manche).— 1868.

GANNEAU (Paul), 114, rue de Provence. — 1868.

GANTRELLE, professeur à l'Université de Gand (Belgique). — 1873.

GARNIER (Auguste), libraire-éditeur, 6, rue des Saints-Pères. — 1867.

GARNIER (Hippolyte), libraire-éditeur, 6, rue des Saints-Pères. — 1867.

GASPARD (E.), professeur de rhétorique au lycée Louis-le-Grand, 33, rue Claude-Bernard. — 1878.

GAULT (Ch.-Maurice), docteur en droit, avocat à la cour de Paris, 66, boulevard Malesherbes. — 1878.

GAUTIER, proviseur du lycée de Vanves. — 1878.

GEBHART, professeur à la Faculté des lettres, 68, rue Gay-Lussac. — 1868.

GEFFROY, membre de l'Institut, ancien directeur de l'École française de Rome, 32, rue du Bac, à Paris. — 1872.

GÉNIN (Aug.), 11, rue du Plat, à Lyon. — 1871.

* GENNADIOS (Jean), ministre de Grèce à Londres. — 1878.

GEORGANTOPOULOS (J.), docteur en droit, avocat, à Constantinople. — 1869.

GEORGEL, professeur au lycée, à Nancy. — 1868.

GEORGIADIS (D.), 28, avenue de l'Opéra. — 1886.

GERMAIN, membre de l'Institut, à Montpellier. — 1872.

* GEVAERT (F.-Aug.), directeur du Conservatoire royal de musique, à Bruxelles. — 1881.

* GIANNAROS (Thrasybule), négociant, à Constantinople. — 1868.

* GIDEL (Ch.), proviseur du lycée Louis-le-Grand. — 1867.

GIRARD (Amédée), médecin, à Riom (Puy-de-Dôme). — 1873.

* GIRARD (Jules), membre de l'Institut, professeur à la Faculté des lettres, 21, rue de l'Odéon. — 1867.

GIRARD (Julien), proviseur du lycée Condorcet, 8, rue du Havre. — 1869.

* GIRARD (Paul), maître de conférences à la Faculté des lettres, 89, rue de Rennes. — 1880.

* GLACHANT, inspecteur général de l'instruction publique, 5, avenue Montespan (rue de la Pompe, Passy). — 1868.

GLACHANT (Victor), élève de l'École normale supérieure. — 1884.

GLIMENOPOULOS (Eustache), avocat, au Caire. — 1880.

GLYCAS (Nicéphore), archevêque d'Imbros. — 1868.

GOGOS, archimandrite de l'église hellénique, à Braïla (Roumanie). — 1869.

* GOIRAND (Léonce), avoué près le tribunal civil de la Seine, 16, place Vendôme. — 1883.

* GOIRAND (Léopold), avoué près la cour d'appel, 128, rue de Rivoli. — 1883.

GOLDSCHMIDT (Léopold), 12, rue Rembrandt. — 1876.

* GONNET (l'abbé), docteur ès lettres, professeur à l'Institut catholique de Lyon, à Ecully, maison de Sainte-Catherine, près Lyon. — 1878.

GONSE, chef de division au ministère de la Justice, 2, rue de la Pompe, à Versailles. — 1880.

GOUMY, maître de conférences à l'École normale supérieure, 88, boulevard Saint-Germain. — 1867.

GRANDGEORGES (Gaston), 23, rue des Jeûneurs. — 1872.

GRAUX (Henri), propriétaire, à Fontaine, près Vervins (Aisne). — 1882.

GRÉARD (Octave), membre de l'Institut, vice-recteur de l'Académie de Paris. — 1867.

* GRÉGOIRE, archevêque d'Héraclée, à Constantinople. — 1872.

GRISANI (P.), professeur de musique, à Alexandrie. — 1880.

GRISOT (J.), professeur au lycée Charlemagne, 8, rue de Rivoli. — 1875.

GROLLOS (François), négociant, à Alexandrie. — 1876.

Gros (Dʳ), 10, rue de l'Oratoire, à Boulogne-sur-Mer. — 1879.

Groussard (E.), professeur au lycée d'Angoulême. — 1882.

* Gryparis (N.), consul de Grèce, à Sébastopol. — 1886.

Guérard, ancien directeur de Sainte-Barbe-des-Champs, à Fontenay-aux-Roses. — 1867.

Guillaume, membre de l'Institut, 238, boulevard Saint-Germain. — 1867.

Guillemot (Adolphe), professeur au lycée Condorcet, 26, rue de Turin. — 1869.

Guimet (Émile), membre de l'Académie de Lyon, 1, placé de la Miséricorde, à Lyon. — 1868.

Guizot (Guillaume), professeur au Collège de France, 42, rue de Monceau. — 1877.

* Gymnase de Janina (Turquie). — 1872.

* Hachette et Cᵉ, libraires-éditeurs, 79, boulevard Saint-Germain. — 1867.

Hadgi-Christou (Christos), directeur de l'École grecque de Péra, à Constantinople. — 1880.

* Hadgi-Consta (Lysandre), directeur de l'École hellénique, à Odessa. — 1885.

Hallays (André), licencié ès lettres, 176, boulevard Saint-Germain. — 1880.

Halphen (Eugène), avocat, 111, avenue du Trocadéro. — 1869.

* Hanriot (Ch.), professeur, à la Faculté des lettres de Poitiers. — 1876.

Hatzfeld, professeur de rhétorique au lycée Louis le-Grand, 7, rue de l'Odéon. — 1869.

Haury, boursier de licence à la Faculté des lettres, 22, rue Condorcet. — 1883.

Haussoullier, maître de conférences à l'École des Hautes-Études. — 1881.

* Hauvette-Besnault (Amédée), maître de conférences à la Faculté des lettres, 41, rue St-Placide. — 1883.

* Havet (Ernest), membre de l'Institut, professeur honoraire au Collège de France, 19, quai Bourbon. — 1867.

* Havet (Louis), professeur au Collège de France, chargé de cours à la Faculté des lettres, 16, place Vendôme. — 1869.

* Havet (Julien), archiviste-paléographe, bibliothécaire à la Bibliothèque nationale, 6, rue de Sèze. — 1870.

Heinrich, doyen de la Faculté des lettres, 29, avenue de Noailles, à Lyon. — 1867.

Henneguy (Félix), 54, rue Denfert-Rochereau. — 1873.

Henry (Victor), professeur à la Faculté des lettres de Douai. — 1884.

Hérelle (G.), professeur de philosophie au collège de Vitry-le-François. — 1877.

Héron de Villefosse, conservateur-adjoint des antiquités grecques et romaines au musée du Louvre. — 1872.

* Heuzey (Léon), membre de l'Institut, conservateur au musée du Louvre, 5, avenue Montaigne. — 1867.

Hignard, professeur honoraire de l'enseignement supérieur, 15, rue de l'Hôpital, à Cannes. — 1867.

Hittorff (Charles), 54, avenue de Villeneuve-l'Étang, à Versailles. — 1867.

Hodji (S.), 17, rue Laffitte. — 1876.

Homolle, professeur à la Faculté des lettres de Paris, 177, boulevard Saint-Germain. — 1876.

* Houssaye (Henry), 5, rue Léonard de Vinci. — 1868.

Hubault (G.), professeur au lycée Louis-le-Grand, 13, rue Bonaparte. — 1867.

Huillier (Paul), notaire, 83, boulevard Haussmann. — 1874.

Huit (Ch.), docteur ès lettres, professeur honoraire à l'Institut catholique de Paris, 74, rue Bonaparte. — 1878.

Humbert, professeur au collège Rollin, 3, rue Cretet. — 1875.

Ialemos (Ulysse), journaliste à Constantinople. — 1876.

Iatroudakis, avocat, au Caire. — 1876.

Iconomopoulos (Denis), médecin-chirurgien, au Caire. — 1874.

Iliasco (Constantin), à Constantinople. — 1869.

* INGLESSIS (Alexandre), à Odessa. — 1880.

INGLESSIS (Panaghis), négociant, à Constantinople. — 1868.

ISERENTANT, professeur de rhétorique au collège de Malines (Belgique). — 1880.

JARDIN, avocat, 17, rue Saint-Marc. — 1871.

* JASONIDIS, à Limassol (île de Chypre). — 1870.

JEUCH (Jules), 3, rue d'Uzès. — 1876.

* JOLLY D'AUSSY (Denis-Marie), au château de Crazannes, par Port-d'Envaux (Charente-Inférieure). — 1879.

JOLY (A.), doyen de la Faculté des lettres de Caen. — 1867.

* JORDAN (Camille), membre de l'Institut, 48, rue de Varennes. — 1874.

* JORET (Ch.), professeur à la Faculté des lettres d'Aix. — 1879.

* KALVOCORESSIS (J. Démétrius), négociant, à Constantinople. — 1873.

KEBEDGY (Stavro-M.), négociant, à Constantinople.— 1868.

KEHAYA (Mme Calliope), directrice de l'École normale Zappeion, à Constantinople. — 1876.

KNUTH (Oscar), directeur du Collège, à Steglitz (Allemagne). — 1880.

* KONTOSTAVLOS (Alexandre), député, à Athènes. — 1876.

* KONTOSTAVLOS (Othon-A.), 15, cours du Chapitre, à Marseille. — 1875.

KORTZ (Édouard), proviseur du lycée Janson de Sailly. — 1885.

KREBS (Adrien), professeur à l'École alsacienne, 23, rue Denfert-Rochereau. — 1878.

KRINOS, pharmacien, à Athènes. — 1875.

* KRIVTSCHOFF (Mme), à Moscou. — 1874.

KROKIDAS (Constantin), à Athènes. — 1875.

KYMPRITIS (D.-J.), docteur en droit, avocat, à Constantinople. — 1880.

L..... présenté par M. Gustave d'Eichthal.

LABBÉ (Édouard), professeur au lycée Saint-Louis, 35, rue Vavin.

La Coulonche (de), maître de conférences à l'École normale supérieure, 53, quai des Grands-Augustins. — 1874.

Lacroix (Jules), 22, rue d'Anjou-Saint-Honoré. — 1867.

Ladopoulos (Jean), négociant, au Caire. — 1880.

Laffon (Gustave), consul de France, à Andrinople. — 1880.

Lamare (Clovis), ancien administrateur de l'institution Sainte-Barbe, 5, place Clichy. — 1870.

Lambros père (Paul), à Athènes. — 1877.

Lambros (Michel), à Athènes. — 1873.

Lambros (Spyridion), directeur de l'enseignement primaire, à Athènes. — 1873.

Lamouroux (Georges-Victor), 9, boulevard Saint-Denis. — 1880.

Lamy (Ernest), 113, boulevard Haussmann. — 1883.

*. Landelle (Charles), 17, quai Voltaire, — 1868.

* Laperche (Alexis), 63, rue des Saints-Pères. — 1872.

Laprade (Paul de), licencié ès lettres et en droit, 10, rue de Castries, à Lyon. — 1884.

Larroumet, maître de conférences à la Faculté des lettres de Paris, 9, rue du Val-de-Grâce. — 1884.

* Lattry (Georges), président du musée et de la bibliothèque de l'École évangélique de Smyrne. — 1882.

*. Lattry (Al.), à Odessa. — 1873.

Lavotte (Henri), 3, rue Drouot. — 1867.

Lazaridis (Léonidas-A.), à Constantinople. — 1882.

Lebègue (Albert), professeur à la Faculté des lettres de Toulouse, 12, place Sainte-Scarbe. — 1876.

Le Blant (E.), membre de l'Institut directeur de l'École française de Rome, 7, rue Leroux (avenue du Bois de Boulogne). — 1867.

Le Bret (Paul), 148, boulevard Haussmann. — 1867.

* Lecomte (Ch.), négociant, 41, rue du Sentier. — 1875.

* Legantinis (J.-E.), négociant, à Odessa. — 1873.

Legentil (V.), professeur au lycée, à Caen. — 1868.

Legouez, professeur au lycée Condorcet, 17, boulevard de Versailles, à Saint-Cloud. — 1867.

* Legrand (Émile), répétiteur à l'École des langues orientales vivantes, 14, rue de Sèvres. — 1870.

LELIOUX (Armand), sténographe reviseur au Sénat, 32, rue Molitor. — 1879.

LEMAÎTRE (Raoul), juge suppléant, 36, rue des Chanoines, à Caen. — 1874.

LEMOINNE (John), de l'Académie française, 58, rue de Clichy. — 1870.

LENIENT, député, 14, rue du Cardinal Lemoine. — 1867.

LÉOTARD (Eug.), docteur ès lettres, doyen de la Faculté libre des lettres, 3, cours Morand, à Lyon. — 1868.

LEQUARRÉ (Nicolas), professeur à l'Athénée royal de Liége (Belgique), rue André-Dumont. — 1872.

* LEREBOULLET (Dr Léon), 44, rue de Lille. — 1872.

LERICHE (J.), professeur agrégé de l'Université de France pour la langue anglaise, 19, Tavistock Road, Westbourne Park, à Londres. — 1877.

LEROY (Alph.), professeur à l'Université, 34, rue Fusch, à Liége. — 1868.

LEROY-BEAULIEU (Anatole), 67, rue Pigalle. — 1870.

LE SOURD (docteur E.), directeur de la *Gazette des hôpitaux*, 4, rue de l'Odéon. — 1883.

* LESSEPS (Ferdinand de), membre de l'Académie française, président de la Compagnie universelle du canal de Suez. — 1884.

LETRONNE (Mlle), 17, quai Voltaire. — 1869.

LEUDET, directeur de l'École de médecine de Rouen, 49, boulevard Cauchoise. — 1884,

LÉVÊQUE (Charles), membre de l'Institut, professeur au Collège de France, à Bellevue, près Paris. — 1867.

* LEVIEZ (Ernest), directeur de la Compagnie d'assurance contre l'incendie l'*Urbaine*, 27, rue du Mont-Thabor. — 1886.

LIARD, directeur de l'Enseignement supérieur au ministère de l'Instruction publique. — 1884.

LIMPRITIS, avocat, à Alexandrie. — 1877.

LOISEAU (Arthur), docteur ès lettres, professeur au lycée de Vanves, 13, rue des Treilles. — 1868.

LOMAS (L. de), ancien magistrat. — 1883.

LOUÉ (l'abbé), curé de Morsan, par Brionne (Eure). — 1879.

* Ludlow (Thomas-W.), Cottage Lawn Yonkers, New-York City et à Paris, chez M. Terquem, libraire, 15, boulevard Saint-Martin. — 1881.

* Macmillan (Georges-A.), éditeur, Bedfort Street, Covent-Garden, W. C., à Londres. — 1878.

Madiuj (Nicolas), avocat à Constantinople. — 1883.

* Maggiar (Octave). négociant, 28, rue Saint-Lazare. — 1868.

Magnabal, inspecteur général de l'instruction publique en retraite, 22, rue de Saint-Cloud, à Clamart. — 1867.

Maigret (Édouard), 25, rue Louis-le-Grand. — 1867.

Maigret (Théodore), 8, rue Volney. — 1867.

* Maisonneuve et Ch. Leclerc, libraires-éditeurs, 25, quai Voltaire. — 1875.

Maliaca (Abraham), professeur, à Constantinople. — 1868.

Maliadis (Démétrius), docteur en droit, avocat, à Constantinople. — 1868.

* Mallortie (H. de), principal du collège, à Arras. — 1870.

Manolopoulos (K.), négociant, à Alexandrie (Égypte). — 1872.

* Manoussis (Constantinos), à Taganrog (Russie). — 1870.

* Manoussis (Démétrios), à Taganrog (Russie). — 1869.

Manuel (Eug.), inspecteur général de l'Instruction publique, 6, rue Raynouard. — 1871.

* Mantzavinos (R.), à Odessa. — 1873.

* Marango (Mgr), archevêque latin d'Athènes. — 1885.

Maratos (le dr), au Caire. — 1873.

Marcheix, sous-bibliothécaire de l'École des Beaux-Arts. — 1885.

Marinos (Miltiade), à Athènes. — 1873.

Martel, sénateur, 180, boulevard Haussmann. — 1879.

Martha (Constant), membre de l'Institut, professeur à la Faculté des lettres, 55, rue du Cherche-Midi. — 1873.

Martha (Jules), maître de conférences à la Faculté des lettres de Paris, 62, rue Saint-Placide. — 1881.

Martin (Tomy), avocat à la Cour d'appel, 3, rue Bastiat. — Rétabli en 1885.

* MASPERO (G.), membre de l'Institut, 24, avenue de l'Observatoire. — 1877.

MASSON (Gustave), professeur de littérature française à l'école de Harrow, Middlesex (Angleterre). — 1871.

MATHIUDAKIS (Alexandre), docteur en droit, directeur de la banque d'Epiro-Thessalie, à Volo. — 1868.

MATZAS (Antoine), ingénieur, à Athènes. — 1877.

MAUCOMBLE (Émile), avoué près le tribunal civil de la Seine, 11, rue Laffitte. — 1876.

MAUNOIR (Charles), secrétaire de la Société de géographie, 14, rue Jacob. — 1869.

MAURY (Alfred), membre de l'Institut, directeur général des Archives nationales. — 1867.

* MAVRO (Spiridion), à Odessa. — 1873.

* MAVROCORDATO (le colonel Alexandre-Constantin). — 1873.

* MAVROCORDATO (le prince Nicolas), ancien ministre de Grèce à Paris, 9, rue Lincoln. — 1868.

MAVROGORDATO (Dimitrios-A.), négociant, à Liverpool. — 1867.

MAVROGORDATO (M.), à Odessa. — 1873.

MAVROGORDATO (Emmanuel-A.), négociant, Westbourne Terrace, à Londres. — 1871.

MAYRARGUES (Alfred), ancien professeur, trésorier de l'Alliance française, 103, boulevard Malesherbes. — 1868.

* MAXIMOS (P.), à Odessa. — 1879.

MAZARAKIS (Gerasimos), professeur, au Caire. — 1873.

* MAZEROLLE (Joseph), artiste peintre, 45, rue du Rocher. — 1884.

MELAS (Constantin), 67, cours Pierre Puget, à Marseille. — 1867.

MELAS (Michel), à Athènes. — 1868.

MENAULT, 7, avenue Villamont, à Lausanne. — 1878.

MENCKE, libraire de l'Université, à Erlangen. — 1885.

MERCIER (Louis-Victor), licencié en droit, 14, rue d'Aumale. — 1878.

MERLET (Gustave), professeur de rhétorique au lycée Louis-le-Grand, 64, boulevard Saint-Germain. — 1869.

METAXAS (St.), docteur-médecin, 22, rue Mazagran, à Marseille. — 1867.

MEUNIER DU HOUSSOY, 22, rue de Prony. — 1870.

* MEYER (Paul), membre de l'Institut, directeur de l'École des Chartes. — 1884.

MÉZIÈRES, de l'Académie française, professeur à la Faculté des lettres, 57, boulevard Saint-Michel. — 1867.

MILIARAKIS, homme de lettres, à Athènes. — 1875.

MIOT, colonel, chef d'état-major, 2, rue d'Auteuil. — 1878.

* MISTO (H.-P.) frères, négociants, à Smyrne. — 1880.

* MONCEAUX (Paul), professeur au lycée Condorcet, 34, rue de Londres. — 1885.

MONGINOT, professeur au lycée Condorcet, 38 *bis,* avenue de Neuilly. — 1867.

MONOD (Gabriel), directeur de la *Revue historique,* maître de conférences à l'Ecole normale supérieure, 18 *bis,* rue du Parc de Clagny, à Versailles. — 1869.

MONTAGNE (Edmond), chef d'institution, à Villiers-le-Bel. — 1868.

MONTAUT (l'abbé), professeur à l'Université catholique de Toulouse. — 1877.

MOREAU-CHASLON (Georges), 6, place de Valois. — 1869,

MOSCHOPOULOS (Théodore), secrétaire du consulat de Roumanie, à Constantinople. — 1886.

MOSSOT, professeur au lycée Condorcet, 20, rue de Verneuil. — 1878.

* MOURIER (Ad.), vice-recteur honoraire de l'Académie de Paris, 220, rue de Rivoli. — 1867.

MOUTTET (Félix), avoué-licencié, 109, rue Lafayette, à Toulon. — 1882.

MOUY (comte de), ministre plénipotentiaire de la République française près S. M. le roi des Hellènes, à Athènes, et à Paris, 26, rue Nicolo. — 1884.

MYRIANTHEUS (dr Hiéronymos), archimandrite de l'église grecque Sainte-Sophie, Moscow Road, Bayswater. W., à Londres. — 1879.

MYRIANTHOPOULOS (L.), à Alexandrie. — 1880.

Nasos, directeur de la compagnie d'assurances le *Phénix*, à Athènes. — 1868.

Naville (Edouard), licencié ès lettres, à Genève. — 1867.

* Negroponte (Michel), négociant, à Paris. — 1876.

* Negropontès (Dimitrios), à Taganrog (Russie). — 1869.

* Nicolaïdès (G.), de l'île de Crète, homme de lettres, à Athènes. — 1868.

* Nicolaïdès (Nicolaos), à Odessa (Russie). — 1869.

Nicolaïdès (Athanasios), rédacteur en chef du journal *Philippopolis,* à Constantinople. — 1880.

Nicolaïdès (D.), journaliste, à Constantinople.— 1880.

Nicolaïdy (le commandant B.), 6, avenue Percier. — 1878.

* Nicolopulo (Jean-G.), 66, rue de Monceau. — 1884.

* Nicolopulo (Nicolas-G.), 66, rue de Monceau. — 1884.

Nicot (Augustin), pharmacien, 37, rue des Nonnains-d'Hyères. — 1876.

Nisard (Auguste), inspecteur honoraire d'Académie, 89, boulevard Haussmann. — 1867.

Nisard (Charles), membre de l'Institut, 6, rue des Batignolles. — 1867.

Nisard (Désiré), de l'Académie française, 12, rue de Tournon. — 1867.

Oddi (F.-F.), professeur de langues, au Caire. — 1880.

Ollé-Laprune, maître de conférences à l'École normale supérieure, 31, rue Gozlin. — 1869.

Omont (H.), attaché à la Bibliothèque nationale, 28, quai de Béthune. — 1884.

Oratis (A.), à Alexandrie. — 1880.

Orphanidès (Démétrius), professeur à l'Université d'Athènes. — 1868.

Oursel (Paul), 36, rue de l'Arcade. — 1867.

* Paisant (Alfred), juge au tribunal de la Seine. — 1871.

Panas (le dr F.), professeur de clinique ophthalmologique à la Faculté de médecine, 17, rue du général Foy. — 1875.

PANGALOS (Georges), du secrétariat du Tribunal civil, au Caire.
— 1882.

PAPADAKIS (le dr A. E.), de Crète, médecin à Athènes. — 1884.

PAPADAKIS (Théophraste), 4, rue Gluck. — 1884.

PAPADOPOULOS (Périclès), négociant, au Caire. — 1880.

PAPAMARCOS (Charissios), directeur de l'Ecole normale des Iles
Ioniennes, à Corfou. — 1882.

PAPARRIGOPOULOS (P.), professeur de droit à l'Université d'Athènes. — 1868.

PAPATHYMIOS (Othon), négociant, à Mehalla-Kibir (Egypte). —
1882.

PAPPIS (Timoléon), à Constantinople. — 1883.

PARAPANTAPOULOS (Jean), professeur de l'Ecole commerciale hellénique de Chalki, à Constantinople. — 1868.

* PARASKEVAS (Wladimir), à Odessa. — 1880.

PARIS (Gaston), membre de l'Institut, professeur au Collège de
France, 112, rue du Bac. — 1868.

* PARISSI, à Athènes. — 1878.

* PARMENTIER (Th.), général, membre du comité des fortifications, 5, rue du Cirque. — 1872.

PASPALLI (Nicolas), négociant, à Constantinople. — 1868.

PASPATIS (Alexandre), docteur-médecin, à Constantinople. —
1868.

PASSERAT (Louis), professeur agrégé en retraite, 1, rue du Belvé-
dère, à Tours. — 1874.

PASSY (Louis), député, 45, rue de Clichy. — 1867.

PATÉ (Lucien), attaché à la Direction des beaux-arts, 31, rue de
Sèvres. — 1877.

PEDONE-LAURIEL, libraire-éditeur, 13, rue Soufflot. — 1868.

* PÉLICIER (P.), archiviste de la Marne, à Châlons. — 1867.

PEPIN-LEHALLEUR (Adrien), 14, rue de Castiglione. — 1880.

PERDIKIDÈS (C.), négociant, à Constantinople. — 1872.

PERROT (Georges), membre de l'Institut, directeur de l'École normale supérieure. — 1867.

PERROUD (Cl.), recteur de l'Académie de Toulouse. — 1884.

PERSON (Léonce), professeur au lycée Condorcet, à Maisons-
Laffitte. — 1867.

PERSON (Émile), professeur au lycée Condorcet, 33, rue d'Amsterdam. — 1877.

* PERSOPOULO (N.), à Odessa. — 1873.

PESMAZOGLOU (Jean), à Alexandrie. — 1880.

· PESSON, ingénieur des ponts et chaussées, 25, boulevard Malesherbes. — 1878.

PETIT (Mme veuve), à Senlis (Oise). — 1872.

PETIT (Arsène), 49, avenue de l'Observatoire. — 1880.

PETIT DE JULLEVILLE, maître de conférences à l'École normale supérieure, 49, rue du Ranelagh. — 1868.

PEYRE (Roger), professeur d'histoire au collège Stanislas, 42, rue Jacob. — 1879.

* PHARDYS (Nicolas-B.), de Samothrace, directeur de l'École hellénique à Cargèse (Corse). — 1884.

PHILIOS (Démétrius), à Athènes. — 1879.

PHOSTIROPOULOS (Constantin), à Athènes. — 1878.

PHOTIADIS (Nicolas), négociant, à Constantinople. — 1868.

PIAT (Albert), 85, rue Saint-Maur-Popincourt. — 1867.

PICARD (Alph.), libraire-éditeur, 82, rue Bonaparte. — 1879.

PIÉBOURG (Edmond), professeur agrégé à la Faculté de droit à Douai. — 1880.

PILASTRE (E.), avoué, 46, rue Notre-Dame-des-Victoires.—1883.

* PISPAS (B.), à Odessa. — 1879.

PITRA (le cardinal), administrateur de la Vaticane, à Rome. — 1884.

POFFANDIS, 199, boulevard Saint-Germain. — 1879.

POITRINEAU, inspecteur d'Académie, à Vannes. — 1869.

POIVET (l'abbé), professeur au petit séminaire de Versailles. — 1883.

POLYCARPOS (Hierodiaconos), archimandrite, à Constantinople. — 1873.

PORPHYRIOS SINAÏTE (le diacre), au Caire.— 1883.

POTRON, 14, rue de l'Arcade. — 1867.

POTTIER (René-Jean), professeur suppléant au lycée Condorcet, 26, rue Joubert. — 1870.

POTTIER (Edmond), professeur suppléant à l'École des Beaux-Arts, 4, passage des Eaux, à Passy. — 1884.

PRAROND (Ernest), 42, rue de Lillers, à Abbeville. — 1871.

PRETENDERES TYPALDOS, à Athènes.

PRILEJAEFF (l'archiprêtre), aumônier de l'ambassade de Russie à Paris, à l'église russe, 8, rue Daru. — 1869.

PSARAS, professeur de grec, 17, Alexander street, Weslbourne Park, à Londres. — 1871.

* PSICHA (Étienne), à Athènes. — 1884.

PSICHARI (Jean), agrégé de l'Université, maître de conférences à l'École des Hautes-Études, 26, rue Gay-Lussac. — 1879.

PSYCHARIS (Antoine), hôtel Bellevue, à Dresde. — 1868.

* QUEUX DE SAINT-HILAIRE (marquis de), 3, rue Soufflot. — 1867.

RALLI (Georges), négociant, à Alexandrie. — 1877.

RALLI (Théodore-A.), à Alexandrie. — 1879.

RALLI (Théodore), 12, allées des Capucines, à Marseille. — 1867.

RALLI, SCHILIZZI et ARGENTI, négociants, 12, allées des Capucines, à Marseille. — 1867.

RALLY (Nicolas), 8, rue de Lisbonne. — 1884.

* RAMBAUD (Alfred), professeur à la Faculté des lettres, 76, rue d'Assas. — 1870.

RANGABÉ (Rizo), ministre plénipotentiaire de Grèce, Regenten-Strasse, à Berlin. — 1868.

RANGABÉ (Cléon), consul-général à Sofia. — 1884.

RAYET (Olivier), professeur d'archéologie près la Bibliothèque nationale, 8 bis, rue Raynouard. —

* REINACH (Salomon), ancien membre de l'École française d'Athènes, 31, rue de Berlin. — 1878.

REINACH (Théodore), 31, rue de Berlin. — 1884.

RENAN (Ernest), membre de l'Institut, administrateur du Collège de France. — 1867.

* RENIERI (Marc), gouverneur de la Banque nationale, à Athènes. — 1867.

REVILLOUT, professeur à la Faculté des lettres de Montpellier. — 1869.

RHALLIS (Étienne), négociant, à Constantinople. — 1868.

* RIANT (comte Paul), membre de l'Institut, 51, boulevard de Courcelles. — 1867.

* RICHARD-KŒNIG, négociant. — 1869.

RIEDER, directeur de l'École alsacienne, 109, rue Notre-Dame-des-Champs. — 1878.

RINN (Charles), professeur au collège Rollin, 59, rue Rodier. — 1876.

RIZO (Michel), ancien consul général, à Alexandrie (Égypte). — 1873.

ROBERT (Charles), membre de l'Institut, 25, boulevard de Latour-Maubourg. — 1867.

* ROBERTET (G.), chef de bureau au ministère de l'Instruction publique, 13, rue Paul-Louis-Courrier. — 1873.

ROBERTI (A.), professeur d'anglais au collège de Briançon. — 1873.

ROBIOU (Félix), correspondant de l'Institut, professeur à la Faculté des lettres, à Rennes. — 1872.

ROCHETERIE (Maxime de la), à Orléans. — 1879.

RODILLON (l'abbé), ancien supérieur du séminaire de Crest, à Lyon, 16, rue de Tramassac. — Rétabli en 1885.

* RODOCANACHI (Théodore), 18, avenue de l'Opéra. — 1884.

* RODOCANACHI (P.-Th.), à Odessa. — 1873.

RODOCANACHI (Th.-E.), négociant, 14, allées des Capucines, à Marseille. — 1867.

* RODOCANACHI (Michel-E.), négociant, 10, allées des Capucines, à Marseille. — 1867.

* RODOCANACHI (P.), 42, avenue Gabriel. — 1867.

ROERSCH, professeur à l'Université, à Liège. — 1873.

* ROMANOS (Jean), proviseur du gymnase de Corfou (Grèce). — 1873.

ROTHSCHILD (baron Alphonse de), 21, rue Laffitte. — 1867.

* ROTHSCHILD (le baron Edmond de), 21, rue Laffitte. — 1884.

ROUSTOWITZ (Alexandre), négociant au Caire. — 1880.

RUELLE (Ch.-Émile), bibliothécaire à la Bibliothèque Sainte-Geneviève. — 1869.

SAGLIO (Edmond), conservateur au musée du Louvre, 24, rue Condé. — 1868.

SAINT-PAUL (Georges), auditeur au Conseil d'Etat, place Malesherbes. — 1877.

SAKELLAROPOULO (Spiridion), docteur en philosophie, à Athènes. — 1874.

SALOMON, professeur au lycée Louis-le-Grand, 6, boulevard Saint-Michel. — 1867.

SALTELIS (Th.), professeur, à Constantinople. — 1886.

SALVAGO PANTALEON, négociant, à Alexandrie. — 1867.

* SARAKIOTIS (Basile), docteur-médecin, à Constantinople. — 1872.

SARANTE YATROU, médecin oculiste, au Caire. — 1882.

* SARAPHIS (Aristide), négociant à Mételin (Turquie). — 1868.

SARCEY (Francisque), 59, rue de Douai. — 1868.

SARIDIS (Démétrius), orfèvre au Caire. — 1880.

* SARIPOLOS (Nicolas), correspondant de l'Institut de France, avocat, à Athènes. 1868.

SARIPOLOS (Jean-N.), étudiant en droit, 9, rue de Tournon. — 1882.

* SATHAS (Constantin), campo San Stae, à Venise. — 1874.

* SAYCE, professeur à l'Université d'Oxford, King's College. — 1879.

* SCARAMANGA (Doucas), à Taganrog (Russie). — 1870.

* SCARAMANGA (Jean-A.), à Taganrog (Russie). — 1870.

* SCARAMANGA (Pierre-J.), attaché à la légation hellénique à Paris, 6, rue Le Chatelier (place Pereire). — 1872.

* SCARAMANGA (Stamatios), à Taganrog (Russie). — 1870.

* SCARAMANGA (Jean-E.), 2, allées des Capucines, à Marseille. — 1876.

* SCHLIEMANN (Henri), à Athènes. — 1868.

SCLAVOS (P.-C.), négociant, 76, Palmerston Buildings, à Londres. — 1867.

SCOULOUDIS (Etienne), ancien député, à Athènes. — 1868.

SCOUZES (Mme Hélène), à Athènes. — 1882.

SELLET (Eug.), professeur au lycée de Vanves, 30, boulevard du Lycée. — 1876.

SENART (Émile), membre de l'Institut, 16, rue Bayard. — 1867.

SERRES (Victor), à Alger. — 1885.

SESTIER (J.-M.), avocat à la Cour d'appel, 24, rue Nicole. — 1881.

* SINADINO (Nicolas), 4 *bis*, rue du Quatre-Septembre. — 1884.

* SINADINO (Michel), 18, avenue de l'Opéra — 1880.

* SINANO (Victor), 4, rue Meissonier. — 1884.

SIPHNAIOS (Jean), négociant, à Constantinople. — 1868.

SKLIROS (Georges-Eustathe), 82, Mortimer Street, Cavendish Square. W., à Londres. — 1876.

SKYLIZZI (Jean-Isidoris), à Athènes. — 1868.

SOLOMONIDIS (Épaminondas), docteur-médecin, île de Poros (Grèce). — 1880.

SOREL (Albert), secrétaire de la présidence du Sénat. — 1871.

* SOUCHU-SERVINIÈRE, docteur-médecin, à Laval. — 1876.

SOULIDIS (Nicolas), avocat, à Constantinople. — 1881.

SOUTZO (Al.), secrétaire du consulat général de Sofia. — 1872.

* SOUVADZOGLOU (Basili), négociant, à Constantinople. — 1878.

STAMELIS (Athanase), docteur en médecine, à Alexandrie. — 1879.

STAMOULIS (A.), à Silyvrie, (Turquie). — 1874.

STEPHANOS (Dr Clon), à Athènes. — 1879.

* STEPHANOVIC (Zanos), à Constantinople. — 1868.

SUGDURY (G.), à Athènes. — 1867.

* SULLY-PRUDHOMME, membre de l'Académie française, 82, rue du Faubourg-Saint-Honoré. — 1883.

* SYLLOGUE LITTÉRAIRE l'*Hermès*, à Manchester. — 1874.

* SYNGROS (A.), député, à Athènes. — 1877.

TALAMON (Henri), 64, rue de Richelieu. — 1883.

TALBOT (Eugène), professeur au lycée Condorcet, 11, rue de la Planche. — 1867.

TAMVACOS (N.-D.), à Constantinople. — 1874.

TAMY, ancien professeur, 35, rue de Grenelle. — 1877.

TANNERY (Paul), ingénieur des manufacteures de tabacs, 221, rue du faubourg St-Honoré. — 1885.

TARDIEU (Amédée), bibliothécaire en chef de l'Institut. — 1872.

* TARLAS (Th.), à Taganrog (Russie). — 1873.

* TELFY (J.-B.), professeur de littérature classique à l'Université de Pesth. — 1869.

TERNAUX-COMPANS, secrétaire d'ambassade à Saint-Pétersbourg ; 3, rue Neuve-Fortin, à Paris. — 1878.

TERRIER, professeur au collège Rollin, maître de conférences à l'École normale primaire, de Sèvres, 42, rue de La-Tour-d'Auvergne. — 1878.

TERZETTI (Mme Adélaïde), à Zante (Grèce). — 1883.

TERTU (comte de), à Tertu, par Trun (Orne). — 1867.

THÉNARD (A.), professeur au lycée de Versailles, 8, rue Royale, à Versailles. — 1884.

THEODORIDIS (Nicolas), pharmacien, à Constantinople. — 1868.

THEOLOGOS, chef de la maison P. Théologos, de Manchester, à Athènes. — 1872.

* TILIÈRE (marquis de), 14, rue de Marignan. — 1873.

TOUFECTSOFF (M.), à Cavala (Turquie). — 1873.

* TOUGARD (l'abbé Alb.), docteur ès lettres, professeur au petit séminaire (Rouen). — 1867.

* TOURNIER, maître de conférences à l'École normale supérieure, 16, rue de Tournon. — 1867.

* TOURTOULON (baron de), château de Valergues, par Lansargues (Hérault). — 1869.

TRANCHAU, inspecteur d'Académie honoraire, à Orléans (Loiret). — 1868.

TRAVERS (Albert), inspecteur des Postes et Télégraphes, 13, passage Stanislas. — 1885.

TRÉLAT (Émile), directeur de l'École spéciale d'architecture, 17, rue Denfert-Rochereau. — 1877.

TRESSE, 184, rue de Rivoli. — 1868.

TRÉVERRET (Armand de), professeur à la Faculté des lettres de Bordeaux. — 1869.

* TSACALOTOS (E.-D.), à Athènes. — 1873.

TZITZOPOULI frères (G. et Chr.), bijoutiers, à Constantinople. — 1881.

* UNIVERSITÉ D'ATHÈNES. — 1868.

VAGLIANO (André), négociant, 23, rue de l'Arsénal, à Marseille.
— 1868.

VALETTAS (J.-N.), professeur, 27, Heaterley Grove Bayswater,
à Londres. — 1867.

* VALIERI (Octavien), 2, Kensington Park Garden, à Londres.
— 1879.

VALIERI (Jérôme), négociant, 7, rue de l'Arsenal, à Marseille.
— 1868.

VANEY (Emmanuel), conseiller à la Cour, 14, rue Duphot. —
1872.

VAPHIADIS (Apostolos), docteur-médecin, à Constantinople. —
1868.

VAPHIADIS (Georges), journaliste, à Buchârest. — 1868.

VASMARIDIS, directeur de l'École grecque de Péra, à Constantinople. — 1880.

VASSARI (Pantazis), à Tantah (Égypte). — 1883.

VAST (Henri), professeur au lycée Condorcet, 9, rue de Greffulhe.
— 1875.

VATIKIOTIS (le docteur), à Alexandrie (Égypte). — 1870.

VAUZELLES (Ludovic de), conseiller honoraire à la Cour d'appel
d'Orléans. — 1867.

VENETOCLÈS (Dém.), directeur du lycée grec, à Alexandrie. —
1879.

VENETOCLÈS (Minos), avocat, à Alexandrie. — 1879.

VÉRIN, professeur de philosophie à l'École de Pont-Levoy (Loir-
et-Cher). — 1869.

VERNA (baron de), au château de Haute-Pierre, par Crémieu
(Isère). — 1869.

VÉRON-DUVERGER, professeur à la Faculté de droit, 2 bis, rue
Soufflot. — 1872.

VIDAL-LABLACHE, maître de conférences à l'École normale supérieure. — 1870.

VINCENT (Edgar), 8, Ebury street, S. W., à Londres. — 1880.

* VLASTO (Antoine), à Paris. — 1884.

* VLASTO (Étienne-A.), 12, allées des Capucines, à Marseille. —
1875.

* VLASTO (Ernest), ingénieur, 44, rue des Écoles. — 1884.

VLASTO (Michel-A.), rentier, 154, boulevard Malhesherbes. — 1884.

* VLASTO (Théodore), chez MM. Ralli frères, à Liverpool. —

VOGÜÉ (Melchior de), membre de l'Institut, ancien ambassadeur, 2, rue Fabert. — 1875.

VOLTERA (Gerasimos), négociant, au Caire. — 1876.

* VOULISMAS (Eust.), archevêque de Corfou. — 1873.

VOUTYRAS (Stavros-Jean), journaliste, à Constantinople. — 1868.

VRETOS (Jean-A.), journaliste, à Athènes.. — 1868.

* VUCINA (Emmanuel-G.), à Odessa. — 1873.

* VUCINA (A.-G.), à Odessa. — 1873.

* VUCINA (Jean-G.), à Odessa. — 1873.

WADDINGTON (W.-Henry), membre de l'Institut, sénateur, 11 bis, rue Dumont d'Urville. — 1867.

WADDINGTON (Ch.), professeur à la Faculté des lettres, 50, rue de la Tour-d'Auvergne. — 1873.

WAGENER (A.), membre de la chambre des représentants, à Gand. — 1873.

WALLON (Henri), sénateur, secrétaire perpétuel de l'Académie des Inscriptions et Belles-Lettres, au palais de l'Institut. — 1869.

WATEL, professeur au lycée Condorcet, 105, rue Miroménil. — 1871.

WEIL (Henri), membre de l'Institut, maître de conférences à l'École normale supérieure, 64, rue Madame. — 1867.

* WESCHER (Carle), conservateur à la Bibliothèque nationale, 89, rue de Vaugirard. — 1867.

WITT (Pierre de), 83, boulevard Haussmann. — 1882.

WITTE (baron de), membre de l'Institut, 5, rue Fortin. — 1867.

WORMS (Justin), banquier, 10, rue du Conservatoire. — 1876.

* XANTHOPOULOS (Démétrius), à Odessa. — 1879.

* XYDIAS (S.), à Odessa. — 1873.

* XYDIAS (Nicolas), artiste peintre, 19, rue des Prêtres-Saint-Germain-l'Auxerrois. — 1884.

ZAFIROPULO (Étienne), président du comité Coray, 11, cours du Chapitre, à Marseille. — 1877.

ZAÏMIS (Alexandre), député, à Athènes. — 1879.

ZAJA (Louis), avocat, à Alexandrie. — 1880.

ZALOCOSTAS (Pierre-N.), 7, rue Casimir-Delavigne. — 1886.

ZARIFI (Léonidas), négociant, à Constantinople. — 1867.

ZARIFI (Périclès), négociant, 20, allées des Capucines, à Marseille. — 1867.

ZIROS (Nicolas), négociant, au Caire. — 1880.

* ZOGRAPHOS (Christakis Effendi), banquier, fondateur du prix Zographos, 21, avenue de l'Opéra. — 1868.

* ZOGRAPHOS (Xénophon), docteur-médecin, 18, rue Nouvelle, à Constantinople. — 1868.

ZOGRAPHOS (Solon), 21, avenue de l'Opéra. — 1876.

SOCIÉTÉS CORRESPONDANTES.

Athènes.

École française d'Athènes.
Société archéologique.
Syllogue des amis de l'instruction, le *Parnasse*.
— pour la propagation des études grecques.
— d'enseignement (διδασκαλικός).
— littéraire, le *Byron*.

Auxerre.

Société des sciences historiques et naturelles de l'Yonne.

Baltimore (États-Unis).

Johns Hopkins University.

Boston.

Archæological Institute of America.

Constantine.

Société archéologique du département de Constantine.

Constantinople.

Syllogue littéraire hellénique.

Le Havre.

Société havraise d'études diverses.

Londres.

Société pour le progrès des études helléniques.

Marseille.

Comité *Coray*.

Montpellier.

Académie des sciences et lettres de Montpellier

Paris.

Société bibliographique universelle.

Smyrne.

Musée et bibliothèque de l'École évangélique.

DISCOURS

PRONONCÉ PAR

M. LE Mᴵˢ DE QUEUX DE SAINT-HILAIRE

ANCIEN PRÉSIDENT

REMPLAÇANT LE PRÉSIDENT MALADE
ET LES VICE-PRÉSIDENTS EMPÊCHÉS

MESSIEURS,

Depuis vingt ans qu'existe notre Association, c'est la seconde fois seulement que l'Assemblée générale ne voit pas à cette place son président en exercice. La première fois, vous vous en souvenez, c'était en 1879. Cette année, notre président, M. Foucart, récemment élu membre de l'Institut, venait de partir pour Athènes où il était appelé aux fonctions de Directeur de notre savante École française d'archéologie. M. Gidel, alors premier vice-président, dans le discours qu'il prononça, ne manqua pas de faire remarquer que, contrairement à ce qui a lieu d'ordinaire en de semblables occasions, c'était deux événements, également favorables aux études grecques et heureux pour notre président, qui motivaient son absence au milieu de nous. Il n'en va pas malheureusement de même cette année. Les circonstances qui amènent un de vos anciens présidents à la place qu'il occupe, sont particulièrement douloureuses. Notre président en exercice, M. Jourdain, est retenu loin de nous, depuis quelque temps déjà, par une maladie sérieuse qui, sans leur donner d'inquiétudes, afflige ses nombreux amis. Tant que ses forces le lui ont permis, il a tenu à venir assister à nos séances qu'il présidait avec une douceur et une courtoisie qui ne sera jamais oubliée parmi nous. Lors même que sa voix affaiblie ne parvenait plus que difficilement à nos oreilles, il réussissait à se faire entendre à force de se faire écouter. C'est l'état de santé de M. Heuzey qui ne lui a pas permis, non plus, de remplir aujourd'hui ses fonctions de premier vice-président et qui l'a obligé même à décliner l'honneur de vous présider l'année prochaine. Notre second vice-président, M. Gréard, recteur de l'Académie de Paris, dont vous avez pu apprécier tous, à nos séances mensuelles, le tact et le dévouement, est retenu à la Sorbonne par le Congrès des Sociétés savantes des départements ; M. Glachant, le président de l'an dernier, est en tournée d'inspection générale en Algérie ; c'est à lui, à défaut du bureau actuel, qu'il eût appartenu de présider cette séance ; l'honneur lui en revenait à double titre, d'abord comme le plus récent de nos présidents, ensuite, comme le promoteur du concours de composition grecque entre les ouvriers typographes de Paris et de la province, dont vous allez couronner, cette année, pour la première fois, les lauréats.

En vérité, Messieurs, malgré le regret de leur absence, je suis tenté de ne plaindre qu'à demi nos présidents actuels et nos présidents antérieurs des raisons qui les retiennent aujourd'hui loin de nous, car elles leur épargnent la tâche pénible d'énumérer devant vous les pertes cruelles qui ont affligé notre Association, pendant ce dernier exercice.

Cette année, qui vient de finir, aura été une des plus tristes pour nous tous, une des plus douloureuses pour notre Association, qui, en quelques mois, a vu disparaître trois de ses fondateurs, trois de ses membres les plus actifs, les plus dévoués, trois des personnes qui, après avoir contribué le plus utilement à sa fondation, n'ont cessé de lui prodiguer, depuis, les marques d'un dévouement à toute épreuve. Ai-je besoin de rappeler devant vous MM. EGGER, MILLER, GUSTAVE d'EICHTHAL, que vos yeux chercheront en vain, désormais, à la place où ils étaient accoutumés à les trouver, exactement fidèles à toutes nos réunions ?

Comment louer dignement notre vénérable président honoraire, notre cher M. Egger ? Mon embarras eût été grand, et je me serais vu réduit soit à répéter les éloges qui ont été prononcés sur sa tombe par MM. Desjardins, Himly, Hauréau, Jourdain et Saripolos, ou bien à résumer d'une façon incomplète les articles de journaux de MM. Renan *(Journal des Débats)*, Michel Bréal *(Le Temps)*, Ch. Huit *(Le Monde)*, Bikélas ('Εστία et *Revue du Monde Latin)*, Sabatier *(Journal de Genève)*, etc., ou les notices que vous connaissez, et qui ont été publiées sur notre regretté confrère, celle si précise, si détaillée, si complète de son ami, M. Anatole Bailly, qui a paru dans les Mémoires de la Société de l'Orléanais ; l'éloge si exact, si juste, si sobre, et en même temps si élevé que M. Alfred Croiset, a prononcé en prenant place dans la chaire de littérature grecque de la Faculté des Lettres où il succédait au savant professeur qui l'avait occupée pendant quarante-quatre années sans interruption.

Heureusement pour la mémoire de M. Egger et pour vous-mômes, je puis vous lire quelques pages inédites, également dignes de lui et de vous. Notre président, M. Jourdain, avait préparé le discours qu'il devait prononcer aujourd'hui à cette place, et ce discours commençait par un éloge de M. Egger, son ami depuis près de cinquante ans. M. Jourdain a bien voulu me communiquer ces feuillets incomplets et il m'a autorisé à vous en donner lecture, les voici :

« Je croirais trahir votre attente, Messieurs, et je ne répondrais pas certainement à des sentiments qui sont unanimes pour vous et que moi-même je partage, si je ne vous entretenais pas d'abord du collègue éminent qui nous a été enlevé, il y a six mois, et dont la perte répand sur notre réunion annuelle un voile de tristesse et de deuil.

« A la nouvelle de la mort de M. Emile Egger qui de nous ne s'est senti frappé? L'érudition française et la science de l'Antiquité perdaient en lui une de leurs lumières, l'enseignement public, un de ses maîtres les plus laborieux et les plus dévoués, notre Association, un de ses fondateurs qu'elle était fière de conserver à sa tête sous le titre de président d'honneur ; nous tous, le plus sûr des guides et le plus fidèle des amis. J'ai le devoir aujourd'hui de payer, en votre nom, un pieux hommage à la mémoire de ce confrère, objet de nos regrets si affectueux, de vous dire quelle a été sa vie et par quelle suite de travaux honorés, il s'est rendu digne d'inscrire son nom sur la liste des nobles serviteurs de la science et du pays, dont le souvenir ne périra pas.

« Emile Egger était né à Paris, le 18 juillet 1813. Son père, qui exerçait la profession de tapissier, portait dans cette industrie, avec une parfaite honnêteté, certaines qualités vraiment remarquables de bon goût et de sagacité. Je me suis toujours rappelé avoir vu, étant bien jeune encore, à l'exposition de 1827, un modèle de tente de son invention qu'on admirait beaucoup mais qui ne l'enrichit pas. Peu de temps après, il mourut sans laisser de fortune, et le jeune Egger, ses études à peine terminées, dut donner des leçons pour venir en aide à sa mère et à sa sœur qui, de son côté, s'essayait sous la direction de Redouté, à peindre des fleurs. Elle avait fait dans cet art des progrès rapides, et ses premiers essais témoignaient d'un talent réservé à de grands succès, quand, à la fleur de l'âge, elle succomba aux atteintes d'une affection de poitrine, qui, je le sais, ne pardonne pas.

« Doué de la plus heureuse mémoire et d'une grande facilité de travail, mais travaillant avec cette sage méthode qui double la puissance de l'effort, Egger sut, de bonne heure, concilier les occupations que sa situation de famille lui imposait avec l'apprentissage de cette érudition philologique qu'il devait pousser si avant. Tout en donnant des leçons et en écrivant de nombreux articles pour le *Journal général de l'Instruction publique,* il trouvait le temps de suivre les cours de M. Boissonade, de M. Eugène Burnouf, et de M. Hase, nouait des relations avec les plus savants hommes du temps, se faisait recevoir licencié ès lettres, et, deux ans après, à peine âgé de vingt ans, docteur ès lettres. Les thèses qu'il présenta, en 1833, à la Faculté des Lettres de Paris, pour obtenir ce grade témoignaient déjà de la variété et de la force de ses études. La thèse latine avait, pour sujet, la vie, les écrits et la doctrine d'Archytas de Tarente. Il y soutenait, avec habileté, quoiqu'il ne soit pas parvenu à convaincre M. Cousin, un de ses juges, l'authenticité des fragments qui nous sont parvenus sous le nom du célèbre Pythagoricien. L'objet de la thèse française était : *L'éducation chez les Romains,* qui, l'année précédente avait inspiré un savant mémoire à M. Naudet.

« Reçu, en 1834, agrégé des classes supérieures des lettres, il fut chargé pendant quelques années de l'enseignement des humanités dans divers collèges royaux de Paris, sans interrompre cependant ses études savantes, les unes d'histoire, les autres, de pure philologie qui devaient être, dans la suite, l'honneur de sa vie. Ce fut alors qu'il donna une édition de *Longin* et une autre de *Festus*, et qu'il écrivit pour le concours, en 1839, de l'Académie des Inscriptions et Belles-Lettres, son *Examen critique des historiens de la vie et du règne d'Auguste* qui remporta le prix. L'ouvrage parut en 1843. Il est dédié à M. Victor Le Clerc dont la bienveillance avait encouragé les premiers efforts de l'auteur. Il n'est pas indigne de ce patronage. Tous les historiens latins d'Auguste, depuis Auguste lui-même, jusqu'aux derniers abréviateurs de son règne, y sont l'objet de jugements motivés, et on peut affirmer sans crainte d'être démenti, qu'ils ne furent jamais appréciés avec autant d'élévation, d'exactitude et d'équité. Le volume se termine par trois appendices dont l'un contient des *Recherches sur le régime municipal chez les Romains,* un autre, le meilleur texte grec et latin du *Monument d'Ancyre* qui eût été publié avant l'importante découverte de notre confrère, M. G. Perrot.

« Déjà, Emile Egger avait donné mieux que des espérances et s'était acquis un nom comme érudit. Sous les auspices de M. Villemain dont il s'était concilié la bienveillance comme celle de M. Victor Le Clerc, il publia, en 1842, ses *Reliquiæ veteris sermonis latini.* Comme son titre l'indique, l'ouvrage est un recueil de fragments de l'ancienne langue latine. On se trompe quand on croit connaitre la langue latine, sans avoir pris soin de la ramener à ses sources. Cicéron, Tite-Live, Virgile, Ovide, sont sans doute de grands noms, dignes d'une éternelle admiration; mais ils ne suffisent pas pour nous initier à la connaissance non seulement de la langue mais de la civilisation, des mœurs, de la religion de ce peuple que la Providence avait destiné à devenir le maître du monde. Cette science que nos pères estimaient peu, mais qui, par une sorte de réaction exagérée et par conséquent injuste, est sur le point de se substituer dans l'estime de beaucoup de nos contemporains au culte des grands historiens, cette science ne se trouve que dans de vieux débris,

dans des mots, dans des formules, dans quelques fragments, témoins du passé. C'est un choix de ces anciens témoignages qu'Egger s'était proposé de recueillir. D'autres que lui auraient pu entreprendre un pareil
travail mais ils ne l'avaient pas fait, en France, du
moins ; il en a été chargé par un ministre dont le goût
égalait le savoir, et il s'est acquitté de cette tâche avec
un discernement qui ne sera jamais trop loué.

« C'était un honneur pour l'enseignement secondaire
que de posséder dans ses rangs, un maître aussi éminent ; mais Egger méritait d'être appelé à des fonctions
plus hautes. En 1840, il fut nommé maître de conférences à l'Ecole normale ; reçu, la même année, avec
Ozanam et A. Berger, agrégé des Facultés, il fut choisi
par Boissonade, pour suppléant dans la chaire de littérature grecque de la Faculté de Paris. Une nouvelle et
plus vaste carrière s'ouvrait devant Egger ; il la parcourut tout entière avec autant de zèle et de persévérance que de profit pour ses auditeurs. A l'Ecole normale, appelé à la conférence de grammaire qu'Eugène
Burnouf avait autrefois dirigée, il renouvela les traditions de son illustre prédécesseur et sut donner à
l'enseignement d'une branche qui, jusque là, passait
pour un peu secondaire, une importance et un intérêt
aujourd'hui très appréciés. A la Faculté des lettres, il
élargit la sphère dans laquelle M. Boissonade s'était
renfermé et s'inspirant des exemples admirés qu'il
avait sous les yeux, il sut mêler à de pures explications de textes, la critique et la littérature dans ce
qu'elles ont de plus élevé. Le premier fruit de ses
leçons qui vit le jour en 1849, est le bel *Essai sur l'histoire de la critique chez les Grecs*, suivi de la Poétique
d'Aristote et d'extraits de ses problèmes avec une
traduction en français.

« On peut dire de cet ouvrage qu'il est complet ;
l'auteur suit le progrès de la critique chez les Grecs
depuis les temps les plus reculés jusqu'à ces jours du

moyen âge où la pensée grecque n'était plus qu'un souvenir mal compris et n'avait plus d'autres interprètes que les commentateurs d'Aristote dans les écoles de l'Occident. L'*Essai sur l'histoire de la critique* a un autre mérite : l'auteur y témoigne dans toutes ses pages d'un esprit vraiment philosophique. Il parle de Socrate et de Platon, comme s'il les eût entendus discourir sur le Beau. Quand il arrive à Aristote, il expose une véritable philosophie de l'art. Son style a l'élégante simplicité qui convient au sujet. On sent que l'écrivain est un maître qui parle pour être compris et qui n'a d'autre prétention que la clarté. L'*Essai sur l'histoire de la critique* a obtenu un succès que les livres d'érudition obtiennent bien rarement. La première édition est depuis longtemps épuisée, et, à la dernière séance annuelle de l'Institut, notre confrère, M. Michel Bréal a donné lecture de la *Conclusion* nouvelle qu'Egger venait de préparer pour une seconde édition, lorsque nous l'avons perdu.

« Cependant la France avait vu en peu d'années la Monarchie remplacée par la République et à son tour la République renversée par l'Empire. Il est rare que le contre-coup des révolutions ne se fasse pas sentir dans la paisible sphère de l'instruction publique. Heureux les peuples chez qui elles n'ont pas pour effet de la bouleverser et de la ruiner ! En modifiant sur beaucoup de points les programmes d'enseignement, le nouveau gouvernement dont les vues trop systématiques ne furent pas toujours dignes d'approbation, conçut du moins l'utile projet d'introduire la grammaire comparée dans notre plan d'études. Une chaire spéciale, créée à la Faculté des lettres de Paris, fut confiée à M. Hase, et la science que l'illustre philologue allait inaugurer dans l'enseignement supérieur reçut en même temps droit de cité dans les lycées où jusquelà elle était inconnue. Egger était resté, dans tout le cours de sa carrière, en dehors de la politique et n'avait nulle intention de s'engager sur ce terrain si agité, si mouvant, mais, peut-être, ne fut-il pas étranger à une excellente innovation qui allait grandir le champ de l'enseignement grammatical, objet de la chaire qu'il occupait à l'Ecole normale. Quoiqu'il en soit, il se rendit sans éprouver de peine, disons mieux, avec empressement, à la proposition qui lui fut faite par le ministre, M. Fortoul, d'écrire un petit volume destiné à propager dans les lycées, la connaissance et le goût de la grammaire comparée. L'ouvrage devait se réduire à quelques *notions élémentaires*, sous peine de manquer son but ; il devait aussi ne traiter que des langues grecque, latine et française, les seules que connussent, à l'époque où il parut, les élèves de nos lycées, et nous pourrions même dire, le plus grand nombre des professeurs. Mais, sur les rapports de ces trois langues, combien d'observations savantes et curieuses ouvrant des perspectives jusqu'à la langue mère, jusqu'au sanscrit ! Soit qu'il traite des parties du discours, soit qu'il analyse les règles de la syntaxe, soit qu'il aborde les questions importantes de l'étymologie, l'auteur montre combien il est versé dans la matière qu'il traite, combien il est maître de son sujet et le domine. Tant il est vrai qu'il faut dominer son sujet, pour faire un bon livre, ne fût-ce que pour l'usage de la jeunesse !

« Quelques années après, Egger paya un nouveau tribut à la science grammaticale par son ouvrage sur *Apollonius Dyscole*, personnage connu aujourd'hui de quelques érudits seulement et qui cependant est la plus haute expression de la grammaire savante dans l'antiquité. Ce qui poussait Egger à s'occuper d'Apollonius, ce n'était pas seulement le désir de remettre en lumière un écrivain oublié, quoique ce désir ne soit pas absolument frivole, c'est qu'Apollonius, répudiant les fantaisies étymologiques des anciens, notamment de Platon, dans le Cratyle, prétendait fonder les théories grammaticales sur l'observation des faits. Après avoir raconté ce qu'on sait de la vie très peu connue d'Apollonius, Egger passe à ses ouvrages ; il caractérise son style et sa méthode, puis arrive à sa doctrine et expose ce qu'il enseignait sur ces différentes espèces de mots, sur la syntaxe, l'accentuation, la quantité, les étymologies, même sur l'orthographe. La conclusion de cette fidèle analyse, c'est, d'une part, qu'Apollonius, cet enfant de la Grèce, qui ne connaissait et ne citait que la langue de son pays, a laissé une véritable philosophie du langage, laquelle, quoique incomplète par certains endroits, est applicable à toutes les langues, c'est, d'autre part, que ses livres sont encore la meilleure source où puisse aller puiser la science de nos jours.

« Après avoir exposé d'une manière générale le sentiment d'*Apollonius* sur la division et la classification des parties du discours, il explique avec une clarté et une érudition également remarquables ce que le grammairien grec a pensé du nom, du pronom, de l'article, du verbe et des particules indéclinables, telles que la préposition, l'adverbe et la conjonction. Il n'omet pas même ce qui concerne la contraction et l'orthographe. Que ces matières soient un peu arides, nous ne le nions pas, mais l'auteur a su en diminuer la sécheresse par la manière dont il les a traitées, par les rapprochements qui se multiplient sous sa plume, par la clarté de son style, par l'élévation intelligente des aperçus. Apollonius, nom aujourd'hui si peu connu, est replacé sous son vrai cadre, dans l'histoire de la Grammaire et des théories grammaticales de l'antiquité.

« Ces travaux d'une érudition si originale et si variée marquaient la place d'Egger à l'Académie des Inscriptions et Belles-Lettres. Il y fut élu le 24 avril 1854, en remplacement de Benjamin Guérard. Dans une carrière déjà longue, il s'était toujours proposé comme récompense suprême ce témoignage de l'estime du monde savant, et il ne cacha pas sa joie de l'avoir enfin obtenu.

Mais le succès où d'autres s'endorment ne fut pour son activité qu'un nouveau stimulant. Durant les trente-et-une années qu'il passa à l'Académie, il s'est montré le membre le plus laborieux et le plus zélé. Non-seulement il assistait à toutes les séances avec une assiduité vraiment exemplaire, il prenait part aux discussions, toutes les fois qu'il en trouvait l'occasion, il y mêlait des réminiscences souvent décisives et étonnait ses confrères anciens et nouveaux par les richesses de sa mémoire toujours présente.

« Il écrivit sur les sujets les plus divers des mémoires considérables qui seront toujours consultés avec fruit; il ne se refusait pas à en lire des fragments dans les assemblées générales ou trimestrielles de l'Institut, et combien de fois n'a-t-il pas rempli ce rôle de lecteur ! Quand chacun s'abstenait ou se taisait, l'Académie des Inscriptions le trouvait toujours prêt à prendre la parole au nom de ses confrères, et à charmer un auditoire d'élite par la solidité et la finesse lumineuse de ses communications.

« Tels sont, pour nous borner à quelques exemples, entre tant d'autres dont Mme Egger a soigneusement dressé la liste, le mémoire sur *La Poésie pastorale ;* celui sur *Les Secrétaires des Princes chez les anciens ;* celui sur *Les Traités internationaux chez les Grecs et chez les Romains ;* celui sur *L'Etude de la langue latine chez les Grecs ;* celui sur *Le Meurtre politique chez les Grecs.* Tous ces mémoires seront toujours consultés avec autant de profit que d'agrément; ils offrent une solidité unie à un intérêt qu'on ne trouve pas chez beaucoup d'autres érudits chez qui la science est sévère jusqu'à devenir rébarbative. »

Les feuillets que M. Jourdain m'a remis se terminent ici. Je me garderai bien d'y rien ajouter, comme je n'en ai voulu rien retrancher. La vie de M. Egger, à partir de la date où son ami s'est arrêté, est la plus connue de la plupart d'entre nous, car c'est celle où nous l'avons vu le plus souvent au milieu de nous. De plus, j'espère que notre Président se rétablira promptement et qu'il pourra achever bientôt, lui-même, la magistrale étude dont je ne vous ai lu que le commencement. C'est le vœu que je me permets d'exprimer ici, en votre nom comme au mien, bien certain d'être en cela l'interprète de tous vos sentiments.

Quatre mois à peine après la mort subite de M. Egger à Royat, un autre de nos fondateurs qui fut deux fois notre Président, un de nos confrères les plus zélés et les plus dévoués, s'éteignait à Cannes, où, miné par une redoutable maladie, il était allé chercher, trop tard, une espérance de guérison que ne conservaient guère ses nombreux amis.

M. MILLER (Bénigne-Clément-Emmanuel), mort le 9 janvier de cette année 1886, était né à Paris, le 19 avril 1812. De quinze mois plus âgé que M. Egger, il s'était, comme lui, entièrement consacré à l'étude du grec dès sa première jeunesse ; mais, tandis que M. Egger se renfermait, pour ainsi dire, dans la littérature grecque ancienne, dont il faisait son domaine qu'il a exploré jusque dans ses derniers recoins, M. Miller s'attachait particulièrement à l'étude de la Grèce au moyen-âge, pendant cette période si obscure et si peu connue encore, même après les récents travaux des Français, des Grecs, des Anglais et des Allemands, que l'on appelle l'époque byzantine. Tous les deux, je devrais dire tous les trois, en rappelant devant vous le nom toujours vivant de leur ami, notre regretté Brunet de Presle, tous les trois, ils s'étaient partagé le domaine entier de l'histoire de la Grèce et des lettres grecques. L'antiquité, depuis les temps préhistoriques jusqu'à la domination romaine, appartenait à M. Egger. Depuis l'ère chrétienne jusqu'à la chute de Constantinople sous Mahomet II, c'était le domaine de M. Miller. Depuis le xvᵉ siècle jusqu'à nos jours, y compris l'époque héroïque de la régénération en 1821, la Grèce avait pour historien enthousiaste et convaincu, M. Brunet de Presle. Aujourd'hui, les trois branches de ces savantes études ont perdu leurs chefs qui, tous les trois, furent les fondateurs de notre Association, nos présidents, nos amis. Tous les trois, ils ont droit à notre reconnaissance qui ne peut plus se traduire, hélas! que par la constance de notre souvenir et la sincérité de nos regrets.

Peu d'existences ont été aussi laborieuses et aussi bien remplies que celles que je viens de rappeler. M. Jourdain vous a dit quelques-uns des travaux de M. Egger; je n'ai pas la prétention d'énumérer tous ceux de M. Miller. Le temps qui m'est accordé ne me le permettrait pas, et je dois me borner à vous en signaler les principaux.

Doué d'un esprit éminemment curieux, avide de tout savoir et de tout connaître, M. Miller s'était adonné de préférence aux époques les plus obscures du moyen-âge byzantin. Il aimait mieux fouiller dans les replis de la grande mine ouverte à la Renaissance, pour y trouver des filons inconnus ou injustement dédaignés, que de travailler avec la foule toujours renouvelée des savants à la mise en œuvre des trésors déjà mis au jour. Attaché, dès 1833, au cabinet des manuscrits grecs de notre bibliothèque, alors Royale, il s'était imposé la tâche de lire, la plume à la main, tous les trésors confiés à sa garde, comme son collègue, M. Paulin Paris, s'était donné celle de lire et d'analyser tous les manuscrits du fonds français. De ces lectures et de ces recherches il tira d'abord un *Mémoire sur l'histoire de l'établissement des Vandales en Afrique,* qui, en 1836, obtint un prix à l'Académie des Inscriptions et Belles-Lettres, puis un volume, publié en 1839, à l'Imprimerie royale, et qui contient *Le Périple de Marcien d'Héraclée; l'Epitome d'Artémidore; Isidore de Charax,* etc., c'est un

*supplément aux dernières éditions des petits géographes grecs,
d'après un manuscrit grec de la Bibliothèque royale.* L'année suivante, en 1840, il fit paraître, d'après un autre manuscrit grec de la Bibliothèque de Paris, un
Éloge de la chevelure, discours inédit d'un auteur anonyme, en réfutation du discours de Synésius intitulé :
Éloge de la calvitie.

Après avoir accompli ce travail qui eût effrayé les
plus laborieux, il voulut se donner la satisfaction d'explorer tous les fonds grecs des bibliothèques étrangères. Il sollicita et obtint des missions pour visiter les
dépôts d'Italie (1836 et 1842), d'Espagne (1843), de Russie (1856) et plus tard de Grèce. Ces voyages et ces
études philologiques ne l'empêchaient pas de s'occuper
activement de bibliographie. Il publia, avec M. Aube-
nas, de 1840 à 1845, une *Revue de bibliographie analytique*
qu'il céda en pleine voie de prospérité à M. Didot et
qui fut continuée sous le nom de *Nouvelle revue encyclopédique.*

Ces recherches quelquefois pénibles dans des dépôts
inexplorés ou mal connus, lui procurèrent souvent la
bonne fortune, moins rare qu'on ne croit, car le hasard
n'y entre que pour bien peu, de faire de précieuses
découvertes. C'est ainsi qu'en 1843, à l'Escurial, il
trouva dans un manuscrit du xvie siècle, *Les fragments de Nicolas de Damas* relatifs à la mort de César.
Imprimés en 1849, ces fragments furent traduits en français pour la première fois, par notre confrère, M. Alfred Didot, tout jeune alors. En 1848, parut le *Catalogue
des manuscrits grecs de la bibliothèque de l'Escurial,* publié
par ordre du gouvernement. Quelques années plus tard,
en 1851, M. Miller mettait au jour un document d'une
importance capitale pour l'histoire du christianisme, les
Philosophumena, qu'il crut pouvoir attribuer à Origène
et qu'il avait rencontrés dans l'amas confus des manuscrits rapportés de Grèce par Minoïde Minas. En
janvier 1850, il fut nommé bibliothécaire de l'Assem-

blée législative, en remplacement de Beuchot et il n'a cessé que tout récemment d'occuper les mêmes fonctions auprès du Corps législatif de l'Empire et de l'Assemblée nationale. En 1855, il publia, à l'Imprimerie devenue Impériale, en deux volumes, *Les poèmes de Manuel Philé,* d'après les manuscrits de l'Escurial, de Florence, de Paris et du Vatican, qu'il fit précéder d'une savante préface écrite en un latin à la fois élégant et facile. En 1856, il était en Russie, avec la mission officielle, conduite par M. de Morny pour assister au couronnement de l'empereur Alexandre II, et il ne se laissait pas détourner, par les fêtes et les réceptions, du plan qu'il s'était tracé, d'explorer les bibliothèques de Moscou et de Saint-Pétersbourg. A son retour, il fut élu, le 20 juin 1860, membre de l'Académie des Inscriptions et Belles-Lettres. Ses parrains furent son maître, M. Hase dont il avait suivi les cours ainsi que tous les philhellènes et les hellénistes marquants de ce temps, et M. Egger, son ami. Cet honneur ne fit qu'aviver son ardente curiosité. En 1863, il allait explorer les mystérieux monastères du Mont Athos où il espérait faire de nouvelles conquêtes, et il pénétrait jusque dans ces couvents des *Météores,* où la vie contemplative s'est bâti une aire inaccessible aux pas humains. La moisson qu'il y fit ne fut ni aussi abondante, ni aussi riche qu'il l'avait pensé; cependant les fruits de sa mission, qu'il a racontée spirituellement dans un article du *Correspondant* du 25 avril 1866, et dont il n'a donné qu'une partie dans ses *Mélanges de littérature grecque,* en 1868, auraient suffi à plus d'une ambition. Il se consola, en faisant avec passion, dans l'île de Thasos où le hasard l'avait jeté et où le retint une découverte singulièrement heureuse, des fouilles d'où sont sortis ces admirables bas-reliefs et ces curieuses inscriptions qui sont aujourd'hui un des ornements du musée du Louvre.

Collaborateur assidu de la *Revue de numismatique,* de

la *Revue archéologique,* et du *Journal des savants,* dont il avait été nommé rédacteur, en 1874, en remplacement de Beulé, il donna à ces recueils de nombreux articles et notamment, dans les deux premiers, d'importants mémoires sur *les Bulles byzantines,* sur les *Inscriptions grecques découvertes dans l'île de Thasos, à Salonique, à Memphis, en Egypte ;* en 1869, il publia dans la *Revue archéologique* un important *fragment inédit d'Appien.*

A la mort de M. Brunet de Presle, en 1875, il avait été appelé à la chaire de grec moderne de l'Ecole des langues orientales vivantes, en remplacement de ce savant ; à partir de ce moment, il s'occupa plus particulièrement de la langue et de la littérature grecques modernes et fit, souvent, dans le *Journal des savants,* des articles fort remarqués sur les principales publications philologiques ou littéraires des Grecs actuels, sur les ouvrages de M. Comnos, sur le lexique grec de M. Coumanoudis, sur les traductions de Shakespeare, de M. Bikélas ; sur la collection des almanachs grecs, etc. Une de ses dernières publications, est celle qu'il fit pour l'Ecole des langues orientales vivantes, en collaboration avec M. C. Sathas, de la *Chronique de Cypre, de Léonce Machairas,* texte grec et traduction française, (deux volumes grand in-8°, 1882). D'une activité et d'une ardeur infatigables, M. Miller a travaillé jusqu'à son dernier jour. Quoique bien affaibli déjà, il avait emporté en partant pour ce dernier voyage du Midi d'où il ne devait pas revenir, une caisse remplie de livres, une valise pleine de notes. Mais en même temps qu'il voulait tout apprendre et tout connaître, il travaillait avec un soin minutieux ce qu'il avait l'intention de livrer au public. Il gardait pendant des années, par devers lui les pièces qu'il ne trouvait pas encore assez bien accompagnées ou assez finies pour être exposées et qu'il se complaisait à polir sans cesse : on disait même qu'il était un peu jaloux de ses richesses, et qu'il n'aimait pas qu'on les connût avant le moment choisi

pour leur exhibition ; c'est qu'il voulait les montrer
dans tout leur lustre. Cette lenteur, pleine de charmes,
pour celui qui caresse et perfectionne sans cesse une
idée qu'il croit pouvoir réaliser au jour voulu, n'est pas
sans périls ; outre l'ennui de voir publier par d'autres,
plus actifs ou moins scrupuleux, les trésors dont on
se croit seul dépositaire, que de travaux restent inache-
vés qui ne pourront être terminés, que de matériaux ac-
cumulés pendant toute une vie de labeur et qui risquent
de ne pouvoir être utilisés. Ce sera malheureusement
le cas pour quelques-uns des travaux de M. Miller.
Nous pouvons cependant, sur ce point, rassurer nos
savants confrères. Nous savons que tous les manuscrits, tant grecs que français, laissés par M. Miller, ont
été religieusement recueillis par celle qui porte dignement ce nom honoré, et qu'ils seront confiés à des
mains exercées et savantes qui ne tarderont pas à nous
faire jouir de ces curieux travaux. Puisque j'ai parlé
de Mme Miller, j'ai la satisfaction, Messieurs, de vous
faire connaître de sa part, une libéralité dont notre
Association doit profiter exclusivement. Suivant en cela
l'exemple donné par la famille du feu comte de Marcellus, qui nous avait fait présent des ouvrages de notre
confrère, Mme Miller a bien voulu faire don à notre Association des exemplaires restants de toutes les œuvres de son mari ; ces livres seront mis à la disposition de ceux de nos confrères qui manifesteront le
désir de les posséder. La plupart de ces ouvrages,
sortis des presses de l'Imprimerie nationale, ne se
rencontraient que rarement en librairie et à des prix
fort élevés ; on croyait même que quelques-uns étaient
épuisés. On a retrouvé, après la mort de notre ami, un
nombre d'exemplaires assez considérable, pour combler bien des lacunes dans nos bibliothèques, pour
faire bien des heureux parmi nos confrères, au nom
desquels j'ai le devoir d'adresser à Mme Miller nos plus
respectueux remercîments.

M. Miller, mort à Cannes, a voulu que ses restes re-
posassent près de Metz, dans un pays qu'en se mariant
il avait adopté comme une seconde patrie, et qui lui
était devenu plus cher encore depuis qu'il l'avait vu si
cruellement arraché à la France et saignant toujours
de cette séparation. N'ayant pu exprimer sur sa tombe
ouverte au-delà de nos frontières officielles, les regrets
de l'Association, je crois de mon devoir de les transmettre, en votre nom, à la femme et à la fille de notre
cher et regretté confrère qui laisse parmi nous un
souvenir qui ne s'effacera pas.

Comme si ces deuils cruels et successifs n'avaient
pu désarmer l'impitoyable mort qui choisit ses victimes, nous apprenions, il y a quelques jours à peine,
qu'un nouveau malheur venait de frapper notre Association déjà si éprouvée. M. GUSTAVE D'EICHTHAL, qui,
malgré son grand âge, manquait rarement à une de nos
réunions, soit publiques, soit privées, que je voyais,
lors de notre dernière séance, monter notre escalier
avec une vivacité et un entrain que lui enviaient les plus
jeunes, a été emporté en peu de jours par une maladie
aussi soudaine qu'imprévue.

M. G. d'Eichthal a été pour nous, vous le savez,
Messieurs, non pas seulement un des fondateurs de
notre Association, mais bien son véritable fondateur.
Sur mes instances, il a consenti à raconter, il y a quelques années, dans l'*Annuaire* de 1877, l'histoire si curieuse et si instructive *de la fondation de l'Association
pour l'encouragement des Etudes grecques en France.* Il a
dit comment, de la proposition de Beulé d'organiser
une société de secours pour les insurgés crétois, et de
la pensée de Brunet de Presle de faire revivre l'ancien
comité philhellénique, il avait dégagé l'idée de la création
d'une association ayant pour but d'encourager les études grecques. A ce titre, il mérite d'être considéré,
avec Beulé et Brunet de Presle, comme le véritable
fondateur de notre compagnie. Vous savez tous avec

quel zèle, avec quelle ardeur, avec quel amour, paternel, si je puis ainsi parler, il a surveillé nos débuts
dans le monde, il a suivi notre développement qui ne
s'est pas toujours fait, il faut bien le dire, selon ses
idées ou ses préférences. Nous avons été un peu, à
son égard, comme ces fils de famille, enfants terribles,
qui, suivant l'impulsion personnelle de leur génie, se
développent autrement parfois que leurs parents l'auraient souhaité, et qui leur donnent bien des soucis, ce
qui ne veut pas dire qu'ils tournent mal ! M. d'Eichthal qui, malgré tout, était fier de son œuvre, ne nous
a jamais ménagé du moins ni ses conseils, ni son appui
matériel et moral. Dans la constitution première de notre Association, il a réclamé les fonctions de trésorier,
les plus importantes, les plus nécessaires, et aussi les
plus modestes. Il ne les a résignées que lorsqu'il a vu
notre prospérité définitivement assurée. Par excès de
modestie, il a toujours obstinément refusé de se laisser
nommer président et n'a accepté que les fonctions de
vice-président qu'il a remplies pendant deux années de
suite. Lorsque la mort est venu l'enlever à notre respectueuse affection, un certain nombre de nos confrères,
je le sais, avait l'intention de proposer qu'on lui décernât
le titre de président honoraire qu'il avait plus que personne contribué à faire donner à M. Egger. Ce vœu
ne peut plus aujourd'hui être déposé que sur sa tombe,
devant laquelle votre secrétaire-général, au nom de
l'Association, a exprimé, avec le tact exquis que vous
lui connaissez, nos regrets et notre reconnaissance.

Voici quelques notes qui m'ont été communiquées
par les fils de notre regretté confrère ; ce sont des
notes sur sa vie écrites, par lui-même en 1875. Elles
n'en ont que plus de prix ; je vous demande la permission de les lire, toutes sommaires qu'elles soient,
me réservant de vous parler plus longuement, du confrère éminent que nous venons de perdre, dans l'une
de nos prochaines réunions.

— « Gustave d'Eichthal est né à Nancy le 22 mars 1804, de parents israélites, et se convertit au catholicisme à l'âge de 13 ans. Après de bonnes études faites au collège Henri IV, il devint, en 1822, le disciple d'Auguste Comte, et par lui, connut Saint-Simon. A la suite de voyages en France et en Angleterre, et de quelques années d'apprentissage commercial, il se rallia en 1829 à l'école Saint-Simónienne, et en devint un des membres les plus actifs. Après la dissolution de l'école, il se rendit en Italie et de là en Grèce, où il fonda avec un autre jeune homme français, Alexandre Roujoux, sous la direction du ministre Colcltis, *un bureau d'économie publique.* De cette époque datent des relations qui, trente ans plus tard, le conduisirent à publier, en commun avec M. Renieri, la brochure sur l'*Usage pratique de la langue grecque comme langue universelle* (1864) et à fonder avec plusieurs hellénistes français et hellènes, l'*Association pour l'encouragement des études grecques en France* (1867). Revenu d'Athènes à Paris en 1835, il y publia l'année suivante : *Les deux mondes (Introduction à l'ouvrage d'Urquhart, intitulé : la Turquie et ses ressources.)* Dans ce livre, il indiquait la transformation de l'empire d'Autriche en monarchie austro-hongroise, comme condition nécessaire d'une nouvelle organisation politique de l'Europe. Dans les années suivantes, il s'occupa d'études ethnologiques, notamment des *rapports de la race blanche et de la race noire considérés comme types mâle et femelle de l'humanité* (1839). Secrétaire de la Société d'Ethnologie, il publia divers travaux dans les mémoires de cette Société ; c'est à la même série que se rattache le travail sur les *origines boudhiques de la civilisation américaine,* publié en 1865. Toutefois, la principale préoccupation de M. d'Eichthal a toujours été la réalisation de cette pensée de Saint-Simon que l'ordre nouveau, qui date de l'émancipation des Etats-Unis et de la Révolution française, ne peut définitivement se constituer que par un dernier développement du christianisme ; développement qui, à son tour, exige la révision des documents sur lesquels le christianisme se fonde ; telle a été l'origine de l'ouvrage intitulé : *Examen critique et comparatif des trois premiers Evangiles*. (Les Evangiles, Ire partie, 2 volumes in-8°, Paris 1863) et de la brochure intitulée : *Les trois grands peuples méditerranéens et le christianisme* (in-8r, Paris, 1864.) M. d'Eichthal s'est également occupé d'une *étude critique du Pentateuque*, et en a fait paraître, à titre d'essai, un fragment : *La sortie d'Egypte, d'après les récits combinés du Pentateuque et de Manéthon* (in-4°. Paris, 1873.) Enfin, au même ordre de travaux se rattache le mémoire qu'il a publié sur le *Texte primitif du premier récit de la création*. Genèse, ch. i, ii, iv. (Paris. 1875.) M. d'Eichthal a aussi publié depuis dix ans divers articles dans l'*Annuaire des études grecques* et dans le même recueil, postérieurement à ce qui précède, un mémoire intitulé : *Socrate et notre temps*, qui a été traduit en grec et magnifiquement publié à Londres par M. Valettas (1880.) »

Dans ces dernières années, M. d'Eichthal s'occupait avec ardeur d'écrire une histoire de Saint-Simon et de l'école Saint-Simonienne, qu'il connaissait mieux que personne, qui est aujourd'hui assez peu et surtout assez mal connue, et sur laquelle il possédait, avec ses souvenirs, des documents officiels les plus importants.

A propos du livre sur les Evangiles, Sainte-Beuve, dans ses *Nouveaux lundis* (tome VI, page 11), a donné de M. G. d'Eichthal, un curieux et très ressemblant portrait dont je détache ce passage :

« M. Gustave d'Eichthal, une intelligence élevée, consciencieuse, tenace, imbue d'une religiosité forte et sincère, en quête, dès la jeunesse, de la solution du grand problème théologique moderne sous toutes ses formes, s'est appliqué avec une incroyable patience à une comparaison textuelle des Evangiles, et en a tiré des conséquences ingénieuses qui ont à la fois un air d'exacte et rigoureuse vérité. »

Vous m'excuserez, Messieurs, de ne pas insister, en ce moment, sur la vie et les œuvres de M. d'Eichthal, et de ne pas m'étendre sur les services de tout genre qu'il a rendus à notre Association, son œuvre, dont il était justement fier ; le temps me presse et je n'ai pas fini encore cette lugubre énumération des pertes qu nous ont affligés cette année.

Après vous avoir parlé de nos doyens que nous avons vu disparaître, il me reste à vous dire quelques mots d'un des plus jeunes parmi nos confrères, que vous n'avez sans doute jamais vu parmi nous, et qui cependant donnait les plus sérieuses et les plus légitimes espérances.

Il y a presque un an déjà, le 13 avril 1885, mourait à Hyères, emporté par une maladie inexorable, à vingt-quatre ans, René GROUSSET, ancien élève de l'Ecole normale supérieure, ancien membre de l'Ecole d'archéologie de Rome, agrégé de l'Université et maître de conférences à la Faculté de Grenoble. L'énumération de ces titres universitaires conquis si vite, prouve quels avaient été le travail et la persévérance de Grousset. A peine sorti de l'Ecole normale, il avait témoigné le désir d'être admis dans notre Association et m'avait demandé de lui servir de parrain avec M. Alfred Croiset. Des mains pieuses viennent de recueillir et de publier en un volume quelques-uns des Essais de ce jeune homme de si grand avenir. La lecture de ces pages inachevées, comme celle de ses poésies et surtout de sa correspondance, montre ce que l'on était en droit d'attendre de Grousset. Je vous renvoie, Messieurs, à ce volume qui devrait être dans toutes nos bibliothèques, et que vous me remercierez de vous avoir signalé. Vous y trouverez deux notices émues, l'une, biographique, par M. René Doumic, professeur du Collège Stanislas ; l'autre, littéraire, par M. Imbart de la Tour, maître de conférences à la Faculté des lettres de Bordeaux, tous deux anciens condisciples et amis de Grousset, qui vous feront comprendre quelle perte les lettres et la science ont faite en ce jeune homme, dont le talent donnait déjà plus que des promesses et dont la nature était à la fois si belle, si généreuse, si noble. Pour nous, nous devons particulièrement retenir, dans ce volume, sous le titre d'*Études homériques*, deux morceaux d'une rare valeur, comme finesse et comme pénétration, l'un, sur *Hélène;* l'autre, sur *les Jeux en l'honneur de Patrocle ;* ce ne sont que des exercices d'école, je le sais, mais ils montrent déjà, avec un goût très délicat, un vif sentiment de la beauté littéraire et surtout de la beauté morale qui resplendit dans les poèmes d'Homère. Certes, s'il eût vécu, René Grousset eût tenu une place remarquée dans notre jeune littérature ; il eût fait honneur à notre Association qui dépose, d'une main émue, une couronne sur la tombe si prématurément fermée du plus jeune peut-être de ses membres.

La colonie grecque qui, vous le savez, fournit à nos listes un nombre d'adhérents presque égal à celui de nos compatriotes, a fait également une perte sensible en la personne de M. P. Vernudachi, oncle de notre confrère J. Psichari et membre de notre Association depuis 1873. C'était un homme de bien, connu dans le monde des affaires plus que dans celui des lettres. Il avait une réputation de délicatesse scrupuleuse et sa conscience était en quelque sorte proverbiale. Excellent patriote, il était toujours occupé de faire son devoir en venant discrètement en aide à bon nombre d'étudiants grecs à Paris, toujours prêt à contribuer de sa bourse à toutes les bonnes œuvres françaises ou grecques, et toujours de façon à ce que nul ne le sût. Profondément attaché à la France qu'il habitait depuis sa jeunesse, d'un esprit droit, juste, d'un sens loyal et du caractère le plus sûr, il s'était attaché à faire le bien plutôt qu'à faire fortune. Aussi a-t-il laissé à tous ceux qui l'ont connu un souvenir attendri et pieux. Il méritait une mention parmi nos morts, malgré la modestie et l'obscurité de sa vie. M. P. Vernudachi n'a pas d'histoire; mais pour avoir été cachée, selon le conseil du philosophe grec, λάθε βιώσας, sa vie n'en a été que plus belle et plus digne d'éloges.

Messieurs, les pertes sensibles que nous avons faites cette année, si douloureuses, si cruelles qu'elles soient, ne doivent pas abattre notre courage, elles doivent, au contraire, lui donner un aiguillon nouveau. C'est le sort naturel des sociétés littéraires qui, lorsqu'elles durent, sont une image de la vie humaine, de voir vieillir les jeunes et disparaître les anciens. Il nous faut pleurer ces derniers, comme une famille étroitement unie pleure ses parents et ses bienfaiteurs; mais d'autres devoirs nous incombent; celui de nous montrer digne de ceux que nous avons perdus, celui de perpétuer parmi nos descendants leur mémoire et leurs travaux; celui d'accomplir dignement la mission qu'ils nous ont confiée, et cette mission est grande, grave, sérieuse, aujourd'hui surtout. L'Hellénisme est menacé; les études grecques sont compromises; notre devoir, la preuve de notre existence et de notre virilité, notre seule raison d'être, c'est de les défendre par tous les moyens qui sont en notre pouvoir, et le premier de tous, c'est de prêcher d'exemple. Nous devons donc être les premiers à la tête des défenseurs de cette grande idée. Notre patrie grecque est en danger; nous avons vingt ans : Haut les cœurs, *Sursum corda!*

RAPPORT DE M. ALFRED CROISET

SECRÉTAIRE

SUR LES TRAVAUX ET LES CONCOURS DE L'ANNÉE 1885-1886

———

MESSIEURS,

En dehors des ouvrages auxquels vous décernez des prix, le rapport de votre secrétaire doit toujours vous en signaler quelques autres qui sont dignes d'arrêter votre attention.

Cette année, comme les précédentes, voici que nos anciens lauréats se hâtent de justifier par de nouvelles preuves de leur mérite les récompenses que vous leur avez accordées.

M. Salomon Reinach, l'auteur du *Manuel de philologie* que vous avez couronné l'année dernière, nous a donné, il y a quelques mois, un nouveau volume égal en valeur au précédent. C'est un *Traité d'épigraphie grecque*, de plus de cinq cents pages. Si le prix trop récent de M. Reinach ne le mettait pas en quelque sorte hors concours, il est certain que son livre serait au premier rang de ceux que l'Association devrait couronner. Quoi de plus utile aux Études grecques qu'un traité de ce genre, où tant de savoir est mis d'une manière si commode à la disposition des étudiants et des curieux? Quoi de plus méritoire aussi que le courage avec lequel M. Reinach affronte coup sur coup les entreprises les plus redoutables? Ce qui fait le prix de ce courage, c'est que l'auteur n'ignore nullement les difficultés auxquelles il s'expose. On peut lui appliquer ce que Thucydide disait des Athéniens, que tandis que les autres peuples étaient braves souvent par ignorance du péril, eux l'étaient en pleine connaissance de cause, et sans que leur intelligence du danger affaiblit leur résolution. Dans ce volume comme dans les précédents, M. Reinach sait à merveille qu'il commettra des fautes, qu'on pourra le reprendre sur plus d'un point; mais il sait aussi qu'il rendra malgré tout un très grand service, et il se résigne bravement à subir des critiques qu'il prévoit, pour ne pas manquer l'occasion d'accomplir une œuvre extrêmement utile et que personne probablement, à son défaut, n'aurait osé entreprendre. L'Association sera heureuse, en louant l'auteur pour sa vaillance, de l'assurer en même temps que le résultat, malgré ses scrupules, répond à la grandeur de l'effort, et que notre littérature philologique compte désormais, grâce à lui, un excellent livre de plus.

Trois ouvrages ont fixé définitivement le choix de votre Commission des prix. Elle décerne le prix ordinaire à l'ensemble des publications du Syllogue littéraire hellénique de Constantinople. Elle partage le prix Zographos par moitié entre M. Amédée Hauvette-Besnault, pour ses thèses sur l'Archonte-Roi et sur les Stratèges athéniens, et M. Bouché-Leclercq, pour la série de ses traductions successives des histoires de Curtius, de Droysen et de Herzberg.

Vous connaissez tous, Messieurs, le Syllogue littéraire de Constantinople, avec lequel notre association entretient depuis longtemps d'excellentes relations de confraternité philhellénique. Vous savez l'objet qu'il

se propose : servir de centre en Orient aux amis des
choses grecques, et propager de plus en plus parmi
les Hellènes (surtout ceux de la Turquie) à la fois le
culte de leurs antiques chefs-d'œuvre nationaux et celui des sciences toutes modernes qui ont trouvé dans
les derniers siècles en Occident le terrain le plus favorable à leur développement. Le Syllogue de Constantinople est une des plus utiles créations de cet esprit
grec contemporain que nous voyons partout si avide
de culture, si actif à multiplier les écoles, si généreux
à les doter, et pour qui les intérêts mêmes du patrio-
tisme se confondent comme naturellement avec ceux de
la civilisation.

Quinze gros volumes in-4° portent témoignage de
l'activité du Syllogue. Dans ces volumes, on trouve un
peu de tout : non seulement des travaux philologiques
ou littéraires, mais aussi de la philosophie, de la morale, et même de la botanique et de la physiologie. Il y
a là, pour nos habitudes occidentales, un mélange un
peu déconcertant au premier abord. Nous pratiquons
la division du travail en matière de sociétés et de publications scientifiques comme en tout autre, et nous
poussons cette division chaque jour plus loin. Le mélange de tous ces sujets dans un même recueil nous
donne plutôt l'idée d'une revue destinée aux gens du
monde que d'une publication savante. Et il est certain
qu'en fait quelques-uns des travaux publiés par le Syllogue sont plutôt des œuvres de vulgarisation que de
recherche originale. Mais il s'en faut de beaucoup que
ce caractère y domine exclusivement. A côté des études qui ont pour principal intérêt soit de faire connaître aux lecteurs les résultats essentiels de certains travaux scientifiques récents, soit de ramener l'attention
sur des problèmes littéraires et moraux bien souvent
traités déjà, il en est un grand nombre d'autres qui apportent à la science des faits nouveaux ou des idées
nouvelles : sans remonter au-delà du dernier volume

paru, je trouve, dans les suppléments qui l'accompagnent, d'une part un certain nombre d'inscriptions récemment découvertes, de l'autre, chose plus inattendue, six lettres inédites de l'empereur Julien. M. Pappadopoulos Kérameus, qui les publie avec introduction et notes, est convaincu que les bibliothèques de l'Orient ont encore plus d'un secret à nous livrer. Parmi les publications du Syllogue, quelques-unes seront surtout utiles en Orient, mais d'autres, on le voit, sont précieuses pour tout le monde, et parfois même plus encore pour les savants de l'Occident que pour ceux de la Grèce. Par exemple, le Syllogue a entrepris la publication, depuis l'année 1873, d'un recueil des *monuments vivants* de la langue moderne (συλλογὴ τῶν ζώντων μνημείων τῆς Ἑλληνικῆς γλώσσης). On trouve dans ce recueil des monographies sur les dialectes d'une foule de pays helléniques ; monographies généralement bien faites, méthodiquement conçues et exécutées avec soin. Il n'est pas besoin de beaucoup de réflexion pour comprendre à quel point des travaux de ce genre peuvent être précieux pour les savants de l'Occident; ceux-ci ne sauraient avoir, pour recueillir les faits de cet ordre, ni les mêmes facilités ni peut-être les mêmes aptitudes que des indigènes. Le Syllogue ne saurait trop s'engager dans cette voie. Il rendra par là de très grands services à la science de tous les pays. C'est pour cela que votre Commission, Messieurs, n'a pas cru, en récompensant les publications du Syllogue de Constantinople, tenir trop peu de compte de notre titre, qui nous oblige à encourager les Etudes grecques *en France*. La science, quand elle est de bon aloi, ne s'arrête devant aucune frontière. Elle est vraie partout, et partout utile, à la condition d'être divulguée et répandue. Il est donc bon de signaler en France les excellents travaux du Syllogue de Constantinople. En les faisant connaître à quelques-uns de nos confrères français, qui les auraient peut-être laissés passer inaperçus, c'est bien encore pour la science française que nous travaillons. D'autant plus que la Grèce moderne peut rendre encore à nos études classiques un autre genre de services; c'est d'aider la Grèce antique à y maintenir son rang. Par ce temps de programmes utilitaires, qui sait si ce ne sera pas quelque jour une bonne note pour Démosthène et pour Xénophon d'avoir parlé une langue qui s'écrit presque encore dans les journaux d'Athènes et que les marins de l'Archipel peuvent comprendre sans trop de difficulté? Le confrère vénéré que nous avons perdu récemment, M. Gustave d'Eichthal, insistait volontiers sur cet argument, et j'avoue que je le trouvais parfois superflu à côté de tous les autres qui se présentent en foule à l'esprit en faveur des études grecques. Aujourd'hui, je serais moins difficile. Le moment n'est pas loin peut-être où tous les arguments auront leur prix, et surtout, selon toute vraisemblance, les arguments tirés d'une utilité pratique et immédiate. A ce point de vue encore, le Syllogue de Constantinople, par ses vaillants et heureux efforts en faveur de la diffusion de la culture grecque, défend une cause qui nous touche, qui nous est chère, et qui a peut-être besoin d'être gagnée en Orient pour l'être aussi en Occident. Vous serez heureux, Messieurs, que ce témoignage public de notre vive sympathie parvienne au Syllogue l'année même où, sur son initiative et sous sa direction, un congrès d'hellénistes doit se réunir à Constantinople. Peu d'entre nous, sans doute, pourront s'y trouver présents. Que du moins l'expression de nos vœux pour le succès de cette réunion arrive jusqu'au Syllogue, et que nos confrères d'Orient veuillent bien voir, dans le prix que nous offrons au recueil de leurs travaux, une marque de la vive sympathie avec laquelle nous ne cesserons de suivre par la pensée leurs entreprises et d'y applaudir.

Les deux livres de M. Hauvette-Besnault que j'ai

mentionnés tout à l'heure sont des thèses de doctorat, et des thèses dont l'idée première à été conçue pendant un séjour à l'École d'Athènes. Nous sommes habitués, Messieurs, depuis plusieurs années déjà, à trouver dans la liste de nos prix ces rapprochements de noms. L'École d'Athènes produit beaucoup, et le doctorat en profite ; nos concours aussi.

Dans sa thèse latine, M. Hauvette-Besnault s'est occupé de l'Archonte Roi. Comment le pouvoir des anciens rois d'Athènes s'est-il transmis aux archontes ? Comment leur pouvoir religieux en particulier a-t-il passé aux mains de celui des archontes qu'on appelait le *roi*, βασιλεύς ? Quelles vicissitudes cette magistrature a-t-elle traversées et quelles étaient au juste ses fonctions ? Telles sont les problèmes intéressants et difficiles que M. Hauvette a cherché à résoudre. Il n'a pu toujours y parvenir. Les documents sont rares et quelquefois obscurs. Sur l'interprétation d'un ou deux textes, il est permis de ne pas partager son opinion. Mais ce qui caractérise en général sa méthode au plus haut degré, c'est la connaissance exacte des sources, la prudence et la sagacité. Ajoutons à cela la netteté du style et la clarté de la composition. La dissertation sur l'Archonte Roi est en ce moment le meilleur exposé de la question qu'on puisse lire.

Le volume sur les Stratèges vaut mieux encore. Le sujet est par lui-même plus important, et les qualités de l'auteur s'y montrent d'une manière plus frappante. C'est toute l'histoire de la stratégie athénienne que nous présente M. Hauvette : origine des Stratèges, les Stratèges au ve et au ive siècle, les Stratèges après la conquête macédonienne, telles sont les trois parties du livre. Pour ne parler que de la principale, celle qui se rapporte au ve et au ive siècle, l'intérêt en est évident. Toutes sortes de problèmes particuliers dont la solution importe à l'intelligence complète des écrivains se posent au sujet des Stratèges : mode et date de leur élection, conditions exigées des candidats, rapports des Stratèges entre eux, nature de leurs fonctions, et bien d'autres encore. L'auteur les a étudiées avec cette conscience scrupuleuse et ce ferme jugement dont je parlais tout à l'heure, et il n'y en a pas un sur lequel il n'ait contribué, par un usage judicieux des documents, à répandre quelque lumière. Mais ce ne sont pas seulement ces détails qui font l'intérêt du livre. En réalité, les fonctions des Stratèges tiennent à tout l'ensemble de la vie politique athénienne. Leur histoire est l'histoire même d'Athènes vue par un certain côté. Leurs relations avec les orateurs, avec l'assemblée du peuple, avec leurs soldats, sont des faits d'ordre psychologique et politique d'une grande portée. Un changement dans leur rôle ou dans leur situation correspond à une transformation de l'esprit public, des mœurs, de la culture. N'est-il pas frappant, par exemple, de voir quelle différence existe dans leurs relations avec les hommes d'État, avec les orateurs, selon qu'on les étudie au ve ou au ive siècle? Au ve siècle, il n'est pas rare que les hommes politiques influents soient élus Stratèges. Cimon, Périclès, Nicias sont à la fois des chefs de parti, des orateurs écoutés, et des Stratèges souvent chargés de commander l'armée ou la flotte. Au siècle suivant, tout est changé. La séparation est à peu près complète entre les fonctions de stratège et la tribune politique. Ni Callistrate, ni Aristophon, ni Démosthène, ni Eschine ne sont des Stratèges ; ce sont des orateurs, des hommes d'État, et rien de plus. Les fonctions sont devenues des professions de plus en plus distinctes. Les arts, en se compliquant, ont exigé de plus en plus une vie d'homme tout entière. Il nous est difficile, à nous, modernes, qui vivons sous un régime analogue, d'être bien sévères pour cette séparation. Et cependant, que de conflits personnels, que de querelles mesquines entre orateurs et généraux dans l'Athènes du ive siècle! Quoiqu'il en soit, le fait par lui-même est curieux et provoque à réfléchir. Sur la discipline aussi, que de traits de mœurs lumineux nous sont fournis par l'histoire des Stratèges? Tous ceux qui ont lu Démosthène se rappellent l'amusant plaidoyer contre Conon, ou l'on voit un honnête Athénien subir de la part de Conon et de ses acolytes toute sorte de plaisanteries d'un atticisme bien étrange. L'une de ces scènes se passe au camp de Panacton, où le plaideur tenait garnison comme hoplite. Il avait pour voisin de tente Conon et sa bande. La nuit venue, ceux-ci lui font toutes les misères imaginables, à la fois de celles qu'on peut raconter, et de celles que Rabelais seul pourrait dire. Les malheureux vont se plaindre au Stratège. Dans une armée moderne, un simple soldat aborderait moins facilement son général. Le Stratège adresse aux coupables des reproches bien sentis, mais, dès la nuit suivante, les querelles recommencent, et le tumulte devient tel que les officiers accourent, y compris le Stratège. Les adversaires sont aux prises, et les généraux se jettent sur eux pour les séparer. Dans tout cela, nulle trace de punition disciplinaire. Le Stratège est un magistrat débonnaire, qui harangue plus volontiers qu'il ne punit. Une scène de ce genre en apprend bien long sur les armées athéniennes, c'est à-dire sur un côté considérable de la vie antique.

M. Hauvette n'a pas manqué de rappeler le fait et d'en rapprocher plusieurs autres qui achèvent de le faire comprendre. Dans tout son livre, il associe très habilement l'exactitude du savoir, qui donne seule aux ouvrages d'érudition la solidité, avec le goût des idées générales qui seul les rend intéressants. Je demande la permission d'ajouter que depuis la soutenance de ses thèses, M. Hauvette-Bernault a été appelé par ses juges de la veille à devenir leur collègue, et qu'il continue à donner comme maître de conférences à nos étudiants l'exemple des qualités à la fois solides et distinguées que votre commission a voulu honorer dans ses ouvrages en leur décernant la moitié du prix Zographos.

Le savant qui partage ce prix avec M. Hauvette est un des plus infatigables travailleurs de ce temps. J'ai nommé M. Bouché-Leclercq, dont la réputation n'est plus à faire. Les longs ouvrages ne lui font pas peur. L'*Histoire de la divination dans l'antiquité,* parue il y a six ans, était un travail monumental où l'on peut dire que la question a été épuisée. Cette année même, un ample et précieux *Manuel des Institutions romaines* est venu combler une grave lacune de notre littérature philologique et scolaire. Mais ce n'est pas de ces travaux que j'ai à vous parler aujourd'hui. L'*Histoire de la divination* échappait cette année à notre compétence par sa date, comme le *Manuel des Institutions romaines* par son sujet. Si je rappelle les titres de ces livres, c'est pour compléter un hommage qui s'adresse non-seulement au travail que vous couronnez aujourd'hui, mais à tout l'ensemble d'une carrière scientifique commencée par des thèses remarquées et continuée depuis sans interruption par une série d'excellents travaux. L'ouvrage qui nous donne aujourd'hui l'occasion d'acquitter en partie la dette contractée envers M. Bouché-Leclercq par tous les travailleurs, est cette belle suite de traductions qu'il a inaugurée en 1880 par le premier volume de l'*Histoire grecque* de Curtius et qui, après l'achèvement du Curtius, s'est poursuivie et se poursuit encore par la traduction de Droysen et par celle de Herzberg. Grâce à cette persévérance, nous possédons aujourd'hui en français, sur l'histoire de la Grèce, une série de travaux remarquables qui n'ont rien perdu à changer de costume et pour qui la traduction n'a jamais été une trahison. L'attribution d'une récompense à une œuvre si utile et de si longue haleine n'a vraiment pas besoin d'être justifiée. Ce n'est pas là sans doute une œuvre originale : c'est une traduction, et une traduction pour laquelle M. Bouché-Leclercq a dû réclamer le concours de plusieurs collaborateurs. Que ceux-ci reçoivent donc une part de nos remerciements. Mais ils seraient les premiers à reconnaître que pour mener à bon terme une œuvre de ce genre, une volonté courageuse qui dirige tout est indispensable.

Cette volonté directrice a été la principale contribution personnelle de M. Bouché-Leclercq à l'œuvre commune, sans compter le travail effectif des traductions qu'il a lui-même exécutées et la revision de toutes les autres. Quant à ce fait que l'œuvre est traduite et non originale, qu'importe, si le labeur n'en est pas moins immense et consacré à l'œuvre la plus utile? Des traducteurs (qui n'étaient même pas tous excellents) sont entrés pour ce seul mérite à l'Académie française. Comment notre Association, qui doit encourager les Études grecques, se ferait-elle scrupule de reconnaître qu'une traduction comme celle dont je parle, et qui est excellente, répond à merveille à son programme? D'ailleurs, un savant comme M. Bouché-Leclercq ne se résigne pas facilement à n'être qu'un simple interprète de la pensée d'autrui. En traduisant, il vérifie, il juge, il améliore. Des notes excellentes ont été ajoutées; la disposition extérieure de l'ouvrage est devenue plus élégante et plus commode; des sommaires, des tables de toutes sortes, des index en ont rendu l'usage plus attrayant. Un atlas de grande valeur, et qui est une œuvre nouvelle, accompagne la traduction française. Bref la marque personnelle du traducteur est partout visible, et la grandeur du travail est relevée d'une touche d'originalité discrète qui achève de mériter à M. Bouché-Leclercq une approbation que son mérite de traducteur suffirait à justifier.

D'autres ouvrages encore, Messieurs, ont paru à votre commission dignes d'estime à divers égards. Mais l'importance en était moindre évidemment que celle des travaux ou très considérables ou très neufs dont je viens de vous entretenir. M. Zikidis, par exemple, a publié en grec moderne de bonnes études sur l'ancien dialecte attique : on y trouve un judicieux emploi des faits mis en lumière par la science grammaticale contemporaine, et il n'est pas douteux que ce livre ne soit appelé à rendre des services à l'enseignement dans la patrie de l'auteur. Mais M. Zikidis lui-même, nous pouvons en être sûr, s'inclinera volontiers devant les titres du Syllogue de Constantinople. On en peut dire à peu près autant de la petite *Histoire de la littérature grecque* de M. Eusthatopoulos, très sommaire, mais nette, et qui a le mérite d'embrasser toute la période byzantine. Pourquoi faut-il que les ouvrages d'imagination échappent entièrement à notre compétence, même quand il s'y mêle une certaine dose de réalité historique? Je ne sais trop si j'ai seulement le droit de nommer ici le drame d'*Héraclius,* œuvre d'un écrivain grec contemporain, M. Cléon Rangabé, dont le *Julien* et la *Théodora,* en grec aussi, ont trouvé naguère de nombreux lecteurs parmi les Hellènes, et un certain nombre jusqu'en France. Voilà pourtant qui est fait, à la demande formelle, je le déclare, de plus d'un de ces lecteurs sympathiques.

Nos prix, Messieurs, vous le voyez, sont décernés à des travaux qui les honorent. Chaque année nous apporte sa moisson, et la disette ne semble pas nous menacer à brève échéance. Notre enseignement supérieur aime le grec ; nos étudiants le cultivent avec une bonne volonté vraiment digne d'éloges. Souhaitons que ce bon exemple agisse de proche en proche, et qu'il finisse par atteindre jusqu'à nos bacheliers.

PRIX DÉCERNÉS PAR L'ASSOCIATION

DANS LES LYCÉES ET COLLÈGES

En 1885.

~~~~~~~~~~~~~~

VERSION GRECQUE

———

CONCOURS GÉNÉRAL DES LYCÉES ET COLLÈGES DE PARIS ET DE VERSAILLES.

Rhétorique. GUILLAUME (Joseph-Jean-Remy), élève du lycée Charlemagne.

Seconde. BRUNSCHVIG (Léon), élève du lycée Condorcet.

Troisième. RENEr (Lucien), élève du lycée Louis-le-Grand

CONCOURS GÉNÉRAL DES LYCÉES ET COLLÈGES DES DÉPARTEMENTS.

Rhétorique. BLAISE (Marie-Charles-Henri), élève du collège de Neufchâteau (Vosges).

PRIX DÉCERNÉS

DANS LES CONCOURS DE L'ASSOCIATION

(1868-1886)

1868. Prix de 500 fr. M. Tournier, édition de Sophocle.

— Mention honorable. M. Boissée, 9e vol. de l'édition, avec traduction française, de Dion Cassius.

1869. Prix de l'Association. M. H. Weil, édition de sept tragédies d'Euripide.

— Prix Zographos. M. A. Bailly, *Manuel des racines grecques et latines.*

— Mention très honorable. M. Bernardakis, Ἑλληνικὴ γραμματική.

1870. Prix de l'Association. M. Alexis Pierron, Édition de l'Iliade.

— Prix Zographos. M. Paparrigopoulos, *Histoire nationale de la Grèce.*

1871. Prix de l'Association. M. Ch.-Émile Ruelle, Traduction des *Éléments harmoniques* d'Aristoxène.

— Prix Zographos. Partagé entre M. Sathas (Ἀνέκδοτα ἑλληνικά, Χρονικὸν ἀνέκδοτον Γαλαξειδίου, Τουρκοκρατουμένη Ἑλλάς, Νεοελληνικὴ φιλολογία, Νεοελληνικῆς φιλολογίας παράρτημα) et M. Valettas (Δονάλδσωνος ἱστορία τῆς ἀρχαίας ἑλληνικῆς φιλολογίας ἐξελληνισθεῖσα μετὰ πολλῶν προσθηκῶν καὶ διορθώσεων)

1872. Prix de l'Association. (N'a pas été décerné.)

— Prix Zographos. (N'a pas été décerné.)

Médaille de 500 fr. M. Politis, Μελέτη ἐπὶ τοῦ βίου τῶν νεωτέρων Ἑλλήνων.

1873. Prix de l'Association, M. Amédée Tardieu, Traduction de la Géographie de Strabon, tomes I et II.

— Médaille de 500 fr. M. A. Boucherie, Ἑρμηνεύματα et Καθημερινὴ ὁμιλία, *textes inédits attribués à J. Pollux.*

— Médaille de 500 fr. M. A. de Rochas d'Aiglun, *Poliorcetique des Grecs; Philon de Byzance.*

1873. Prix Zographos. M. Coumanoudis (É.-A.), Ἀττικῆς ἐπιγραφα ἐπιτύμβιοι.

— Médaille de 500 fr. M. C. Sathas, *Bibliotheca græca medii ævi.*

1874. Prix de l'Association. M. C. Wescher, *Dionysii Byzantii de navigatione Bospori quæ supersunt, græce et latine.*

— Prix Zographos. M. Émile Legrand, *Recueil de chansons populaires grecques publiees et traduites en français pour la premiere fois.*

— Mention très honorable. M. E. Filleul, *Histoire du siècle de Péricles.*

— Mention très honorable. M. Alfred Croiset, *Xénophon, son caractere et son talent.*

1875. Prix de l'Association. Partagé entre M. C. Sathas *(Mich. Pselli Historia byzantina et alia opuscula)* et M. Petit de Julleville, *Histoire de la Grèce sous la domination romaine.*

— Prix Zographos. Partagé entre M. Miliarakis (Κυκλαδικά) et M. Margaritis Dimitza (Ouvrages relatifs à l'histoire de la Macédoine).

1876. Prix de l'Association. Partagé entre M. Lallier (Thèses pour le doctorat ès lettres : 1° *De Critiæ tyranni vita ac scriptis ;* 2° *Condition de la femme dans la famille athénienne au* vᵉ *et au* ivᵉ *siècle avant l'ère chrétienne*) et M. Phil. Bryennios (Nouvelle édition complétée des lettres de Clément de Rome).

— Prix Zographos. MM. Coumanoudis et Castorchis, directeurs de l' Ἀθήναιον.

1877. Prix de l'Association. (N'a pas été décerné.)

— Prix Zographos : MM. Bayet et Duchesne, *Mission au mont Athos.*

1878. Prix de l'Association. Partagé entre M. B. Aubé (Restitution du Discours Véritable de Celse traduit en français) et M. Victor Prou (Édition et traduction nouvelle de la Chirobaliste d'Héron d'Alexandrie).

— Prix Zographos. Le *Bulletin de Correspondance hellénique.*

1879. Prix de l'Association. M. E. Saglio, directeur du *Dictionnaire des antiquités grecques et romaines.*

— Prix Zographos. M. P. Decharme. *Mythologie de la Grèce antique.*

1880. Prix de l'Association. M. Ex. Caillemer, *Le droit de succession légitime à Athènes.*

— Prix Zographos, M. Henri Vast, *Études sur Bessarion.*

1881. Prix de l'Association. M. F. Aug. GEVAERT, *Histoire de la musique de l'antiquité.*

— Prix Zographos. M. A. CARTAULT, *La trière athénienne.*

1882. Prix de l'Association. Partagé entre M. Max. COLLIGNON *(Manuel d'archéologie grecque)* et M. V. PROU *(Les théâtres d'automates en Grèce,* au IIᵉ siècle de notre ère).

— Prix Zographos. Partagé entre M. J. MARTHA (Thèse pour le doctorat ès lettres sur les *Sacerdoces Athéniens)* et M. P. GIRARD (Thèse pour le doctorat ès lettres sur l'*Asclépiéion d'Athenes).*

1883. Prix de l'Association. Partagé entre M. Maurice CROISET *(Essai sur la vie et les œuvres de Lucien)* et M. COUAT *(La Poésie alexandrine sous les trois premiers Ptolémées).*

— Prix Zographos. Partagé entre M. CONTOS (Γλωσσικαὶ παρατηρήσεις ἀναφερόμεναι εἰς τὴν νέαν ἑλληνικὴν γλῶσσαν) et M. Émile LEGRAND (*Bibliothèque grecque vulgaire,* t. I, II, III).

1884. Prix de l'Association. Partagé entre M. Max BONNET *(Acta Thomœ, partim inedita)* et M. Victor HENRY, (Thèse pour le doctorat ès-lettres sur l'*Analogie en général et les formations analogiques de la langue grecque).*

— Prix Zographos. Partagé entre M. Auguste CHOISY *(Études sur l'architecture grecque)* et M. Edmond POTTIER (Thèse pour le doctorat ès-lettres sur les *Lécythes blancs attiques).*

1885. Prix de l'Association. M. Salomon REINACH, *Manuel de philologie classique.*

— M. Olivier RAYET, *Monuments de l'art antique.*

1886. Prix de l'Association. *Le Syllogue littéraire hellenique de Constantinople.* Recueil annuel.

— Prix Zographos. Partagé entre M. Am. HAUVETTE-BESNAULT *(De archonte rege; — Les stratèges athéniens.* Thèses pour le doctorat ès-lettres) et M. BOUCHÉ-LECLERCQ *(Traduction des ouvrages d'Ernest Curtius, J.-G. Droysen et G.-F. Hertzberg sur l'histoire grecque).*

PUBLICATIONS REÇUES PAR L'ASSOCIATION

DANS LES SÉANCES D'AVRIL 1885 A MARS 1886

N. B. La provenance n'est pas indiquée lorsque la publication offerte
est un don de l'auteur.

BALBI (Stamatios-D.). — Αἱ Γέρανοι τοῦ Ἰδύκου καὶ ἄλλα τινὰ ποιήματα.
Athènes, 1882, in-8, 64 p. 2 ex.

BAZIN (H.). — Le galet inscrit d'Antibes. Offrande phallique à Aphrodite (ve et vie siècle av. J.-C.). — Etude d'archéologie religieuse
gréco-orientale (2 planches). Paris, 1885, in-4.

BIXÉLAS (Démétrius). — Στίχοι. Ἔκδοσις νέα. Athènes, Koromilas,
1885, in-12.

BLANCARD (Jules). — Etudes sur la Grèce contemporaine, les Métaxas.
Montpellier, imprimerie centrale du Midi. 1885, in-8, 38 p.

BOUCHÉ-LECLERCQ (A.). — Histoire grecque de Ernest Curtius. — Histoire de l'hellénisme de J.-G. Droysen. — Histoire de la Grèce
sous la domination des Romains, par G.-F. Hertzberg. — Traduction française sous la direction de M. A. Bouché-Leclercq.
Paris, E. Leroux, 1883-1886. 10 vol. in-8.

CALLIBURCÈS (P.). — Recherches expérimentales sur l'influence du
traitement pneumatique sur la fermentation des jus sucrés.
(Mémoires communiqués à l'Académie des sciences dans ses
séances du 19 mai, 2 et 16 juin 1884.) Paris, Savy, 1884, in-8,
34 p.

CAMBOROGLOU (Dem. Gr.). — Εἰκόνες, σατυρικαὶ διατριβαί. Athènes,
1882, in-8.
— Ἡ φωνὴ τῆς καρδίας μου, λυρικὴ συλλογή. Athènes, 1873, in-8.
— Μῦθοι καὶ Διάλογοι. Athènes, 1881, in-8.
— Παλαιαὶ ἁμαρτίαι, λυρικὴ συλλογή. 1874 (12 poésies). Athènes,
1882, in-8.

CHÉVRIER (Maurice). — Eloge d'Agrippa d'Aubigné. Paris, imprimerie
Jouaust et Sigaux, 1885, in-8 de 32 p.

COLLIGNON (Max.). — Caractères généraux de l'archaïsme grec (extrait
de la Revue archéologique). Paris, Leroux, 1885, in-8 de 22 p.

CONDOPOULOS (K.). — Ἀθανασία τῆς ἑλληνικῆς γλώσσης, ἡ ἀνεύρεσις τῆς ὁμηρικῆς γλώσσης ἐν ταῖς δημώδεσι διαλέκτοις τῆς συγχρόνου Ἑλληνικῆς. Athènes, 1884, in-8.

DARESTE (Rodolphe). — Les inscriptions hypothécaires. Paris, L. Larose et Forcel. 1885, in-8 de 16 p.

DENYS D'HALICARNASSE. — Edition grecque et latine, par Kiessling et Prou (bibliothèque gr. lat. de F. Didot). 1885, gr. in-8. — Don de l'éditeur.

DIMITZA (Marg.). — Γεωγραφία φυσικὴ καὶ πολιτική, πρὸς χρῆσιν τῶν γυμνασίων συνταχθεῖσα. Athènes, 1885, in-8.

— Περιοδεία τῆς Αἰγύπτου. Athènes, 1885, in-8.

— Ὁ Ἰσθμὸς τῆς Κορίνθου. Athènes, 1883, in-8.

— Πολιτικὴ γεωγραφία πρὸς χρῆσιν τῶν γυμνασίων ἑλληνικῶν χολείων καὶ παρθεναγωγείων συνταχθεῖσα. Athènes, 1882, in 8. Μέρος α'. ἔκδοσις ϛ'.

— Ἱστορία τῆς Ἀλεξανδρείας ὑπὸ τῆς κτίσεως μεχρὶ τῆς ὑπὸ τῶν Ἀράβων καταλήσεως αὐτῆς. Athènes, 1885, in-8.

DONNÉ (Alb.), traduit par N.-B. PHARDYS, de Samothrace. — Συμβούλαι πρὸς τὰς μητέρας περὶ τοῦ τρόπου τοῦ ἀνατρέφειν τὰ νεογέννητα παιδία. Smyrne, 1883, in-8.

DROSINI (Georges). — Εἰδύλλια. Τραγουδία τοῦ χωρίου, κτλ. Athènes, 1884, in-12.

DUMONT (Albert). — Notes et discours. 1873-1884. Paris. Armand Colin, 1885, in-12. — Don de Mᵐᵉ Vᵉ Albert Dumont.

DUPUIS (J.) — Le nombre géométrique de Platon, troisième mémoire (extrait de l'Annuaire des études grecques), augmenté de notes. Paris, Hachette, 1885, in-8 de 54 p.

EGGER (E.). — De l'état civil chez les Athéniens. Observations historiques à propos d'une plaque de bronze inédite qui paraît provenir d'Athènes. Lu dans la séance publique annuelle de l'Académie des inscriptions et belles-lettres le 9 août 1861. In-4. (Achat.)

— Académie des inscriptions et belles-lettres. — Mémoire sur la poésie pastorale avant les poètes bucoliques. Lu dans la séance publique annuelle du 2 décembre 1859. In-4. (Achat.)

— Rapport sur les travaux de l'Ecole française d'Athènes, lu le 31 juillet 1863 dans la séance publique annuelle de l'Académie des inscriptions et belles-lettres. In-4. (Achat.)

— De l'étude de la langue latine chez les Grecs dans l'antiquité. Lu dans la séance publique annuelle de l'Académie des inscriptions et belles-lettres du 10 août 1856. In-4. (Achat.)

EUSTATHOPOULOS. — Σύνοψις τῆς ἑλληνικῆς γλώσσης. Athènes, 1885, in-8.

GENNADIOS (P.). — Περὶ τῆς ἀσθενείας τῆς ἀμπέλου, κ. τ. λ. Athènes, 1885, in-8, 24 p.

GIDEL. — Sur le théâtre grec contemporain (article de la Revue générale).

HANRIOT (Ch.). — Faculté des lettres de Poitiers. Notions sur l'histoire de l'art en Grèce. Paris, E. Leroux, 1885, in-8 de 38 p.

HAUVETTE-BESNAULT (Am.). — De archonte rege. — Les Stratèges athéniens. — Thèses pour le doctorat ès-lettres. Paris, E. Thorin, 1885. 2 vol. in-8.

HOUSSAYE (Henry). — La Loi agraire à Sparte (extrait de l'*Annuaire des études grecques*). Paris, E. Perrin, 1884, in-8 de 28 p.

— La Grèce depuis le Congrès de Berlin (*Revue des Deux-Mondes*, janvier 1886).

JACOBAKIS. — Αἶνος, σύγγραμμα περιοδικὸν. Τόμος Α (premier numéro, contenant le commencement de Ἐναρέτη, drame inédit). Céphallénie, 1882, in-8.

JEBB (C.). — The Anabasis of Xenophon, books III and IV. With the modern greek version of professor Michael Constantinides. Glascow, James Maclehose and Sons, 1885, in-12. — Don de M. Constantinidis.

KALOGHERAS (Nicéphore). — Λόγος ἐπικήδειος εἰς τὸν ἀοίδιμον Λύσανδρον Καυταυξόγλουν, ἀρχιτέκτονα, κ. τ. λ. Athènes, 1885, gr. in-8.

KAROLIDES. — Καππαδοκικά. T. Iᵉʳ. Athènes, 1874, in-8.

KYRIACOS (Const. J.). — Τὸ διεθνὲς δίκαιον καθ' ὅλας αὐτοῦ τὰς σχέσεις, Διατριβὴ ἐπὶ ὑφηγεσίᾳ. Athènes, 1883, in-8.

— Περὶ ἐκδόσεως ἐγκλημάτων. Athènes, 1885, in-8.

LAFFON (Gustave). — Ἐπὶ τῷ θανάτῳ τοῦ Βίκτορος Οὑγω (Andrinople, 27 mai 1885). In-8.

LAMBROS (Spyridion), éditeur. — Supplementum Aristotelicum editum consilio et auctoritate academiæ litterarum Borussica. Vol. I. Pars 1. — Excerptorum Constantini de natura animalium libri duo. — Aristophanis historiæ animalium epitome subjunctis Aeliani, Timothei aliorumque Eclogis. — Edidit Spyridion Lambros. Berolini, 1885. Gr. in-8.

MAVROGENIS (Spyridion). — Βίος Κωνσταντίνου τοῦ Καραθεοδώρη, ψηφίσματι τοῦ ἐν Κωνσταντινουπόλει ἑλληνικοῦ φιλολογικοῦ Συλλόγου συνταχθείς, κ. τ. λ. Paris, Gauthier-Villars, 1885, gr. in-8.

MILLER. — Bibliothèque royale de Madrid. Catalogue des manuscrits grecs (supplément au catalogue d'Iriarte). Extr. des notices et extraits des manuscrits, etc., t. XXXI, 2ᵉ partie.

MILTON. — Μίλτωνος Ἀπολεσθεὶς Παράδεισος. Ἔμμετρος μετάφρασις Ἀλεξάνδρου Σ. Κασδάγλη. Edition avec les illustrations de Gustave Doré. Leipzig, 1884, in-4. Livr. 1-9.

PAPAMARCOS (Charisios). — Περὶ τοῦ σκοποῦ τῆς ἐκπαιδεύσεως τῆς ἑλληνίδος νεολαίας. Πραγματεία παιδαγωγική. Corfou, 1885, p. in-8. 2 ex.

PASPATIS (A.-G.). — Τὰ Βυζαντινὰ ἀνάκτορα καὶ τὰ πέριξ αὐτῶν ἱδρύματα. Athènes, Perris, 1885, in-8. 1 carte.

PHARMACOPOULOS. — Discours prononcé dans le syllogue national hellénique à Genève, lors de la fête de l'indépendance des Hellènes, 25 mars 1884. Texte grec avec traduction française, par Alexandropoulos. Paris, E. Leroux, 1884, in-12.

POLITIS (N.-G.). — Τὸ δημοτικὸν ᾆσμα περὶ τοῦ νεκροῦ ἀδελφοῦ. Athènes, 1885, in-8.

RANGABÉ (Cléon). — Ἡράκλειος, δράμα εἰς μέρη πέντε, μετὰ σημειώσεων. Leipzig, 1885, gr. in-8 richement relié.

REINACH (S.). — Traité d'épigraphie grecque, précédé d'un essai sur les inscriptions grecques par C.-T. Newton, traduit avec l'autorisation de l'auteur, augmenté de notes et de textes épigraphiques choisis. Paris, E. Leroux, 1885, gr. in-8.

SCORDELIS (Vlassios-G.). — Ἡμερολόγιον δημοδιδασκάλου ἤτοι ἡ παιδαγωγία ἐν τῇ πράξει. Athènes, Constantinidis, 1885, in-12.

SHAKESPEARE, traduit par BIKÉLAS (Démétrius). — Τραγῳδία Σαικσπείρου Ῥωμαῖος καὶ Ἰουλιέτα, μεταφρασθεῖσα ἐκ τοῦ ἀγγλικοῦ. Ἔκδοσις νέα ἐπιδιωρθωμένη. Athènes, Koromilas, 1885, in-12.

TANNERY (Paul). — Notice sur des fragments d'onomatomancie arithmétique (extrait du *Bulletin des sciences mathém.*), gr. in-4.

— Sur l'arithmétique pythagoricienne (extrait du *Bulletin des sciences mathématiques.* Mars, 1885), in-8 br.

— Questions héroniennes (extrait du *Bulletin des sciences mathématiques,* t. VIII, 1884), in-8 br.

— Scholie du moine Neophytos sur les chiffres hindous. Paris, E. Leroux. 1885, br. in-8 (extrait de la *Revue archéologique*).

— Sur la chronologie des philosophes antésocratiques (extrait des *Annales de la faculté de Bordeaux,* janvier 1886), in-8.

TRIANTAFILLIS (Cost.). — L'assedio di Missolungi. Conferenza tenuta presso l'Ateneo di Venezia il 26 marzo 1885. Venise, 1885, in-8.

— Τῇ φιλοπάτριδι κοινότητι τῶν ἐν Βενετίᾳ Ἑλλήνων. Poésie en vers politiques intitulée : Τῇ ἑλληνικῇ νεολαίᾳ. Venise, 18 février, 1886, in-8.

— Della filosofia stoica e dei vantaggi da essa recati all' umanità. Venise, 1886, in-8.

VANDENKINDÈRE L'Université de Bruxelles (notice historique). Bruxelles, 1884, gr. in-8.

ZIKIDIS (Georges-D.). — Μεγάλη ἑλληνικὴ γραμματικὴ τῆς ἀττικῆς πεζογραφικῆς διαλέκτου. Athènes, An. Constantinidis, 1885, in-8.

— Γραμματικαὶ παρατηρήσεις εἰς τὴν ἀρχαίαν ἑλληνικήν. Athènes, 1885, in-8.

Traduction grecque d'une lettre de M. Sardou à M. Rangabé au sujet de *Théodora* (extrait de l'Ἡμέρα). — Don de M. G. d'Eichthal.

MINISTÈRE DE L'INSTRUCTION PUBLIQUE. — Comité des travaux historiques scientifiques. Liste des membres titulaires, etc. ; des correspondants du ministère, etc. ; des sociétés savantes de Paris et des départements. Paris, 1885, in-8.

ANONYME. — Τὰ κατὰ τὸν θάνατον καὶ τὴν κηδείαν Γεωργίου Ζαρίφη. ('Εκ τοῦ Νεολόγου.) Constantinople. 1385, in-32.

— Τὰ ὑπὸ τοῦ ἐπικούρου τῶν ἐν πολέμῳ τραυματιῶν πεπραγμένα. Athènes, in-8. Année 1884.

Concours général des Lycées et Collèges de Paris et des départements, 1885. Palmarès. In-4.

INSTITUT DE FRANCE. — Discours prononcés aux funérailles de M. Egger.

PÉRIODIQUES

échangés avec les publications de l'Association
pendant l'année 1885-86.

Paris.

Bulletin administratif du Ministère de l'Instruction publique,
Revue critique d'histoire et de littérature.
Le Canal de Corinthe.
Revue du monde latin.

Athènes.

Bulletin de correspondance hellénique.
Actes de la Société archéologique d'Athènes.
'Εφημερὶς ἀρχαιολογική, recueil publié par la même Société.
Παρνασσός, recueil publié par le Syllogue Parnassos.
Δελτίον..... Bulletin de la Société historique et ethnologique de Grèce.
Πλάτων.
'Εστία.
'Εφημερίς.
Νέα 'Εφημερίς.
'Εϐδομάς.
Γαληνός.
Φοῖϐος.
'Εφημερὶς, etc., Journal de la Société hygiénique.
"Ωρα, Παλιγγενεσία, 'Εθνοφύλαξ (1867-1870). — Don d'un membre de l'Association.

Auxerre.

Mémoires de la Société des études historiques et naturelles.

Baltimore.

Johns Hopkins University. American Journal of philology.

Bordeaux.

Annales de la faculté des lettres de Bordeaux et de Toulouse.

Boston.

Archæological Institute of America.

Bucharest.

Οἱ Σύλλογοι.

Constantine.

Recueil de la Société archéologique de Constantine.

Constantinople.

Recueil du Syllogue littéraire hellénique.
Ἡμερολόγιον τῆς Ἀνατολῆς. 1883-1884 (par A. Paleologos.)
Νεολόγος.
Ἐκκλησιαστικὴ ἀλήθεια.

Hávre.

Recueil de la Société hâvraise d'études diverses.

Londres.

Society for the promotion of hellenic Studies.

Montpellier.

Mémoires de la section des lettres de l'Académie des sciences et lettres de Montpellier.

Osceola (E. U. Missouri).

The Platonist, publié par Thos Johnson.

Smyrne.

Publications du Musée et de l'École évangélique.

Trieste.

Νέα ἡμέρα.

CONCOURS DE TYPOGRAPHIE

RAPPORT DE LA COMMISSION

Lu dans l'assemblée générale du 29 avril 1886.

Messieurs, l'*Association pour l'encouragement des études grecques en France* a consulté l'esprit et observé la lettre de ses statuts (1), lorsqu'elle a ajouté au programme des prix qu'elle décerne annuellement l'annonce de récompenses à distribuer, par voie de concours et sous forme de livrets de caisse d'épargne, aux ouvriers compositeurs qui maintiennent chez nous la tradition de la typographie grecque et aux apprentis qui doivent la continuer. Deux livrets, de 100 francs chacun, pour les premiers, deux autres livrets de 50 francs pour les seconds, étaient proposés en 1886. Ce concours a eu lieu, le 8 mars, pour les ouvriers, et le 10, pour les apprentis typographes, avec un succès que nous sommes heureux de constater en vous rendant compte de nos opérations.

La Commission nommée à cet effet était composée de MM. Glachant, Ruelle et Huit. Elle a pris soin de l'aire insérer, quinze jours à l'avance, dans le *Gutenberg* et dans la *Bibliographie de la France,* journal du Cercle de la librairie, une note indiquant la date du concours,

_____

(1) Article 1er.

ainsi que le texte du règlement approuvé par vous dans la dernière Assemblée générale. Certaines questions non prévues par ce règlement s'étant présentées au cours de l'inscription des concurrents ont été résolues par elle dans le sens le plus libéral. C'est ainsi qu'elle a admis l'inscription des dames compositrices et qu'elle a autorisé les ateliers, où la casse grecque différait de celle qui est en usage à l'Imprimerie nationale dont le matériel avait été mis gracieusement à notre disposition, à faire transporter leurs casses propres au siège de cet établissement public. Les concurrents de nationalité étrangère, s'il s'en fût présenté, auraient dû être écartés, le concours ayant pour objet spécial d'encourager la typographie française.

La Commission s'est ensuite occupée d'arrêter les formes du concours. Aux termes du règlement, deux textes, à composer respectivement en deux heures, ont été autographiés, le premier, pour les ouvriers, comprenant seize cents lettres, et le second mille lettres environ, pour les apprentis ou plutôt les *élèves*, afin de leur donner le nom dont on les appelle dans la corporation. Chaque feuillet autographique a été distingué par un mot grec reproduit sur une fiche que les concurrents durent signer de leur nom, selon le mode usité pour les concours généraux de l'Université. Ces précautions n'ont pas été jugées superflues pour mettre hors de doute la sincérité de l'épreuve et prévenir toute fâcheuse réclamation. Les casses fournies par l'Imprimerie nationale, étant de numéros divers, ont été tirées au sort, ainsi que les autographies. La maison Lahure et la maison Chaix avaient envoyé leurs casses; les concurrents de la maison Delalain ont accepté la casse de l'Imprimerie nationale, quoique légèrement différente de la leur. Nous ne nous dissimulons pas que cet embarras d'avoir à déplacer un appareil assez lourd, et dont les pièces multiples peuvent aisément se confondre, a pu réduire le nombre des concurrents.

Cependant l'expérience est faite ; la difficulté n'a rien d'insurmontable.

Aux jours dits, onze ouvriers sur quatorze inscrits, et neuf élèves sur douze présentés ont accompli leur tâche dans un grand atelier commun. La procédure indiquée ci-dessus a été facilement comprise par tous les concurrents ; aucun incident ne s'est produit au cours des deux séances, présidées par M. Glachant. Un sentiment d'émulation généreuse parmi les hommes, de curiosité naïve parmi les enfants, animait cette réunion de travailleurs assemblés pour produire, comme autrefois, leur chef-d'œuvre, et nous aimons à constater la convenance et la cordialité parfaites de leurs rapports, soit entre eux, soit avec le président de votre commission.

Dès le lendemain, 11 mars, la Commission s'est réunie dans la Bibliothèque pour prendre connaissance de la correction des épreuves faites par M. Huit pour les concurrents ouvriers, et par M. Ruelle pour les élèves compositeurs. Elle a arrêté son classement en ne tenant compte que des devises. Ensuite les enveloppes cachetées, contenant les fiches correspondantes, avec la signature des intéressés, ont été ouvertes, et le rapprochement opéré entre les épreuves et les fiches au moyen des devises a donné le résultat suivant :

1° *Compositeurs ouvriers.*

Ont obtenu un livret de 100 francs :

MM. Maréchal (Ambroise), de l'Imprimerie Lahure ;
      Molz (Jules), de l'Imprimerie Delalain.

Mention très honorable :

M. Jouvin (Ernest), de l'Imprimerie nationale.

Mentions honorables :

MM. Charles, de l'Imprimerie nationale ;
      Boutal (A.), de l'Imprimerie nationale.

2° *Elèves compositeurs.*

A mérité un livret de 50 francs :

M. Beaucureux (Eugène), de l'Imprimerie Chaix.

La commission partage le second livret de même valeur entre :

MM. Boutal (Georges), de l'Imprimerie nationale ;
Ternard (Louis), de la même Imprimerie.

La composition de M. Maréchal, qui sort premier de ce concours, était sans fautes ; il avait même rétabli un accent oublié dans l'autographie. Celle de M. Molz, qui concourait avec une casse dont il n'avait pas l'habitude, avait au plus quatre fautes d'impression. On serait heureux de n'avoir jamais à corriger que de semblables épreuves. Il y a lieu de remarquer que les primes ont été remportées par des spécialistes très exercés, appartenant à l'industrie libre, tandis que les ouvriers de l'Imprimerie nationale, qui arrivent fort honorablement en seconde ligne, font partie de l'atelier dit *Oriental,* où ils travaillent journellement sur plusieurs systèmes, arabe, hébreu, sanscrit, et non spécialement sur le grec. Selon la remarque de l'un d'eux, ils deviendraient promptement plus habiles en ce dernier genre de composition, s'ils avaient plus souvent occasion de le pratiquer.

Quoi qu'il en soit, la Commission insiste pour que la médaille en bronze de l'Association soit ajoutée à la prime conquise par MM. Maréchal et Molz. Les récompenses honorifiques accordées à MM. Jouvin, Charles et Boutal (A.) ne font pas obstacle à ce qu'ils puissent se représenter à un prochain concours dans lequel ils ont les meilleures chances de réussir pleinement.

La Commission estime que ce premier essai d'un concours de composition en grec a donné les résultats les plus encourageants. Elle espère que l'Assemblée générale voudra confirmer son œuvre en maintenant au budget de 1887 l'allocation nécessaire pour un nouveau concours.

En terminant, nous devons offrir tous nos remerciements aux chefs de service de l'Imprimerie nationale, notamment à M. le directeur Doniol et à M. Rousseau, chef des travaux, pour leur accueil sympathique et pour leur participation bénévole à l'exécution de l'entreprise pour laquelle nous avions réclamé leur concours sous les auspices de l'Association.

Pour la Commission :

Le Président,

Ch. Glachant.

4 avril 1886.

RAPPORT

LA COMMISSION ADMINISTRATIVE

—————

MESSIEURS,

La Commission administrative est heureuse d'avoir
à vous faire part d'une bonne fortune qui est échue à
l'Association des Études grecques, dans le courant de
l'année 1885-86. Sur les 136 obligations de l'Ouest qu'elle
possédait 28 sont sorties remboursables à cinq cents
francs. Votre trésorier aurait dû encaisser quatorze
mille francs, mais il a fallu tenir compte de la prime à
déduire sur le prix d'achat primitif, s'élevant à cent
soixante-quinze francs, plus les frais de négociation de
la Société générale, votre intermédiaire entre l'Association des Études grecques et la Compagnie de l'Ouest
soit vingt francs, et la somme remboursée finalement
s'est trouvée réduite à treize mille huit cent cinq francs.
Ce n'est pas sans difficulté qu'elle est entrée dans la
caisse de l'Association. On a commencé par demander
un exemplaire de nos statuts. Cet exemplaire fourni,
on a exigé un extrait de la délibération générale nom-

mant votre trésorier, et, cet extrait produit, une délibération spéciale autorisant votre trésorier à faire les
opérations nécessaires pour percevoir le remboursement ci-dessus. Ces divers délais ont été préjudicia-
bles en ce qu'ils n'ont pas permis de toucher, pendant
ce temps, les intérêts de ladite somme. Toutefois on
peut se consoler d'une perte relativement légère eu
égard à la plus-value que le remboursement des obligations a fait entrer dans votre caisse.

Quel emploi donner à cette somme, votre Commission administrative a dû délibérer à cet effet. Quelques
membres ont émis l'avis d'acheter du trois pour cent
amortissable, d'autres de la rente trois pour cent, ou
d'autres valeurs. On a fini par adopter l'opinion de
consacrer la somme reçue au remplacement des 28
obligations remboursées, par l'acquisition d'autres
valeurs de même nature, que le cours moyen de trois
cent quatre-vingt-six francs soixante-quinze centimes,
a permis de porter de 28 à 36. Par cette opération
l'Association a gagné 8 obligations de l'Ouest.

Dans le courant de l'année, votre Commission administrative a cru opérer sagement en consolidant,
pour ainsi dire, la somme qu'avaient produite les donations, pendant l'année précédente, ce qui a permis
d'acheter, au cours moyen de trois cent soixante-dix-
sept francs quatre-vingt-sept centimes, 6 obligations
de l'Ouest. De sorte que l'Association possède depuis
le mois de janvier 1886, 150 obligations de l'Ouest, au
lieu de 136, c'est-à-dire, 14 de plus qu'elle n'en avait
antérieurement, dont 8 proviennent de la plus-value
de la somme remboursée, et 6 d'un achat, par un placement nouveau.

Ces deux opérations constituent des opérations extra
budgétaires ; aussi elles ne figurent pas dans le budget
annuel de l'Association. Ce sont des dépenses extraordinaires auxquelles on a pourvu par des ressources
extraordinaires.

Nous arrivons maintenant au budget annuel normal qui présente un état moins satisfaisant. Comme dans les années précédentes, les cotisations ne sont pas payées avec exactitude par tous les membres. Aussi la recette a considérablement baissé. Sur 554 membres que compte l'Association 261 seulement ont acquitté la cotisation annuelle, les autres 293 paieront probablement et figureront, il faut l'espérer, au budget courant, dans le produit des cotisations arriérées, mais il n'en résulte pas moins qu'on ne peut compter pour les dépenses sur une recette équivalente à deux mille neuf cent trente fr. Le plus grand nombre des non payants appartient à l'étranger. Or ces étrangers habitent des pays où le calme n'est pas encore rétabli, où la perception est par conséquent difficile. Aussi le tableau comparatif des recettes pour 1885-86 fait-il ressortir au total une différence en moins de trois mille deux cent six francs quarante-six centimes. Elle s'explique par les diminutions qu'ont subies les articles :

5............................. ...	1,670	»
6.............................	1,000	»
7.............................	200	»
8.............................	400	»
9.............................	222	80
donnant un total de....................	3,492	80

qui doit être atténué des faibles plus-values des articles :

1	141	04
4	5	30
10	140	»
Total............	286	34
et se ramène au chiffre ci-dessus de......	3,206	46

Voici du reste le tableau comparatif des recettes de l'exercice 1884-85 et de 1885-86 :

	1884-85	1885-86
1º Reliquat de l'exercice précédent..	12,427 19	14,819 27
2º Coupons de 136 obligations de l'Ouest,..................	1,978 80	2,119 84
Coupons de 15 obligat. du Midi..	218 24	218 24
3º Arrérages de la rente Deville....	500 »	500 »
4º Intérêts des fonds déposés à la Société générale............	121 50	126 80
5º Cotisations annuelles	3,520 »	2,610 »
Id. arriérées..........	1,840 »	1,080 »
6º Versements de membres donateurs..................	2,100 »	1,100 »
7º Versements pour les monuments grecs.....................	200 »	.. .. ..
8º Don de l'Université d'Athènes...	400 »	» »
9º Vente de livres..,.............	706 40	483 60
10º Vente de médailles...........	» »	140 »
11º Subvention du ministère de l'Instruction publique...........	500 »	500 »
TOTAL de la recette.......	12,084 94	8,878 48
TOTAL de l'avoir au 1er mars..	24,512 13	23,697 75

Le tableau comparatif des dépenses vient nécessairement après celui des recettes, le voici dans tous ses détails.

1º Publication de l'Annuaire :	1884-85	1885-86
Frais d'impression, tirage.....:	2,551 05	2,439 »
Rédaction de la Bibliographie..	150 »	150 »
A reporter......	2,701 05	2,589 »

Report........	2,701	05	2,589 »
2º Recueil des monuments grecs...	800	»	800 .
3º Impressions diiverses..........	145	60	124 »
4º Envoi de publications.........	356	75	243 15
5º Loyer de la rue Bonaparte.....	476	40	475 40
Assurance.	10	»	10 »
Service et aménagement......	90	»	125 95
6º Service du palais des Beaux-Arts	210	10	170 10
7º Indemnité annuelle à l'agent bibliothécaire.	1,000	»	1,000 »
Indemnité extraordinaire......	200	»	» »
8º Recouvrement de cotisations....	153	45	53 50
9º Garde des titres de la Société..	17	10	19 10
10º Courses et commissions.	52	10	43 05
11º Frais de correspondance.	87	80	86 35
12º Id. de bureau.............	206	45	246 65
13º Reliure et achat de livres......	206	10	104 75
14º Prix de l'Association.............	1,000	»	1,000 »
15º Prix Zographos.............	1,000	»	1,000 »
16º Prix des lycées..............	173	45	207 85
17º Médailles..................	»	»	128 95
18º Concours de typographie grecque	»	»	300 »
TOTAL.........	8,884	65	8,727 80

Les recettes ayant donné...............	8,878	48
Les dépenses effectuées n'étant que de...	8,727	80
Elles sont, comme elles doivent être généralement, inférieures de................	150	68

Le budget de l'exercice 1885-86 avait prévu une dépense de..............................	9,795	»
La dépense effectuée ne s'étant élevée qu'à	8,727	80
a donc été inférieure aux prévisions de.....	1,067	20

Le montant des recettes de l'année 1885-1886 s'élève à......................... 8,878 48

A cette somme il faut ajouter l'encaisse disponible au 1er mars 1885, soit.......... 14,819 27

Et l'on obtient la somme totale de........ 23,697 75

Retranchant le montant de la dépense effectuée durant l'année 1885-86............. 8,727 80

Il reste un avoir de.................... 14,969 95

Somme représentée :

1° Par le solde de notre compte à la Société générale s'élevant, au 1er mars 1886, à. 14,425 23

2° Par l'encaisse de l'agent bibliothécaire. 489 73

3° Par l'encaisse du trésorier.......... 55 »

TOTAL ÉGAL............. 14,969 95

Après vous avoir présenté la situation de l'année budgétaire 1885-86, il reste à vous soumettre le projet budget de l'exercice 1886-87. Pour les recettes d'abord, ce budget s'établit de la manière suivante :

1° Reliquat de l'exercice 1885-1886......... 14,969 95

2° Coupons de 136 obligations du chemin de fer de l'Ouest............................... 2,000 »

Coupons de 15 obligations du chemin de fer du Midi.................................... 218 24

3° Intérêts de la Compagnie générale........ 125 »

4° Arrérages de la rente Deville........... 500 »

5° Subvention du Ministère de l'Instruction publique.................................. 500 »

6° Cotisations. .... 3,500 »

7° Don de l'Université d'Athènes............. »

8° Vente des livres....................... 500 »

TOTAL *à reporter*................. 22,313 19

Report	22,313	19
Si nous défalquons le reliquat..............	14,969	95

nous trouvons que les recettes propres
de l'exercice courant peuvent être évaluées
au moins à....................................   7,343   24

Les recettes de l'exercice précédent
avaient été évaluées à...........................   8,197   04

D'où résulte pour 1886 une différence en
moins de..............................   853   80

Il est bon de laisser ces prévisions dans un chiffre inférieur, afin d'éviter toute surprise désagréable par une évaluation de recettes qui ne se réaliserait pas.

Nous vous présentons donc les dépenses, avec la certitude qu'elles seront couvertes, soit par les recettes, soit par le montant de la réserve.

Publication de l'Annuaire...........................	2,550	»
Rédaction de la bibliographie.......................	150	»
Monuments grecs....................................	1,000	»
Impressions diverses................................	125	»
Envoi et distributions des publications..........	300	»
Salle de la rue Bonaparte, loyer, assurance........	500	»
Service au palais des Beaux-Arts....................	150	»
Indemnité à l'agent bibliothécaire.................	1,000	»
Droit de garde des titres...........................	20	·
Recouvrement des cotisations............	150	»
Courses et commissions.............................	80	»
Reliure et achat de livres........................	200	»
Mobilier..	60	»
Frais de bureau.....................................	60	»
Prix de l'Association...............................	1,000	»
Prix Zographos......................................	1,000	»
Concours entre les ouvriers et apprentis typographes.	300	»
TOTAL des dépenses en 1886........,...	7,795	»

Les recettes prévues, 7343 fr. 24 c., jointes à l'encaisse, 14,969 tr. 95 c., donnent.................. 22,313 19

Les dépenses prévues ne s'élèvent qu'à............ . 7,795 »

Il y a un excédent éventuel, constituant pour le fonds de réserve..................... 14,518 19

Somme plus que suffisante pour couvrir les entreprises nouvelles que l'Association des Études grecques jugerait à propos de faire ou d'encourager.

Les membres de la commission administrative :

CHASSANG.
PESSON.
G. D'EICHTHAL.
LAPERCHE.
TALBOT.

Le Trésorier :

J.-G. MAGNABAL.

MONUMENT EGGER

Le jour même des obsèques de M. Egger, plusieurs des membres de l'Association pour l'encouragement des Etudes grecques en France, désireux de rendre hommage à la mémoire du président honoraire qu'elle venait de perdre, ont eu la pensée d'ouvrir une souscription, exclusivement limitée aux membres de l'Association, et dont le produit serait consacré à élever un monument sur la tombe de M. Egger.

Un grand nombre de nos confrères ayant répondu avec empressement à cet appel, l'inauguration de ce monument a eu lieu le 30 mai 1886, à quatre heures de l'après-midi, au cimetière du Montparnasse.

Le monument consiste en un buste, coulé en bronze, d'après le modèle exécuté il y a quelques années par M. E. Cougny, statuaire, et offert par lui à M. Egger. Le buste que l'artiste a remanié pour sa nouvelle destination est supporté par une stèle en granit gris de Flandre ; sur la face antérieure a été gravée l'inscription suivante :

A LA MÉMOIRE
DE
ÉMILE EGGER
MEMBRE DE L'INSTITUT
PROFESSEUR A LA FACULTÉ DES LETTRES
1813 † 1885
L'ASSOCIATION
POUR L'ENCOURAGEMENT
DES ÉTUDES GRECQUES EN FRANCE
(SOUSCRIPTION PARTICULIÈRE)
Quantalibet caecutit in his sapientia terris
Jamdudum alterius lucis amore trahor.

Deux cents personnes environ avaient répondu à l'appel du Comité et entouraient la famille de M. Egger, amis, anciens confrères de l'Institut, collègues de la Faculté des lettres de Paris, auxquels étaient venus se joindre un grand nombre de Grecs.

Une couronne de feuilles de chêne et de laurier avait été déposée sur la tombe par l'Association des Élèves et anciens Élèves de la Faculté des Lettres.

Quatre discours ont été prononcés à cette occasion, par M. le Mᶦˢ de Queux de Saint-Hilaire, au nom du Comité de la souscription; M. D. Bikélas, au nom des souscripteurs grecs; M. A. Croiset, au nom de l'Association pour l'encouragement des Études grecques en France; M. Ernest Renan, au nom des amis de M. Egger.

Voici ces discours, que les souscripteurs ont lus déjà dans la brochure où ils ont été imprimés à part et qui leur a été distribuée.

DISCOURS

DE

M. LE Mᶦˢ DE QUEUX DE SAINT-HILAIRE

Messieurs,

Je ne prends, en ce moment, la parole devant vous que pour accomplir un devoir, celui de remercier, au nom des promoteurs de la souscription, nos confrères de l'Association pour l'encouragement des études grecques en France. C'est le généreux empressement qu'ils ont mis à répondre à notre appel qui nous a permis d'élever sur la tombe de M. Egger le monument

durable de notre souvenir et de notre reconnaissance
que nous inaugurons aujourd'hui.

La première pensée de cet hommage rendu à une
mémoire qui nous est chère à tous est venue spontané-
ment et simultanément à quelques-uns d'entre nous,
au moment même où nous assistions aux funérailles
de l'homme excellent qui avait été si soudainement
ravi à notre affection. Nous avons ainsi voulu donner
à tous ceux que l'éloignement de Paris, au moment
des vacances, avait empêchés d'assister à la cérémonie funèbre, l'occasion de se retrouver un jour autour
de cette tombe, si brusquement ouverte, et qui renferme
la dépouille mortelle de celui qui fut si laborieux et
si savant, si bon et si dévoué.

Si nous avons cru devoir nous limiter aux seuls
membres de l'Association pour l'encouragement des
études grecques en France, c'est que nous avons pensé
que cette Association dont M. Egger avait été l'un des
fondateurs, trois fois le président, et dont il était
depuis plusieurs années le président d'honneur, renfermait, avec le plus grand nombre de ses amis personnels, tous les amis des lettres grecques, auxquelles
il avait consacré sa vie entière. Nos intentions étaient
modestes, comme l'était le caractère de celui que nous
voulions honorer. Nous avons voulu simplement déposer sur sa tombe, au nom de l'Association, un exemplaire en bronze du buste que connaissent bien tous
ceux qui ont eu l'honneur d'être reçus dans le cabinet
de M. Egger. Ce buste a été fait, il y a quelques années,
par M. E. Cougny, statuaire de grand talent, frère
d'un de nos confrères. Son premier mérite, à nos yeux,
en dehors de sa valeur artistique dont vous pouvez
juger, était de retracer avec une fidélité rare les traits
de l'ami que nous avons perdu.

L'empressement de nos confrères nous a permis de
réaliser promptement tous nos désirs. Il nous permettra même de donner à chacun des souscripteurs un

souvenir de sa coopération à notre œuvre. Ces souscriptions nous sont venues de tous les côtés, de Paris
comme de la province et de l'étranger, particulièrement
de la Grèce. Les Grecs sont reconnaissants. Malgré les
angoisses de la terrible crise politique qu'ils traversent,
ils ont tenu à honneur de figurer en grand nombre sur
nos listes, et, il y a quelques jours à peine, nous rece-
vions encore de Constantinople une somme assez considérable. Parmi ces souscriptions, il en est de bien
touchantes : ce sont les plus minimes, les plus humbles. Elles nous ont été envoyées sans doute par quelques-uns de ces jeunes gens qui, à leur passage à Paris, avaient été si cordialement reçus par M. Egger et
qui ont voulu témoigner leur reconnaissant souvenir
de son affabilité et de ses utiles conseils.

C'est donc un remerciement que j'adresse, et je veux
m'y borner, au nom de la commission, au nom aussi
de la famille qui m'en prie, à tous nos confrères de
l'Association des études grecques, à ceux qui sont présents à cette pieuse cérémonie comme à ceux que la
distance tient éloignés de nos yeux, mais non de notre
cœur, et qui nous ont permis de rendre cet hommage
à la mémoire vénérée d'un homme de bien dont les
savants travaux et le doux souvenir seront plus durables
dans nos cœurs que ce monument, bien qu'il soit fait
de granit et de bronze, car le cœur et l'esprit peuvent
seuls opposer leur constance à la rapidité du temps
qui passe, emportant avec lui tout, excepté le souvenir..

DISCOURS

DE

M. D. BIKÉLAS

MESSIEURS,

Ce n'est pas la bienveillante amitié dont m'honorait M. Egger qui me donne le droit de prendre ici la parole. Je le dois avant tout à ma nationalité. On a bien voulu ne pas oublier que la Grèce avait réclamé sa part dans la pieuse cérémonie qui nous rassemble aujourd'hui devant ce monument.

Le nom de M. Egger n'est pas moins connu et respecté en Grèce qu'il ne l'est en France. On l'a vu aux témoignages de douleur exprimés par la presse grecque tout entière à la nouvelle de sa mort. On l'a vu encore à l'empressement touchant avec lequel les membres grecs de notre Association ont répondu à notre appel pour offrir ce tribut à sa mémoire. — Et ce ne sont pas seulement les syllogues littéraires et les amis personnels de M. Egger qui se sont hâtés d'inscrire leurs noms sur nos listes : d'humbles savants, des professeurs inconnus ont tenu à nous envoyer leur offrande, d'autant plus précieuse qu'elle n'était pas prise sur le superflu, durant les épreuves que traverse en ce moment notre patrie.

Mais pourquoi cette manifestation de la Grèce envers la mémoire du savant français ? Qu'avait-il fait pour mériter sa reconnaissance ? — Il avait cultivé avec éclat les lettres grecques, et il n'avait jamais caché ses sympathies pour la Grèce de nos jours. Il était un grand helléniste et un vrai philhellène. Voilà ses titres à notre respect et à notre gratitude.

Il ne faut pas trop s'étonner, messieurs, si, considérant comme notre patrimoine exclusif le grand héritage de l'antiquité, nous nous sentons comme une espèce de parenté avec ceux qui vouent leur vie à la culture des lettres grecques. Les hellénistes sont pour nous presque des compatriotes. Ils acquièrent complètement leur droit de cité lorsqu'ils sont célèbres comme M. Egger. Nous leur savons gré de la gloire dont ils se couvrent en approfondissant les secrets de notre gloire passée.

Y a-t-il là un calcul d'égoïsme national? Peut-être. — Il n'est pas toujours facile de vivre en esprit dans la Grèce antique sans ressentir un intérêt bienveillant pour la Grèce d'aujourd'hui. L'helléniste est naturellement porté à devenir un philhellène. M. Egger en a été une des preuves les plus flatteuses pour notre amour-propre d'Hellènes.

Et pourtant j'hésite un peu à appliquer à M. Egger le nom de philhellène. J'aurais dû dire plutôt qu'il était un ami de la Grèce. En grec, le même mot signifie les deux choses ; mais il me semble qu'elles offrent une certaine différence en français.

Le philhellénisme est le produit d'une autre époque. C'est l'enthousiasme d'une France encore ébranlée par les secousses des événements épiques de la période révolutionnaire, répondant à l'héroïsme d'une Grèce que l'on croyait morte. On célébrait alors nos malheurs et nos exploits; on nous envoyait des secours, on venait combattre et souvent mourir pour notre cause. La France n'a pas à se repentir de son philhellénisme, et nous lui en serons reconnaissants à jamais. Cependant, une fois la lutte pour l'indépendance grecque finie, l'enthousiasme diminua. Il fut même suivi d'une période de réaction. Le philhellénisme ne fut plus de mode ; quoique la Grèce eût toujours ici des amis.

C'est durant cette époque que grandit M. Egger. Il n'appartenait pas à la génération des anciens philhel-

lènes. Enfant, il avait, lui aussi, entendu avec émotion
le bruit de la chute de Messolonghie ; mais son cœur
de jeune homme n'a pas eu le temps d'être enflammé
par l'enthousiasme du philhellénisme. Ce n'est qu'avec
le temps, à force d'étudier la Grèce sous tous ses aspects et dans toutes ses phases, qu'il nous a donné
son amitié. Elle n'était que plus sincère pour être
calme et raisonnée. Il nous jugeait avec une bienveillance exempte d'exagération et libre de préjugés ; il
suivait avec intérêt nos pénibles efforts de reconstitu-
tion nationale ; il nous donnait, dans ses écrits, des
conseils utiles et des encouragements précieux ; et
surtout il partageait notre confiance dans l'avenir, sans
que ni les défaillances de notre inexpérience politique,
ni les procédés d'une diplomatie qui n'est pas toujours
équitable, eussent pu ébranler sa foi en nous. Il a été
un ami véritable de la Grèce.

Il n'a pas été le seul. Nous avons eu et nous avons
encore, et nous aurons toujours des amis en France,
comme il y aura toujours des hellénistes. Les traditions, dont M. Egger a été si longtemps le dépositaire
le plus fidèle et le plus illustre, ne sont pas destinées
à péricliter jamais dans ce noble pays. Qu'il soit permis à un Grec de l'affirmer, pour l'honneur même de
la France, sur la tombe du savant helléniste, de l'ami
sincère de la Grèce dont nous honorons aujourd'hui la
mémoire !

DISCOURS

DE

M. ALFRED CROISET

MESSIEURS,

Je n'ai plus à vous dire ce que fut M. Egger. Ici
même, le jour de ses obsèques, plus tard dans des
journaux, devant des Sociétés savantes, à la Faculté
des lettres, on a retracé sa vie et rappelé ses œuvres.
Les éloges qu'il méritait lui sont venus de toutes parts,
et, chose remarquable, Paris n'en a pas eu le privilège : à Orléans, à Caen, des biographes ont pu intéresser un nombreux auditoire en parlant d'un professeur qui n'avait jamais eu de chaire qu'à Paris. Preuve
touchante de ce don qu'il avait en un si haut degré de
se répandre, de se communiquer à tous sans s'épuiser,
de faire foyer, pour ainsi dire, foyer rayonnant et ré-
chauffant.

Après tous ces hommages, plusieurs de ses amis
ont pourtant cru qu'il restait encore quelque chose à
faire, et votre concours a prouvé qu'ils avaient raison.
Les discours et les notices consacrés à sa mémoire
n'étaient que des hommages individuels : il fallait
qu'un hommage collectif exprimât d'une manière sensible ce que j'indiquais tout à l'heure, la diffusion in-
cessante et féconde de son activité, dont tant de personnes avaient senti l'influence. C'est là, messieurs,
ce que signifie cette image, consacrée à son souvenir
je ne dis pas par tous ceux qui devaient quelque chose
à M. Egger (le nombre en eût été trop grand), mais du
moins par les membres de l'Association pour l'encou-

ragement des Études grecques, c'est-à-dire par beaucoup de ceux qui lui devaient le plus.

En quoi donc consistait cette dette ? Un certain nombre d'entre vous, Messieurs, ont reçu l'enseignement de M. Egger, et les plus récents de ses élèves, nos étudiants actuels, de la Faculté des lettres, ont tenu justement à honneur de s'associer à cette cérémonie. Mais beaucoup aussi parmi ceux qui m'entourent n'ont été les élèves de M. Egger que dans la mesure où tout homme qui lit est l'élève de ceux qui écrivent de bons ouvrages. Et cependant, tous, nous lui devons quelque chose de plus que ce que nous avons appris dans ses livres. Tous, nous sommes ses obligés, pour le bon et grand exemple de cette vie, dominée tout entière par le sentiment le plus élevé du devoir accompli sans défaillance et sans ostentation.

M. Egger était justement fier de n'avoir jamais manqué une leçon pendant les quarante-quatre années qu'a duré son enseignement. Pourquoi n'ajouterais-je pas qu'à l'Association des Études grecques il n'est guère de séance depuis vingt ans à laquelle il n'ait assisté? Faible mérite en apparence ; en réalité, symptôme d'une rare vertu, de celle même qui a rendu la vie de M. Egger si utile et si honorée : je veux dire son attachement à toutes les obligations, petites ou grandes, qu'il acceptait et qu'il recherchait, et de son dévouement actif, personnel, infatigable aux œuvres qu'il croyait bonnes. Combien de membres, dans toutes les Sociétés, ressemblent à ces contemporains de Démosthène à qui le grand orateur reprochait de compter toujours sur l'activité du voisin et de s'accorder sans scrupule à eux-mêmes le droit de rester tranquilles ! Quand il s'agit de repousser Philippe, cela mène à Chéronée ; quand il ne s'agit que d'études grecques, c'est moins grave, je le reconnais ; mais enfin ce n'est pas ainsi qu'on donne toute sa mesure et qu'on remplit tout son rôle. M. Egger était toujours

prêt à payer de sa personne. Il était sans cesse là où
l'on s'occupait des choses grecques. Il savait écouter
et parler. Il s'intéressait à ce que disaient les autres,
même quand ceux-ci n'avaient que peu de chose à lui
apprendre, et il les intéressait à son tour par sa parole familière, aisée, pleine d'à-propos et de souvenirs
heureux. Ajoutez à cela l'autorité du savoir et celle du
caractère, et vous aurez, Messieurs, le secret de son
influence. C'est pour cela que tant d'entre nous, même
sans avoir été à proprement parler ses disciples, restent ses obligés dans l'ordre intellectuel, et ont considéré comme un devoir de lui en témoigner leur reconnaissance. Ils n'oublieront jamais cette vie si
probe, si laborieuse, si bien ordonnée, où aucun instant n'était perdu et où le repos même, par d'utiles
conversations, tournait au profit de la science. Ils l'é-
voqueront souvent dans leur souvenir, comme un
exemple et un encouragement, et, chaque fois qu'ils y
songeront, ils se sentiront plus disposés à remplir
eux-mêmes toute leur tâche.

M. Jourdain, notre président de l'année dernière,
aurait été certainement aujourd'hui notre interprète si
l'état de sa santé le lui avait permis. A son défaut,
nous aurions tous souhaité que M. Gréard, notre président actuel, se trouvât libre d'exprimer devant ce
monument érigé par l'amitié et la reconnaissance, les
émotions que nous éprouvons. Heureusement, Messieurs, vos sentiments suppléeront à l'insuffisance de
mes paroles, et vos souvenirs, pour être vifs et profonds, n'ont pas besoin de nos discours.

DISCOURS

DE

M. ERNEST RENAN

MESSIEURS,

Au nom des amis de M. Egger, je tiens à remercier l'Association des études grecques de l'hommage qu'elle rend aujourd'hui à cette mémoire vénérée. Grâce à la pieuse pensée que vous avez conçue et réalisée, Messieurs, nous aurons désormais sous les yeux, en visitant ce rendez-vous des morts, l'image vraie, vivante, sincère de celui que nous avons aimé. Nous retrouverons dans ce buste son visage aimable, son regard bienveillant, son fin sourire. Près d'un an s'est écoulé depuis qu'une mort subite nous l'a ravi, et il n'est pas un seul d'entre nous qui ne sente cette perte plus cruellement que le premier jour, tant était grande sa place dans le cœur de ses amis !

Vingt fois je me suis surpris à écrire, à penser en vue de lui, comme s'il vivait encore ; vingt fois un cruel froissement contre la réalité m'a tiré de mon rêve. L'œuvre scientifique de notre siècle gardera la trace de son infatigable ardeur ; l'Université, l'Académie des inscriptions et belles-lettres se souviendront des services qu'il a rendus : ses amis seuls sauront tout le bien qu'il a fait. Comme il ne cherchait que la satisfaction intime de sa conscience, il fuyait l'ostentation et gardait son secret pour lui seul. On ne vit jamais une antipathie plus instinctive contre les voies obliques, le charlatanisme et le mal. Son honnêteté perçait dans sa vie comme dans ses œuvres. Il niait peu, il affirmait avec réserve : aussi a-t-il eu des amis appartenant aux opinions les plus diverses. Dans les grands doutes de la vie, on se sentait rassuré par son approbation, car on savait qu'une inflexible règle de droiture était en lui. Toutes les écoles lui doivent quelque chose, celles du moins qui ont souci de la vérité. Merci donc, Messieurs, d'avoir eu la bonne idée de consacrer ici son image. Vous avez prouvé que la Grèce n'oublie pas ceux qui l'aimèrent. Vous avez prouvé surtout que vous êtes bons appréciateurs du mérite. Celui que vous venez de couronner eût mérité les éloges de vos anciens sages. C'était un sérieux ami de la vérité ; c'était un grand homme de bien.

SOUSCRIPTION PERMANENTE

POUR LA PUBLICATION

DES MONUMENTS GRECS

Nos confrères sont témoins des sacrifices que nous faisons depuis 1872 pour mettre chaque année sous leurs yeux quelques beaux ouvrages de l'art grec, dont les reproductions, exécutées par des artistes habiles, ont obtenu le suffrage de tous les connaisseurs. Malgré les dépenses qu'entraînent toujours les publications de ce genre, le COMITÉ DE L'ASSOCIATION désire que les fascicules de nos *Monuments grecs* puissent toujours être envoyés, comme l'Annuaire, à tous les Membres de l'Association, sans aucun changement dans le prix de la cotisation annuelle de 10 francs.

En conséquence, le Comité a résolu de s'adresser à la générosité déjà éprouvée des Membres de l'Association, et d'ouvrir une souscription permanente et toute volontaire, à l'effet de former peu à peu un fonds de réserve pour le dessin et la gravure des planches. Il recommande vivement cette souscription à tous ceux de nos confrères qui s'intéressent au développement de cette partie de notre œuvre.

Les conditions de la souscription sont les suivantes :

ART. 1er. — La souscription pour les *Monuments grecs* est fixée au minimum de 100 francs une fois versés.

ART. 2. — Les souscripteurs recevront le titre de *Membres fondateurs pour les Monuments grecs;* leurs noms formeront une liste à part, qui sera imprimée sur la couverture de chaque fascicule de notre publication archéologique.

ART. 3. — S'il y a des renouvellements de souscription, ils seront indiqués sur cette liste par la mention des années où la souscription aura été renouvelée.

ART. 4. — Les souscriptions qui dépasseraient le chiffre de 100 francs seront naturellement l'objet d'une mention spéciale dans le rapport annuel du trésorier et dans la liste des souscripteurs.

ART. 5. — L'argent produit par les souscriptions formera un fonds de réserve, dans lequel on ne pourra puiser que sur une demande de la *Commission archéologique* et sur un vote favorable du Comité.

LE COMITÉ DE L'ASSOCIATION.

NOTA. — Les souscriptions devront être adressées à M. Magnabal, trésorier, 22, rue de Saint-Cloud, à Clamart, près Paris.

MÉMOIRES ET NOTICES

VOYAGE

DANS LE PÉLOPONÈSE

(1850)

(2e PARTIE)

CYNURIE — LACONIE — MESSÉNIE

par A. Mézières

Argos est entouré de lieux qui rappellent le souvenir d'Hercule. On comprend que les Argiens aient
revendiqué pour eux la gloire du héros ; ils voyaient de
leurs murs Tirynthe, sa patrie, le mont Apesus qui domine Némée, et plus près d'eux encore le marais de
Lerne, séjour de l'hydre. La vue des lieux explique la
tradition. Les Grecs ont dû croire sans peine que le
chef de la race Dorienne avait accompli ses premiers
travaux sur le sol même où il était né. Je n'examine
pas s'il y eut plusieurs Hercules, si les poètes ont attribué à un seul homme les exploits d'une génération
tout entière, ni même si le mythe d'Hercule appartient
à l'Égypte ou à la Grèce. Mais, sans chercher à résoudre de si difficiles problèmes, on serait tenté de croire

que la tradition la plus authentique est celle qui respecte la géographie. En suivant la route d'Argos à
Lerne, il nous était donc permis d'ajouter foi à la mythologie et de nous représenter le héros sortant de
Tirynthe pour exterminer l'hydre; nous l'eussions
suivi avec plus de défiance dans les lointaines expédi-
tions que lui prête la poésie.

La route d'Argos à Lerne longeait autrefois le bord
de la mer (1); maintenant les marais, rendent toute cette
plaine impraticable. Il faut suivre pendant quelque
temps la route de Tégée qui se rapproche des montagnes. On rencontre d'abord les sources de l'Érasinus;
le fleuve sort du mont Chaon par une ouverture de
rocher. Il semble venir de loin, et traverser la montagne
avant de paraître au jour; sa largeur n'est pas celle
d'un fleuve qui commence. Hérodote le fait venir de
Stymphale (2). Du reste, les eaux ont souvent en Grèce
un cours souterrain que la science expliquerait facilement par la nature même du pays.

Au-dessus de la source apparente de l'Érasinus, on
voit dans la montagne deux grottes naturelles, profondes l'une et l'autre, et qui ont dû, chez les anciens,
être consacrées aux Dieux. Pausanias dit qu'on y ren-
dait un culte à Pan et à Bacchus (3). Aujourd'hui encore
elles servent de retraites, pendant l'hiver, à des troupeaux de chèvres et de moutons, et les champs voisins
sont plantés de vignes. Une chapelle grecque, bâtie à
l'entrée de la grotte principale, indique peut être l'emplacement d'un autel antique. L'aspect de ces sombres
cavernes, dans un pays qui n'a rien de sauvage, avait
dû frapper vivement l'imagination des Grecs. On a
peine à comprendre qu'il les aient consacrées à des
divinités légères et amies des hommes.

(1) Pausanias, *Corinthiaca*, xxxvi.
(2) Herod., 6, lxxvi.
(3) Pausanias, ii-24.

L'embouchure de l'Érasinus n'est pas loin de sa source ; il coule pendant une lieue vers la mer ; Pausanias prétend qu'il se jette dans le Phrixus (1). On voit en effet un très petit cours d'eau sortir d'une ouverture entre le mont Lycone et le mont Chaon, et se joindre à l'Érasinus, mais sans devenir le fleuve principal. Il serait plus juste de dire que le Phrixus est le seul affluent de l'Érasinus.

A gauche du fleuve, du côté de la mer, se trouvait, au temps de Pausanias, un temple des Dioscures, dont il serait difficile de chercher la trace, au milieu de cette plaine marécageuse (2). On ne peut visiter non plus l'emplacement de Téménium, qui se trouvait sur le bord de la mer, entre Nauplie et Lerne (3) ; la carte de l'état-major ne l'indique même pas. M. Ross y pénétra, pendant une année de sécheresse. A l'endroit même où le golfe se rapproche le plus d'Argos, entre l'embouchure du Charadrus et de l'Inachus réunis et le cours de l'Érasinus, il crut reconnaître les ruines de la ville ancienne. Il vit dans la mer les restes d'un port artificiel en gros blocs, sur le rivage des fondations helléniques, et dans les champs de nombreux débris de tuiles et de vases. L'enceinte de la ville lui parut peu considérable (4).

L'état des lieux ne nous permettait pas de faire cette excursion ; nous continuâmes notre route dans la direction de Lerne. On rencontre bientôt, après l'Érasinus, un autre cours d'eau qui doit être le Chimarrus ; il y avait là, dit le géographe ancien, une enceinte de pierres qui marquait l'endroit où Pluton était rentré aux enfers, en enlevant Proserpine (5). Rien dans les lieux

---

(1) Pausanias, II-36.
(2) *Id., ibid.*
(3) *Id., ibid.*
(4) Ross, *Reisen im Peloponnes,* V.
(5) Pausanias, II-36.

ne justifie la tradition; le Chimarrus coule au milieu d'une plaine fertile. Il n'y a ni ravins, ni précipices sur ses bords. On chercherait plutôt une bouche des Enfers dans les grottes qui dominent les sources de l'Érasinus.

Un peu plus loin commence le marais de Lerne; ce lieu terrible est maintenant couvert de verdure. Quelques maisons grecques, entourées de jardins, sont bâties, au milieu même des marécages. La culture a en partie desséché les marais, et, dans quelques endroits où l'eau séjourne encore, elle disparaît sous les plantes et sous les fleurs. Le séjour de l'hydre n'éveille plus que des idées gracieuses; les anciens, du reste, ne le regardaient pas comme redoutable. On y célébrait des fêtes en l'honneur de Cérés, la déesse de l'abondance, sans doute à cause de la fertilité de la terre (1).

Eschyle fait dire à Io qu'elle a vu, près du marais profond de Lerne, les étables et les prairies de son père (2). Ovide parle des pâturages de Lerne (3). Pausanias y trouve un bois sacré de platanes qui s'étendait de la montagne Pontinus à la mer (4). Enfin, un passage de Plutarque nous apprend qu'on s'y réunissait pour des cérémonies religieuses, et quelquefois même pour des délibérations politiques. Les Achéens prient Cléomène, roi de Sparte, de venir à leur assemblée qui se tient à Lerne (5). Les Grecs aimaient à se placer sous la protection des Dieux et à les prendre pour témoins de leurs traités. Un bois sacré était un terrain neutre où des ennemis pouvaient se rencontrer sans défiance.

L'enceinte décrite par Pausanias renfermait des

---

(1) Pausanias, ii-36.
(2) Eschyle, *Prométhée*, v. 652.
(3) Ovide, *Metam.*, I, v. 297.
(4) Pausanias, ii-37.
(5) Plutarque, *Vie de Cléomene.*

temples avec des statues de pierre et de bois (1). L'existence de ces édifices prouve que le marais de Lerne était déjà en partie desséché, ou du moins qu'on ne le jugeait pas inhabitable; car si les bois sacrés (ἄλσος) étaient souvent loin des villes, il fallait au moins que les prêtres pussent y vivre pour y garder les objets du culte et pour y célébrer les cérémonies religieuses.

Parmi ces temples et ces statues, il n'y en a pas d'Hercule, et il semble que, dans un lieu si plein de son nom, il ait été le seul oublié. Peut-être le mythe de Lerne n'a-t-il jamais été adopté définitivement par le culte; peut-être ne fut-il qu'une de ces croyances populaires dont les poètes s'emparent et que la religion respecte sans les consacrer.

Il est remarquable aussi que beaucoup d'écrivains aient parlé de Lerne sans dire un mot de l'hydre, ce qui ferait croire ou que la tradition n'était pas très répandue ou qu'elle ne remonte pas à une date fort ancienne.

Ce serait ici le lieu de se demander quel était ce monstre qui ne pouvait être vaincu que par l'homme le plus fort et le plus courageux de la Grèce. Les monuments anciens nous le représentent comme un serpent à trois et souvent même à neuf têtes; Hercule le fait sortir du marais à coup de flèches et le tue tantôt avec un sabre recourbé qu'on appelle la *harpè*, tantôt avec sa massue; quelquefois même il le brûle avec un flambeau (2). Y eut-il en Grèce, à une époque reculée, des serpents venimeux, et la fable de l'hydre aux têtes renaissantes indique-t-elle que le marais de Lerne en fut longtemps infesté? En retranchant le merveilleux, le fond de la tradition n'est que la lutte d'un homme contre un serpent. Pausanias, ordinairement si crédule, pense lui-même que l'hydre n'avait qu'une tête; c'est

(1) Pausanias, ii-37.
(2) Millin, *Galerie mythologique*, II, p. 169.

Pisandre de Camire, dit-il, qui, par exagération poétique, lui en a donné plusieurs; il croit seulement qu'elle était plus grande que les serpents ordinaires (1). Mais il n'y a pas de grands reptiles en Grèce, et la taille de la vipère, le seul qui soit vraiment dangereux, ne répond guère aux proportions gigantesques que les monuments donnent à l'hydre de Lerne. Il est vrai qu'à la même époque Hercule tuait un lion et qu'il n'en reste plus aujourd'hui. Peut-être quelques familles d'animaux ont-elles disparu de la Grèce, comme il arrive dans tous les pays où les hommes leur font la guerre; ou plutôt ne faut-il pas croire que beaucoup de ces traditions sont venues d'Égypte?

Au-dessus du marais de Lerne s'élève la montagne Pontinus, où Pausanias vit les ruines d'un temple consacré par Danaüs à Minerve Saïtis, divinité égyptienne, et les fondations de la maison d'Hippomédon, allié de Polynice dans la guerre de Thèbes (2). Il reste encore aujourd'hui au même endroit quelques pierres helléniques qui ont servi de base à un château du moyen âge.

Deux cours d'eau sortent de la montagne; le premier, dont la source est triple, et qui borne Lerne du côté d'Argos, doit être la rivière Pontinus; le second, plus abondant, se perd immédiatement dans le marais; c'est la fontaine ou rivière Amymone qui porte le nom d'une fille de Danaüs, amante de Neptune. Quand le Dieu des mers irrité dessécha toute la plaine d'Argos, il épargna les sources de Lerné par amour pour la belle Amymone (3).

C'est près de cette fontaine que se tenait l'hydre, à l'ombre d'un platane (4). Amymone séparait le marais

---

(1) Pausanias, ii-37.
(2) *Id.*, ii-36.
(3) Hygin. fabl. 169, *Apollodore*, ii-1-4.
(4) Pausanias, ii-37.

de Lerne du lac Alcyone ; autrefois sans doute, comme le fait croire le texte de Pausanias, elle coulait entre les deux, sans s'y mêler (1). Mais le lac Alcyone, refoulé par une digue, s'est élargi et se confond maintenant avec les eaux marécageuses qui l'avoisinent. C'est ce qui explique sans doute pourquoi la fontaine Amphiaraüs a disparu. On la voyait du temps de Pausanias (2) ; il n'en reste plus aucune trace aujourd'hui.

Quoi qu'il soit difficile de dire où commence l'Alcyone et où finit le marais, plusieurs nappes d'eau larges, profondes et transparentes, qu'on voit au sud de la fontaine Amymone, au milieu de grands roseaux et de belles plantes aquatiques, appartiennent certainement au lac décrit par Pausanias. Les anciens ne purent jamais en découvrir le fond ; Néron lui-même l'essaya inutilement (3), et de nos jours encore, dit M. Ross, on y a jeté plusieurs fois l'ancre sans succès (4). Une autre tradition terrible s'était répandue sur le lac Alcyone ; son eau était claire et limpide comme aujourd'hui ; mais si on avait l'imprudence de s'y baigner, on se sentait invinciblement attiré vers le fond (5). Peut-être quelque baigneur avait-il été victime de la fraîcheur de l'eau et les habitants du pays avaient cru au prodige.

C'est par le lac Alcyone que Bacchus descendit aux enfers, pour en tirer sa mère Sémelé. On y célébrait une fois par an des mystères nocturnes en l'honneur de Pallas. Pausanias n'ose les divulguer (6).

(1) Pausanias, ii-37.
(2) *Id., ibid.*
(3) *Id., ibid.*
(4) Ross, *Reisen im Peloponnes*, V.
(5) Pausanias, ii-37.
(6) *Id., ibid.*

DE LERNE A LA THYRÉATIDE

En pénétrant dans le pays, à droite de Lerne, M. Ross a rencontré, au fond d'une vallée, les ruines d'une tour hellénique qui, par sa situation même, ne pouvait guère être une forteresse. Était-ce un tombeau ou une pyramide colossale comme celle qu'on retrouve sur l'emplacement de Lessa, près du bois sacré d'Épidaure? Sans se prononcer sur ce point délicat, M. Ross croit qu'il faut placer en ce lieu la pyramide de Plutarque (1).

Plus loin encore le même voyageur découvrit les ruines d'une ville hellénique que Leake n'avait pas vue, et que la carte de l'État major indique simplement par les initiales R. H. Il croit que c'est Élaüs cité dans Apollodore. C'est sur la route qui conduit de Lerne à cette ville qu'Hercule avait enterré l'hydre après l'avoir tuée (2).

Au-delà de Lerne, la plaine continue à être marécageuse jusqu'au village de *Kivéri*, situé sur l'emplacement de Génésium, où se voyait un temple de Neptune Génésios (3).

Plus loin était Apobothmi; Danaüs, disait la tradition, y avait abordé avec ses filles, en arrivant d'Égypte (4). Là commence la route Anigrœa, qui passait pour difficile et périlleuse. Elle suit le bord de la mer le long des rochers; c'est maintenant un sentier fort étroit et fort escarpé, comme on en voit tant en Grèce,

---

(1) Ross, *Reisen im Peloponnes*, V.

(2) Ἡρακλῆς τῶν ἀναφυομένων κεφαλῶν περιγενόμενος, τὴν ἀθάνατον ἀποκόψας κατώρυξε, καὶ βαρεῖαν ἐπέθηκε πέτραν παρὰ τὴν ὁδὸν τὴν φέρουσαν διὰ Λέρνης εἰς Ἐλεοῦντα. Apollod., 2, 5, 2.

(3) Pausanias, ii-38.

(4) *Id., Ibid.*

mais elle n'effraie pas les voyageurs qui ont déjà gravi quelques montagnes du Péloponèse. Par intervalles se voient les traces de la route ancienne taillée dans le roc.

Toute cette côte est stérile et nue; de grands rochers sans arbres, dominés eux-mêmes par des montagnes arides, descendent brusquement jusqu'à la mer. Dans un seul endroit s'ouvre une petite vallée où l'on trouve du moins quelques oliviers. Les Turcs y ont creusé une grande citerne; car il n'y a pas d'eau sur cette route, et l'on n'y rencontre que des torrents desséchés. M. Leake se demande si ce n'est point là l'emplacement de Pyramie dans la Thyréatide que M. Ross place, de son côté, à droite de Lerne (1). Plutarque, qui ne s'accorde point avec Pausanias, y fait descendre Danaüs; c'est donc sur le bord de la mer et non dans la montagne qu'il faut la chercher. La conjecture de M. Leake paraît plus vraisemblable que celle de M. Ross; mais comme il y a contradiction entre les auteurs anciens et qu'il ne reste aucune ruine sur la côte, on ne peut avoir d'opinion certaine. Quoiqu'il en soit, c'est dans cette région que débarqua le héros égyptien et qu'il vit ce combat d'un loup et d'un taureau, en souvenir duquel les Argiens avaient élevé un monument dans l'Aspis. Le loup fut vainqueur, dit Plutarque, et, comme il était étranger, Danaüs en tira un présage de victoire qui se réalisa (2).

A l'extrémité de la route Anigrœa, au moment où se découvre la plaine d'Astros, jusque-là cachée par des rochers, on aperçoit dans la mer un phénomène singulier; c'est un tourbillon large et rapide, produit sans aucun doute par une source souterraine. Il est impossible de ne pas y reconnaitre la Diné de Pausanias (3).

(1) Leake, *Travels in the Morea*. II, p. 477.
(2) Plutarque, *Vie de Pyrrhus*.
(3) Pausanias, VIII-7.

Le nom moderne *Anavolo* est la traduction exacte du
nom ancien; d'ailleurs Pausanias place Diné en face de
Genesium, et le tourbillon d'*Anavolo* a précisément la
même position vis à vis de *Kivéri,* l'ancienne *Genesium.*
C'est là, dit le géographe ancien, que reparaissent les
eaux de la plaine de Mantinée, après s'être perdues
dans un de ces gouffres qu'on appelle maintenant *Ka-
tavothres* (Καταβοθρον). Les anciens avaient remarqué que,
dans les plaines centrales du Péloponèse, de nombreux
courants s'engouffraient sous terre en se dirigeant vers
la mer, et trouvant sur les rivages de l'Argolide des
sources qui paraissaient venir de loin, ils en avaient
conclu que les eaux passaient sous les montagnes pour
aboutir ensuite au golfe d'Argos. C'est ainsi que, sans
invraisemblance, ils faisaient venir l'Érasinus de Stymphale.

Diné était consacrée à Neptune; les Argiens y précipitaient des chevaux en son honneur (1).

THYRÉATIDE — RUINES DU MONASLÈRE DE LOUKOU

Une descente très rapide conduit d'Anavolo à la plaine
d'Astros. Là le paysage change. Au lieu de rochers
arides, ce sont de grandes herbes et des roseaux épais
qui cachent un marais salé, et plus loin des champs
cultivés sous de beaux oliviers. Grâce à la fraîcheur
qu'entretiennent des sources abondantes, tout ce pays
est couvert d'arbres et de verdure.

On reconnaît l'endroit que Pausanias rencontre, à la
sortie de la route Anigrœa, et qu'il trouve si favorable
à la culture des oliviers (2).

Cette jolie vallée formait autrefois le canton de la

---

(1) Pausanias, VIII-7.

(2) Δένδρα, ἐλαίας μάλιστα, ἀγαθὴ τρέφειν γῆ. Pausanias, II-38.

Thyréatide, dont la possession fut si longuement et si vivement disputée entre Argos et Sparte (1).

Les Argiens, au temps de leur puissance, l'occupèrent sans contéstation ; leur territoire s'étendait même, dit ·Hérodote, le long du rivage de la mer, jusqu'au cap Malée et jusqu'à l'île de Cythère (2). Mais Sparte, ambitieuse et guerrière, ne voulut point laisser aux mains d'un peuple ennemi une des portes de la Laconie ; elle s'empara des défilés du Parnon et de toute la Thyréatide. C'était s'ouvrir un passage jusqu'au cœur de l'Argolide ; en un jour de marche ses soldats pouvaient camper sous les murs d'Argos.

Aussi la lutte fut-elle sanglante entre les deux peuples. Pour la terminer, ils convinrent, dit Hérodote, qu'il y aurait un combat de trois cents Spartiates contre trois cents Argiens, et que les vainqueurs resteraient les maîtres du pays contesté (3). Le duel eut lieu avec un acharnement qui atteste bien la haine des deux nations. Quand vint la nuit, il ne restait plus qu'un Spartiate et deux Argiens. Ceux-ci se croyant vainqueurs allèrent en porter la nouvelle dans leur patrie ; mais le Spartiate plus rusé resta sur le champ de bataille et dépouilla les morts de leurs armes. Le lendemain, avec la bonne foi habituelle des anciens, chaque parti s'attribuait la victoire.

· Il fallut en venir à un combat général, et cette fois les Spartiates furent vainqueurs. Ce fut un tel deuil dans Argos, à la nouvelle de cette défaite, que les hommes coupèrent leur barbe et leurs cheveux, et jurèrent de ne point les laisser repousser avant d'avoir reconquis la Thyréatide. Je ne sais s'ils tinrent leur serment ; mais il ne paraît pas qu'ils aient recouvré leurs anciennes frontières. Une nouvelle guerre, plus

(1) Pausanias, ii-38.
(2) Hérodote, 1-82.
(3) *Id.*, *ibid.*

décisive encore que la première, assura pour longtemps
aux Spartiates la possession de leur conquête (1).

Pendant la guerre du Péloponèse, la Thyréatide
appartenait encore à Sparte. C'est là que se réfugièrent
les Éginètes, chassés de leur patrie par les Athéniens.
Ces irréconciliables ennemis d'Athènes, vaincus, mais
non découragés, allèrent offrir leurs bras aux Spartiates. On les établit à Thyrée; c'était un poste dangereux, exposé aux attaques de la flotte athénienne.
Les exilés, pour se mettre à l'abri, élevèrent aussitôt
un mur de défense sur les bords de la mer. Mais l'im-
placable ressentiment des Athéniens les poursuivit
dans ce dernier asile; à peine le mur était-il commencé
que parut la flotte d'Athènes; les Éginètes se renfer-
mèrent dans les murs de Thyréé, située sur la hauteur,
à dix stades du rivage (2).

Thucydide, à ce propos, cite un fait qui peint bien la
politique de Sparte. Une garnison lacédémonienne
travaillait aux fortifications avec les exilés; ceux-ci la
supplièrent en vain de leur porter secours; elle ne
voulut point combattre et, pour ne pas compromettre
dans une bataille incertaine l'honneur de ses armes,
elle se retira sur les montagnes. Dès lors l'issue du
combat n'était plus douteuse; les Athéniens prirent et
saccagèrent Thyrée. Mais cette expédition n'était pas
une conquête, et la Thyréatide resta aux Spartiates.

Les Argiens cependant n'abandonnaient pas leurs
prétentions; on trouve un décret de Philippe, roi de
Macédoine, qui leur rend leur ancienne province (3).

Plus tard encore, sous les Romains, une contestation
s'éleva entre Argos et Sparte, au sujet du même pays.
Mais les deux peuples n'y jouent plus qu'un rôle ridi-
cule; le temps de leur gloire est passé; ils sont forcés

(1) Hérodote, VI-76, 80.
(2) Thucydide, IV-56, 57.
(3) Pausanias, VI-11.

d'accepter pour juge Callicrate, le plus décrié des Grecs (1).

Au temps de Pausanias, la Thyréatide avait été adjugée aux Argiens par sentence de Rome (2).

D'après Thucydide, le canton de Thyrée, quoiqu'il soit souvent cité séparément, faisait partie de la Cynurie, contrée limitrophe d'Argos et de Sparte (3). Il serait difficile de retrouver aujourd'hui les divisions anciennes ; mais on appelait probablement Thyréatide cette riche vallée qui commence au pied de la route Anigrœa, et qui sépare les cimes du Parnon de la chaîne du *Zavitza*. La Cynurie devait s'étendre beaucoup plus loin ; je ne sais quelles en étaient les limites au sud, mais elle comprenait certainement à l'ouest les défilés du Parnon jusqu'aux Hermès dont parle Pausanias ; les bourgs d'Athene, de Néris et d'Éva en faisaient partie (4). Tout ce pays, alternativement occupé par les Argiens et par les Spartiates, n'èut jamais, je crois, de limites précises, et ne forma point un État indépendant.

Aujourd'hui la Thyréatide, devenue la plaine d'Astros, est une des parties les plus riches et les mieux cultivées du Péloponèse. Astros, qui lui donne son nom, s'avance dans la mer sur un long promontoire qu'on aperçoit d'Argos et de Nauplie. Il y avait là sans doute une ville ancienne ; Ptolémée parle d'un Astros situé au sud de l'Argolide, et près duquel se trouvaient les limites de Sparte et d'Argos (5). Le lieu et le nom moderne s'accordent exactement avec la donnée du géographe.

Sur une éminence qui forme la partie haute du pro-

---

(1) Pausanias, vii-11.
(2) *Id.* ii-38, δίκη νικήσαντες.
(3) Thucydide, v-41, iv-56.
(4) Pausanias, ii-38.
(5) Ptolémée, iii-16.

montoire se retrouvent les restes d'un mur hellénique.
Appartenait-il à l'enceinte de l'Acropole dont la place
est marquée par la position d'un château moderne?
M. Leake conjecture, avec quelque raison, que ce mur
peut être celui de la forteresse que construisirent les
Égniètes sur le bord de la mer, quand ils furent attaqués par les Athéniens (1). Les pierres en sont cependant polygonales et grossièrement taillées; la construction paraît antérieure à la guerre du Péloponèse.
Mais peut-être se servait-on de matériaux anciens; il
ne serait pas étonnant d'ailleurs qu'on n'eût pas eu le
temps de construire dans les règles de l'art un mur de
défense élevé à la hâte, et qui ne fut pas même ter-
miné.

D'Astros trois routes conduisent à Sparte; l'une se
dirige vers le Sud à travers la *Tzaconie*, et s'écarte
beaucoup de l'itinéraire de Pausanias; les deux autres,
qui finissent par se rejoindre au village moderne de
Saint-Jean, ont l'avantage d'être plus directes. Ce sont
celles que prennent encore les gens du pays. M. Leake,
probablement trompé par ses guides, s'engagea dans
la première en sortant du monastère de Loukou, et la
confondit avec celle de Pausanias (2). Cette erreur lui
en fit commettre plusieurs autres, qu'il reconnut en
partie, après les travaux de l'expédition de Morée (3).

Nous suivîmes le chemin le plus court qui semble
naturellement indiqué par le texte de Pausanias. En
sortant d'Astros, on laisse à droite le cours du Tanus,
dont la position n'est pas douteuse, quoique M. Leake
s'y soit trompé d'abord. C'est le seul torrent qui des-
cende des sommets du Parnon pour se jeter dans le
golfe de Thyrée (4).

(1) Leake, *Travels in the Morea*, II, p. 485. Thucydide, iv-57.
(2) *Id. ibid.*, II, p. 492.
(3) *Id. Peloponnesiaca*, p. 294.
(4) Pausanias, ii-38,

Un chemin bien ombragé, au milieu d'oliviers, de chênes verts et d'arbustes épineux conduit, par une montée assez douce, jusqu'au monastère de Loukou. Le couvent, situé sur un plateau peu élevé au fond de la plaine d'Astros et au pied des premières chaînes du Parnon, domine toute la vallée jusqu'à la mer. Les moines peuvent apercevoir, à travers les grands arbres de leur jardin, tout le golfe de Thyrée et jusqu'aux lointains rivages d'Hermione.

C'est au monastère que M. Leake crut retrouver l'ancienne ville de Thyrée (1). Mais son opinion, comme il l'avoue lui-même, est formellement contredite par un passage de Thucydide, qui place la cité des Éginètes à dix stades de la mer, tandis que le couvent en est à plus de deux lieues (2). Il n'est pas probable d'ailleurs que l'emplacement de Loukou ait jamais été celui d'une ville forte. Les anciens se retranchaient sur des plateaux plus élevés et d'un accès plus difficile.

Pour s'accorder avec le texte de Thucydide, ordinairement si exact, ce n'est pas là qu'il faut chercher les ruines de Thyrée, mais plus près de la mer et sur les bords opposés du Tanus, dans les premiers contreforts du mont *Zavitza*. Il n'y a pas d'endroit où les montagnes soient plus rapprochées du rivage, et, comme le remarquent également Thucydide et Pausanias, la ville était située sur les hauteurs (3).

Il ne reste malheureusement de ce côté aucune ruine apparente, et, quoique le Tanus charrie souvent des marbres et des pierres antiques, on ne peut retrouver l'emplacement de Thyrée. Saccagée et détruite par les Athéniens, peut-être ne se releva-t-elle jamais de ses ruines. Pausanias l'appelle un bourg et non une ville (4). Le seul monument qu'il y ait vu est le tombeau

(1) Leake, *Travels in the Morea*, II, p. 486.
(2) Thucydide, iv-57.
(3) Pausanias, ii-38.
(4) Θυρέα χωρίον ἐστίν. Id., ibid.

de ces trois cents Spartiates qui avaient combattu autrefois pour la possession du pays.

Il y avait cependant près du monastère de Loukou
une ville ancienne. Des ruines nombreuses en sont
restées, mais elles appartiennent presque toutes à l'é-
poque romaine. Sur un des côtés du monastère se voit
encore un mur ancien construit en larges pierres liées
avec des briques et du mortier. Si c'est là le mur de la
ville, il fut ou construit ou réparé par les Romains;
car jamais les Grecs ne bâtirent avec du ciment.

Dans un petit bois d'oliviers qui touche au couvent,
on retrouve les ruines d'un grand édifice également
romain. Une niche demi-circulaire est restée debout;
elle semble avoir appartenu à un temple dont les débris sont épars sur le sol. Comme toutes les niches du
même genre, elle marque la place de la statue du dieu.
Des fondations en pierres cimentées et en briques
apparaissent de distance en distance, mais sans être
assez régulièrement conservées pour qu'on puisse
mesurer l'étendue du temple. D'énormes tronçons de
colonnes monolithes font cependant deviner les proportions de l'édifice dont la grandeur étonne, dans un
lieu si peu connu.

Deux chapiteaux corinthiens sont à terre, à côté des
colonnes; le travail en est grossier et atteste la décadence de l'art. Comme il arrive presque toujours dans
les édifices Romains, les chapiteaux et les colonnes
sont de pierres différentes; celles-ci en granit gris que
M. Ross croit de Délos (1); ceux-là en pierre grise
trouvée probablement dans les carrières voisines.

Des fouilles ont fait découvrir, à quelque distance
de la niche demi-circulaire, les fragments d'une mo-
saïque romaine, trop éloignée pour avoir appartenu au
temple. Peut-être plusieurs édifices étaient-ils réunis
sur le même plateau; les anciens ne craignaient pas

_____

(1) Ross, *Reisen im Peloponnes*, V.

d'accumuler les monuments dans un espace étroit.
M. Leake a vu au même endroit les fragments d'un
groupe colossal en marbre, qui semblait représenter un
homme portant sur ses épaules le cadavre d'un autre
homme (1). Il n'en reste plus maintenant aucune trace.

Mais une statue de femme assise, qu'on lui montra
également sous les oliviers, est restée telle qu'il la vit,
il y a quarante-cinq ans. La tête manque, le bras droit
est détaché et nu ; le bras gauche, au contraire, porte
une draperie flottante qui retombe sur la hanche. Le
corps incline vers la droite. La poitrine est découverte ;
le reste du corps entouré, comme le bras gauche, d'un
vêtement à longs plis, qui par devant descend jusqu'aux
pieds, et par derrière couvre le dos tout entier. Les
genoux et les pieds avaient été mutilés par des maçons
quelques jours avant le passage de M. Leake. La statue
devait être adossée à un mur, comme l'indique la forme
même du piédestal.

On ne retrouve dans cette sculpture ni l'expression ni
l'élégance de l'art grec ; elle paraît romaine comme tout
ce qui l'entoure. Les Romains ont le malheur, en Grèce,
d'être responsables des œuvre suspectes. Ce qui reste
des Grecs est si supérieur qu'il n'y a pas de confusion
possible ; quand une ruine n'est pas belle, on sait d'a-
vance qu'elle n'est pas grecque.

D'autres sculptures, transportées au couvent, quoique d'un travail plus délicat, datent probablement de
la même époque. C'est d'abord un cippe ou stèle en
marbre blanc cassé par le haut, et qui porte en bas-
relief un cep de vigne avec plusieurs grappes de raisin.
A côté, se trouve une tête de statue Romaine d'une
belle expression ; mais la barbe et les cheveux, soigneusement frisés et séparés, indiquent déjà chez l'artiste
la préoccupation des petits détails qui marque les époques de décadence.

(1) Leake, *Travels in the Morea*, II, p. 486.

Des chapiteaux corinthiens en marbre, de différentes dimensions, et d'autres en pierres, semblables à ceux qui se trouvent près des colonnes de granit, ont été apportés et déposés dans la cour du couvent. Un seul chapiteau ionique en marbre blanc s'y trouve mêlé. La chapelle renferme quatre colonnes de marbre sans cannelures, beaucoup moins grandes que celles dont les débris sont restés sous les oliviers. Elles ont dû appartenir, ainsi que les chapiteaux de marbre, à quelque édifice également Romain.

Les moines sont fiers de ces ruines et les conservent aujourd'hui avec un respect superstitieux. Mais à une autre époque, disent-ils, beaucoup de pierres antiques ont été emportées pour servir de matériaux dans les villages des environs. Le couvent a même permis à des voyageurs étrangers d'enlever des sculptures et des statues en marbre. Récemment encore un bas-relief a été transporté à Athènes et placé au temple de Thésée, où il reste confondu avec d'autres, sans qu'aucune indication permette de le reconnaître.

Si tous les restes antiques trouvés au monastère de Loukou avaient été conservés, ils offriraient aujourd'hui l'un des plus curieux souvenirs de l'art Romain en Grèce.

Mais quelle est la ville qui fut ainsi décorée par les Romains? De telles ruines méritent un nom. Comment Pausanias, qui n'oublie jamais de parler des temples et des moindres statues, a-t-il passé sous silence de si grands édifices? Peut-être n'étaient-ils pas sur sa route; mais il dut en passer bien près, et comment croire qu'ils ne lui aient pas été indiqués dans une contrée qui devait renfermer si peu de monuments?

Si l'on place, avec M. Leake, la ville de Thyrée au monastère de Loukou, comment le géographe ancien n'y remarque-t-il que le tombeau des Argiens et des Spartiates? Si l'on veut y retrouver Athene, Éva ou Néris, les seuls bourgs que Pausanias nomme en Cynurie, comment n'y place-t-il pas un seul édifice ? D'un autre côté, quoique tous les monuments de Loukou puissent être de l'époque des empereurs, il paraît difficile de supposer qu'ils aient été construits après le voyage de Pausanias.

J'essayai en vain de trouver sur les lieux des renseignements que ne donnent pas les auteurs anciens. Les moines disent seulement que l'édifice, dont il reste des colonnes de granit, était consacré à Neptune ; mais ils ne peuvent en donner aucune preuve. Est-ce une tradition établie dans le couvent et justifiée par quelque ancienne découverte ? Est-ce simplement l'opinion d'un voyageur que, dans leur ignorance, ils ont prise pour la vérité ? C'est ce que nous ne pûmes savoir.

Nous leur demandâmes si les fouilles n'avaient fait découvrir aucune inscription aux environs du couvent. On nous montra un morceau de marbre circulaire, détaché sans doute d'un tombeau. Il ne portait que ces deux mots en lettres grecques de l'époque Romaine :

ZHCIC MAPKIANH

« Tu vivras, Marcienne. » Ce qui veut dire sans doute : « Tu vivras, après ta mort, dans la mémoire des hommes. » Ζήσεις ou ZHCIC est une forme du futur attique, employée par Aristophane et par Démosthènes. Le Σ a la forme d'un C, comme dans les inscriptions romaines de l'époque impériale. Εἰς est souvent remplacé par I qui a le même son ; c'est un argument, parmi tant d'autres, en faveur de la prononciation grecque moderne. Et, comme pour réaliser la prédiction, le nom de cette femme romaine est le seul qui ait survécu à la ruine de la cité.

D'autres tombeaux trouvés derrière le monastère ne portaient pas d'inscriptions et ne renfermaient que des vases et des objets grossiers. Il faut donc renoncer à reconnaître la ville ancienne dont il reste tant de débris. Mais, en tout cas, le texte positif de Thucydide empêche de croire que ce fut là l'emplacement de Thyrée. S'il fallait absolument lui donner un nom, malgré l'absence de tout renseignement positif, j'aimerais mieux l'appeler Athene ; c'est le premier bourg que rencontre Pausanias, après le tombeau des Argiens et des Spartiates (1). Il était donc un peu plus loin que Thyrée.

PASSAGES DU PARNON — LIMITES DE L'ARGOLIDE ET DE LA LACONIE

C'est à partir du monastère que M. Leake s'enfonça dans la Tzaconie, au sud d'Astros, et s'écarta, comme il le reconnut lui-même plus tard, de la véritable voie qui mène à Sparte. Nous ne suivîmes pas cet itinéraire suspect, et nous prîmes le chemin du village moderne de Saint-Jean, ou viennent aboutir deux routes parties d'Astros ; l'une, et c'est la nôtre, passe par le monastère ; l'autre, plus méridionale, s'enfonce dans les premières chaînes du Parnon, au pied d'une forteresse hellénique, appelée maintenant Helléniko (Ἑλληνικὸ), puis gravissant des pentes escarpées, s'élève graduellement jusqu'au village de Saint-Jean, où elle se confond avec la première.

Pausanias prit l'une des deux, mais je n'aurai pas la prétention de dire laquelle. Il semble cependant, d'après son texte, qu'il ait suivi immédiatement, au sortir de la route Anigrœa, le chemin des montagnes, et que, sans passer par Astros, dont il ne parle pas, il soit allé directement, comme on peut le faire encore aujourd'hui, à l'emplacement du monastère de Saint-Luc. Pour passer à Helléniko, il eut fallu faire un détour et descendre beaucoup plus au Sud.

(1) Pausanias, II-33.

Mais s'il y a, pendant quelque temps, incertitude sur la route de Pausanias, elle cesse dès qu'on arrive au village de Saint-Jean. C'est bien là que devait passer la grande voie de communication entre Argos et Sparte, et le géographe ancien la suivit sans aucun doute.

Il ne reste à Saint-Jean aucune ruine ancienne ; c'est un village moderne placé, comme le sont presque tous ceux de la Morée, sur le revers d'une haute montagne, couverte de jardins et de champs labourés suspendus aux rochers, Il n'est pas probable que les anciens aient cultivé ce sol stérile où l'herbe et les buissons épineux poussent à peine au milieu des pierres. Il a fallu toute la patience des paysans albanais, qui sont nés agriculteurs, pour transporter sur ces sommets arides un peu de terre labourable, enlevée dans les ravins, au bas de la montagne.

Au-dessus du village, à gauche, s'élèvent les hautes cîmes du Parnon, couvertes de neige et de rares sapins. En sortant de Saint-Jean, on aperçoit sur un sommet détaché de la grande chaîne principale, les ruines d'ôn château du moyen âge. On l'appelle maintenant Κάστρο τῆς ὡραίας, château de la Belle, et toute une légende politique s'y rattache. Buchon l'a racontée telle qu'il l'avait entendue de la bouche d'un berger (1).

Une femme franque, sans doute la fille ou la veuve d'un châtelain, défendait le château depuis douze ans contre les Turcs. Ceux-ci, désespérant de le prendre par la force, eurent recours à la ruse. L'un d'eux, fils d'une grecque, prit des vêtements de femme et, pour feindre une grossesse, plaça un oreiller sous sa robe. Ainsi déguisé, il vint implorer la pitié de la belle châtelaine. Le stratagème réussit ; la dame franque fit ouvrir les portes sans défiance. Aussitôt les Turcs cachés aux

(1) Buchon, *Grèce et Morée*, XXI.

environs parurent, s'emparèrent de la place et en pas-
sèrent la garnison au fil de l'épée.

Si le souvenir des Francs s'est peu conservé en Morée, il s'y est du moins conservé pur. La tradition leur
donne le beau rôle. Il est remarquable aussi que le
rôle du traître soit rempli par le fils d'une grecque;
tout ce qui chez les Turcs réclamait de l'intelligence,
de l'adresse et de la mauvaise foi était fait par les
Grecs.

Buchon, qui visita les ruines du *Castro tis Oraias*, n'y
trouva aucune trace de constructions helléniques; c'est
là cependant que M. Leake voudrait placer Athene (1).
On ne peut faire à ce sujet que de très vagues conjectures. Les trois bourgs d'Athene, de Néris et d'Éva,
que traverse Pausanias pour aller à Sparte, étaient,
comme il le dit, dominés par le Parnon. Il est certain
que le *Castro tis oraias* se trouve maintenant dans la
même position; mais il y a au pied du Parnon bien des
éminences et bien des emplacements qui ont pu être
occupés par des villes anciennes.

M. Ross croit, de son côté, que Néris était cette forteresse hellénique dont j'ai parlé, que nous laissâmes
à gauche du monastère de Loukou, et près de laquelle
passe une des deux routes d'Astros à Saint-Jean (2).
Cette opinion s'explique au moins par la présence de
ruines antiques. Mais était-ce bien la vraie route de
Pausanias? Si Néris était si près de la mer, comment
trouver entre elle et le rivage la place de Thyrée et
d'Athene que Pausanias traverse d'abord? D'ailleurs
le géographe ancien aurait-il appelé χωρίον (bourg ou
village) une ville entourée d'un mur de défense, et qui
semble uniquement une position militaire? Questions
embarrassantes, auxquelles M. Ross se garde bien de
répondre. Il trouve un cours d'eau au pied de la forte-

(1) Leake, *Travels in the Morea*, II, p. 492.
(2) Ross, *Reisen durch Griechenland*, II, 6-2.

resse hellénique, et il en conclut que c'est le Charadrus dont parle Stace :

Quæque pavet longa spumantem valle Charadrum
Neris... (1).

J'aime mieux le silence de la carte d'État-Major que les conjectures sans fondements.

Une route escarpée, toujours dominée par les pics les plus sauvages du Parnon, conduit de Saint-Jean à Saint-Pierre (Ἅγιος Πέτρος), joli village moderne situé sur le penchant d'une montagne fort élevée. Des sources abondantes y entretiennent une fertilité qui se retrouve en Grèce, partout où l'eau ne manque pas. De grands peupliers dispersés dans les jardins entourent chaque maison de verdure, et les jardins eux-mêmes s'échelonnent en terrasse depuis le sommet de la montagne jusqu'au fond d'un ravin, où coule un large ruisseau. Là encore on admire l'industrie des paysans albanais qui, sur une pente si rapide et si labourée par les torrents, ont su retenir la terre végétale avec des remparts de pierres et des haies d'arbustes vigoureux.

Le chemin monte longtemps encore, au sortir de Saint-Pierre, par une succession de collines détachées de la chaine principale du Parnon. Enfin, l'on arrive à un dernier sommet, et là se découvre tout entière la chaine immense du Taygète qui borne l'horizon, comme une grande muraille. Nous la vîmes vers le soir, et, par un admirable effet de lumière, le soleil couchant éclairait les cimes neigeuses, tandis que le reste de la montagne, enseveli dans l'ombre, empruntait encore à ce contraste plus de grandeur et de majesté.

Le spectacle était imposant; de quelque côté que nous tournions nos regards, nous n'apercevions que de hautes montagnes; à côté de nous le Parnon, cou-

(1) Stace, *Thébaïde*, 4-v. 46.

vert de sombres sapins ; du côté d'Argos l'Artémisium,
et dans le fond, vers l'Arcadie, les premiers sommets
du Lycée. Nous embrassions d'un coup d'œil la moitié
du Péloponèse. Que de sentiments éveillent de tels
paysages ! Mais une seule pensée dominent toutes les
autres ; nous demandâmes à nos guides où était Sparte
et nous restâmes longtemps les yeux fixés dans la
direction qu'ils nous indiquaient.

Une descente rapide conduit ensuite au village moderne d'*Arakhova*. C'est à gauche de cette route, dans
les contreforts du Parnon, que devaient être placés ces
Hermès de pierre dont parle Pausanias, et qui servaient de limites aux territoires de Sparte, d'Argos et
de Tégée. On voit que les Lacédémoniens avaient été
refoulés loin de la Thyréatide. La position exacte des
Hermès est indiquée par la source du Tanus (1). C'est
le seul renseignement que donne Pausanias ; mais il
suffit pour reconnaître les lieux. La commission de
Morée ne s'y est pas trompée, et M. Leake, qui avait
eu d'abord une autre opinion, fut obligé de reconnaître
son erreur (2).

. . . .
. . . .

MONT ITHÔME — GUERRES DE MESSÈNE

Avant de visiter les ruines de Messène, pour en saisir l'ensemble et pour suivre l'ordre des temps, nous
fîmes l'ascension de l'Ithôme, l'ancienne forteresse des
Messéniens. C'est là qu'Aristodème, après d'inutiles
efforts pour tenir la campagne, réunit ses compatriotes
dispersés dans les villes de l'intérieur, et soutint ce

(1) Pausanias, *Corinthiaca*, II, 28.
(2) Leake, *Peloponnesiaca*, p. 302.

siège mémorable qui termine la première guerre de
Messénie (1). L'Ithôme était, depuis les temps les plus
anciens, consacré à Jupiter, vénéré dans toute la Grèce
sous le nom du Jupiter Ithômate (2). Messène elle-
même, la première reine des Messéniens, avait élevé
un autel sur la montagne en l'honneur du Dieu, et ses
descendants y avaient bâti une ville qu'Homère appelle :
Ἰθώμην κλωμακόεσσαν, Ithôme l'escarpée (3). Mais, sans
parler de la tradition qui désignait l'Ithôme au choix
des Messéniens, et de la confiance que leur inspirait la
protection de Jupiter, le lieu était admirablement choisi
pour la défense (4). La montagne s'élève comme un
cône tronqué à 802 pieds au-dessus du niveau de la
mer; escarpée de toutes parts et presque inaccessible,
elle est mieux défendue par la nature que par les plus
hautes murailles. Une si forte position eût découragé
une ambition moins persévante que celle de Sparte.

Dans ce dernier asile, les Messéniens combattirent
avec le courage que donnent l'amour de la patrie et la
haine de la domination étrangère. Ils n'avaient pas,
comme les Spartiates, l'habitude de porter les armes.
Habitant un pays riche et fertile, ils aimaient la paix
qui leur permettait de cultiver la terre. Mais ils appartenaient eux aussi à cette race dorienne qui avait conquis le Péloponèse, et quand il fallut défendre leur
territoire menacé, ils se souvinrent de leur origine. Ce
peuple de laboureurs devint un peuple de soldats.
Chacun prit les armes. Ceux qui ne connaissaient pas
encore les exercices militaires les apprirent, et ceux
qui les connaissaient déjà s'accoutumèrent à une discipline plus exacte (5).

---

(1) Pausanias, iv-9.
(2) *Id.*, iv-3.
(3) Homère, *Iliad.*, ii-749.
(4) Ἦν δὲ τὸ χωρίον καὶ ἄλλως ἐχυρόν. Pausanias, iv-9.
(5) Pausanias, iv-7.

Quelques batailles simplement racontées par Pausasias font comprendre le caractère de la lutte et donnent une idée de l'acharnement qu'y apportaient les deux peuples. Le courage est égal des deux parts ; on se bat corps à corps ; les blessures sont reçues par devant et nul ne songe ni à reculer ni à fuir. Les Spartiates, mieux exercés, conservent leurs rangs au plus fort du combat, et ne cherchent pas à se distinguer par des actions d'éclat. Leur tactique c'est de ne faire aucune faute et de ne pas rompre leur ordre de bataille. Les Messéniens, aussi braves, combattent isolément avec avantage. Leur fureur, leur haine contre les Spartiates, leur ôtent le sang-froid nécessaire au soldat. Quelques-uns d'entre eux s'élancent hors des rangs, se précipitent au milieu des ennemis, et, quand ils tombent blessés mortellement, la rage reste encore empreinte sur leurs traits longtemps après la mort (1). Ceux qui n'ont pas encore reçu de blessures engagent les blessés à faire un dernier effort et à lutter jusqu'au dernier moment pour la défense de la patrie ; les mourants à leur tour exhortent les combattants à perdre la vie comme eux en face de l'ennemi. Pausanias, dans son récit simple et sans art, fait ressortir admirablement toute l'horreur de cette guerre sans pitié. « Des deux « côtés, dit-il, on reçoit le coup mortel sans s'abaisser « jamais aux promesses ni aux prières pour obtenir la « vie ; les combattants n'espèrent point toucher des en- « nemis dont ils connaissent toute la haine, ou plutôt « ils ne veulent pas ternir la gloire de leurs premiers « exploits (2). »

Malgré l'avantage que donnaient aux Spartiates leur éducation toute militaire et leur expérience de la guerre, ils essuyèrent plus d'un échec, au pied de cette forteresse d'Ithôme, si bien défendue par la nature et

---

(1) Pausanias, iv-8.
(2) *Id., ibid.*

par Aristodème. Le héros Messénien se retranchait
dans la forte position qu'il avait choisie ; il ne descendait pas dans la plaine où l'ennemi eût retrouvé toute
sa supériorité et le forçait à accepter sur les hauteurs
un combat inégal. Un jour, entre autres, il remporta
sur les Spartiates une victoire signalée. Son armée
était adossée au mont Ithôme et il avait caché des
soldats armés à la légère, surtout des Arcadiens, dans
les plis de terrain que forme la montagne. Pendant
que les hoplites Messéniens tenaient tête à ceux de
Sparte, ces troupes légères se précipitaient à l'impro-
viste sur les bataillons serrés des Spartiates, les accablaient de traits et se réfugiaient ensuite dans leur
embuscade, où des soldats, pesamment armés, ne pouvaient les poursuivre sans s'exposer à la mort (1).
M. Bory de Saint-Vincent, parlant de cette bataille
dont il cherchait l'emplacement, s'étonne que les Messéniens aient battu les Spartiates dans un engagement
de cavalerie légère, et ne trouve sur les flancs de l'I-
thôme aucun endroit qui ait pu servir aux manœuvres
des cavaliers (2). Mais il n'est pas question dans Pausanias d'une embuscade de cavalerie ; les troupes légères qu'il appelle ψιλοὺς étaient à pied ; autrement elles
n'eussent pu combattre sur le revers d'une montagne
escarpée et couverte de rochers. M. Bory de Saint-
Vincent a sans doute confondu cet engagement avec
un combat qui eut lieu dans la plaine, et où se trouvaient, en effet, quelques cavaliers Messéniens (3).
Cette prétendue difficulté, une fois levée, il est probable que la bataille se livra du côté qui regarde Sparte,
par où l'armée lacédémonienne avait dû attaquer l'I-
thôme.

Quand les Spartiates virent qu'il leur serait difficile

(1) Pausanias, iv-11.
(2) *Relation de Bory de Saint-Vincent*, p. 287.
(3) Pausanias, iv-7.

de s'emparer de la place par la force, ils eurent recours
à différents stratagèmes. La ruse, qui fut de tout temps
dans les mœurs des Grecs, était considérée à Sparte
comme le complément de la valeur et encouragée par
les lois. D'ailleurs ils s'autorisaient de quelques paroles
de l'oracle qu'ils avaient sans doute inspirées, et qui
leur conseillaient de compter plus encore sur leur habileté que sur leur courage (1).

Un de leurs premiers stratagèmes qui rappelle celui
d'Ulysse, fut d'envoyer à Ithôme de prétendus trans-
fuges pour examiner ce que faisaient les Messéniens,
et livrer au besoin les portes de la ville.

On les bannit même avec éclat, afin de donner plus
de vraisemblance à leur fuite. Mais à peine furent-ils
arrivés, qu'Aristodème les renvoya, en disant que les
crimes des Lacédémoniens étaient nouveaux, mais que
leurs ruses étaient vieilles (2).

Un autre oracle avait annoncé que la victoire appartiendrait à celui des deux peuples qui consacrerait,
le premier, cent trépieds à Jupiter Ithomate. Les Messéniens se croyaient sûrs du succès ; le temple était
dans l'intérieur de leurs murs. Mais les Spartiates les
prévinrent. Un d'entre eux fit cent trépieds de terre,
les cacha dans un sac et, prenant un filet, se mêla aux
habitants de la campagne, avec lesquels il entra dans
Ithôme sans être reconnu. La nuit venue, il offrit ses
trépieds au Dieu et s'en retourna sur le champ à
Sparte (3).

Le succès de ce stratagème découragea les Messéniens. Les dieux eux-mêmes se prononçaient contre
eux. Le destin les poursuivait comme il avait poursuivi
les Troyens. Par une tradition touchante, les anciens
attribuent toujours à la fatalité le malheur des vaincus.

---

(1) Pausanias, iv-12.
(2) *Id., ibid.*
(3) *Id., ibid.*

Il semble qu'ils veuillent ainsi relever leur espérance et honorer leur courage. On peut céder sans honte à une puissance supérieure.

La défaite des Messéniens est annoncée par des présages sinistres qui indiquent plus clairement encore la volonté des Dieux. La statue de Diane, renfermée dans Ithôme, laisse tomber son bouclier d'airain. Un jour qu'Aristodème voulait sacrifier à Jupiter Ithomate, les béliers vont eux-mêmes frapper l'autel de leurs cornes et meurent sur le coup. Les chiens se rassemblent toutes les nuits en poussant des hurlements, et finissent par aller en troupe au camp des Lacédémoniens (1).

Ces signes manifestes de la colère céleste frappaient d'épouvante Aristodème, et un songe terrible acheva de le décourager. Il lui sembla qu'il était armé et tout prêt à marcher au combat ; devant lui, sur une table, étaient les entrailles des victimes. Tout à coup sa fille lui apparut, sa fille qu'il avait sacrifiée pour obéir à l'oracle et pour sauver son pays (2). Elle était vêtue de noir et lui montrait sa poitrine et son ventre ouverts. Puis, après avoir jeté sur son père un regard douloureux, elle renversa les objets placés sur la table, lui arracha ses armes, lui posa sur la tête une couronne d'or et le revêtit d'une robe blanche. C'étaient les ornements que les Messéniens réservaient aux morts illustres. Aristodème comprit cet avertissement du ciel et se frappa de son épée sur le tombeau de sa fille (3). « Il avait fait, dit Pausanias, tout ce que pou-« vait la prudence humaine pour sauver les Messé-« niens. La fortune seule anéantit le fruit de ses actions « et de ses conseils (4). »

Après sa mort, les Messéniens eurent un instant la

(1) Pausanias, iv-13.
(2) Id., iv-9.
(3) Id., iv-13.
(4) Id., ibid.

pensée d'implorer la clémence des Spartiates. Mais leurs anciens ressentiments les arrêtèrent (1). Leur résistance fut longue et héroïque. Les plus braves guerriers se firent tuer sur les murailles, et ceux qui restaient ne cédèrent qu'à la famine. Tous les Messéniens qui avaient des relations d'hospitalité à Argos, à Smyrne ou dans quelques villes de l'Arcadie s'y retirèrent. Ceux qui appartenaient à la race des prêtres et au culte des grandes déesses allèrent à Éleusis. Mais la plupart rentrèrent dans leurs anciennes villes. Ce furent les plus malheureux ; les vainqueurs se montrèrent sans pitié ; ils exigèrent d'eux le serment de ne jamais rien entreprendre contre la puissance de Sparte et les forcèrent à apporter, chaque année, en Laconie, la moitié des productions de leur territoire.

Mais ce n'était pas assez de ces impôts écrasants ; on y ajouta d'humiliantes conditions. Ils furent contraints à venir de la Messénie à Sparte pour assister en robes noires aux funérailles des principaux citoyens.

« Ils pleurent, dit Tyrtée ; ils pleurent, eux et leurs « femmes, sur le sort de leurs maîtres, lorsque la des- « tinée impitoyable les frappe de mort. »

Δεσπότας οἰμώζοντες ὁμῶς, ἄλοχοί τε καὶ αὐτοὶ,
Εὖτε τιν' οὐλομένη μοῖρα κίχοι θάνατον (2).

Un tel peuple ne put supporter longtemps un joug si dur. Il eut été plus sage de le soumettre sans l'humilier.

Les Spartiates vainqueurs avaient rasé Ithôme jusqu'aux fondements (3). On voit encore cependant, du côté de l'ouest, des fondations cyclopéennes, qui ont peut être appartenu au temple de Jupiter Ithômate. Le

---

(1) Τοῦτο μὲν ὁ θυμὸς ἐπέσχεν αὐτοὺς μὴ ποιῆσαι. Pausanias, IV-13.
(2) Pausanias, IV-14.
(3) Τὴν Ἰθώμην καθεῖλον ἐς ἔδαφος. Id. Ibid.

mur d'enceinte de l'Acropole, dont la partie septen-
trionale est bien conservée, avait été construit par les
Thébains, et paraît de la même époque que les murailles de Messène. Il renferme seulement beaucoup
de pierres polygonales trouvées sans doute sur les
lieux.

Suivant la tradition populaire, l'emplacement du
temple de Jupiter est occupé par un monastère aujourd'hui abandonné. La vénération pour ce lieu est
grande encore parmi les habitants du pays. Le bois
d'une porte de la chapelle, que nous vîmes percée de
coups de couteau, passe pour avoir la propriété merveilleuse de guérir la fièvre, et chaque fois qu'un visi-
teur grec monte à l'Ithôme, il en emporte pieusement
un morceau. Auprès du monastère se voient les soubassements et le pavé d'un temple antique, peut-être
celui des grandes déesses.

Du haut de l'Ithôme on embrasse toute la partie occidentale du Péloponèse. Vers le nord, la chaine du
Lycée s'étend depuis la plaine de Mégalopolis jusqu'à
la mer, et forme à l'horizon une barrière de 1,400 mètres, derrière laquelle se distinguent, au milieu des
nuages, les cîmes neigeuses des monts Olonos. Entre
les montagnes de l'Arcadie, qui s'abaissent en appro-
chant de la mer, et une succession de plateaux détachés
qui, après de nombreux détours, viennent aboutir à
l'Évan, on aperçoit par une large ouverture toute la
côte de la Messénie, depuis Kyparissia, l'*Arkhadia* moderne, jusqu'à l'embouchure de la Néda. Le Lycée, à
son extrémité orientale, descend vers le sud et rejoint
le mont *Makriplaï,* avec lequel il borne la plaine de
Stényclaros. Le *Makriplaï* à son tour se relie au Taygète,
et l'on peut suivre de l'œil l'élévation progressive de
cette haute montagne jusqu'au pic de Saint-Élie, qui
en est le point culminant.

Au bas du Taygète commence la plaine de Messénie,
que nous venions de traverser; un étroit passage la

sépare, au pied de l'Ithôme, de celle de Stényclaros.
Les sources du Pamisus forment, au nord de la plaine,
de grands lacs entourés de verdure, sur lesquels les
montagnes projettent leur ombre. Le fleuve, brillant
comme une ligne d'argent à travers les arbres et les
roseaux dont il est bordé, disparaît un instant derrière
l'Évan, qui masque une partie de la campagne et se
montre une dernière fois à droite avant de se jeter dans
le golfe de Messénie. Du même côté s'avance vers la
haute mer la pointe comprise entre Coron et Pylos ; elle
est séparée de l'Évan par une foule de mamelons détachés dont ia forme conique rappelle celles des *tumuli,*
qu'on élevait, aux temps homériques, en l'honneur des
héros.

Ainsi du même point on embrasse à la fois la contrée
que gouvernait Nestor, et d'où il partit pour le siège
de Troie, le rivage de la mer parcouru par Télémaque
à la recherche d'Ulysse, le territoire des cités homériques, héritage d'Agamemnon avant la conquête des
Héraclides, l'Évan sur lequel Bacchus avait réuni pour
la première fois les Bacchantes, le Lycée consacré à
Pan, et jusqu'aux monts Olonos qui disputaient le nom
d'Olympe aux montagnes de la Thessalie. C'était là le
domaine de la poésie et de la fable.

Mais à ces souvenirs la vue des lieux ajoutait ceux
de l'histoire. Combien de fois le Taygète, dont la chaine
immense se déroulait à l'est, avait-il été franchi par
les armées de Sparte ? N'était-ce pas de ces hauteurs
qu'étaient descendus dans la plaine les conquérants de
la Messénie ? Ce pays, dont nous admirions la beauté,
n'avait-il pas dû ses malheurs à cette fertilité même,
objet d'envie pour ses voisins ? C'était sans doute, au
pied du Taygète, sur les bords du Pamisus que s'étaient
livrées ces sanglantes batailles de la guerre de Messénie, où s'est formé le génie militaire de Sparte.
L'Ithôme lui-même n'était-il pas consacré par le souvenir de la gloire des vainqueurs et du malheur des

vaincus ? Mais ce qui attirait surtout nos regards et ce qui rappelait à notre pensée une des plus curieuses périodes de l'histoire grecque, c'était la plaine de Stényclaros, théâtre d'une lutte héroïque. Si les emplacements anciens avaient été reconnus, nous eussions pu voir en même temps Andanie, où commença la guerre, et, vers le nord, sur les bords de la Néda, Ira, où elle finit. On ne peut décrire les lieux sans dire un mot de leur histoire. Les souvenirs se pressent en foule, à la vue de la plaine de Stényclaros.

Suivant Pausanias trente-neuf ans, suivant Justin et Eusèbe quatre-vingts ans après la ruine d'Ithôme les Messéniens prirent une seconde fois les armes (1). Les jeunes gens d'Andanie, nés longtemps après la première guerre, élevés dans la haine de Sparte et pleins d'espoir dans leur courage, donnèrent les premiers le signal de la révolte. Leur appel fut entendu, les Messéniens même, qui avaient quitté leur patrie, revinrent pour concourir à sa délivrance. Les Argiens, les Arcadiens les secondent ouvertement, et ne cachent plus leur haine contre Lacédémone. Les habitants de l'Élide, de Pise et de la Sicyonie viennent aussi au secours de la Messénie. Les Lacédémoniens ont avec eux les Corinthiens et les Lépréates, ennemis des Éléens (2).

Une guerre nouvelle commence ; elle a pour chantre Tyrtée, et pour héros Aristomène. De merveilleux épisodes la remplisssent tout entière, c'est un poème comme l'Iliade, dont Aristomène est l'Achille. Des deux côtés les mœurs sont simples et barbares. On se bat avec courage, mais aussi sans pitié. Le vaincu n'est pas épargné ; Aristomène, pris vivant, est précipité dans le Céadas avec ses compagnons. Les actes de violence ne sont pas rares ; les Messéniens, comme les Spartiates, se livrent à ces passions grossières des

(1) Pausanias, iv-15. Justin, iii-5. Eusèbe, *Chron.*, p. 122.
(2) Pausanias, iv-15.

peuples barbares qu'excite encore l'ivresse de la
guerre. Un jour, Aristomène enlève à Caryos les jeunes filles Lacédémoniennes qui dansaient en l'honneur
de Diane. Il les donne en garde à quelques-uns de ses
compagnons qui, échauffés par le vin, et d'ailleurs peu
habitués à se modérer, entreprennent de leur faire violence. Aristomène essaie en vain de les en dissuader;
il se voit forcé de tuer les plus furieux pour sauver
l'honneur des jeunes filles. Il est vrai que, par un
trait de mœurs qui peint bien l'époque, il tire parti de
sa prise et ne rend les prisonnières que moyennant une
forte rançon (1).

Les deux peuples, du reste, comme les grecs d'Homère, tiennent autant au butin qu'à la gloire. Aristomène rentre dans son pays λείαν περιβαλόμενος, dit Pausanias, « ayant pillé tous les environs », et dans une
autre circonstance, quoique blessé, il n'abandonne pas
son butin : οὐ μέντοι τὴν λείαν γε ἣν ἤλαυνεν ἀφῃρέθη (2).

Mais si la violence et l'avidité sont égales des deux
parts, il semble que les Spartiates, comme dans la première guerre, aient le privilège de la trahison et de la
perfidie. Ils corrompent à prix d'argent Aristocrate, roi
des Arcadiens, qui fait perdre une bataille aux Messéniens en prenant la fuite au milieu d'eux et en jetant
le désordre dans leurs rangs. Pausanias lui-même
s'indigne de cette ruse. « Les Lacédémoniens, dit-il,
« sont les premiers, à notre connaissance, qui aient
« fait des présents à leurs ennemis, et qui aient donné
« l'exemple d'acheter la victoire à prix d'or; avant qu'ils
« eussent violé les lois dans la guerre de Messénie,
« avant la trahison d'Aristocrate l'Arcadien, le courage
« seul et la fortune qui vient des dieux décidaient du
« succès des batailles (3). » La bonne foi disparaît de la

---

(1) Pausanias, iv-16.
(2) *Id., ibid.*
(3) *Id.*, iv-17.

guerre avec la poésie le jour où la victoire s'achète.
Que devient cette touchante tradition des anciens qui
ennoblissent jusqu'à la défaite en l'attribuant à la volonté des dieux?

Dans une autre circonstance, à la faveur d'une trêve
entre les deux partis, des archers crétois, au service
de Lacédémone, se mettent en embuscade pour surprendre Aristomène et se saisissent de lui, pendant
qu'il marche sans armes sur la foi des traités (1). Enfin,
c'est encore une trahison qui livre aux Spartiates les
portes d'Ira.

La gloire de Sparte n'est jamais pure ; celle d'Aristomène brille au contraire du plus vif éclat. Il a toutes
les vertus du héros, l'honneur, le courage, l'amour de
la patrie et le respect des dieux. Seul, il balance la
fortune de Lacédemone ; seul, il represente à la fois le
génie et les malheurs des Messéniens. Son histoire,
c'est celle de la guerre même. Il remplit de son nom le
récit de Pausanias. Rien ne se fait que par son bras ou
par son conseil. Sa vie n'est qu'un long combat embelli
par la poésie et par l'imagination populaire. Sa naissance même est merveilleuse ; les Messéniens le croient
né de Nicotélis et d'un Dieu qui avait pris la forme d'un
serpent (2). Tout jeune encore, il rêve l'affranchissement de sa patrie, il excite ses concitoyens à la révolte,
et, quand la guerre est commencée, c'est lui qui le premier frappe d'épouvante les Lacédémoniens par une
action d'éclat. Il entre de nuit à Lacédémone et attache
au temple de Minerve Chalciacos un bouclier avec cette
inscription : « Aristomène à Minerve des dépouilles des
Spartiates (3). » Il réunit autour de lui un bataillon sacré qui décide de la victoire et, quand il revient à Andanie, après sa première bataille, les femmes jettent

(1) Pausanias, iv-19.
(2) Id., iv-14.
(3) Id., iv-15.

des guirlandes et des fleurs sur son passage, en chantant ces vers qui se répétaient encore du temps de Pausanias :

Ἔς τε μέσον πεδίον Στενυκλήριον ἔστ' ὄρος ἄκρον
εἴπετ' Ἀριστομένης τοῖς Λακεδαιμονίοις,

« A travers la plaine de Slényclaros et jusque sur le
« sommet de la montagne, Aristomène a poursuivi les
« Lacédémoniens (1). »

Les dieux le protègent et le sauvent des plus grands périls. On connaît sa merveilleuse évasion du Céadas (2). L'amour aussi veille sur lui. Il essaie d'enlever à Ægila les femmes de Sparte, qui célébraient la fête de Cérès ; mais les Lacédémoniennes, aussi braves que leurs maris, se défendent avec les couteaux et les broches qui servaient à rotir les victimes, et prennent Aristomène vivant en le frappant de leurs torches. Il s'échappa néanmoins dès la même nuit. Archidamie, prêtresse de Cérès, éprise d'amour pour lui, avait coupé ses liens (3).

Une autre fois il fut sauvé plus miraculeusement encore par une jeune fille qu'inspirait la divinité. Des archers crétois l'avaient pris par trahison et emmené dans une maison isolée de la Messénie. Là demeurait avec sa mère une jeune fille qui n'avait plus de père. Elle avait vu en songe la nuit précédente des loups qui amenaient chez elle un lion enchaîné et sans ongles ; elle avait délivré le lion de ses chaînes et retrouvé ses ongles qu'elle lui avait rendus. En voyant Aristomène conduit par les Crétois, il lui sembla que son rêve de la nuit précédente se réalisait ; elle demanda à sa mère quel était le prisonnier et, quand elle l'eut appris, elle

(1) Pausanias, iv-16.
(2) *Id.*, iv-18.
(3) *Id.*, iv-17.

fut confirmée dans son opinion. Alors elle se mit à verser du vin aux Crétois, et, quand elle les vit plongés dans l'ivresse, elle arracha le poignard de celui qui était le plus profondément endormi et coupa les liens d'Aristomène qui, du même poignard, les égorgea tous (1).

Mais si les dieux le protègent au milieu des périls, ils ne lui accordent pas la gloire de sauver sa patrie et ils lui suscitent un rival qui lui arrachera la victoire. Le rival d'Aristomène, c'est Tyrtée, ce maître d'école boiteux, envoyé par les Athéniens aux Spartiates, qui, pour obéir à l'oracle, leur avaient demandé un général (2). Quand on le vit à Sparte pour la première fois, son extérieur inspira plus d'étonnement que de confiance à une époque et dans une ville où la force du corps était la première qualité d'un guerrier. Qu'attendre d'un général chétif et contrefait? Mais à la première bataille il prouva qu'il n'était pas nécessaire de combattre pour remplir les promesses de l'oracle. Sans prendre aucune part à l'action, il animait de la voix les bataillons, et ses chants, où respirait un mâle enthousiaste, ramenaient au combat les hoplites dispersés par Aristomène (3). On sait l'ardeur qu'inspire à nos soldats une musique guerrière; les vers de Tyrtée, chantés sur un rhythme sonore, étaient la musique de Sparte.

Les Messéniens eux aussi avaient des poètes et des chanteurs sacrés; les prêtres des grandes déesses, revenus d'Éleusis pour contribuer à l'affranchissement de leur patrie, se tenaient derrière l'armée et relevaient le courage des guerriers (4). Mais leurs chants sans doute n'avaient ni l'éloquence ni l'inspiration des hymnes de Tyrtée.

(1) Pausanias, iv-19.
(2) Id., iv-15.
(3) Id., iv-16.
(4) Id. ibid.

Ce n'était pas seulement sur les champs de bataille
que le poète athénien se faisait entendre ; au milieu
même de Sparte, il réunissait autour de lui les citoyens
revenus des combats, et, pour que leur ardeur ne se
ralentit pas, il leur rappelait en vers la gloire et les
exploits de leurs ancêtres.

« Les pères de nos pères, ces vaillants guerriers,
leur disait-il, ont combattu pour s'emparer de ce pays
dix-neuf ans entiers avec un courage infatigable. »

> Ἀμφ' αὐτὴν δ'ἐμάχοντ' ἐννεακαίδεχ' ἔτη ·
> Νωλεμέως ἀεὶ ταλασίφρονα θυμὸν ἔχοντες
> Αἰχμηταὶ, πατέρων ἡμετέρων πατέρες (1).

Quand les Spartiates, battus par Aristomène, voulaient renoncer à la guerre, c'est lui qui réveilla leur
ambition et leur donna le conseil de remplacer par des
hilotes les soldats battus par Aristomène (2). Une autre fois Sparte souffrait de la famine, il y eut même
dans la ville une mouvement populaire, parce que les
magistrats avaient défendu d'ensemencer les terres
voisines de la Messénie, sans cesse ravagées par les
Messéniens. Tyrtée seul calma les esprits irrités et
rétablit la paix entre les citoyens, au moment où la
République avait besoin de toutes ses forces pour résister à l'ennemi (3). C'est lui qui soufflant sans cesse
la guerre aux Spartiates, relevant leur courage après
les revers et les remplissant d'espoir après les succès,
fut le mauvais génie des Messéniens. Il était l'envoyé
de la divinité. Sparte devait triompher par la volonté
des dieux. Que pouvait le courage d'Aristomène contre
celui qu'avait désigné l'oracle ?

Les Messéniens, après la trahison d'Aristocrate, qui

---

(1) Pausanias, ɪᴠ-15.
(2) *Id*., ɪᴠ-16.
(3) *Id*., ɪᴠ-18.

leur avait fait perdre dans une seule bataille l'élite de
leurs guerriers, s'étaient retirés sur le mont Ira dont la
position n'est pas bien connue (1), C'est là qu'ils se défendirent onze ans, comme leurs ancêtres s'étaient dé-
fendus sur le mont Ithôme. Une nouvelle trahison livra
aux ennemis leur dernier asile. Ira était près de la
Néda; tout l'espace compris entre la forteresse et le
fleuve appartenait aux Messéniens, et quelques-uns
d'entre eux, qui faisaient paître leurs troupeaux sur
les bords du fleuve, y avaient construit des maisons.
Parmi eux se trouvait un transfuge de Lacédémone qui
leur avait amené les bœufs de son maître. Ce pâtre
avait séduit par des présents la femme d'un des Messéniens qui logeaient hors de la citadelle; et comme
ceux-ci montaient la garde à tour de rôle sur les murailles, il épiait le moment où le mari était absent pour
se rendre chez celle qu'il aimait. Une nuit le Messénien
était de garde, un orage violent survint et, comme on
ne pouvait trouver aucun abri sur les remparts de la
ville élevés à la hâte et qui n'avaient pas de tours, ses
compagnons et lui abandonnèrent leurs postes pour se
retirer dans leurs maisons. Par malheur, cette nuit
même Aristomène, blessé quelques jours auparavant,
ne pouvait faire sa ronde et visiter les postes, comme
il en avait l'habitude. Quand le Messénien rentra dans
sa maison, sa femme se hâta de cacher le pâtre qui était
auprès d'elle, puis prodiguant à son mari plus de ca-
resses qu'à l'ordinaire, elle lui demanda la cause de
son retour. Lui qui ne savait pas que sa femme le
trompât et qui ignorait la présence du transfuge, répondit simplement la vérité, et raconta qu'il avait été
forcé par la violence de la pluie, lui et ses compagnons,
de quitter son poste. Le pâtre eut à peine entendu ce
récit, que songeant au profit qu'il pourrait en tirer, il
repassa du côté des Lacédémoniens et leur an-

---

(1) Pausanias, iv-18.

nonça que les remparts d'Ira n'étaient pas gardés (1).

Les Spartiates ne négligèrent pas cet avis ; ils trouvèrent les murailles dégarnies et les franchirent sans résistance. Les Messéniens, quoique surpris par une si brusque attaque, se défendirent avec un courage héroïque. Aristomène blessé les animait par son exemple. Les femmes elles-mêmes étaient montées sur les toits, malgré la violence de la pluie, et lançaient des tuiles sur les assaillants. Quelques-unes prenaient les armes et inspiraient aux hommes une nouvelle ardeur en leur montrant qu'elles aimaient mieux périr avec leur patrie, que d'être emmenées en servitude à Lacédémone. Le combat dura trois jours ; mais les Spartiates avaient l'avantage du nombre et opposaient sans cesse des troupes fraîches aux Messéniens épuisés par les veilles, la pluie, le froid et la faim. Les dieux, d'ailleurs, se prononçaient pour eux ; au milieu d'un orage épouvantable les éclairs brillaient à leur droite et leurs devins y voyaient un présage certain de victoire (2).

A la fin Aristomène, que les oracles avaient averti de la chute prochaine des Messéniens, comprit que le dernier jour de sa patrie était arrivé, et qu'il fallait céder à une puissance supérieure. Il réunit les combattants, plaça au milieu de sa troupe les femmes et les enfants, et fit signe de la main et de la lance qu'il demandait le passage. Les Spartiates ouvrirent leurs rangs pour les laisser passer, dans la crainte de pousser au désespoir de si braves combattants.

Ainsi finit la seconde guerre de Messénie. Les Spartiates étaient vainqueurs ; mais ils devaient un jour expier cette victoire, et Théoclus, le devin des Messéniens, leur avait crié, en se jetant au milieu d'eux :

(1) Pausanias, IV-20.
(2) *Id.*, IV-21.

« Vous n'aurez pas toujours sujet de vous réjouir de
« la possession de la Messénie (1). »

Si les dieux l'avaient permis, la vengeance ne se fût
pas fait attendre. Pendant que les Spartiates pillaient
Ira, Aristomène s'était retiré en Arcadie avec les débris
de son armée, et il avait formé le hardi projet d'aller
surprendre Lacédémone dégarnie de ses défenseurs.
Mais il avait compté sans la trahison qui devait une
dernière fois ruiner ses espérances. Aristocrate prévint
les Spartiates. Cette fois du moins le traître fut puni ;
on apporta à l'assemblée du peuple les lettres qu'il
écrivait à Sparte, et les Arcadiens indignés le lapidè-
rent. Aristomène, en voyant ce supplice, baissa les
yeux et se mit à pleurer (2). Il songeait sans doute avec
amertume que deux fois la même trahison avait perdu
son peuple.

Les Messéniens qui restèrent dans le pays furent
répartis parmi les hilotes. Les habitants des bords de
la mer, de Pylos et de Mothone, prévoyant le sort qui
les attendait, s'embarquèrent sur leur vaisseaux et se
rendirent à Cyllène, port de l'Élide. Là ils attendirent
les Messéniens réfugiés en Arcadie, qui se joignirent
à eux pour aller chercher une patrie au-delà des mers.
Anaxylas, tyran de Rhégium, d'origine messénienne,
les invita à venir en Sicile, et s'empara avec eux de
Zancle, qu'il leur abandonna. Les exilés donnèrent,
dans leur victoire, une preuve touchante de leur modération. Zancle était prise et les Zancléens avaient
cherché un refuge dans les temples et au pied des
autels. Anaxylas engageait les Messéniens à les mas-
sacrer ou à les réduire en servitude avec leurs femmes
et leurs enfants. Mais ils le supplièrent noblement de
ne pas les forcer à faire subir à un peuple grec les in-
dignes rigueurs qu'avaient exercées contre eux les Do-

(1) Pausanias, iv-21.
(2) Id., iv-23.

riens leurs frères. Au lieu de traiter les Zancléens comme un peuple vaincu, ils partagèrent le pays avec eux et se contentèrent de donner leur nom à la ville qui, depuis, s'appela Messine. Aristomène avait refusé d'être le chef de la nouvelle colonie ; il voulait rester dans la Grèce pour chercher des ennemis à Sparte et venger sa patrie (1). Mais un roi de l'île de Rhodes à qui l'oracle avait conseillé d'épouser la fille du plus vaillant des Grecs, épousa celle d'Aristomène. Celui-ci l'accompagna dans l'île de Rhodes, où il mourut et fut honoré comme un héros (2)

Les Messéniens, restés dans leur pays et réduits en esclavage par les Spartiates, se révoltèrent à la suite d'un tremblement de terre qui renversa Sparte, et se retirèrent sur le mont Ithôme. Après une longue résistance, ils obtinrent une capitulation honorable et sortirent en armes du Péloponèse. Les Athéniens, rivaux des Spartiates, établirent les exilés à Naupacte, qu'ils avaient prise aux Locriens Ozoles. Dans cette nouvelle patrie, les Messéniens n'oublièrent pas celle qu'ils avaient perdue, et leur haine contre Sparte ne se ralentit pas. Ils en donnèrent surtout des preuves dans la guerre du Péloponèse (3). Naupacte devint la forteresse des Athéniens, sur le golfe de Corinthe, et les Spartiates, enfermés dans l'île de Sphactérie, furent tués par des frondeurs Messéniens de Naupacte au service d'Athènes.

Mais, après la bataille d'Ægos Potamos, les Spartiates vainqueurs chassèrent les Messéniens de la Locride. Les uns allèrent rejoindre en Sicile la colonie de Zancle ; les autres, et ce fut le plus grand nombre, s'établirent en Libye, chez les Évespérites, qui offraient des terres à tous les Grecs pour se défendre contre les

(1) Pausanias, iv-23.
(2) Id., iv-24.
(3) Id., iv-26.

peuples voisins. Depuis ce temps ils vécurent dispersés sur tous les points du globe, jusqu'au moment où les Thébains les rappelèrent dans la Messénie, après la bataille de Leuctres. A cette époque, l'histoire des Messéniens est finie ; celle de Messène commence.

MESSÈNE

L'Ithôme, comme on l'a vu, est la montagne sacrée des Messéniens ; c'est là que réside leur Dieu, c'est là qu'ils se réfugient sous la protection de Jupiter, quand ils essaient une dernière fois de reconquérir leur indépendance, c'est là aussi que le destin les ramène, après trois cents ans d'exil. Si, après avoir contemplé la plaine de Stényclaros, qui rappelle leurs malheurs, on jette les yeux en se retournant au pied même de la montagne, on embrasse dans son ensemble la ville nouvelle où Épaminondas les rétablit.

Messène est bâtie dans une vallée formée par l'Évan, l'Ithôme et une montagne moins haute, qui la borne à l'occident. Défendue de tous côtés par ces remparts naturels, et placée elle-même à une assez grande hauteur au-dessus du niveau de la mer, elle occupe une des plus fortes positions du Péloponèse. On n'y arrive qu'en gravissant des pentes escarpées et par des sentiers faciles à défendre contre l'ennemi. Aucun emplacement ne répondait mieux à la pensée d'Épaminondas, qui voulait fonder une ville capable de tenir tête aux Lacédémoniens (1).

Les traditions des Messéniens étaient d'accord avec les projets d'Épaminondas ; mais ils craignaient de revenir dans un lieu où leurs ancêtres avaient tant souffert. Il fallut vaincre leur répugnance. Pausanias,

(1) Ἀξιόμαχον πόλιν Λακεδαιμόνιοις. Pausanias, iv-26.

qui explique tout par le merveilleux, cite à ce propos
de nombreux oracles ; mais il est permis de croire que
le général Thébain avait fait parler les dieux.

Il eut un songe où un vieillard qui ressemblait à un
prêtre des grandes déesses lui dit : « Thébain, c'est
« par moi que tu remportes la victoire, chaque fois que
« tu livres bataille à l'ennemi. Rends aux Messéniens
« leur terre, leur patrie et leurs villes, car la colère des
« Dioscures contre eux est apaisée (1). » Le même
vieillard apparut à Épitélès, général des Argiens, chargé
par eux de présider au rétablissement de Messène, et
lui ordonna de se transporter sur le mont Ithôme à
l'endroit où il trouverait un if et un myrte, et de faire
fouiller la terre entre ces deux arbres. La tradition
rapportait précisément que, peu de temps avant la
prise d'Ira, Aristomène, prévenu par le devin Théoclus
du malheur qui menaçait ses compatriotes, avait reçu
de lui un dépôt sacré auquel était attaché le retour des
Messéniens dans leur patrie et l'avait enterré sur le
mont Ithôme, dans l'endroit le plus désert de l'ancienne
ville, pour le placer en quelque sorte sous la garde de
Jupiter et des dieux, protecteurs de la Messénie (2).
C'est ce dépôt d'Aristomène que retrouva Épitélès en
faisant fouiller la terre à l'endroit que lui avait indiqué
le vieillard. Il était renfermé dans une urne d'airain
qu'on porta sur le champ à Épimanondas. Le général
Thébain, après avoir invoqué les dieux et offert un
sacrifice, ouvrit l'urne et en tira des feuilles d'étain
très minces, roulées comme un livre, sur lesquelles
étaient les mystères des grandes déesses (3).

Ces mystères furent recueillis par les Messéniens
de la race des prêtres, et transcrits dans des livres.
Épaminondas se rappela aussi les prédictions faites

(1) Pausanias, iv-26.
(2) *Id.*, iv-20.
(3) *Id.*, iv-26.

par un devin nommé Bacis, qui avait annoncé en ces
termes le retour des Messéniens dans leur patrie :

Καὶ τότε δὴ Σπάρτης μὲν ἀγλαον ἄνθος ὀλεῖται,
Μεσσήνη δ'αὖθις οἰκήσεται ἡματὰ πάντα.

« Il viendra un temps où Sparte perdra sa fleur bril-
« lante et où Messène à son tour sera rétablie pour
« tous les siècles à venir (1). »

Quand tout fut préparé pour la fondation de la ville
nouvelle et que les oracles, encore une fois consultés,
eurent donné des présages favorables, on passa un
jour entier à offrir aux dieux des sacrifices. Chaque
peuple invoqua ceux qu'il honorait d'un culte particulier, les Thébains Bacchus et Apollon, les Argiens Ju-
non et Jupiter Néméen, les Messéniens Jupiter Ithômate et les Dioscures, qu'ils invitèrent à revenir demeurer parmi eux. Les héros ne furent pas oubliés et
Aristomène eut la plus grande part des honneurs et
des sacrifices (2). Les exilés de la Messénie étaient
fidèles au culte de leurs ancêtres.

Le second jour, Épaminondas fit commencer les travaux. Il avait appelé auprès de lui des architectes
habiles pour tracer le plan de la ville. On éleva d'abord
les murs auxquels on donna un immense développement; ils embrassaient dans leur enceinte l'Ithôme,
plusieurs éminences et une grande vallée enfermée par
les montagnes. Ces murs, qu'on peut encore mesurer
aujourd'hui n'avaient pas moins de 8,660 mètres de
tour ou 47 stades olympiques, un mètre de moins que
la circonférence de Sparte (3). Ils s'élevèrent rapide-
ment; comme ceux de Thèbes, on les construisit au
son de la musique. Les flûtes argiennes et thébaines

----

(1) Pausanias, iv-27.
(2) Id., ibid.
(3) Puillon-Boblaye, *Recherches géographiques sur la Morée*, p. 107.

animaient les travailleurs. Les Thébains voulaient-ils
ainsi faire allusion à la fondation de leur patrie ou célébrer comme une fête le retour des Messéniens ?

Après les murs, on bâtit les maisons et les édifices
publics. En donnant à la cité nouvelle de si vastes proportions, Épaminondas s'était proposé un but tout
politique. Ce qu'il voulait créer à Messène c'était plus
qu'une ville ordinaire, plus même qu'une capitale,
c'était une place d'armes pour une nation tout entière.
La Messénie désormais, c'était Messène. Il fallait qu'en
un jour de danger tous les habitants du pays pussent
s'y réfugier et y vivre à l'abri des murailles. Ira avait
été prise parce que les assiégés, forcés de pourvoir à
leur subsistance, étaient descendus dans la plaine pour
y cultiver la terre et pour y faire paître leurs troupeaux. De telles nécessités ne devaient plus se renou-
veler pour les Messéniens. Ils trouvaient dans l'enceinte même de la ville et des pâturages, et des eaux
abondantes, et des champs pour la culture. Un siège
n'était plus à craindre. Qu'était-ce qu'un siège pour un
peuple que rien ne forçait plus à sortir de ses murailles ?

Quand on contemple, en effet, du haut de la forteresse l'espace immense compris dans l'enceinte de
Messène, il semble qu'il n'ait jamais pu être occupé
tout entier. Les endroits jadis habités sont désignés
aujourd'hui par des monceaux de ruines. C'est surtout
autour du village actuel de *Mavromati,* sur les bords
d'un ruisseau, que paraissent s'être élevés les principaux quartiers. Là étaient le stade et le théâtre; là des
murs nombreux, disposés en terrasses, ont diminué la
pente naturelle de la vallée et permis de bâtir des maisons et des temples. Mais à l'ouest, beaucoup de monticules escarpés, où il ne reste aucune trace de ruines
et qui, par la nature même du terrain, ne paraissent
pas habitables, étaient sans doute réservés pour les
nécessités imprévues de la guerre. Aujourd'hui encore

ils servent de pâturages aux troupeaux du village moderne. C'est le côté le moins fertile de l'enceinte; il n'y a là qu'un peu d'herbe et des buissons de lentisques. Dans le reste, la végétation est riche et vigoureuse. Des prairies où s'élèvent de grands arbres, de vastes champs, encore cultivés aujourd'hui par quelques paysans, suffisaient sans doute autrefois aux besoins d'une nombreuse population.

En descendant de l'Ithôme au village de *Mavromati* on rencontre les ruines d'un mur qui faisait le tour de la montagne à mi-côte. C'est probablement dans l'espace compris entre ce mur et l'Acropole, que fut enfermé Démétrius, fils de Philippe, roi de Macédoine, envoyé par son père pour lever de l'argent dans le Péloponèse. Il arriva de nuit pour surprendre Messène et, comme il connaissait les lieux, il avait déjà escaladé la muraille qui est entre la ville et le sommet de l'Ithôme (1). Mais le jour parut et les Macédoniens se trouvèrent dans un grand péril. Attaqués à la fois et du côté de Messène et du côté de la citadelle, accablés de pierres et de tuiles par les femmes, ils n'opposèrent pas une longue résistance, et prirent la fuite dans le plus grand désordre. La plupart d'entre eux périrent en se précipitant du haut des rochers; car c'est de ce côté que l'Ithôme est le plus escarpé (2).

Sur un des flancs de la montagne, du côté de la porte de Laconie, se voient les fondements d'un petit édifice découvert par M. Le Bas, qui le reconnut pour le temple de Diane Laphria, cité par Pausanias (3).

Si, en passant près des ruines de ce temple, on suit le sentier qui conduit de l'Ithôme à *Mavromati*, on arrive infailliblement au milieu même du village, à une

---

(1) Τὸ τεῖχος καθ'ὃ τῆς τε πόλεως μεταξὺ ἦν καὶ ἄκρας τῆς Ἰθώμης. Pausanias, iv-29.

(2) Ἀπότομος ταύτῃ μάλιστά ἐστιν ἡ Ἰθώμη. *Id.*, *ibid.*

(3) Pausanias, iv-31.

fontaine formée par une muraille antique couronnée de mousse et de buissons. Au-dessus se voit un reste de chapelle à demi cachée par les ronces. C'est là, sans doute, la fontaine Clepsydre, qu'on rencontre, dit Pausanias, en montant à l'Ithôme. Les Messéniens prétendaient, comme beaucoup d'autres peuples, que Jupiter était né chez eux. Suivant la tradition, Ithôme et Néda avaient été ses nourrices et avaient donné leur nom l'une à la montagne, l'autre au fleuve. Les Curètes ayant soustrait Jupiter à la barbarie de son père, ces deux nymphes le lavèrent dans la fontaine Clepsydre, qui doit son nom à ce larcin (1). Tous les jours, par un pieux souvenir, on portait de l'eau de cette fontaine dans le temple de Jupiter Ithômate. La source est comme autrefois abondante et pure ; elle s'échappe à la fois de plusieurs trous creusés dans le mur, et coule jusqu'au bas de la vallée, au milieu de buissons épais qui entravent quelquefois son cours, et de pierres énormes que la violence des eaux a détachées des monuments voisins.

La source Clepsydre alimentait la fontaine Arsinoë, qu'on voyait, dit Pausanias, sur la place publique (2). Celle-ci était donc dans la partie basse de la vallée, au-dessous de la source ; c'est encore là que se trouvent aujourd'hui les ruines d'édifices les plus nombreuses et les plus importantes. Au milieu de quelques débris, dont il est difficile de reconnaître la destination, la commission de Morée a cru retrouver les conduits et les bassins de la fontaine (3) ; ce qui permettrait de marquer avec certitude la position de la place. Lors même que l'authenticité de cette découverte serait contestée, c'est certainement tout près du lieu indiqué par la commission que se trouvait le point central de

---

(1). Pausanias, iv-33.
(2) *Id.*, iv-31.
(3) *Relation de Bory de Saint-Vincent*, p. 298.

la ville. Il y avait là un grand monument rectangulaire
dont la partie inférieure s'élève encore de plusieurs
pieds au-dessus du sol, et se compose de pierres, disposées par assises alternativement plus minces et plus
épaisses. Était-ce l'hiérothysium, où se voyaient les
statues de tous les dieux reconnus par les Grecs, et
celle d'Épaminondas en bronze? Le texte de Pausanias
est si vague qu'on ne peut en tirer aucune lumière (1).

Il serait superflu de passer ici en revue toutes les
ruines accumulées de ce côté. Elles sont à la fois trop
nombreuses et trop incomplètes pour qu'il soit permis
de leur donner un nom. Quelques-unes sont grecques
et, par la régularité de la construction qui atteste la
plus belle époque de l'art, elles semblent dater de la
fondation de Messène. D'autres paraissent avoir subi
plusieurs changements successifs. On voit des murs
qui ont d'abord été grecs, puis romains, et qui, enfin,
ont servi de base à quelque chapelle byzantine. Beaucoup de murailles, ainsi qu'un grand nombre de tombeaux, sont simplement de l'époque romaine.

Un théâtre entièrement ruiné est adossé à des pentes
assez brusques, comprises aujourd'hui dans les jardins
de *Mavromati*. On ne retrouve que quelques débris de
gradins ; le reste est caché sous la terre. Un gros mur
soutenait le terre-plein du théâtre ; on y remarque une
porte dont la partie supérieure est formée par des
pierres disposées en triangle, comme à la porte des
Lions de Mycènes.

La culture a bouleversé tout le terrain où se trouvait
autrefois le quartier le plus populeux et le plus orné
de la ville. La végétation d'ailleurs est partout vigoureuse, et des buissons épais couronnent les ruines
dont ils achèvent la destruction. Au milieu de tant
de débris d'édifices méconnaissables, il est impossible
de ne pas remarquer un monument mieux conservé et

(1) Pausanias, iv-32.

plus digne de l'être. C'est le stade si admirablement
restauré par M. Blouet, dans l'expédition scientifique
de Morée (1). Il est situé dans un fond, au-delà du
théâtre, et formé naturellement par les monticules qui
l'entourent. Son extrémité inférieure aboutit au mur
d'enceinte de la ville. Un ruisseau, sorti de la fontaine
Clepsydre, le traverse obliquement; il n'en était pas
ainsi autrefois; le cours irrégulier des eaux eût été un
obstacle aux exercices habituels du stade.

Il y avait à la partie supérieure du monument un
double portique formé par un triple rang de colonnes
doriques en pierre calcaire; sur les côtés ce portique
était simple, ouvert à l'intérieur et à l'extérieur presque entièrement fermé par un mur. Du côté du portique double, l'estrade se terminait par seize gradins en
pierre qui formaient un hémicycle. Au-dessous de ces
gradins, divisés de distance en distance par des escaliers, il y en avait d'autres en terre, qui étaient sans
doute destinés au peuple. La longueur du stade répond
exactement aux dimensions que lui donne Vitruve (2).
On peut juger de sa magnificence par les nombreux débris restés en place. C'était probablement le plus riche
et le mieux orné de toute la Grèce.

Mais, quoique Messène renfermât de beaux édifices,
c'était avant tout une place de guerre, et, comme on
doit s'y attendre dans une telle ville, les ruines les plus
remarquables sont celles des murailles. Conservées
presque entièrement dans une grande étendue de terrain, elles donnent une idée complète du système de
fortifications des Grecs au plus beau temps de leur histoire. Quand l'abbé Fourmoni fit son voyage en Grèce,
en 1724, il restait encore trente-huit tours debout. Aujourd'hui il y en a beaucoup moins; mais ce qui reste
suffit pour ne pas laisser beaucoup de regrets.

(1) *Expédition scientifique de Morée*; I, planches 24-29.
(2) Vitruve, v-11.

La partie la mieux conservée est celle du Nord. On
y arrive, en sortant du village de *Mavromati,* par un
sentier bordé de haies vigoureuses. Des buissons, des
fleurs sauvages, des arbustes de toutes formes poussent naturellement sur ce sol abandonné et ajoutent à
l'effet des ruines qu'on aperçoit de loin, au milieu de
la verdure. A mesure qu'on s'approche, on voit plus
distinctement, à travers les arbres, une longue ligne
de murs flanqués de tours qui suit les contours de la
vallée et monte sur les flancs de l'Ithôme. Au bout du
sentier qui vient de *Mavromati* s'ouvre dans la muraille
la porte de Mégulopolis, le chef-d'œuvre de l'architecture militaire des Grecs. Avant d'y arriver, on retrouve
encore les fragments d'un pavé antique en larges dalles,
dont la disposition rappelle le pavé de Pompéi. Du
côté de la ville, une première porte, qui donne accès
dans une cour circulaire, a pour linteau une pierre
énorme au-dessous de laquelle se voient les traces des
roues des chars. On pénètre ensuite dans la cour, dont
les murs se composent d'assises de pierres posées circulairement les unes au-dessus des autres, et si bien
unies que l'œil ne peut en distinguer les joints. Des
lierres et des herbes sauvages grimpent le long des
assises et les recouvrent en partie d'un tapis de verdure. En face de la porte qui donnait sur la ville s'ouvre une autre entrée extérieure flanquée de deux tours,
dont les soubassements subsistent encore. De chaque
côté de cette seconde porte, on a creusé dans l'intérieur
de la cour une niche qui servait sans doute à supporter
quelque statue. C'est là que devait se trouver cet Hermès de pierre qu'on voyait en sortant de la ville, par la
porte qui mène à Mégalopolis (1).

On n'a employé dans la construction de cette porte
que des matériaux de choix. Les pierres ont partout
les plus belles proportions et les murs ont résisté aux

_____

(1) Pausanias, iv-33.

tremblements de terre si fréquents dans le Péloponèse.
Malheureusement, la végétation est un ornement dangereux pour les ruines. Des lauriers et des lentisques
se sont fait jour à travers les remparts les plus épais,
et leurs racines vigoureuses ont détaché des blocs énormes que le temps avait respectés.

En suivant les murailles qui aboutissent à la porte
de Mégalopolis, on retrouve dans tous ses détails le
système de fortifications employé par les anciens et
décrit par Vitruve (1). Il y a là des tours carrées qui
devaient être à deux étages; car on voit encore dans
l'intérieur des entailles destinées à supporter des pou-
tres. Le plancher de l'étage supérieur était incliné,
comme l'indique la position des trous, et les combattants pouvaient se mettre à couvert, dès qu'ils avaient
lancé leur traits. A l'étage inférieur, des meurtrières
avec des angles rentrants permettaient de surveiller
sans danger tous les mouvements de l'ennemi. D'autres tours semblablement disposées à l'intérieur étaient
circulaires dans la partie qui fait saillie sur le mur, en
dehors de la ville.

Le long des remparts régnait un petit mur couronné
de créneaux, derrière lequel se cachaient les soldats.
On pouvait ainsi faire à couvert le tour de l'enceinte.
Des escaliers, placés de distance en distance, servaient
à monter sur les murailles de l'intérieur de la ville.
Tout, en un mot, était prévu pour la facilité de la défense et pour la sûreté de la place. On voit, par ces
détails, à quel degré de perfection était arrivé chez les
Grecs l'art de la guerre.

Mais ce qui frappe surtout à l'aspect de ces magnifiques remparts, c'est moins encore leur force et leur
importance militaire, que la singulière beauté de la
construction. Quand on examine de près aujourd'hui
les parties restées debout, on s'étonne que de simples

(1) Vitruve, ɪ 5.

murs de défense soient aussi réguliers et aussi élégants
que ceux du plus bel édifice. Il semble que les Grecs
aient eu, plus qu'aucun autre peuple, le sentiment et
l'amour du beau. Dans tous leurs ouvrages se retrouve
ce besoin de la perfection qu'éprouvent seuls les grands
artistes. Qu'ils élèvent à loisir un autel à un héros, un
monument à un vainqueur des jeux olympiques, un
sacellum à la victime, un temple à Minerve, ou qu'ils
bâtissent à la hâte l'enceinte d'une ville de guerre, il
faut toujours que le goût le plus pur soit satisfait, et
qu'on ne puisse voir l'œuvre sans l'admirer. Quelque
rapides que soient leurs travaux, la précipitation n'au-
torise pas la négligence. La nécessité de faire vite ne
les dispense pas de bien faire. Ils ne croient pas non
plus que, même quand il s'agit d'utilité publique, il
suffise à l'architecte d'atteindre le but qu'on lui propose. L'art n'a pas moins de droit que la patrie. Ce
n'est pas assez que le monument soit utile, il faut
aussi, et avant tout, qu'il soit beau.

Et si l'artiste obéit toujours à cette loi que lui impose
l'opinion publique, ce n'est pas seulement par amour
de la gloire et de la popularité, c'est surtout parce qu'il
aime le beau pour lui-même, parce que toute imper-
fection le blesse et qu'un défaut dans une œuvre d'art
fait souffrir ces esprits délicats, comme un vice découvert afflige une âme honnête. On remarque, en effet,
en étudiant de près les ruines anciennes, que les parties les plus cachées, celles même qui ne seront jamais
vues, sont d'un travail aussi délicat que les plus appa-
rentes. L'artiste s'est moins préoccupé de plaire que
de remplir toujours les conditions de son art. C'est là
la marque du génie grec.

A l'époque où Messène fût bâtie, on était encore
fidèle aux traditions d'un grand siècle. Le stade, par
son élégance et par la richesse de ses ornements ; les
murailles, par ce mélange de force et de beauté qui les
caractérise, sont dignes des maîtres. Malheureusement

dè si belles ruines n'ont pas d'histoire ; aucun souvenir glorieux ne s'y rattache. L'entreprise d'Épaminondas échoua par la faute des temps ; le génie d'un homme est impuissant à rajeunir un peuple. Les Messéniens revenaient trop tard dans la Grèce en décadence. Il n'était plus permis à personne alors d'aspirer à de hautes destinées. Les Macédoniens allaient devenir les maîtres ; après eux les Romains.

L'histoire de Messène se perd au milieu de ces intrigues et de ces guerres obscures qui divisent les Grecs dégénérés. On voit d'abord les Messéniens conserver leur haine contre Lacédémone et solliciter l'alliance d'Athènes et des Macédoniens sous Philippe (1). Ils s'emparent d'Élis par un stratagème emprunté aux temps homériques. La ville était partagée en deux factions dont l'une était favorable aux Spartiates. Les Messéniens profitent de cette circonstance, prennent des boucliers Lacédémoniens et s'introduisent dans la place, à l'aide d'un déguisement qui trompe les alliés de Sparte. C'est là le principal exploit que leur attribue l'histoire. Nous sommes loin d'Aristomène. La rivalité de Sparte et de Messène paraît cesser plus tard ; on voit même les Messéniens secourir les Spartiates attaqués par Pyrrhus, et refuser d'entrer dans la ligue achéenne pour ne pas se brouiller avec leurs nouveaux amis (2). Il est vrai qu'ensuite la prise de Mégalopolis réveille leur ancienne haine ; ils recueillent les Arcadiens et combattent à Sellasie contre Cléomène. Nabis prend leur ville qui est reprise par Philopœmen.

Ce nom rappelle une grande iniquité des Messéniens, et c'est malheureusement le dernier souvenir qu'ils aient laissé dans l'histoire de la Grèce. Un citoyen de Messène, Dinocrate, qui avait une grande influence dans sa patrie, avait détaché ses compatriotes de l'al-

(1) Pausanias IV-28.
(2) Id., IV-29.

liance des Achéens et voulait attaquer une des villes
de la ligue. Philopœmen en fut instruit; quoique malade, il partit avec sa cavalerie pour prévenir cette attaque. Arrivé près de Messène, il mit en fuite Dinocrate, mais un renfort de cinq cents hommes qui
survint aux Messéniens le força lui-même à la retraite.
Le lieu était escarpé; les ennemis avaient l'avantage
du nombre et de la position. La troupe de Philopœmen
se composait surtout de jeunes gens des premières
familles de Mégalopolis, qui faisaient l'apprentissage
de la guerre sous ce grand capitaine. Philopœmen crai-
gnait pour leur vie, et ne voulant pas les exposer au
danger d'être attaqués par derrière, il fermait lui-même
la marche et faisait face à l'ennemi qui n'osait s'appro-
cher. « Mais, à force de rester en arrière pour donner
« du temps à ses jeunes cavaliers qu'il faisait défiler un
« à un, il se trouva sans le savoir environné d'ennemis.
« Aucun d'eux n'osait cependant l'attaquer corps à corps;
« mais de loin ils l'accablaient de traits et ils le forcè-
« rent à reculer dans un endroit tout rempli de rochers
« et de précipices, au milieu desquels il avait peine à
« maintenir son cheval. Grâce à l'habitude des exercices
« du corps, il était resté agile dans sa vieillesse, et le
« poids de l'âge ne l'eût pas empêché de se sauver;
« mais ce jour-là, appesanti par la maladie et par la
« fatigue d'une longue route, il se remuait avec peine;
« son cheval s'abattit et le jeta par terre. Sa tête avait
« porté sur la terre, et le coup avait été si rude qu'il
« resta longtemps sans pouvoir parler. Ses ennemis, le
« croyant mort, entouraient déjà son corps et se pré-
« paraient à le dépouiller comme un cadavre. Mais
« lorsqu'il releva la tête et les regarda, ils se précipi-
« tèrent sur lui en foule, lui lièrent les mains derrière
« le dos et l'emmenèrent ainsi enchaîné, en l'accablant
« d'insultes et d'outrages (1). »

(1) Plutarque, *Philopœmen*, XVI.

C'est ainsi que les Messéniens le récompensaient de les avoir délivrés de Nabis et des Spartiates.

Cependant, quand la foule vit ce vieillard si indignement traité, en dépit de sa gloire et de ses exploits, elle s'apitoya sur son sort et se rappela ce qu'il avait fait pour la liberté de la Grèce. Mais Dinocrate était l'ennemi personnel de Philopœmen; il comprit que s'il laissait au peuple le temps de s'attendrir et aux Achéens celui de réclamer leur général, celui-ci était sauvé. Il le fit donc enfermer dans un lieu qu'on appelait le Trésor; c'était un souterrain où ne pénétrait ni l'air ni la lumière du jour, qui n'avait point de porte et ne se fermait qu'au moyen d'une grosse pierre. On y déposa Philopœmen et, après avoir roulé la pierre à l'entrée, on plaça tout autour des hommes armés.

« Dès que la nuit fut venue et que la foule des Mes-
« séniens se fut dissipée, Dinocrate ouvrit la prison et
« y fit entrer un employé public avec du poison, en lui
« donnant l'ordre de le présenter au prisonnier et d'at-
« tendre qu'il l'eût bu. Philopœmen était couché et
« enveloppé dans sa chlamyde; il ne dormait pas, mais
« il était en proie à de tristes pensées qui agitaient son
« esprit. En voyant la lumière, et l'homme qui s'ap-
« prochait avec la coupe de poison, il rassembla ses
« forces avec peine, à cause de sa faiblesse, et se mit
« sur son séant. Puis il prit la coupe et demanda si
« l'on avait des nouvelles de ses cavaliers et surtout de
« Lycortas. L'homme lui répondit que la plupart d'en-
« tre eux s'étaient échappés. Alors il fit un signe de
« tête et le regardant avec douceur : « A la bonne heure,
« dit-il, du moins nous n'avons pas été malheureux en
« tout. » Puis, sans parler, sans faire entendre la moin-
« dre plainte, il avala le poison et se recoucha. Il ne
« donna pas beaucoup à faire au poison; il était si fai-
« ble qu'il s'éteignit sur le champ (1). »

(1) Plutarque, *Philopœmen*, XXI.

Cette mort était digne d'un philosophe et d'un soldat. Mais elle déshonore et l'homme qui la commanda
et le peuple qui en fut complice par sa faiblesse.

ROUTE DE MESSÈNE A MÉGALOPOLIS

Nous sortîmes de Messène par cette porte même de
Mégalopolis, qui avait vu entrer Philopœmen prisonnier et d'où sortit plus tard la pompe funéraire qui
ramenait son corps dans sa patrie. De ce côté, les flancs
de l'Ithôme sont couverts de chênes énormes dont les
branches descendent jusqu'à terre. Ces beaux arbres
semblent aussi vieux que les ruines qu'ils entourent.
Ils forment quelquefois, en se rapprochant au-dessus
de la route, une voûte de verdure qui rappelle les ombrages séculaires de nos grandes forêts. Des bruyères
et d'autres arbustes croissent à leurs pieds comme de
jeunes taillis.

Le sentier qui conduit à Mégalopolis descend par
une pente escarpée sur le versant de l'Ithôme jusqu'à
la plaine de Stényclaros. On comprend, en voyant les
lieux, le danger que devaient courir les jeunes gens de
Mégalopolis, engagés sur un terrain si peu favorable
aux manœuvres de la cavalerie (1). Plus d'un endroit
rappelle ce passage entouré de rochers et de précipices
où Philopœmen fut assailli et fait prisonnier par les
Messéniens (2).

Au bas de la montagne, à trente stades de Messène,
on arrive, dit Pausanias, à la rivière Balyra, dans laquelle se jettent deux autres cours d'eau, la Leucasia
et l'Amphitus (3). M. Leake et la commission de Morée

---

(1) Διὰ τόπων χαλεπῶν. Plutarque, *Philopœmen*, XVIII.
(2) Χώρια πετρώδη καὶ παράκρημνα. Plutarque, *Philopœmen*, XX.
(3) Pausanias, IV-33.

ont donné le nom de Balyra au *Mavrozoumeno,* qu'on
traverse aujourd'hui sur un pont triangulaire et qui sé
confond un peu plus bas avec une branche du Pamisus (1). Mais il y a tant de rivières en cet endroit et le
texte de Pausanias donne si peu d'indications qu'on
pourrait aussi retrouver la Balyra dans le torrent qui
sort du *Makriplaï,* et qui, après avoir reçu deux cours
d'eau sur sa route, aboutit également au pont triangulaire. Ces deux cours d'eau seraient alors la Leucasia
et l'Amphitus, qu'on ne saurait où placer, si la Balyra
était le *Mavrozoumeno.*

Quoiqu'il en soit, la Balyra était ainsi nommée parce
que Thamyris y jeta sa lyre après avoir été privé de la
vue (2). Homère raconte l'aventure de ce poète infor-
tuné qui s'était vanté de l'emporter, par la beauté de
ses chants, sur les Muses elle-même « filles de Jupiter
« qui porte l'Égide (3) ». Les Muses irritées le privè-
rent de la vue, lui enlevèrent le don. divin de chanter
et lui firent oublier l'art de jouer de la lyre. Pausanias,
ordinairement si crédule, ne veut point accepter cette
poétique tradition. « Je pense, dit-il, que Thamyris
« perdit les yeux par une maladie; ce qui arriva aussi
« plus tard à Homère. Mais celui-ci ne se laissa point
« abattre par l'infortune, et continua toujours à faire
« des vers, tandis que Thamyris, accablé par son mal,
« cessa de chanter (4). »

Le pont de la Balyra se divise en trois branches;
l'une se dirige sur la route de Messène, l'autre sur celle
de Mégalopolis, et la troisième vers le nord-ouest de
la Messénie, du côté de *Franco-Ecclesia,* où l'on a cru
retrouver Andanie. Ce pont réparé par les Turcs et par
les Vénitiens repose sur des fondements antiques dont

(1) Leake, *Travels in the Morea,* I, p. 480. *Relation de Bory de
Saint-Vincent,* p. 275.

(2) Pausanias, iv-33.

(3) Homère, *Iliad.,* II, 591-600.

(4) Pausanias, iv-33.

la construction rappelle les murs de Messène. A l'ex-
trêmité qui regarde l'Ithôme se voit encore une petite
porte couverte par une plate-bande et la base d'une des
arches qui devait se terminer en ogive. Cette forme
d'arcade, qu'on a cru étrangère aux Grecs, se retrouve
dans plusieurs de leurs monuments et même dans les
plus anciens, entre autres au trésor d'Atrée de Mycènes. C'est dans le même style qu'était construit sur le
Cnacion, près de Sparte, un pont que M. Leake vit à
son premier voyage, et qui n'existe plus aujourd'hui.
Les ruines d'Æniade, en Acarnanie, offrent aussi plusieurs modèles de portes voûtées (1).

Après avoir traversé la Balyra et les deux torrents
qui s'y jettent, ou entre, dit Pausanias, dans la plaine
de Stényclaros, qui portait le nom d'un ancien héros
Messénien (2). L'incertitude où l'on est sur la position
de la Balyra et de ses deux affluents ne permet pas de
connaître les limites exactes de la plaine; mais on peut
dire, à quelques stades près, qu'elle s'étendait depuis
le pied de l'Ithôme jusqu'au *Makriplaï*, qui relie le
Taygète aux montagnes de l'Arcadie.

C'était là le séjour des habitants de la Messénie; il y
avait même une ville du nom de Stényclaros, dont Cres-
phonte avait fait la capitale du pays (3). On n'en connaît
pas l'emplacement.

En face de la plaine, Pausanias place le canton qu'on
appelait anciennement Æchalie et qui, de son temps,
avait pris le nom de Carnasius. Il y avait là un bois de
cyprès. Ce canton devait être au nord du pont triangulaire, autant qu'on peut le conjecturer d'après le texte
si vague de Pausanias (4).

Il semble que le géographe ancien n'ait pas pénétré

---

(1) Leake, *Peloponnesiaca*, p. 115.
(2) Pausanias, iv-33.
(3) *Id*, iv-6.
(4) Ἀπαντικρὺ τοῦ πεδίου. Pausanias, iv-33.

dans la plaine de Stényclaros et soit remonté vers le
nord-ouest de la Messénie ; car, après avoir traversé
l'Æchalie, il rencontre la route de Kyparissia, l'*Arkhadia*
moderne, qui est située sur la côte occidentale du Péloponnèse. Dans ce cas, le Charadrus, qui.passait près
du canton Carnasius, pourrait être le *Mavrozouméno*
lui-même, qu'on prend communément pour la Balyra.

A huit stades à gauche du Carnasius, était située
Andanie, l'ancienne capitale de la Messénie et la patrie
d'Aristomène (1). Beaucoup de conjectures ont été
faites sur la position de cette ville ; mais aucune ne
paraît décisive. On l'a placée longtemps avec Pou-
queville à *Franco-Ecclesia,* près du village moderne
d'*Alitouri.* C'est, en effet, un emplacement qui répond
au texte de Pausanias ; mais on n'y trouve aucune ruine
ancienne ; il semble qu'il n'y ait jamais eu là qu'une
église byzantine. Le village de *Sandani,* situé dans la
plaine, du côté opposé, au pied du Makriplaï, aurait
pu être pris, à cause de la ressemblance des noms,
pour l'ancienne Andanie ; mais il n'y reste pas plus de
ruines qu'à *Franco-Ecclesia,* et, ce qui est beaucoup plus
grave, il n'y a aux environs aucune éminence qui ait pu
servir d'Acropole. On a songé aussi à *Helléniko-Castro,*
situé sur les hauteurs mêmes du *Makriplaï ;* mais il n'est
guère probable qu'on ait choisi, pour en faire la capitale de l'antique Messénie, une forteresse si rapprochée
des frontières. Pausanias d'ailleurs indique une position toute différente. Andanie, d'après lui, était dans la
direction de Kyparissia (2). L'opinion qui s'accorde le
mieux avec ce texte est celle qui, sans préciser l'emplacement de la ville ancienne, voudrait la retrouver
dans les environs du village moderne d'*Alitouri,* sur un
des monticules qui bornent la plaine, à gauche du
Mavrozoumeno.

(1) Pausanias, iv-33.
(2) *Id.,* viii-33.

Sans chercher un lieu qu'aucune ruine ne permet de reconnaître, nous prîmes directement la route de Mégalopolis. La plaine de Stényclaros, qu'elle traverse, renferme de nombreux villages entourés de jardins et de riches prairies. A l'extrémité de la plaine, on entre dans le *Makriplaï* par un défilé qui commence au *Khani* de *Sakona*. Ce chemin est sans doute celui que Pausanias indique comme la route directe de Messène à Mégalopolis (1). Il y en avait une autre qui allait de Mégalopolis à Carnasius, l'ancienne Æchalie, partie de la Messénie ; mais elle devait passer au nord de la plaine de Stényclaros, comme l'indique la position présumée du canton Carnasius.

Le sentier que nous suivîmes dans le *Makriplaï* s'élève progressivement jusqu'à des hauteurs couvertes de chênes et arrosées par des eaux abondantes. C'est là sans doute le lieu que Pausanias appelle *Nymphas* (2). Auparavant, on devait rencontrer sur cette route l'Hermœum, qui marquait les limites de l'Arcadie et de la Messénie. Il était à vingt stades du Nymphas, peut-être à l'emplacement actuel du *Khani de Makriplaï*.

Après avoir franchi un sommet escarpé, d'où l'on peut jeter un dernier regard sur la plaine de Messénie, que bornent l'Ithôme et l'Évan, on descend vers l'Arcadie par un sentier ombragé de chênes, qui faisaient sans doute encore partie du Nymphas.

Au sortir de ce bois épais se découvre la plaine de Mégalopolis entourée de vertes collines. Les lignes des montagnes sont harmonieuses et douces ; le paysage est gracieux ; nous entrons dans la pastorale Arcadie.

A vingt stades du Nymphas commençait la Cromitide, où le Gathéate prenait sa source (3) ; c'est sans

(1) Pausanias, VIII-33.
(2) Καταρρεῖται δὲ ὕδατι, καὶ δένδρων ἀνάπλως ἐστὶν ἡ Νυμφάς. *Id. ibid.*
(3) Pausanias, VII-34.

doute la contrée que nous traversâmes avant d'arriver
à l'Alphée. Un cours d'eau, que nous laissâmes à
droite et qui prend sa source à environ quarante stades de l'Alphée, doit être le Gathéate dans lequel se
jette le Carnion, près du village moderne de *Kotsiridi*.
Ces deux torrents réunis se jettent dans l'Alphée, qui
n'a pas encore un cours considérable. Nous le passâ-
mes sans peine un peu au-dessous du confluent.

Entre le fleuve et Mégalopolis, à sept stades de la
ville, se trouvait autrefois un temple dédié aux Euménides surnommées *Manies,* parce que c'est dans ce lieu
même qu'elles avaient rendu Oreste furieux, après la
mort de sa mère (1). Près du temple s'élevait un petit
tertre en terre, surmonté d'une pierre taillée en forme
de doigt. Ce monument rappelait qu'Oreste, dans un
accès de fureur, s'était mangé un doigt de la main
gauche. Aux environs, il y avait un canton nommé *Acé,*
où le fils d'Agamemnon avait trouvé la guérison de ses
maux, et un autre lieu où il s'était coupé les cheveux,
après avoir recouvré son bon sens.

En laissant à droite le temple dédié aux Euménides,
on entrait à Mégalopolis, fondée par Épimanondas,
patrie de Philopœmen et de Polybe.

(1) Pausanias, vii-34

PLATON ET XÉNOPHON

par M. Charles Huit

———

Vivant, nous blessons le grand homme,
Mort, nous tombons à ses genoux.

C'est ainsi qu'un poète de notre siècle a rendu une
pensée déjà exprimée sous mille formes dans l'antiquité. Si vraie qu'elle puisse nous paraître, l'est-elle
toujours et sans exception ? L'histoire de Platon nous
contraint d'en douter. Il semble que la gloire ne lui ait
pas manqué de son vivant, et après sa mort les accusations formelles, les soupçons injurieux ne lui ont
pas été épargnés (1). On lui a reproché en particulier
une hauteur offensante à l'égard de ses rivaux, surtout
de ceux qui avaient eu la bonne fortune de se former
comme lui à l'école de Socrate. Or, dans le nombre il en
est un qui a conquis un rang à part, sinon dans l'histoire philosophique, du moins dans l'histoire littéraire.
L'enthousiasme de Platon pour leur maître commun

---

(1) Comparer les réflexions de Plutarque au sujet de Périclès et notamment le passage suivant : Καὶ τί ἄν τις ἀνθρώπους σατυρικοὺς τοῖς
βίοις καὶ τὰς κατὰ τῶν κρειττόνων βλασφημίας ὥσπερ δαίμονι κακῷ τῷ
φθόνῳ τῶν πολλῶν ἀποθύοντας θαυμάσειεν ;... οὕτως ἔοικε πάντη χαλεπὸν
εἶναι καὶ δυσθήρατον ἱστορίᾳ τἀληθές. (Périclès, 13.)

a pu être plus élevé et plus profond, son attachement n'a pas été plus fidèle ni plus dévoué. On le devine, je veux parler de Xénophon, dont le souvenir, chose remarquable, est complètement absent des écrits de Platon, lequel à son tour n'a été nommé qu'une fois par l'auteur des *Mémorables*. L'un et l'autre n'eussent-ils pas trouvé sans peine, s'ils l'eussent voulu, l'occasion de se donner quelque marque d'estime? Les biographes anciens l'ont cru sans hésiter; de là à imaginer entre ces deux hommes une inimitié.jalouse, il n'y avait qu'un pas, et ce pas a été promptement franchi.

Mais si pareille conclusion est justifiée en apparence, l'est-elle en réalité? Ne met-elle pas au compte d'une préméditation blâmable ce qui peut résulter uniquement du hasard et des circonstances? Combien de fois trouvons-nous le nom d'Hérodote dans la prose de Thucydide, et ce dernier nom dans celle de Xénophon? Sans la déplorable affaire du quiétisme, que saurions-nous de Bossuet par Fénelon, et de Fénelon par Bossuet? Ajoutons que chez les anciens, et notamment chez les Grecs, les citations, formelles ou indirectes, sont très rares, ce qui s'explique sans peine dans un temps où l'histoire littéraire, avec ses ramifications aujourd'hui variées presque jusqu'à l'infini, était chose encore inconnue.

D'ailleurs, qu'on veuille bien le remarquer, en dehors d'une admiration affectueuse pour le sage d'Athènes, dont tous deux s'étaient faits les disciples, quoique dans des vues bien différentes, en vain chercherait-on quelque trait marqué de ressemblance entre Platon et Xénophon : on dirait bien plutôt ces deux frères, Amphion et Zéthus, opposés l'un à l'autre avec tant d'esprit dans l'*Antiope* d'Euripide (1). D'une part, le philoso-

(1) Un critique contemporain, M. Teichmüller, se fonde sur ce désaccord pour affirmer qu'entre Platon et Xénophon une polémique était non seulement probable, mais encore inévitable. Malgré le talent avec

phe épris de l'idéal, passionné pour les questions les plus vastes et les plus hautes, mettant bien au-dessus de toute autre ambition l'honneur de travailler par la parole et par la plume, à la diffusion et à la défense de ses théories : de l'autre, l'Athénien né pour la chasse et pour la guerre, le chef heureux d'une troupe de mercenaires à la solde d'un roi barbare, le publiciste d'abord mêlé aux luttes des partis, plus tard retiré sous les frais ombrages de Scillonte (1). Les événements politiques ont achevé d'isoler l'un de l'autre ces deux hommes, déjà séparés autant par la divergence de leurs vocations que par l'opposition de leurs goûts. Tandis que les autres socratiques vivaient à Athènes ou aux portes d'Athènes, luttant avec Platon sur le terrain même des doctrines, Xénophon, à peine de retour en Grèce au terme de l'expédition fameuse des Dix mille, se hâte de rejoindre Agésilas alors en Asie ; plus tard, frappé d'une sentence de bannissement à cause d'un « laconisme » poussé à Coronée jusqu'à la trahison, il dit à sa patrie un éternel adieu. Dès lors quel rôle Platon, si sobre d'allusions directes à ses contemporains, devait-il et pouvait-il réserver au milieu des personnages de ses dialogues à ce déserteur d'Athènes et de la philosophie (2)?

De son côté Xénophon, on le comprend, n'est pas plus coupable. Le seul passage où il nomme Platon fait penser à tout autre chose qu'à de l'animosité ou du dédain. « Socrate, nous dit-il, accordait sa bienveillance

lequel il a soutenu cette thèse, il ne nous paraît pas que sa démonstration soit vraiment décisive.

(1) On trouvera ce parallèle ingénieusement développé dans la belle thèse de M. Alfred Croiset : *Xénophon, son caractère et son talent*, Paris, 1873.

(2) Au moment du procès et de la condamnation de Socrate, Xénophon se trouvait depuis longtemps déjà en Asie : on ne doit donc éprouver aucune surprise en ne rencontrant son nom ni dans le *Phédon* ni dans l'*Apologie*.

au jeune Glaucon en considération de Charmide et de Platon » (1). Mais pourquoi ce silence observé partout ailleurs ? Xénophon, la chose n'est pas douteuse, aurait donné à notre curiosité une satisfaction d'un prix exceptionnel, si les circonstances l'avaient rendu témoin des premières conversations entre Socrate et son plus illustre disciple ; seulement il n'est pas homme à substituer en ces matières la fiction à la réalité (2). N'a-t-il pas d'ailleurs laissé systématiquement de côté ou du moins relégué au second plan la partie spéculative de l'enseignement de Socrate, comme s'il eût craint de s'aventurer à la légère dans une région où il n'était qu'un profane? Alléguera-t-on maintenant ses autres écrits, si nombreux, si variés? La philosophie proprement dite en est si complètement absente que Socrate lui-même n'apparaît qu'une fois dans l'*Anabase* et dans les *Helléniques*, jamais dans la *Cyropédie* : maint socratique, et non des moins célèbres (3), n'a pas obtenu de l'auteur des *Mémorables* l'honneur d'une seule mention.

Mais, ajoutent les anciens, Platon et Xénophon ont composé des ouvrages semblables, parfois même sous un titre identique : tous deux nous ont légué un *Banquet* et une *Apologie :* tous deux ont écrit leurs *Mémoires sur Socrate :* si l'un est justement fier d'avoir rédigé sa

---

(1) *Mémorables*, III, 6, 1. Glaucon, on le sait, était un frère de Platon. Cf. Cobet, *Prosopographia Xenophontea*, pp. 46 et 66.— M. Teichmuller (*Literarische Fehden*, II, 47, 49, 65) fait observer que Glaucon et Charmide, tous deux parents de Platon et par suite élevés si haut par le philosophe (voir le *Charmide*, *passim*, et *République*, 367 E), sont traités par Xénophon avec infiniment moins d'égards. En serons-nous surpris, et faudra-t-il aussi nous étonner de voir Xénophon ménager assez peu Critias, alors que Platon ne néglige aucune occasion de vanter cet adversaire fameux de la démocratie ?

(2) Un critique moderne est allé jusqu'à féliciter Xénophon de n'avoir pas compromis Platon en le confondant au milieu des jeunes gens dont Socrate tantôt blâme la suffisance, tantôt gourmande la timidité.

(3) Il suffit de citer ici, entre beaucoup d'autres, Eschine, Euclide, Théétète, Ménexène, Terpsion.

République et ses *Lois*, l'autre doit peut-être la meilleure part de sa réputation au roman à la fois politique et philosophique connu sous le nom de *Cyropédie.* Comment expliquer ce singulier parallèle, sinon par l'effet d'une animosité envieuse qui à aucun prix ne veut abandonner à un compétiteur, à un rival, un bien dont celui-ci soit seul à jouir (1)? — Les prémisses sont exactes : mais le raisonnement n'est rien moins que concluant. Ainsi que de sujets dramatiques ont été un objet de concurrence entre les plus illustres des tragiques athéniens? Sophocle et Euripide ont-ils été pour cela accusés d'une basse jalousie? Applaudissons au contraire à une émulation qui produit des fruits si merveilleux : la voilà bien, cette estimable rivalité que le vieil Hésiode déjà proclamait digne des éloges du sage.

Une autre explication se présente, plus simple et plus vraisemblable. Platon et Xénophon n'avaient-ils pas la même haine contre les sophistes, le même enthousiasme pour leur maître? Quoi de plus naturel chez ces deux témoins de son enseignement que le dessein de venger sa mémoire en retraçant une image vive et animée de ce qu'on pourrait appeler sa prédication quotidienne (2)? La postérité a eu d'autant plus à se louer de cette conspiration tacite, que les deux élèves nous ont laissé des portraits différents de Socrate (3), à peu

---

(1) Diogène Laërce, III, 34 : Ὥσπερ γοῦν διαφιλονεικοῦντες; τὰ ὅμοια γεγράφασι.

(2) La littérature philosophique du ivᵉ siècle paraît avoir été très riche en ἀπομνημονεύματα τοῦ Σωκράτους; et en λόγοι σωκρατικοί (Aristote, *Poétique*, 1447ᵇ 11).

(3) On lira avec intérêt, dans la traduction récemment publiée par M. Belot, le parallèle aussi juste qu'ingénieux établi par M. E. Zeller entre ces deux historiens de l'enseignement socratique. J'ajoute que Xénophon ne se départit jamais de son rôle d'apologiste, tandis que, selon la remarque de M. Croiset, Platon a écrit ses dialogues dans le cours d'une très longue vie, lorsque les préjugés qui avaient assailli Socrate vivant disparaissaient de jour en jour avec ses contemporains.

près, dit à ce propos un critique du dernier siècle, comme les mêmes plantes ont plus ou moins de force et de beauté selon le terrain où elles sont cultivées. — Tous deux ont écrit un *Banquet :* mais qui ignore que chez les « honnêtes gens » d'Athènes, discussions savantes, succès dramatiques, intrigues politiques, tout était prétexte à des réunions de ce genre, où une gaieté bruyante avait sa part à côté d'un piquant étalage d'esprit et parfois d'érudition? La philosophie elle-même, dans la personne de Platon, plus tard d'Aristote et d'Epicure, devait prendre officiellement sous sa protection une coutume en aussi parfaite harmonie avec les idées et les mœurs grecques. Ni Platon ni Xénophon ne pouvaient imaginer un cadre plus heureux pour mettre en scène sous tous ses aspects la personnalité si complexe et si originale de Socrate (1). — Enfin ces deux grands Athéniens ne professaient-ils pas la même admiration pour Sparte, la même défiance envers les institutions démocratiques? et dans un temps où les vieilles mœurs étaient ébranlées, où l'idée monarchique entrait peu à peu dans tous les esprits, pourquoi s'étonner de voir l'un et l'autre également préoccupés de tracer à leur génération le plan d'un gouvernement idéal? En vérité, pour conclure de pareils rapprochements à des dispositions pleines de malveillance, il faut être visiblement sous l'empire de quelque prévention.

Mais on insiste et l'on dit : ce ne fut pas assez pour Platon et Xénophon de traiter les mêmes sujets, ils y ont apporté un esprit tout différent. Veut-on donner à entendre par là que le premier y a mis autant d'aimable et noble gravité que le second de fine et gracieuse élégance? Rien de plus exact; mais aussi quoi de plus spontané, quoi de plus éloigné de toute préméditation

---

(1) Est-il nécessaire de rappeler ici le double exemple du *Banquet des sept sages* de Plutarque et des *Sophistes a table* d'Athénée?

et de tout calcul ? — Détrompez-vous, ajoute-t-on : de
même que la critique a surpris dans tel vers de l'*Électre*
d'Euripide une satire détournée des *Choéphores* d'Eschyle, de même une lecture attentive fait découvrir ici
des traces assez peu équivoques de ressentiment et de
malveillance.

Examinons en détail ce que vaut une pareille asser-
tion.

Sur l'*Apologie* nous serons brefs : aussi bien celle de
Xénophon, de l'aveu à peu près unanime, est regardée
aujourd'hui comme une œuvre apocryphe (1). Le *Banquet* de Platon a-t-il précédé ou suivi celui de Xénophon ? Les opinions sont contradictoires, et des données chronologiques précises font défaut pour trancher
ce problème (2). Il est vrai que sur certains points sans
importance les deux auteurs ont adopté des dispositions différentes : ainsi les convives, chez Xénophon,
ne consentent pas à se passer des joueuses de flûte,
tandis que chez Platon, à l'arrivée de Socrate, ils les
renvoient, afin de se livrer plus librement et plus complètement aux charmes de la discussion. Sous peine
de se contredire, l'auteur du *Protagoras* ne pouvait agir
autrement : n'avait-il pas écrit en effet : « Lorsque les
ignorants et les gens du commun s'invitent à un festin,
comme ils ne sont pas capables de parler entre eux de
belles choses et de fournir à la conversation, ils gar-
dent le silence et empruntent des voix pour causer : ils
louent à grands frais des chanteuses et des joueuses
de flûte, qui suppléent à leur ignorance et à leur gros-
sièreté. Mais les honnêtes gens, qui ont reçu une véritable éducation, quand ils mangent ensemble, ne font
venir ni chanteuses, ni danseuses, ni joueuses de

---

(1) Cf. Pohle, *Die angeblich Xenophonteische Apologie in ihrem
Verhœltniss zum letzten Capitel der Memorabilien*. Altenburg, 1874.

(2) Il paraît néanmoins probable que la priorité appartenait à Xénophon. C'est du moins l'avis de Cousin (*Traduction de Platon*, VI,
413).

flûte : ils ne sont pas embarrassés de s'entretenir eux-
mêmes sans toutes ces niaiseries et ces puérils amu-
sements (1). » Est-il besoin de rappeler que ces lignes
étaient écrites bien longtemps avant que parût le *Banquet*
de Xénophon ? D'ailleurs le fond des deux dialogues n'est
pas absolument le même ; on le comprend : Platon,
constamment préoccupé de nous montrer dans Socrate
le créateur et le modèle de la véritable philosophie, le
représente ici toujours maître de lui au milieu des
gaietés de l'ivresse (2), et s'élevant aux considérations
les plus hautes sur la nature de la beauté et la méta-
physique de l'amour. Xénophon n'a jamais rêvé de
cette sphère supérieure : il n'a d'autre ambition, ses
premiers mots en témoignent (3), que de nous révéler
le côté plaisant et spirituel du caractère de Socrate,
invité à un festin par quelques joyeux compagnons.

Je passe à la *Cyropédie*. On sait combien l'auteur y a
flatté le portrait de son héros : or, voici ce qu'on lit au
IIIᵉ livre des *Lois :* « Je conjecture que Cyrus, qui était
d'ailleurs un grand général et un ami de sa patrie,
n'avait pas reçu les principes de la vraie éducation, et
qu'il ne s'appliqua jamais à l'administration de ses affaires domestiques, souffrant que des femmes et des
eunuques élevassent ses enfants à la manière des Mè-
des, au sein de la corruption qu'engendre le bonheur :
aussi cette négligence eut-elle les suites qu'il était naturel d'en attendre (4). » Si l'allusion est certaine, ce

---

(1) *Protagoras*, 347, C-D.

(2) Platon, dit à ce propos Aulu-Gelle (xv, 2), a pensé qu'on pouvait, la coupe à la main, prendre un repos honnête et salutaire. Il
faut paraître sur le champ de bataille, se mesurer de près avec les
voluptés et mettre sa tempérance sous la garde de la force et de la
modération.— Cf. Macrobe, *Saturnales*, II, 8.

(3) Οὐ μόνον τὰ μετὰ σπουδῆς πραττόμενα ἀξιομνημόνευτα, ἀλλὰ καὶ τὰ
ἐν ταῖς παιδιαῖς. — On sait avec quel succès Plutarque s'est inspiré de
ce programme dans ses biographies.

(4) *Lois*, III, 694 C et 695 A.

qui demeure à la rigueur contestable, qu'a voulu Platon ? Mettre en garde les lecteurs de la *Cyropédie* contre une crédulité trop absolue. Ce livre n'ayant d'autre but que de donner une idée d'un grand prince, sans aucune prétention à l'exactitude historique, Xénophon, si toutefois il a vécu assez longtemps pour lire cette page des *Lois,* ne pouvait pas s'offenser d'une remarque de la vérité de laquelle il était le premier persuadé. Hâtons-nous d'ajouter que le dessein même de son ouvrage était hautement approuvé dans un autre passage du même traité, où Platon déclare « que ceux qui ont été bien élevés deviennent d'ordinaire des hommes estimables, et qu'ainsi l'éducation est le premier des biens pour un cœur vertueux, lorsqu'elle a pour but de nous former à la vertu dès notre enfance et de nous inspirer le désir ardent d'être un citoyen accompli, et de savoir commander ou obéir selon la justice (1). » N'est-on pas également en droit de considérer comme un éloge indirect de Xénophon la peinture séduisante que Socrate trace dans le *Premier Alcibiade* de la discipline des Perses et de la fertilité de leur territoire, alors surtout que pour donner plus de poids à ses paroles il invoque l'autorité d'un témoin digne de foi, du nombre des Grecs qui se rendirent auprès du grand roi (2)?

On voit ainsi s'évanouir l'un après l'autre les arguments prétendus invoqués à l'appui de l'opinion que nous discutons. Mais l'esprit si aisément inventif des critiques est allé plus loin. On s'est aperçu, par exemple, que certains passages de l'*Ion* paraissaient empruntés au *Banquet* de Xénophon (3) : aussitôt, sans

---

(1) *Lois*, I, 643 E et 644 A.

(2) *Alcibiade I*, 123 B : Πότ' ἐγὼ ἤκουσα ἀνδρὸς ἀξιοπίστου τῶν ἀναϐεϐηκότων πρὸς βασιλέα. Cette allusion à l'*Anabase* (I, 4, 9) supposerait évidemment un anachronisme : mais ce n'est pas le seul que Platon aurait à se reprocher.

(3) Que l'on compare notamment *Ion* 530 B, 536 E et 538 B avec Xénophon (*Banquet*, III, 6 et IV, 6).

souci de la date et du degré d'authenticité du premier
de ces écrits, on a crié au plagiat, alors que les deux
auteurs n'avaient qu'à s'inspirer d'un spectacle qui
chaque jour, pour ainsi dire, s'offrait à leurs yeux :
cent témoignages nous apprennent que la sottise des
rapsodes de ce temps n'avait d'égale que leur suffisance.

Mais voici que dans le *Ménon* Platon choisit comme principal interlocuteur l'un des plus en vue parmi les Grecs
à la solde de Cyrus le Jeune, et oublie de lui prêter,
dès ses premiers rapports avec Socrate, toute la perfidie et toute la scélératesse dont il a fait preuve dans
la suite, d'après le récit de l'*Anabase*. Là-dessus, Dacier
affirme que Xénophon n'a tracé un portrait aussi affreux
de Ménon que pour le punir d'avoir été intime ami de
Platon, qui l'avait loué : au contraire, Athénée voudrait
nous persuader que Platon ne s'est montré si indulgent
que par esprit d'opposition contre son rival. Lequel
croire ? De part et d'autre l'erreur est égale, d'autant
plus que si certains détails sont relevés chez Xénophon
avec une vivacité particulière, au fond, la physionomie
de ce triste personnage est esquissée par Platon en
termes d'une très médiocre sympathie.

Enfin, nous dit-on, tandis que le Socrate de Xénophon
se garde de disserter sur les causes naturelles et sur
les mouvements célestes, convaincu que la connaissance de ces mystères doit être regardée comme un
privilège de la divinité, le Socrate de Platon est bien
éloigné d'observer une égale réserve. — Il suffit de se
rappeler que le premier parle en son propre nom,
au lieu que le second est l'interprète des spéculations
souvent hardies de son disciple : toute autre explication
serait superflue.

Ainsi, chose extraordinaire, tandis que les inimitiés
entre écrivains qui courent une même carrière ne
négligent aucune occasion de s'afficher au grand
jour, celle que l'on suppose entre Platon et Xéno-

phon met tous ses soins à se dissimuler. Les passages
que l'on cite trahissent non un dissentiment irréconci-
liable, mais tout au plus de ces divergences d'opinions
sur lesquelles un homme d'esprit n'appuie qu'en sou-
riant. Platon s'y prend d'autre façon, quand il a devant
lui un ennemi véritable à combattre : Gorgias, Calliclès,
Thrasymaque, Antisthène en savent quelque chose. Et
non-seulement les textes et les faits sont rebelles à la
démonstration qu'on veut à toute force en faire sortir,
mais encore, considérée en elle-même, la thèse dont il
s'agit a bien peu de vraisemblance.

En effet, Xénophon est un homme grave, religieux : Dacier lui-même avoue qu'il est impossible de
l'accuser de calomnie et d'imposture. Sa beauté noble
et modeste, dit M. Deltour, était une image fidèle de
son caractère droit, modéré, affectueux et juste. De
son côté Platon, qui a trouvé des paroles si éloquentes
pour flétrir l'envie et les envieux (1), avait l'âme trop
élevée et trop généreuse pour se créer sans motif des
adversaires et des ennemis. Or, qu'avait-il à redouter
dans Xénophon? une rivalité de doctrines? non certainement : une rivalité d'influence? moins encore : une
rivalité littéraire? Je n'ignore pas que les jalousies de
ce genre sont parfois implacables, et que les anciens déjà attribuaient à Platon un secret dépit d'entendre appeler Xénophon tantôt *la Muse*, tantôt *l'abeille attique* (2) :
mais qui nous assurera qu'il y a là autre chose qu'une
simple conjecture? On oublie que l'auteur des *Helléniques* et des *Mémorables* était pour lui un allié, allié des
plus précieux à la fois et des plus honorables, sur presque tous les champs de bataille où il déployait sa
verve éloquente (3). Il y a mieux, on peut citer une page

---

(1) Au Vᵉ livre des *Lois*.

(2) Voir Diogène Laërce, II, 57 : Ὅθεν καὶ πρὸς ἀλλήλους ζηλοτύπως
εἶχον.

(3) M. Teichmüller a cru retrouver sous la plume de Platon, notamment dans le *Protagoras*, toute une suite de réflexions contenant une

entière d'un des traités les plus célèbres de Platon, sa
République (1), où se rencontrent à la fois la peinture et
l'éloge d'une destinée singulièrement voisine de celle
de Xénophon. Une courte citation en fournira la preuve.
« Celui qui goûte et qui a goûté la douceur et le bonheur qu'on trouve dans la sagesse, voyant la folie du
reste des hommes, et le désordre introduit dans les
États par ceux qui se mêlent de les gouverner, plein de
ces réflexions, se tient en repos, uniquement occupé de
ses propres affaires : et comme un voyageur assailli
d'un violent orage s'estime heureux de rencontrer un
mur pour se mettre à l'abri de la pluie et des vents, de
même, sachant que l'injustice partout règne impunément, il met le comble du bonheur à pouvoir conserver
dans la retraite son cœur exempt d'iniquité et de crimes, passer ses jours dans l'innocence et sortir de
cette vie avec une conscience tranquille et pleine des
plus belles espérances. — Ce n'est pas peu de chose
de sortir de ce monde après avoir vécu de la sorte. —
J'en conviens, cependant il n'a pas rempli ce qu'il y
avait de plus grand dans sa destinée, faute d'avoir
trouvé une forme de gouvernement qui lui convînt. »
A ces traits, avons-nous tort de reconnaître le sage de
Scillonte, condamné par les événements à vivre et à
mourir en exil?

Il nous reste maintenant, pour achever cette étude,
à remonter, autant qu'il est possible, jusqu'à la naissance de l'étrange supposition, qu'après un critique
éminent, Bœckh, nous venons de discuter. La première

---

réfutation indirecte de certaines pensées, de certains raisonnements
prêtés à Socrate dans les *Mémorables*. Ces rapprochements, si pi-
quants qu'ils puissent paraître, prouvent tout au plus, ce que l'on sait
depuis longtemps, que les deux écrivains, disciples du même maître,
n'avaient ni le même tempérament ni surtout la même originalité
philosophique.

(1) VI, 496 B.

fois qu'elle prend corps sous nos yeux, si l'on peut
ainsi parler, c'est dans un curieux morceau d'Aulu-
Gelle (1) qui, tout en la rapportant et en se l'appropriant
avec plus de légèreté que de critique, ne laisse pas
néanmoins de faire des réserves formelles à l'endroit
de certaines assertions de ses devanciers. « On a vu,
dit-il, que ces deux Athéniens n'avaient pas été exempts
de certains accès de jalousie (2). Mais s'il faut admettre
quelquefois de telles opinions ou de tels soupçons, on
ne peut, quand il s'agit d'hommes aussi sages et aussi
graves, invoquer de misérables passions que ne connaît pas la philosophie. Or tous deux, qui le nie? se
sont fait un renom comme philosophes. Quelle est la
vérité en ces matières? La voici. La parité des talents,
l'égalité du mérite, même en l'absence de toute rivalité, créent cependant une apparence d'émulation. En
effet, aussitôt que deux génies ou davantage s'illus-
trent dans le même art et acquièrent une réputation
égale ou à peu près, leurs partisans les comparent et
rivalisent pour les exalter. Voilà comment Platon et
Xénophon, ces deux flambeaux de la philosophie socratique, ont paru rivaux. C'étaient les autres qui disputaient de leur supériorité. »

Après Aulu-Gelle, il est à remarquer que Diogène
Laërce (3) essaie de tenir la balance égale entre les
deux prévenus, si même il ne préfère pas mettre cette
rupture au compte de Xénophon : Athénée (4), au contraire, fidèle à sa tactique habituelle, en accuse formellement Platon, et quelle autorité invoque-t-il? D'abord
Hégésandre, sans doute aussi empressé à propager la
calomnie qu'incapable de l'inventer ; ensuite Théo-

(1) *Nuits attiques.* XIV, 3.
(2) « Non abfuisse ab eis motus quosdam tacitos et occultos simul-
tatis et æmulationis mutuæ. »
(3) III, 34 : Ἔοικε δὲ καὶ Ξενοφῶν πρὸς αὐτὸν ἔχειν οὐκ εὐμενῶς. —
Cf Himérius, viii, 6.
(4) XI, 504 C et suiv.

pompe, de tous les historiens anciens celui dont Platon et les socratiques en général ont eu le plus à souffrir (1) : tout porte à croire que nous n'avons pas à chercher ailleurs l'auteur responsable de cette malveillante insinuation.

Il existe bien une lettre de Xénophon à Eschine, lettre injurieuse à l'endroit de son prétendu rival (2) : mais un document si visiblement apocryphe ne mérite aucune créance, quoique Dacier s'en soit servi pour faire ressortir la haute vertu du philosophe ainsi outragé (3).

Que conclure de l'examen auquel nous venons de nous livrer? C'est que la défiance doit être la première qualité du critique, toutes les fois qu'il se trouve en présence d'affirmations sans preuves, destinées à compromettre ou à diffamer les grandes renommées de l'antiquité.

(1) Bœckh l'appelle « omnium et hominum et civitatum calumniatorem maledicentissimum ».

(2) On y lit entre autres : Αἰγύπτου ἠράσθη καὶ τῆς Πυθαγόρου τερατώδους σοφίας, ὧν τὸ περιττὸν καὶ τὸ μὴ μόνιμον ἐπὶ Σωκράτει ἤλεγξεν ἔρως τυραννίδος καὶ ἀντὶ λιτῆς διαίτης Σικελιῶτις γαστὸς ἀμέτρου τράπεζα. On sait que le séjour de Platon en Sicile lui avait déjà valu plus d'une épigramme de la part de ses contemporains.

(3) « Platon, écrit Dacier, ne répond point à ces invectives, et ne dit pas un seul mot de Xénophon, en quoi on ne saurait trop louer sa modestie, et ce fut peut-être ce qui aigrit le plus Xénophon : car la plus grande injure qu'on puisse faire à un écrivain, ce n'est pas de dire du mal de lui, c'est de n'en rien dire. » (Les Œuvres de Platon, I, p. 55).

LETTRE INÉDITE DE CORAY

A CHARDON DE LA ROCHETTE

PUBLIÉE

PAR M. LE Mis DE QUEUX DE SAINT-HILAIRE

———

Il est bien rare que celui qui publie une correspondance n'ait pas à un certain moment le regret et la bonne fortune de trouver quelque lettre qui ait échappé à ses recherches les plus minutieuses ; le regret, de constater une lacune dans la publication : la bonne fortune, de pouvoir combler cette lacune. C'est ce qui vient de nous arriver pour la « Correspondance inédite de Coray avec Chardon de la Rochette, » que nous avons publiée en 1877, avec le bienveillant concours de notre cher maître et ami, M. E. Egger. Dans une des récentes ventes d'autographes qui ont eu lieu cet hiver, nous avons retrouvé une lettre autographe de Coray adressée à Chardon de la Rochette, qui très probablement avait été distraite de cette correspondance pour enrichir le cabinet d'un amateur.

Cette lettre, qui a été écrite le 8 thermidor, an IV (26 juillet 1796), de la Nozaie où Coray se trouvait à la campagne chez Clavier, est importante et belle :

aussi pensons-nous que les lecteurs de la Correspondance de Coray seront heureux de la connaître et de la
remettre dans le volume à la place qu'elle aurait dû
occuper, c'est-à-dire sous le numéro CXVI *bis,* page 287.

Pour ceux de nos confrères qui n'auraient plus présente à la mémoire la suite de cette correspondance,
nous rappellerons que cette lettre date d'une époque où
Coray, forcé de quitter Paris par suite de la difficulté
d'y vivre, avait accepté l'hospitalité de Clavier qui avait
une propriété à la Nozaie, près de Nemours. Mais, à
peine arrivé chez son ami, Coray, dont le caractère
était d'une délicatesse excessive et parfois ombrageuse,
s'était trouvé, d'une part, au milieu d'une société qui
effarouchait son extrême timidité, car il avait pensé
trouver Clavier seul à la campagne ; de l'autre, il avait
cru discerner que les sentiments de généreuse hospitalité de son ami n'étaient pas en rapport avec sa situa·
tion pécuniaire, singulièrement précaire en ce temps ou
un louis d'or représentait parfois 1,200 livres en assi-
gnats. La crainte d'être importun et d'imposer quelque
sacrifice d'argent à son ami ne lui avait pas laissé de repos, et il voulait à tout prix retourner à Paris. C'est
pourquoi, à plusieurs reprises, il avait prié Chardon de
la Rochette de vendre ses livres, s'il ne trouvait pas à
placer, non pas avantageusement, mais à quelque prix
que ce fût, deux manuscrits tout prêts pour l'impression : l'*Introduction à l'histoire de la médecine de Selle,* et
la *Traduction de Théophraste.* Dans la lettre heureusement
retrouvée que nous publions ici, il revient sur ce sujet
et donne le titre des ouvrages qu'il charge Chardon de
la Rochette de vendre pour lui à quelque libraire, ajoutant que si ces ouvrages ne suffisent pas à lui procurer
12 ou 15 louis d'or, il faut vendre le reste, et se rési-
gnant à faire quelque métier mécanique si les choses
ne s'arrangent pas.

LETTRE INÉDITE DE CORAY

A CHARDON DE LA ROCHETTE

AU CITOYEN DE LA ROCHETTE

Rue Saint-Jacques, nᵒ 36, à Paris.

8 Thermidor, 4. R. F.
[26 juillet 1796].

J'ai reçu hier soir, mon cher ami, votre lettre du 3 Thermidor. C'est à cette dernière époque que je vous avois expédié par
la messagerie un paquet contenant, outre mon Théophraste manuscrit, tous les Théophrastes que vous aviez eu la complaisance
de me prêter. J'espère qu'à cette heure-ci le paquet doit être
chez vous. J'ai fait réclamer à la poste de Nemours votre lettre
égarée ; mais ma peine a été absolument inutile. Quant à la
lettre de Bandini que vous me renvoyiez, il est vrai qu'elle [en]
contenait une pour Holmes ; mais cette dernière n'étant notée
que de ce seul nom, sans spécifier sa demeure (que j'ai omise
exprès), je croyois que cela ne pouvoit compromettre personne.
Quoiqu'il en soit, vous avez bien fait d'en suspendre l'envoi,
puisque vous avez encore quelque espérance de tirer quelque
chose du libraire de Naples. Voici, en attendant, une simple
lettre pour Bandini, que je vous prie de lui envoyer avec les trois
paquets de collation (que vraisemblablement vous n'avez pas encore envoyés) par le canal de l'ambassadeur de Toscane. Pour ce

---

(1) Cette lettre trouve sa place, sous le numéro CXVI *bis*, page 287,
dans le volume que nous avons publié en 1877, sous le titre de Lettres
inédites de Coray à Chardon de la Rochette. Paris, Firmin-Didot, in-8ᵒ.

qui est de mon loyer payable en mandats, ainsi que de 3 livres.
métalliques par mois pour la citoyenne Laurent, vous n'aviez pas
besoin, mon ami, de me consulter là-dessus, étant sûr que je ne
désapprouverai jamais vos opérations. — Vous ne me parlez
point du manuscrit de l'*Histoire de la Médecine*; et ce silence,
désolant pour moi, prouve que vous rencontrez des obstacles in-
surmontables à le vendre. Dans la crainte que mon Théophraste
ne rencontre les mêmes obstacles, et que l'affaire d'Amsterdam
ne réussisse pas mieux, je vous supplie, mon ami, πρὸς Διός
φιλίου τε καὶ ξενίου, de me rendre, sans aucun prétexte, un service que voici : il s'agit de prendre un libraire et de lui faire voir
les livres suivants de ma bibliothèque :

1. Les *Œuvres de Platon*, 12 volumes, édit. des Deux-Ponts ;
reliés.

1. *Lucien*, 9 volumes, *ibid.*; brochés.

1. *Sophocle*, 4 volumes, Strasbourg, Brunck ; reliés.

1. *Achilles Tatius*, 1 volume, édit. des Deux-Ponts ; broché.

1. *Aristote*, 3 premiers volumes, *ibid.*; 2 reliés et 1 broché.

1. *Pindare*, 1 volume, édit. de Benoît, in-4°.

1. *Aristote*, Histoire des animaux, 2 vol. in-4°, grec et françois, par Camus.

1. *Morgagni*, De caus. et sedib. morbor. 3 vol. in-4°.

1. *Van Swieten*, Comment, in Aphor. Boerharvii, 5 vol.
in-4°.

Vous tacherez de lui vendre ces articles. Vous connoissez le
prix des livres grecs. Le prix ordinaire de Morgagni est depuis
18 livres jusqu'à 24 livres, et celui de Van Swieten de 40 livres
environ. Malheureusement, je n'y puis ajouter mon Hesychius,
parce qu'il est barbouillé, comme vous savez, ni mon Thucydide,
parce que j'en ai augmenté l'index des mots. Si ces livres ne
rapportent pas la somme de 12 à 15 louis d'or, vous y ajouterez
l'ouvrage périodique de médecine, intitulé *Commentarii de rebus in scientia naturali et Medicina gestis*, 32 ou 33 volumes
in-4° (le dernier volume dépareillé n'est pas encore relié). Chaque
volume me coûte environ 8 livres avec le port et la reliure. La

privation de ce journal me coupera bras et jambes; mais j'ai pris mon parti. Il faut qu'avant la fin de ce mois je sois à Paris, ou du moins que je sache positivement que je ne tarderai point d'y être; et cela par des raisons que je ne puis pas vous communiquer dans ce moment. πολλά μοι ὑπ' ἀγκῶνος ὠκέα βέλη....... φωνᾶντα συνετοῖσιν.

Pourvu que j'aie une douzaine de louis pour pouvoir seulement regagner mes foyers, je ne me soucierai point des suites ultérieures. Avant que je mange ces douze louis, il faut bien que je vende quelque manuscrit; ou si cela ne réussit point, je vendrai le reste de mes livres, en attendant que l'argent d'Amsterdam me soit remboursé. Je m'imagine que vous avez expédié ma lettre pour cette dernière ville, le 4 de ce mois. Par conséquent vous aurez la réponse tout au plus tard, le 24. Je mets quatorze jours pour aller et venir, et six jours de plus pour les événements imprévus. En l'ouvrant (elle sera écrite en grec) si vous n'y trouvez point la lettre de change, vous procéderez tout de suite à la vente des livres ci-dessus. Il faut cependant, sans attendre cette époque, en parler auparavant à quelque libraire, pour prévenir les longueurs qui pourroient à la fin me devenir funestes. — Je laisse la lettre à Bandini ouverte, pour que vous puissiez agir en conséquence pour l'arrangement des trois paquets : en tout cas, il faut au moins en ôter les premières enveloppes, parce que le nom d'Holmes y est dessous, autant que je me rappelle; et alors il faut l'effacer. Je vous recommande, mon ami, de faire remettre ces paquets en mains propres à l'ambassadeur de Toscane.

"Ἔῤῥωσο!

Dans mes notes sur le φειδωνίῳ μέτρῳ du chapitre xi des Caractères de Théophraste, vous pouvez, si vous voulez, ajouter le φειδομένη χειρὶ de Plutarque (in M. Antonio, t. V, p. 107, éd. Reiske).

Je vous prie de me donner l'adresse de la demeure de la citoyenne Laurent nette; et de me dire (vous allez rire) si elle s'appelle *Laurent*. Comme mes malheurs sans fin m'ont rendu si distrait que cela approche quelquefois de la stupidité; je crains

de l'avoir baptisée *Laurent* dans un de ces moments de stupidité,
et d'avoir ensuite continué de l'appeler ainsi faute de réclamation de sa part. Je demande son adresse, parce que je pourrai en
attendant (pour vous épargner la peine) lui adresser ma malle par
le coche de Nemours.

Excepté l'affaire d'Amsterdam, écrivez-moi sur tout le reste,
c'est-à-dire pour la vente de mes livres, etc., etc., ἀναφανδόν.

> Καὶ πάλιν ἔῤῥωσο, καὶ γένοιο ἐμοῦ
> ..... έστερος !

(sur l'adresse).

Si par malheur Lavaux ne vouloit plus de mon Théophastre,
je vous prie de vous adresser à l'abbé Gail. Cependant j'aimerois
mieux avoir affaire à Lavaux. Quant au prix, ce n'est pas le
moment de faire le difficile; il faut le vendre. Souvenez-vous
seulement de stipuler 25 exemplaires dont j'ai besoin pour
mes amis de France et de Smyrne. Si vous croyez qu'en lui cé-
dant la propriété de l'ouvrage à perpétuité vous pourrez faire un
prix avantageux pour moi, vous en êtes le maître. Je me rapporte
absolument à vos soins ; mais vite, πρὸς τοῦ φιλίου Διός.

Si vous parvenez à me vendre une partie de mes livres pour
me tirer de cet état critique, σωτήρ ἀναγεγράψη. Quoiqu'il en
soit, je vous prie, mon bon ami, point de prétextes. Il faut vendre de mes livres au moins pour la valeur d'une douzaine de louis.
Si mon sort change, rien de si facile que de les racheter ; si je
suis toujours malheureux, il faut que je vende encore le reste, et
que je songe à gagner ma vie par quelque travail mécanique.

LETTRE INÉDITE DE CORAY

A KOUMAS

PUBLIÉE EN GREC PAR LA DIRECTION DU MUSÉE ET DE LA BIBLIOTHÈQUE
DE SMYRNE

TRADUITE EN FRANÇAIS

PAR M. LE Mis DE QUEUX DE SAINT-HILAIRE

Cette lettre autographe et inédite de Coray a été
donnée à la bibliothèque de l'École évangélique de
Smyrne par M. Pierre Zathés. L'Intendant du Musée
et de la Bibliothèque de cette École, M. Alexandre
Emm. Condoléon, a eu la bonne pensée de la publier.

C'est sur un tirage à part qui nous a été gracieuse‑
ment envoyé de Smyrne que nous avons fait cette traduction. Nous pensons que la lecture de cette lettre,
qui est un document précieux pour la biographie de
Koumas et pour l'histoire de ses rapports avec Coray,
pourra intéresser nos confrères.

LETTRE INÉDITE DE CORAY

A KOUMAS

———

Je m'étonne, cher professeur et bienfaiteur de Smyrne, que tu blâmes mon silence. Malgré toutes mes occupations que tu connais, et mes nombreuses infirmités corporelles qu'augmente de jour en jour et d'heure en heure la vieillesse incommode, je t'ai cependant écrit deux lettres encore après celle que tu as reçue peu avant ton départ de Vienne.

Je m'étonne, de plus, en lisant ta lettre, que tu ne me dises rien des choses pénibles qui sont arrivées là-bas (d'après ce que j'ai appris par d'autres personnes) après ton arrivée ; et j'en conclus, ou bien que ces nouvelles étaient fausses, ou bien que ta philosophie me les a cachées pour ne pas me faire de peine. Que j'en eusse été fort affligé, tu le comprends aisément, d'après les grandes louanges que je donne aux Smyrniotes dans le second volume de mon Plutarque que tu as peut-être entre les mains actuellement.

Non, mon cher Koumas, ni toi, ni les Smyrniotes vous ne voudrez faire de moi un faux panégyriste de votre ardeur pour le bien et de votre progrès aux yeux des étrangers, parmi lesquels il ne saurait vous échapper que se trouvent des ennemis du nom grec auxquels le plus léger prétexte suffit pour traîner encore une fois dans la boue la très malheureuse nation des Hellènes.

Je l'ai souvent dit et je l'ai écrit, et, de nouveau, je le redis. Point n'est besoin d'avoir un esprit prophétique, dans l'état actuel des choses, pour pouvoir prévoir et assurer avec confiance à ceux qui ne savent pas prévoir, qu'il faut que les leçons de l'Europe éclairée soient répandues dans toutes les parties de la Grèce, absolument comme chez les nations civilisées de l'Europe. En raison de cette nécessité, il faut que les amis de l'honneur de la Grèce reçoivent ces leçons et les défendent, afin de ne pas laisser uniquement à leurs voisins l'honneur d'avoir instruit leur compatriotes, et que leurs ennemis ne les combattent plus, à défaut d'autre raison, au moins par cette juste application du proverbe populaire : « Si ce que tu ne veux pas arrive, veuille-le comme il est arrivé. »

Mais que parlé-je d'ENNEMIS? Il n'est personne, sois-en bien assuré, mon cher Koumas, parmi les habitants de Smyrne, qui soit ennemi de l'honneur de sa nation. Ces habitants, je les connais fort bien, les anciens, parce que j'ai passé avec eux les premières années de ma vie, les jeunes, parce que je crois qu'ils marchent sur les traces des anciens et veulent imiter leur prudence et leur zèle.

En les tenant pour tels, je ne doute pas, mon ami, qu'ils ne t'offrent l'amitié et l'honneur qui sont dûs à tes mœurs honnêtes et à ton savoir, et qu'ils ne te considèrent, enfin, comme un présent qui leur est fait par le Père des Lumières.

Pareillement, te connaissant aussi, et par ma propre expérience et par le témoignage de tous ceux qui t'ont connu, hommes honorables et éclairés de la nation, mon cher Koumas, je ne doute pas que tu ne tiennes à récompenser l'honneur et l'affection des Smyrniotes par le zèle que tu mettras à répandre l'instruction chez leurs enfants chéris et à devenir pour eux un éducateur et un second père. Je ne doute pas non plus que ton enseignement, joint à ta conduite sage, ne te rendent cher à tous, et ne les persuadent tous que, instruction, lumières, philosophie, et tout ce que nous proclamons ainsi utile pour la nation, ne sont pas de vains mots,

Ουκ εισι κόμποι και λόγων ευμορφίαι,

mais des choses véritables et utiles qui donnent un lustre impérissable à ceux qui les honorent et une grande honte à ceux qui en sont privés.

Dans les cinq lettres de l'ami Alexandre (1) et dans celles qu'il a écrites après celles-là, le côté *pratique* est excellent (puisqu'il est *logique*). Quant au *style*, autant que le permettent l'époque et l'état présent de la langue, il est bon. Ce jugement est, de ma part, dépourvu de prévention. S'il avait un peu de cervelle dans la tête, rien que la lecture aurait dû l'épouvanter, en lui faisant comprendre qu'une ère nouvelle a commencé pour la nation ; « ciel nouveau et terre nouvelle », ère de l'union et de la Syzygie, de la réalité et du style. Ces deux choses sont assurément encore dans l'état où, de toute nécessité, doivent se trouver les choses qui viennent de naître. Cependant elles sont nées et tous les démons de l'enfer seraient impuissants à arrêter leur développement, parce que la cause de cet heureux changement c'est Dieu lui-même !

Mon cher ami, attache-toi à bien convaincre les Smyrniotes, que tous ceux qui protègent l'instruction et l'éducation de notre peuple sont par cela même les instruments de la volonté divine. Pour l'amour de Dieu, fais en sorte que toutes les louanges que j'ai données aux Smyrniotes dans mes prolégomènes soient confirmées par les faits, pour que nous puissions fermer la bouche à leurs ennemis. Comment les Smyrniotes peuvent-ils effacer la faute qu'ils ont faite de ne venir qu'en troisième lieu, après les Chiotes et les Cydoniens, si ce n'est en faisant des œuvres plus utiles (si c'est possible) pour l'instruction publique que les gens de Chio et de Cydonie ?

J'aurais encore beaucoup de choses à t'écrire, mais je suis, comme je te l'ai dit au commencement de cette lettre, plongé, ou plutôt englouti, dans des milliers d'occupations.

Fais mes compliments à tous mes amis et particulièrement au Protopsalte. Je suis bien peiné de sa maladie. Qu'il la supporte et qu'il la soigne avec la sagesse que donne l'âge, c'est-à-dire par un régime sévère et fort peu de remèdes. Moi aussi, je suis en proie à une maladie arthritique, mais, sauf le régime, je ne fais absolument rien.

Écris-moi le plus souvent qu'il te sera possible, surtout toutes

---

(1) Sans doute Basili.

les fois que tu as quelque avis agréable à me donner sur le progrès des Smyrniotes dans le bien.

Porte-toi bien, mon très cher Koumas.

Ton ami, CORAY.

LE TRAITÉ DE MANUEL MOSCHOPOULOS

SUR

LES CARRÉS MAGIQUES

TEXTE GREC ET TRADUCTION

PAR M. PAUL TANNERY

———

Le petit traité de Manuel Moschopoulos sur les carrés magiques est connu depuis l'analyse qu'en a donnée le mathématicien français La Hire (1), qui le trouva accidentellement dans le manuscrit 2428 de la Bibliothèque nationale. Il paraît en avoir fait une traduction latine, mais elle n'a pas vu le jour.

Le texte grec a été publié pour la première fois par Siegmund Günther dans les *Vermischte Untersuchungen zur Geschichte der Mathematischen Wissenschaften* (2), d'après un manuscrit de Munich malheureusement trop incorrect pour qu'une nouvelle édition ne soit pas désirable.

(1) *Nouvelles constructions et considérations sur les quarres magiques avec les démonstrations*, dans les *Mem. de Math. et de Phys. de l'Acad. Royale des Sciences*, Année 1705, p. 162.

(2) Leipzig; Teubner, 1876, pp. 195-203 ; les variantes sont p. 267-268.

Il m'a paru intéressant de joindre à cette édition une traduction française de cet opuscule, qui met à la portée de tous des règles très simples pour un amusement arithmétique dont la théorie complète est passablement savante, mais dont la pratique, telle que Moschopoulos l'enseigne, est aussi élémentaire que possible.

Pourtant mon objet est moins de proposer aux hellénistes une distraction encore en vogue chez les lettrés orientaux, que d'appeler leur attention sur l'obscurité qui voile l'origine des carrés magiques.

Le traité adressé par Moschopoulos à Nicolas Artavasde de Smyrne, dit le Rhabdas, doit, comme je l'ai démontré ailleurs (1), avoir été écrit dans les premières années du XIVᵉ siècle. C'est le plus ancien document connu de la tradition grecque sur les carrés magiques, tandis qu'on les trouve d'une part dans l'Inde, où ils remontent à une époque que l'on ne peut préciser, de l'autre chez les Arabes, où ils apparaissent dès le Xᵉ siècle (Ibn-Khaldoun et les « Vrais Frères »). Est-ce des pays mahométans que les Byzantins les ont reçus, ou bien ces derniers ont-ils conservé une antique tradition qui, des Grecs d'Orient, serait passée aux sectateurs de l'Islam?

La question est ouverte; et, si peu importante qu'elle paraisse, elle se rattache à une autre plus générale et plus grave. Quelle a été en réalité l'originalité des Arabes dans les sciences? Ne leur attribuons-nous pas nombre de connaissances ou d'idées qui en fait sont foncièrement grecques?

Plus les détails conservés sont insignifiants en apparence, plus on est en droit de rabaisser l'originalité, trop souvent exaltée, des héritiers orientaux de la science antique. J'en veux donner un exemple : la figure célèbre dont se sert Euclide pour démontrer le théo-

---

(1) *Bulletin des sciences mathématiques et astronomiques*, t. VIII, septembre 1881.

rème dit de Pythagore sur le carré de l'hypoténuse d'un triangle rectangle; est appelée par les Arabes « figure de la fiancée ». Or ils ont simplement traduit, et peut-être avec un contre-sens (1), une expression grecque : τὸ τῆς νύμφης θεώρημα, qui se trouve dans l'ouvrage inédit de George Pachymère sur les quatre sciences.

En tout cas, la lettre de Moschopoulos ne décèle aucune influence arabe, et il est notamment à remarquer qu'il paraît ignorer absolument toute signification magique ou talismanique des carrés qu'il enseigne à former. On peut donc conserver l'espérance de découvrir dans un auteur grec plus ancien, soit une allusion plus ou moins obscure à ces carrés, soit même un carré formé d'après des principes analogues. Si une pareille découverte pouvait établir les droits des Grecs à l'invention dont il s'agit, elle offrirait incontestablement un intérêt tout particulier (2).

J'ai pris, comme base de mon édition de l'opuscule de Moschopoulos, le manuscrit de la Bibliothèque nationale :

A = Supplément grec nº 652, in-8, sur papier, du xvᵉ siècle, pages 161-164, dont le texte est particulièrement correct.

J'ai indiqué en outre les variantes de :

B = Fonds grec nº 2428, in-4, sur papier, du xvᵉ siècle, pages 181-185, qui, pour sa partie mathématique, provient certainement du même prototype que A.

M = le texte donné par S. Günther d'après le manuscrit de Munich nº 100.

----

(1) Νύμφη peut en effet signifier « insecte ailé », ce qui expliquerait, par une assimilation de forme facile à saisir, l'origine de la désignation grecque ; je laisse à de plus compétents à décider si une pareille assimilation doit être cherchée avec un costume traditionnel de la νύμφη, « fiancée ou nouvelle mariée ».

(2) Je me borne à rappeler que la lettre attribuée à Pythagore et écrite à Télaugès « de laterculis magicis », lettre signalée dans les catalogues de diverses bibliothèques, se rapporte à un tout autre sujet.

G = les leçons propres à S. Günther, lorsqu'il y a lieu de les opposer à celles de son manuscrit.

Je n'ai donné les figures des carrés qu'avec les chiffres modernes, leur reproduction avec les lettres numérales grecques n'offrant aucun intérêt. Les carrés du manuscrit A ne présentent d'ailleurs aucune faute, tandis que ceux donnés par M. Günther sont loin d'en être exempts.

Je dois cependant faire une remarque : la fig. 13 de M. Günther porte en dehors du carré des inscriptions inintelligibles; on doit y voir simplement le nombre 34, somme constante des lignes horizontales et des colonnes verticales, répété en regard de chaque ligne et de chaque colonne, c'est-à-dire huit fois. Seulement ce nombre est écrit avec trois sortes de caractères différents, à savoir :

a : deux fois avec les chiffres de Maxime Planude (lus μερ par S. Günther).

b : trois fois avec des chiffres (lus ζθ par S. Günther) d'une forme fréquemment employée en Occident au XIIe siècle.

c : trois fois avec des chiffres (lus ξν par S. Günther) d'une forme également propre à l'Occident, mais plus voisine de celle des *apices* de Boèce, tandis que la précédente se rapproche davantage des chiffres arabes.

Les séries complètes des chiffres *b* et *c* sont d'ailleurs données dans les manuscrits A et B en marge du texte du *Grand calcul hindou* de Planude révisé par Rhabdas, la première sous la rubrique : ἰνδικά, la seconde sous celle : λατινικά.

On remarquera que j'ai adopté ici l'usage de Hoche en ne marquant d'aucun signe les lettres numérales grecques ; dans les manuscrits AB, elles sont surmontées d'une barre horizontale dans le texte, non dans les figures.

Τοῦ λογιωτάτου[1] καὶ μακαριωτάτου[2] κυροῦ[3] Μανουὴλ τοῦ Μοσχοπούλου[4] παράδοσις εἰς τὴν εὕρεσιν τῶν τετραγώνων ἀριθμῶν, ἣν ἐποιήσατο βιασθεὶς παρὰ[5] Νικολάου Σμυρναίου[6] Ἀρταβάσδου ἀριθμητικοῦ[7] καὶ γεωμέτρου τοῦ Ῥαβδᾶ.

Τῶν ἀριθμῶν, οἱ μέν εἰσι περιττοί, οἱ δὲ ἄρτιοι, καὶ τῶν ἀρτίων πάλιν, οἱ μὲν ἀρτιάκις ἄρτιοι, — οἱ μέχρι μονάδος[8] εἰς ἴσα δύο διαιρούμενοι, — οἱ δὲ ἀρτιοπέριττοι[9], — οἱ μὴ[10] μέχρι μονάδος εἰς ἴσα δύο διαιρεῖσθαι δυνάμενοι. — Πᾶς[11] δὲ ἀριθμός, ἐφ᾽ ἑαυτὸν πολλαπλασιασθείς, τετράγωνον ἰσόπλευρον ποιεῖ[12] · οἷον ὁ γ[13], ἐφ᾽ ἑαυτὸν πολλαπλασιασθείς, ποιεῖ τὸν θ · καὶ ἔστιν ὁ θ τετράγωνος ἰσόπλευρος, πλευρὰ δὲ αὐτοῦ, ὁ γ · παντὸς γὰρ τετραγώνου ἰσοπλεύρου πλευρά, ὁ πολλαπλασιάσας ἑαυτὸν ἀριθμὸς καὶ ἀποτελέσας αὐτό · ἔστι δὲ[14] αὕτη πάντως πανταχόθεν ἴση[15] καὶ ἐν ταῖς διαμέτροις · ἵνα δὲ ἐπὶ[16] ἀναγραφῆς σαφέστερον γένηται τοῦτο, ἀναγεγράφθω τετράγωνον ἰσόπλευρον (Fig. 1), καὶ περιγραφέσθωσαν αὐτῷ τόποι ἀριθμοῦ τετραγώνου διὰ γραμμῶν[17], οὕτως · εἶτα τιθέσθω μονὰς ἐφ᾽ ἑκάστῳ[18] τῶν τόπων · καὶ ἔστι πάντως[19] δῆλον, ὅτι ἡ μὲν σύνθεσις ἁπασῶν[20] τούτων τῶν μονάδων ποσοῦται[21] εἰς τὸν θ, ἡ δὲ σύνθεσις ἑκάστης τῶν πλευρῶν εἰς τὸν[22] γ, πανταχόθεν ἴση καὶ ἐν ταῖς διαμέτροις. Καὶ τούτου μὲν ἡ κατάληψις ῥᾳδία · εἰ δὲ ἀναγραφείη τετράγωνον, καὶ περιγραφῶσιν αὐτῷ τόποι ἀριθμοῦ τετραγώνου, εἶτα μὴ τεθῶσιν ἐν τοῖς τόποις

---

[1] λογιωτάτου) ἁγιωτάτου Μ. — [2] μακαριωτάτου) λογιωτάτου Μ. — [3] κυροῦ) κατὰ G: abréviation mal résolue. — [4] Μοσχοπόλου Μ. — [5] παρὰ) M aj. τοῦ. — [6] σμυρνέου B. — [7] ἀριθμητίου Μ. — [8] μέχρι μονάδος) μέχρις ὧν ἀριθμῶν μονάδος Μ. — [9] ἄρτιοι περιττοί Μ. — [10] μὴ) μὲν Μ. — [11] παῖς B. — [12] ποιεῖ τετράγωνον ἰσόπλευρον Μ. — [13] γ) τρία AB τριάς Μ. — [14] δὲ om. B. — [15] ἴσα Μ. — [16] ἐπὶ) M aj. τῆς. — [17] διαγραμμῶν B. — [18] ἑκάστῳ) ἑαυτῷ ἑκάστῳ Μ.— [19] πάντων Μ. — [20] ἁπάσα G : abr. mal résolue. — [21] πεσεῖται Μ. — [22] τὰ G.

Du très-savant et très-bienheureux Maître Manouel Moscho-
poulos, instruction pour l'invention des nombres carrés,
qu'il fit forcé par Nicolaos de Smyrne Artabasdos, arith-
méticien et géomètre, le Rhabdas.

Des nombres les uns sont impairs, les autres pairs,
et d'autre part, des pairs, les uns sont pairement pairs,
lorsqu'ils se partagent en deux parties égales jusqu'à
l'unité, les autres sont pairs-impairs, lorsqu'ils ne peuvent pas se partager en deux parties égales jusqu'à
l'unité.

Tout nombre multiplié par lui-même donne un carré
à côtés égaux ; ainsi 3 multiplié par lui-même fait 9, et
9 est un carré à côtés égaux. Le côté en est 3 ; car, pour
tout carré à côtés égaux, le côté est le nombre qui multiplié par lui-même donne ce carré. Ce côté est toujours
égal dans tous les sens et aussi suivant les diagonales.
Pour rendre ceci plus clair par une figure, traçons ce
carré à côtés égaux et circonscrivons-y par des lignes
les cases du nombre carré comme ci-contre (Fig. 1).
Mettons maintenant une unité dans chacune des cases ;
il est absolument clair que la somme pour chaque côté
(rangée) est de 3 dans tous les sens, comme aussi suivant les diagonales.

Cela est facile à comprendre ; mais si l'on trace un
carré et que l'on y circonscrive les cases du nombre
carré, puis qu'au lieu de mettre des unités dans les
cases, on y inscrive l'unité et les nombres consécutifs à
partir de l'unité, la rangée ne donnera plus une somme
égale dans tous les sens, si les nombres consécutifs
sont mis dans les cases suivant leur ordre ; et si l'on

μονάδες, ἀλλὰ ἡ μονὰς καὶ οἱ [1] ἀπὸ μονάδος ἐφεξῆς ἀριθμοί, οὐκέτι ἴση ἡ πλευρὰ γενήσεται πανταχόθεν, τῶν ἐφεξῆς ἀριθμῶν ἐφεξῆς καὶ ἐπὶ τῶν τόπων τιθεμένων · εἰ δὲ ζητηθείη θέσις ἥτις δυνήσεται τὴν πλευρὰν πανταχόθεν ἴσην ποιεῖν καὶ ἐν ταῖς διαμέτροις, οὐ πάνυ τοι ῥᾳδίως [2] εὑρεθήσεται · εἰ δὲ μόλις ἐφ᾽ ἑνὸς τετραγώνου εὑρεθείη [3], οὐκέτι ἐστὶν ἐλπὶς καὶ ἐφ᾽ ἑτέρου εὑρεθήσεσθαι · μεθόδῳ δέ τις ὁδηγούμενος, ῥᾳδίαν ἕξει τὴν τοῦτο δυναμένην θέσιν ἐφ᾽ ᾧ ἂν βούλοιτο τετραγώνῳ · ἔστι δὲ οὐχ ἁπλῆ τις ἐπὶ τούτων [4] μέθοδος, ἀλλ᾽ ἐπὶ μὲν τῶν ἀπὸ περιττῶν γινομένων [5] ἑτέρα, καὶ ἐπὶ τῶν ἀπὸ ἀρτιάκις ἀρτίων ἑτέρα, καὶ ἔτι ἑτέρα ἐπὶ τῶν ἀπὸ ἀρτιοπερίττων [6] · περὶ ὧν ἰνῦν ἡμῖν πρόκειται εἰπεῖν [7].

Δεῖ δὲ πρότερον περὶ τῆς πλευρᾶς εἰπεῖν τῶν ἀπὸ μονάδος ἀριθμῶν μέχρι τοῦ ζητουμένου τετραγώνου · ἣν εὑρίσκομεν οὕτως · συντιθέαμεν τοὺς ἀπὸ μονάδος ἀριθμοὺς μέχρι τοῦ τετραγώνου · εἶτα τὴν ἀπὸ τῆς συνθέσεως ποσότητα μερίζομεν ἐπὶ τὸν πολλαπλασιάζοντα ἑαυτὸν ἀριθμὸν καὶ ἀποτελέσαντα αὐτό · καὶ τὸ ἐπιβάλλον ἑκάστῃ μονάδι αὐτοῦ, τοῦτο νομίζομεν εἶναι πλευρὰν τῶν ἀπὸ μονάδος ἀριθμῶν μέχρι τοῦ ζητουμένου τετραγώνου. Οἷον ἔστω ὅτι ζητοῦμεν τὴν πλευρὰν τῶν ἀπὸ μονάδος ἀριθμῶν μέχρι τοῦ θ · συντιθέαμεν οὖν τῇ μονάδι τὰ β, καὶ γίνεται [8] γ · εἶτα τοῖς γ τὰ γ, καὶ γίνονται ϛ · εἶτα τοῖς ϛ τὰ δ, καὶ γίνονται ι · εἶτα τοῖς ι τὰ ε, καὶ γίνονται ιε · καὶ μέχρι τοῦ θ οὕτως · καὶ γίνεται ἡ ποσότης πᾶσα, με · ταῦτα μερίζομεν ἐπὶ τὸν [9] γ · οὗτος [10] γὰρ ἐφ᾽ ἑαυτὸν [11] πολλαπλασιασθεὶς ἐποίησε τὸν θ · καὶ ἐπιβάλλει ἑκάστῃ μονάδι τοῦ γ, ιε. Ταῦτά εἰσι πλευραὶ τῶν ἀπὸ μονάδος [12] ἀριθμῶν μέχρι τοῦ θ · καὶ ἐπὶ τῶν ἄλλων ὁμοίως.

Ἵνα δὲ [13] μή, ἐπὶ πολὺ προχωροῦντος [14] τοῦ ἀριθμοῦ, κάμνωμεν [15] συντιθέντες τοὺς ἀπὸ μονάδος [16] ἀριθμούς, ζητήσαντες εὕρομεν μέθοδον ἵν᾽ [17] εὑρίσκωμεν ῥᾳδίως τὴν ποσότητα τῆς συνθέσεως τῶν ἀπὸ μονάδος [16] ἀριθμῶν μέχρις οὗ βουλόμεθα · ἥτις ἔχει οὕτως ·

---

1 οἱ) ἢ B. — 2 ῥαδὺς M. — 3 ἐρεθείη M. — 4 τούτῳ M. — 5 γενομένων M. — 6 ἀρτιοπερίττων G. — 7 εἰπῶν B. — 8 γίνεται) γενήσεται M. — 9 τὰ G. — 10 οὕτως M. — 11 ἑαυτὸν) M aj. οὗτος. — 12 μονάδος) μόνου M. — 13 δὲ om. M. — 14 προχωροῦντες M. — 15 κάμνουμεν M. — 16 μόνου M. — 17 ἵν᾽) ἢ B ἵνα B seconde main en marge.

cherche une disposition qui permette de rendre les rangées de somme égale dans tous les sens, et aussi suivant les diagonales, il ne sera pas très facile de la trouver; si l'on y parvient à grand'peine pour un carré, on ne peut espérer pour cela de le faire sur un autre carré. Il y a cependant une méthode dont l'emploi permet d'obtenir facilement cette disposition pour le carré que l'on voudra; à la vérité cette méthode n'est pas simplement une, mais il y en a une pour les carrés de nombres impairs, une pour ceux de pairement pairs et encore une autre pour les pairs-impairs (1); c'est là l'objet dont je me propose de parler maintenant.

Il faut tout d'abord parler *de la valeur* de la rangée pour les nombres à partir de l'unité jusqu'au carré proposé; voici comment nous la trouvons; nous faisons la somme des nombres à partir de l'unité jusqu'au carré; puis nous divisons la quotité de cette somme par le nombre qui multiplié par lui-même donne le carré, et c'est ce qui revient à chaque unité de ce nombre que nous prenons comme rangée pour les nombres à partir de l'unité jusqu'au carré proposé.

Ainsi soit à chercher la rangée pour les nombres à partir de l'unité jusqu'à 9. Nous ajouterons à l'unité 2, il vient 3; puis à 3, 3, il vient 6; puis à 6, 4, il vient 10; puis à 10, 5, il vient 15; et ainsi de suite jusqu'à 9. Il vient pour la quotité totale 45 que nous divisons par 3; car c'est ce nombre qui multiplié par lui-même donne 9. Il revient à chaque unité de 3, 15, qui sera la rangée pour les nombres à partir de l'unité jusqu'à 9. De même pour les autres *carrés*.

Pour éviter, lorsqu'on arrive à des nombres élevés, la fatigue d'ajouter tous les nombres à partir de l'unité, nous avons cherché et trouvé une méthode pour obtenir facilement la quotité de la somme des nombres à

---

(1) Moschopoulos ne donnera aucune méthode pour les nombres pairs-impairs.

κατέχομεν τὸν ἀριθμὸν μέχρις [1] οὗ ἡ σύνθεσις προχωρεῖ · καὶ πολλαπλασιάζομεν αὐτὸν ἐφ' ἑαυτόν · καὶ τὴν γινομένην ἀπὸ τοῦ πολλαπλασιασμοῦ [2] ποσότητα διαιροῦμεν εἰς ἴσα δύο · εἶτα τῷ ἑνὶ μέρει συντιθέαμεν τὸ ἥμισυ μέρος τοῦ πολλαπλασιασθέντος ἐφ' ἑαυτὸν ἀριθμοῦ. καὶ συμβαίνει ἐξ ἀνάγκης τὴν [3] ποσότητα τῆς συνθέσεως τοῦ ἡμίσεος μέρους [4] τῆς ἀπὸ τοῦ πολλαπλασιασμοῦ ποσότητος καὶ <τοῦ ἡμίσεος μέρους> [5] τοῦ πολλαπλασιάσαντος ἑαυτὸν ἀριθμοῦ, εἶναι τὴν αὐτὴν τῇ ἀπὸ τῆς συνθέσεως τῶν ἀπὸ μονάδος ἀριθμῶν μέχρι τοῦ πολλαπλασιάσαντος ἑαυτὸν ἀριθμοῦ.

Γένοιτο δ' ἂν [6] τοῦτο σαφέστερον ἐπὶ τῶν ὡρισμένων ἀριθμῶν οὕτως · ὑποκείσθω πάλιν ὁ θ μέχρις [7] οὗ ζητεῖται [8] ἡ ποσότης τῆς συνθέσεως τῶν ἀπὸ μονάδος ἀριθμῶ · τοῦτον · οὖν πολλαπλασιάζομεν ἐφ' ἑαυτὸν καὶ γίνεται ὁ πα · ὃν διαιροῦμεν εἰς ἴσα δύο · καὶ ἐπιβάλλει ἑκατέρῳ τῷ μέρει μ. [9] καὶ ἥμισυ μονάδος · εἶτα [10] πάλιν διαιροῦμεν τὸν θ εἰς ἴσα δύο · καὶ ἐπιβάλλει ἑκατέρῳ τῷ μέρει δ μονάδες καὶ ἥμισυ [11] · ταύτας συντιθέαμεν τῷ ἡμίσει μέρει τῆς ἀπὸ τοῦ πολλαπλασιασμοῦ [12] ποσότητος, ἤγουν [13] τοῖς μ καὶ ἡμίσει, καὶ γίνονται ὁμοῦ με · ἦν δὲ καὶ ἡ ποσότης τῆς συνθέσεως τῶν ἀπὸ μονάδος ἀριθμῶν μέχρι τοῦ θ, με · ταὐτὸ δὲ συμβαίνει καὶ ἐπὶ τῶν ἄλλων ἁπάντων.

Τούτων οὕτως ἐχόντων, καιρὸς ἤδη περὶ τῆς θέσεως εἰπεῖν · ἀρχὴ δὲ ἡμῖν ἔστω ὅθεν ὁ ἀριθμὸς δίδωσι [14] · δίδωσι δὲ πρῶτον τὸν ἀπὸ τοῦ γ οὕτω δυνάμενον τετραγωνισθῆναι (Fig. 2) : περὶ οὗ ἡμῖν καὶ πρῶτον εἰρήσεται · ἡ δ' εἰρησομένη μέθοδος ἐπὶ τοῦτον, ἐπὶ πάντας τοὺς ὁμοειδεῖς διαβήσεται · ἔστι μὲν οὖν δυνατὸν γενέσθαι θέσιν τὸ ἴσον πανταχόθεν δυναμένην ποιεῖν, διὰ τῶν δύο καὶ τριῶν · ἔστι δὲ καὶ διὰ τῶν τριῶν καὶ πέντε.

---

[1] μέχρι Β. — [2] πολλαπλασίου Μ. — [3] τὴν) τί εἰ Β. — [4] μέρος: Μ. — [5] J'ai ajouté τοῦ ἡμίσεος μέρους. — [6] δ'ἂν) δὲ Μ. — [7] μέχοι ΒΜ. corr. G. — [8] ζητῆται Μ. — [9] μ) ὁ μονάδες; Μ. — [10] μονάδος · εἶτα om. Μ. — [11] καὶ ἐπιβάλλει..... καὶ ἥμισυ om. Μ. — [12] πολλαπλασίου Μ. — [13] ἤγουν) ἥμισυ G : abr. mal résolue. — [14] δίδωσι om. Β.

partir de l'unité jusqu'à tel que l'on voudra; voici cette méthode :

Nous prenons le nombre jusqu'où va l'addition, et nous le multiplions par lui-même; puis nous partageons en deux parties égales la quotité provenant de cette multiplication; à l'une des parties nous ajoutons la moitié du nombre qui a été multiplié par lui-même; il arrive nécessairement que la quotité de la somme de la moitié de la quotité provenant de la multiplication et *de la moitié* du nombre qu'on multiplie par lui-même est identique à la quotité de la somme des nombres à partir de l'unité jusqu'à celui qu'on a multiplié par lui-même.

Ceci peut être rendu plus clair sur des nombres déterminés, comme suit :

Prenons encore 9, comme le nombre jusqu'auquel on cherche la somme des nombres à partir de l'unité. Nous le multiplions par lui-même; il vient 81 que nous divisons en deux parties égales; il revient à chacune des deux parties $40\frac{1}{2}$; maintenant nous divisons aussi 9 en deux parties égales; il revient à chacune des deux parties $4\frac{1}{2}$, que nous ajoutons à la moitié de la quotité provenant de la multiplication, c'est-à-dire à $40\frac{1}{2}$. Il vient comme somme 45. Or la quotité de la somme de tous les nombres à partir de l'unité jusqu'à 9 était également de 45, et cela arrive également pour tous les autres nombres.

· Ceci posé, il convient maintenant d'aborder la disposition. Nous commencerons par le premier nombre qui en est susceptible; ce premier nombre qui puisse être ainsi disposé en carré est celui formé de 3 (Fig. 2), dont nous allons donc parler en premier lieu; mais la méthode qui va être exposée pour ce nombre pourra s'appliquer à tous ceux de même espèce (*les impairs*). Or on peut obtenir la disposition qui donne l'égalité dans tous les sens soit par 2 et 3, soit par 3 et 5.

Καὶ διὰ μὲν τῶν δύο καὶ τριῶν, οὕτως · ἀναγεγραμμένων τῶν τόπων τοῦ πρώτως οὕτω δυναμένου τετραγωνισθῆναι, ἤγουν[1] τοῦ 0, οὕτως · τιθέαμεν τὴν μονάδα ἐπὶ τοῦ μέσου τόπου τῶν τριῶν τῶν κατωτάτω · καὶ μετροῦμεν δύο τόπους, ἕνα[2] τοῦτον τὸν ἔχοντα τὴν μονάδα, καὶ τὸν ἕτερον ζητοῦμεν κατωτέρω[3] τούτου κατ᾽ εὐθεῖαν · τὸν κατωτέρω γὰρ ἀεὶ δεῖ ζητεῖν · ἐπεὶ δὲ οὐχ εὑρίσκομεν, ἀνατρέχομεν ἐπὶ τὸν[4] ἀνωτάτω πάλιν κατ᾽ εὐθεῖαν, ὥσπερ ἀνα-κυκλοῦντες τοὺς τόπους · καὶ μετροῦμεν ἐκεῖνον δεύτερον · εἶτα τιθέαμεν τὰ β ἐπὶ τῷ μετ᾽ ἐκεῖνον δεξιῷ[5] τόπῳ κατ᾽ εὐθεῖαν · καὶ μετροῦμεν πάλιν δύο τόπους, ἕνα τοῦτον τὸν ἔχοντα τὰ β, καὶ τὸν δεύτερον κατωτέρω τούτου · καὶ ζητοῦμεν ἐπὶ τὰ δεξιὰ τόπον κατ᾽ εὐθεῖαν[6], ἵνα θῶμεν τὰ γ · ἀεὶ γὰρ τὸν ἐπὶ τὰ δεξιὰ δεῖ ζητεῖν[7] · ἐπεὶ δὲ οὐχ εὑρίσκομεν, ἀνακάμπτομεν ἐπὶ τὰ ἀριστερὰ κατ᾽ εὐ-θεῖαν · πληρουμένων γὰρ ἀεὶ τῶν τόπων ἐπὶ τὴν ἀρχὴν αὐτῶν ἀναστρέφειν δεῖ · καὶ ἐπιτιθέαμεν[8] τὰ γ[9] ἐπὶ τῷ τελευταίῳ μὲν τόπῳ ἀπὸ τῆς ἀνακάμψεως, πρώτῳ δὲ τῇ ἐπὶ τὰ δεξιὰ κινήσει, ἣν κινούμενοι ἠναγκάσθημεν[10] ἐξ ἀρχῆς τοὺς τόπους μετρεῖν κατὰ κύκλον · ἐπεὶ δὲ ἤλθομεν[11] ἐπὶ τὸν γ τὸν πολλαπλασιά-σαντα[12] ἑαυτὸν καὶ ποιήσαντα τὸν τετράγωνον, ἤγουν[13] τὴν πλευ-ρὰν τοῦ θ, οὐκέτι μετροῦμεν δύο τόπους, ἵνα ἐπὶ τῷ δεξιῷ τὰ δ θείημεν, ἀλλὰ τρεῖς, οὕτως · ἕνα[14] τοῦτον τὸν ἔχοντα τὰ γ, δεύ-τερον τὸν κατωτέρω τούτου, τὸν τρίτον[15] ζητοῦμεν κατωτέρω · καὶ ἐπεὶ οὐχ εὑρίσκομεν, ἀνατρέχομεν ἐπὶ τὸν ἀνωτάτω κατ᾽ εὐ-θεῖαν · καὶ μετροῦμεν τοῦτον τρίτον · καὶ τιθέαμεν ἐπ᾽ αὐτῷ τούτῳ τὰ δ, μὴ παρεκκλίνοντες · εἶτα, ὥσπερ ἀρχὴν ἐκεῖθεν λαμβάνον-τες[16], μετροῦμεν πάλιν διὰ τῶν δύο · καὶ τιθέαμεν τὸν ἑξῆς[17] ἀριθμὸν ἐπὶ τῷ δεξιῷ, κατὰ τὴν εἰρημένην ἀκολουθίαν · καὶ τοῦτο ποιοῦμεν ἕως ἂν[18] πάλιν ἀφικώμεθα ἐπὶ τὴν πλευρὰν τοῦ θ, ἤγουν[19] ἐπὶ τὸν ς, τὸν διπλάσιον τοῦ γ · ἐπὶ τοῦτον γὰρ πάλιν ἀφιγμένοι, μετροῦμεν διὰ τῶν τριῶν · καὶ τιθέαμεν τὸν ἐφεξῆς

---

[1] ἤγουν) ἥμισυ G comme plus haut. — [2] ἵνα M. — [3] κατωτερου M. — [4] τὰ G. — [5] δεξιῶν B. — [6] καὶ μετροῦμεν πάλιν..... κατ᾽ εὐθεῖαν om. M. — [7] ζητῶν B. — [8] τιθέαμεν M. — [9] γ) η G. — [10] ἀναγλάσθημεν M. — [11] ἔλθομεν M. — [12] διπλασιάσαντα M. — [13] ἤγουν. G n'a pu lire. — [14] ἵνα M. — [15] τρίτον om. B. — [16] λαβάνοντες B. — [17] ἐφεξῆς G. — [18] ἕως ἂν) ὥς ἂν M ὥστ᾽ ἂν G. — [19] G n'a pu lire.

[*Méthode pour les carrés de nombres impairs.*]

Voici d'abord le procédé par 2 et 3. Nous mettons d'abord l'unité dans la case au milieu des trois du bas et nous comptons deux cases, l'une celle qui a cette unité, l'autre nous la cherchons en dessous de la première en ligne directe, car il faut toujours aller de haut en bas ; comme nous n'en trouvons pas, nous remontons tout en haut, toujours en ligne directe, comme en revenant en cercle (ἀνακυκλοῦντες), et nous comptons cette seconde case ; puis nous plaçons 2 dans la case à droite de celle-ci en ligne directe, et nous comptons de nouveau deux cases, l'une celle qui a 2, la seconde au-dessous, et nous cherchons une case à droite en ligne directe pour y mettre 3 ; ne la trouvant pas, nous nous reportons à gauche en ligne directe ; car, lorsqu'une rangée de cases est terminée, il faut toujours revenir à son commencement. Nous plaçons donc 3 sur la case qui est la dernière pour notre marche en sens inverse, mais la première dans la marche vers la droite, c'est-à-dire celle que nous devons suivre dès le principe en comptant les cases comme en cercle. Etant ainsi arrivés à 3 qui multiplié par lui-même donne le carré, c'est-à-dire qui est le côté de 9, nous ne comptons plus deux cases pour placer ensuite 4 à droite ; mais nous comptons trois, comme suit : une, celle qui a 3, deux, celle au-dessous, trois, nous cherchons en dessous, mais ne trouvant plus de case, nous remontons tout en haut en ligne directe ; nous y comptons la case comme troisième et nous y plaçons 4 sans nous écarter de la ligne directe : puis repartant de là comme d'un nouveau commencement, nous comptons par 2 et nous plaçons le nombre suivant à droite suivant la marche indiquée ; nous continuons ainsi jusqu'à ce que nous retombions sur le côté de 9, c'est-à-dire sur 6, double de 3. Arrivés à ce nombre, nous recommençons à compter par trois et à placer le nombre suivant sur la troisième case sans

τούτου ἐπὶ τῷ τρίτῳ, μὴ[1] παρεκκλίνοντες · εἶτα πάλιν μετροῦμεν δύο · καὶ τιθέαμεν ἐπὶ τῷ δεξιῷ · καὶ τοῦτο[2] μέχρι τέλους
ποιοῦμεν · ὥσπερ δὲ ἐνταῦθα, διὰ μὲν τῶν δύο μετροῦμεν ἐπὶ τῶν
ἄλλων ἁπάντων · διὰ δὲ τῶν τριῶν, ὅτε μόνον μεταπίπτομεν ἀπὸ
πλευρᾶς ἐφ᾽ ἑτέραν πλευράν. Οὕτω καὶ ἐφ᾽ ἁπάντων ποιοῦμεν τῶν
ὁμοειδῶν · μετροῦμεν γὰρ κατὰ ταύτην τὴν ἀκολουθίαν · διὰ μὲν
τῶν δύο, μέχρι τῆς πλευρᾶς τῶν τόπων τοῦ προκειμένου τετραγώνου · διὰ δὲ τῶν τριῶν πάλιν, ἵνα μεταπέσωμεν ἐπὶ τὸν ἑξῆς[3] ·
καὶ τοῦτο μέχρι τέλους, ἀνακυκλουμένων καὶ τῶν τόπων, ὥσπερ
ἐνταῦθα · καὶ ἁπλῶς πάντα κατὰ τὴν αὐτὴν ἀκολουθίαν συμβαίνει,
πλὴν τῆς θέσεως τῆς μονάδος · αὕτη γὰρ οὐκ ἐπὶ τῶν αὐτῶν ἀεὶ
τίθεται, ἀλλ᾽[4] ἐφ᾽ ἑκάστῳ τετραγώνῳ μεταλλάττει τὴν θέσιν ·
καὶ ἐν μὲν τῷ πρώτῳ τῶν ἀπὸ περιττῶν γινομένων τετραγώνων,
τίθεται ἐπὶ τῷ μέσῳ τῶν κατωτάτω[5] τόπων · ἐν δὲ τῷ δευτέρῳ[6],
ἐπὶ τῷ μέσῳ τῶν μονάδι ἀνωτέρω · καὶ ἐπὶ τοῦ τρίτου, ἐπὶ τῷ
μέσῳ τῶν[7] μονάδι πάλιν τούτων ἀνωτέρω · καὶ ἁπλῶς ἀνιόντων
τῶν ἀριθμῶν, ἄνεισι[8] καὶ αὕτη ἐπὶ τῶν τόπων · συμβαίνει δὲ αὐτὴν ἀεὶ τίθεσθαι ἐπὶ τῷ μονάδι κατωτέρω κατ᾽ εὐθεῖαν τόπῳ τοῦ
μεσαιτάτου πάντων τῶν τόπων τοῦ προκειμένου τοιούτου[9] τετραγώνου · πάρεστι δὲ ταῦτα πάντα σαφέστερον ὁρᾶν ἐπὶ τῆς ἀναγραφῆς. (Fig. 3. 4. 5.)

Διὰ δὲ τῶν τριῶν καὶ πέντε, οὕτως · ἀναγράφομεν τετράγωνον[10], καὶ περιγράφομεν αὐτῷ τοὺς τόπους τοῦ τετραγώνου ἀριθμοῦ · εἶτα τιθέαμεν τὴν μονάδα ἀεὶ ἐπὶ τοῦ μέσου τῶν ἀνωτάτω
τόπων · καὶ μετροῦμεν τόπους τρεῖς, ἕνα[11] τὸν ἔχοντα τὴν μονάδα,

---

[1] μὴ) καὶ M. — [2] τοῦτο) M aj. μὲν. — [3] ἐφεξῆς M. — [4] ἀλλ᾽) ἀεὶ M. —
[5] κάτω B. — [6] δευτέρῳ) β M. — [7] τὸν B. — [8] ἄνισει M. — [9] τούτου M.
— [10] τετράγωνον) M aj. γ̅. — [11] ἵνα M.

nous écarter de la ligne directe ; puis nous comptons par deux et mettons à droite, et ainsi de suite jusqu'à la fin, en comptant encore toujours par deux, pour tous les nombres, sauf quand nous venons de passer d'un côté à un autre côté *(d'un multiple de la racine au multiple suivant)*, alors nous comptons par trois.

Nous faisons de même pour tous les nombres de même espèce, en comptant suivant la règle énoncée ; par deux, jusqu'au côté *(racine)* du nombre des cases du carré proposé ; puis par trois, pour le nombre consécutif ; et ainsi de suite jusqu'à la fin, en reprenant circulairement les cases comme dans l'exemple ; en somme, nous observerons exactement les mêmes règles, sauf pour la position de l'unité ; car celle-ci ne doit pas être toujours placée sur la même case, mais elle change de position à chaque carré. Pour le premier carré formé d'un nombre impair, on le place au milieu des cases inférieures ; pour le second carré, au milieu de la rangée immédiatement supérieure ; pour le troisième, au milieu de la rangée immédiatement supérieure à la précédente ; en règle générale, à chaque passage à un nombre supérieur, elle monte elle-même d'une case, en sorte qu'elle se trouve toujours placée sur la case située immédiatement et directement au-dessous de celle qui est précisément au milieu de toutes les cases du carré proposé de cette espèce : on verra tout cela plus clairement sur les figures (Fig. 3, 4, 5).

[*Autre méthode.*]

Voici maintenant le procédé par 3 et 5 ; nous traçons le carré et nous y circonscrivons les cases du nombre carré ; puis nous mettons l'unité toujours dans la case du milieu du rang le plus en haut ; nous comptons ensuite trois cases, une, celle qui porte l'unité, les deux autres consécutivement en descendant, et nous mettons 2 directement à droite de la troisième case ; ensuite nous repartons en comptant de même trois cases pour

καὶ δύο κατωτέρω τούτου[1] ἐφεξῆς · καὶ τιθέαμεν ἐπὶ τῷ δεξιῷ τοῦ
τρίτου κατ᾽ εὐθεῖαν τὰ β · εἶτα πάλιν ἐκεῖθεν μετροῦμεν τρεῖς
τόπους ὁμοίως · καὶ τιθέαμεν ἐπὶ τῷ δεξιῷ τὰ γ · εἰ δὲ μὴ ἔχομεν
ἐπὶ τῶν δεξιῶν τόπον[2], ἀναστρέφομεν ἐπὶ τὰ ἀριστερὰ κατ᾽ εὐθεῖαν, ὥσπερ ἐπὶ τῆς προτέρας μεθόδου · καὶ τιθέαμεν αὐτὸν ἐπὶ
τῷ τελευταίῳ μὲν τόπῳ ἀπὸ τῆς ἀνακάμψεως, πρώτῳ δὲ τῇ ἐπὶ
τὰ δεξιὰ κινήσει · καὶ τοῦτο ποιοῦμεν ἕως ἂν ἔλθωμεν ἐπὶ τὴν
πλευρὰν τοῦ προκειμένου τετραγώνου · ἐπ᾽ ἐκείνην γὰρ ἀφιγμένοι,
μετροῦμεν πέντε τόπους, ἕνα[3] τὸν ἔχοντα τὴν πλευράν, καὶ τέσσαρας κατωτέρω τούτου · εἶτα τιθέαμεν ἐπὶ τῷ πέμπτῳ τόπῳ, μὴ
παρεκκλίνοντες, τὸν ἐφεξῆς ἀριθμὸν τῆς πλευρᾶς · εἶτα πάλιν
μετροῦμεν διὰ τῶν τριῶν μέχρι τῆς πλευρᾶς, ἀνακυκλοῦντες τοὺς
τόπους, ὥσπερ ἐπὶ τῆς προτέρας μεθόδου · καὶ τοῦτο μέχρι τέλους
ποιοῦμεν · ἔστι δὲ αὕτη ἡ μέθοδος κατὰ πάντα ὁμοία[4] τῇ προτέρᾳ,
πλὴν ὅτι ἐκεῖ μὲν ἡ μονὰς ἐν ἄλλῳ καὶ ἄλλῳ τόπῳ ἐτίθετο, ἐνταῦθα δὲ ἀεὶ ἐπὶ τοῦ μέσου τῶν ἀνωτάτω τόπων · καὶ ὅτι ἐκεῖ μὲν
ἐμετροῦμεν[5] διὰ τῶν δύο καὶ τριῶν, ἐνταῦθα δὲ διὰ τῶν τριῶν καὶ
πέντε. πάρεστι δὲ ταῦτα σκοπεῖν ἐπὶ τῆς ἀναγραφῆς. (Fig. 6.
7. 8.)

Καὶ αὗται μὲν αἱ μέθοδοι ἐπὶ τῶν ἀπὸ περιττῶν τετραγώνων ·
ἐπὶ δὲ τῶν ἀπὸ ἀρτιάκις ἀρτίων, ἕτεραι πάλιν εὕρηνται δύο · ὧν
ἡ[6] ἑτέρα μέν ἐστιν οὕτως · ἀναγράφομεν τόπους τοιούτου[7] τετραγώνου · εἶτα τιθέαμεν σημεῖα οὕτως · ἐπὶ μὲν τοῦ πρώτου τοιούτου
τετραγώνου, ἐπὶ τῶν ἐν ταῖς διαμέτροις τόπων μόνον, οὕτως·
(Fig. 9). ἐπὶ δὲ[8] τῶν ἐφεξῆς τετραγώνων (Fig. 10. 11), πρῶτον μὲν ἐν ταῖς διαμέτροις · εἶτα καὶ οὕτως · μετροῦμεν ἀπὸ τοῦ
πρώτου τῶν ἀνωτάτω τόπων τέσσαρας ἐφεξῆς τόπους ἐπὶ τὰ δεξιά,
ἕνα[9] τὸν πρῶτον[10], καὶ τρεῖς ἑτέρους · καὶ τιθέαμεν ἐπὶ τῷ τε-
τάρτῳ σημεῖον · καὶ ἐπὶ τῷ δεξιῷ τόπῳ ἐφεξῆς αὐτοῦ κατ᾽[11] εὐ-

---

[1] τούτου A.— [2] τόπων M²G.— [3] ἵνα M.— [4] ὅμοια M.— [5] μετροῦμεν
M. — [6] ἡ om. M. — [7] τούτου M. — [8] ἐπὶ δὲ) ἐπὶ δὲ ὅτι ἐπὶ M, —
[9] ἵνα M. — [10] πρῶτον) ἀριθμὸν M. — [11] κατ᾽) καὶ M.

mettre 3 à droite; si nous ne trouvons pas de case à droite, nous reprenons sur la gauche en ligne droite, comme dans le premier procédé, et nous prenons la case qui est la dernière dans le sens rétrograde, mais la première pour le mouvement vers la droite; nous continuons de la même façon jusqu'à ce que nous arrivions au côté du carré proposé; arrivés à ce nombre, nous comptons cinq cases, une celle qui porte le carré, les quatre autres consécutivement en descendant, et sur la cinquième, sans nous en écarter, nous mettons le nombre suivant le côté. Nous recommençons ensuite à compter par trois, en reprenant circulairement les cases comme dans le premier procédé, et nous continuons ainsi jusqu'à la fin; cette méthode est en tout analogue à la première, sauf que dans celle-ci l'unité se place dans des cases différentes, tandis qu'avec ce nouveau procédé, elle est toujours au milieu du rang supérieur; d'autre part, dans la première, on comptait par deux et trois, dans la seconde on compte par trois et cinq; on peut voir tout cela sur les figures (Fig. 6, 7, 8).

[*Méthode pour les carrés pairement pairs.*]

Tels sont les procédés pour les carrés de nombres impairs; pour ceux des nombres pairement pairs, on a aussi trouvé deux méthodes, dont voici la première. Nous traçons les cases d'un carré de cette espèce, puis nous y mettons des points comme suit: Pour le premier carré de l'espèce (Fig. 9), sur les cases des diagonales seulement, comme ci-contre; pour les carrés suivants (Fig. 10, 11), d'abord sur les diagonales, puis comme suit: nous comptons quatre cases de suite vers la droite, à partir de la première case du rang supérieur, une pour cette première case, puis trois autres; sur la quatrième, nous mettons un point, ainsi que sur celle qui la suit directement à droite; à partir de cette dernière, nous

θεῖαν, ἕτερον · εἶτα ἀπὸ τούτου μετροῦμεν πάλιν δ¹ τόπους καὶ ἐπὶ τῷ δ⁹ τιθέαμεν σημεῖον · καὶ ἐπὶ τῷ δεξιῷ κατ' εὐθεῖαν εὐθὺς μετ' αὐτόν ², ἕτερον ³ · καὶ τοῦτο ⁴ μέχρι ἂν ἐγχωροίη · τοῦτο ποιοῦμεν καὶ ἐπὶ τῶν ἄλλων τῶν κύκλῳ τοῦ τετραγώνου πλευρῶν ⁵ · εἶτα ἄγομεν σημεῖα ἀπὸ μὲν τοῦ δ⁹, τοῦ ⁶ τῶν ἀνωτάτω τόπων, εἴ τις ἐπὶ τὰ δεξιὰ μετρεῖ, λοξῶς ἐπὶ τὸν δ⁹ τόπον τῆς ἀριστερᾶς πλευρᾶς, εἴ τις ἐπὶ τὰ κάτω μετρεῖ · ὡς συναντᾶν οὕτω τὰ σημεῖα, καὶ τρίγωνον ἰσόπλευρον ποιεῖν ἐπὶ τῆς γωνίας τοῦ τετραγώνου · ἀπὸ δὲ τοῦ ε⁹ τόπου, ἐπὶ τὸν ε⁹ τῆς δεξιᾶς⁷ πλευρᾶς, εἴ τις ἐπὶ τὰ ἄνω ⁸ μετρεῖ · καὶ πάλιν ἀπὸ μὲν τοῦ δ⁹ ὡς ἀπὸ πρώτου τοῦ ε⁹⁹ ⁹, ἐπὶ τὰ ἀριστερὰ λοξῶς · ἀπὸ δὲ τοῦ ε⁹⁹, ἐπὶ τὰ δεξιά · καὶ τοῦτο μέχρι τέλους τῶν ἀνωτάτω [λοιπῶν] ¹⁰ τόπων · εἶτα στρέφομεν τὸ τετράγωνον καὶ ποιοῦμεν τὴν κατωτάτω πλευρὰν ἀνωτάτω · καὶ ἄγομεν ἀπ' αὐτῆς τὰ σημεῖα ὁμοίως ὡς ὁρᾶν πάρεστιν ἐπὶ τῆς ἀναγραφῆς.

Μετὰ δὲ τὸ θεῖναι τὰ σημεῖα οὕτω ¹¹, διερχόμεθα τοὺς ἐφεξῆς ἀριθμοὺς ἀπὸ τῆς μονάδος, καὶ τοὺς τόπους ὁμοίως τοῦ προκειμένου τετραγώνου ἀπὸ τοῦ πρώτου τῶν ἀνωτάτω τόπων ἐπὶ τὰ δεξιά · καὶ τιθέαμεν, ἔνθα μέν εἰσι τὰ σημεῖα, τοὺς συμβαίνοντας τοῖς τόποις ἀριθμούς · ἔνθα δὲ οὐκ εἰσι σημεῖα ¹², παρερχόμεθα τοὺς τόπους μετὰ τῶν συμβαινόντων αὐτοῖς ἀριθμῶν · καὶ τοῦτο μέχρι τέλους ποιοῦμεν τῶν τόπων τοῦ τετραγώνου παντός · εἶτα πάλιν ἀρχόμεθα ἀπὸ τῆς μονάδος, καὶ διερχόμεθα τοὺς ἐφεξῆς ἀριθμούς, καὶ τοὺς τόπους τοῦ τετραγώνου ἀπὸ τοῦ πρώτου τῶν κατωτάτω ¹³ τόπων ἐπὶ τὰ ἀριστερά · καὶ τιθέαμεν, ἔνθα μέν εἰσι ¹⁴ κενοὶ τόποι, τοὺς συμβαίνοντας αὐτοῖς ἀριθμούς · ἐφ' ὧν δέ εἰσιν ἀριθμοί, παρατρέχομεν αὐτοὺς μετὰ τῶν συμβαινόντων αὐτοῖς ἀριθμῶν · καὶ τοῦτο ποιοῦμεν ἀνατρέχοντες μέχρι τοῦ πρώτου τῶν ἀνωτάτω τόπων ἀφ' οὗ κατιόντες ἠρξάμεθα.

---

¹ δ) τέτταρας AB, τέσσαρας M. — ² αὐτοῦ G. — ³ ἕτεροι M. — ⁴ τοῦ-τον M. — ⁵ τοῦ τετραγώνου πλευρῶν) τῶν πλευρῶν τοῦ τετραγώνου M. — ⁶ τοῦ om. M. — ⁷ δεξιᾶς om. M. — ⁸ ἀνωτάτω M. — ⁹ τοῦ ε⁹⁹ om. B. — ¹⁰ λοιπῶν om. AB. — ¹¹ οὕτως M. — ¹² τοὺς συμβαίνοντας..... σημεῖα om M. — ¹³ ἀνωτάτω M. — ¹⁴ εἰσι) εἰσιν ἀριθμοί M.

comptons de nouveau quatre cases, et nous mettons un point sur la quatrième et un autre point sur celle qui la suit immédiatement à droite ; nous continuons de la sorte tant que cela se peut, et nous poursuivons ensuite sur les autres côtés du carré en cercle. Puis nous menons une ligne oblique de points de la quatrième case du haut, comptée de gauche à droite, à la quatrième case du côté gauche, comptée de haut en bas, de façon à réunir les points extrêmes et à former un triangle isoscèle sur l'angle du carré ; nous joignons de même la cinquième case (du haut) à la cinquième du côté droit comptée de bas en haut ; nous allons ensuite de la quatrième du rang supérieur, comptée à partir de la cinquième comme première, en obliquant à gauche, puis de la cinquième en obliquant à droite ; et ainsi de suite jusqu'à la fin des cases du rang supérieur ; ensuite nous retournons le carré pour prendre le rang d'en bas comme rang supérieur, et en mener de même des lignes de points, comme on peut le voir sur la figure.

Après avoir ainsi placé les points, nous comptons en même temps les nombres consécutifs à partir de l'unité, et les cases du carré proposé à partir de la première du rang supérieur de gauche à droite, et là où se trouvent des points nous mettons les nombres correspondants ; là où il n'y a pas de points, nous passons les cases et les nombres correspondants ; nous continuons ainsi jusqu'à la dernière case de tout le carré ; puis nous recommençons à compter les nombres consécutifs à partir de l'unité et les cases à partir de la première du rang inférieur de droite à gauche, et là où les cases sont vides, nous mettons les nombres correspondants ; celles qui contiennent déjà des nombres, nous les passons avec les nombres correspondants, et nous continuons ainsi en remontant jusqu'à la première case du haut d'où nous sommes partis en descendant.

Ἵνα δὲ [1] σαφέστερον τοῦτο γένηται [2], μεταχειρισώμεθα ἓν τῶν τοιούτων τετραγώνων · ἔστω δὲ τὸ πρῶτον ἤγουν [3] τὸ τὴν [4] πλευρὰν ἔχον τὰ δ · ὅπερ ἀναγράφομεν καὶ τιθέαμεν ἐπὶ τῶν ἐν ταῖς διαμέτροις τόπων τὰ σημεῖα, οὕτως (Fig. 9. 12) · εἶτα ἀρχόμεθα ἀπὸ τοῦ αου τῶν ἀνωτάτω τόπων καὶ ἀπὸ τῆς μονάδος · καὶ τιθέαμεν εὐθὺς ἐπ' αὐτῷ τούτῳ τῷ αῳ τόπῳ τὴν μονάδα, ἐπεί ἐστιν ἐν αὐτῷ σημεῖον · τὸν δὲ [5] βον τόπον παρερχόμεθα, ἐπεὶ οὐκ ἔχει σημεῖον, καὶ τὴν δυάδα μετ' αὐτοῦ, ἐπεὶ συμβαίνει αὐτῷ · καὶ τὸν γον ὁμοίως παρερχόμεθα τόπον, καὶ τὴν τριάδα μετ' αὐτοῦ · ἐπὶ δὲ τοῦ δου τιθέαμεν τὰ δ, ἐπεί ἐστιν ἐν αὐτῷ σημεῖον · τὸν εον παρερχόμεθα καὶ σὺν αὐτῷ τὴν πεντάδα · ἐπὶ τῷ ϛῳ τιθέαμεν τὰ ϛ · καὶ ἐπὶ τῷ ζῳ τὰ ζ · τὸν ηον παρερχόμεθα καὶ τὰ η · καὶ τὸν θον ὁμοίως καὶ τὰ θ · ἐπὶ δὲ τῷ ιῳ τιθέαμεν τὰ ι · καὶ ἐπὶ τῷ ιαῳ τὰ ια · τὸν ιβον παρερχόμεθα [6] καὶ τὰ ιβ · ἐπὶ τῷ ιγῳ τιθέαμεν τὰ ιγ · τὸν ιδον παρερχόμεθα καὶ τὰ ιδ · καὶ τὸν ιεον ὁμοίως [7] καὶ τὰ ιε · ἐπὶ δὲ τῷ ιϛῳ τιθέαμεν τὰ ιϛ · εἶτα ἀρχόμεθα πάλιν ἀπὸ τῆς μονάδος, ποιοῦμεν δὲ ἀρχὴν τοῦ τετραγώνου τὸν αον τῶν κατωτάτω τόπων αὐτοῦ · καὶ μετροῦμεν ἐπὶ τὰ ἀριστερά · παρερχόμεθα δὲ τοῦτον εὐθὺς ἐπεί ἐστιν ἐν αὐτῷ ἀριθμός, καὶ μετ' αὐτοῦ τὴν μονάδα, ἐπεὶ συμβαίνει αὐτῷ · ἐπὶ δὲ τῷ βῳ τιθέαμεν τὰ β, ἐπεὶ οὐκ ἔστιν ἐν αὐτῷ ἀριθμός · καὶ ἐπὶ τῷ γῳ τὰ γ · τὸν δον παρερχόμεθα καὶ τὰ δ · ἐπὶ τῷ εῳ τιθέαμεν τὰ ε · τὸν ϛον παρερχόμεθα καὶ τὰ ϛ · καὶ τὸν ζον ὁμοίως καὶ τὰ ζ · ἐπὶ τῷ ηῳ τιθέαμεν τὰ η · καὶ ἐπὶ τῷ θῳ τὰ θ · τὸν ιον παρερχόμεθα καὶ τὰ ι · καὶ τὸν ιαον ὁμοίως καὶ τὰ ια · ἐπὶ τῷ ιβῳ τιθέαμεν τὰ ιβ · τὸν ιγον παρερχόμεθα καὶ τὰ ιγ · ἐπὶ τῷ ιδῳ τιθέαμεν τὰ ιδ · καὶ ἐπὶ τῷ ιεῳ τὰ ιε · τὸν ιϛον παρερχόμεθα καὶ τὰ ιϛ · ὡς ἐπὶ τοῦ διαγράμματος σαφέστατα [8] ὁρᾶν πάρεστι [9] · ταύτῃ τῇ [10] ἀκολουθίᾳ καὶ ἐπὶ τοῖς [11] ὁμοειδέσι χρησόμεθα · καὶ ἡ μὲν μία μέθοδος, ἰδοὺ εἴρηται.

[12] Ἡ δ' ἑτέρα [13] ἔχει τόνδε τὸν τρόπον · ἀναγράφω [14] τοὺς τό-

---

[1] δὲ om. M. — [2] γίνηται M. — [3] ἤγουν om. M. — [4] τὴν om. B.— [5] δὲ om. B. — [6] παραρχόμεθα B. — [7] ὁμοίως om. M. — [8] σαφέστατον B. — [9] πάρεστιν M. — [10] τῇ) δὴ M. — [11] τοὺς B. — [12] μέθοδος ἑτέρα om. A; B l'a en marge ; M dans le texte. — [13] ἑτέρα) M aj. μέθοδος. — [14] ἀναστράφω M, ἀναστρέφω G.

Pour rendre ceci plus clair, traitons un des carrés de l'espèce ; soit le premier, c'est-à-dire celui qui a 4 pour côté ; nous le traçons et nous mettons des points sur les cases des diagonales comme ci-contre (Fig. 9, 12) : nous commençons ensuite par la première case du haut et par l'unité, et nous mettons tout d'abord l'unité sur cette première case, puisqu'elle porte un point ; nous passons la seconde case où il n'y a pas de point, et en même temps le nombre 2 qui lui correspond ; nous passons de même la troisième case et le nombre 3 ; sur la quatrième case, qui porte un point, nous mettons 4 ; nous passons la cinquième case et le nombre 5 ; sur la sixième case, nous mettons 6 et sur la septième 7. Nous passons la huitième et 8, la neuvième et 9 ; sur la dixième nous mettons 10 et sur la onzième 11 ; nous passons la douzième et 12, sur la treizième nous mettons 13 ; nous passons la quatorzième et 14, la quinzième et 15 ; sur la seizième nous mettons 16. Nous recommençons maintenant par l'unité et par la première case du carré au rang du bas en allant vers la gauche ; nous passons cette première case qui contient un nombre, et en même temps nous passons l'unité qui lui correspond ; sur la deuxième case où il n'y a pas de nombre, nous mettons 2 ; sur la troisième 3 ; nous passons la quatrième et 4 ; sur la cinquième nous mettons 5 ; nous passons la sixième et 6, la septième et 7, nous mettons 8 sur la huitième, 9 sur la neuvième ; nous passons la dixième et 10, la onzième et 11, nous mettons 12 sur la douzième ; nous passons la treizième et 13, nous mettons 14 sur la quatorzième, 15 sur la quinzième ; nous passons enfin la seizième et 16. On peut suivre clairement l'opération sur la figure. Nous agirons suivant le même procédé pour les carrés de même nature.

[*Autre méthode.*]

Voilà donc la première méthode ; la seconde procède

πους τοῦ πρῶτον οὕτω δυναμένου τετραγωνισθῆναι, ἤγουν[1] τοῦ πλευρὰν ἔχοντος[2] τὰ δ · καὶ πληρῶ αὐτοὺς τῶν[3] ἀριθμῶν, οὕτως · (Fig 13) · εἶτα χρῶμαι τούτῳ τῷ τετραγώνῳ ἐπὶ τὰ ἐφεξῆς ὁμοειδῆ τετράγωνα, ὡς ἀρχετύπῳ καὶ εἰκόνι · πάντα γὰρ τὰ ἐφεξῆς εἰς τοῦτο διαιρεῖται · αὐτίκα τὸ μετὰ τοῦτο τὴν πλευρὰν ἔχει διπλασίαν τῆς πλευρᾶς τούτου · τὸ δ' ἀπὸ διπλασίας πλευρᾶς γινόμενον, ἀεὶ τὸ πᾶν τετραπλάσιον γίνεται τοῦ παντός, οὗ τῆς πλευρᾶς τὴν πλευρὰν ἔχει διπλασίαν · διαιρεῖται οὖν τὸ ἐφεξῆς τούτου εἰς τέσσαρα τοσαῦτα · τὸ δὲ μετὰ τοῦτο πάλιν διπλασίαν μὲν ἔχει τὴν πλευρὰν τῆς πλευρᾶς τούτου, τετραπλασίαν δὲ τοῦ πρώτου · καὶ γίνεται τὸ πᾶν, τούτου μὲν τετραπλάσιον, τοῦ πρώτου δέ, οὗ τῆς πλευρᾶς τὴν πλευρὰν εἶχε τετραπλασίαν, ιϛπλάσιον. διαιρεῖται οὖν τοῦτο εἰς ιϛ τοσαῦτα. εὑρίσκομεν δὲ ῥαδίως ποσαπλάσιόν ἐστι τὸ τετράγωνον τοῦ τετραγώνου[4] ἀπὸ τῆς πλευρᾶς · σκοπῶμεν γὰρ ποσαπλασία[5] ἐστὶν ἡ πλευρὰ τῆς πλευρᾶς · καὶ λαμβάνομεν τὸν ἀριθμὸν καθ' ὃν πολλαπλασία[5] ταύτης ἐστί · καὶ πολλαπλασιάζομεν τοῦτον ἐφ' ἑαυτόν, καὶ ὁ γινόμενος ἀπὸ τοῦ πολλαπλασιασμοῦ ἀριθμὸς[6] γίνεται λόγος τοῦ τετραγώνου πρὸς τὸ[7] τετράγωνον · οἷον, ἔστιν ἡ πλευρὰ τῆς πλευρᾶς τετραπλασία · λαμβάνω τὰ δ, καὶ[8] πολλαπλασιάζω[9] ταῦτα ἐφ' ἑαυτά, καὶ γίνεται ιϛ · ἀποφαίνομαι δὴ τὸ τετράγωνον τὸν ιϛπλάσιον λόγον ἔχειν τοῦ τετραγώνου · καὶ ἐπὶ τῶν ἄλλων ὁμοίως.

Ἤδη δὲ ἐπὶ τὴν θέσιν ἰτέον · ἥτις ἔχει τόνδε τὸν τρόπον · ἀναγράφομεν μετὰ τὸ πρῶτον οὕτω τετραγωνιζόμενον, ὅπερ ἤδη ἐκτέθειται[10], τόπους ἑτέρου τοιούτου[11] τετραγώνου · καὶ διαιροῦμεν αὐτοὺς διὰ σημείων τινῶν, εἰς ὅσα πρῶτα δύνανται διαιρεθῆναι τετράγωνα · εἶτα πληροῦμεν[12] τοὺς ἡμίσεις τόπους τῶν τετραγώνων ἐφεξῆς, ἀπὸ τοῦ ἀνωτάτω ἀρχόμενοι, ὁρῶντες εἰς τὸ πρῶτον, καὶ τιθέντες τοὺς ἀριθμοὺς κατὰ τὴν ἐν αὐτῷ θέσιν · εἶτα ἀπὸ τοῦ

---

[1] ἤγουν) G n'a pu lire. — [2] ἔχον B. — [3] τὸν B ; une seconde main a corrigé. — [4] τοῦ τετραγώνου om. M. — [5] πολλαπλασία et ποσαπλασία interv. M. — [6] πολλαπλασιάσαντος ἀριθμοῦ M. — [7] τὸν B. — [8] καὶ om. G. — [9] πολλαπλασιάζων M. — [10] ἐκτίθεται M. — [11] τοιτου M, τούτου G. — [12] πληρῶμεν M.

comme suit : je décris les cases du premier nombre
qui puisse être ainsi carré, c'est-à-dire de celui qui a 4
pour côté ; je remplis ces cases de nombres comme ci-
contre (Fig. 13) : puis je me sers de ce carré comme
archétype et comme modèle pour les carrés suivants
de même espèce ; car tous les carrés suivants l'ad-
mettent comme partie d'eux-mêmes ; tout d'abord celui
qui vient immédiatement après lui a son côté double
du sien ; or tout carré d'un côté double sera quadruple
de celui du côté dont le sien est double ; donc le carré
qui suit le premier se divise en quatre égaux au premier ; le suivant a son côté double du côté du précédent, quadruple de celui du premier ; il sera donc de
quatre fois le précédent et de seize fois le premier ; il
se divise donc en seize carrés égaux au premier. Nous
trouvons donc facilement le rapport de multiplicité des
carrés d'après leurs côtés ; nous examinons combien de
fois le côté est multiple du côté, et nous prenons le
nombre suivant lequel il est multiple ; nous multiplions
ce nombre par lui-même, le produit de cette multiplication sera le rapport des deux carrés. Ainsi le côté
est quadruple du côté ; je prends 4 et je le multiplie
par lui-même, il vient 16 ; je dis donc que le rapport
de multiplicité du carré au carré est 16 ; et de même
pour les autres.

Il faut maintenant passer à la position des nombres
qui se fera comme suit ; après le premier nombre qui
se carre ainsi et que nous avons déjà donné, nous décrivons les cases d'un autre carré de l'espèce, et nous
les divisons par des marques en autant de carrés égaux
au premier que cela peut se faire ; puis nous remplissons la moitié des cases des carrés en commençant par
le haut et en suivant ; pour cela nous regardons sur le
premier carré et nous plaçons les nombres suivant la
place qu'ils y occupent ; ensuite recommençant par le
bas, nous remontons jusqu'en haut, en remplissant l'autre moitié des cases qui a été laissée sur chaque carré.

κατωτάτω ἀρχόμενοι, ἀναποδίζομεν μέχρι τοῦ ἀνωτάτω, πλη
ροῦντες τοὺς ἑτέρους ἡμίσεις τόπους, τοὺς ὑπολελειμμένους ἐφ᾽
ἑκάστου τετραγώνου, ὁρῶντες πάλιν εἰς τὸ πρῶτον, καὶ τιθέντες
τοὺς ἀριθμοὺς κατὰ τὴν ἐν αὐτῷ θέσιν.

Ἀναγεγράφθω δὴ διὰ πλείονα σαφηνείαν [1] ἓν τοιοῦτον τετρά
γωνον, καὶ δειχθήτω ἐν αὐτῷ ἡ θέσις · ἔστω δὴ [2] τὸ μετὰ πρῶτον
εὐθύς (Fig. 14), ὅπερ ἀναγράφομεν, οὕτως [3] · καὶ διαιροῦμεν διὰ
σημείων εἰς ὅσα πρῶτα δύναται διαιρεθῆναι · διαιρεῖται δὴ εἰς [4] δ
καὶ πληροῦμεν τοὺς ἡμίσεις τόπους, οὕτως · ἀπὸ τοῦ ἀνωτάτω
ἀρχόμενοι [5] καὶ κατιόντες μέχρι τοῦ κατωτάτω, εἶτα ἀπὸ τοῦ
κατωτάτω ἀρχόμενοι, ἀναποδίζομεν ἐφεξῆς ὅθεν κατήειμεν [6], μέ
χρι τοῦ ἀνωτάτω, πληροῦντες τοὺς ὑπολελειμμένους τόπους [7]
κατὰ τὴν ἐν τῷ πρώτῳ θέσιν · καὶ γίνεται τὸ πᾶν πεπληρωμένον
τοιοῦτον, τὰς πλευρὰς ἴσας ἔχον πανταχόθεν · καὶ ἐπὶ τῶν ἄλλων
ἡ αὐτὴ ἀκολουθία.

Ἰστέον δὲ ὅτι ἐν ταύτῃ τῇ θέσει, ἔνθα ἂν λάβοις τέσσαρας τό
πους τετραγώνους [8], τὴν πλευρὰν ποιήσεις τοῦ πρώτου τετραγώ
νου · ὅπερ ἐπὶ τῆς προτέρας οὐ συνέβαινε θέσεως · καὶ διαιρουμέ
νων εἰς ἴσα δύο τῶν πλευρῶν, τὴν ἴσην ποσότητα ἑκάτερον μέρος
ἔχει · τοῦτο δὲ συμβαίνει, πλὴν τοῦ πρώτου, ἐν ἅπασι · καὶ ἄλλα
ἔχει γλαφυρὰ καὶ ἀστεῖα, ἅπερ ἡ ῥηθεῖσα [9] οὐκ εἶχεν [10].

[Τέλος τοῦ αὐτοῦ.] [11]

---

[1] σαφηνίαν M. — [2] δὲ M qui omet τὸ après μετὰ. — [3] οὕτω M. —
[4] ἐν MB. — [5] ἀρχόμεθα BM. — [6] κατήει B, κατίειμεν M. κατιεμεν G.
— [7] τόπους om. M. — [8] τετραγώνοις M. — [9] ἡρηθεῖσα M. — [10] εἶχε γε
M. — [11] d'après AB.

[*Exemple.*]

Pour plus de clarté, décrivons un carré de l'espèce et montrons la position sur ce carré : soit celui qui vient immédiatement après le premier (Fig. 14) ; nous le traçons comme ci-contre et nous le divisons par des marques en autant de carrés égaux au premier que cela se peut ; il se divise en quatre. Nous remplissons la moitié des cases comme ci-contre, en commençant par la première en haut et en descendant jusqu'à la dernière en bas ; puis recommençant par la dernière en bas, nous remontons jusqu'à celle d'où nous sommes partis, la première en haut, en remplissant les cases vides, suivant la position sur le premier carré ; et nous avons ainsi le tout rempli ayant les côtés donnant des sommes égales dans tous les sens. Le procédé est le même pour les autres.

Il faut savoir que, dans cette position, en prenant quatre cases quelconques en carré, on aura le côté du premier carré, ce qui n'avait pas lieu pour la première disposition. D'autre part, si l'on divise les côtés en deux parties égales, chacune d'elles donnera la même somme ; cela a lieu dans tous les carrés, sauf pour le premier. Cette disposition jouit encore d'autres propriétés remarquables et intéressantes que ne présente pas la précédente.

[*Fin*]

Fig. 1.

			3
1	1	1	3
1	1	1	3
1	1	1	3

Fig. 2.

		3		
15	15	15	15	15
	4	9	2	15
	3	5	7	15
	8	1	6	15

Fig. 3.

			5			
65	65	65	65	65	65	65
	11	24	7	20	3	65
	4	12	25	8	16	65
	17	5	13	21	9	65
	10	18	1	14	22	65
	23	6	19	2	15	65

Fig. 4.

175			7			175
22	47	16	41	10	35	4
5	23	48	17	42	11	29
30	6	24	40	18	36	12
13	31	7	25	43	19	37
38	14	32	1	26	44	20
21	39	8	33	2	27	45
46	15	40	9	34	3	28

Fig. 5.

369

37	78	29	70	21	62	13	51	5
6	38	79	30	71	22	63	14	46
47	7	39	80	31	72	23	55	15
16	48	8	40	81	32	64	24	56
57	17	49	9	41	73	33	65	25
26	58	18	50	1	42	74	34	66
67	27	59	10	51	2	43	75	35
36	68	19	60	11	52	3	44	76
77	28	69	20	61	12	53	4	45

Fig. 6.

15

8	1	6
3	5	7
4	9	2

Fig. 7.

65

10	18	1	14	22
4	12	25	8	16
23	6	19	2	15
17	5	13	21	9
11	24	7	20	3

Fig. 8.

175

38	14	32	1	26	44	20
5	23	48	17	42	11	29
21	39	8	33	2	27	45
30	6	24	49	18	36	12
46	15	40	9	34	3	28
13	31	7	25	43	19	37
22	47	16	41	10	35	4

Fig 9.

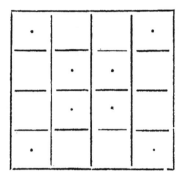

Fig. 10.

Fig. 11.

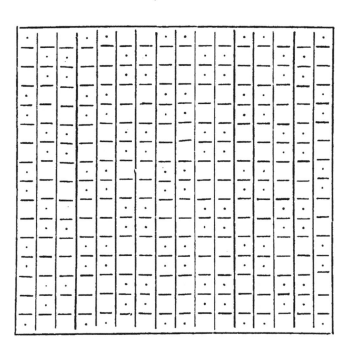

Fig. 12.

1	15	14	4
12	6	7	9
8	10	11	5
13	3	2	16

Fig. 13.

31	31	31	31	
1	14	11	8	31
12	7	2	13	31
6	9	16	3	31
15	4	5	10	31

1			8	9			16
	7	2			15	10	
6			3	14			11
	4	5			12	13	
17			21	25			32
	23	18			31	26	
22			19	30			27
	20	21			28	29	

1	62	59	8	9	54	51	16
60	7	2	61	52	15	10	53
6	57	64	3	14	49	56	11
63	4	5	58	55	12	13	50
17	46	43	21	25	38	35	32
41	23	18	45	36	31	26	37
22	41	48	19	30	33	40	27
47	20	21	42	39	28	29	34

Fig. 14.

ESSAI

SUR LA CORRESPONDANCE

DE

FLAVIUS PHILOSTRATE

Par E.-J. Bourquin

ESSAI

SUR LA CORRESPONDANCE

DE

FLAVIUS PHILOSTRATE

Par E.-J. Bourquin

———

J'ai déjà parlé des œuvres qui nous restent de la sophistique, au IIe et au IIIe siècles de notre ère, et j'en ai, ici même, examiné quelques-unes, en m'efforçant de faire voir ce qui a pu faire porter aux nues, par les contemporains, des compositions qui, pour ne rien dire de plus, nous paraissent aujourd'hui bien étranges. J'ai dit, et j'ai peut-être réussi à prouver, que ces sophistes, gens habiles s'il en fut, et, avant tout, soucieux de leur vogue, n'avaient fait que se montrer les très humbles serviteurs d'un public trop raffiné, trop blasé, pour faire le moindre cas des pensées naturelles et des expressions simples.

Cette complaisance des sophistes pour les goûts de leur époque a eu la récompense qu'elle méritait : une gloire éclatante, mais éphémère, puis, dans les âges suivants, le discrédit et l'oubli. Je n'ai pas entrepris

de réhabiliter cette sophistique deuxième (1) qui, pour
mériter son pardon, a commis trop de crimes contre
le bon sens et contre le bon goût : au contraire, je l'ai
jugée, je crois, avec toute la sévérité qui lui est due ;
mais je n'en ai pas moins cru qu'il était bon d'appeler
l'attention du public studieux sur quelques-uns des
monuments qu'elle nous a laissés. Il n'est pas sans
quelque intérêt, je pense, de voir comment des hommes
d'un réel talent, mais dominés avant tout par le désir
de plaire à leurs contemporains, ont pu faire en pure
perte une si grande dépense d'esprit ; je dis en pure
perte pour leur gloire définitive ; car, s'ils n'ont eu en
vue qu'une gloire viagère, ils ont été, et au-delà, payés
de leurs peines.

Pour mettre le lecteur à même de faire à la sophistique son procès, j'ai donc publié ici, en 1882 (2), une dé-
clamation de Polémon, comme type des extravagances
oratoires qui faisaient, au IIe siècle, les délices de la
société polie. Puis, en 1884 (3), j'ai résumé et apprécié
l'*Héroïque* de Flavius Philostrate, œuvre d'un tout autre genre, mais marquée aussi, et très fortement, du
cachet de la sophistique. Aujourd'hui, et toujours dans
le même but, je me propose de passer en revue, sinon
toutes les lettres (4), au moins une partie des lettres
de cet auteur, parce qu'elles me paraissent dignes de
figurer parmi les pièces du procès dont je parlais tout
à l'heure.

(1) C'est par ce terme que Philostrate, après avoir parlé des sophis-
tes-philosophes et des sophistes anciens, désigne la nouvelle école qui,
selon lui, se rattache à Eschine.

(2) Sur les sophistes au second siècle de notre ère, et sur deux
déclamations de Polémon de Laodicée. — Traduction du plaidoyer de
Polémon pour le père de Cynégire, annuaire de 1882, p. 160-190.

(3) Essai sur l'*Heroïque* de Philostrate, annuaire de 1884, p. 97-
141.

(4) Je dirai plus loin par suite de quel scrupule je crois devoir
écarter du présent travail l'examen d'un certain nombre de ces lettres.

En effet, presque toutes les épîtres dont ce recueil se compose sont, dans toute la force du terme, une œuvre de sophiste, et il peut être intéressant de les étudier, sinon pour leur valeur propre, au moins pour la singulière aberration de goût dont elles témoignent. On s'étonne, en les lisant, que des compositions semblables aient pu passer pour des chefs-d'œuvre ; mais notre histoire littéraire ne nous offre-t-elle pas plus d'un exemple d'un engouement de ce genre ? Je n'en citerai qu'un :

Au commencement du xviie siècle, dans le salon bleu de l'incomparable Arthénice, la société la plus choisie, la plus raffinée, la plus spirituelle du monde, accueillait comme autant de merveilles les moindres lettres de M. de Balzac, *le grand épistolier* de France, et Dieu sait pourtant s'il y eut jamais rien de plus compassé, de moins naturel et de plus vide. Et cette même société se pâmait d'aise et criait au miracle, quand Vincent Voiture, *l'âme du rond,* venait tirer devant elle les feux d'artifice de son esprit, ou quand, lui absent, elle dégustait avec des oh ! et des ah ! quelqu'un de ces jolis riens dans lesquels excellait ce maître en l'art de plaire. On révérait Balzac, ce n'est pas trop dire, comme le dieu de l'éloquence, et l'on voyait dans Voiture une sorte d'Apollon des muses badines, un second *arbiter elegantiarum,* un oracle du goût. Nous savons combien, depuis, il en a fallu rabattre, et, tout en rendant justice à Balzac, sous lequel on a dit que la France a fait sa rhétorique, à Balzac, qui a su donner à la prose française la dignité, l'harmonie et le nombre ; tout en maintenant à Voiture le brevet d'homme d'esprit qui lui est dû, la postérité ne s'est plus mise à genoux devant les trop savantes périodes du premier, pas plus qu'elle ne continue à voir des chefs-d'œuvre dans les jolies bluettes de l'autre.

Eh bien ! toute proportion gardée, l'engouement des précieuses pour le rhéteur Balzac, et pour le bel esprit

Voiture, peut nous donner une idée de ce qui se passait
dans la société grecque des premiers siècles de notre
ère : cette société, elle aussi, avait ses charmeurs atti-
trés, dont elle raffolait tout autant que l'hôtel de Ram-
bouillet a pu raffoler de Balzac et de Voiture. Seulement, si la vogue de ceux-ci ne s'est soutenue que
pendant une génération ou deux, la vogue des sophistes a été un peu plus durable. A cela près, l'infatuation
a été la même. Mais revenons, ou plutôt, arrivons à
nos lettres.

I

La plupart des épîtres de Philostrate ont été composées par lui durant sa jeunesse, et alors que, dans
Athènes, il professait encore. Celles-là, presque toutes
imprégnées de l'esprit sophistique, sentent d'une lieue
les procédés de l'école, et ce sont leurs brillants défauts qui, tout particulièrement, les recommandent à
notre étude. Toutefois, nous verrons que tout n'est pas
à reprendre dans ces lettres, et que, par exception,
quelques-unes d'entre elles sont tout à fait charmantes.
D'autres épîtres, mais en assez petit nombre, ont dû
être écrites bien plus tard, et alors que notre auteur,
dans la maturité de l'âge et dans la plénitude de son
talent, occupait un rang distingué à la petite cour de
l'impératrice Julia.

Disons aussi qu'en ce même temps, selon toute probabilité, il a cru devoir retoucher, amplifier et rema-
nier vingt de ses lettres primitives. On verra, comme
le fait très ingénieusement observer C. L. Kayser, que
la rédaction première, par l'abondance des développe-
ments empruntés à la mythologie, à l'histoire, à la vie
ordinaire, se rapproche beaucoup des façons de penser
qui se rencontrent dans les μελέται, tandis que la se-

conde rédaction, plus sentencieuse, plus philosophique,
ou, si l'on veut, plus dogmatique, rappelle de plus près
la marche habituelle des διαλέξεις. La remarque de
Kayser est juste ; mais il conviendrait d'ajouter que,
presque partout, Philostrate a eu la main malheureuse
en retouchant quelques-unes de ses lettres : elles étaient
bien assez étranges déjà, pour n'avoir pas besoin d'un
surcroît d'idées subtiles et quelquefois obscures.

Au reste, les 73 lettres de ce recueil ne sont pas
toutes, comme on est très généralement porté à le
croire, d'après le titre de certains manuscrits *pejoris
familiæ*, des ἐρωτικαὶ ἐπιστολαί. Ainsi, comme nous le
verrons, la dernière, une des plus curieuses de toutes,
est une apologie de la sophistique, où il n'est pas le
moins du monde question de l'amour. Et 13 autres
encore, quand bien même le mot d'amour y serait prononcé çà et là, doivent être soigneusement distinguées des lettres érotiques. En effet, celles-ci sont de
purs exercices d'école, des variations exécutées avec
plus ou moins d'agilité sur tel ou tel thème, en un mot,
des *modèles de lettres,* et non des lettres véritables. J'ai
la conviction qu'aucune d'entre elles n'est allée à son
adresse, et cela, par l'excellente raison qu'elles n'avaient
que des destinataires fictifs et imaginaires. C'étaient,
comme les μελέται elles-mêmes, des jeux d'esprit sur
une matière de fantaisie. Au contraire, des 14 lettres
dont j'ai parlé plus haut, 13 ont dû certainement être
envoyées par Philostrate aux divers correspondants
dont elles portent les noms ; et si une seule, la 72e, a
pu être, elle aussi, un exercice d'école, il se trouve
précisément qu'elle n'a aucun rapport avec l'amour.

Restent donc, en tout, 59 lettres érotiques, et il convient d'en faire deux parts : les premières, au nombre
de 28, sont censées être adressées à des adolescents ;
les secondes, au nombre de 31, sont écrites pour des
femmes.

Avant d'aller plus loin, j'ai à toucher un point fort

délicat, sur lequel je m'expliquerai ici, une fois pour
toutes, avec une pleine et entière franchise : bien que
les 28 lettres érotiques de la première catégorie, c'est-
à-dire les lettres adressées à des adolescents, ne contiennent ni un seul terme graveleux, ni une seule description obscène ; bien que, malgré la passion brûlante
qui les anime, la plupart d'entre elles ne renferment
rien qui puisse nous choquer beaucoup, si elles étaient
adressées à des femmes, je n'en crois pas moins devoir
les laisser de côté, parce que nous ne pouvons éprouver
que de l'horreur pour le genre d'amour qui les a inspirées. Je leur oppose donc, dès maintenant, une fin
de non-recevoir, et je ne m'en occuperai pas, si ce
n'est pour indiquer, à qui voudra les aller chercher
dans le texte, les rapprochements qui pourront se présenter. Le travail qu'on va lire portera donc : 1º sur
les lettres non érotiques, au nombre de 14 ; 2º sur les
lettres érotiques adressées, ou censées adressées à des
femmes, lesquelles sont au nombre de 31.

II

Mais, avant d'aborder l'examen de cette correspondance réelle, d'une part, et de cette correspondance fictive, de l'autre, il me paraît à propos de faire connaître
quelles idées Philostrate se faisait du style épistolaire.
Je lui laisse la parole :

« Ceux qui, depuis les anciens, me paraissent avoir
le mieux saisi le caractère du style épistolaire sont,
parmi les philosophes, Apollonios de Tyane et Dion ;
parmi les généraux, Brutus, ou le secrétaire dont Brutus se servait pour ses lettres ; et, parmi les princes, le
divin Marcos, dans toutes celles de ses lettres, du

moins, qui sont véritablement de son crû (1); car, outre qu'il se recommande par le choix des expressions, son style porte l'empreinte de la fermeté de son âme; quant aux orateurs, celui d'entre eux qui a su le mieux écrire une lettre est l'athénien Hérode; toutefois, son excessive recherche de l'atticisme, et une certaine prolixité (2), font qu'il s'écarte fréquemment du caractère qui convient au style épistolaire. On doit, en effet, trouver dans une lettre plus d'atticisme que dans la conversation toute simple, et plus de simplicité que dans l'atticisme; il faut aussi qu'elle ait le style qui convient pour l'expédition des affaires (3), sans que le sérieux en bannisse la grâce.

« Le ton d'une lettre ne saurait être convenable que si l'on s'y abstient du *tour figuré* (4), car, si l'on emploie ce

---

(1) Voir, sur le très petit nombre des lettres d'Apollonios de Tyane qu'on peut regarder comme authentiques, le jugement de Kayser (éd. *altera*, Turici, p. v du *procemium* de la *Vie d'Ap. de T.*). Voir aussi les très judicieuses appréciations de M. Chassang (*Apollonius de Tyane*, etc., p. 481, 482). — Les lettres de Dion sont aussi regardées comme apocryphes par Kayser. — Quant aux lettres de Brutus, lettres écrites en grec, Plutarque les mentionne, et en cite même quelques échantillons (*Vie de Brutus*, trad. Ricard, ch. iii). — Pour Marc-Aurèle, on n'a pas, je crois, révoqué en doute l'authenticité de ses lettres. Y a-t-il dans sa correspondance, comme l'insinue Philostrate, une partie plus ou moins considérable qui soit l'œuvre de ses secrétaires et non la sienne? J'avoue que je n'en sais rien.

(2) Quiconque a lu les *Vies des sophistes* appréciera la justesse de cette remarque de Kayser : « Severius hic judicat (Philostratus) quam in Vitis soph., libro scilicet ei viro dedicato, qui genus suum ab Herode derivabat ». — Voir, en effet, d'une part, le commencement de la dédicace des βίοι σοφ., de l'autre, les éloges de toute sorte dont Hérode est comblé, en maints endroits de ce recueil.

(3) Je ne pense pas qu'on doive entendre autrement ξυγκεῖσθαι πολιτικῶς.

(4) ἐχέτω δὲ τὸ εὔσχημον ἐν τῷ μὴ ἐσχηματίσθαι. — Ces mots, que je rends par : s'abstenir *du tour figuré*, ne veulent pas dire du tout qu'il faille proscrire des lettres les figures, dans le sens ordinaire du mot; σχηματίζειν indique une opération de l'esprit qui consiste à dire une chose, et à en faire entendre une autre. Ce tour de force consti-

tour, on paraîtra rechercher les ornements avec affectation ; or, dans une lettre, toute affectation a quelque
chose de puéril. Je ne vois pas de mal à ce que, dans
les lettres d'une extrême brièveté, on emploie le tour
périodique (1) : ce sera le moyen de rehausser un peu,
par des ornements empruntés à un autre genre, la concision, la maigreur d'une missive de quelques lignes ;
mais, des lettres d'une certaine longueur, il faudra
bannir la période ; c'est là, en effet, un style un peu
plus tendu qu'il ne le faut pour une lettre, à moins qu'en
terminant, on n'ait besoin de résumer ce qu'on vient de
dire, ou de mettre en relief la pensée finale. S'il est
bon, dans tout ce qu'on écrit, de prendre la clarté pour
guide, c'est surtout vrai quand il sagit d'une lettre :
présent, prière, concession, refus, accusation, apologie, déclaration d'amour, quel que soit le sujet de notre lettre, nous persuaderons plus facilement, si nous
nous exprimons avec clarté ; or, nous nous exprimerons avec clarté, et sans avoir rien de trivial, si nous
rendons les pensées communes par des expressions
neuves, et les pensées neuves par des expressions
communes » (2).

Il y a dans ces lignes, si du moins je ne m'abuse, un

---

tuait un des exercices les plus difficiles des sophistes, et l'on appelait
les discours où il était employé des causes *figurées* : αἱ ὑποθέσεις αἱ
ἐσχηματισμέναι. Voir en particulier, à ce propos, *Vie de Polémon*
(§§ 24, 25, éd. Didot), où l'on cite quelques-uns de ces sujets à double
sens.

(1) κύκλον ἀποτορνεύειν. Même expression dans la *Vie de Polémon*
(§ 15, éd. Didot).

(2) Kayser rapproche cette pensée du vers si connu d'Horace : « Difficile est proprie communia dicere » *(Art poét.* 130). — Il y a, en effet,
entre les deux idées, une certaine analogie ; mais ce qui me paraît
plus en rapport avec le passage qui nous occupe, c'est cette pensée
qu'Hermogène (p. 136, ald.) et son scholiaste (p. 381) attribuent à Isocrate : καὶ γὰρ Ἰσοκράτης ἔργον ἔφασκεν εἶναι ῥητορικῆς τὰ μὲν σμικρὰ
μεγάλως εἰπεῖν, τὰ δὲ μεγάλα σμικρῶς, καὶ τὰ μὲν καινὰ παλαιῶς, τὰ δὲ
παλαιὰ καινῶς. — J'emprunte cette citation, ainsi que les deux renvois, à

singulier mélange d'idées justes, d'idées à moitié
vraies, et d'idées que, pour ne rien dire de trop sévère,
j'appellerai fort contestables. Ainsi personne ne fera
difficulté d'admettre avec l'auteur que la clarté, qui est
une qualité essentielle du style, doit se rencontrer dans
une lettre au moins autant que dans toute autre pro-
duction de l'esprit; on lui accordera aussi, sans la moindre peine, que le tour périodique ne doit être employé,
dans le style épistolaire, que par exception, et avec une
extrême réserve; on dira aussi avec lui qu'une lettre,
même quand il y est question d'affaires, peut rester
sérieuse sans être pour cela dépouillée de toute espèce
de grâce. Maintenant, est-il bien vrai qu'il faille, dans
une lettre, plus d'atticisme que dans la conversation
ordinaire, et plus de simplicité que dans l'atticisme
proprement dit? Il est assez difficile de trancher la
question, car de bons esprits semblent avoir pensé autrement, M. Suard, par exemple, selon lequel une lettre n'est pas autre chose qu'une conversation par écrit;
néanmoins, entre la causerie de vive voix, et la causerie qui a lieu par l'intermédiaire de la plume, on peut
admettre une légère nuance, et croire que la seconde,
par cela même qu'elle n'a pas à compter avec les ré-
ponses, les interruptions, et autres accidents ou incidents du dialogue, doit être un peu plus châtiée, un
peu plus soignée, un peu plus suivie que la première
n'est tenue de l'être; mais, je le répète, il ne peut y
avoir ici qu'une nuance, et une nuance fort légère.
Quant à la seconde partie de la pensée de Philostrate :
une lettre doit avoir plus de simplicité que n'en a l'atticisme, je la crois vraie absolument, si toutefois, comme
je le pense, l'auteur entend ici par ce mot atticisme une
perfection soutenue, à laquelle lui-même et les autres

L. Spengel, συν. τεχν., p. 156. — Quant à la dissertation qu'on vient
de lire, elle se trouve après la lettre 73, du moins dans les éditions
que j'ai eues entre les mains : Didot; Kayser, 1844; Kayser, 1871.

sophistes s'efforçaient d'atteindre, en n'employant dans
leurs ouvrages que des termes empruntés à la fleur de
l'élocution attique des meilleures époques. Bonne pour
une μελέτη, voire même pour une διάλεξις, une pareille
recherche serait, dans une simple lettre, une marque
d'affectation, et c'est là justement un des deux reproches que Philostrate ne craint pas d'adresser aux lettres écrites par cet Hérode, dont il a pourtant, en
d'autresendroits, exalté le talent sans aucune espèce
de réserve.

Passons à un autre point : le tour figuré, c'est-à-dire,
comme je l'ai expliqué dans une note, l'emploi des paroles à double entente, doit-il, comme le veut Philostrate, être proscrit du genre épistolaire? Pas tout à fait,
je crois, pourvu qu'on use avec beaucoup de discrétion
de cet artifice de langage, et surtout, qu'on n'en fasse
pas un jeu puéril pour le vain plaisir d'étaler son esprit.
Je ne crois pas, d'ailleurs, que Philostrate ait voulu,
d'une manière absolue, interdire dans les lettres l'emploi de l'ironie, de l'astéisme et des autres tours qui
laissent au lecteur le plaisir délicat d'entendre à demi
mot, et de lire entre les lignes ; mais ce qu'il ne veut
pas, et à mon sens il a raison de ne le pas vouloir, c'est
qu'une lettre soit d'un bout à l'autre, et de parti pris,
comme l'étaient les ὑποθέσεις ἐσχηματισμέναι, une série de
contre-vérités. On pourrait citer, je le sais, telle lettre
de Voiture qui est, en ce genre, un tour de force et un
chef-d'œuvre (1) ; mais cette lettre même sent peut-être,
un peu plus qu'il ne convient, la recherche et l'artifice.

En somme, un homme de goût peut, il me semble, et

_____

(1) Il s'agit de la très ingénieuse lettre adressée au duc d'Enghien
(Voiture écrit d'Anguien) après la bataille de Rocroy, et qui commence
par ces mots : « A cette heure que je suis loin de Votre Altesse, et
qu'elle ne peut me faire de charge », etc. — (Lettre 141, édit. Pin-
chesne, 1652.)

sans faire de trop fortes réserves, acquiescer aux idées exprimées jusqu'ici par Philostrate. Mais en sera-t-il de même de la pensée qui termine sa dissertation : nous nous exprimerons avec clarté, et sans avoir rien de trivial, si nous rendons les pensées communes par des expressions neuves, et les pensées neuves par des expressions communes? Bien qu'Isocrate se soit servi de termes presque semblables pour définir à sa manière le rôle de la rhétorique (1), je ne puis voir sans une suprême défiance, surtout lorsqu'il est question du genre épistolaire, une théorie si propre à dépouiller ce genre de la qualité qui chez lui doit passer avant toutes les autres, je veux dire du naturel. Chercher à toute force des tours et des termes nouveaux pour exprimer des idées communes, n'est-ce pas faire ce que faisait l'*Acis* de La Bruyère, ce que faisaient aussi les *Précieuses ridicules?* Chercher, au contraire, à ne rendre que par des expressions communes les idées neuves et originales, n'est-ce pas tomber dans un genre d'affectation qui, peut-être, n'est pas beaucoup moins grave que l'autre? En tout cas, c'est détruire comme à plaisir ce parfait équilibre qui doit exister entre la pensée et l'expression, et sans lequel il n'y a pas de bon style.

---

(1) Isocrate n'est pas le seul qui ait apppliqué à l'éloquence le précepte que nous regrettons si fort de trouver à la fin de la dissertation de Philostrate. Voici, en effet, comme parle Apulée : « Le grand orateur est l'homme qui excelle à dire d'une façon commune les choses nouvelles, et d'une façon nouvelle les choses communes », c'est-à-dire, pour emprunter les termes de M. Boissier, qui prend, en toutes choses, le contre-pied de la vérité. — Voir, dans la *Revue des Deux Mondes*, du 15 mars 1879, un article de M. G. Boissier intitulé : Les origines du roman grec, etc. M. Boissier, dans les dix dernières pages de cet excellent travail, apprécie d'une façon magistrale le grand rôle joué par les sophistes des premiers siècles de l'empire, et nous fait toucher du doigt les causes de la vogue dont ils ont joui ; il croit, comme je me suis moi-même efforcé de le faire voir, que ce qui nous choque le plus en eux, est précisément ce qui les recommandait à l'admiration de leurs contemporains.

Nous n'aurons pas trop lieu de nous étonner, après ce que nous venons de lire, si nous trouvons, dans certaines lettres de Philostrate, moins de naturel que d'esprit, plus d'artifice que de simplicité, plus de faux brillants que de bon sens. Mais c'est précisément par là, si je puis ainsi parler, qu'elles ont un caractère *sui generis,* et qu'elles valent la peine d'être lues, comme une des plus curieuses applications des procédés de la sophistique à celui des genres qui, peut-être, s'en accommode le moins.

Au reste, la dissertation dont nous venons de nous occuper n'est pas le seul témoignage que Philostrate nous ait laissé de ses idées sur le genre épistolaire. Il en a parlé, et cette fois en termes excellents, dans une de ses biographies : « Il (le sophiste Antipater) remplit ce rôle (celui de secrétaire de l'empereur) avec beaucoup d'éclat. Je dois le déclarer en effet : si beaucoup de personnes ont mieux déclamé, ont mieux écrit qu'Antipater, personne, mieux que lui, n'a su rédiger une lettre. Comme un acteur tragique excellent, et qui comprend la pièce à merveille, il sut toujours prêter au prince un langage digne de sa personne. Dans tout ce qu'il dit, en effet, on trouve à la fois la *clarté,* la *grandeur des pensées,* une *expression qui semble jaillir des entrailles du sujet,* et enfin, cette *négligence aimable, qui est la vraie parure d'une lettre* (1).

A la bonne heure, et l'on ne saurait mieux dire. Nous ignorons si Philostrate, par reconnaissance pour un homme dont il avait suivi les leçons, ne s'est pas fait une pieuse illusion sur les mérites réels d'Antipater; mais, ce que nous pouvons affirmer, c'est qu'il a su, en cet endroit, marquer d'une main très sûre les qualités de fond et de forme qui conviennent le mieux au secrétaire d'un prince. Tous les sujets, sans doute, ne comportent pas cette *grandeur de pensées,* qui était si

(1) βίοι σοφιστῶν. *Vie d'Antipater,* liv. II, biog. xxiv, § 1, éd. Didot.

bien à sa place dans la correspondance confiée à la plume d'Antipater ; mais quel est le genre de lettres où l'on ne sera pas ravi de rencontrer, avec la *clarté*, des expressions qui semblent *jaillir des entrailles du sujet,* et cette *négligence aimable,* dont parle Philostrate? Lui-même, à coup sûr, eût grandement gagné à ne pas élever plus haut ses prétentions.

III

Abordons maintenant l'examen des lettres non érotiques de Philostrate. Ces lettres, comme je l'ai dit, sont au nombre de 14, et, à l'exception d'une seule, paraissent avoir été écrites et envoyées à des correspondants réels. Commençons par celle qui est, à la fois, la plus curieuse et la plus longue.

1. Lettre 73° — à Julia Augusta. — « Bien que beaucoup de personnes soient fort portées à le croire, le divin Platon lui-même (1) n'a pas voulu dénigrer les sophistes : il les a regardés comme des émules, parce que, semblables à Orphée ou à Thamyris (2), ils allaient porter, aux cités petites ou grandes, le charme de leur parole ; quant à les dénigrer, Platon en était aussi loin que l'émulation est loin de l'envie ; car l'envie est l'aliment des âmes sans valeur, tandis que l'émulation ne fait que stimuler les âmes d'élite : le dénigrement porte sur ce que l'on n'a pas l'espoir d'obtenir, l'émulation, sur ce que l'on se croit en état de

---

(1) J'ai cru devoir mettre : lui-même, pour rendre οὐδὲ, qui commence la lettre.

(2) Cf. βίοι σοφιστῶν, introduction, § 5, éd. Didot. En cet endroit, c'est Prodicos qui est comparée à Orphée, ainsi qu'à Thamyris. On trouve encore ὡς Ὀρφεύς τις καὶ Θάμυρις, dans la biog. de Scopélianos. βίοι σοφ., liv. I, biog, xxi, § 12, éd. Didot.

faire mieux, ou aussi bien que les autres. Platon cherche donc
à dérober aux sophistes les secrets de leur beau langage : il
imite Gorgias de façon à ne point permettre que celui-ci le sur-
passe (1), même dans le genre qui lui est propre ; il a aussi,
dans sa diction, de nombreux points qui rappellent Hippias et
Protagoras.

2. D'ailleurs, l'émulation régnait entre les beaux esprits de ce
temps-là (2). Ne voyons-nous pas en effet, le fils de Gryllos, imiter en émule l'Héraclès de Prodicos (3) ! Je veux parler de ce
mythe où Prodicos nous montre Héraclès entre la mollesse et la
vertu qui, toutes deux, l'invitent à choisir, pour son genre de vie,
une voie différente. Mais c'est Gorgias qui comptait surtout
d'illustres et nombreux admirateurs : d'abord, les Grecs de Thessalie, chez lesquels on disait indifféremment : être éloquent, ou :
parler comme Gorgias ; puis la Grèce entière, en présence de
laquelle, aux jeux Olympiques, il discourut contre les barbares
du haut des marches du temple (4). C'est aussi, à ce que l'on
dit, d'après le modèle de Gorgias, qu'Aspasie de Milet aiguisa
l'éloquence de Périclès (5). On n'ignore pas non plus que Critias
et Thucydide lui ont emprunté l'élévation et la fierté du style, et

(1) οὔτε τῷ Γοργίᾳ παρίησι τὸ ἑαυτοῦ ἄμεινον γοργιάζειν. Il me paraît
évident que, pour entendre la phrase, il faut rapporter ἑαυτοῦ au sujet de παρίησι, c'est-à-dire à Platon. Pour ce qui est des emprunts
faits par Platon à la manière de Gorgias, Kayser renvoie à Denys
d'Halicarnasse, περὶ τῆς λεκτικῆς Δημοσθένους δεινότητος, §§ 5 et 6.
Platon, dans ce passage, est assez malmené par Denys.

(2) ζηλωταὶ δ' ἐγένοντο ἄλλοι μὲν ἄλλων. Je crois qu'il s'agit ici,
d'une manière générale, des écrivains et des orateurs de l'époque.
S'il ne s'agissait que des sophistes, Philostrate ne citerait ni Platon
ni Xénophon, qu'il n'a jamais rangés parmi eux.

(3) Voir βίοι σοφ. introduction, §§ 5 et 6, éd. Didot. — Voir aussi
les remarques de Kayser, éd. spéc. (1838), pag. 208, ainsi que L. Spengel, συν. τεχ. pag. 57.

(4) Voir βίοι σοφιστῶν, biog. de Gorgias (liv. I, biog. ix, § 2, éd.
Didot).

(5) Voir l. c. même §. Dans son édition spéciale des βίοι (1838),
pag. 193, Kayser établit que Périclès était mort avant que Gorgias eût
mis le pied dans Athènes. Il paraît donc difficile d'admettre ce qui est
dit ici à propos d'Aspasie.

qu'ils se sont approprié ces qualités, l'un pour augmenter la grâce, et l'autre, pour augmenter la vigueur de leur éloquence.

3. Et cet Eschine, le disciple de Socrate, celui-là même dont tu nous entretenais tout dernièrement, et que tu louais pour avoir usé, dans ses dialogues, d'un style si châtié et si brillant tout ensemble, a-t-il hésité, dans son écrit sur Thargélie, à imiter Gorgias ? Non : car voici à peu près ce qu'il dit : « Venue en Thessalie, Thargélie de Milet entra en relations avec le Thessalien Antiochos, qui gouvernait alors toute la Thessalie (1). » Enfin, les procédés de Gorgias, soit pour quitter, soit pour aborder un point du discours (2), faisaient partout fortune, mais particulièrement dans le cercle des poètes épiques (3). Tâche donc, ô ma souveraine, d'amener Plutarque, qui est plus audacieux que tous les Grecs ensemble, à ne point en vouloir aux sophistes, et à ne point mal penser de Gorgias. Si tu ne réussis pas à le persuader, tu as assez de sagesse, assez de lumières, pour savoir de quel nom il convient d'appeler un pareil homme ; mais moi, si je le sais, je ne veux pas le dire. »

Philostrate, on le sait, après avoir enseigné plus ou moins longtemps la sophistique, avait su se faire admettre dans la petite société (κύκλον) de ces géomètres et de ces philosophes, qui composaient la cour savante de l'impératrice Julia Domna. Il y était, à titre de bel esprit, et peut-être y représentait-il seul, ou à peu près seul, le genre de mérite qui consiste à bien dire, et dont les sophistes prétendaient avoir, non-seulement

_____

(1) La répétition des τ et des θ, dans cette phrase, me paraît devoir être signalée. Si c'est là une des merveilles trouvées par Gorgias, et les émules de Gorgias, il n'y a pas lieu d'en être fier.

(2) αἱ ὑποστάσεις αἵ τε προσβολαί. Ces mots, qui se retrouvent dans la vie de Gorgias, § 1, ont déjà été expliqués dans une note de ma traduction de cette biog. Voir là-dessus Kayser, éd. spéc. (1838), pag. 196.

(3) ἐν τῷ τῶν ἐποποιῶν κύκλῳ. Il s'agit des poètes épiques modernes (par rapport à Homère). Ils sont appelés Homérides dans la vie de Scopélianos (§ 9, éd. Didot). Voir ce qu'en dit Kayser, éd. spéc. (1838), pag. 250.

le secret, mais en quelque sorte le monopole. Son beau langage lui avait assurément conquis les bonnes grâces de sa souveraine : comment, sans cela, nous expliquerions-nous qu'elle n'ait pas voulu se séparer de lui, même en voyage? Or, nous savons par le témoignage de Philostrate lui-même, qu'elle parcourut avec lui la plus grande partie de la terre (1). Notre sophiste était donc ce que l'on peut appeler : bien en cour; mais il est extrêmement probable que la faveur dont il jouissait excitait contre lui des jalousies plus ou moins vives. Ces géomètres, ces philosophes, dont se composait l'entourage de la princesse, devaient voir d'assez mauvais œil leur crédit balancé, peut-être même surpassé, par celui d'un simple beau parleur, et il n'est pas étonnant qu'ils se soient efforcés, en dénigrant l'art dont il faisait profession, de le faire baisser lui-même dans l'estime de Domna. C'est du moins ainsi que je m'explique l'espèce de petite guerre dont la lettre qu'on vient de lire est le témoignage. Pour atteindre indirectement Philostrate, un certain Plutarque « plus audacieux que n'importe qui des Grecs, ὁ θαρσαλεώτερος τοῦ Ἑλληνικοῦ », a frappé sur Gorgias, le père de la sophistique ancienne, et l'ancêtre vénéré des sophistes nouveaux. On a vu avec quelle chaleur Philostrate défend la cause des siens, et comment, à la fin, il prie Domna, si elle ne peut amener Plutarque à résipiscence, de le prendre pour ce qu'il est (c'est-à-dire, sans doute, pour un calomniateur). Tout, dans cette lettre, indique un homme qui combat *pro aris et focis*, et qui se sent at-

(1) Philostrate ne dit pas cela en propres termes; mais, d'une part, il affirme qu'il a parcouru la plus grande partie de la terre : τῆς γῆς, ὁπόση ἐστίν, ἐπελθὼν πλείστην (*Vie d'Ap. de T.*, VIII, 31), et il est permis de croire qu'il a fait plus d'un de ces voyages en compagnie de l'impératrice, grande voyageuse elle-même; de l'autre, il cite positivement, comme les ayant visités, des endroits que nous savons avoir été visités aussi par Domna; par exemple, Antioche (V. *Vie des soph.*, dédicace) etc.

teint lui-même par les attaques dirigées contre son art. Il est, je crois, parfaitement sincère en défendant la sophistique, à laquelle il a voué une sorte de culte, mais en cette circonstance il n'oublie pas non plus, du moins je le présume, les intérêts de son crédit, plus ou moins mis en péril par les insinuations de ce Plutarque.

On aura remarqué aussi, je pense, dans cette épître, bien des idées que l'auteur, quinze ou vingt ans plus tard, devait reproduire, soit dans l'introduction de ses βίοι σοφιστῶν, soit dans quelques-unes de ses biographies. Faut-il en conclure que dès lors, c'est-à-dire du vivant de Domna, morte en 217, il travaillait à réunir les matériaux de son futur travail? Ce n'est pas du tout invraisemblable.

Disons enfin que cette lettre, où l'on ne trouve aucun terme qui sente l'adulation, car le compliment de la fin, οἵα σου σοφία καὶ μῆτις, ne saurait passer pour flatterie, fait honneur à celui qui l'a écrite, et à celle qui l'a reçue. On aime à voir sur quel pied de respectueuse familiarité Domna se laissait traiter par ceux qu'elle honorait de son estime. Sans doute, elle ne connaissait ni le dédain ni la morgue, cette princesse qui, entourée de beaux esprits, ne dédaignait pas de prendre part à leurs travaux, et qui venait disserter avec eux sur les dialogues d'Eschine le socratique!

Les treize autres lettres non érotiques de Philostrate n'ont ni la même étendue, ni la même importance. Presque toutes ne sont que des billets de deux ou trois lignes, où la précision et la concision se trouvent réunies. Presque toutes aussi se recommandent par quelque trait délicat, ou par quelque bon mot.

Il y a quelques épigrammes, celle-ci, par exemple :

Lettre 42, à Athénodore (1). — « Si tu trouves du charme

_____

(1) Mort très vieux sous Philippe l'Arabe, c'est-à-dire vers 244, Phi-

aux applaudissements d'une foule stupide, tu dois croire que les cigognes, quand elles passent à grand bruit au-dessus de nos têtes, sont un peuple beaucoup plus désintéressé que celui d'Athènes, car elles ne se font pas payer pour applaudir (1). »

Qui s'en serait douté ? Voilà donc avec quelle désinvolture, dans leurs épanchements intimes, les sophistes traitaient ce peuple d'Athènes, tout en ne négligeant rien d'ailleurs pour capter ses suffrages ! Et n'est-il pas curieux aussi d'apprendre que, pour les séances d'apparat, tout au moins, il y avait une sorte de claque payée ?

Autre épigramme, celle-là bien cruelle, et dirigée sans doute contre un sophiste qui s'en faisait un peu trop accroire :

Lettre 69, à Épictète (2). — « Les initiés aux mystères de Rhéa sont en proie à je ne sais quel délire, parce que leurs oreilles sont assourdies par le bruit des instruments ; mais c'est là un effet des cymbales et des flûtes, tandis que, toi, les applaudissements des Athéniens t'enivrent, au point de te faire oublier qui tu es, et de qui tu descends (3). »

Voilà de dures paroles, mais Épictète, probablement, ne se les serait pas attirées, s'il eût mieux profité du sage conseil qu'on lui donne dans la lettre 65 :

« Redoute le peuple, auprès duquel tu es en grand crédit. »

Iostrate a fort bien pu connaître le sophiste Athénodore, qui florissait en même temps que Pollux, nommé par Commode à la chaire d'Athènes (voir les βίοι σοφιστῶν, liv. II, biog. 12 et 14). Comme Athénodore est mort jeune (ἡβῶν ἔτι ἐτελεύτα), je présume que le petit billet qu'on va lire a dû être écrit avant la fin du 1er siècle de notre ère.

(1) Dans ces quelques lignes, si peu respectueuses pour le peuple d'Athènes, Philostrate joue sur le double sens de κροτεῖν, qui signifie : faire du bruit, et aussi : applaudir. En latin, plaudere a aussi ce double sens.

(2) Je n'ai rien trouvé sur cet Épictète.

(3) Cf. avec les lettres 42 et 66.

Quelques-uns de ces petits billets sont un simple badinage, et un bon mot, plus ou moins spirituel, en fait tous les frais. Exemple :

Lettre 52, à Nicétès. — « Ce n'est pas aimer, c'est ne pas aimer, qui est une maladie ; car si aimer (ἐρᾶν), vient de voir (ὁρᾶν), qui n'aime pas est donc aveugle.

Autre exemple :

Lettre 45, à Diodore. — « Erythres fait venir des grenades sans pépins, qui fournissent une liqueur délectable, et aussi bonne que celle des meilleurs raisins. J'ai cueilli et je t'envoie dix de ces fruits : emploie-les comme vin si tu manges, comme aliment, si tu as bu (1). »

Mais voici une lettre de recommandation qui, bien qu'un peu sèche peut-être, ne manque pourtant ni d'urbanité, ni de grâce :

Lettre 67, à Philémon. — « Si tu connais déjà le tragédien Dioclès, tu ne peux manquer de l'apprécier : si tu ne le connais pas, inscris-le au nombre de ceux qu'on estime à bon droit, et fais pour lui ce que doit faire un homme, ou déjà édifié sur son compte, ou confiant dans la parole de celui qui le recommande. »

En un autre endroit, l'auteur se fait bien venir de nous par le zèle qu'il témoigne pour les intérêts de ses amis, et par le pieux souvenir qu'il a gardé non-seulement de son pays natal, mais des contrées voisines.

Lettre 70 à Cléophon et à Caius. — « Des choses que vous

(1) J'adoucis un peu l'expression grecque : μεθύων δέ.' — Quant à ce qui est d'Erythres, il y avait une ville de ce nom en Béotie (cf. Iliade, ii, 499); mais je croirais plutôt qu'il s'agit ici de la florissante colonie fondée par les Crétois, et occupée ensuite par les Ioniens, à l'O. de Clazomène.

me mandez, les unes sont faites, et les autres vont se faire ; car, en Lemnien que je suis, je vois dans Imbros comme une seconde patrie : les deux îles ne font qu'un dans mon affection, et j'ai pour l'une et pour l'autre même tendresse de cœur. »

Mais une lettre qui lui fait encore plus d'honneur, bien qu'il se soit certainement gardé de l'envoyer à son adresse, c'est cette foudroyante épître que, dans son indignation, il a composée, je ne sais à quelle époque, contre Caracalla, bourreau de son frère.

Lettre 72 à Antonin : — « Les cigognes détournent leur vol des villes dévastées, car elles ont horreur d'un mal dont il ne reste pourtant plus que la trace (1) ; mais toi, tu habites une maison où tu as toi-même porté le ravage, et tu sacrifies aux dieux pénates de cette maison, comme s'ils n'étaient plus, ou comme si, bien que toujours là, ils oubliaient que tu as pris leur bien. »

Cette lettre, je le répète, n'a certainement pas passé sous les yeux du tyran, qui n'en aurait pas laissé vivre l'auteur. Mais je ne la classe pas dans la correspondance fictive, parce que ce sont des événements réels qui l'ont inspirée, et des sentiments réels aussi, qui la remplissent. Peut-être n'est-il pas trop téméraire de croire que, sous le sceau du secret, elle a pu être lue ou récitée par l'auteur à la malheureuse Domna, qui, jusqu'à sa mort, ne cessa de pleurer la perte de son plus jeune fils, et les crimes de l'autre.

Je n'ajouterai plus rien sur cette correspondance réelle de Philostrate, dont j'ai donné assez d'échantillons pour qu'on puisse en apprécier la valeur. A part la

---

(1) κακῶν πεπαυμένων ἠχὼ φεύγοντες. — ἠχὼ ne peut être ici entendu à la lettre, et signifier la répercussion du son ; mais, par analogie, il peut, je crois, désigner les traces, ou l'image d'une catastrophe passée, comme l'écho est, ou a l'air d'être l'image du son : *vocis imago.*

lettre 73 qui est, comme nous l'avons vu, d'une certaine longueur, toutes les lettres de cette catégorie ont pour caractère commun l'extrême concision qui les distingue. Philostrate, quand il écrit à un correspondant réel, semble mettre une sorte de coquetterie à dire de jolies choses en aussi peu de mots que possible, et arrive, si je puis ainsi parler, à une briéveté lumineuse qui, dans le texte tout au moins, n'est pas dénuée de charme.

Cette sobriété de bon goût ne se rencontrera pas, du moins en général, dans la correspondance fictive, dont nous allons maintenant nous occuper. En revanche, nous y trouverons plus d'une fois, à côté de beaucoup d'esprit, quelques-uns de ces brillants défauts, si appréciés des lecteurs de cette époque, et auxquels les sophistes d'alors ont dû le plus clair de leur réputation.

IV

Abstraction faite des 28 lettres censées écrites pour des adolescents, et dont je ne veux rien dire, en raison du scrupule que j'ai fait connaître plus haut, il nous reste, dans la correspondance fictive de Philostrate, 30 épîtres composées à l'adresse et à l'intention de maîtresses imaginaires, et une seule qui (1), bien qu'elle ait un nom propre dans sa suscription, n'en paraît pas moins, comme les autres, un pur exercice d'école. L'étude de ces 31 petites compositions ne serait ni dénuée d'intérêt, ni bien longue à faire. Mais, ici encore, je crois devoir écarter quelques épîtres un peu trop libres et qui, malgré l'absence de termes lubriques, renferment une sorte d'absolution, d'encouragement même pour le dévergondage éhonté de certaines femmes plus

(1) La lettre 11, à Athénaïs.

que légères. (lettres 19 et 38 ; cf. aussi, bien qu'elles soient plus acceptables, les lettres 33 et 44). — J'opposerai encore, à cause d'un seul mot qui pourrait effaroucher nos oreilles, une fin de non-recevoir à la lettre 54, si jolie qu'elle soit, et j'écarterai aussi, comme des provocations directes à l'adultère, les épîtres 30 et 31.

Ces éliminations faites, il nous reste 24 lettres érotiques composées pour des femmes, et qu'on peut lire, je crois, sans crainte d'être scandalisé. Je pourrais, puisque je les ai traduites, les insérer ici toutes, en les faisant suivre de quelques notes ; mais je ne crois pas avoir besoin de tout citer pour arriver à mon but, c'est-à-dire, pour montrer comment et jusqu'à quel point, dans sa correspondance fictive, Philostrate a su mettre en œuvre les faux brillants de la sophistique. Ces lettres, je l'ai déjà dit, n'étant que des exercices d'école, on doit y rencontrer, avec quelques nuances déterminées par le genre, tous les défauts qui faisaient la fortune des sophistes en vogue, et sans lesquels ceux-ci n'auraient trouvé ni des auditeurs pour leurs μελέται et leurs διαλέξεις, ni des lecteurs pour leurs autres ouvrages. J'ai déjà cherché, ici même, à faire voir comment le souci de leur réputation, et les exigences de leur public faisaient aux sophistes une loi de sacrifier le fond à la forme, et de briller à tout prix, même aux dépens du bon sens. Pour eux, comme pour ceux qui les écoutent ou pour ceux qui les lisent, le fond de la question traitée n'est qu'une chose bien accessoire ; ce qui importe, c'est que cette question fournisse l'occasion de dire, ou d'entendre dire de jolies choses, d'autant plus jolies qu'elles s'écarteront plus des façons de penser, et des façons de parler naturelles au commun des hommes.

On peut aller fort loin avec ce système, et nous en avons pu juger par les brillantes extravagances de Polémon. Mais, disons le tout de suite à l'honneur de Philostrate : le bon sens, qu'il a partout respecté dans sa correspondance réelle, ne l'abandonne pas partout ni toujours dans sa correspondance fictive ; si grands que soient parfois les écarts de son imagination, emportée, par le désir de plaire, au-delà des voies simples et naturelles, il a encore de bons moments où il sait rester ingénieux sans passer la mesure ; quelques-unes de ses petites lettres, c'est l'exception il est vrai, sont à peu près exemptes des défauts habituels de la sophistique, et dans la plupart des autres, même dans les plus mauvaises, on trouve à louer, de place en place, soit un sentiment délicat, soit une idée juste.

Mais quelques exemples vaudront beaucoup mieux que tout ce que je pourrais dire d'avance. Je vais donc, sauf à en élaguer quelques détails, reproduire un certain nombre de ces lettres censées écrites pour des femmes.

En voici une, dont la donnée semble avoir été ceci : tombé amoureux d'une femme, un exilé tire, de sa condition même, les raisons qui devront amener la belle à partager sa flamme. Étranges raisons, comme vous l'allez voir, et bien dignes d'un sophiste qui se bat les flancs pour remplir son programme ! Pourtant, par un contraste bien peu attendu, les dernières phrases sont simples, touchantes et naturelles :

Lettre 39 — à une femme : « Eh quoi ! parce que je suis exilé, ne souffriras-tu pas même que je t'écrive ? Non : eh bien ! Souffre-le en raison de l'amour que j'ai pour toi ; *(sinon (1), défends-moi aussi de respirer, de pleurer, d'accomplir aucun*

_____

(1) Je crois devoir ajouter le mot sinon, pour la liaison des idées. — J'ai souligné et mis entre parenthèses les mots qui appartiennent à la seconde rédaction, c'est-à-dire qui ont été ajoutés par Philostrate à son texte primitif. Il en sera de même chaque fois que, dans les citations qu'il me reste à faire, le même cas se reproduira. Seulement, en certains endroits, la phrase soulignée sera, comme ici, une addition, et en d'autres, une rédaction nouvelle de telle ou telle phrase.

*des actes de la vie humaine. Ne me chasse pas de chez toi,
comme la fortune m'a chassé de ma patrie ; et ne me fais pas
un crime d'un malheur dont ma volonté n'a pas été la cause.
La puissance ternit sa gloire, quand elle agit sans discernement)* (1). Que d'autres, comme moi, ont été exilés ! Aristide :
mais il a été rappelé ; Xénophon : mais son exil était injuste ;
Thémistocle : mais les barbares eux-mêmes l'ont reçu avec honneur ; Alcibiade : mais il a pu, tout banni qu'il était, élever une
forteresse capable de tenir Athènes en échec (2) ; Démosthène :
mais sa disgrâce a été le fruit de l'envie. La mer aussi est obligée
de fuir, quand le soleil la frappe de ses rayons (3), et le soleil,
quand la nuit descend sur le monde ; l'automne fuit à l'approche
de l'hiver, et l'hiver, quand il est chassé par le printemps ; et
pour tout dire en un mot, l'éventualité d'aujourd'hui chasse l'é-
ventualité d'hier. Les Athéniens ont ouvert leurs bras à Déméter
obligée de fuir, à Dionysos à la recherche d'une nouvelle patrie,
et aux fils errants d'Héraclès : c'est alors qu'ils ont élevé un
autel à la Pitié, dont ils ont fait le 13e des grands dieux, et c'est
avec des larmes, non avec du vin, qu'ils lui offrent des libations.
— *(Et ce ne sont pas des libations de vin qu'ils lui offrent,
mais bien leurs larmes et leur respect pour les prières des
suppliants.)* Dresse, toi aussi, un pareil autel dans ton cœur, et
prends en pitié un homme bien malheureux. Que je ne sois pas
deux fois banni, et pour avoir perdu ma patrie, et pour avoir été

---

(1) οὐ τὸ λαμπρὸν ἀλόγῳ τῆς δυνάμεως. Je crois avoir rendu exactement
cette sentence, mais je me demande ce qu'elle vient faire ici : sans
doute Philostrate veut dire : on m'a banni sans raison, et ceux qui
l'ont fait devraient rougir : n'imite pas leur conduite, toi qui tiens ma
vie entre tes mains, etc.

(2) ἀλλὰ καὶ παρετείχιζε τὰς Ἀθήνας. Je crois qu'il faut prendre ces
mots au figuré, et je les traduis en conséquence.

(3) Voici, à ce propos, une note d'Olearius, citée par Kayser : « Aristotelis et Heracliti noster sequitur sententiam, qui a sole æstum maris
effici dicunt, accessu suo spiritus movente, ut intumescat mare et
ad littora accedat. » *Vid. Plut. de placit. philosoph.*, III, caput. 17,
J'ai vérifié, en recourant à Plutarque lui-même, l'exactitude de cette
note.

déçu dans mes espérances au sujet de l'amour que tu m'inspires !
Si tu prends pitié de moi (1), me voilà relevé de mon exil ! »

Tout cela, sans doute, est très ingénieux ; mais, sauf
le trait final, quoi de moins naturel, quoi de plus tiré
aux cheveux que tous ces raisonnements ?

. Comme pendant à cette lettre, en voici une autre qui
lui ressemble fort. La donnée est à peu près la même
puisque l'amant qu'y fait parler Philostrate s'y intitule,
tantôt ξένον (étranger), tantôt φυγάδα (exilé.)

J'en vais citer la plus grande partie :

Lettre 28 — à une femme — « Une belle doit classer les
amants dans son estime d'après leur caractère, et non d'après
leur naissance : il se peut, en effet, qu'un étranger soit un
homme accompli, comme il se peut qu'un habitant du pays
soit un mauvais homme, et cela d'autant plus que le dernier
a plus de propension à s'enorgueillir. L'homme du pays est
dans la même situation que les pierres, et tous les autres objets
qui ne changent pas de place, parce que la nature les contraint de
rester immobiles ; mais l'étranger ressemble aux plus agiles de
tous les dieux, Hélios, les vents, les astres, Éros : ce sont eux
qui, à moi aussi, ont donné des ailes, et qui m'ont fait voler jusqu'ici, comme si quelque instinct supérieur me poussait (2). Ne
rejette pas avec mépris mes supplications : Hippodamie n'a
point dédaigné Pélops, bien qu'il fût un étranger et un barbare,
ni Hélène, celui qui était venu pour ses beaux yeux, ni Phyllis
celui qui (3)..... de la mer, ni Andromède, celui qui avait volé
jusqu'à ses côtés. C'est qu'elles savaient bien qu'un époux de
leur pays ne les rendrait citoyennes que d'une seule ville, et un
époux étranger, de plusieurs. (*Eh bien ! si tu le veux, tran-*

---

(1) Je lis, avec Westermann, εἰ ἐλεήσης, au lieu de : εἰ ἐθελήσης, qui
est chez Kayser.

(2) κινηθεὶς προφάσει κρείττονι. Je crois mon sens préférable à celui de
Westermann qui met, dans sa traduction latine : « Majore causa ad-
ductus. »

(3) Il y a ici une lacune.

*chons tout par une convention : demeurons ici tous les deux,
ou partons là-bas ensemble : Quoi? cela ne te plaît pas!
Mais vois donc les poissons : se croient-ils des étrangers, parce
qu'ils passent volontiers d'un point à un autre, sur cette
terre (1), qui ne forme qu'un seul et même monde? Que sont,
en effet, les différentes patries des hommes? Rien, sinon de
misérables lignes, tracées par la fantaisie de législateurs
égoïstes, qui ont voulu délimiter leurs possessions par des
frontières, ou par une enceinte, afin de mettre à l'étroit nos
affections, et de les empêcher de franchir le cercle où l'amour
de la patrie les enferme.)* Au reste, que sont, pour moi, l'a-
mour, et pour toi, la beauté, sinon des étrangers que nous avons
reçus? Nous n'avons pas été les chercher; ils sont venus d'eux-
mêmes, et nous avons accueilli avec joie leur présence, comme
les navigateurs accueillent avec joie la présence des astres. Si
donc ma qualité d'étranger ne m'empêche pas d'aimer, qu'elle
ne t'empêche pas non plus d'écouter ceux qui t'aiment..... » etc.

On ne peut guère, je crois, pousser plus loin, en
matière d'amour, l'abus de la raison démonstrative.

Sans présenter cette véritable débauche d'allusions
historiques, mythologiques ou autres, certaines lettres
ont, au plus haut degré, le caractère sophistique, par
la singularité des idées qui en forment la trame.

Que dire, par exemple, du contenu de la lettre qu'on
va lire? L'amoureux transi qui est censée l'avoir écrite
me paraît pousser jusqu'à ses dernières limites le droit
qu'on reconnaît à ses pareils d'extravaguer à leur aise.
Passe encore s'il était épris de quelque Dulcinée bien
poétique, mais point : la dame de ses pensées est une
cabaretière haute en couleur, ainsi que nous l'apprend

---

(1) Χαίρει δὲ (ὁ ἰχθὺς) μεταβολαῖς τῆς γῆς οὔσης μίας. — Je crois
avoir traduit exactement; mais μεταβολαῖς τῆς γῆς est une expression
bien singulière pour désigner les migrations des poissons, qui ne voya-
gent que dans l'eau. Pourtant, l'idée n'a plus rien d'absurde, si l'on
donne à γῆ, comme je le fais, le sens de : ce monde (comprenant
la mer aussi bien que la terre).

la précédente épître, également composée pour elle :
ni son état, ni son entourage, ni les propos qu'elle est
habituée à entendre n'ont dû la rendre bien propre à
savourer les délices d'une déclaration toute sentimen-
tale. Je crois même qu'elle a dû rire sous cape, en
voyant le singulier moyen qu'on lui propose pour contenter ses clients sans leur servir une goutte de vin.
Mais voici la lettre :

Lettre 33 (1) — à une cabaretière. — « Tes gobelets sont de
verre ; mais tes mains en font des gobelets d'argent, des gobelets
d'or, et ils ont je ne sais quoi de voluptueux qui leur vient de
tes yeux. (*Mais la transparence de ces vases est dénuée de
vie et de mouvement, comme le cristal des eaux tranquilles ;
ton visage, au contraire, m'en fait voir qui* (2), *sans parler
de leurs autres charmes, ont encore la saveur des baisers pour
nous* (3) *séduire.*) Mets donc tes gobelets en place, et laisse-les
de côté, ne fût-ce que par la crainte de briser des objets si fra-
giles, et ne m'offre que tes yeux pour apaiser (4) ma soif ; c'est
après en avoir connu le charme, que Zeus a voulu se procurer un
aimable échanson (5). Mais, si tu le veux, ne fais pas de ton vin
une dépense inutile : ne nous verse que de l'eau ; seulement, tu
l'approcheras de tes lèvres ; tu y mêleras la suavité de tes baisers,
et, alors seulement, tu offriras la coupe à qui voudra boire. Quel
homme, en effet, serait assez ennemi d'Éros, pour souhaiter les

----

(1) Cf. avec les lettres 32 et 60, également adressées à des cabare-
tières.

(2) τὰ δ' ἐν προσώποις ἐκπώματα. Je présume qu'il s'agit de la bouche,
peut-être aussi des joues, si ces joues avaient une fossette.

(3) τῇ ξυνέσει τῶν φιλημάτων..... εὐφραίνειν.

(4) μόνοις πρόπινε τοῖς ὄμμασιν...

(5) ὃν καὶ Ζεὺς γευσάμενος καλὸν οἰνοχόον παρεστήσατο. Voilà une pensée
bien obscure : si les yeux de la belle cabaretière ont tant de charme
pour Zeus, c'est elle qu'il devrait avoir prise pour échanson, et non
Ganymède. Il faut donc entendre : c'est pour avoir été séduit par des
yeux enchanteurs, comme le sont les tiens, que Zeus, etc. Telle devrait être la pensée de Philostrate, mais je traduis ce qu'il a dit.

faveurs de Dionysos, quand il vient de goûter aux vignes d'Aphrodite? »

Dans la lettre précédente, on avait fait à la même déesse de comptoir le très singulier compliment que voici : « L'eau que tu apportes, il me semble qu'elle a jailli de tes yeux comme d'une source, et que, par conséquent, tu es une naïade », et on lui avait dit, à la fin : σοῦ δ' οἶδα πίνων : je sens que je te bois, ou, en d'autres termes, je n'ai plus besoin de boire quand je te vois; ta vue, à elle seule, me fait oublier que j'ai soif.

En un autre endroit, Philostrate veut détourner une femme de se couronner de roses, et voici ce qu'il lui dit :

Lettre 21 (1) — à une femme : « Comment, tu es blonde, et tu recherches les roses ! Mais ne vois-tu pas que tu as reçu de la nature tout ce qu'elles ont elles-mêmes ? Pourquoi t'éprendre d'une fleur qui, avant peu, ne sera plus rien ? Pourquoi mettre une couronne de feu sur ta tête ? Car ce collier envoyé à Glaucé (2) par la magicienne de Colchos, c'était, je pense, un collier de roses empoisonnées, et c'est pour cela que celle qui l'avait reçu fut consumée. Si les roses sont charmantes, qu'elles ne viennent pas faire échec à la beauté des femmes; si elles sentent bon, qu'elles ne cherchent point à rivaliser avec le parfum d'un beau corps; si elles sont éphémères, qu'elles n'apportent pas à l'âme effrayée l'image d'une mort précoce... etc. »

La fin de la lettre, quoique fort galante, est peut-être encore plus bizarre :

« Quel besoin as-tu des roses ? Ta tête est une prairie émaillée de mille fleurs, qui ne passent pas en été, qui poussent en plein hiver, et qui ne se flétrissent pas quand on les cueille.

(1) Cf. avec la lettre 4.
(2) La même que Créuse.

(Ah! si tu me laissais couper une seule de tes boucles! Quel parfum j'emporterais! J'aurais, grâce à toi, des roses qui ne sauraient se flétrir! »)

Autre exemple, où vont figurer encore des roses, mais des roses bien singulières :

Lettre 63 — à une femme. — « J'ai appris qu'arrivées chez toi, les roses ont goûté la volupté dont elles étaient dignes (1) ; c'est qu'elles avaient reçu à ce propos mes recommandations ; et, comme si elles avaient bu à la rosée si pure qui s'exhale de ton corps, elles ont retenu dans sa fuite leur vie déjà toute languissante. Oh ! que vous avez bien fait, roses, de revenir à la vie ! Mais conservez-vous, je vous prie, jusqu'à ce que j'arrive ; car j'ai résolu de savoir si le contact vous a fait gagner, elle en parfum, vous en longévité. »

Je crois qu'il faut tirer l'échelle après ces roses qui reviennent à la vie pour avoir été quelques instants en contact avec une femme, et cette femme qui gagne en parfum pour avoir été en contact avec des roses.

Philostrate, je l'ai dit, ne tombe pas toujours dans cet excès de mauvais goût, et les citations qui vont suivre nous réconcilieront un peu, je l'espère, avec cet esprit distingué. La subtilité de mauvais aloi que nous venons de signaler ne se rencontre pas à la même dose dans toutes ses lettres ; il en est même quelques-unes qui en sont à peu près exemptes. Je réserve celles-là pour la fin.

En attendant, en voici deux qui, pour être encore entachées de quelques traits d'un goût équivoque, n'en sont pas moins assez agréables à lire. Dans la première, un amant détourne celle qu'il aime de porter aucune espèce de chaussures. Ce conseil, sous notre climat du moins, aurait peu de chances d'être écouté

(1) ὅτα χρόος ἀπέλαυεν.

des dames ; mais il faut nous rappeler que nous sommes en Grèce :

Lettre 36 — à une femme. — « Ne va pas mettre de chaussures ; ne va pas cacher tes jambes sous l'enveloppe menteuse et
perfide d'un cuir qui ne doit sa fausse beauté qu'à la teinture.
Et en effet, si tu portes une chaussure blanche, tu fais tort à la
blancheur de tes pieds (car un objet ne ressort pas sur un fond
de même nuance) ; si c'est une chaussure couleur d'hyacinthe, tu
portes les âmes à la tristesse par la vue d'une couleur si sombre ;
si c'est une chaussure de pourpre, tu nous fais peur (1), comme
si le sang coulait de quelque blessure de tes pieds (2)...
... Permets à tes pieds de rester nus, aussi bien que ton cou,
aussi bien que tes joues, aussi bien que ton nez et que tes yeux.
C'est quand la nature, en quelqu'endroit de nos personnes, a
manqué son œuvre, qu'il faut recourir à certaines inventions
pour réparer le tort qu'elle nous a fait, et masquer ainsi, à force
d'art, nos défectuosités corporelles ; mais toutes les fois que notre beauté, pour s'affirmer, n'a qu'à se montrer telle qu'elle est,
elle n'a que faire des artifices de la toilette. Aie confiance en toi-
même, et montre tes pieds en toute assurance : le feu lui-même
ne voudra pas leur faire de mal, ni la mer non plus ; si tu veux
traverser un fleuve, il arrêtera son cours ; si tu veux franchir un
précipice, tu croiras fouler une prairie. C'est ainsi que Thétis a
été appelée « aux pieds d'argent (3) », par celui qui a si exactement connu tous les caractères supérieurs de la beauté ; c'est
ainsi qu'Aphrodite est représentée par les peintres, au moment
où elle sort de la mer. *(On en fait autant pour les filles de Leu-*
cippe (4). Laisse-tes pieds à la disposition de qui voudra les
baiser ; ne les emprisonne pas dans l'or : j'ai horreur des
chaînes : on a beau les faire magnifiques, elles n'en sont pas

(1) Je suis le texte de Westermann, qui dit φοβεῖς, tandis que Kayser met tout simplement φόβος (s. ent. ἐστί). Le sens est à peu près le
même.
(2) Je passe ici quelques lignes.
(3) Iliade, xvi, v. 574.
(4) Ilaïre et Phœbé.

moins un instrument de supplice. Et qu'importe qu'on soit re-
tenu par des liens d'or, ou par des liens de fer? A moins
toutefois qu'on ne juge plus beau de porter les premiers, parce
qu'on trouve du plaisir aux meurtrissures qu'ils nous font (1).
O belle, ne mets pas tes pieds à la torture ; ne cache pas ceux
qui n'ont rien qui mérite d'être caché ; mais, dans ta marche
gracieuse, laisse une empreinte qui vienne de ta personne, comme
si tu voulais que la terre elle-même ait à se louer de toi. »

Il y a peut-être encore, dans cette spirituelle épître,
plus de subtilité qu'il ne faut. On y peut blâmer aussi
les manifestes exagérations du milieu : « Le feu lui-
même, etc. » Mais on n'est pas criminel pour avoir eu
trop d'esprit dans un simple badinage, et cette lettre,
ce me semble, n'est pas autre chose.

Dans l'autre lettre, qu'il ne faut pas prendre trop au
sérieux non plus, nous allons entendre l'oraison funèbre de la chevelure d'une femme :

Lettre 61 — à une femme. — « Qui donc, ô belle, t'a rasé
la tête? Qui a pu être assez inepte, assez barbare, pour ne pas
épargner les dons d'Aphrodite? Car la terre, avec toute sa verdure (2), n'offre point aux yeux un objet aussi agréable que la
tête d'une femme ornée de ses cheveux. O mains impies d'un
profanateur ! Tu as subi, à la lettre, le traitement qu'on peut
redouter de la part des ennemis. Et encore, pour ce qui est de
moi, je ne tondrais pas même un prisonnier, par respect pour la
beauté, dont il n'est pas bien de négliger les droits (3). Mais,
puisque cette abomination a été commmise, au moins renseigne-

_____

(1) Voici le texte, que je crois avoir exactement rendu : εἰ μὴ τούτου
ἐκεῖνο καὶ κάλλιον, ὅτι μετ' εὐφροσύνης ἀνιᾷ. La pensée me paraît être
qu'une femme souffre volontiers quelque gêne, si cette gêne lui vient
de sa parure.

(2) οὐδὲ γὰρ γῆ κομῶσα, etc. On pourrait entendre aussi : il n'est
point de terre, si verdoyante qu'elle soit, etc.

(3) τιμῶν τὸ κάλλος, ὡς οὐχ ἡδέως ἀμελούμενον. Peut-être faut-il entendre : qu'on ne s'applaudit jamais d'avoir négligée ou méconnue.

moi sur tes cheveux. Où sont-ils tombés? Où les a-t-on coupés?
Comment ferai-je pour les recueillir, comme les morts qu'on ra-
masse à la faveur d'une trêve, et pour couvrir de mes baisers ces
cheveux qui gisent sur le sol? O ailes d'Éros! O dépouilles sans
prix d'une tête si chère! O débris de la beauté! »

Voilà, pour mener le deuil d'une chevelure, bien des
cris de douleur et bien des larmes. Mais il y a, dans
ce petit billet, une certaine grâce et quelques traits
heureux, surtout à la fin.

Je deviens, on a pu le voir, de moins en moins sévère
à mesure que j'avance. Il ne faut pas trop s'en étonner,
puisque j'ai annoncé que je commencerais par ce qu'il
y a de plus défectueux dans cette correspondance fictive, pour arriver, comme par degrés, à ce qu'elle contient de meilleur. M'y voici, et cette fleur des paniers,
que j'ai réservée pour la fin, nous donnera, je l'espère,
une meilleure idée de Philostrate.

Voici d'abord, sous une forme piquante et vive, un
bien sage conseil, adressé à une femme encore jeune,
et qui se farde :

Lettre 40 — à une femme. — « Quel obstacle pour les baisers que ce vermillon qui rougit tes lèvres, et enlumine tes joues!
Il fait croire aussi que, sans respect pour ton visage, la main
du temps a rendu tes lèvres livides, a flétri tes joues, et les a ri-
dées. Laisse donc là tout ce fard, et n'ajoute aucun éclat fac-
tice à tes charmes, sans quoi je pourrais bien accuser ta figure
d'avoir vieilli, puisque tu crois devoir la peindre. »

Ce n'est pas, du reste, le seul endroit où Philostrate
ait fait la guerre aux artifices de la toilette, qu'il regarde
comme une sorte de supercherie, indigne de la beauté
véritable. « La femme qui se pare, dit-il au début de
la lettre 22e, cherche à masquer ses imperfections,
parce qu'elle a peur de laisser voir que la nature lui a
refusé quelque chose; mais celle qui est belle n'a que

faire d'un secours étranger : sa propre personne lui
fournit largement tout ce qu'il faut pour être aimable.
Peinture des yeux, cheveux postiches, coloration arti-
ficielle des joues et des lèvres, drogues diverses inventées pour les besoins de la toilette, éclat décevant produit par le fard, qu'est-ce que tout cela, sinon des
artifices destinés à pallier les défectuosités de la nature ! etc. »

· Eût-il, comme c'est probable, prêché dans le désert,
on peut au moins faire honneur à Philostrate des choses qu'en ces deux endroits il a osé dire, et de la façon
dont il les a dites.

Il n'y a pas moins de courage et de bon sens, et il y
a aussi une bien grande habileté dans la lettre qui va
suivre. Il s'agit de faire comprendre à une belle combien elle se fait tort en s'abandonnant à la colère. Philostrate, il me semble, se tire à merveille de cette sorte
de prédication, car il dit tout ce qu'il faut, sans rien
dire qui puisse déplaire. A moins d'avoir le caractère
absolument mal fait, on ne peut guère se fâcher d'une
leçon donnée avec tant de bonne grâce :

Lettre 25 — à une femme irritée (1). — Hier, je t'ai surprise
en proie à la colère, et j'ai cru avoir sous les yeux une autre
femme : c'est que toute la grâce de ton visage était mise en dé-
sarroi par cet emportement de ton âme. Garde-toi donc bien d'a-
bandonner tes sentiments habituels et de lancer des regards fa-
rouches : la lune elle-même cesse de nous paraître brillante
quand elle se laisse voiler par des nuages ; Aphrodite, quand elle
s'irrite ou quand elle pleure, ne nous semble plus belle ; Héra
n'a plus ses grands yeux, quand elle se courrouce contre Zeus ;
la mer n'a plus de charmes, quand l'orage la trouble ; Athéné a
jeté la flûte, parce qu'elle faisait grimacer son visage ; si main-

----

(1) γυναικὶ θυμουμένῃ. — On suppose sans doute que la colère
de cette belle n'est pas encore passée, puisqu'on emploie ici le parti-
cipe présent.

tenant, nous donnons aux Erinyes (1), le nom d'Euménides, c'est
parce qu'elles ne veulent plus avoir leur sombre physionomie
d'autrefois ; les épines même des roses ne laissent pas de nous
plaire, parce que, bien qu'elles poussent sur un buisson sauvage,
qui sait très bien nous piquer et nous faire du mal, elles ont un
air riant par le voisinage des roses ; et c'est une fleur aussi chez
la femme que la sérénité de son visage. Ne sois donc ni violente,
ni terrible ; ne te prive pas de ta beauté ; ne te dépouille pas de
ces roses qui rient dans vos yeux à vous toutes, belles que vous
êtes ; mais, si tu refuses de m'en croire, prends ton miroir, et
contemples-y le changement de tes traits : allons, bien ! Je vois
qu'à cette vue, tu t'es détournée : *(C'est que tu t'en es voulu à
toi-même, ou que tu t'es fait peur, ou que tu ne t'es pas reconnue, ou que tu t'es repentie)* (2). »

Les comparaisons mythologiques, dont ailleurs nous
avons constaté l'abus, viennent ici d'une façon toute naturelle, et juste à propos pour atténuer ce qu'il peut y
avoir de dur, pour une jolie femme, à s'entendre dire
qu'à un certain moment elle a été laide. J'aime beaucoup aussi le trait ingénieux de la fin : « Allons, prends
ton miroir, etc. ». Voici maintenant une courte lettre

---

(1) Philostrate écrit Ερινΰς.

(2) Cf. avec la lettre 53, où l'on recommande à une autre femme de
chasser le sombre nuage de la mauvaise humeur, et surtout avec la
lettre 24, qui est adressée à un adolescent. C'est dommage ; car, si je
ne m'étais interdit de rien prendre aux lettres de cette catégorie, je
montrerais comment, en cet endroit ainsi qu'en beaucoup d'autres,
Philostrate semble s'être étudié à traiter deux fois le même thème, ici
pour un adolescent, là pour une femme. On peut comparer de cette
façon, si l'on est curieux de ces sortes de rapprochements, la lettre 16
avec la lettre 61, sur des chevelures coupées ; la lettre 18 avec les lettres 36 et 37, sur le tort que les chaussures font à la beauté ; les lettres 13 et 48 avec la lettre 47, sur l'insensibilité du cœur ; la lettre 46,
avec les lettres 20 et 54, sur des roses dont la personne aimée a fait
ou devra faire sa couche, etc. J'ai déjà signalé ailleurs, comme une
habitude chère aux sophistes, ce jeu d'esprit qui consiste à traiter
deux ou plusieurs fois un même sujet.

qui me paraît non-seulement bien tournée, mais pleine de grâce et de fraîcheur :

Lettre 26 — à une femme. — « Tu me dis de ne point te regarder, et je te dis, moi, de ne pas te montrer à mes yeux : quel législateur a édicté la première de ces défenses, et quel autre, la seconde ? Si aucune de ces deux actions n'est défendue, ne te dérobe pas à la gloire que tu peux gagner en te montrant, et ne m'envie pas le bien de te regarder à mon aise. La source ne dit pas : je te défends de boire ; les fruits, je te défends de me toucher ; la prairie, je te défends d'entrer. Suis donc, toi aussi, les lois de la nature, et délivre-moi de ma soif ; *(et délivre de sa soif un voyageur qui s'est perdu en suivant ton* (1) *étoile)* ».

Citons encore, à propos des roses, qui ont parfois si mal inspiré Philostrate, deux courtes épîtres qui mériteraient, si elles étaient écrites en vers, d'occuper une place distinguée dans l'anthologie.

Lettre 51 — à une femme. « Sapho affectionne les roses : toujours elle les honore de quelque louange, en se servant d'elles pour peindre la beauté des vierges ; c'est aussi aux roses qu'elle compare les bras des Grâces, alors qu'elle nous les montre nues et sans voiles. Mais si ces fleurs sont les plus belles de toutes, en revanche, elles n'ont qu'une bien courte durée (2) : elles passent, avec toutes les autres, après avoir brillé au printemps ; mais chez toi, la beauté est toujours dans sa fleur : comme un

---

(1) ὃν τὸ σὸν ἄστρον ἀπώλεσεν. Peut-être ma traduction ici est-elle un peu libre.

(2) Cf. Horace :

> .... *et nimium breves*
> *Flores amœnæ ferre jube rosæ...* (Ode 3°; liv. 2).

Cf. aussi Malherbe

> Et rose, elle a vécu ce que vivent les roses,
> L'espace d'un matin... etc.

vrai printemps, l'automne de tes charmes continue à sourire dans tes yeux et sur tes joues. »

Lettre 55 — à une femme : « Oui : les roses sont bien réellement les fleurs de l'amour. Comme lui jeunes, comme lui voluptueuses, elles ont sa chevelure d'or (1), et lui ressemblent aussi pour tout le reste : leurs flèches, ce sont leurs épines ; leurs flambeaux, c'est leur robe de pourpre : leurs ailes, ce sont leurs feuilles. L'amour aussi, pas plus que les roses, ne sait ce que c'est qu'une longue durée : le temps ne voit d'un œil favorable ni l'automne de la beauté, ni les roses quand elles sont depuis longtemps sur leurs tiges (2). A Rome, j'ai vu ceux qu'on chargeait de porter des fleurs s'acquitter en courant de leur commission, et cette hâte montrait combien fugitive est la fraîcheur des roses ; la course de ces gens semblait dire : hâtez-vous de jouir. Ainsi donc, si vous vous empressez de cueillir la rose, elle se conserve un certain temps ; tardez-vous un peu, la voilà passée. La femme aussi se flétrit comme les roses, si elle tarde trop à user de ses charmes : n'attends pas, ô ma belle : jouons-nous ensemble ; couronnons-nous de roses ; courons ensemble au plaisir (3). »

———

Je ne pousserai pas plus loin ce petit voyage à travers la correspondance de Philostrate ; mais, avant de prendre congé de ceux qui ont bien voulu le faire avec moi, je crois devoir jeter un dernier coup d'œil sur la route que nous venons de parcourir.

Nous avons rencontré d'abord une dissertation et un fragment sur le style épistolaire ; puis des lettres composées pour des correspondants réels ; puis des lettres

(1) Χρυσοκομοῦσιν ἄμφω. Himerius, 1, 4, 330, *dicit Sapphonem Amorum*, πτερὰ καὶ βοστρύχους χρυσῷ κοσμῆσαι (note de Kayser).

(2) Je rends ainsi cette bizarre expression : τῇ κάλλους ὀπώρᾳ, καὶ τῇ ῥόδων ἐπιδημίᾳ. Westermann traduit par : *et rosarum assiduitati.*

(3) J'ajoute ici un mot au texte, qui dit simplement : ξυνδράμωμεν.

érotiques fabriquées à titre d'exercices et de modèles ;
et, parmi ces dernières lettres, nous en avons trouvé
de fort mauvaises, d'assez bonnes et de très bonnes.

Rien de plus disparate, à première vue du moins,
que cet ensemble d'œuvres diverses ; et pourtant, j'o-
serai le dire, un caractère commun les réunit : en dépit
des différences qu'elles présentent, elles ne sauraient
renier leur origine, et chacune d'elles pourrait dire :
oui, c'est un sophiste qui m'a donné le jour. Voyons
ce qu'il en est, en effet. Peut-on nier que Philostrate
se soit montré sophiste dans l'idéal qu'il nous trace
du genre épistolaire? Non : car, tout en émettant sur
les conditions de ce genre certaines idées d'une justesse incontestable, il gâte tout ce qu'il a pu dire d'excellent par son fameux précepte : τὰ κοινὰ καινῶς, τὰ
καινὰ κοινῶς, qui est comme une insulte au bon sens, et
une invitation à fuir le naturel.

Est-il sophiste dans les lettres qu'il a composées
pour des correspondants réels? Oui encore, par sa
concision évidemment calculée, si lumineuse qu'elle
puisse être ; par certains jeux de mots qui ressemblent
à des pointes ; et enfin par un perpétuel souci du bien
dire qui se trahit partout, en dépit des efforts qu'il
fait pour avoir l'air d'être simple.

Est-il sophiste dans sa correspondance fictive. Je
crois l'avoir surabondamment démontré, bien moins
par ce que j'ai pu dire, que par certaines citations qui
se passent de commentaire. On a vu comment, dans
ces lettres composées à l'intention de maîtresses imaginaires (1), il prête à la passion même le langage le
plus fleuri ; comment il se jette à corps perdu dans des
allusions à la mythologie, à l'histoire, aux phénomènes
de la nature, etc. ; comment il s'ingénie à trouver des

---

(1) Ce que je vais dire s'appliquerait tout aussi bien aux 28 lettres
écrites pour des adolescents, comme il sera facile de s'en convaincre si
l'on veut recourir au texte.

idées auxquelles personne n'aurait pu s'attendre. Voilà
bien, si je ne me trompe, quelque chose de ce clin-
quant, de ce besoin d'éblouir, de cette fausse rhétorique, en un mot, que j'ai déjà eu à signaler dans les
œuvres de la sophistique aux premiers siècles de notre ère.

Maintenant, comment se fait-il que, dans cette correspondance fictive, tout ne soit pas également mauvais?
Comment se fait-il même que certaines épîtres, en fort
petit nombre, il est vrai, soient assez jolies pour désarmer la critique, et mériter des éloges? C'est que
l'auteur, à certains moments, ne s'est plus souvenu
qu'il était un sophiste, et s'est contenté d'exprimer
avec grâce des sentiments naturels et des idées simples. Que n'a-t-il écrit toutes ses lettres de la sorte?
Ses contemporains, j'en ai peur, les auraient moins
goûtées; mais nous les lirions, nous, avec plus de
plaisir.

SUR .

UN PASSAGE D'ATHÉNÉE

(Liv. VI, c. 26-27, p. 234 *d*-235 *d*)

RELATIF A CERTAINES ATTRIBUTIONS RELIGIEUSES DE L'ARCHONTE-ROI (1)

PAR AM. HAUVETTE

—————

Si les décrets du Conseil et du peuple abondent dans le recueil des inscriptions athéniennes, il n'en est pas de même des lois proprement dites. Un seul texte de ce genre se rencontre sur un marbre de l'année 409/8 : c'est la loi de Dracon sur le meurtre, transcrite d'après l'ancienne rédaction de Solon (2). A défaut de documents originaux de cette importance, il faut se contenter des extraits que citent parfois les auteurs. Tel passage de Plutarque a une valeur inappréciable, parce qu'on y reconnaît le texte même d'une loi de Solon (3). Athénée est au nombre des compilateurs utiles qui

(1) J'ai eu l'occasion d'étudier sommairement ce passage dans un des chapitres de ma thèse latine, *De archonte rege* (1884). Mes lecteurs verront sans peine que j'ai sensiblement modifié mes idées à ce sujet.

(2) *Corp. Inscr. attic.*, I, 61.

(3) Plut., *Sol.*, 19.

copient d'ordinaire, sans y rien changer, les ouvrages
où ils puisent. Mais ces sources mêmes datent le plus
souvent d'une époque assez basse, et les écrivains dont
le compilateur accepte le témoignage, sans le discuter,
ont pu fort bien se tromper. C'est à démêler ces erreurs
que la critique doit s'appliquer : cette étude me paraît
surtout nécessaire, quand il s'agit de documents aussi
rares que les anciennes lois d'Athènes.

Or, dans le même passage, à quelques lignes de distance, Athénée cite une phrase empruntée à la législation religieuse de Solon, aux κύρβεις, et plusieurs
extraits d'une loi qu'il appelle ὁ τοῦ βασιλέως νόμος.
Qu'est-ce que cette loi royale? Quel est le sens même
de l'expression grecque? S'agit-il d'une loi promul-
guée par le roi? ou d'une loi réglant les attributions du
roi? La seconde de ces deux hypothèses s'impose, dès
qu'on lit les premières lignes de l'extrait : ἐπιμελεῖσθαι
τὸν βασιλέα τὸν ἀεὶ βασιλεύοντα... Mais alors sommes-nous
en présence d'un acte officiel qui aurait pour objet de
déterminer les fonctions d'un des magistrats les plus
élevés de la constitution athénienne? Cette loi serait-
elle analogue à celle que mentionne l'auteur du *Discours
contre Néère,* et qui se rapportait à la femme de l'archonte-roi? « Pour sa femme, nos pères établirent par
une loi qu'elle serait athénienne, qu'elle n'aurait pas
connu d'autre homme, et aurait été mariée étant vierge,
afin qu'elle pût célébrer selon les rites des ancêtres
les mystères sacrés, au nom de la ville d'Athènes, et
que le service divin s'accomplît dans toutes les règles,
sans qu'il y eût rien d'omis ni rien d'innové. Ils gra-
vèrent cette loi sur une stèle de pierre qu'ils dressèrent
dans le temple de Dionysos, auprès de l'autel, au marais. Cette stèle est encore debout aujourd'hui, et on
peut y lire la loi écrite en lettres attiques à moitié
effacées par le temps (1). » Les extraits que cite Athénée

_____

(1) [Demosth.], *C. Neœr.,* 75-76.

auraient-ils été copiés sur une stèle semblable, gardée avec autant de soin dans un sanctuaire vénéré? Et si ces actes étaient entourés d'un tel respect, ne pourrait-on pas les attribuer au législateur par excellence, à Solon, qui n'aurait fait lui-même que suivre une tradition plus ancienne encore (1)? Toutes ces hypothèses s'écroulent, à mon avis, si l'on examine de près les fragments de cette prétendue loi. Au lieu d'une loi véritable, c'est-à-dire d'un acte comportant des règles abstraites, générales, permanentes, nous n'avons sous les yeux que les fragments d'un règlement relatif à des cérémonies religieuses, particulières à un temple déterminé. Ce règlement, d'ailleurs, nous parait émaner de l'autorité législative elle-même, du Conseil et de l'assemblée du peuple, qui, on le sait, ne négligeait pas de traiter les affaires religieuses : c'est un décret, non un acte qui mérite le titre pompeux de Νόμος τοῦ βασιλέως.

Mais d'abord il nous faut montrer que la question peut être limitée à l'étude du passage d'Athénée. La loi royale n'est mentionnée nulle part ailleurs : en effet, quand Pollux (2), Hésychius (3), Photius (4) parlent de cette loi, pour en détacher les mots πρωτόποσις ou παράσιτος, ils se reportent tous à un texte qui se trouve dans un des auteurs cités par Athénée ; c'est donc, sinon dans Athénée, du moins dans ses sources, qu'ils ont pris le mot en question. Leur témoignage n'a pas de valeur. Quant aux βασιλικοὶ νόμοι dont parle Xéno-

---

(1) C'est ce qu'admet sans discussion un des meilleurs éditeurs d'Hésychius, Schmidt, qui explique les mots ἐν τῇ τοῦ βασιλέως νόμῳ par ἐν ἄξοσι (Hesych , ed. Schmidt, v. παράσιτοι).

(2) Poll., III, 39 : ἡ ἐκ παρθενίας τινὶ γεγαμημένη πρωτόποσις ἐκαλεῖτο, γέγραπται δὲ τοὔνομα ἐν τῇ τοῦ βασιλέως νόμῳ. — Id., VI, 35 : καὶ ἀρχεῖόν τι παρασίτειον καλούμενον, ὡς ἐν τῷ νόμῳ τοῦ βασιλέως ἐστιν εὑρεῖν.

(3) Hesych., v. Παράσιτοι (le texte se complète d'après Photius).

(4) Phot., Lexic., v. Παράσιτοι : οἱ ἐπὶ τὴν τοῦ σίτου ἐκλογὴν αἱρούμενοι. Κεῖται ἡ λέξις ἐν τῇ τοῦ βασιλέως νόμῳ.

phon (1), il est impossible de les rapprocher, avec
Meursius (2), de la loi royale : ces mots désignent sans
aucun doute les lois établies par le grand Roi, c'est-à-
dire le roi de Perse, dont Xénophon vante si souvent
la prudente législation. Il ne reste donc à examiner
que le passage d'Athénée : je crois bon de le transcrire
ici en entier.

Athenæ., VI, p. 234 *d* sqq. Τὸ δὲ τοῦ παρασίτου ὄνομα
πάλαι μὲν ἦν σεμνὸν καὶ ἱερόν. Πολέμων γοῦν — ὁ εἴτε Σάμιος
ἢ Σικυώνιος εἴτ᾽ Ἀθηναῖος ὀνομαζόμενος χαίρει, ὡς ὁ Μοψεάτης
Ἡρακλείδης λέγει καταριθμούμενος αὐτὸν καὶ ἀπ᾽ ἄλλων πόλεων ·
ἐπεκαλεῖτο δὲ καὶ Στηλοκόπας, ὡς Ἡρόδικος ὁ Κρατήτειος
εἴρηκε — γράψας περὶ παρασίτων φησὶν οὕτως · « Τὸ τοῦ παρασίτου ὄνομα νῦν μὲν ἄδοξόν ἐστι, παρὰ δὲ τοῖς ἀρχαίοις εὑρίσκομεν τὸν παράσιτον ἱερόν τι χρῆμα καὶ τῷ συνθοίνῳ παρόμοιον.
Ἐν Κυνοσάργει μὲν οὖν ἐν τῷ Ἡρακλείῳ στήλη τίς ἐστιν ἐν ᾗ
ψήφισμα μὲν Ἀλκιβιάδου, γραμματεὺς δὲ Στέφανος Θουκυδίδου ·
λέγεται δ᾽ ἐν αὐτῷ περὶ τῆς προσηγορίας οὕτως · « Τὰ δὲ ἐπιμήνια θυέτω ὁ ἱερεὺς μετὰ τῶν παρασίτων. Οἱ δὲ παράσιτοι
ἔστων ἐκ τῶν νόθων καὶ τῶν τούτων παίδων κατὰ τὰ πάτρια.
Ὃς δ᾽ ἂν μὴ θέλῃ παρασιτεῖν, εἰσαγέτω καὶ περὶ τούτων εἰς τὸ
δικαστήριον. »

Ἐν δὲ τοῖς κύρβεσι τοῖς περὶ τῶν Δηλιαστῶν οὕτως γέγραπται · « Καὶ τὼ κήρυκε, ἐκ τοῦ γένους τῶν κηρύκων τοῦ τῆς μυσ-
τηριώτιδος. Τούτους δὲ παρασιτεῖν ἐν τῷ Δηλίῳ ἐνιαυτόν. »

Ἐν δὲ Παλληνίδι τοῖς ἀναθήμασιν ἐπιγέγραπται τάδε · « Ἄρχοντες καὶ παράσιτοι ἀνέθεσαν οἱ ἐπὶ Πυθοδώρου ἄρχοντος στεφα-
νωθέντες χρυσῷ στεφάνῳ ἐπὶ Διφίλης ἱερείας. Παράσιτοι Ἐπίλυκος
[Λυκο]στράτου Γαργήττιος, Περικλῆς Περικλείτου Πιτθεύς, Χα-
ρῖνος Δημοχάρους Γαργήττιος. »

Κἂν τοῖς τοῦ βασιλέως δὲ νόμοις γέγραπται · « Θύειν τῷ
Ἀπόλλωνι τοὺς Ἀχαρνέων παρασίτους. »

Κλέαρχος δ᾽ ὁ Σολεύς, εἷς δ᾽ οὗτος τῶν Ἀριστοτέλους ἐστὶ

---

(1) Xenoph., *Œcon.*, XIV, 6-7.
(2) Meurs., *Op.*, t. II, p. 161.

μαθητῶν, ἐν τῷ πρώτῳ τῶν βίων τάδε γράφει · « Ἔτι δὲ παράσιτον νῦν μὲν τὸν ἄτιμον, τότε δὲ τὸν εἰς τὸ συμβιοῦν κατειλεγμένον. Ἐν γοῦν τοῖς παλαιοῖς νόμοις αἱ πλεῖσται τῶν πόλεων ἔτι καὶ τήμερον ταῖς ἐντιμοτάταις ἀρχαῖς συγκαταλέγουσι παρασίτους. »

Κλείδημος δ' ἐν τῇ Ἀτθίδι φησί · « Καὶ παράσιτοι δ' ᾑρέθησαν τῷ Ἡρακλεῖ. »

Καὶ Θεμίσων δ' ἐν Παλληνίδι · « Ἐπιμελεῖσθαι δὲ τὸν βασιλέα τὸν ἀεὶ βασιλεύοντα καὶ τοὺς παρασίτους οὓς ἂν ἐκ τῶν δήμων προαιρῶνται καὶ τοὺς γέροντας καὶ τὰς γυναῖκας τὰς πρωτοπόσεις. »

..... Κἂν τῷ Ἀνακείῳ ἐπί τινος στήλης γέγραπται · « Τοῖν δὲ βοοῖν τοῖν ἡγεμόνοιν τοῖν ἐξαιρουμένοιν τὸ μὲν τρίτον μέρος εἰς τὸν ἀγῶνα, τὰ δὲ δύο μέρη τὸ μὲν ἕτερον τῷ ἱερεῖ τὸ δὲ τοῖς παρασίτοις. »

Κράτης δ' ἐν δευτέρῳ ἀττικῆς διαλέκτου φησί · « Καὶ ὁ παράσιτος νῦν ἐπ' ἀδόξου μὲν κεῖται πράγματος, πρότερον δ' ἐκαλοῦντο παράσιτοι οἱ ἐπὶ τὴν τοῦ ἱεροῦ σίτου ἐκλογὴν αἱρούμενοι, καὶ ἦν ἀρχεῖόν τι παρασίτων. Διὸ καὶ ἐν τῷ τοῦ βασιλέως νόμῳ γέγραπται ταυτί · « Ἐπιμελεῖσθαι δὲ τὸν βασιλεύοντα τῶν τε ἀρχόντων ὅπως ἂν καθιστῶνται, καὶ τοὺς παρασίτους ἐκ τῶν δήμων αἱρῶνται κατὰ τὰ γεγραμμένα. Τοὺς δὲ παρασίτους ἐκ τῆς βουκολίας ἐκλέγειν ἐκ τοῦ μέρους τοῦ ἑαυτῶν ἕκαστον ἑκτέα κριθῶν, δαίνυσθαί τε τοὺς ὄντας Ἀθηναίους ἐν τῷ ἱερῷ κατὰ τὰ πάτρια. Τὸν δ' ἑκτέα παρέχειν εἰς τὰ ἀρχεῖα τῷ Ἀπόλλωνι τοὺς Ἀχαρνέων παρασίτους ἀπὸ τῆς ἐκλογῆς τῶν κριθῶν. » Ὅτι δὲ καὶ ἀρχεῖον ἦν αὐτῶν ἐν τῷ αὐτῷ νόμῳ τάδε γέγραπται · « Εἰς τὴν ἐπισκευὴν τοῦ νεώ, τοῦ ἀρχείου τοῦ παρασιτείου καὶ τῆς οἰκίας τῆς ἱερᾶς διδόναι τὸ ἀργύριον, ὁπόσου ἂν οἱ τῶν ἱερέων ἐπισκευασταὶ μισθώσωσιν. » Ἐκ τούτου δῆλόν ἐστιν ὅτι ἐν ᾧ τὰς ἀπαρχὰς ἐτίθεσαν τοῦ ἱεροῦ σίτου οἱ παράσιτοι, τοῦτο παρασίτειον προσηγορεύετο.

Sans vouloir refaire ici le commentaire que Preller a consacré à ce passage (1), je m'attacherai seulement

(1) *Polemonis periegetæ fragmenta*, coll. Preller (L.), Leipzig, 1838, p. 115 sqq.

aux fragments de la loi royale : cette étude, qui porte
sur les parties les plus contestées du morceau, me
donnera l'occasion d'adopter ou de rejeter les différentes hypothèses de ce savant ou des précédents
commentateurs d'Athénée.

Deux fragments sont donnés expressément pour des
parties détachées de la loi royale : c'est d'abord le
« θύειν τῷ Ἀπόλλωνι τοὺς Ἀχαρνέων παρασίτους (1) », et
ensuite l'extrait de Cratès. Mais nul doute qu'un troisième fragment ne soit rapporté par Thémison : Θεμίσων
δ' ἐν Παλληνίδι · ἐπιμελεῖσθαι δὲ τὸν βασιλέα..... Car le mot
πρωτόποσις, écrit dans ce texte, est signalé par Pollux
comme un ἅπαξ λεγόμενον qui se trouve dans la loi
royale (2).

Ces trois extraits prouvent-ils que la loi ait été vue
et connue de trois auteurs différents, ou dérivent-ils
d'une source unique ? La seconde hypothèse me paraît
seule admissible. En effet Athénée, ou plutôt Polémon
(car j'accepte pleinement l'opinion de Preller qui attribue à Polémon tout ce développement sur les parasites), cite évidemment le premier fragment d'après
l'extrait de Cratès, où se rencontrent les mots τῷ Ἀπόλλωνι τοὺς Ἀχαρνέων παρασίτους. Quant au mot θύειν, faut-il
croire, avec Preller, qu'il ait disparu dans le texte de
Cratès? Il me semble plutôt ajouté ici par Polémon
comme un synonyme et une abréviation, d'ailleurs
inexacte, des mots τὸν ἐκτέα παρέχειν .....; car les parasites ne font pas eux-mêmes le sacrifice, et si le mot
θύειν s'emploie assez souvent dans le sens de *sacrifier,*
pour dire *assister à un sacrifice,* un texte de loi aurait,
ce semble, plus de précision, ainsi qu'on le voit dans

---

(1) Il est vrai qu'il y a dans le texte, à cet endroit, ἐν τοῖς τοῦ βασιλέως νόμοις (au pluriel); mais la citation montre clairement qu'il
s'agit de l'acte appelé plus bas ὁ τοῦ βασιλέως νόμος.

(2) Poll., III, 39.

le décret d'Alcibiadè, rapporté plus haut par Athénée :
τὰ ἐπιμήνια θυέτω ὁ ἱερεὺς μετὰ τῶν παρασίτων.

Mais pourquoi l'extrait de Thémison et celui de
Cratès dériveraient-ils d'une même source? Voici le
raisonnement qui m'amène à cette conclusion. Thémison, écrivain d'ailleurs inconnu, avait écrit un livre
appelé Παλληνίς, titre que Meineke rapproche avec
raison du titre connu Ἀτθίς, et qui signifie *liber de rebus
ad Pallenen spectantibus* (1). Il est probable que l'auteur
avait consacré une bonne partie de son livre à la description du temple d'Athéna, qui était célèbre (2). Nous
savons de plus, par les inscriptions, que ce temple
appartenait, non pas en propre au dème de Pallène,
mais à la cité athénienne, c'est-à-dire que les cérémonies religieuses y étaient célébrées aux frais de l'Etat (3).
Plusieurs dèmes, peut-être tous ceux de la région,
devaient donc être représentés à ces cérémonies, et
cette représentation demandait une organisation particulière du culte. Les parasites, choisis dans les dèmes,
et appelés à prendre part aux sacrifices avec le roi,
magistrat de la cité, avec les vieillards et les femmes
πρωτοπόσεις, me paraissent constituer un des éléments
de cette organisation : ἐπιμελεῖσθαι τὸν βασιλέα τὸν ἀεὶ
βασιλεύοντα, καὶ τοὺς παρασίτους οὓς ἂν ἐκ τῶν δήμων προαιρῶνται, καὶ τοὺς γέροντας καὶ τὰς γυναῖκας τὰς πρωτοπόσεις.
Un autre élément de cette organisation religieuse était
un collège de personnages décorés du titre d'ἄρχοντες,
qui figurent dans une dédicace dont Athénée emprunte
très vraisemblablement le texte au même Thémison :
ἐν δὲ Παλληνίδι τοῖς ἀναθήμασιν ἐπιγέγραπται τάδε · ἄρχοντες
καὶ παράσιτοι ἀνέθεσαν οἱ ἐπὶ Πυθοδώρου ἄρχοντος στεφανω-
θέντες..... Les noms de ces archontes manquent dans
dans l'extrait : Athénée, ou Polémon, traitant des

---

(1) Athenæ., *Deipnosoph.*, ed. Meineke, t. IV, p. 101.
(2) Herod., I, 62. — Eurip., *Heracl.*, v. 849.
(3) *Corp. Inscr. attic.*, I, 194-225, 273.

parasites, n'a transcrit que les noms des personnages qui l'occupaient. Mais il est certain que ces ἄρχοντες ne sont pas les neuf archontes d'Athènes ; ce sont des magistrats attachés, comme les parasites, au temple d'Athéna de Pallène. On sait qu'il y avait dans les dèmes des ἄρχοντες particuliers (ἀγορὰ τῶν ἀρχόντων), et que ces magistrats avaient souvent à s'occuper d'affaires religieuses (1). Si l'extrait de Thémison était complet, nous saurions, par les démotiques de ces archontes, s'ils appartenaient tous au dème de Pallène, ou s'ils étaient choisis, comme les parasites, dans différents dèmes (deux parasites sont du dème de Gargettos, le troisième de Pithos). Quoi qu'il en soit, la mention d'archontes et de parasites se retrouve précisément dans le texte rapporté par Cratès et attribué aussi à la prétendue loi royale : ἐπιμελεῖσθαι δὲ τὸν βασιλεύοντα τῶν τε ἀρχόντων ὅπως ἂν καθιστῶνται καὶ τοὺς παρασίτους αἱρῶνται κατὰ τὰ γεγραμμένα. Or, si on continue la lecture de ce texte, on constate qu'ici encore il s'agit, non d'une mesure générale, s'étendant à tous les sanctuaires de l'Attique, mais d'un règlement particulier à un temple : εἰς τὴν ἐπισκευὴν τοῦ νεώ κ. τ. λ... Ce temple ne serait-il pas celui de Pallène, que Thémison avait décrit, en citant les dédicaces et les règlements religieux qu'il y avait lus ? Cratès, écrivant sur le dialecte attique, n'aurait-il pas simplement emprunté à Thémison le texte de cette loi ? La seule objection qui se présente est celle-ci : comment les parasites des Acharniens figuraient-ils dans un document relatif à Pallène ? Une réponse est facile : puisque plusieurs dèmes étaient représentés par leurs parasites auprès de la déesse, il est naturel qu'Acharnes ait eu les siens, comme Gargettos et Pithos. De plus, l'importance de ce dème était telle, qu'elle pourrait expliquer la mention particulière de ses parasites dans le règlement relatif à Pallène.

(1) *Corp. inscr. attic.*, II, 581, 570, 602, 603.

Ce n'est là, je l'avoue, qu'une hypothèse ; mais elle me
paraît préférable à celle qui consisterait à supposer
qu'il s'agit dans cette loi du sanctuaire d'Apollon à
Acharnes ; car il faudrait admettre l'existence d'une
organisation et d'un règlement semblables à Acharnes
et à Pallène ; or, le temple d'Apollon à Acharnes n'était
pas comme celui de Pallène un sanctuaire de la cité :
Pausanias le cite au nombre des sanctuaires locaux (1),
et le nom d'Apollon Aghyeus ne se trouve pas dans la
liste, incomplète, il est vrai, que nous possédons des
cultes publics (2).

Ainsi tout me porte à croire que Cratès a lui-même
reproduit un extrait de Thémison, et je suis amené à
reconnaître l'existence d'un seul texte primitif, qui se
trouvait gravé à Pallène dans le temple d'Athéna, et
que Thémison a appelé ὁ τοῦ βασιλέως νόμος. Ce titre est-
il justifié ?

Le premier extrait de cet acte pourrait avoir, il est
vrai, le caractère d'une mesure générale ; mais la phrase
est incomplète : il faut sous-entendre avec ἐπιμελεῖσθαι
un régime comme τῶν ἱερῶν, et l'absence de ce régime
prouve assez que cet article était précédé de règlements relatifs à des sacrifices. Rien n'empêche donc
d'admettre qu'il s'agit des mêmes cérémonies que dans
le second fragment, ou tout au moins de cérémonies
célébrées dans les mêmes circonstances et dans le
même temple, peut-être d'une procession qui devait
avoir lieu après les sacrifices et le repas commun mentionnés plus bas. Cette remarque me fait penser que
ce fragment suivait dans l'original celui que rapporte
Cratès, et c'est aussi ce que semblent indiquer les
mots τοὺς παρασίτους οὓς ἂν ἐκ τῶν δήμων προαιρῶνται ; car
cette phrase suppose que l'élection des parasites a
déjà été réglée précédemment, et c'est cette élection

(1) Pausan., I, 31.
(2) Corp. inscr. attic., I, 194-225, 273.

même dont il est question au début du second fragment.

La première phrase de l'extrait emprunté à Cratès a été l'objet d'assez graves corrections. Schweighæuser, dont il me paraît inutile de citer toute la discussion, en arrive, à force de conjectures, à écrire ainsi cette phrase : ἐπιμελεῖσθαι δὲ τὸν βασιλεύοντα τῶν ἀρχόντων τούς τε ἐπιμελητὰς ὅπως καθιστῶνται καὶ τοὺς παρασίτους ὡς ἐκ τῶν δήμων αἱρῶνται κατὰ τὰ γεγραμμένα (1). Les mots ὁ βασιλεύων τῶν ἀρχόντων, pour désigner l'archonte-roi, ne sont pas admissibles dans un texte attique ; quant aux ἐπιμεληταί, qui seraient, suivant Schweighæuser, les épimélètes des mystères d'Eleusis, ils n'ont que faire dans un règlement où il n'est question que d'Athéna et d'Apollon.

Preller conserve le texte tel qu'il se présente dans Athénée ; mais il trouve que, dans la construction de cette phrase, les mots καὶ τοὺς παρασίτους ..... ne peuvent pas correspondre à τῶν τε ἀρχόντων, et, faisant dépendre la proposition καὶ τοὺς παρασίτους... de ὅπως, il traduit ainsi : « le roi veillera à ce que les archontes soient investis de leurs fonctions, et à ce qu'ils (les archontes) choisissent les parasites dans les dèmes. » Puis il suppose qu'il y a ensuite une lacune dans Athénée, et que la phrase correspondante à τῶν τε ἀρχόντων a disparu. Cette correction a un défaut : c'est qu'il faut admettre alors pour les parasites un mode de nomination qui ne paraît pas du tout conforme à ce que nous en apprennent les autres textes : dans l'extrait de Thémison, les mots οὓς ἂν ἐκ τῶν δήμων προαιρῶνται s'expliquent sans peine en sous-entendant pour sujet οἱ πολῖται ou οἱ δημόται, tandis que Preller est obligé de sous-entendre οἱ ἄρχοντες. De plus, Kleidemos dit dans son Atthide, toujours d'après le témoignage d'Athénée : καὶ παράσιτοι δ'ᾑρέθησαν τῷ Ἡρακλεῖ (2), expression com-

---

(1) Athenæ., ed. Schweighæuser, *Animadv.*, t. III, p. 366.
(2) Athenæ., VI, p. 235 *a*.

munément employée pour désigner une élection faite
par les citoyens. Enfin, le poète comique Diodore de
Sinope, rappelant la haute estime où étaient jadis les
parasites, dit que la ville les choisissait parmi les
citoyens les plus en vue, ἡ πόλις ..... κατέλεγεν ἐκ τῶν
πολιτῶν δώδεκ' ἄνδρας ἐπιμελῶς, ἐκλεξαμένη τοὺς ἐκ δυναστῶν
γεγονότας (1). Ces mots ne conviendraient guère, ce semble, à une désignation faite par des magistrats. Pour
moi, rejetant la version de Preller, je m'accommode-
rais à la rigueur du texte tel qu'il est, en lui donnant
un autre sens : « le roi veillera à ce que les archontes
soient investis de leurs fonctions, et à ce que l'on élise
les parasites dans les dèmes. » Avec cette interprétation, j'admets seulement une légère négligence dans
la rédaction, puisque l'auteur de l'acte aurait fait de
τῶν ἀρχόντων le régime de ἐπιμελεῖσθαι, et de τοὺς παρασίτους
(mot opposé à τῶν ἀρχόντων par τε ..... καί) le régime
direct de αἱρῶνται, verbe employé au moyen. Mais, si
l'on remarque que le titre τὸν βασιλεύοντα est évidemment
incomplet, puisqu'il y a plus haut τὸν βασιλέα τὸν ἀεὶ βασιλεύοντα, titre conforme à l'usage des inscriptions, on
acceptera sans difficulté qu'il ait pu se produire quelque désordre et, par suite, des fautes dans le texte, et
on pourra peut-être corriger ainsi la négligence que
je signalais tout à l'heure : ἐπιμελεῖσθαι δὲ τὸν [βασιλέα
τὸν ἀεὶ] βασιλεύοντα τῶν τε ἀρχόντων ὅπως ἂν καθιστῶνται, καὶ
τ[ῶν] παρασίτ[ων ὡς] ἐκ τῶν δήμων αἱρῶνται κατὰ τὰ γεγραμμένα (2).

La suite de l'acte est obscure, à cause du mot ἐκ τῆς
βουκολίας, que Preller se refuse à traduire autrement

_____

(1) Athenæ., VI, p. 239 d.

(2) Pour plus de symétrie, au lieu de ὡς, on pourrait restituer ὡς
ἄν, dont le sens ne diffère de ὡς que par une nuance presque insen-
sible. Mais il se peut aussi que le mot ἄν soit plutôt à supprimer après
ὅπως ; on s'expliquerait bien qu'il se fût introduit ici à cause de la
phrase citée dans l'extrait précédent : τοὺς παρασίτους οὓς ἂν ἐκ τῶν
δήμων προαιρῶνται. Dans cette phrase ἄν est absolument nécessaire.

que par *troupeau de bœufs ;* aussi suppose-t-il plusieurs
lacunes ; car le règlement original devait indiquer ce que
ces parasites avaient à faire de ces bœufs. Mais de
pareilles hypothèses présentent bien peu de certitude.
D'autre part, si l'on ne corrige pas le texte, c'est le
sens du mot βουκολία qu'il faut inventer, en le rapprochant, comme l'a fait un commentateur de Pollux, du
mot τὸ βουκολεῖον, qui désigne à Athènes un endroit
voisin de celui où siège l'archonte-roi (1). Le mot
βουκολία signifierait alors les champs attribués à chaque
parasite pour la récolte de l'orge sacrée. Dans cette
hypothèse, le texte grec n'aurait pas besoin d'être
remanié : le règlement stipulerait que chaque parasite
recueillît pour sa part un ἑκτεύς d'orge, qu'il y eût
dans le temple un repas offert aux Athéniens, δαίνυσθαί
τε τοὺς ὄντας Ἀθηναίους (les vrais Athéniens, non les
bâtards), et, comme clause accessoire ou particulière,
il serait décidé que les parasites d'Acharnes dépose-
raient leur ἑκτεύς d'orge, non pas avec les autres, mais
dans le local des archontes, εἰς τὰ ἀρχεῖα, pour Apollon.

Le dernier fragment cité par Cratès se rapporte à
la restauration du temple, du *parasiteion* et de la demeure des prêtres. Le soin de cette restauration paraît
avoir été confié à des magistrats qui s'appellent οἱ τῶν
ἱερέων ἐπισκευασταί ; mais j'accepterais volontiers la correction de Preller, οἱ τῶν ἱερῶν ἐπισκευασταί, et son interprétation, d'après laquelle ces magistrats ne seraient
autres que les ἐπιστάται τῶν δημοσίων ἔργων, qui s'occupaient aussi de la construction et de la restauration
des temples (2).

En résumé, je ne vois pas, dans la pièce que Thémison paraît avoir lue à Pallène, une loi qui mérite le
nom de ὁ τοῦ βασιλέως νόμος. Je ne trouve, dans les

---

(1) Suid., v. ἄρχων. — Cf. *De archonte rege*, part. I, c. III, § 2.
(2) *Corp. inscr. attic.*, I, 322 (comptes pour la construction de l'E-
rechtheion).

fragments qui nous sont parvenus de cet acte, que des
règlements relatifs à des cérémonies religieuses et à
la restauration d'un temple, probablement celui d'A-
théna Pallenis. D'ailleurs, comme dans ce sanctuaire
était célébré un culte public, commun à toute la cité,
il n'est pas surprenant que la haute direction de ces
cérémonies et de cette restauration ait appartenu à
l'archonte-roi, et je ne doute pas que la pièce toute
entière ne fût un décret émanant du Conseil et de
l'assemblée du peuple. A quelle époque ce décret peut-
il être rapporté? S'il s'agissait d'un ancien texte de
loi, la mention des dèmes prouverait du moins que la
loi avait été remaniée depuis la réforme de Clisthène.
Mais cette limite est beaucoup trop reculée, ce me
semble, pour un acte comme celui dont nous avons
tâché de déterminer la nature. Toutefois, si quelque
indice pouvait être tiré, non du texte même de l'acte,
mais des extraits qui l'entourent, et en particulier de
la dédicace faite à Pallène par les archontes et les
parasites, en l'année 432/1, je dirais que les fragments
cités par Athénée me paraissent plutôt appartenir au
V^e qu'au IVe siècle.

LE

PROCÈS DES HERMOCOPIDES

PAR ROBERT DE TASCHER

———

Quand on parcourt les annales judiciaires de la démocratie athénienne, on constate avec surprise combien les accusations d'impiété y tiennent une place considérable. Les accusations de cette espèce ont donné
lieu à tant de causes célèbres qu'on a pu se demander
si les Athéniens n'ont pas été le peuple à la fois le plus
irréligieux et le moins tolérant. Il suffit de rappeler à
cette occasion les poursuites dirigées contre une foule
de personnages, comme Socrate, Anaxagoras, Protagoras, Alcibiade, Aspasie, Théodore l'athée, Théophraste, Stilpon, Diagoras de Mélos, Phidias et tant
d'autres moins illustres : innocents ou coupables, ils
paraissent avoir succombé tous à l'esprit d'intolérance
de leur époque. Un de nos plus célèbres écrivains a été
jusqu'à dire qu'Athènes avait bel et bien l'inquisition et
que les dieux bafoués sur la scène par Aristophane
tuaient quelquefois (1). Mais on se trompe aisément quand

(1) E. Renan, *Les Apôtres*, p. 314.

on s'en tient à l'apparence et il est toujours dangereux de juger l'antiquité hellénique avec les idées et les préoccupations de notre temps. A vrai dire, les dieux d'Athènes se sont toujours montrés de facile composition ; ils n'ont jamais tué personne et on peut ajouter sans crainte qu'ils n'ont pas été pour beaucoup dans les procès en question. Pour peu qu'on veuille les examiner sans parti-pris, on s'apercevra bien vite qu'il faut assigner aux accusations d'impiété une toute autre origine que la ferveur de la foi ou l'exaltation du sentiment religieux. Il s'agit avant tout de se rendre un compte exact de l'état des croyances et du véritable caractère de la religion chez les Athéniens, ainsi que des passions politiques qui les ont presque exclusivement dominés.

Ce qu'il importe de ne pas oublier, c'est que la religion a consisté chez eux, non pas dans une théologie et des dogmes, mais dans un culte et ses manifestations extérieures. Ce n'est pas que le sentiment religieux leur ait fait défaut et qu'ils se fussent montrés incapables d'une conception élevée sur les devoirs à remplir à l'égard de leurs dieux. S'il en avait été autrement, on ne comprendrait guère qu'ils eussent pu songer à donner à toutes leurs institutions la sanction divine, à leurs yeux la plus auguste et la plus respectable. Mais il n'en est pas moins vrai qu'ils n'ont pas possédé un corps de doctrines propres à leur inculquer des vérités ou des croyances dogmatiques. Il ne s'est pas trouvé, parmi les Hellènes, un législateur religieux qui ait pris à tâche d'organiser un enseignement théologique à l'usage des fidèles. Les prescriptions législatives n'ont toujours pour objet que les formes extérieures du culte. Mais à cet égard tout avait été prévu et réglé avec une scrupuleuse exactitude. Il n'y avait pas à Athènes une orthodoxie officielle, mais il existait un culte reconnu et pratiqué par l'État. Les dieux étaient sacrés de par la loi ; de même leurs propriétés, les honneurs dont ils jouissaient, les temples où ils avaient fixé leur séjour. Tout ce qui les concernait s'appelait ίερά, et on n'était bon citoyen qu'à la condition de les respecter. Une infraction à cet égard était considérée comme un manquement à la loi et une violation de droits reconnus et protégés par l'État.

Tant que le culte ne subissait pas d'atteinte, l'État n'avait pas à intervenir. Il lui eût été, d'ailleurs, impossible d'exercer un contrôle efficace sur des croyances qui étaient demeurées trop vagues pour former un corps de doctrines faciles à surveiller. On ne savait pas grand'chose, après tout, sur la nature intime des dieux et on ne s'était pas mis d'accord pour dégager leur personnalité de l'incohérence des traditions souvent contradictoires qui les concernaient. Ils appartenaient, pour la plupart, à un passé mystérieux pendant lequel ils avaient résidé au sein des forces et des phénomènes de la nature et quand, en grandissant, l'intelligence humaine les eut tirés du chaos des éléments, elle n'avait pas pu empêcher, cependant, qu'ils ne restassent fidèles, sous beaucoup de rapports, à leur caractère primitif et aux conditions de leur existence antérieure. En se fondant sur une pareille origine, une religion sera toujours impuissante à donner à la divinité une forme abstraite, ainsi que des fonctions et des attributs nettement définis. Les conceptions religieuses resteront trop vagues et trop flottantes pour qu'il en puisse sortir des dogmes ou une théologie, comme la théologie chrétienne. Mais rien de pareil n'ayant existé à Athènes, on ne voit pas au nom de quel droit l'État se serait mis à violenter les consciences, car il n'aurait pu agir qu'en vertu d'une orthodoxie reconnue et, comme on le sait, celle-ci faisait défaut. Il était permis à chacun de croire ce qui lui convenait sur la nature et la puissance des dieux. Liberté entière de témoigner sa préférence pour telle ou telle conception religieuse et, comme on n'exigeait pas de profession de foi, on n'avait pas non plus à rendre compte de ses convictions intimes. Avait-on prié, sacrifié, fréquenté les temples, personne n'avait intérêt à le demander ou à le savoir. Toutes les opinions, après tout, étaient libres et tolérées. Il suffit, d'ailleurs, de jeter les yeux sur les comédies d'Aristophane pour constater jusqu'où il était permis de pousser la licence, et notre étonnement redoublera à la pensée que ces représentations théâtrales étaient organisées par l'État lui-même à l'occasion des solennités religieuses. Pour établir une inquisition ou provoquer une persécution religieuse, il faut des éléments et des circonstances qui ont manqué à Athènes : une théocratie puissante, des dogmes inflexibles, une ferveur dans la foi poussée jusqu'au fanatisme et des passions religieuses auxquelles il est nécessaire de pouvoir associer la foule. Mais les passions de cette nature ont fait défaut aux Athéniens. Ils semblent n'avoir toujours obéi qu'à celles qui sont du domaine de la politique. Leurs prêtres n'avaient dans l'État ni pouvoir ni situation privilégiée. Ils n'étaient même pas appelés à former des tribunaux ecclésiastiques à l'exception, toutefois, du collège des Eumolpides pour des cas relatifs aux mystères. Ils étaient libres, il est vrai, de faire usage de leurs droits de citoyens en prenant l'initiative d'une poursuite judiciaire contre des actes d'impiété, mais il ne paraît pas qu'ils en aient éprouvé le besoin, car nous ne connaissons pas un seul procès où ils soient intervenus.

Certes, les Athéniens ont su pratiquer la tolérance, et ce que nous apprenons au sujet des accusations d'impiété ne saurait détruire l'opinion favorable que, sous ce rapport, ils nous ont laissée. C'est aller trop loin que de leur reprocher d'avoir sévi contre des opinions assez téméraires pour s'en prendre à ce qui était la substance même du culte, c'est-à-dire l'exis-

tence des dieux. Il fallait, cependant, qu'une limite fût
tracée, au-delà de laquelle il était criminel de profes-
ser ouvertement des doctrines en antagonisme avec
les institutions de l'État. Nier les dieux, c'était, après
tout, nier la tradition, l'origine de la cité ; c'était s'attaquer au fondement même de l'État. Pour qu'ils fussent assurés de jouir des honneurs auxquels ils avaient
droit, les dieux devaient être reconnus et respectés ;
en se raillant du culte officiel, en cherchant à y introduire des nouveautés, en répandant dans la foule le
doute et l'incrédulité, on faisait tort aux dieux; on les
dépouillait en partie des privilèges et des prérogatives
dont ils avaient joui de tout temps dans la cité. C'est
surtout à ce point de vue qu'il faut se placer pour juger de la conduite de l'État en présence des tentatives
de scepticisme ou des spéculations de l'esprit philosophique. Dans une semblable question, il importe de
ne pas oublier combien étroite et complète a été, dans
la cité antique (1), l'alliance entre l'État et la religion,
et combien celle-ci s'est trouvée mêlée, dès l'origine, à
tous les actes de la vie sociale et politique. Toute
société porte en elle le besoin de sa propre conserva-
tion et on ne saurait faire un crime aux Athéniens
d'avoir veillé au maintien de ce qu'ils ont jugé être
indispensable à la prospérité et au salut de l'État.

. Si maintenant on examine de plus près les procès en
question, on verra que la plupart d'entre eux ont été
intentés sous l'empire de mobiles et de passions qui
n'ont rien eu à démêler avec le sentiment religieux. Ce
qu'on néglige toujours d'étudier assez, ce sont les manifestations diverses de la vie politique à Athènes,
quand la démocratie eut placé tout le pouvoir entre les
mains de la multitude et que les aspirations des hautes
classes de la société se trouvèrent aux prises avec le
despotisme et les passions populaires. Le moment

---

(1) Voir Fustel de Coulange, *La Cité antique.*

arriva pour les Athéniens où les préoccupations politiques tinrent, dans leurs idées comme dans leurs actes, une place plus considérable que les besoins de la
foi et les croyances religieuses. Au milieu des passions
soulevées par l'esprit de parti, on ne pouvait guère
manquer d'avoir recours aux détestables pratiques
qu'il engendre, et les accusations d'impiété offraient un
moyen d'action trop commode et trop efficace pour
qu'il fût dédaigné par des adversaires poussés à bout
ou à court d'expédients. L'envie, la jalousie, les rancunes personnelles pouvaient aussi y trouver l'occasion
de se satisfaire et on n'avait garde d'y manquer quand
on jugeait utile de renforcer d'une accusation d'impiété
les imputations diverses qu'on avait toute liberté de
formuler à l'appui de n'importe quelle action judiciaire.

Citons, à titre d'exemple, le procès intenté à Anaxagoras et il sera facile de vérifier la justesse des remarques qui précèdent. Tout le monde sait qu'Anaxagoras
fût jugé et condamné pour avoir professé publique-
ment les doctrines les plus subversives en matière
religieuse. Mais on aurait le plus grand tort de ne pas
faire la part, dans ce procès, des motifs et des passions
politiques du moment, car les poursuites semblent
avoir été dirigées plutôt contre l'ami de Périclès que
contre le philosophe. En s'élevant contre les opinions
d'un homme dont Périclès pouvait être soupçonné de
partager les idées, les adversaires de ce dernier avaient
beau jeu pour le compromettre aux yeux du démos.
D'ailleurs, comme il est facile de s'en assurer, aucun
prêtre n'intervient au procès. C'est, au contraire, un
personnage sans fonction sacerdotale dans l'État, Dio-
pheites, qui en prend l'initiative devant l'assemblée
publique. Il parvient à persuader au peuple qu'il y a
lieu de procéder contre Anaxagoras en vertu d'une
« eisangelie » et quels sont les citoyens qui se char-
gent de présenter l'acte d'accusation? Thucydide, fils

de Mélésias, et Cléon ; l'un est le représentant de la
noblesse athénienne à cette époque et l'autre appartient
à la démocratie radicale. Tous les deux sont des ennemis politiques de Périclès. Ce qu'il importe encore
d'ajouter, c'est qu'Anaxagoras ne fût pas seulement
accusé d'impiété, mais aussi de médisme, ce qui prouve
qu'on voulait à toute force obtenir une condamnation
pour des motifs faciles à comprendre. Il en a été à peu
près de même pour Aspasie qui, elle aussi, fût accusée
d'impiété et nous retrouvons dans la personne de son
accusateur, un autre adversaire de Périclès, le poète
comique Hermippos. Il est permis de croire que le
procès n'aurait pas eu lieu si Aspasie n'avait pas été
l'amie et la conseillère de Périclès. Mais quoiqu'il en
soit, dans ce procès comme dans beaucoup d'autres
que nous ne saurions examiner ici, on voit toujours se
manifester des tendances et des mobiles semblables, et
ce serait s'obstiner à tort que de vouloir y chercher
la preuve de l'intolérance religieuse chez les Athéniens.

Ces remarques ont paru nécessaires pour servir
d'introduction à une étude sur le procès des Hermocopides (1). Il importe de ne pas les perdre de vue si l'on
tient à se renseigner au sujet d'une cause célèbre qui a
été plus que toute autre le résultat d'intrigues et de
machinations, comme l'esprit de parti seul peut en produire. C'est aussi la raison pour laquelle tous les
faits qui se rattachent à cet évènement sont restés si
embrouillés et si obscurs. Dans l'antiquité, de l'aveu
même de Thucydide (2), comme de nos jours, il n'a été
donné à personne de soulever entièrement le voile qui
cache un passé plein de mystère. Les auteurs anciens
ont dû éprouver à se renseigner sur des évènements de

---

(1) Droysen, *Des Aristophanes Vœgel und die Hermocopiden
Rheinisches Museum für Philologie.* Bonn, 1835.
(2) Thucyd., l. VI, ch. 60.

cette nature la même difficulté qu'on rencontrerait à
notre époque à vouloir connaître les menées occultes
de nos partis. Il n'y a pas de faits, qui, en général, demeu-
rent plus ignorés et plus impénétrables que les intrigues
politiques, et telle a été aussi la destinée du procès
des Hermocopides. Il n'y a pas lieu d'en être surpris si
l'on considère à quel point les démocraties anciennes
ont manqué de moyens d'investigation assez efficaces
pour arriver à la découverte d'un crime ou d'une conspiration. A défaut d'une police organisée comme celle
de nos gouvernements, les États anciens n'ont eu
d'autre ressource que l'espionnage des citoyens entre
eux ; mais si, en temps de paix publique, la surveil-
lance de chacun sur tous n'avait rien de dangereux, ce
système allait à l'encontre de son but dès qu'il s'agissait d'un crime politique ou quand des personnages
considérables se trouvaient en cause. La publicité
donnée à l'enquête avertissait les coupables ; aussitôt
toutes les passions, tous les intérêts entraient en jeu ;
les sycophantes ne se faisaient pas faute d'exercer leur
criminelle industrie ; tous les moyens étaient jugés
bons pour égarer l'opinion publique. Il était dangereux
alors d'associer aux investigations de la justice le peuple tout entier, peuple mobile, crédule, disposé à
accueillir toutes les délations. Livrées au hasard des
passions du moment ou dirigées au gré de la fantaisie
de chacun, les recherches couraient le risque de s'égarer dans tous les pièges où des intrigants habiles ne
manquaient jamais d'attirer la crédulité publique.
Voilà ce qui est arrivé pour le procès des Hermocopides et ce qui explique pourquoi le démos n'a jamais
appris qu'une faible partie de la vérité au sujet de cette
mystérieuse affaire. Nous n'en saurions guère plus long
à cet égard que le peuple athénien si notre tâche devait
se borner à recueillir quelques citations éparses dans
les écrits des Thucydide, des Plutarque, des Andocide.
Mais l'énigme paraîtra moins obscure quand on se

sera rendu compte des circonstances spéciales qui ont
produit et entouré le procès des Hermocopides, du
caractère des personnages qui ont été mêlés à cette
affaire et des mobiles qui les ont fait agir. Ce procès
n'a pas été un accident, tel qu'il peut s'en produire
dans la vie de toute nation, et dont les effets restent à
la surface, aussi passagers que les causes qui l'ont
fait naître. Il révèle, au contraire, un mal plus profond,
plus irrémédiable, et celui-ci est demeuré visible à
l'œil de l'historien. Athènes était déjà arrivée à cette
période de son histoire où, livrées aux manœuvres de
l'esprit de parti et en butte aux dissensions intestines,
les démocraties anciennes portent en elles le germe
d'une rapide décomposition. La lutte entre les factions,
au sein de chaque État de la Grèce, a contribué, autant
que la domination macédonienne, à l'asservissement
des républiques helléniques. Sous la démocratie modérée, un évènement tel que le procès qui nous occupe,
aurait été impossible. Les acteurs eussent fait défaut
à cette tragédie qui réclamait la présence sur la scène
de personnages animés de passions inconnues jusqu'alors. Pour élever à la hauteur d'une catastrophe
publique des faits d'un caractère, en apparence, si
insignifiant, il a fallu, on doit le comprendre, des circonstances exceptionnelles, et il importe de bien les
connaître, dans le but de porter quelque lumière au
sein de l'obscurité qui enveloppe le procès des Hermocopides.

I

Après la paix de Nicias (1) deux partis s'étaient trouvés en présence à Athènes ; faute de meilleurs termes,

(1) 421 av. J. C.

on a pu les appeler les aristocrates ou les conservateurs et les démocrates. Ceux-ci venaient de perdre
leur chef, Cléon, sous les murs d'Amphipolis (1). L'expédition, dirigée par ce démagogue, avait abouti à un
désastre et le héros populaire avait payé de sa vie la
prétention d'être ailleurs que sur le phnyx d'Athènes
un habile général. Le parti aristocratique avait pu profiter de ces circonstances pour se mettre à la tête des
affaires, mais il se montrait aussi impuissant à s'y
maintenir longtemps que peu préparé à y déployer une
grande vigueur. Autant par la situation sociale de ses
membres que par ses sentiments moins hostiles à l'é-
gard des gouvernements oligarchiques de la Grèce, il
se trouvait en mesure d'exercer quelque influence sur
les relations extérieures d'Athènes, mais son action ne
durait jamais au-delà des circonstances qui l'avaient
appelé au pouvoir. Tel qu'il était constitué, il ne pouvait pas jeter des racines assez profondes dans le sol
mouvant de la démocratie pour résister à la fois aux
attaques des démagogues et aux causes de faiblesse
qu'il recélait dans son propre sein. Se trouvant toujours en minorité dans les assemblées publiques, il
avait peine à y faire triompher les principes de gouvernement qu'il s'était donné la mission d'y défendre.
Il s'efforçait de s'opposer aux abus, aux excès, à l'a-
doption de mesures précipitées ou révolutionnaires,
aux entreprises hasardeuses ; mais en poursuivant un si
louable but, les conservateurs s'exposaient toujours à
rencontrer sur leur chemin les démagogues et les ambitieux de toutes sortes et, entre antagonistes se com-
battant à armes si inégales, la lutte ne pouvait jamais
être de longue durée. Ceux-ci n'hésitaient jamais à
s'adresser aux passions populaires ; ceux-là ne cher-
chaient, au contraire, qu'à les tempérer ; les uns promettaient tout ce que voulait le démos, succès militai-

(1) 422 av. J. C.

res, entreprises lucratives, accroissement de la fortune publique, tandis que les autres ne faisaient entendre que des conseils de prudence et des appels à la modération. Tel parti, tel chef. C'était Nicias, général souvent heureux, mais homme d'État timide. Il semblait s'être placé à la tête des conservateurs moins pour les diriger que pour personnifier la pusillanimité et la politique étroite de son parti. « Nicias, dit Thucydide, voulait encore, pendant que sa renommée était intacte, mettre son honheur à couvert, procurer quelque repos à lui-même et s'assurer enfin la réputation de n'avoir entraîné l'État dans aucune catastrophe » (1). C'étaient l'égoïsme et la quiétude de l'âme érigés en système politique.

Une conduite aussi prudente et de pareils procédés de gouvernement ne pouvaient guère être du goût des Athéniens à une époque où la démocratie était arrivée au dernier période de son développement et où le peuple prétendait se gouverner lui-même sans avoir à subir le contrôle ni les conseils de ses hommes d'État. Le temps était passé où le démos obéissait encore à l'ascendant de personnalités assez puissantes pour s'imposer à la tête des affaires et pour entraîner la république dans la voie la plus conforme à ses intérêts et à ses destinées. Périclès avait su maintenir le gouvernement à la hauteur de son génie, tandis qu'après lui, les autres hommes d'État durent rester au niveau des instincts populaires dont ils recevaient l'impulsion au lieu de pouvoir les diriger ou les contenir. A mesure que le despotisme de la foule avait grandi, l'ambition était venue aux Athéniens et, avec elle, le goût des entreprises considérables qui promettaient un accroissement de pouvoir, des hasards heureux, des gains inespérés. La démocratie athénienne cédait de plus en plus à la tentation de se répandre au dehors et

(1) Thucyd., l. V, ch. 14.

bien au-delà de ses limites naturelles et, après s'être débarrassée, à l'intérieur, de tout ce qui faisait obstacle à ses volontés, elle n'entendait pas suivre au dehors une politique qu'elle accusait d'être trop timide pour pouvoir satisfaire ses intérêts. C'était là ce qu'avaient compris les démagogues et les efforts d'un Cléon avaient consisté à bercer le peuple dans ses rêves d'ambition et de grandeur. Mais, après les évènements d'Amphipolis, les Athéniens avaient pu cependant constater que les démagogues promettaient plus qu'ils ne pouvaient tenir. Ceux-ci s'étaient montrés trop insuffisants à la tête des affaires pour que le démos n'éprouvât pas, en même temps qu'une déception à leur égard, le besoin de confier désormais ses destinées à des mérites et à des talents supérieurs. Les Athéniens ne tardèrent pas à trouver l'homme qu'ils attendaient de leur fortune. Certes, celui-ci n'avait ni la timidité des conservateurs, ni l'incapacité des démagogues; il possédait, au contraire, à un degré supérieur, les talents et l'expérience des uns, en même temps que l'audace des autres; il comprenait, il partageait les aspirations de la foule et il pouvait mettre à son service du génie, des qualités exceptionnelles et une ambition à la hauteur de toutes les entreprises de la démocratie. Cet homme était Alcibiade.

Les Athéniens se donnèrent à lui non plus subjugués comme ils l'avaient été par l'ascendant du génie d'un Périclès, mais séduits par le prestige d'une personnalité qui semblait refléter l'image de ce qu'ils étaient eux-mêmes. Voilà ce qui explique l'empire extraordinaire qu'Alcibiade a exercé sur le demos qui a cru pouvoir tout attendre de ses merveilleuses aptitudes. Richesses, haute naissance, beauté, il avait tout ce qui captive et entraîne la multitude et il lui plaisait d'autant plus qu'il n'avait ni la bassesse ni la vulgarité des autres démagogues, mais que, tout en usant de leurs procédés et de leurs flatteries, il savait y mettre un art et des raffinements qui annonçaient l'homme de haute naissance. Ce qu'Alcibiade voulait, les Athéniens le voulaient avec la même passion, c'était que la démocratie ne rencontrât plus nulle part de limite à son expansion et que, dans la conscience de son pouvoir et la liberté, elle pût déployer toute son énergie, toutes ses ressources en vue de vastes entreprises et de grands desseins. Il fallait que toutes les forces et les éléments populaires fussent déchaînés à la fois, mais Alcibiade comptait bien les diriger au gré de son ambition et les faire servir à ses vues personnelles. Il ne lui suffisait pas de se pousser au premier rang dans l'État et de devenir partout le but de tous les regards, comme le héros de toutes les aventures. Il visait plus haut encore en cherchant à se faire l'âme de la démocratie dans toutes les villes de la Grèce, comme le centre de tous les intérêts qui s'agitaient autour de lui.

Entre Alcibiade et le démos, les penchants et les passions étaient trop les mêmes pour qu'ils n'eussent pas à subir tôt ou tard les effets d'un entraînement réciproque où l'un devait se montrer aussi impitoyable dans ses visées ambitieuses que l'autre obstinément aveugle à l'égard de ses intérêts. Ce qui nous le montre bien, c'est l'expédition de Sicile dont la responsabilité pèse aussi bien sur Alcibiade que sur le démos, car chacun a contribué pour sa part à cette œuvre funeste en y cherchant la réalisation de ses espérances et de ses convoitises. Du temps de Périclès, on avait pu agiter de pareils projets, mais les vues de cet homme d'État étaient trop élevées et trop honnêtes pour qu'il ne se fût pas efforcé de détourner les Athéniens d'une expédition qui dépassait de beaucoup leurs forces et leurs ressources. Mais il semble qu'il en est des nations comme des individus. Ceux-ci comme celles-là se fatiguent vite de trop de sagesse et de modération et, dussent leurs plus chers intérêts en souffrir, les uns et les autres courent au devant d'entreprises dont

ils espèrent un changement heureux ou des biens considérables. Il n'en fut pas autrement pour les Athéniens quand ils se crurent arrivés au point de pouvoir
abandonner impunément la voie où ils avaient marché
jusqu'alors. Tout les séduisait dans cette expédition
lointaine. Les imaginations s'étaient enflammées à l'i-
dée des trésors, des villes, des territoires qu'on allait
conquérir, et les plus ambitieux jetaient déjà les yeux
au-delà des limites de la Sicile en rêvant d'un vaste
empire méditerranéen destiné à fonder à tout jamais la
suprématie d'Athènes sur les autres villes de la Grèce.
Jamais folie ne fut plus grande et plus désastreuse
dans ses résultats. Mais jamais non plus il ne se trouva
un ambitieux, comme Alcibiade, pour jeter son pays
dans une pareille aventure en vue de favoriser des projets personnels de grandeur et de puissance. En appuyant auprès du démos le projet d'une expédition en
Sicile, Alcibiade savait qu'il en aurait la direction ex-
clusive, en dépit des généraux qui lui seraient adjoints,
et il se promettait de ne plus s'arrêter dans la voie où
il allait pouvoir réaliser ses rêves de grandeur. S'il
était victorieux, et il n'en doutait guère, sa puissance
grandirait en proportion de celle d'Athènes et, comme
conquérant de la Sicile, il reviendrait dans sa patrie
avec la certitude d'y régner en maître.

Avec plus de modération et de prudence, Alcibiade
serait peut-être arrivé à exécuter une partie de ces
vastes desseins, mais il aurait fallu qu'avant de vouloir
dominer les autres, il dominât ses propres passions.
S'il avait consenti à s'en rendre maître, il aurait été
aussi grand que Périclès, mais, en apprenant à se
vaincre, il n'aurait plus été Alcibiade. Il n'a pas été de
ces politiques profonds qui ont étonné le monde par
les artifices de leur dissimulation, toujours en possession d'eux-mêmes et maîtres de tous les mouvements
de leur âme. En aspirant au pouvoir suprême, Alcibiade oublie de contenir ses penchants et ses passions;

il reste léger, fantasque, versatile au moment où il aurait fallu tendre les ressorts d'une volonté inflexible dans la poursuite de ses desseins ; il manque tout à la fois d'esprit de suite, de sang-froid, de patience pour marcher vers l'accomplissement de ses destinées et, s'il a eu le malheur de ne pouvoir jamais y atteindre, c'est qu'il a été encore moins impuissant à commander aux événements qu'à sa propre nature. Elle a été en tout celle d'un tyran égaré en pleine démocratie et auquel les circonstances seules semblent avoir fait défaut pour devenir un Pisistrate ou un Gélon. Avec un pareil tempérament et de semblables dispositions, Alcibiade n'était pas un homme d'État capable de donner de la stabilité aux institutions démocratiques. L'empire qu'il exerçait ne pouvait être que personnel, fondé qu'il était sur le prestige et les séductions de sa nature, mais il était lui-même trop plein d'incohérence et de contradictions pour que son gouvernement pût être durable en s'appuyant sur un principe moral supérieur. Les passions qui l'animaient ne pouvaient pas manquer d'exciter celles du démos et, en les lui communiquant avec l'ardeur de ses convoitises, il condamnait son pouvoir à rester aussi fragile et changeant que les sentiments de la multitude.

Il est toujours dangereux de gouverner avec les passions populaires, mais il ne l'est pas moins de provoquer, en abusant du pouvoir, des craintes et des soupçons qui viennent en aide à des ennemis attentifs à en profiter. A la manière dont Alcibiade se comportait à Athènes, on aurait pu croire qu'il venait d'entrer dans une ville conquise. Il y avait dans sa conduite trop d'insouciance criminelle, trop d'excès de toutes sortes, trop d'actes de violence pour que tant de mépris de la légalité ne fît naitre autour de lui d'étranges soupçons. A le voir déjà agir en maître, on tremblait à l'idée qu'en suivant la pente de sa nature, il ne succombât un jour à la tentation de porter la main sur les libertés

publiques. Ses mœurs et ses procédés ne pouvaient
que confirmer de pareilles craintes. Ses flatteries à
l'égard du démos, ses folles largesses, ses habitudes
de faste et de profusion, et jusqu'au luxe de ses écuries
qui dévoraient le plus clair de son patrimoine, tout
semblait annoncer en lui le futur tyran d'Athènes. Pour
son malheur, on ne se donnait pas la peine d'approfon-
dir ce que de telles craintes pouvaient avoir de trop
exagéré ou de purement imaginaire. Il est certain qu'il
ne conspirait pas contre la démocratie et qu'en dehors
des imprudences et des étrangetés de sa conduite, rien
ne justifiait les accusations aussi vagues que persis-
tantes dont il était l'objet. Mais il avait à craindre que
ses adversaires ne profitassent un jour ou l'autre de
cette disposition particulière de l'esprit public à son
égard. Il ne fallait pas beaucoup pour exciter la méfiance du démos et, en cherchant à donner une apparence de réalité à ce qui faisait déjà le sujet de toutes
les conversations à Athènes, les ennemis d'Alcibiade
étaient sûrs de pouvoir déchaîner contre lui ces mêmes
passions populaires qui avaient tant contribué à fonder
et à soutenir son pouvoir. Essayer de le renverser en
l'attaquant de front, c'eût été tenter une entreprise impossible. Mais ses ennemis pouvaient espérer de meilleurs résultats d'une guerre d'intrigues souterraines où,
certes, ils ne resteraient pas seuls à soutenir tout le poids
de la lutte. Ils pouvaient compter sur le concours de tous
ceux qui, ayant été maltraités ou bafoués par Alcibiade,
attendaient l'heure et l'occasion de se venger des maux
qu'ils en avaient soufferts. Il était à prévoir que tous
ces ennemis secrets seraient disposés à accueillir avec
joie et à répandre avec ardeur les calomnies et les accusations sous lesquelles des adversaires impuissants
et jaloux s'efforcent d'accabler un rival plus heureux
ou plus habile. L'esprit de parti est cruel et impitoyable quand il est appelé à satisfaire d'impérieux intérêts
et d'ardentes convoitises. Alcibiade allait l'apprendre à

ses dépens par les soins de ses adversaires, les démagogues et les partisans de l'oligarchie.

Depuis qu'il était devenu le chef de la démocratie,
Alcibiade avait écarté du pouvoir et réduit à une vaine
opposition toutes les personnalités ambitiéuses et re-
muantes qui plus particulièrement dans les républiques aspirent à se faire une place dans le gouvernement. Dans l'impossibilité de lui disputer le pouvoir,
les autres démagogues en avaient conçu un sentiment
de dépit et de jalousie profonde, mais ils étaient loin
de se résigner à l'inaction et à l'insignifiance à laquelle
ils se plaignaient de voir condamner leur personne.
Mais les Androclès, les Cléonyme, les Démostrate qui
auraient voulu continuer l'œuvre de Cléon, en s'efforçant de marcher sur ses traces, n'avaient pas recueilli
dans l'héritage de leur maître et de leur modèle ses
réels talents ni la vigueur de son caractère. Intrigants
adroits, mais uniquement occupés de leur personne et
de leurs convoitises, ils ne poursuivaient d'autre but
que de reconquérir à tout prix les faveurs populaires
pour jouir des profits attachés à l'exercice du pouvoir.

Les partisans de l'oligarchie ne se montraient guère
moins irrités ni plus résignés que les démagogues. Ils
agissaient, au contraire, sous l'empire de mobiles et de
préoccupations politiques qui les rendaient plus âpres
à la lutte. C'était encore moins à Alcibiade qu'ils en
voulaient qu'à la démocratie. Depuis la mort de Périclès, les excès du gouvernement populaire avaient fait
naître au sein des hautes classes de la société une réaction redoutable et il s'était formé un parti composé
d'hommes appartenant quelquefois à l'origine et aux
opinions les plus diverses, mais tous également poussés à bout par la tyrannie de la foule et résolus à combattre les institutions démocratiques. Ils étaient restés
pendant longtemps timides dans leurs efforts, sans
suite dans leurs desseins comme sans énergie dans
leurs résolutions. Bien qu'ils ne formassent pas encore;

à l'époque du procès des Hermocopides, un parti agis-
sant sous la direction d'une volonté unique, ils étaient
devenus, cependant, assez forts et assez hardis pour
pouvoir entrer en lutte avec un adversaire dont la puissance menaçait de faire obstacle à l'accomplissement
de leurs desseins. Cette lutte entreprise contre Alcibiade devait avoir pour conséquence de réunir en un
faisceau les éléments encore épars du parti oligarchique et c'est à cette date (1) qu'il faut placer l'origine
des menées révolutionnaires qui aboutirent quelques
années plus tard à l'établissement du gouvernement
des Quatre-Cents (2).

Pour son malheur, Alcibiade se trouvait en présence
d'adversaires puissamment organisés au sein de leurs
hétairies et que leur éducation n'avait que trop bien
préparés à mener une guerre d'intrigues où ils allaient
pouvoir déployer toutes les ressources de leur science
politique. Ils avaient tous plus ou moins passé par
l'enseignement des sophistes et ils étaient sortis de
cette école de corruption politique avec une ambition
immodérée et la résolution de tout oser pour la satisfaire. Les doctrines des sophistes devaient avoir
pour la démocratie les suites les plus funestes en
creusant un abîme entre les classes supérieures de la
société et le peuple athénien, et en mettant aux prises
le scepticisme et l'infatuation de la science avec les
préjugés et les croyances populaires. C'est aussi de
l'école des sophistes que sont sortis les adversaires les
plus déterminés de la démocratie ; pour la plupart,
hommes de talent et de hautes facultés, ils ont cependant trop péché par le caractère et par l'absence de tout
principe moral supérieur pour réussir à donner la vie
et la durée au gouvernement de leurs rêves. Tels
étaient les ennemis dont Alcibiade avait excité la haine

(1) Scheibe, *Die oligarchische Umwœlzung zu Athen*, p. 3.
(2) 411 av. J.-C.

et provoqué les alarmes. A leurs yeux, il n'était pas
seulement un obstacle à la réussite de leurs projets,
mais il était considéré encore comme un transfuge de
l'aristocratie qu'il fallait ramener de gré ou de force
dans les bras de ses anciens compagnons politiques. Il
n'avait aucune miséricorde à espérer de pareils adversaires qui n'hésitaient jamais à tout sacrifier aux intérêts de l'hétairie dont ils étaient les membres.

A l'époque du procès des Hermocopides les hétairies (1) ne présentent plus le spectacle d'associations
politiques, telles qu'elles existaient encore sous le
régime de la démocratie modérée. A toutes les périodes
de l'histoire d'Athènes on rencontre des hétairies, mais
autant par les éléments dont elles étaient composées
que par les mobiles qui les faisaient agir, elles avaient
gardé un caractère légal et inoffensif sans être comme
dans la suite une menace et un danger pour les institutions républicaines. A mesure que la démocratie se
développe, on voit aussi les hétairies grandir en importance et en pouvoir, et elles deviennent bientôt un instrument de gouvernement indispensable entre les mains
des hommes d'État chargés de la direction du démos.
Ces associations, il faut le répéter, n'avaient rien d'il-
légal dans leur constitution ni de révolutionnaire dans
leurs procédés. Mais il n'en fût plus de même quand
la république tomba dans la dépendance des démagogues et que la tyrannie croissante de la foule eût pour
effet de pousser les mécontents à des résolutions de
plus en plus désespérées. Ils ne tardèrent pas à former
des associations clandestines au sein desquelles ils
pouvaient conspirer sans danger comme sans relâche
contre la démocratie. On comprendra sans peine ce que
ces hétairies d'un nouveau genre, véritables sociétés
secrètes, devaient avoir de dangereux pour l'État et de
destructif de tout ordre social. C'est précisément à

---

(1) Büttner, *Les hétairies athéniennes.*

l'occasion du procès des Hermocopides que se révèle l'activité criminelle de ces associations, quand elles se trouvèrent aux prises avec un adversaire puissant, tel qu'était Alcibiade. Jusqu'alors indépendantes les unes des autres et libres, chacune, dans la sphère de son action, comme dans le choix de ses moyens, elles n'étaient pas encore arrivées à un degré de cohésion suffisante ni à une entente assez parfaite dans leurs vues pour pouvoir tenter avec succès un mouvement révolutionnaire. Mais nombreuses comme elles l'étaient et puissamment organisées, elles avaient cependant déjà le pouvoir et les moyens de créer de sérieuses difficultés aux hommes d'État placés à la tête du gouvernement.

Entre les démagogues et les partisans de l'oligarchie, les intérêts du moment étaient trop les mêmes pour que l'accord fût long et difficile à s'établir. Il s'agissait pour eux d'accabler leur adversaire sous les efforts d'une coalition commandée par l'imminence même du péril. L'expédition de Sicile venait d'être décrétée ; Alcibiade allait partir et ses ennemis le voyaient déjà de retour à Athènes à la tête d'une armée victorieuse. Il fallait donc se hâter de mettre à profit les quelques semaines nécessaires à l'armement de la flotte et cet espace de temps pouvait suffire pour faire naître des complications intérieures propres à arrêter Alcibiade dans l'audacieux essor de son ambition (1). Jamais, il faut le dire, ses ennemis n'auraient pu trouver des circonstances plus favorables pour agir avec efficacité sur l'opinion publique. Comme dans tous les temps de violentes secousses et de vives appréhensions, des terreurs religieuses agitaient alors tous les esprits. Le démon familier de Socrate avait annoncé que les Athéniens auraient à subir de cruels mécomptes à l'occasion de l'expédition de Sicile (2). Méton, l'astronome,

---

(1) Thucyd., l. VI, ch. 28.
(2) Plut. *V. d'Alcib.*, ch. 17. *V. de Nicias*, chap. 13.

alla même jusqu'à feindre un accès de folie afin de faire exempter son fils du service militaire. Après avoir mis le feu à sa maison, il courut supplier le peuple de lui laisser, maintenant qu'il était sans asile, l'appui et la consolation de ses vieux jours (1). Comme on le voit, les intelligences supérieures n'avaient pas su, mieux que la multitude, se préserver de l'étrange exaltation qui s'était emparée de tous les esprits. On n'avait pas oublié non plus que, cette année, la fête d'Adonis était tombée le jour où on avait discuté dans l'assemblée les questions relatives à l'armement de la flotte (2). Cette coïncidence singulière, les cérémonies funèbres pratiquées à cette occasion, les lamentations des femmes qu'on avait entendu retentir du haut des toits, c'étaient là des signes fâcheux qui ne pouvaient annoncer que de grands malheurs. Si, en revanche, on voyait se produire des présages moins sinistres, les esprits avaient déjà passé par trop d'alternatives de crainte et d'illusion, de découragement et d'enthousiasme pour qu'ils ne fussent pas condamnés à tomber dans tous les pièges que des intrigants habiles allaient tendre à des imaginations aussi crédules qu'exaltées.

Le démos, en effet, fut appelé à concevoir à ce moment même des alarmes autrement sérieuses que les vagues inquiétudes qui jusqu'alors avaient hanté l'imagination populaire. Il se produisit tout à coup un évènement extraordinaire, inexplicable ; ce fut la mutilation des Hermès (3). Ces statues se trouvaient en grand nombre dans les rues et sur les places d'Athè-

---

(1) Plut. *V. d'Alc.*, ch. 17. *V. de Nicias*, chap. 13.

(2) Plut. *V. d'Alc.*, ch. 18. *V. de Nicias*, ch. 13. Plut. se trompe en disant que la fête d'Adonis a coïncidé avec le départ de la flotte. Il résulte d'un passage d'Aristoph., *Lysistrate*, v. 389, qu'il s'agit de l'assemblée qui a agité les questions relatives à l'armement de la flotte. Voir Droysen, déjà cité, p. 164.

(3) Plut. *V. d'Alc.*, ch. 18. Thucydide, l. VI, ch. 27. Photius, Ἑρμοκοπίδαι.

nes. Les plus remarquables par leur beauté et leur
grandeur s'élevaient sur l'Agora et devant la maison
de quelques riches citoyens. Bien qu'on fût devenu
pas mal sceptique à Athènes, on ne passait pas, cependant, avec indifférence, sans au moins y jeter les
yeux, devant ces vieilles figures symboliques qui rap-
pelaient déjà les croyances d'un autre âge. On comprendra donc avec quelle surprise et quelle indignation
les Athéniens contemplèrent le spectacle qui s'offrit à
leurs regards au matin du 11 mai (1), quand ils virent
tous les Hermès de l'Agora renversés ou mutilés par
des mains criminelles. Une seule statue était restée
intacte et semblait avoir échappé comme par miracle à
la rage des profanateurs; c'était celle qui s'élevait
devant la maison habitée par Andocide et que le peuple
avait surnommée, bien qu'elle fût consacrée par la
tribu Egeide, l'Hermès d'Andocide (2).

Accompli dans des conditions aussi mystérieuses
qu'étranges, ce forfait dépassait en audace et en gravité
tous les actes sacrilèges qui, à d'autres époques, s'é-
taient produits dans la ville. Il était déjà arrivé que
des jeunes gens, pris de vin, se fussent amusés à mutiler des statues, mais ces désordres nocturnes n'avaient
toujours provoqué qu'une émotion passagère (3). Cette
fois, le grand nombre de statues renversées, le choix
de l'Agora comme théâtre du crime, l'entente et la
préméditation qui semblaient avoir présidé à l'accomplissement du sacrilège, toutes ces circonstances
était faites pour troubler les esprits les plus fermes et
les moins accessibles aux terreurs de la superstition (4).
Il ne pouvait plus être question d'attribuer pareil forfait à une bande d'ivrognes en gaieté; il fallait chercher

---

(1) D'après Droysen, le 11 mai, 415 av. J. C.
(2) Plut. V. d'Alc., ch. 21.
(3) Thucyd., l. VI, ch. 28.
(4) Plut. V. d'Alc., ch. 18.

d'autres explications et, au premier instant, on ne sut
rien imaginer de mieux que d'en accuser les Corinthiens, en alléguant l'intérêt qu'ils devaient porter à
Syracuse, une de leurs anciennes colonies (1). Mais
de tels récits étaient trop invraisemblables pour mériter la créance de la foule. Thucydide nous apprend, au
contraire, que le démos ne prit pas si facilement le
change sur l'affaire des Hermès dans laquelle il crût
apercevoir « un complot organisé pour bouleverser
l'État et abolir la démocratie (2). De pareilles craintes
peuvent nous paraître exagérées ou chimériques. Mais
elles montrent toujours combien le démos se laissait
facilement aller aux illusions de la peur, dès qu'il avait
lieu de croire ses droits souverains en péril. Ce qu'il
ne faut pas oublier, c'est que l'antiquité a considéré
comme une atteinte portée aux institutions politiques
toute entreprise dirigée contre les prescriptions et les
monuments du culte municipal. Rien de plus naturel
que les Athéniens eussent vu dans la profanation des
Hermès un véritable acte de rébellion. A en juger par
l'audacieux défi que les conspirateurs venaient de jeter
à la divinité, à quelles entreprises n'allaient pas être
exposées la souveraineté du démos et les libertés publiques? Cette fatale idée, une fois qu'elle eût pris racine dans l'esprit du peuple souverain, ne devait jamais
plus abandonner les Athéniens à travers les péripéties
du procès des Hermocopides.

II

Il paraît hors de doute que les premiers coups diri-

(1) Plut. *V. d'Alc.*, ch. 18.
(2) Thucyd., l. VI. ch. 27. Plut. *V. d'Alc.*, ch. 18.

gés contre Alcibiade partirent du camp oligarchique (1). On peut s'en convaincre en examinant le véritable caractère et l'attitude des personnages politiques qui jouèrent le principal rôle dans l'instruction relative à l'affaire des Hermès. On les trouve à ce moment, il est vrai, parmi les champions les plus ardents de la démocratie, mais ils appartenaient, en réalité, au parti oligarchique. C'étaient des hommes, tels que Pisandre, Chariclès, Diognète (2); ce dernier, il est vrai, nous est moins connu, mais, quant aux deux autres, il est permis de garder des doutes sur la sincérité des mobiles qui, à cette époque, les faisaient agir. Chariclès devait siéger plus tard parmi les trente tyrans et se montrer le digne collègue de. Critias. Quant à Pisandre, on connaît assez la part prépondérante qu'il a prise à l'institution du gouvernement des Quatre-Cents (3). Ce furent ces personnages qui se chargèrent d'endormir la méfiance du démos en feignant des craintes patriotiques et en prenant l'initiative des mesures les plus propres, en apparence, pour arriver à la découverte des coupables. C'était pour eux le meilleur moyen de garder en main la direction de l'affaire et de parer aux éventualités qui ne pouvaient pas manquer de surgir au cours du procès des Hermocopides.

En effet, à la nouvelle des événements qui s'étaient passés dans la nuit du 10 au 11 mai, le sénat s'était réuni pour délibérer sur les mesures qu'il importait de prendre. Mais ce corps politique ne savait jamais à quel parti se résoudre sans avoir d'abord consulté le démos. Dans cette circonstance, ce fut un malheur pour Athènes que ce manque d'indépendance et d'initiative chez les premiers magistrats de la république. Ils ne

---

(1) Isocrate, *De Bigis*, ch. 2 et 3.

(2) Thucyd., l. VII, ch. 20. Chariclès commande une escadre en 413. Voir aussi ch. 26. Xénophon, *Helléniques*, II, 3, 2. *Mémoires*, I, 2, 31. Aristote, *Pol.*, V.

(3) Thucyd., l. VIII, ch. 60 et 90.

surent rien imaginer de mieux que de convoquer le
peuple à une assemblée extraordinaire qui devait se tenir le jour même. C'était précipiter les événements vers
une catastrophe inévitable.

.Sur la proposition de Pisandre, l'assemblée adopta
une série de mesures qui semblaient convenir aux cir-
constancès. Le sénat reçut pleins pouvoirs pour ins-
truire l'affaire ; un prix de dix mille drachmes fut promis pour la découverte des coupables et on désigna
trois magistrats enquêteurs qui furent Pisandre, Chariclès et Diognète (1).

Contrairement à l'attente du public, ces dispositions
ne produisirent aucun résultat immédiat. Les assemblées publiques se succédèrent à peu de jours d'intervalle (2). Mais aucune révélation ne vint dissiper les
ténèbres qui semblaient s'appesantir tous les jours davantage sur l'affaire des Hermès. Les ennemis d'Alcibiade avaient espéré, sans doute, qu'à la première nouvelle du forfait son nom serait jeté en pâture à
l'indignation de la foule. Mais ils durent cependant reconnaître qu'ils avaient trop présumé de la crédulité
du démos. Comment, en effet, persuader à des imaginations, même athéniennes et si exaltées qu'elles fussent, que le futur conquérant de la Sicile eût préludé à
cette formidable entreprise par la destruction de quelques innocentes statues? En ne visant que le cas spé-
.cial de la profanation des Hermès, le décret dù peuple
n'avait ouvert qu'un champ limité aux délations qui
pouvaient être dirigées contre Alcibiade. Il fallait pouvoir l'accabler sous des accusations plus formelles et
moins invraisemblables et, dans ce but, le démagogue

---

(1) Andocide, *Dé mysteriis* (traduct. et comment. par A. G. Becker, 1832). Voir p. 159, 164 et 165. Plut., *V. d'Alc.*, ch. 18. Thucyd.,
l. VI, ch. 27. Sur les pleins pouvoirs du sénat, Andocide, p. 154. —
Diognète comme magistrat enquêteur, p. 154. Pisandre et Chariclès
nommés magistrats enquêteurs, p. 162 et 164.

(2) Plut., *V. d'Alc.*, ch. 18.

Cléonyme (1) proposa au peuple l'adoption d'un second décret aux termes duquel tout individu, citoyen, métèque ou esclave, ayant eu connaissance de quelque sacrilège commis, était invité à le dénoncer sur l'heure sans crainte d'être inquiété. Pour la révélation de faits de cette nature, on fixa une nouvelle récompense de mille drachmes (2).

En adoptant une pareille mesure, les Athéniens ne prévoyaient guère qu'elle dût avoir les plus redoutables conséquences. Conformes à la légalité et autorisées par des précédents, de telles dispositions s'étaient montrées jadis et dans des cas semblables efficaces et appropriées aux circonstances. Mais les temps avaient changé à Athènes. Le sycophantisme avait fait des progrès effrayants, et n'était-ce pas l'encourager à tout oser désormais en plaçant ses plus audacieuses entreprises sous l'égide de la loi? Ce fatal décret assurait l'impunité aux dénonciations les plus étendues; il ne spécifiait aucun cas et les termes en étaient si vagues qu'il embrassait sans distinction tous les actes d'impiété commis à n'importe quelle époque. Mesure dangereuse à un moment où l'incrédulité avait fait à Athènes des mœurs politiques nouvelles. La lutte entre les factions était devenue une véritable mêlée où l'acharnement de part et d'autre égalait l'audace et l'immoralité dans le choix des moyens mis en œuvre pour accabler ses adversaires (3). Comme on le verra bientôt, le procès des Hermocopides n'a été qu'un procès politique. Il a servi de prétexte aux représailles que des adversaires impitoyables ont exercées les uns contre les autres, de complicité avec la démocratie athénienne. Les consciences ne s'émurent pas au spectacle d'un

---

(1) Andocide, *De myst.*, p. 159. Sur Cléonyme, Aristoph Pan., v. 674. — *Guépes*, v. 19 et 593. — *Id.*, v. 290.

(2) Thucyd., l. VI, ch. 27.

(3) Thucyd., l. III, ch. 82.

forfait qui, à d'autres époques, eût jeté la terreur dans toutes les âmes; les passions, les intérêts seuls s'agitèrent; on resta indifférent à l'outrage fait à la divinité pour n'y voir toujours que l'indice d'un complot dirigé contre la démocratie. Aussi, loin de susciter une persécution religieuse, les mesures en question n'eurent-elles d'autre effet que de produire un mouvement purement politique. Il ne se trouva que quelques prêtres à Athènes pour appeler sur la tête des coupables la vengeance divine, mais dans ces sacrilèges chargés de leurs impuissantes malédictions, l'historien ne verra que des antagonistes politiques acharnés à s'entre détruire sous le masque de la religion.

Depuis le forfait accompli dans la nuit du 10 au 11 mai, plusieurs semaines s'étaient écoulées et on était arrivé aux (1) premiers jours du mois de juin, époque qui avait été fixée pour le départ de la flotte. Tous les préparatifs étant achevés, il ne restait plus qu'à procéder à l'embarquement des troupes. Le vaisseau amiral du Lamachos se trouvait déjà mouillé hors du Pirée prêt à appareiller au premier signal. A la veille de prendre le commandement de l'armée, les généraux en chef se présentèrent encore une fois devant l'assemblée du peuple convoqué dans le but de recevoir leurs adieux et leurs dernières communications. Ce fût alors qu'un certain Pythonicos demanda la parole : « Athéniens, dit-il, vous allez envoyer en Sicile la flotte la plus considérable qui soit jamais sortie de vos arsenaux, mais, sans vous en douter, vous appelez sur vos têtes un grand malheur. Alcibiade, votre général, a célébré les mystères, en compagnie de ses amis, dans la maison d'un citoyen; appelez à comparaître devant vous un esclave appartenant à un des hommes ici présents; interrogez-le et il vous racontera, bien qu'il ne soit pas initié, toutes les cérémo-

---

(1) Le 10 juin, d'après Droysen.

nies pratiquées pendant la célébration des mystères (1).

Alcibiade, on le suppose, se hâta de protester contre
de pareilles imputations, mais ses paroles dûrent se
perdre au milieu du tumulte causé par la déclaration
imprévue de Pythonicos. Après avoir fait éloigner les
citoyens qui n'étaient pas initiés aux mystères, les
prytanes coururent chercher eux-mêmes l'esclave dont
il avait été question et ils amenèrent devant les magistrats enquêteurs un certain Andromachos au service du
citoyen Polémarque. Après qu'il eût reçu l'assurance
de l'impunité, il n'hésita pas à déclarer qu'on avait
célébré les mystères dans la maison de Polytion;
qu'Alcibiade, Niciade, Meletos avaient été ceux qui les
avaient parodiés; que d'autres individus y avaient
assisté comme spectateurs parmi lesquels se trouvaient
le joueur de flute Hikesios et des esclaves (2).

C'est ainsi que le premier pas fût fait dans la voie si
dangereuse de la délation. Les langues semblent s'être
déliées tout à coup, et les Athéniens allaient avoir le
choix entre les dénonciations les plus diverses et les
plus contradictoires. Le métèque Teucros, ayant pris
peur à la nouvelle répandue en ville de la mutilation des
Hermès, s'était réfugié à Mégare. Une fois qu'il se
crût en sûreté, il fit savoir au Sénat qu'au prix de l'impunité il était prêt à dire ce qu'il savait au sujet de
l'affaire des Hermès et sur celle des mystères qu'il
devait connaître d'autant mieux qu'il comptait lui-
même parmi les coupables. En effet, après avoir reçu
par des envoyés du Sénat la promesse de l'impunité, il
vint à Athènes et livra à la justice les noms de ses

(1) Andocide, *De Myst.*, p. 153. Thucyd., l. VI, ch. 28.

(2) And. *De Myst.*, p. 154. Les citoyens dénoncés par Andromachos s'appelaient : Alcibiade, Niciade, Meletos, Archebiade, Archip-
pos, Diogène, Polystratos, Aristomène, Jonias, Panaitios, tous réussirent à s'échapper, sauf Polystratos qui fût mis à mort. And., p. 153
et 154.

complices (1). Il commença par s'accuser lui-même
d'avoir célébré les mystères et dénonça, en outre, un
nombre considérable de citoyens, les uns pour avoir
participé à ce dernier sacrilège, les autres comme coupables de la mutilation des Hermès. Parmi ces derniers
se trouvait Euphiletos, membre d'une hétairie bien
connue à Athènes et dont il sera encore question dans
le cours de ce récit. La plupart des malheureux dénoncés par Teucros réussirent à prendre la fuite. D'autres
plus confiants restèrent, furent arrêtés, et mis à
mort.

Teucros n'avait pas parlé d'Alcibiade. Mais il allait
être question de lui dans une dénonciation faite par
Agariste, devenue l'épouse d'Alcmœonide après avoir
été mariée à Damon. Elle déclara qu'Alcibiade avait
l'habitude de célébrer les mystères dans une maison
appartenant à Charmide, près du temple de Jupiter
Olympien, en compagnie de ses amis, parmi lesquels
elle nomma Axiochos et Adeimantos. Ceux-ci, d'ailleurs, furent assez heureux pour se soustraire par la
fuite au sort qui les attendait.

Enfin, Lydos, esclave de Phereclès de Themakos,
vint accuser son maître d'avoir célébré les mystères
dans sa maison. Parmi les personnes qu'il déclara y
avoir assisté, il désigna, entre autres, Leogoras, père
d'Andocide, en ajoutant que le premier avait dormi,
pendant la cérémonie, enveloppé dans son manteau.
Leogoras était un vieillard de quatre-vingts ans. Mais
il montra dans ces circonstances critiques un courage
supérieur à celui de ses compagnons. Ceux-ci ne son-
gèrent qu'à la fuite, mais Léogoras resta à Athènes
sur les instances de son fils et de ses amis et consentit

---

(1) Andoc. *De Myst.*, p. 153 et 154. Comme coupables de la célébration des mystères : Phaidros, Gniphonides, Isonomos, Hephaisto-
doros, Kephisodoros, Diognetos, Smindyrides, Philocrates, Antiphon,
Tisarchos et Pantaclès.

à courir les chances d'un procès criminel dont il eût la fortune, rare à cette époque, de se tirer sain et sauf.

On comprendra facilement quel trouble et quelles inquiétudes ces dénonciations durent répandre dans tous les rangs de la société athénienne. On était assez habitué, il est vrai, aux procédés des sycophantes et on savait à quoi s'en tenir au sujet des accusations d'impiété qui, dans les luttes politiques, remplissaient l'office de machines de guerre. Mais on n'avait jamais vu, cependant, la fureur de la délation sévir avec une telle intensité en faisant un si grand nombre de victimes. Par une singularité, en apparence, inexplicable, elles appartenaient pour la plupart à l'aristocratie et au parti oligarchique. Les membres de ce parti semblent avoir été les premiers à subir les effets d'une persécution dont, d'après notre récit, ils venaient de donner eux-mêmes le signal. Ce qu'il y a de contradictoire dans un pareil fait s'éclaircira peut-être dans le cours de nos recherches. Il suffit de constater, pour le moment, que les adversaires d'Alcibiade n'avaient nullement atteint leur but. Leurs machinations n'avaient produit d'autre résultat que de jeter le désordre dans leurs propres rangs. Alcibiade n'avait pas songé un instant à prendre la fuite, comme ils auraient pu l'espérer. Il fallait évidemment faire un pas de plus et provoquer sa mise en accusation. En sa qualité de stratège, il n'avait eu rien à redouter jusqu'à ce moment des poursuites dirigées contre les auteurs de la profanation des mystères et de la destruction des Hermès. A l'égard de ces individus, la procédure ordinaire avait pu suivre son cours et la γραφὴ ἀσεβείας recevoir ses effets immédiats. Mais pour faire d'Alcibiade un accusé, il était indispensable qu'il fût révoqué de ses fonctions par un décret du peuple et voilà ce que ses ennemis allaient demander au démos.

Pour arriver à ce but, ils avaient à choisir entre

deux moyens également efficaces que la législation en
vigueur mettait à la disposition de leurs implacables
rancunes. Ils pouvaient attendre l'époque de « l'epi-
cheirotonie », opération qui se renouvelait à la première assemblée de chaque prytanie et en vertu de
laquelle le peuple était appelé à formuler son avis sur
la conduite des fonctionnaires publics. Mais le temps
pressait et les ennemis d'Alcibiade aimèrent mieux
avoir recours à une « eisangelio », instance d'une
forme spéciale dont ils pouvaient espérer des résultats
plus prompts et plus certains (1).

L' « eisangelie » dirigée contre Alcibiade fut pré-
sentée au Sénat par Androclès, un des plus fougueux
démagogues de cette époque (2). Elle était conçue en
ces termes : « Alcibiade, fils de Clinias, de Skambonide, est accusé d'avoir réuni une hétairie pour introduire des nouveautés dans l'État et d'avoir célébré les
mystères en compagnie de ses amis dans la maison de
Polytion. » Comme on le voit, on s'était borné à reproduire la délation de l'esclave Andromachos, mais
en y ajoutant des imputations propres à frapper les
esprits. Formulée en ces termes, l'accusation avait
toutes les chances pour surexciter des imaginations
athéniennes, toujours si promptes à prendre feu à la
seule idée d'un retour possible de la tyrannie. Les
délations d'Andromachos et d'Agariste venaient de
fournir un nouvel aliment aux soupçons qui, depuis si
longtemps, planaient sur Alcibiade. Ses ennemis allaient répétant partout, dit Thucydide (3), que « la
célébration des mystères et la mutilation des Hermès
pouvaient bien être son ouvrage et qu'elles avaient pour

(1) *Der Attische Process.*
(2) Plut., *V. d'Alcib.*, ch. 19. Plut. confond les deux « eisange-
lies » présentées contre Alc., celle d'Androclès et celle de Thessalos
qui ne se produisit qu'à l'époque ou il n'était plus à Athènes. Voir à
ce sujet Droysen et Isocrate, *De Bigis*, p. 868.
(3) Thucyd, l. VI, ch. 28.

but le renversement de la démocratie. » Alcibiade avait
tout à redouter de ce travail souterrain des hétairies
qui lentement creusaient le sol sous ses pieds, sans
qu'il pût voir encore l'abîme où il allait tomber. Mais
ses adversaires venaient de jeter le masque ; accusé
devant le peuple, il allait trouver, enfin, l'occasion de
se justifier et de repousser des attaques moins dange-
reuses pour lui que cette guerre d'intrigues anonymes
et de machinations ténébreuses. Le démos, en effet,
avait été convoqué par les soins du Sénat à une assemblée extraordinaire. Les débats s'ouvrirent sur la
question de savoir s'il y avait lieu d'accueillir ou de
rejeter l'acte d'accusation présenté par Androclès (1).

Alcibiade se défendit avec autant de courage que
d'habileté. Il était le premier, dit-il, à réclamer une
enquête sérieuse sur la part qu'il pouvait avoir prise
aux événements qui venaient de se passer. Il demanda
seulement que l'enquête eût lieu avant le départ de la
flotte. Il supplia le démos de ne pas le laisser partir
sans le juger et sans lui donner le moyen de confondre
ses accusateurs. S'il était coupable, il était prêt à subir la peine de ses crimes ; mais déclaré innocent, il
demandait à rester à la tête de ses troupes.

Les Athéniens s'étaient rendus à l'assemblée avec
les sentiments les plus hostiles à l'égard d'Alcibiade.
Mais quand ils se trouvèrent en sa présence, ils ne virent plus en lui que l'objet de leurs anciennes prédi-
lections. Le revirement des esprits en sa faveur fut si
spontané et si complet, qu'il ne pouvait plus être question de traîner devant des juges un homme encore si
manifestement protégé par les faveurs du démos.
L'armée, d'ailleurs, composée en grand nombre de ses
partisans, commençait à donner des signes d'impa-
tience et, ainsi qu'on venait de l'apprendre, les troupes
de Mantinée et d'Argos refusaient de marcher autre-

(1) Isocrate, *De Bigis*, p. 808.

ment que sous ses ordres. Un acquittement paraissait
certain et, dans de telles conditions, mieux valait encore empêcher le démos d'accepter l'« eisangelie ». Les
adversaires d'Alcibiade chargèrent de ce soin des
orateurs qui ne passaient pas pour lui être hostiles,
mais qui en réalité, nourrissaient à son égard des rancunes secrètes qu'ils étaient impatients de satisfaire. Ils
prirent à tâche de démontrer au peuple qu'il était
mauvais, après tout, de poursuivre un général en chef
au moment où il allait entrer en campagne à la tête
d'une armée considérable ; qu'il y avait folie à perdre
un temps précieux dans les circonstances où l'on se
trouvait et qu'il fallait, au contraire, hâter son départ
en ajournant à la fin de la campagne le moment où il
aurait à se justifier devant le démos.

Alcibiade, on doit le comprendre, sût mesurer d'un
coup d'œil toute l'étendue du danger qu'il allait courir,
si, pendant son absence, il était exposé à rester en
butte aux diffamations systématiques de ses adversaires, et si, à son retour, il avait à plaider sa cause devant
tout un peuple qui, à force de préventions, ne verrait
plus en lui qu'un coupable. Pour parer ce coup, il fit
un suprême effort : « On n'a jamais vu, dit-il, qu'un
général appelé à exercer un commandement et à diriger des opérations militaires pût demeurer sous le
coup d'une accusation capitale. Il fallait qu'on le mît
en jugement et qu'on le condamnât, s'il était coupable,
mais s'il parvenait à se justifier, et il était sûr d'y réussir, il devait quitter Athènes la tête haute et l'âme en
paix, sans être obsédé par la crainte des calomnies
que des sycophantes s'enhardiraient plus que jamais
à répandre sur son compte quand il ne serait plus là
pour les réduire au silence » (1).

Mais le démos resta sourd aux avertissements de
cette voix prophétique. Il décida qu'Alcibiade partirait

(1) Thucyd., l. VI, ch. 29 et 60 ; Plut. V. d'Alcib., ch. 19 et 20.

avec les autres généraux et que le jugement sur l'affaire des mystères serait ajourné à l'époque de son retour. C'est ainsi que ses ennemis triomphèrent ; mais, en leur donnant gain de cause, les Athéniens ne se doutèrent guère qu'ils venaient de prononcer sur leurs propres destinées, ainsi que sur le sort réservé à l'expédition de Sicile. Il faut les plaindre d'avoir poussé la légèreté et l'aveuglement jusqu'à enlever à cette entreprise le peu de chances sérieuses qu'elle avait de réussir. En se jetant dans une pareille aventure, ils n'avaient pas pu fermer les yeux, cependant, sur les difficultés d'une expédition en vue de laquelle ils venaient de décréter l'armement de la flotte la plus considérable qui fût jamais sortie de leurs arsenaux. Il n'y avait à Athènes qu'un seul homme capable de diriger pareille entreprise ; c'était Alcibiade et, tout en lui confiant les destinées de la République, les Athéniens n'avaient pas eu le courage de le condamner ou de l'absoudre. Ils s'étaient imaginé, dans leur folle présomption, qu'il leur appartiendrait de fixer le jour et l'heure où Alcibiade aurait à comparaître devant leur tribunal. Mais ils avaient fait leur compte sans ses ennemis, les hétairistes, qui allaient avoir trop beau jeu pour lâcher leur proie. En rappelant Alcibiade au cours de l'expédition, le démos fit preuve de la même légèreté coupable qu'il avait mise à le laisser partir sans rien décider sur son sort. Certes, en restant à la tête de l'armée, Alcibiade n'eût pas, plus qu'un autre, pu conquérir la Sicile. Il n'était donné à aucune puissance humaine de vaincre les obstacles que la nature même semble avoir opposés à la domination d'Athènes dans ces parages. Mais il est permis d'affirmer qu'il eut fait un plus judicieux emploi que Nicias et Lamachos des forces immenses mises à sa disposition et qui, après son départ, demeurèrent à la merci des terreurs superstitieuses de l'un et des folles témérités de l'autre. Il eut du moins détourné de l'armée la catastrophe finale qui devait l'engloutir avec la fortune d'Athènes.

Alcibiade était-il réellement coupable? Question em-
barrassante, d'autant que les auteurs anciens ont gardé
à cet égard un silence prudent. Il s'agit de distinguer,
croyons-nous, entre les faits qu'il est permis de laisser
à sa charge et ceux qu'il sera bon d'attribuer à l'esprit
inventif et à l'ingénieuse perversité de ses adversaires.

Pour ce qui est de l'affaire des mystères, ceux-ci ont
pu se trouver par hasard d'accord avec la réalité des
faits. Plutarque (1) parle des alarmes d'Alcibiade et
des membres de son hétairie quand ils eurent à se justifier devant le peuple du crime dont ils étaient accusés. Alcibiade n'essaie pas de réfuter les imputations
de ses ennemis. Il se borne, comme on l'a vu, à demander une enquête. Il était évidemment plus habile de
placer la question sur ce terrain que d'entreprendre,
séance tenante, une justification peut-être difficile dont
l'insuccès eût tout compromis. Mais s'il se savait coupable, dira-t-on, qu'avait-il à espérer d'une enquête
dont l'issue pouvait lui être fatale? Il devait, au contraire, être bien sûr de son innocence pour oser provoquer de nouvelles investigations sur des faits que l'o-
pinion publique n'était déjà que trop disposée à mettre
à sa charge. Voilà précisément l'erreur. Alcibiade connaissait tous les avantages de sa position; l'armée était
pour lui et il savait pouvoir compter sur son affection;
le peuple flottait encore à son égard entre des sentiments contradictoires, il est vrai, mais ses dispositions
lui étaient plus favorables qu'hostiles. N'avait-il pas
aussi l'appui de son hétairie composée d'hommes jeunes et entreprenants qui ont laissé dans l'histoire d'A-
thènes maint témoignage de leur activité? La demande
d'une enquête semble avoir été de la part d'Alcibiade
un coup d'audace et on serait mal venu, croyons-nous,
à vouloir tirer de ce fait un argument en sa faveur;

(1) Plut., V. d'Alc., ch. 19.

quand il ne faudrait y voir qu'une preuve de plus de son habileté. Pour peu qu'on se rappelle, d'ailleurs, ce qu'a été le caractère d'Alcibiade, on ne voit rien d'impossible à ce qu'il se soit livré à une parodie des mystères à la suite d'un festin et au moment où l'ivresse pouvait avoir gagné toutes les têtes. De pareils actes d'impiété n'étaient pas rares à Athènes et, tel que l'on connaît Alcibiade, il n'était pas homme à reculer devant l'accomplissement d'un sacrilège. De tout temps il s'était fait un jeu de toutes les lois divines et humaines et aucun scrupule ne l'avait arrêté quand il s'était plu à faire servir les vases sacrés de l'Acropole à son usage personnel. A défaut de preuves positives, ce qui parle contre Alcibiade, c'est sa vie dissipée et licencieuse, c'est tout un passé plein d'actes d'impiété et de violence. A quels excès ne devait-il pas se laisser entraîner quand, libre de toute contrainte, au milieu des applaudissements de ses amis et de ses admirateurs, sa nature venait à s'exalter jusqu'au délire de l'ivresse ?

Mais si, sous ce rapport, on peut croire à sa culpabilité, on se trouvera d'autant plus à l'aise pour le dégager des autres calomnies de ses adversaires. Comment s'imaginer qu'il ait pu participer à la mutilation des Hermès ? Il faudrait supposer que, dans un accès de folie, il eût pris à tâche de ruiner les projets les plus chers à son ambition. Alcibiade se savait entouré d'ennemis implacables et il avait pu se convaincre à quel degré d'exaspération ils en étaient arrivés. Certes, il ne se serait pas oublié au point de prêter le flanc à leurs attaques à la veille de son départ pour la Sicile et quand de si puissantes considérations lui faisaient un devoir de régler sa conduite sur l'importance de ses desseins. A ce moment il ne songeait pas plus à renverser des Hermès qu'à conspirer contre la démocratie dans laquelle il voyait l'instrument de sa grandeur future. L'accusation tombe d'elle-même à force d'invraisemblance ; elle était absurde, mais à la façon dont elle avait

fini par s'imposer à l'opinion publique, on ne saurait
assez admirer avec quel art infernal les esprits avaient
été préparés à accueillir les rumeurs les plus étranges
qui circulaient sur le compte d'Alcibiade.

Mais celui-ci n'a pas été le seul que l'on dût plaindre
d'avoir rencontré à cette époque des ennemis aussi peu
scrupuleux qu'impitoyables. D'autres victimes encore
ont partagé sa mauvaise fortune. On veut parler ici des
individus dénoncés et poursuivis pendant le cours du
procès des Hermocopides et dont la plupart appartenaient, comme on l'a déjà fait remarquer, au parti aristocratique. Les recherches auxquelles on s'est livré à
ce sujet paraissent assez concluantes pour ne pas laisser de doute sur la situation sociale, ainsi que sur les
tendances politiques de la plupart des accusés (1). Si
l'on se rappelle la part active et prépondérante que
nous leur avons attribuée dans les événements en question, cette découverte ne laisse pas de causer quelque
embarras. Mais il importe de ne pas oublier à ce sujet
que le parti oligarchique, tel qu'il existait à cette époque, n'était pas ce qu'il a été quelques années plus tard.
Comme on l'a déjà dit ailleurs, composé d'éléments dé-
sunis et disparates, il se trouvait encore en voie de
formation, et ce ne fut qu'après avoir fait appel aux
efforts de tous ses membres dans sa lutte contre Alcibiade qu'il a été amené a se donner une organisation
assez puissante pour pouvoir renverser la démocratie.
Les hétairies oligarchiques avaient gardé encore à cette
époque, chacune, avec sa liberté, l'indépendance de ses
mouvements, et elles étaient loin d'agir avec ensemble
sous les ordres d'un chef unique et expérimenté. Ce
manque de direction n'était pas sans avoir ses incon-
vénients et ses dangers. Il existait autant de foyers
d'intrigue que d'hétairies et il pouvait arriver que l'une

---

(1) Guillaume Roscher. *Leben, Werk u. Zeitalter des Tukydides*,
p. 427.

d'entre elles eût procédé à l'exécution des mesures qu'elle avait adoptées en dehors de la connaissance et du concours des autres associations ; faute d'être averties, celles-ci pouvaient courir le risque d'être enveloppées dans des machinations dont elles n'avaient pas été mises en état de prévoir ni de calculer les effets.

Mais on pourrait encore assigner une autre cause aux mécomptes et aux embarras du parti oligarchique. On a fait, il nous semble, la part trop restreinte aux démagogues dans tous les faits qui concernent le procès des Hermocopides. Ils ont dû y tenir une place plus considérable qu'on le suppose généralement, et, si l'on veut s'en rapporter au témoignage de leur principale victime, il n'est pas possible de ne pas constater l'importance de leur rôle et de leurs efforts dans toutes les entreprises dirigées contre Alcibiade (1). Ce dernier, du moins, est resté convaincu qu'il devait son exil et ses malheurs aux machinations des démagogues et cet aveu suffirait pour montrer combien les Androclès et les Cléonyme ont pu acquérir d'influence et de pouvoir en affectant de prendre en main la protection des intérêts populaires. Ils n'ont pas dû être assez aveugles ni assez imprudents pour s'allier aux partisans de l'oligarchie dans l'unique but de se faire les exécuteurs de leur volonté et de leurs desseins. Une pareille coalition ne met jamais un terme à la lutte entre deux partis ; mais il en résulte le plus souvent un état de paix apparente, ainsi que d'hostilités sourdes dont ils savent profiter pour se susciter l'un à l'autre de nouvelles difficultés. En pénétrant les secrètes pensées de leurs alliés, les démagogues n'ont pas dû tarder à entrevoir le but vers lequel allaient tendre tous leurs efforts le jour où ils auraient triomphé d'Alcibiade comme du principal obstacle à leurs desseins. Ils avaient donc tout intérêt

---

(1) Les passages à l'appui, Thucyd., l. VI, ch. 15, 28, 89; et l. VIII, ch. 47.

à ne pas laisser le parti oligarchique s'organiser et se fortifier en vue de conquérir le pouvoir. Un évènement, tel que le procès des Hermocopides, leur offrait le moyen de s'opposer à des manœuvres contre lesquelles ils auraient à lutter plus tard dans des conditions peut-être moins favorables. Il était de bonne guerre de retourner contre des alliés d'un jour l'arme destinée à frapper Alcibiade, et il est permis de supposer qu'ils surent en faire un bon usage en jetant le trouble et le désordre dans les rangs du parti oligarchique.

III

Ainsi qu'Alcibiade l'avait prédit, après son départ, ses ennemis se remirent à l'œuvre, plus ardents et plus impitoyables que jamais, en continuant d'agiter les esprits par le récit des périls qui allaient fondre sur la démocratie. A les en croire, il fallait s'attendre à l'explosion d'un mouvement révolutionnaire et même au retour toujours possible de la tyrannie ; l'âme d'un pareil complot ne pouvait être qu'Alcibiade. Pisandre et Chariclès ne se firent pas faute de souffler sur le feu et ils s'empressèrent de livrer à la connaissance du public ce qu'ils prétendaient avoir appris au sujet d'une vaste conspiration qui ne visait à rien moins qu'au renversement de la démocratie. Les derniers évènements, disaient-ils, ne pouvaient pas être l'ouvrage d'un petit nombre de conjurés ; raison de plus pour poursuivre avec énergie l'enquête sur des faits qui, jusqu'à ce jour, était restés dans l'ombre.

Les esprits, à Athènes, avaient fini par s'exaspérer en présence de ce redoutable inconnu qu'il n'était donné à personne de saisir, mais qui, à coup sûr, devait renfermer de graves périls pour les libertés publiques. A

force de voir s'agiter à leurs yeux le spectre de la tyrannie, les Athéniens en étaient arrivés à ce degré de
trouble moral où la foule n'accorde plus de créance
qu'aux rumeurs les plus invraisemblables. Par une
coïncidence singulière, le bruit s'était répandu dans la
ville que les amis d'Alcibiade avaient tenté à Argos un
mouvement insurrectionnel, mais que le complot avait
été découvert et les conjurés mis à mort. On apprit, en
même temps, qu'un corps de troupes spartiates s'était
avancé jusqu'à l'isthme à la suite de quelque intelligence avec les Béotiens. On voulut se persuader qu'Alcibiade avait conspiré avec les oligarchies étrangères
et que celles-ci s'apprêtaient à venir au secours des
conjurés athéniens. C'était plus qu'il ne fallait, on doit
le comprendre, pour pousser jusqu'au délire l'égare-
ment de la foule. Les alarmes les plus folles s'emparèrent du démos, et, comme la peur rend toujours cruel,
les otages d'Argos eurent les premiers à subir les
effets de la vengeance populaire. Ces malheureux
avaient été internés, depuis la dernière guerre, dans les
îles de l'Archipel, comme appartenant au parti oligarchique de leur ville. Ils furent livrés à la populace
d'Argos qui les massacra. Les parents et les amis
d'Alcibiade à Athènes, ne durent, sans doute, qu'à un
prompt emprisonnement d'échapper à pareil sort. Dans
son aveuglement, la foule voyait partout des conspirateurs. En peu de jours, les arrestations se multiplié-
rent au point que, dans la crainte d'en être victime,
personne n'osait plus se montrer sur la place publique.
Quand au signal donné pour la convocation des sénateurs à l'hôtel de ville, on les voyait traverser les rues
en hâtant le pas, aussitôt tous les groupes se disper-
saient et chacun d'aller s'enfermer dans sa maison pour
échapper aux chances d'une incarcération arbitraire
qui, à ce moment, faisait trembler les plus braves.
Jamais Athènes n'avait eu à traverser de plus mauvais jours, et les auteurs de cette conflagration pou-

vaient s'applaudir à la pensée qu'Alcibiade allait dispa-
raitre au milieu des flammes qu'ils avaient allumées.
Il paraissait irrévocablement perdu et on agitait déjà
la question de son rappel, quand un évènement im-
prévu fit suspendre cette mesure et vint ajouter encore à l'effervescence et à l'anxiété des esprits (1).

Le sénat, en effet, avait reçu une dénonciation qui
paraissait de la plus haute importance et en vertu de
laquelle un citoyen du nom de Dioclide se faisait fort
de désigner tous les individus coupables d'avoir mutilé
les Hermès dans la nuit du 10 au 11 mai. Il avait commencé par déclarer qu'il s'agissait d'un vaste complot
qui ne comptait pas moins de trois cents conjurés. Appelé à s'expliquer sur les circonstances qui l'avaient
conduit à cette découverte, voici ce qu'il raconta à
peu près devant le sénat et les magistrats enquêteurs (2).

Ayant eu une affaire à régler au Laurium, c'était
précisément à l'époque de la mutilation des Hermès, il
s'était levé avant le jour, trompé par l'éclat de la pleine
lune qu'il avait pris pour la première lueur de l'aube.
Néanmoins, il s'était mis en route, mais arrivé au
théâtre de Bacchus, il avait vu venir un grand nombre
d'individus qui semblaient se diriger de l'Odéon vers
l'orchestre ; saisi de peur, il s'était blotti dans l'ombre,
entre une colonne et le piédestal de la statue de Stratège, en bronze ; de cette cachette, il avait pu observer
ces individus qui, au nombre de trois cents, s'étaient
divisés par groupes, mais, grâce à l'éclat de la lune, il
avait pu reconnaître les traits de chacun d'entre eux.
Il s'était ensuite rendu au Laurium et ce ne fût que le
lendemain qu'il avait entendu parler de la mutilation
des Hermès. L'idée lui était venue aussitôt que les

---

(1) Thucyd., l. II, ch. 53, 60, 61; Andocide, *De Myst.*, p. 162 ;
Id., *De reditu*, p. 138; Isocrate, *De Bigis*, ch. 3.
(2) Andocide, *De Myst.*, p. 163 et suiv.

hommes qu'il avait vus la nuit précédente pouvaient bien avoir été les auteurs du forfait. Une fois de retour à Athènes, après avoir appris les mesures adoptées en vue de la découverte des coupables, il s'était rendu à la demeure d'Euphémos, fils de Callias, qu'il avait trouvé dans son atelier et, l'ayant entraîné dans le temple d'Héphœstos, il lui avait déclaré qu'il l'avait reconnu dans la nuit du crime, lui et tous ses complices ; mais qu'il aimait encore mieux prendre leur argent que celui du gouvernement, si on était disposé à le traiter en ami. Euphémos l'avait fortement encouragé dans cette idée et l'avait invité à aller avec lui chez Léogoras pour traiter de cette affaire avec Andocide et ceux qui avaient intérêt à s'en occuper. C'était là ce qu'il avait fait le lendemain. S'étant présenté à la demeure de Léogoras et au moment de frapper à sa porte, il avait rencontré ce dernier qui lui avait dit : « Est-ce que ces gens ne t'attendent pas? On ne repousse pas un ami tel que toi. » On était alors tombé d'accord qu'il recevrait cent vingt mines au lieu des cent promises par l'État ; cet arrangement avait été ratifié plus tard dans la maison de Callias, avec le consentement de ce dernier et la convention jurée sur l'Acropole. Mais la promesse n'avait pas été tenue ; on l'avait indignement trompé et c'était pour se venger qu'il s'était décidé à dénoncer les coupables. En terminant sa déposition, Dioclide donna par écrit les noms de quarante-deux citoyens qu'il dit avoir plus spécialement reconnus comme faisant partie des trois cents conjurés.

En tête de cette liste de proscription se trouvaient les noms de deux sénateurs, Mantitheos et Aphepsion, qui à ce moment même siégeaient parmi leurs collègues. Pisandre se leva aussitôt et demanda l'abolition de la loi de Skamandrios, aux termes de laquelle il était défendu d'appliquer des citoyens à la torture. Il fallait, s'écria-t-il, donner la question à tous ceux qu'on pourrait saisir afin de leur faire avouer les noms de leurs complices. Le sénat, sous l'empire d'une véritable aberration d'esprit, applaudit à ce langage ; il lui parut tout naturel qu'on torturât des citoyens sur la déclaration d'un inconnu dont il ne s'était pas même donné la peine de contrôler la véracité. En voyant ces dispositions hostiles, Mantitheos et Aphepsion se réfugièrent auprès de l'autel qui s'élevait au milieu de la salle des séances et ce ne fut qu'à force de larmes et de prières qu'ils obtinrent la faveur de fournir des cautions jusqu'au jour du jugement. Mais une fois rendus à la liberté, ils crurent plus sage de ne pas trop se fier à la justice des Athéniens. Ils s'élancent sur des chevaux rapides et ne s'arrêtent plus qu'au-delà de l'isthme, en laissant leurs cautions se tirer d'affaire comme elles pourraient.

Le sénat les fit aussitôt arrêter, ainsi que les quarante-deux citoyens dénoncés par Dioclide. Il prit, en outre, toutes les mesures pour mettre la ville à l'abri d'un coup de main. On s'était imaginé qu'avertis par les fugitifs, les Spartiates viendraient au secours des conjurés, dont un grand nombre devait se cacher dans la ville. Les stratèges furent convoqués ; les citoyens appelés sous les armes ; tous les points stratégiques d'Athènes et du Pirée occupés militairement. Le sénat se déclara en permanence et passa la nuit à l'Acropole ; les prytanes au Tholos. Quand à Dioclide, il était devenu l'homme le plus populaire d'Athènes. De son obscurité, il avait passé au rang de sauveur de la patrie. Le peuple, après l'avoir couronné de fleurs, le promena en triomphe à travers la ville. Le soir, il eut les honneurs d'un festin au Prytanée (1).

Parmi les quarante-deux citoyens que le Sénat avait fait mettre en lieu sûr, se trouvaient Léogoras, son fils

(1) And., *De Myst.*, p. 166 ; Plut. *V. d'Alc.*, ch. 20 ; Thucyd., l. III, ch. 61.

Andocide et la plupart de leurs proches parents. Entre autres personnalités marquantes, on pouvait citer encore Prynichos, le comédien, Eucrate, le frère de Nicias, qui passait cependant pour un ami de la démocratie, et Critias, sans qu'on puisse affirmer, toutefois, s'il s'agit du même Critias qui devait figurer plus tard parmi les trente tyrans. De tous les accusés, Andocide (1) était sans contredit le plus considérable, autant par sa haute naissance que par ses talents. Il descendait d'une ancienne famille d'Eupatrides, les Céryces, lesquels rattachaient leur origine à un fils d'Hermès et remplissaient dans l'État d'importantes fonctions sacerdotales. De bonne heure, il s'était occupé de politique, avait déjà rempli plusieurs ambassades et commandé une escadre lors de la guerre de Corcyre contre les Corinthiens. Il passait pour un des coryphées du parti oligarchique (2) et ce qui le signalait plus particulièrement encore à l'attention du démos, c'était sa liaison avec les membres d'une hétairie bien connue à Athènes, avec les Meletos, les Euphiletos et autres partisans de l'oligarchie qui venaient d'être poursuivis à la suite de la dénonciation du métèque Teucros. D'ailleurs, ce n'était pas non plus la première fois qu'Andocide s'était vu en danger d'encourir une condamnation pour crime d'impiété ; accusé déjà jadis d'avoir mutilé des hermès et parodié les mystères, il avait trouvé le moyen de simplifier la procédure en faisant tuer l'esclave qui l'avait dénoncé et en supprimant de la sorte le seul témoignage qui fût à sa charge. Le peuple athénien avait bonne mémoire quand il s'agissait de ses ennemis, et il n'avait pas oublié non plus que l'hermès qui s'élevait devant sa maison n'avait pas partagé le sort des autres statues. Andocide

---

(1) Pour les détails sur Andocide, voir l'ouvrage de A. G. Becker, déjà cité.

(2) Plut. *V. d'Alc.*, ch. 21.

se trouvait donc gravement compromis et tout faisait prévoir qu'il aurait quelque peine à sortir du mauvais pas où sa destinée l'avait conduit.

Mais si sa. position était critique, celle des autres accusés ne valait guère mieux, car ils appartenaient pour la plupart à cette classe de la société où les sycophantes aimaient à choisir leurs victimes. Ils ne pouvaient pas se dissimuler qu'ils allaient jouer leur tête dans l'affaire où ils se trouvaient si malheureusement inculpés. Leurs inquiétudes n'étaient que trop justifiées et quand, à la nuit tombante, et au moment de la fermeture des portes, ils durent prendre congé des parents qui étaient venus les visiter dans la prison, les sanglots et les lamentations éclatèrent de toutes parts. Ces malheureux se croyaient tous arrivés à l'instant de la séparation suprême. Ce fut alors que · Charmide, en· sa qualité d'accusé, témoin bien involontaire de cette scène pathétique, eut l'idée de s'adresser à Andocide afin de le déterminer à des aveux comme à l'unique moyen qui lui restât encore de sauver la tête de ses compagnons d'infortune. Il s'ingénia à lui prouver qu'il aurait le plus grand tort de sacrifier ses plus proches parents aux membres de son hétairie, sacrifice à cette heure aussi cruel qu'inutile, vu que, parmi ses compagnons politiques, les uns se trouvaient déjà en sûreté, tandis que les autres avaient déjà subi leur condamnation ; qu'il ferait mieux d'avouer ce qu'il savait sous la promesse de l'impunité et qu'étant aux yeux du peuple le principal coupable, il serait certainement cru sur parole. Ses dénégations ne lui serviraient à rien, tandis que des aveux spontanés auraient l'avantage de les sauver tous, son propre père et tous les siens, parmi lesquels il ne devait pas oublier son cousin Charmide qui ne l'avait jamais desservi (1).

---

(1) Andocide, *De Myst.*, p. 168 et 169 ; Thucyd., l. VI, ch. 60. Thu-

Andocide se laissa attendrir et, conformément aux conseils de son cousin, il n'hésita pas à mettre la mutilation des Hermès à la charge des membres de l'hétairie d'Euphiletos. Ayant été appelé à en déposer devant le Sénat, il fit le récit des circonstances qui avaient accompagné la préparation du forfait (1). La responsabilité du sacrilège, dit-il, devait peser toute entière sur Euphiletos et ses compagnons. Il avait, quant à lui, tout fait pour les en dissuader à l'époque où, pendant un festin, on avait agité en sa présence ce criminel projet. Sur ses prières, on avait fait mine d'y renoncer, mais pendant qu'il était malade et alité, à la suite d'une chute de cheval, Euphiletos avait eu la perfidie de persuader à ses complices que lui, Andocide, avait fini par adhérer à leur dessein en promettant de mutiler l'Hermès qui se trouvait devant sa maison ; c'était à cette circonstance que cette statue avait dû d'être préservée du massacre général. Le lendemain du crime, des membres de l'hétairie étaient venus le trouver et, afin de s'assurer de son silence, avaient fait entendre des paroles de menace. Il avait alors promis de se taire, mais non pas sans leur dire ce qu'il pensait de leur abominable action.

Aux membres de son hétairie, Andocide ajouta les noms de quatre citoyens qui jusqu'à ce jour n'avaient pas été inquiétés. Etait-ce pour faire la part du feu ou pour donner plus de vraisemblance à son récit, on ne saurait le dire. Après avoir offert à l'appui de sa déclaration les témoignages de son esclave et des servantes de la maison, il se fit fort de fournir toutes les preuves qu'on jugerait à propos d'exiger de lui dans le cours de l'instruction (2).

---

cyd. ne fait pas mention d'Andocide. Plut., *V. d'Alc.*, ch. 21. Plut. parle d'un certain Timée au lieu de Charmide.

(1) Andocide, *De Myst.*, p. 171, 172 et 173.

(2) Andocide, *De Myst.*, p. 169.

Grand fut l'embarras du sénat, quand il eut à choisir
entre des dénonciations si absolument contradictoires.
Ce qu'il venait d'apprendre n'avait aucun rapport avec
les faits signalés par Dioclide ni avec le fameux complot des trois cents conjurés. On ne dit pas s'il éprouva
quelque remords d'avoir agi avec tant de précipitation ;
toujours est-il qu'il voulut s'entourer de nouvelles lumières en appelant Dioclide à comparaître une seconde fois. On le soumit à un interrogatoire rigoureux
dont le résultat ne laissa bientôt plus de doute sur la
moralité du personnage ni sur les motifs qui l'avaient
guidé. On put se convaincre que tout son récit n'avait
été qu'une fable grossière. Il avait prétendu avoir distingué le visage des Hermocopides à la clarté de la
pleine lune ; c'était faux, car on venait de se rappeler
que le crime avait eu lieu à l'époque de la nouvelle
lune. Vaincu par l'évidence, Dioclide se décida à des
aveux complets et s'en remit à la miséricorde du peuple. Il avoua qu'il n'avait agi qu'à l'instigation d'Alcibiade le Phegusien et d'Amiantos d'Egine. Il fut mis
à mort, mais ses complices réussirent à prendre la
fuite (1).

La justice du peuple ne se borna pas au châtiment
de ce misérable, elle fit plus encore en rendant à la liberté tous les citoyens compromis dans l'affaire des
Hermès, non seulement les personnes dénoncées par
Dioclide, mais encore les individus qui avaient été
poursuivis à la suite des dénonciations précédentes ou
simplement arrêtés comme suspects. Les prisons se
vidèrent comme par enchantement et les Athéniens
n'eurent que le regret de ne pouvoir les ouvrir à ceux
qui, depuis la déclaration d'Andocide, passaient pour
les véritables auteurs de la mutilation des Hermès.
C'étaient, comme on le sait déjà, les membres de l'hétairie d'Euphiletos, mais la plupart d'entre eux se

(1) Andocide, *De Myst* . p. 173 ; Plut., *V. d'Alc.*, ch. 20.

trouvaient à cette époque en sûreté, sauf un petit nombre qui, ayant eu l'imprudence de rester à Athènes, avait été mis à mort. On dirigea, comme de raison, des poursuites contre les quatre citoyens dénoncés par Andocide, mais ils n'avaient pas attendu qu'on vint les prendre. On les condamna à mort. Leurs têtes furent mises à prix et leurs biens confisqués.

Quant à Andocide (1), il ne devait pas sortir entièrement indemne de la terrible épreuve qu'il venait de traverser. Frappé d'atimie, il se trouva dans la nécessité de quitter Athènes afin d'échapper aux suites d'une déchéance qui l'eût mis à l'entière discrétion de ses adversaires. Ce fut ainsi qu'il commença une existence pleine de traverses et de vicissitudes, où on le voit parcourir, en voyageur infatigable, l'Italie, la Sicile, l'Hellespont, l'Asie-Mineure, prêt à toutes les aventures, essayant de tous les métiers, mais gardant partout l'inconstance de son humeur et toujours possédé du désir de revenir prendre sa place parmi ses concitoyens. A deux reprises, il tente de rentrer à Athènes, mais toujours la fortune contraire le ramène sur le chemin de l'exil. Quand, enfin, l'amnistie d'Euclide lui rend une patrie et ses droits de citoyen, il ne lui est pas donné encore de goûter un repos si chèrement acheté ; il reste en butte à l'animosité et aux attaques de ses ennemis et, seize ans après les évènements qui nous occupent, il se voit contraint de prononcer un plaidoyer en vue de justifier sa conduite pendant le procès des Hermocopides. C'est le discours sur « les mystères » auquel sont empruntés la plupart des renseignements qu'on vient de lire.

---

(1) Voir Becker déjà cité. Andocide quitte Athènes en 415 av. J. C. Il revient une première fois en 412, à l'époque du gouvernement des Quatre-Cents. Exilé à cette époque, il fait une nouvelle tentative en 410 au moment du rétablissement de la démocratie. Exilé pour la seconde fois, il se retire en Élide pendant la tyrannie des Trente. Il revient en 402, en vertu de l'amnistie d'Euclide.

De la part des Athéniens c'était presque de l'ingratitude que de traiter avec tant de rigueur un homme qui, en dénonçant les vrais coupables, venait de rendre à son pays un service signalé. Les sentiments avec lesquels ils avaient accueilli le récit d'Andocide ne sont pas douteux. Thucydide (1) nous parle « du soulagement que la ville en ressentit sur l'heure et de la joie qui fut grande à Athènes d'avoir enfin découvert la trame ourdie contre la démocratie ». Mais les auteurs anciens, il faut le dire, n'ont pas partagé à cet égard la confiance ni les illusions du démos ; ils sont, au contraire, pleins de réserves et de restrictions en ce qui concerne la véracité d'Andocide (2).

Nous ne sommes pas entièrement de leur avis et nous ne saurions croire que le récit d'Andocide, tel que nous le trouvons dans son discours sur les mystères, n'ait été que le produit d'une imagination en quête d'expédients et d'excuses plus ou moins vraisemblables. Il est vrai que l'orateur y plaide sa propre cause et que tous ses efforts consistent à détourner de sa personne tout soupçon de complicité avec les membres de l'hétairie d'Euphiletos. Mais si sur ce point la part de la vérité est difficile à faire, il semble presque certain qu'Andocide n'a pas formulé à l'égard de ses anciens amis politiques des imputations purement mensongères. On sait qu'il prononça son discours trois ans après son retour à Athènes, c'est-à-dire seize ans après les événements qui l'avaient contraint de quitter cette ville. A cette époque l'amnistie d'Euclide avait ramené dans leurs foyers tous les individus qui avaient été condamnés dans l'affaire des Hermès comme dans celle des mystères, et dans ce nombre il ne faut pas oublier de mentionner les membres survivants de l'hétairie d'Euphiletos qui se trouvaient à Athènes après avoir recon-

(1) Thucyd., l. VI, ch. 61.
(2) Plut., *V. d'Alc.*, ch. 21 ; Thucyd., l. VI, ch. 60.

quis la pleine possession de leurs droits politiques.
Andocide avait donc à entreprendre l'apologie de sa
conduite en présence de ceux qu'il avait dénoncés et il
ne pouvait guère se flatter de rencontrer chez eux des
sentiments bienveillants qui n'avaient pas dû survivre
à sa trahison. Ce qu'il y a de remarquable dans son
discours, c'est qu'il n'hésite jamais à mettre en cause
ses anciens amis politiques. On pourrait citer plus d'un
passage où il leur adresse des interpellations directes
par lesquelles il les met en demeure de venir rectifier
ces paroles dans ce qu'elles peuvent avoir de contraire
à la vérité (1). Andocide s'adressait, en outre, à l'assemblée du peuple ; les événements dont il avait à l'entretenir étaient devenus, depuis longtemps, de noto-
riété publique et, en rappelant de si douloureux souvenirs, il ne pouvait guère éviter de réveiller des passions
encore mal éteintes et des rancunes à peine assoupies.
Est-il probable que, pour justifier sa conduite, cet habile orateur n'eût rien trouvé de mieux que de débiter
des fables sans souci des protestations et des démentis
qu'il allait soulever de toutes parts et dont le premier
effet eût été de mettre en péril sa propre cause ? Nous
pensons, au contraire, qu'Andocide avait de bonnes
raisons pour se croire assuré du silence de ses anciens
compagnons et qu'il savait à quoi s'en tenir sur la part
qu'ils avaient prise à la mutilation des Hermès. Il semble donc exister contre les membres de l'hétairie d'Euphiletos, sinon des preuves certaines, du moins de fortes présomptions qui permettraient de les considérer
comme les auteurs du sacrilège commis dans la nuit
du 10 au 11 mai. On a déjà dit combien les partisans
de l'oligarchie étaient déterminés à recourir aux plus

(1) Andoc., *De Myst.*, p. 170, 174. « Ils savent bien si je dis la vérité ou si je mens ; ils sont libres de me réfuter pendant que je parle ;
je leur accorde la parole, d'autant plus volontiers que vous devez savoir
tout ce qui s'est passé », etc.

criminelles entreprises pour faire obstacle à l'ambition d'Alcibiade. Ce que nous apprend le récit d'Andocide, c'est que ce forfait a été préparé de longue main par ceux qui devaient avoir l'audace de l'accomplir. Pour provoquer des complications imprévues propres à enflammer les esprits, il fallait qu'il se produisît quelque événement effrayant et extraordinaire. L'hétairie d'Euphiletos se donna la mission de le faire naître et on sait maintenant combien elle réussit dans cette œuvre inspirée par le génie du mal.

Mais si, de ce côté, la lumière semble se faire, on ne saurait en dire autant au sujet de la délation de Dioclide. On ne possède aucun renseignement sur le caractère des personnages qui figurent dans cet épisode ni sur les mobiles qui auraient pu les pousser à intervenir dans le procès des Hermocopides. On pourrait supposer que les partisans d'Alcibiade aient voulu essayer d'une diversion en sa faveur en détournant l'attention du démos de l'affaire des mystères. Les amis d'Alcibiade n'ont pas dû rester inactifs en présence des machinations de ses adversaires. La victoire ne devait-elle pas appartenir à ceux qui surpasseraient les autres en audace et en inventions les plus propres à égarer l'opinion publique? Aux attaques des ennemis d'Alcibiade, ses partisans auraient pu riposter par l'invention d'un complot oligarchique et cette manœuvre eût été de bonne guerre. Mais ce ne sont là que des hypothèses ; ce qui est malheureusement plus certain, c'est que les ennemis d'Alcibiade ne se laissèrent pas détourner de leur but et ils allaient pouvoir porter le coup de grâce à leur adversaire.

IV

Ce qu'il faut toujours admirer, c'est l'art avec lequel ils surent encore cette fois mettre à profit l'état de l'opinion publique et tenir en haleine la méfiance du démos. On avait pu se convaincre, il est vrai, qu'Alcibiade n'avait pas trempé dans l'affaire des Hermès, mais il restait à éclaircir celle des mystères qui paraissait d'autant plus redoutable qu'en dépit des plus actives recherches, elle était demeurée enveloppée de ténèbres (1). Les événements qui venaient de se passer à Argos; ces mouvements de troupes sur la frontière, comment les expliquer sinon comme les indices d'une intelligence avec les ennemis du dehors? C'étaient là des tentatives révolutionnaires que le démos ne pouvait laisser impunies. Voilà, sans doute, ce que les ennemis d'Alcibiade ne se firent pas faute de répéter et, du coup, toute l'attention publique se trouva ramenée vers l'affaire des mystères. De tout le bruit fait autour de la personne d'Alcibiade, de toutes les rumeurs répandues sur son compte, il était resté au fond des esprits le soupçon qu'il pouvait bien avoir aspiré à la tyrannie; ce que d'autres avaient tenté d'entreprendre, il pouvait l'avoir osé à son tour; on le savait sans conscience quand il s'agissait des intérêts de son ambition, et il ne devait pas avoir reculé devant un appel aux armes étrangères. Aveuglement extraordinaire, à l'instant même où, au grand déplaisir des gouvernements oligarchiques, Alcibiade allait faire la guerre à Syracuse, une

_____

(1) Plut., _V. d'Alc._, ch. 20 et 21; Thucyd., l. VI, ch. 6. Isocrate, _De Bigis_, ch. 3, p. 868. Ce dernier se trompe intentionnellement en prétendant qu'Alcibiade fut acquitté avant son départ pour la Sicile.

colonie d'origine dorienne! Mais les esprits avaient depuis longtemps perdu tout discernement. Le démos réclamait une victime pour se venger sur elle de ses alarmes.

On doit se rappeler qu'en vertu d'un décret du peuple, le jugement sur l'affaire des mystères avait été ajourné à l'époque du retour de l'armée expéditionnaire. Alcibiade ne pouvait être décrété d'accusation qu'aux termes d'une nouvelle « eisangelie » qu'il s'agissait de faire accepter par le démos. On est péniblement surpris de trouver mêlé à toutes ces intrigues le représentant d'une race illustre entre toutes, Thessalos, fils du grand Cimon, mais qui comptait, parait-il, à cette époque, parmi les adversaires d'Alcibiade. Ce fut lui qui se chargea de présenter au peuple l'acte d'accusation conçu en ces termes (1) : « Théssalos, fils de Cimon, de Laciade, accuse Alcibiade, fils de Clinias, de Skambonide, comme criminel envers les deux déesses pour avoir représenté les mystères dans sa maison et les avoir montrés à ses complices, revêtu de la stola, telle qu'en porte le hiérophante, lorsqu'il officie, se donnant à lui-même le nom d'hiérophante, à Polytion celui de porte-flambeau, de héraut à Théodoros de Phégie et à ses autres amis ceux de mystes et d'époptes, le tout contrairement aux lois instituées par les Eumolpides, les Céryces, et les autres ministres d'Éleusis ». On ne sait si, à l'appui de « l'eisangelie », on jugea à propos de susciter de nouvelles délations en dehors de celles que nous connaissons déjà. Mais il semble qu'en présence des dispositions bien connues du démos, c'eût été peine superflue. Le peuple adopta « l'eisangelie » et par le fait de cette décision, Alcibiade se trouva dépouillé de son commandement. Il était, enfin, à la merci de ses adversaires.

Il importait maintenant de s'assurer de sa personne

(1) Plut., *V. d'Alc.*, ch. 22; Cornelius Nepos, *Alc.* II, 3; Justin, V, I.

et on dépêcha à Catane la « Salaminienne » avec la mission de lui signifier, ainsi qu'à ses complices, les décisions du démos (1). L'ordre portait qu'il eût à revenir à Athènes pour se justifier devant le peuple, mais défense était faite de l'appréhender au corps et d'user à son égard d'autres moyens que ceux de la persuasion. En procédant à son arrestation, on eût craint d'alarmer les troupes et de provoquer le départ des alliés dont la coopération était due à son influence. Loin de résister, Alcibiade feignit une entière soumission aux ordres du démos, et, s'étant embarqué à bord de son bâtiment, en compagnie de ses amis, il navigua de conserve avec la « Salaminienne » jusqu'à Thurium. Là il descendit à terre et parvint à se cacher dans la ville jusqu'au départ de la « Salaminienne » dont l'équipage l'avait cherché en vain. « Quand il s'agit de la vie, dit-il, plus tard, aux Thuriates, je ne me fierais pas à ma mère dans la crainte que, par mégarde, elle ne mit dans l'urne une fève noire à la place de la blanche (2) ». Cette prudence ne lui fût pas inutile, car les Athéniens le condamnèrent à mort, lui et tous ses complices ; ses biens furent confisqués et mis en vente. Les prêtres et les prêtresses reçurent l'ordre de le dévouer aux dieux infernaux et on peut s'imaginer avec quel empressement les Eumolpides et les Ceryces prononcèrent les malédictions d'usage contre l'ennemi de la religion et le profanateur des mystères. Une seule prêtresse, Théano, fille de Ménon, se refusa à cette manifestation religieuse, en disant qu'elle s'était vouée au sacerdoce pour bénir et non pas pour prononcer des malédictions (3). Comme aggravation de peine, le démos décréta, en outre, qu'on appliquerait à Alcibiade la « ste-

---

(1) Thucyd., l. VI, ch. 53, 61 ; Plut., *V. d'Alc.*, ch. 21 ; Isocrate, *De Bigis*, ch. 3, p. 868.

(2) Plut., *V. d'Alc.*, ch. 22.

(3) Plut., *V. d'Alc.*, ch. 22, 33 ; Thucyd., l. VIII, ch. 53.

leusis », c'est-à-dire qu'on grava sur une colonne le jugement qui l'avait condamné et ce monument érigé sur la place publique, devait rappeler aux générations futures la grandeur de son crime, ainsi que celle du châtiment (1).

Quant aux évènements qui suivirent le procès des Hermocopides et qui en furent le résultat, on ne saurait s'y arrêter sans courir le risque de dépasser de beaucoup les limites de cette étude. Il s'agissait seulement d'examiner, parmi les épisodes de l'histoire de la démocratie athénienne, celui qui offre le plus d'intérêt autant par l'importance de ses résultats que par l'image fidèle qu'il nous présente de la vie et des mœurs politiques chez les Athéniens. On aura pu se convaincre qu'ils se sont montrés, dans leurs rapports sociaux et en matière politique, aussi intolérants qu'ils l'ont été peu dans les questions religieuses. Voilà ce que nous apprend le procès des Hermocopides, mais il nous révèle aussi à quels excès l'esprit de parti a pu entraîner les Athéniens et quels ravages il n'a pas tardé à produire au sein d'une nation qui a eu le malheur de s'y abandonner. Tel a été, en effet, le premier triomphe que l'esprit de parti ait célébré à Athènes (2) ; victoire chèrement achetée et d'autant plus désastreuse que, pour la remporter, il avait fallut faire appel aux plus mauvaises passions et aux instincts les plus pervers. Dans la lutte contre Alcibiade, les partis n'avaient rien respecté ni religion, ni morale, ni foi jurée, ni liens de famille, on ne voit partout que sentiments bas et cupides, trahison, égoïsme, sécheresse de cœur. Ce n'est pas sans tristesse que l'on assiste à pareil spectacle, et si l'on énumère ce que le procès des Hermocopidés a

---

(1) Diod. de Sicile. 13, 69, parle de plusieurs colonnes. Corn. Nepos, *Alc.*, IV, 5, mentionne une colonne, et VI, 5, plusieurs colonnes ; Isocrate, *De Bigis*, ch. 3, p. 869.

(2) E. Curtius, *Griechische Geschichte*, t. II, p. 571.

coûté aux Athéniens, on ne saurait assez les plaindre d'avoir eu à subir tant de déceptions et de maux pour des motifs qui leur sont restés à jamais inconnus. L'É. tat avait été bouleversé ; le désordre jeté dans l'administration ; tous les principes de la justice méconnus ou violés ; les mesures les plus arbitraires proclamées comme légales ; bon nombre de familles ruinées par les confiscations ; leurs chefs mis à mort, pourchassés ou envoyés en exil ; la propriété et les droits des citoyens livrés au hasard ou à la merci de misérables intrigants ; enfin, la conscience publique pour longtemps troublée. Voilà quels ont été les résultats du procès des Hermocopides et, quand à tant de convulsions intérieures vinrent s'ajouter encore les suites d'une fausse politique et les effets de la vengeance d'un Alcibiade, on trouvera peu d'évènements, dans l'histoire d'Athènes, qui aient pesé plus lourdement que cette cause célèbre sur les destinées de sa démocratie.

INSCRIPTIONS GRECQUES

INÉDITES [1]

MÉGARE — TRÉZÈNE — ATHÈNES — VARNA

PAR M. PAUL MONCEAUX

MÉGARE

1. — A *Mégare,* maison de Costas Stedoumis, dans la cour. — Hauteur de la pierre 0m 44; la plus grande largeur est de 0m 27.

```
   ΣΤΕ.ΑΝΩΣ
   ΣΤΕΦΑΝΩΙΟΤΤΙΔ
   *ΠΕΡΙΑΥΤΩΤΩΙΣΤΡΑ
   Ε*ΠΑΙΝΕΣΑΙΔΕΚΑΙΤΟΝ
 5 ΤΩΣΥΝ*ΠΡΑΓΜΑΤΕΥΘΗΝ
   *ΠΟΛΙΟΣΚΑΙΣΤΕΦΑΝΩΣΑΙΑ
   ΤΑΝΔΕΑΝΑΓΓΕΛΙΑΝΤΩΝΣΤ...
   ΚΑΙ*ΠΡΥΤΑΝΕΙΣΟ*ΠΩΣΔΕΚΑΙΜΕ
   ΧΕΙΡΟΤΟΝΗΣΑΙ*ΠΡΕΣΒΕΥΤΑΝΤ
10 ΑΝΕΝΕΓΚΑΝΤΑ*ΠΡΟΣΜΕΓΑΡΕΑΣ
   ΑΣΕΧΕΙ*ΠΟΤΑΥΤΟΝΟΔΑΜΟΣΚΑΙΤΑ
```

(1) Dans cet article les lettres précédées d'un * sont celles dont la forme n'a pu être exactement reproduite.

*ΠΑΡΑΚΑΛΕΙΝΑΥΤΟΙΣΕ*ΠΙΜΕΛΕΣ
ΚΑΙ*ΠΑΡΑΥΤΟΙΣΑΝΑΓΟΡΕΥΘΕΩΣ
ΣΤΑΛΑΝΚΑΙΑΝΑΤΕΘΗΕΝΤΩ.....
15 ΑΥΤΟΙΣΟΤΤΙΕ*ΠΑΚΟΛΟΥΘΗΣΑΝ
ΣΩΝΤΑΙΤΩΔΑΜΩΧΡΟΝΟΣΑΜ.

. . . .

. . ι . . . .

... [ἔδοξεν τῶι δάμωι καὶ ται βουλαι. . . . .]

1 στε[φ]ανῶσ[αι αὐτὸν χρυσῶι στεφάνωι, ἀναγράψαι δὲ ἐν τῶι]
στεφάνωι ὅττι Δ[ᾶμος ὁ Μεγαρέων στεφανοῖ αὐτὸν διὰ τὰ]
περὶ αὐτῶ (ι) τῶι στρα[τάγωι τῶι τᾶς πόλιος εὐεργετήματα],
ἐπαινέσαι δὲ καὶ τὸν [ἥκοντα πρὸς τοὺς Μεγαρέας ἐπὶ]

5 τῶ (ι) συνπραγματευθῆν[αι τῶι στρατάγωι τῶι τᾶς]
πόλιος, καὶ στεφανῶσαι α[ὐτὸν χρυσῶι στεφάνωι],
τὰν δὲ ἀναγγελίαν τῶν στ[εφάνων ποιῆσαι στρατάγους]
καὶ πρυτάνεις, ὅπως δὲ καὶ Με[γαρεῖς δοκῶσι χάριν ἔχοντες]
χειροτονῆσαι πρεσβευτὰν τ[ῶν Μεγαρέων πρὸς τοὺς..... τὸν]

10 ἀνενέγκαντα πρὸς Μεγαρέας [..... καὶ φέρειν τὰς χάριτας]
ἃς ἔχει ποτ' αὐτὸν ὁ Δᾶμος καὶ τὰ. . . . .
παρακαλεῖν αὐτοῖς ἐπιμέλεσ[θαι. . . . .
καὶ παρ' αὐτοῖς ἀναγορευθέως. . . . .
στάλαν καὶ ἀνατέθη ἐν τῶ (ι). . . . .

15 αὐτοῖς ὅττι ἐπακολουθῆσαν. . . . .
σωνται τῶ (ι) δάμω (ι) χρόνος ἀμ.. . . . .

La pierre est brisée en haut et à droite. Il est impossible de déterminer exactement le sujet de l'inscription. Il faut se contenter de quelques indices. C'était un décret des Mégariens en l'honneur de deux personnages qui avaient rendu service à un stratège. (Cf. lignes 3 et 5.) L'un de ces personnages paraît être un citoyen influent d'une ville étrangère. L'autre semble avoir été chargé par lui d'un message aux Mégariens, qui le lui renvoient comme ambassadeur pour lui transmettre leurs remerciements officiels. A chacun de ces bienfaiteurs les Mégariens votent une couronne d'or, qui sera proclamée à Mégare et dans l'autre ville. (Cf. lignes 7 et 13.)

2. — A *Mégare*, maison d'Athanasias Spengos. Hauteur 0ᵐ 38, largeur 0ᵐ 28 ; épaisseur 0ᵐ 11. La pierre a été régulièrement coupée à gauche ; à droite, elle n'est brisée qu'à la partie inférieure.

ΠΡΟΥΠ*ΑΡΧΟΝΤ*ΑΔΙΚ*ΑΙ*Α
*Θ*ΕΝΤΟ*ΣΠΡ*Ε*ΣΒ*ΕΥΤ*ΑΔΙΚ
*Σ*ΑΜ*ΕΝ*Α*ΑΠ*Ε*ΣΤ*ΕΙΛ*ΕΝΙΟΥ
ΙΟΥΤΟΥ*ΑΝΤ*ΕΡΩΤΟ*ΣΓΡ*ΑΜ
5 ΓΝΗ*ΣΙΟΧΟΝΙΟΥΝΙΟΥΔ*ΕΔΟ
Λ*ΑΚ*ΑΙΤΩΔ*ΑΜΩΤ*ΑΝΠΟΛΙΝ
ΩΝΜ*ΕΓ*ΑΡ*ΕΩΝ*ΦΙΛ*ΑΝ*ΕΟΥ*Σ*ΑΝ
*ΑΙΤ*ΑΙ*Σ*ΕΠΙ*Φ*ΑΝ*Ε*ΣΤ*ΑΤ*ΑΙ*ΣΤ*ΕΙ
*ΣΤ*Ε*Φ*ΑΝΩ*ΣΘ*ΑΙΤΩΠ*ΑΤΡΙΩΚ*ΑΙ
10 *Φ*ΑΝΩΤΟΥ*ΣΔ*Ε*ΑΝΔΡ*Α*ΣΤ*ΕΤ*ΕΙ
*ΕΙΤΗ*Α*ΣΚ*ΑΙΒΟΥΛ*Α*ΣΚΟΙΝΩΝΙ
Ν*ΑΝ*Α*Θ*Ε*Σ*Ε*ΣΙΝ*Σ*ΕΜΝΩ*Σ
*Α*ΣΚ*ΑΙΔΙΚ*ΑΞ*ΑΝΤ*Α*ΣΥΓΙΩ
ΝΤΩ*Σ*ΑΚΟΛΟΥ*ΘΩ*ΣΤΟΙ*ΣΝΟ
15 Ω*Σ*ΕΚ*ΑΤ*ΕΡ*ΑΝΤ*ΑΝΠΟΛΙΝ
*ΕΝΔ*ΕΚ*ΑΙ*ΑΝΤΙΓΡ*Α*ΦΟΝ
ΤΟ*ΣΠΟΤΙΤΟΥ*ΣΠ
*ΕΙΔΩΝΓΙΤ*ΑΝ
ΟΥ*ΑΡΙ*ΣΤΙΔΙ
20 *ΑΝΔΡ*Α*Σ
ΟΝ

..... τὰ] προυπάρχοντα δίκαια,
[καὶ ακουσ]θέντος πρεσβευτᾶ δι
[καστὰς αἱρε]σαμένα ἀπέστειλεν Ἰού[νι]
[ον Ἀπολλων]ίου τοῦ Ἀντέρωτος γραμ[μ.]
5 [ατικοῦ καὶ] Γνησίοχον Ἰουνίου, δεδό
[χθαι τᾶ (ι) βου]λᾶ (ι) καὶ τῶ (ι) δάμω (ι) τὰν πόλιν [ἐ]

[κείναν τᾶ (ι) τ]ῶν Μεγαρέων φίλαν ἐούσαν [τι]

. [μαῖς τιμᾶσ]αι ταῖς ἐπιφανεστάταις τει....

χαὶ ἐ] στεφανῶσθαι τῶ (ι) πατρίω (ι) χαὶ [τῶ (ι)

10 [ἡμετέρω (ι) στε]φάνω (ι), τοὺς δὲ ἄνδρας.....

' Ligne 11. — ἅς χαὶ βουλᾶς χοινωνι...

— 12. — [τη]ν ἀνάθεσιν σεμνῶς...

— 13. — ας χαὶ διχάξαντας ὑγίω (ι)

— 14. — ... ντως ἀχολουθῶς τοῖς νό[μοις]

— 15. — ... ως ἑχατέραν τὰν πόλιν

— 16. — ἐν δὲ χαὶ ἀντίγραφον

— 17. — ... τος ποτὶ τοὺς π...

— 18. — ειδων. . . . . . .

— 19. — ... Ἀρίστιδι

— 20. — ἄνδρας

Cette inscription est un décret des Mégariens en l'honneur de deux personnages que Rome leur avait envoyés comme arbitres. On sait combien sont nombreux les documents de ce genre. — Ce décret paraît dater du premier siècle de notre ère. Le grammairien Apollonios Anteros, dont le fils est ici mentionné, vivait au temps de Claude (1).

« Ὁ χαὶ Ἀπολλώνιος, Ἀλεξανδρεύς, γραμματικός, παιδεύσας ἐν Ῥώμῃ, ἐπὶ Κλαυδίου τοῦ μετὰ Γάϊον βασιλεύσαντος. ».

3. — A *Mégare,* gros bloc rectangulaire, large de 1ᵐ 50, long de 0ᵐ 45, haut de 0ᵐ 60, récemment trouvé devant l'église *Aghia Panaghia*.

ΙΒΟΥΛΗΚΑΙΟΔΗΜΟΣΟΥΙΤΕΛΛΙΑΝ.....ΥΙ.....
ΣΑΒΕΙΝΟΥΤΟΥΚΟΙΡΑΝΟΥΑΡΧΙΕΡΕΩΣΑΝΕΘΗΚΑΝΙΕΡΕΙΑ
ΝΟΙΑΤΗΠΡΟΣΤΗΝΠΟΛΙΝΚΑΙΕΠΙΜΕΓΑΛΟΨΥΧΙΑΕΝΔΙΑΦΟ

ἡ βουλὴ χαὶ ὁ δῆμος Οὐϊτελλίαν[ον τὸν] υἱ[ὸν τοῦ]

(1) Suidas, *au mot,* Ἀντέρως.

Σαβεινοῦ τοῦ Κοιράνου ἀρχιερέως ἀνέθηκαν ἱερεία (ι) [ἐπὶ καὶ εὐ] νοία (ι) πρὸς τὴν πόλιν καὶ ἐπὶ μεγαλοψυχία (ι) ἐν διαφό[ροις]...

C'est la base d'une statue d'époque romaine élevée par les Mégariens à un de leurs prêtres. Le personnage honoré, Vitellien, et son père, le grand prêtre Sabinus Cœranus, nous sont également inconnus.

4. — *Ibid*. Stèle haute de 1ᵐ, large de 0ᵐ 70, épaisse de 0ᵐ 38. Hauteur des lettres 0ᵐ 05.

ΕΥΘΥΔΙΚΑ
ΑΛΚΙΔΑΜΟΥ

Εὐθυδίκα
Ἀλκιδάμου

5. — *Ibid*. Stèle large de 0ᵐ 52, avec fronton.

ΤΕΙΜΩ ΕΒΑΦΡΙΩΝΟΣ
ΧΑΙΡΕ

Τείμω Ἐβαφρίωνος
χαῖρε

6. — *Ibid*. Plaque funéraire brisée à gauche.

ΘΕΟΦΡΑϹ...	Θεόφρασ[τος]
ΔΙΟΝΥϹΟΔ*Ω...	Διονυσοδώ[ρου]
ϹΤΡΑΤΟΝΙΚ.	Στρατόνικ[ὴ]
ΔΙΟΝΥϹΟΔ*Ω...	Διονυσοδώ[ρου]
ΧΑΙΡ*Ε	χαῖρε.

7. — *Ibid*. Sur un des côtés d'une grande auge, cour de l'usine.

... ΕΡΜΙΟΝΕΡΜΙΟΝΗϹΙΟΑΥ.ΜΙΨΑΗΛ.....ΟϹ.ΡΥ
... ΑΡΧΙΕΡΗΔΕ..ΝΙϹΡ.....ΑΡΧΟ. . . . .

... Ἕρμιον Ἑρμιονησίου. . . . .

᾽Αρχιερῆ δὲ. . . . .

Ce bloc de pierre, où l'on a creusé une auge, était autrefois la base d'une statue élevée au grand prêtre Hermios.

8. — *Ibid.* Pierre trouvée sur un tombeau aux environs de Mégare, maintenant dans la cour du moulin à vapeur. Sur une des faces de la pierre :

..... T*EΔ*Ω. . . . .

.... APMA.NAC. . . . .

.... K*ET*EC*ΩP*ET*EOYNKAIMON. . . . . . .

..... TOΛ.PONΓAPYMACΠPOAΓΩΔ. . . . .

... OYTOΠAPATINOΔON*ET*EΘHNOΔI. . . . . .

... T*ΩNTE..... KAIM*ETAΘANATO. . . . . . .

Sur l'autre face de la pierre on lit quelques débris d'une inscription plus ancienne :

... EIΠ. . . . . .

... NHT. . . . . .

... OΩN. . . . . .

... XA. . . . . .

9. — *Ibid.* Dans un champ, près du chemin de Nisœa :

... ΣIΩN

... ENIΣKII

... IPE

10. — *Ibid.* Pierre trouvée dans un champ près de Mégare. Hauteur 0ᵐ 60 ; largeur 0ᵐ 45 ; épaisseur 0ᵐ 10. La pierre est brisée en haut et à droite. Nous n'avons pu retrouver que deux fragments.

— Fragment A. —   — Fragment B. —

O
ΜΟ.ΤΕΣ
ΤΑΝΑΓΡΑΙΩΙ
ΦΑΝΩΙΚΑΙΓ   ΕΙΚΟ
5 ΞΑΙ . ΟΣ   .ΟΛΗΣΤ. . .
    ΧΟΥ   .ΑΙΣΤΕΜΝ. . .
    Σ   ΥΝΗ.ΠΕΠΟ...ΑΙΠ.
    ΚΑΙΤΑΝΣΟ.Κ.ΑΤΗΔΙΚ. . .
    ΠΙΤΩ.ΣΥΝΠ.Α.ΜΑΤΕΥΩΝ .
10 ΣΑΙΔΕΤΟΥΣΤΕΦΑΝΟΥΣΕΜΠ.
    ΟΜΟΙΩΣΑΙΚΑΙΕΝΤΩΙΑΡΩΝ.Σ
    ΤΩΙΑΠΟΛΛΩΝΙΤΩΙΜΩΓΩΙΕΣ.ΙΔΙ
    ΩΣ.Μ.ΝΚΑΙΑΥΤΟΥΣΥΝΕΙΠΟΝΤΟΣ
    ΚΑΝΣ...Ε.Ε.................ΟΥ. . . .
15 ΚΑΙΤΑΛΛΑΦΙ.....ΠΑΝΤΑΤΑΜΑ. . .
    ΚΑΙΕ......ΕΤ............ΩΣΙ.....ΕΝ
    ΠΡΟΣΤΕΤ...................:..ΑΙΤΕ
    ΡΩΜΑΙΟΥΣΑΥ..................ΟΝΤ...ΟΙ
    ΚΑΙΑΝ...ΕΙΝΑΙΕΝΤΩΙ.....ΤΑΤΩΙΕΡΓΩΙΤΗ
20 ΣΥΝΕΔΡΙΟΝΚΑΙΤΟΝ...ΟΝΜΕΓΑΡΕΩΝΠΑΝΤΑ
    ΤΟΨΗ...ΣΜΑΑΝΑΓΡΑ.....ΤΩΙΞΕΝΙΩΙΕΠΙ. . .
    ΛΕΩΣ.ΚΑΙΟΠΩΣΟΙΣΤΕΥ.....ΓΩΙΕΥ.ΩΣΙΝΕΝΤΩΙ
    ΔΟΥΝ.ΙΔ...ΥΤΟΙΣΚΑΙΞΕΙ.....ΓΙ...ΑΕΚΤΩΝΝΟΜΩΝ
    ΠΙΞΕΝΙΑΚΙΣ.Ο...ΡΓ.ΠΑΝΤΑΜΕΤΑΙΕ.....ΤΑ. . .

Ligne 3. — Ταναγραίω[ν]
   —   4. — [στε]φάνωι καὶ εἰκό[νι]
   —   9. — [ἐ]πὶ τῶ[ι] συνπ[ρ]α[γ]ματεύων
   — 10. — [ἐπιμελῆ]σαι δὲ τοῦ στεφάνου
   — 11. — ὁμοιῶσαι καὶ ἐν τῶι. . .
   — 12. — τῶι Ἀπόλλωνι τῶι μώγωι
   — 13. — ..... καὶ αὐτοῦ συνείποντος
   — 15. — καὶ τἄλλα φι[λάνθρωπα] πάντα τὰ. . .
   — 17. — πρός τε

Ligne 18. — Ῥωμαίους

— 19. — καὶ ἀν[αθ]εῖναι ἐν τῶι........ τὰ τῶι ἔργωι.

— 20. — συνέδριον καὶ τὸν [δῆμ.]ον Μεγαρέων πάντα

— 21. — τὸ ψή[φι]σμα ἀναγρά[ψαι ἐν] τῶι ξενίωι.ἐπι.

— 22. — [Βασι]λέως καὶ ὅπως οἱ

— 23. — δοῦν[α]ι δ[ὲ α]ὐτοῖς καὶ ξεί[νια τὰ μέ] γι[στ]α ἐκ
[τῶν νόμων

— 24. — [ἐ]πὶ ξένια............ πάντα μετὰ ἱε[ρά...]

Cette inscription est trop mutilée et les lettres trop souvent effacées pour qu'on puisse tenter une restitution du texte. Trois noms de peuples y sont mentionnés : ceux de Tanagre, de Mégare et de Rome. Les Mégariens avaient eu probablement quelque différend avec les gens de Tanagre. Le sénat de Rome avait, suivant l'usage, envoyé des commissaires. Quand l'affaire fut terminée, les Mégariens récompensèrent les juges par un décret honorifique.

TRÉZÈNE

11. — A *Damala,* au pied de l'acropole de Trézène :

		*Π...Χ..Ν
	.. N	Χ*ΟΡΑΤΙ*ΩΝ
	..... Π*Σ	*ΚΑΛΛΙΜΑΧ*Ο*Σ
	..... *ΩΝ	ΑΡΧΙ*ΚΡΑΤΗ*Σ
5	.....ΛΕΙΔΑ*Σ	*ΠΡΑ*ΞΙΔΑΜΑ*Σ
	... *Σ	ΑΡΧΕΛ.*Σ
	..... ΔΛ*Σ	ΑΡΙ*ΣΤ*ΟΛΑ*Σ
	.....ΛΕΙΔΑ*Σ	*ΠΡ*ΟΝ*Ο*Ο*Σ
	....	ΛΑ*ΚΡΑΤΗ*Σ
10	....	ΤΙΜ.....Ν

	Π...χ..ν
. ν	Χορατίων
,. ης	Καλλίμαχος
... ων	Ἀρχικράτης
5 .....λειδας	Πραξιδάμας
..... ς	Ἀρχέλ[αο]ς
...δας	Ἀριστόλας
.....λειδας	Πρόνοος
....	Λακράτης
10	Τιμ.....ν

Cette inscription est gravée en caractères fins et réguliers sur une plaquette de marbre mutilée, qu'on a trouvée récemment au pied du mur nord de l'Acropole. Les paysans racontent qu'elle provient des fouilles exécutées à minuit par un fantôme blanc qui cherchait un trésor.

A la forme des lettres on reconnaît une inscription du ive siècle. C'est une liste de noms propres, disposée sur deux colonnes. Le marbre est brisé à la partie supérieure et à gauche. Il est donc impossible de reconnaître le fait auquel se rapporte l'inscription. On m'a affirmé que l'autre fragment existait, mais on n'a pu me le montrer.

ATHÈNES

Ces inscriptions ont été trouvées récemment dans la partie N.-E. de la ville.

12. Petite stèle.

NIKΩN	Νίκων
NIKΩNOΣ	Νίκωνος
ANTIXEYΣ	Ἀντι(ό)χευς

13. — Pierre à moitié enfoncée en terre :

HOPO*Σ	Ὅρος
X*ΩΡΙΟ	Χωρίο(υ)
*ΠΡΟΤΑ	Πρ(ω)τάρχο(υ).
PXO.	

14. — Plaque.

ΣΩΤΗΡΙΣ	Σώτηρις,
ΜΕΣΣΗΝΙΗ	Μεσσηνίη
ΧΑΙΡΕ	Χαῖρε

15. — *Id.*

ΔΗΜΗΤΡΙΑ	Δημητρία
ΧΡΗΣΤΗ	Χρηστή.

16. — *Id.*

ΝΑΝΑ	Νάνα

17. — *Id.*

ΕΡΜΑΙΩΝΔΑΣ	Ἑρμαιώνδας.

18. — *Id.*

ΜΗΝΟΦΙΛΑ	Μηνοφίλα
ΑΡΜΕΝΙΑ	Ἀρμενία.

19. — *Id.*

HOPOΣ	ὅρος

20. — *Id.*

ΤΙΜΟΓΕΝΗΣ	Τιμογένης
ΠΑΝΑΚΟΥ	Πανάκου
ΣΑΡΔΙΑΝΟΣ	Σαρδίανος

21. — *Id.*

TΛΑΡΑ   Ἰλάρα
ΧΡΗΣΤΗ   Χρηστή

22. — Plaque longue, brisée en haut et à droite.

. . . .
ΛΙΠΟΛΙΩΙΤΙΜΗΝΠΑΤΡΙ...   Αἰπολίῳ τιμὴν πατρί...
ΣΩΝΙΩΝΙΠΠΗΙΔΙΚΑΙΟΣ...   ... σωνίων ἵππη δίκαιος...
ΔΗΜΩΙΕΝΙΚΡΗΤΗΣ ΚΥ...   δήμῳ ἐνὶ κρήτης, κυ...

VARNA

23. — L'inscription suivante a été trouvée à Varna,
entre l'hôpital et le port, sur l'emplacement de l'ancienne chapelle saint Démétrios. Comme nous n'avons
pas vu nous-même le texte épigraphique, nous donne-
rons seulement la transcription. C'est une liste de
prêtres ou d'initiés.

       Ἀγαθῆι τύχηι οἵδε ἱέρηνται
       Τῶι θεῶι μετὰ τὴν κάθοδον

       Ἡγέμων Σωστράτου
       Νουμήνιος Ἕλληνος
5   Κότυς Δερναίου
       Μητρόδωρος Μητροδώρου
       Ἀπατούριος Ἀπατουρίου
       Ἑστίαιος .... ρου
       Ἀμύντωρ Ἕλληνος
10   Ἀπόλλας Ἑκαταίου
       Ἕλλην Νουμηνίου
       Παρμένων Ἀρτεμιδώρου

Ἀπόλλας Διονυσίου
Ἀπόλλας Ἀπολλωνίου
15 Ἀμύντωρ Ἀιαντίδου
Ἑρμάφιλος Ἕμηνος
Ἀιαντίδης Ἀπόμα
Τειμοκράτης Ἐπιμένους
Παρμενίων Παρμενίωνος
20 Ποσίδηος Ἀπόμα
Ἀρτεμίδωρος Ἀπολλοδώρου
Νουμήνιος Ἀπολλωνίου
Ἀσκληπιάδης Ἀρτεμιδώρου
Ἀπολλώνιος Προμαθίωνος
25 Μάρκος Ἀντώνιος Ἀθηναῖος
Διονύσιος Ζωπυρίωνος
Ἀριστείδης Αἰσχρίωνος
Ζῆνις Ἀγαθήνορος
Ἀγαθήνωρ Ζήνι[ος
30 Παρμένων Ζωίλου
Μητρόδωρος Κόνωνος,
Ἀρτεμίδωρος Νουμηνίου
Ἕλλην Ἐπιμένους
Εὐπόλεμος Ἀττέω
35 Πόσσεις Ξένωνος
Ἀρτεμίδωρος Ἑστιαίου,
Ποσιδώνιος Νουμηνίου
Ἡφαιστίων Διονυσίου
Ἀριστόκλης Ζήνι[ος
40 Φίλεινος Ἀλεξιμάχου
Προμαθίων Ἀπολλωνίου
Διονύσιος Ἑκατοδώρου
Ἡρότιμος Ἀγαθήνορος
Πόσσεις Διογένους
45 Νουμήνιος Ἱππομέδοντος
Διονύσιος Πόσσειος,
Διονύσιος Ἀπατουρίου
Μοσχίων Ζωίλου.

Plusieurs de ces noms sont d'origine thrace et figurent déjà dans la liste qu'Albert Dumont *(Voyage en
Thrace)* a donnée des noms propres de ce pays.

MANUSCRITS GRECS COPIÉS A PARIS

AU XVIᵉ SIÈCLE

PAR

CONSTANTIN PALÆOCAPPA

PUBLIÉ PAR M. HENRI OMONT

On sait fort peu de chose de la vie de Constantin Palæocappa, et encore les quelques renseignements que l'on a sur lui sont-ils souvent contradictoires.

Il écrit son nom Κωνσταντῖνος Παλαιόκαππα (1), ou Παλαιόκαππος (2), en latin *Constantinus Palæocappa* (3), et est originaire de la ville de La Canée *(Cydonia)* (4),

(1) Ms. Suppl. gr. 143.

(2) British Museum, ms. Old. Royal, 16. C. VI. — Cf. la préface du *Triodion* de 1551, réimpr. par E. Legrand, *Bibliographie hellénique,* 1885, t. II, p. 162.

(3) Mss. grec 1057 ; Suppl. gr. 143, 303 ; Imprimés, réserve, 'E. 3 ; Bibl. Sainte-Geneviève, ms. Aº 2 *bis,* in-fol.; Reims, ms. E. 291/252.

(4) Ms. Suppl. gr. 143.

dans l'ile de Crète. Georges Palæocappa, dont parle Papadopoli, dans son *Historia gymnasii Patavini* (Venise, 1726, in-fol., t. I, p. 39), est peut-être son frère : « Georgius Palaeocappa, illustrissimo ac ditissimo ge-« nere natus Cydoniæ in Creta, jurisconsultorum rector « in hoc nostro Lycæo fuit anno MDXLIV. Duos ex « fratre nepotes habuit ipse cælebs, alterum Constan-« tinum, qui artium rector Patavii decessit anno « MDLXXIV...., alterum Jacobum, artibus itidem « præfectum gymnasticis anno MDLXXV... » Georges retourna plus tard en Crète, se fit moine, en prenant le nom de Gérasime, devint évêque de Cissamo et mourut en 1590.

Si l'on en doit croire les souscriptions de plusieurs manuscrits copiés de sa main, Constantin Palæocappa aurait, avant son frère, embrassé la vie religieuse et pris le nom de Pachome (1). Il est dans la *Lavra* de Saint-Athanase, au Mont Athos, en 1539 et 1541, et cette même année il copie un manuscrit dans le monastère de Coutloumousi (2).

Arrivé peu après en Occident, il s'attache à l'archevêque de Reims, Charles de Lorraine, cardinal de Guise, plus connu sous le nom de cardinal de Lorraine (1538-1574), qui le ramena sans doute d'Italie (3). Palæocappa

---

(1) Ms. grec 887 : Παχώμιος μοναχὸς εὐτελὴς τῆς σεβασμίας Λαύρας μονῆς, αρλθ'. — Grec 458, même souscription datée de αρμα'. — Grec 461, même souscription, la date paraît avoir disparu, lors de la reliure du ms.

(2) Moscou, bibliothèque du S. Synode, ms. 367 [380], cité dans le Catalogue de Matthæi, p. 241.

(3) Dans une *Notice sur le texte du sacre* (évangéliaire slave de Reims), par J. L. C. Jastrzebski, insérée dans le *Journal général de l'Instruction publique* des 4 et 7 septembre 1839, se trouve une note sur Palæocappa, dont on me permettra de citer l'extrait suivant : « ... J'ai trouvé dans l'inventaire (fait en 1669) des objets, conservés jadis au trésor de la cathédrale de Reims, l'indication d'une tablette provenant aussi de Paléocappas, ainsi décrite : « Item une & tablette, en deux, fort antique, dont les personnages sont faitz du'

lui dédie plusieurs manuscrits (1), ainsi qu'à Henri II (2). Accueilli à la cour du roi de France, on le trouve employé à la bibliothèque de Fontainebleau, sous les ordres d'Ange Vergèce, à la rédaction du catalogue des manuscrits grecs de Henri II. On a encore cinq exemplaires du catalogue de la bibliothèque de Fontainebleau copiés de sa main (3), parmi lesquels l'exemplaire original, formé de petits feuillets découpés, classés alphabétiquement et collés sur un registre (4). C'est aujourd'hui le ms. 10 du Supplément grec, qui, comme le rouleau original du catalogue de la librairie de Charles V, a jadis fait partie du cabinet d'Etienne Baluze.

Nombre de manuscrits grecs de l'ancienne bibliothèque de Fontainebleau portent aussi des notices de

« boys de la vray Croix et de la crèche de Notre Seigneur; d'un costé
« est représenté Notre Seigneur et les pélerins d'Emaus, et de l'autre
« une vierge, tenant le petit Jesus; ladite tablette est dans une custode
« d'argent doré, à laquelle est aussy une chesne d'argent, trois marcs,
« le tout pesant cinq marcs, une once et demi. Du don de Mgr Charles,
« cardinal de Lorraine, archevêque de Reims, faict la veille de Pas-
« ques, 1574. Elle provient du Trésor de Constantinople, suivant l'in-
« dication grecque, qui est gravée sur une lame d'argent, traduite en
« latin, portant ces mots : *Michael Paleocappas regiam hanc sanc-*
« *tam Iconem post expugnationem sub Martha monachus et ancilla*
« *Regina assumens nudam ob metum Turcarum sic pro sua facul-*
« *tate concinnavit.* Avec les armes de Mgr le cardinal de Lorraine
« d'un costé et une piramide entourée de lierre de l'autre avec cette
« devise : *Te stante virebo.* »

(1) Mss. grecs 1057, 1058; Suppl. gr. 143, 303; Sainte-Geneviève, A° 2 *bis,* in-fol.; Reims, E, 291/252.

(2) Ms. Suppl. grec 1; Imprimés, réserve, *E, 3. — Je laisse de côté le rôle littéraire de Palæocappa qui peut donner lieu à quelques piquantes remarques; mais qu'il serait trop long d'exposer présentement.

(3) Mss. grec 3066; Suppl. gr. 10, 298; Leyde, Voss. gr. in-fol. 47; et Venise, Nani 245. Cf. sur ce dernier ms. la *Bibliothèque de l'Ecole des Chartes*, 1886, t. XLVII, p. 201-207.

(4) Ce dernier catalogue contient aussi un certain nombre de notices de la main d'Ange Vergèce.

sa main, quelques-unes corrigées ou complétées par
Vergèce (1).

Il ne faut pas mettre le cardinal de Granvelle au
nombre des protecteurs de Palæocappa, bien que deux
manuscrits grecs copiés par lui (2) portent les armes
et le nom du célèbre cardinal. Ces deux volumes étaient
déjà passés par les mains d'un intermédiaire quand ils
reçurent les armes du cardinal et entrèrent dans sa bibliothèque.

La plupart des manuscrits copiés par Palæocappa
sont aujourd'hui à Paris (3), et beaucoup ont dû y être
transcrits par lui. Nous avons au reste son témoignage formel. Le manuscrit Old Royal 16. C. VI du
British Museum (4) contient la description détaillée,
de la main de Palæocappa, de vingt-six manuscrits,
qu'il dit avoir copiés à Paris : Ταῦτα Κωνσταντῖνος Παλαιόκαππος ὁ Κυδωνιάτης γέγραφεν ἐν Λευκετίᾳ τῶν Παρισίων.
C'est ce catalogue que nous publions. On nous permettra d'y joindre, en appendice, le texte de quelques
dédicaces, mises par Palæocappa en tête de différents
volumes, offerts par lui au roi, ou à son protecteur, le
cardinal de Lorraine.

(1) Voyez par exemple les mss. grecs 534, 570, 750, 863, etc.

(2) Leyde, Voss. gr. in-fol. 45 ; Brit. Mus. Additional ms. 23895.

(3) Paris, mss. grecs 436, 458, 460 (fol. 125 et ss.), 461, 887, 944,
1057, 1058, 1187, 1728. 1785, 1870, 1948, 1961, 2014, 2044, 2177 (fol. 1 r°,
121-136), 2220 (fol. 1-41), 2221 (fol. 92-107), 2339, (fol. 57-284), 2349,
2351, 2375, 2467, 2542, 2555, 2565, 2731 (fol. 1-98), 2929, 2968, 3057,
3066 ; Supplément grec 1, 10 (en partie), 36, 38 (fol. 34 v°-138 v°), 55,
143, 160, 298, 303 ; Imprimés, réserve, ʼE, 3 ; Bibliothèque Sainte-
Geneviève, A° 2 bis, in-fol.

(4) C'est un petit volume, de format in-8°, mesurant 185 sur 115 millimètres, aujourd'hui relié à la suite du ms. 16. C. V ; les feuillets sont
numérotés de première main de α´ à λ´. — Une copie de ce catalogue,
faite par ou pour John Dee, se trouve dans le ms. Harley 1879, fol. 11-18.

FAC-SIMILÉ

DE

L'ÉCRITURE DE CONSTANTIN PALÆOCAPPA

(Ms. grec 1058, fol. 77.)

ΚΑΤΑΛΟΓΟΣ ΤΩΝ ΒΙΒΛΙΩΝ.

Βιβλίον α⁰ⁿ.

Ἀπολλωνίου Περγαίου κωνικά.

Βιβλίον β⁰ⁿ.

Διοφάντου Ἀλεξανδρέως ἀριθμητικῆς βιβλία η', μετ' ἐξηγή-
σεως Μαξίμου τοῦ Πλανούδου.

Βιβλίον γ⁰ⁿ.

Θέωνος Ἀλεξανδρέως εἰς τοὺς προχείρους κανόνας τῆς ἀστρο-
νομικῆς παραδόσεως.

Βιβλίον δ⁰ⁿ.

Θεοδοσίου Τριπολίτου σφαιρικῶν βιβλία γ'.

Βιβλίον ε⁰ⁿ.

Πορφυρίου εἰς τὴν ἀποτελεσματικὴν τοῦ Πτολεμαίου. Περὶ
οὐρανίων διαθεμάτων. Ζωροάστρου περὶ τῆς τοῦ κυνὸς ἐπιτο-
λῆς καὶ τῆς προγνώσεως.

Βιβλίον ϛ⁰ⁿ.

Ἰωάννου γραμματικοῦ Ἀλεξανδρέως περὶ κατασκευῆς καὶ
χρήσεως ἀστρολάβου. Νικηφόρου Γρηγορᾶ τοῦ φιλοσόφου περὶ
κατασκευῆς καὶ γενέσεως τοῦ ἀστρολάβου.

Βιβλίον ζον.

Ἰωάννου γραμματικοῦ Ἀλεξανδρέως εἰς τὴν τοῦ Νικομάχου ἀριθμητικὴν ἐξήγησις.

Βιβλίον ηον.

Βαρλαὰμ Πυθαγορείου λογιστικῆς ἀποδείξεως βιβλία ἕξ. Εἰσαγωγὴ συντετμημένως ἐκτεθεῖσα καὶ δι' ὀλιγογραφίας εἰσάγουσα καὶ ὁδηγοῦσα τὸν βουλόμενον εἰς πᾶσαν σχεδὸν τὴν τῆς ἀστρονομίας ὑπόθεσιν καὶ αὐτῆς δὲ μικρὸν τῆς ἀστρολογίας ἀπτομένη. Φασὶ δὲ εἶναι Συνεσίου Κυρηναίου Πτολεμαίδος. Ὡροκύκλια ἐκ τῆς τοῦ Ἀριστάρχου μαθηματικῆς καὶ σαφήνεια τῶν ιϛ' ζωδίων καὶ ἑπτὰ ἡμερῶν τῆς ἑπτάδος, δηλονότι ὁ δεῖνα μὴν τῷ δεῖνι ἀνάκειται ζωδίῳ, καὶ ἡ δεῖνα ἡμέρα τῷ δεῖνι πλανήτῃ.

Βιβλίον θον.

Ἰωάννου τοῦ Πεδιασίμου ἐξήγησις μερικὴ εἰς τὰ τοῦ Κλεομήδους σαφηνείας δεόμενα.

Βιβλίον ιον.

Γεωργίου Παχυμέρεος περὶ τῶν τεσσάρων μαθημάτων.

Βιβλίον ιαον.

Συριανοῦ τοῦ Φιλοξένου περὶ τῶν ἐν τῷ δευτέρῳ τῆς μετὰ τὰ φυσικὰ Ἀριστοτέλους πραγματείας λογικῶς ἠπορημένων καὶ διαίτης ἠξιωμένων. Τοῦ αὐτοῦ εἰς τὰ περὶ προνοίας τίνα συντελοῦντα.

Βιβλίον ιϛον.

Θεοδώρου Μετοχίτου εἰς τὰ ὀκτὼ τῆς τοῦ Ἀριστοτέλους φυσικῆς ἀκροάσεως ἐξήγησις.

Βιβλίον ιγ^{ον},

ἐν ᾧ ταῦτα τὰ κεφάλαια περιέχεται.

Νεμεσίου περὶ φύσεως ἀνθρώπου.

Περὶ ψυχῆς. Περὶ ἑνώσεως ψυχῆς καὶ σώματος. Περὶ σώματος. Περὶ στοιχείων. Περὶ φανταστικοῦ. Περὶ ὄψεως. Περὶ ἀφῆς. Περὶ γεύσεως. Περὶ ἀκοῆς. Περὶ ὀσφρήσεως. Περὶ τοῦ διανοητικοῦ. Περὶ τοῦ μνημονευτικοῦ. Περὶ τοῦ ἐνδιαθέτου, καί προφορικοῦ λόγου. Περὶ τῶν μερῶν τῆς ψυχῆς. Περὶ τοῦ ἀλόγου τῆς ψυχῆς μέρους, ἢ εἴδους, ὃ παθητικὸν καὶ θρεπτικὸν καλεῖται. Περὶ ἐπιθυμητικοῦ. Περὶ ἡδονῆς. Περὶ λύπης. Περὶ θυμοῦ. Περὶ φόβου. Περὶ ἀλόγου καὶ τοῦ κατηκόου λόγου. Περὶ τοῦ θρεπτικοῦ. Περὶ σφυγμῶν. Περὶ τοῦ γεννητικοῦ, ἢ σπερματικοῦ. Ἑτέρα διαίρεσις τῶν διοικουσῶν δυνάμεων τὸ ζῶον. Περὶ τῆς καθ᾽ ὁρμὴν, ἢ κατὰ προαίρεσιν κινήσεως, ἥτις ἐστὶ τοῦ ὀρεκτικοῦ. Περὶ ἀναπνοῆς. Περὶ ἀκουσίου καὶ ἑκουσίου. Περὶ ἀκουσίου. Περὶ τοῦ δι᾽ ἄγνοιαν ἀκουσίου. Περὶ ἑκουσίου τοῦ δι᾽ ἄγνοιαν καὶ τοῦ κατὰ βίαν ἑκουσίου. Περὶ προαιρέσεως. Περὶ τίνων βουλευόμεθα. Περὶ εἱμαρμένης. Περὶ τῆς δι᾽ ἄστρων εἱμαρμένης. Περὶ τῶν λεγόντων τὴν μὲν αἵρεσιν τῶν πρακτῶν εἶναι ἐφ᾽ ἡμῖν, τὴν δὲ ἀπόβασιν τῶν αἱρεθέντων ἐπὶ εἱμαρμένην. Περὶ εἱμαρμένης Πλάτωνος. Περὶ αὐτεξουσίου, ἤτοι ὅτι ἐστὶ τινὰ ἐφ᾽ ἡμῖν. Περὶ τοῦ τίνα τὰ ἐφ᾽ ἡμῖν. Διὰ ποίαν αἰτίαν αὐτεξούσιοι γεγόναμεν. Περὶ προνοίας.

Βιβλίον ιδ^{ον}.

Μιχαὴλ τοῦ Ψελλοῦ εἰς τὴν τοῦ Πλάτωνος ψυχογονίαν. Τοῦ αὐτοῦ περὶ ἐνεργείας δαιμόνων. Αἰλιανοῦ περὶ στρατηγικῶν ὀνομάτων τε καὶ τάξεων. Γενναδίου πατριάρχου Κωνσταντινουπόλεως τοῦ Σχολαρίου ἀπολογία πρὸς τὸν Ἀμηρᾶν Μεχμέτην τὸν Ἀμουράτεω ἐρωτήσαντα περὶ τῆς τῶν Χριστιανῶν ἁγίας πίστεως.

Βιβλίον ιε°ᵛ,

ἐν ᾧ κεφαλαιωδῶς ταῦτα περιλαμβάνεται.

Μελετίου περὶ φύσεως ἀνθρώπου.

Τί ἐστιν ἄνθρωπος. Πόθεν ἄνθρωπος. Πόσαι ὀνομασίαι τῆς μήτρας. Πόθεν τρέφεται τὸ ἔμβρυον καὶ πόθεν ἀναπνεῖ. Πῶς κεῖται τὸ ἔμβρυον ἐν τῇ μήτρᾳ. Τί ἐστι γάλα. Περὶ ψυχῆς. Πόθεν ὄρεξις. Τί ἐστιν ὄρεξις. Πῶς γίνεται πολιά. Τίς ἡ χρεία τῶν ἰατρῶν. Πόσαι δυνάμεις ἐνεργοῦσιν ἐν ἡμῖν. Τί ἐστι νοῦς. Τί ἐστι φαντασία. Τί ἐστι διάνοια. Τί ἐστι λογισμός. Πόθεν νοῦς. Περὶ τοῦ ζωτικοῦ πνεύματος. Πόθεν ὁρμῶνται αἱ φυσικαὶ δυνάμεις. Περὶ τοῦ τῆς ψυχῆς τριμεροῦς. Τί ἐστι θυμός. Τί ἐστι λογισμός. Τίνες ἀρεταὶ τοῦ θυμικοῦ, καὶ τίνες κακίαι, ὁμοίως καὶ τῶν ἑτέρων δυνάμεων, τοῦ τε ἐπιθυμητικοῦ καὶ τοῦ λογιστικοῦ. Πόσα εἴδη τῆς σοφίας. Τί ἐστι σοφία. Τί ἐστι σωφροσύνη. Περὶ τοῦ λογισμοῦ. Ποῖαι εἰσὶ ψυχικαὶ ἡδοναί, καὶ ποῖαι σωματικαί. Ποῖαι εἰσὶν ἀναγκαῖαι, καὶ ποῖαι φύσει οὐκ ἀναγκαῖαι δὲ, καὶ ποῖαι οὔτε φυσικαὶ οὔτε ἀναγκαῖαι. Τί ἐστι μνήμη. Τί ἐστιν ἀνάμνησις. Τί ἐστι λήθη. Περὶ τῶν γενικῶν ἀρετῶν τῆς ψυχῆς. Τί ἐστιν ἔθος. Τί λέγεται σκελετός, γόμφωσις, ῥαφή. Πόθεν ὑμήν. Περὶ πνεύμονος. Πῶς γίνεται πέψις. Περὶ τῆς τραχείας ἀρτηρίας, καὶ τοῦ οἰσοφάγου. Ὅτι ὁ σπλὴν φύσει ψυχρός ἐστι. Τὸ ἐπίπλον. Πῶς γίνεται τὸ οὖρον. Περὶ σκυβάλων. Περὶ ἐκκρίσεως. Πῶς τρέφεται ὁ ἐγκέφαλος. Τίς ἡ χρεία τοῦ ὕπνου. Πόθεν ὕπνος. Τί ἐστιν ὕπνος. Πῶς γίνεται ἡ χάσμη. Πόσα δύναται δρᾶν ὁ ὕπνος. Πόθεν λύπη. Τί ἐστι δάκρυον. Περὶ χαρᾶς. Ποῖα εἰσὶ τὰ ὁμοιομέρη. Τί ἐστιν ὑγεία. Ἡ κατασκευὴ τοῦ ἀνθρώπου. Πόθεν μέλη καὶ μέρη. Πόθεν κεφαλή. Πόθεν ἐγκέφαλος. Πόθεν μύξα. Πόθεν μήνιγγες. Πόθεν μέτωπον. Πόθεν βρέγμα. Πόθεν κορυφή. Πόθεν ἰνίον. Πόθεν ἴνες. Περὶ τοῦ δικτυώδους πλέγματος. Οἱ μύες τίνα χρείαν ἔχουσι καὶ τίνα ἐνεργείαν. Ποταποί εἰσιν οἱ μύες τῇ οὐσίᾳ.

Διατί ἡ κεφαλὴ ἐστὶ σφαιροειδής. Πόθεν γινώσκομεν τὴν κατ' ἰδιοπαθείαν ὀφθαλμίαν. Περὶ τῶν ὀφθαλμῶν. Ὅτι πολυφωτότατός ἐστι τοῦ μέλανος ὀφθαλμοῦ ὁ γλαυκός. Πόθεν βλέφαρον. Πόθεν ὀφρύες. Πόσοι μύες εἰσὶν οἱ κανοῦντες τοὺς ὀφθαλμούς. Διατί λέγεται ῥὶς καὶ μυκτῆρες. Περὶ τῆς ῥινὸς ἔστι γὰρ καμπύλη. Πόθεν σιαγόνες. Πόθεν γένειον. Πόθεν ὦτα. Περὶ τῶν γνάθων. Περὶ τοῦ χείλους. Περὶ τῆς γλώττης. Περὶ τῆς ἐπιγλωττίδος. Πῶς ὀνομάζονται οἱ ὀδόντες. Πόθεν γαργαρεών. Ποῖα εἰσὶ φωνητικὰ ὄργανα, καὶ ποῖα διαλεκτικά. Τίς ἡ χρεία τοῦ γαργαρεῶνος, καὶ τίς ἡ ἐνεργεία. Πῶς γίνεται ἡ ἀφωνία, καὶ ἡ κακοφωνία. Περὶ τῆς ἀναπνοῆς. Τί ἐστι διάφραγμα. Περὶ τοῦ στήθους. Τί ἐστι θώραξ. Περὶ τοῦ τραχήλου. Περὶ τῶν μεταφρένων. Διά τι λέγεται νῶτος. Πόσαι εἰσιν αἱ πλευραί. Περὶ τοῦ ὑπεζωκότος. Πόθεν πλευραί. Ἐκ πόσων σύγκειται ὁ πνεύμων. Πόθεν τρέφεται ὁ πνεύμων. Πόθεν τρέφονται τὰ νεῦρα. Περὶ τῆς καρδίας. Περὶ τοῦ ἐρωτικοῦ πόνου. Περὶ τοῦ θυμοῦ. Περὶ περιναίου. Περὶ σπλάγχνων. Διατί λέγεται στόμαχος. Πῶς μεταλαμβάνει ἡ γαστὴρ ἀπὸ τοῦ στομάχου τὴν τροφήν. Πόθεν ἄρτος. Περὶ τοῦ ἥπατος. Πόθεν ἧπαρ. Περὶ τοῦ σπληνός. Περὶ τῆς κοιλίας. Κατὰ πόσας αἰτίας περιλαμβάνεται ἡ τροφὴ ἐν τῷ σώματι. Ποῦ κεῖνται οἱ τέσσαρες χυμοί. Τί ἐστιν ἀνάχρεμψις καὶ ἀπόχρεμψις. Ποῦ κεῖται ὁ οἰσοφάγος. Τάξις τῶν ἐντέρων. Περὶ τοῦ τυφλοῦ. Πόθεν σφιγκτήρ. Πόσαι πέψεις. Πόθεν ἔντερα. Ποῖον λέγεται κενεών. Διατί λέγεται ἥβη. Πόθεν ἦτρον. Πόθεν λαγών. Περὶ τοῦ οὔρου. Πόθεν βουβών. Οὐρητικὰ ὄργανα. Πόθεν ὀσφύς. Πόθεν ἰσχίον. Ὅτι ἡ ἕδρα καὶ δακτύλιος λέγεται. Πόθεν πόσθη. Τὰ σπερματικὰ ἀγγεῖα. Πῶς γίνεται ἡ συνουσία. Περὶ τῆς μήτρας. Περὶ τῶν χειρῶν. Ὅτι καὶ τῶν τοῦ νοὸς ἐνεργειῶν αἱ χεῖρες ἀποτελεστικαί. Ποῖον λέγεται πῆχυς καὶ ποῖον λέγεται κερκίς. Πόθεν δάκτυλοι καὶ πῶς ὀνομάζονται. Ποῖον λέγεται παλαιστή. Περὶ τῆς κοτύλης. Πόθεν ἀγκών. Πόθεν ὄνυξ. Διατί λέγεται δεξιὰ καὶ ἀριστερά. Περὶ ποδός· Διατί κοτύλη. Περὶ σκέλους. Πῶς συνίσταται ἡ πιμελή. Περὶ στοιχείων.

Βιβλίον ιϛον.

Ῥούφου Ἐφεσίου περὶ ὀνομασίας τῶν τοῦ ἀνθρώπου μορίων βιβλία τρία. Μιχαὴλ τοῦ Ψελλοῦ περὶ διαίτης. Ἐπιστολὴ Διοκλέους πρὸς Πτολεμαῖον περὶ ὑγιεινῆς διαίτης. Ἀράτου προγνωστικὰ χειμερινοῦ ἀέρος καὶ ἐκ ποίων τεκμηρίων ὄμβρους χρὴ προσδοκᾶν.

Βικλίον ιζον,

τάδε περιέχον.

Ἀρεταίου Καππαδόκου περὶ αἰτίων καὶ σημείων ὀξέων παθῶν βιβλίον αον.

Περὶ τετάνου. Περὶ συνάγχης. Περὶ τῶν κατὰ τὴν κιονίδα παθῶν. Περὶ τῶν κατὰ τὰ παρίσθμια ἑλκῶν. Περὶ πλευρίτιδος. Ἀρεταίου Καππαδόκου περὶ αἰτίων καὶ σημείων ὀξέων παθῶν βιβλίον βον.

Περὶ πνευμονίης. Περὶ αἵματος ἀναγωγῆς. Περὶ συγκωπῆς. Περὶ καύσωνος. Περὶ χολέρας. Περὶ εἰλεοῦ. Περὶ τῶν κατὰ τὸ ἧπαρ ὀξέων παθῶν. Περὶ τῆς κατὰ τὴν κοίλην φλέβα ὀξείης νόσου. Περὶ τῶν κατὰ τοὺς νεφροὺς ὀξέων πάθων. Περὶ τῶν κατὰ τὴν κύστιν ὀξέων πάθων. Περὶ ὑστερικῆς πνιγός. Περὶ σατυριάσεως.

Ἀρεταίου Καππαδόκου περὶ αἰτίων καὶ σημείων χρονίων παθῶν βιβλίον αον.

Περὶ χρονίων παθῶν. Περὶ κεφαλαίης. Περὶ σκοτωματικῶν. Περὶ ἐπιληψίης. Περὶ μελαγχολίης. Περὶ μανίης. Περὶ παραλύσεως. Περὶ φθίσιος. Περὶ ἐμπυϊκῶν. Περὶ πνευμονικῶν. Περὶ τῶν κατὰ τὸν πνεύμονα ἀποστάσεων. Περὶ ἄσθματος. Περὶ πνευμωδῶν. Περὶ ἥπατος. Περὶ σπληνὸς. Περὶ ἰκτέρου. Περὶ καχεξίης.

Ἀρεταίου Καππαδόκου χρονίων παθῶν σημειωτικὸν βιβλίον βον.

Περὶ ὕδρωπος. Περὶ διαβήτου. Περὶ τῶν κατὰ τοὺς νέφρους παθῶν. Περὶ τῶν ἐν κύστει. Περὶ γονοῤῥοίας.

Περὶ στομαχικῶν. Περὶ κοιλίης διαθέσιος. Περὶ κωλικῶν. Περὶ δυσεντερίης. Περὶ λειεντερίης. Περὶ ὑστερικῶν. Περὶ ἀρθρίτιδος. Περὶ ἐλεφαντιάσεως.

Ἀρεταίου Καππαδόκου ὀξέων νούσων θεραπευτικὸν βιϐλίον αον.

Θεραπεία φρενητικῶν. Θεραπεία ληθαργικῶν, Θεραπεία μαρασμοῦ. Θεραπεία ἀποπληξίας. Θεραπεία παροξυσμοῦ ἐπιληπτικῶν. Θεραπεία τετάνου. Θεραπεία συνάγχης. Θεραπεία τῶν κατὰ τὴν κιονίδα παθῶν. Θεραπεία τῶν κατὰ τὸν φάρυγγα λοιμικῶν παθῶν. Θεραπεία πλευρίτιδος.

Ἀρεταίου Καππαδόκου ὀξέων νούσων θεραπευτικὸν βιϐλίον βον.

Θεραπεία πνευμονίης. Θεραπεία αἵματος ἀναγωγῆς. Θεραπεία καρδιακῶν. Θεραπεία χολέρης. Θεραπεία εἰλεοῦ. Θεραπεία τῶν κατὰ τὸ ἧπαρ ὀξέων παθῶν. Θεραπεία νωτιαίας φλεϐὸς καὶ ἀρτηρίας ὀξείης νόσου. Θεραπεία τῆς κατὰ τοὺς νεφροὺς ὀξείης νόσου. Θεραπεία τῶν κατὰ τὴν κύστιν ὀξέων πάθων. Θεραπεία ὑστερικῆς πνιγός. Θεραπεία σατυριάσεως.

Ἀρεταίου Καππαδόκου χρονίων νούσων θεραπευτικῶν βιϐλίον αον.

Θεραπεία τῆς κεφαλαίης. Θεραπεία σκοτωματικῶν. Θεραπεία ἐπιληψίης. Θεραπεία μελαγχολίης. Θεραπεία σπληνός. Θεραπεία ἐλέφαντος.

Βιϐλίον ιηον.

Περὶ οὔρων ἀπὸ φωνῆς Θεοφίλου. Στεφάνου μάγνου περὶ οὔρων. Θεοφίλου περὶ σφυγμῶν. Μιχαὴλ τοῦ Ψελλοῦ σύνοψις περὶ ἰατρικῆς περιέχουσα τάς τε αἰτίας καὶ σημειώσεις τῶν παθημάτων συνοπτικῶς, πρὸς Κωνσταντῖνον βασιλέα τὸν Πορφυρογεννήτον.

Βιϐλίον ιθον.

Ὠριγένους περὶ ὀρθῆς πίστεως. Θεοφίλου περὶ τῆς τῶν Χριστιανῶν πίστεως, πρὸς Αὐτόλυκον Ἕλληνα.

Βιβλίον κ^{ον},

ἐν ᾧ ταῦτα ἔνεστι τὰ κεφάλαια.

Ὠριγένους φιλοκαλία.

Περὶ τοῦ θεοπνεύστου τῆς θείας γραφῆς, καὶ πῶς ταύτην ἀναγνωστέον καὶ νοητέον, τίς τε ὁ τῆς ἐν αὐτῇ ἀσαφείας λόγος, καὶ τοῦ κατὰ τὸ ῥητὸν ἔν τισιν ἀδυνάτου ἢ ἀλόγου. Ὅτι κέκλεισται καὶ ἐσφράγισται ἡ θεία γραφή. Διατί κϛ' τὰ θεόπνευστα βιβλία. Περὶ σολοικισμοῦ καὶ εὐτελοῦς φράσεως τῆς γραφῆς. Τίς ἡ πολυλογία, καὶ τίνα τὰ πόλλα βιβλία, καὶ ὅτι πᾶσα ἡ θεόπνευστος γραφὴ ἓν βιβλίον ἐστίν. Ὅτι ἓν ὄργανον Θεοῦ τέλειον καὶ ἡρμοσμένον ἡ θεῖα γραφή. Περὶ τοῦ ἰδιώματος τῶν προσώπων τῆς θείας γραφῆς. Περὶ τοῦ μηδὲν τὰ σολοικοειδῆ, καὶ μὲν σώζοντα τὴν κατὰ τὸ ῥητὸν ἀκολουθίαν, ῥητὰ τῆς γραφῆς, ἐπιχειρεῖν διορθοῦσθαι, πολὺ τοῖς συνιέναι δυναμένοις τὸ τῆς διανοίας ἀκόλουθον σώζοντα. Τίς ὁ λόγος τοῦ τὴν θείαν γραφὴν κατὰ διάφορα σημαινόμενα τῷ αὐτῷ ὀνόματι κεχρῆσθαι πολλάκις, καὶ ἐν τῷ αὐτῷ τόπῳ. Περὶ τῶν ἐν τῇ θείᾳ γραφῇ δοκούντων ἔχειν τί λίθου προσκόμματος, ἢ πέτραν σκανδάλου. Ὅτι χρὴ πάσης τῆς θεοπνεύστου γραφῆς τὸ τρόφιμον διώκειν, καὶ τὰ ὑπὸ τῶν αἱρετικῶν ταρασσόμενα ῥητὰ δυσφήμοις ἐπ' ἀπορήσεσι μὴ ἀποτρέπεσθαι, μηδὲ ὑπερηφανεῖν, ἄλλα καὶ αὐτῶν μεταλαμβάνειν τῆς ἐν ἀπιστίᾳ ταραχῆς ἐκτός. Πρὸς τὸ μὴ ἐκκακεῖν ἐν τῇ ἀναγνώσει τῆς θείας γραφῆς τὸν μὴ συνιέντα τὸ σκοτεινὸν τῶν ἐν αὐτῇ αἰνιγμάτων καὶ παραβολῶν. Πότε καὶ τίσι τὰ ἀπὸ φιλοσοφίας μαθήματα χρήσιμα, εἰς τὴν τῶν ἱερῶν γραφῶν διήγησιν, μετὰ γραφικῆς μαρτυρίας. Ὅτι τοῖς θέλουσι μὴ σφάλλεσθαι περὶ τὴν ἀλήθειαν ἐν τῷ νοεῖν τὰς θείας γραφάς, ἀναγκαιότατον ἐστὶ τὰ ἁρμόζοντα εἰς τὴν χρῆσιν εἰδέναι λογικὰ μαθήματα ἤτοι προπαιδεύματα, ὧν ἄνευ ἀκρίβειαν σημαινομένων οὐ δύναται, ὃν δεῖ τρόπον παρίστασθαι. Πρὸς τοὺς Ἑλλήνων φιλοσόφους, τὸ εὐτελὲς τῆς τῶν θείων γραφῶν φράσεως διασύροντας, καὶ τὰ ἐν χριστιανισμῷ καλὰ βέλτιον παρ' Ἕλλησιν εἰρῆσθαι φάσκοντας, καὶ προσέτι δυσειδὲς τὸ τοῦ κυρίου σῶμα λέγοντας, καὶ τίς ὁ λόγος τῶν διαφόρων τοῦ λόγου μορφῶν. Περὶ τῶν διαβαλλόντων τὸν χριστιανισμὸν διὰ τὰς ἐν ἐκκλησίᾳ αἱρέσεις. Πρὸς τοὺς λέγοντας τῶν φιλοσόφων μηδὲν διαφέρειν τῷ παρ' Ἕλλησι φερομένῳ ὀνόματι τὸν ἐπὶ πᾶσι Θεὸν καλεῖν διὰ, ἢ τῷ δεῖνα φέρε εἰπεῖν παρ' Ἰνδοῖς, ἢ τῷ δεῖνα παρ' Αἰγυπτίοις. Πρὸς τοὺς Ἑλλήνων φιλοσόφους πάντα ἐπαγγελλομένους εἰδέναι, καὶ αἰτιωμένους τὸ ἀνεξέταστον τῆς τῶν πολλῶν ἐν χριστιανισμῷ πίστεως, καὶ ὡς προτιμώντων τῆς ἐν βίῳ σοφίας τὴν μωρίαν · καὶ ὅτι οὐδεὶς σοφὸς ἢ πεπεδευμένος μεμαθήτευται τῷ Ἰησοῦ, ἀλλ' ἢ ναῦται καὶ τελῶναι πονηρότατοι, ἠλιθίους καὶ ἀναισθήτους, ἀνδράποδά τε καὶ γύναια καὶ παιδάρια ὑπάγοντες τῷ κηρύγματι. Ὅτι ἡ εἰς τὸν κύριον ἡμῶν πίστις μηδὲν κοινὸν ἔχουσα πρὸς τὴν ἄλογον τῶν ἐθνῶν δεισιδαίμονα πίστιν, ἐπαινετή τε ἐστι, καὶ ταῖς ἀρχῆθεν κοιναῖς ἐννοίαις συναγορεύει · καὶ πρὸς τοὺς λέγοντας πῶς ἐκ θνητοῦ σώματος ὄντα τὸν Ἰησουν, Θεὸν νομίζομεν. Πρὸς τοὺς λέγοντας μὴ διὰ τὸν ἄνθρωπον, ἀλλὰ διὰ τὰ ἄλογα ζῶα γεγονέναι τὸν ἅπαντα κόσμον καὶ τοὺς ἀνθρώπους, ἐπεὶ ἀπονώτερον ἡμῶν τὰ ἄλογα ζῇ · καὶ ὅτι σοφώτερα ἡμῶν ὄντα, θεοφιλῆ τέ ἐστι, καὶ ἔννοιαν ἔχει Θεοῦ, καὶ προγινώσκει τὰ μέλλοντα, ἐν οἷς καὶ κατὰ μετεμψυχώσεως, καὶ περὶ οἰωνιστικῆς, καὶ τῆς κατ' αὐτὴν ἀπάτης. Περὶ αὐτεξουσίου, καὶ τῶν δοκούντων ἀναιρεῖν τοῦτο γραφικῶν ῥητῶν λύσις καὶ ἑρμηνεία. Τίς ἡ τῶν ἐπὶ γῆς λογικῶν ἤτοι ἀνθρωπίνων ψυχῶν διασπορὰ ἐπικεκρυμμένως δηλουμένη ἐκ τῆς οἰκοδομῆς τοῦ πύργου, καὶ τῆς κατ' αὐτὴν συγχύσεως τῶν γλωσσῶν, ἐν ᾧ καὶ περὶ πολλῶν κυρίων ἐπιτεταγμένων τοῖς διασπαρεῖσι κατὰ ἀναλογίαν τῆς καταστάσεως. Περὶ εἱρμαρμένης, καὶ πῶς προγνώστου ὄντος τοῦ Θεοῦ τῶν ὑφ' ἑκάστου πραττομένων, τὸ ἐφ' ἡμῖν σῴζεται, καὶ τίνα τρόπον οἱ ἀστέρες οὐκ εἰσὶ ποιητικοὶ τῶν ἐν ἀνθρώποις, σημαντικοὶ δὲ μόνον, καὶ ὅτι ἄνθρωποι τὴν περὶ τούτων γνῶσιν ἀκριβῶς ἔχειν οὐ δύνανται, ἀλλὰ δυνάμεσι θείαις τὰ σημεῖα ἐκκεῖται, καὶ τίς ἡ τούτων αἰτία. Ἐν ᾧ καὶ Κλήμεντος, ἐπισκόπου Ῥώμης, ἐν τῷ πρὸς τὸν πατέρα ἐν Λαοδικείᾳ λόγῳ, ἀναγκαιότατόν τι θεώρημα, ἐν οἷς δοκεῖ ἀληθεύειν ἀστρολογία·

Περὶ τῆς ὕλης ὅτι οὐκ ἀγένητος, οὐδὲ κακῶν αἰτία. Ὅτι ἐκ προγνώσεως ἀφορισμὸς οὐκ ἀναιρεῖ τὸ αὐτεξούσιον. Περὶ τοῦ τίνα τὰ ἀγαθὰ καὶ τίνα τὰ κακά, καὶ ὅτι ἐν προαιρέτοις, κατὰ τὴν τοῦ Χριστοῦ διδασκαλίαν, ἀλλ' οὐχ ὡς Ἀριστοτέλης οἴεται. Εἰς τὸ ἐσκλήρυνε Κύριος τὴν καρδίαν Φαραώ.

Βιβλίον κα^{ον}.

Βασιλείου, ἀρχιεπισκόπου Καισαρείας Καππαδοκίας τοῦ Νέου, ἐξήγησις εἰς πάντας τοὺς λόγους Γρηγορίου θεολόγου τοῦ Ναζανζηνοῦ, πρὸς αὐτοκράτορα Κωνσταντῖνον τὸν Πορφυρογέννητον.

Βιβλίον κβ^{ον}.

Θεοδωρίτου Ἑλληνικῶν θεραπευτικὴ παθημάτων, ἤτοι εὐαγγελικῆς ἀληθείας ἐξ Ἑλληνικῆς φιλοσοφίας ἐπίγνωσις, λόγοι ιϛ'.

Βιβλίον κγ^{ον}.

· Θεοδωρίτου εἰς τὰ ἄπορα τῆς θείας γραφῆς, ὧν αἱ ζητήσεις εἰσὶν αὗται:

Εἰς τὴν Γένεσιν.

Τί δήποτε τῆς τῶν ἀγγέλων οὐκ ἐμνήσθη δημιουργίας. Προϋπάρχουσιν οὐρανοῦ καὶ γῆς ἄγγελοι, ἢ σὺν αὐτοῖς ἐγένοντο, ἀλλὰ φασὶ τινὲς χρῆναι λέγειν προυπάρχειν οὐρανοῦ καὶ γῆς τοὺς ἀγγέλους, ἀγγέλων γάρ φασιν οὐκ ὄντων, πῶς ὁ τῶν ὅλων ὑμνεῖτο Θεός. Εἰ ἦν ἡ γῆ, πῶς ἐγένετο, λέγει γὰρ ὁ συγγραφεύς, ἡ δὲ γῆ ἦν. Οὐκ ἐδίδαξεν ἡμᾶς ὁ Μωσῆς ὅτι καὶ τὰ ὕδατα ἐδημιούργησεν ὁ Θεός. Ποίου τοίνυν φωτὸς ἄμοιρος αἰφνιδίως ὁ ἐν τῷ κόσμῳ τόπος εὑρέθη, ὥστε τὸ σκότος ἐπάνω εἶναι τοῦ ὕδατος. Εἰ τὸ φῶς ὁ Θεὸς ἐδημιούργησε, πῶς αὐτὸ τὸ σκότος ἐποίησεν ἐνάντια γὰρ ταῦτα ἀλλήλοις. Ποῖόν πνεῦμα ἐπεφέρετο ἐπάνω τοῦ ὕδατος. Τίνι λέγει ὁ Θεὸς γενηθήτω φῶς; καὶ γενηθήτω στερέωμα. Διατί τέθεικεν ὁ συγγραφεὺς τὸ εἶδεν ὁ Θεὸς ὅτι καλόν. Εἰς οὐρανὸς ἢ δύο εἰσίν; Τί δήποτε μίαν εἰπὼν τὴν τῶν ὑδάτων

συναγωγὴν, πολλὰς μεταταῦτα δηλοῖ συνήχθη γάρ φησι τὸ
ὕδωρ τὸ ὑποκάτω τοῦ οὐρανοῦ εἰς τὰς συναγωγὰς αὐτῶν.
Τί δήποτε τὰς οὐκ ἐδωδίμους βοτάνας βλαστῆσαι προσέταξεν
ὁ Θεός.   Τῶν φωστήρων δημιουργηθέντων, τί γέγονε τὸ
πρότερον φῶς.   Τί ἐστιν εἰς σημεῖα καὶ εἰς καιροὺς καὶ εἰς
ἐνιαυτοὺς καὶ εἰς ἡμέρας.   Τί δήποτε τὰ μὲν φυτὰ πρὸ τῶν
φωστήρων ἐποίησε, τὰ δὲ ζῷα μετὰ τούτους.   Τίνος χάριν
τὰ μὲν φυτὰ οὐκ εὐλόγησε, τοῖς δὲ ζῴοις ἔφη, αὐξάνεσθε καὶ
πληθύνεσθε καὶ τὰ ἑξῆς.   Διατὶ τὰ θηρία καὶ τὰ ἑρπετὰ
πεποίηκεν ὁ Θεός.   Τίνι ὁ Θεὸς εἴρηκα, ποιήσωμεν ἄνθρωπον
κατ᾽ εἰκόνα ἡμετέραν καὶ καθ᾽ ὁμοίωσιν.   Τί ἐστι τὸ κατ᾽
εἰκόνα.   Τί δήποτε διαφερόντως τὴν ἡμέραν τὴν ἑβδόμην
εὐλόγησεν ὁ Θεός.   Τί ἐστι, πηγὴ δὲ ἀνέβαινεν ἀπὸ τῆς γῆς
καὶ ἐπότιζε πᾶν πρόσωπον τῆς γῆς.   Εἰ ἐκ τοῦ θείου ἐμφυ-
σήματος γέγονεν ἡ ψυχὴ ἐκ τῆς οὐσίας ἄρα τοῦ Θεοῦ ἐστιν ἡ
ψυχή.   Τί δήποτε τὸν παράδεισον ἐνεφύτευσεν ὁ Θεὸς μέλλων
εὐθὺς τὸν· Ἀδὰμ διὰ τὴν ἁμαρτίαν ἐξορίζειν ἐκεῖθεν.   Τινὲς
ἐν οὐρανῷ φασὶ τὸν παράδεισον εἶναι.   Τὸ ξύλον τῆς ζωῆς,
καὶ τὸ ξύλον τοῦ εἰδέναι γνωστὸν καλοῦ καὶ πονηροῦ, νοητὰ
χρὴ λέγειν ἢ αἰσθητά.   Οὐκοῦν εἶχον τὴν γνῶσιν τοῦ ἀγαθοῦ
καὶ τοῦ κακοῦ πρὸ τῆς τοῦ ἀπειρημένου καρποῦ μεταλήψεως.
Πῶς οὖν μετὰ τὴν βρῶσιν ἔγνωσαν ὅτι γυμνοὶ ἦσαν, πρὸ γὰρ
τῆς βρώσεως ταύτην οὐκ εἶχον τὴν αἴσθησιν.   Πῶς ἐκ τοῦ
παραδείσου φησὶν ὁ Μωσῆς τὸν Τίγρην ἐξίεναι καὶ τὸν
Εὐφράτην, οὓς φασί τινες ἐκ τῶν ὀρῶν ἀναβλύζειν τῆς Ἀρ-
μενίας.   Τί δήποτε ἀπὸ τῆς πλευρᾶς τοῦ Ἀδὰμ τὴν γυναῖκα
διέπλασεν.   Εἰ φρόνιμος ὁ ὄφις, καὶ ἐπαινούμενος, μόριον
γὰρ ἡ φρόνησις ἀρετῆς.   Ἄλογος ὢν ὁ ὄφις, πῶς διηλέχθη
τῇ Εὔᾳ.   Τί ἐστι, διηνοίχθησαν οἱ ὀφθαλμοὶ τῶν δύο.   Τί
δήποτε τοῦ διαβόλου τὴν ἀπάτην προσενεγκόντος, ὁ ὄφις
κολάζεται.   Διατὶ δὲ τὸν ὄφιν ἐδημιούργησεν ὁ Θεὸς ὄργανον
αὐτὸν προειδὼς τῆς πονηρίας ἐσόμενον.   Διατὶ δὲ τὸν διάβο-
λον ἐποιήσαμεν ὁ Θεός, εἰδὼς τοιοῦτον ἐσόμενον.   Ἀγαθὸν
τὸν Θεὸν ὀνομάζοντες, πῶς αὐτῷ περιάπτετε τοσαύτην ἀπο-
τομίαν ὠμότητος γὰρ καὶ ἀπηνείας τὸ διὰ βρῶσιν ὀλίγην
τοσαύτην ἐπενεγκεῖν τιμωρίαν οὐ τοῖς ἡμαρτηκόσι μόνον,
ἀλλὰ καὶ τοῖς ἐξ ἐκείνων βεβλαστηκόσι.   Τίνος ἕνεκα τοῦ

Θεοῦ εἰρηκότος ᾗ δ' ἂν ἡμέρᾳ φάγῃ ἀπὸ τοῦ ξύλου θανάτῳ ἀποθανῇ οὐκ εὐθὺς ἀπέθανε τὴν ἐντολὴν παραβάς. Τοὺς χιτῶνας τοὺς δερματίνους τί νοητέον. Τί ἐστι τὸ, ἰδοὺ γέγονεν Ἀδὰμ ὡς εἷς ἐξ ἡμῶν. Τί ἐλυπήθη Κάϊν μὴ δεχθέντων τῶν παρ' αὐτοῦ προσενεχθέντων, δῆλον ὅτι μετεμελήθη τῶν γὰρ μεταμελουμένων ἡ λύπη. Ποῖον σημεῖον ἔθετο τῷ Κάϊν ὁ Θεός. Τίνα ὁ Κάϊν ἔσχε γυναῖκα. Τίνας ἀνεῖλεν ὁ Λάμεχ. Ποῦ μετατέθεικε τὸν Ἐνὼχ ὁ τῶν ὅλων Θεός. Τί δὴ τοῦ Ἀδὰμ ἡμαρτηκότος Ἄβελ ὁ δίκαιος ἐτελεύτησε πρῶτος. Τίνας υἱοῦς τοῦ Θεοῦ κέκληκεν ὁ Μωϋσῆς. Τίνας καλεῖ γίγαντας ἡ θεία γραφή. Διατί πολὺν χρόνον ἔζων οἱ παλαιοί. Τί δήποτε τῷ κατακλυσμῷ τὰ τῶν ἀνθρώπων πλήθη διέφθειρε. Τί ἤσθιεν ἐν τῇ κιβωτῷ τὰ θηρία. Πῶς νοητέον τὸ, ἐμνήσθη Κύριος τοῦ Νῶε. Τί ἐστιν ὠσφράνθη Κύριος ὀσμὴν εὐωδίας. Τίνος χάριν ἀπαγορεύει τοῦ αἵματος τὴν μεταβολήν. Διατί δὲ ὅλως τὴν χρεωφαγίαν ἐνομοθέτησε. Τίνος ἕνεκα μὴ ἐπέμφθη Νῶε μέθῃ περιπεσών. Τοῦ νόμου μηδέπω τεθέντος, ὃς διαγορεύει τιμᾷν τὸν πατέρα καὶ τὴν μητέρα, πῶς ὁ Χὰμ, ὡς πατραλοίας κρίνεται. Τί δήποτε εἰποῦσα ἡ γραφή, καὶ ἦσαν οἱ υἱοὶ Νῶε ἐξερχόμενοι ἀπὸ τῆς κιβωτοῦ Σὴμ, Χὰμ, Ἰάφεθ, προσέθηκε καὶ Χὰμ αὐτὸς πατὴρ Χαναάν, εἰ γὰρ ἐχρῆν μνημονεῦσαι τῶν υἱῶν, ἔδει πάντων καὶ μὴ μόνου Χαναάν, ὁ Χαναὰν καὶ αὐτὸς ἀσεβὴς ἐγένετο, ὡς ἡ ἱστορία δηλοῖ. Τί δήποτε τοῦ Χὰμ ἐπταικότος, ὁ ἐκείνου παῖς ἐδέξατο τὴν ἀράν. Τὴν ἄσφαλτον τινὲς τῶν διδασκάλων ἔφασαν ἄσβεστον εἶναι. Ποῖα γλῶσσα ἀρχαιοτέρα. Ἡ οὖν ἑβραῖα πόθεν ἤρξατο. Τίνες φασὶ τῇ Σάῤῥᾳ μιγῆναι τὸν Φαραώ. Καὶ τίνος ἕνεκεν ἐνταῦθα μὲν ἐσίγησεν ἡ γραφὴ τὸ φυλαχθῆναι τὴν Σάῤῥαν ἀλώβητον, ἐν δὲ τῷ κατὰ τὸν Ἀβιμέλεχ διηγήματι, σαφῶς τοῦτο δεδήλωκεν. Ὁ Μελχισεδὲκ πόθεν κατῆγε τὸ γένος. Πῶς Ἀβραὰμ πιστὸς ὀνομάζεται εἰρηκὼς τῷ Θεῷ κατὰ τί γνώσομαι τοῦτο, ὅτι κληρονομήσω αὐτήν. Διατί δὲ τυθῆναι προσέταξε δάμαλιν τριετίζοντα, καὶ κριὸν τριετίζοντα, καὶ τὰ ἐξῆς. Πολλοὶ τῶν ἀκολάστων ἀφορμὴν εἰς λαγνείαν λαμβάνουσι τὸν πατριάρχην Ἀβραὰμ πολλακὴν ἐσχηκότα. Τί δήποτε περιτμηθῆναι αὐτὸν προσέταξεν ὁ

Θεός. Ἡ θεία λέγει γραφὴ ὅτι ἔφαγον οἱ ἄγγελοι ἐν τῇ σκηνῇ τοῦ Ἀβραάμ. Διατί ὁ Λὼτ οὐκ ἐνεκλήθη ταῖς θυγατράσι μιγείς. Τί δήποτε ὁ Θεὸς οὐκ ἐκώλυσε τὴν παράνομον μίξιν. Ὠμὸν ἄγαν εἶναι δοκεῖ τὸ νέον ὄντα τὸν Ἰσμαὴλ ἐξελθεῖν τῆς πατρικῆς οἰκίας μετὰ μονῆς τῆς μητρός, καὶ τοῦ ἀσκοῦ τοῦ ὕδατος. Εἰ πάντα ὁ Θεὸς προγινώσκει, τίνος ἕνεκα τὸν Ἀβραὰμ ἐπείρασεν. Τί ἐστι, θὲς τὴν χεῖρά σου ὑπὸ τὸν μηρόν μου. Διατί τῶν πατριαρχῶν αἱ γυναῖκες σεῖραι, καὶ γὰρ Σάρρα σεῖρα καὶ ἡ Ῥεβέκκα, ὡσαύτως καὶ ἡ Ῥαχιὴλ, καὶ μέντοι καὶ ἡ Λεῖα, ἰδὼν γάρ φησι Κύριος ὅτι μισεῖται ἡ Λεῖα, ἤνοιξεν αὐτῆς τὴν μήτραν. Διὰ τίνος μαθεῖν ἠθέλησεν ἡ Ῥεβέκκα τὰ περὶ τῶν κυοφορουμένων παιδίων (1). Τίνος ἕνεκεν ὁ Ἰσαὰκ τῷ Ἠσαῦ δοῦναι τὴν εὐλογίαν ἠβούλετο. Πόθεν ἡ Ῥεβέκκα τεθάρρηκεν, ὅτι τεύξεται τῆς εὐλογίας ὁ Ἰακώβ, καὶ οὕτω τεθάρρηκεν ὡς εἰπεῖν ἐπ᾽ ἐμὲ ἡ κατάρα σου τέκνον, μόνον ἐπάκουσον τῆς φωνῆς μου. Τί δήποτε τῷ Ἰσαὰκ τὸ βούλημα τὸ οἰκεῖον οὐκ ἀπεκάλυψεν ὁ Θεός. Εἶτα οὐ δοκεῖ ψεύδεσθαι ὁ Ἰακὼβ εἰπών, ἐγώ εἰμι Ἠσαῦ ὁ πρωτότοκός σου. Τίς δὲ τῆς εὐλογίας ἡ ἑρμηνεία. Τί δήποτε τοσαύτας εὐλογίας λαβὼν ὁ Ἰακώβ, ἀποδιδράσκει τὸν ἀδελφόν, καὶ μόνος ἀποδημεῖ τῶν ἀναγκαίων ἐστερημένος. Διατί τὸν λίθον ἀλείφει ὁ Ἰακώβ. Πολλοὶ πρόφασιν ἀκολασίας ποιοῦνται τὸ τέτταρας ἐσχηκέναι γυναῖκας τὸν Ἰακώβ. Τίνος χάριν αἱ γυναῖκες ἐζηλοτύπουν ἀλλήλαις. Διατί ἡ γραφὴ μέμνηται τύχης. Ἀλλὰ καὶ αὐτὸς ὁ Ἰακὼβ ἔφη τῷ Λάβαν, εὐλόγησέ σε Κύριος ἐπὶ τῷ ποδίμου. Τίνος ἕνεκεν τὰς ῥάβδους λεπίσας πίνουσιν ἔθηκε τοῖς προβάτοις. Τίς σκοπὸς τῆς τῶν εἰδώλων κλοπῆς. Τί ἐστιν ὤμοσεν Ἰακὼβ κατὰ τοῦ φόβου τοῦ πατρὸς αὐτοῦ Ἰσαάκ. Τίνος ἕνεκεν παλαίει τῷ Ἰακὼβ ὁ ἄγγελος. Ὁ Ἰὼβ πόθεν κατάγει τὸ γένος. Διατί ἐφθόνησαν τῷ Ἰωσὴφ οἱ ἀδελφοὶ αὐτοῦ. Τί δήποτε ἡ Θάμαρ ἑταιρικὸν σχῆμα περιθεμένη, τὸν κηδεστὴν ἐξηπάτησε. Τίνος ἦν μήνυμα τὸ κατὰ τὴν εὐσέβειαν εἰρηκέναι τὸ ἡτύχηκα, πῶς ὁ ἱστοριογράφος τὰ κατὰ τὸν Ἰωσὴφ συγγράφων,

(1) Add. marg. : *Deest quæstio una.*

εἶπε τὸ, ἦν ἀνὴρ ἐπιτυγχάνων. Πῶς εὐνοῦχος ὢν ὁ ἀρχι-
μάγειρος γυναῖκα εἶχε. Τίνος ἔνεκεν χρόνου τοσούτου
διεληλυθότος, οὔτε Ἰωσὴφ τῷ πατρὶ τὴν δουλείαν ἐγνώρισεν,
οὔτε ὁ Θεὸς δι᾽ ἀποκαλύψεως ἐδήλωσε τοῦτο τῷ Ἰακώβ.
Οὐκοῦν οὐκ ἐξήμαρτον οἱ ἀδελφοὶ οἰκονομίᾳ γὰρ ὑπούργησαν
θείᾳ. Τίνος χάριν εὐθὺς ὀφθεῖσι τοῖς ἀδελφοῖς ὠμότερον
προσηνέχθη. Τίνα ἑρμηνείαν ἔχει τὸ ψομ., θομ., φανεχ.
Τίνος ἔνεκεν τὸν δεύτερον, καὶ οὐ τὸν πρῶτον τῶν ἀδελφῶν
καθειρχθῆναι προσέταξε. Διατί τῷ Ῥουβὶν οὐκ ἐθάρρησε
τὸν Βενιαμὴν ὁ πατήρ. Τί ἐστιν οἰωνισμῷ οἰωνίζει ἐν αὐτῷ.
Τί δήποτε τὸ κατὰ τὸ κόνδυ κατεσκεύασε δρᾶμα. Τί δήποτε
καὶ τὰ κτήνη τῶν Αἰγυπτίων καὶ τὴν γῆν προσεπόρισε τῷ
βασιλεῖ Φαραώ. Διατί ὁ Ἰακὼβ τὸ σῶμα αὐτοῦ εἰς τὴν
Χεβρὼν κελεύει ταφῆναι. Τί ἐστι προσεκύνησεν Ἰσραὴλ ἐπὶ
τὸ ἄκρον τῆς ῥάβδου αὐτοῦ. Πῶς εὐλογῆσαι λέγεται τοὺς
παῖδας ὁ Ἰακὼβ ἐνίοις ἐπαρασάμενος.

Εἰς τὴν Ἔξοδον.

Πῶς νοητέον τὸ χυδαῖοι ἐγένοντο. Τί ἐστιν ἐπειδὴ ἐφο-
βοῦντο αἱ μαῖαι τὸν Θεὸν ἐποίησαν ἑαυταῖς οἰκίας. Πόθεν
ἔγνω τοῦ Φαραὼ ἡ θυγάτηρ, ὅτι Ἑβραῖον ἦν τὸ παιδίον.
Διατί ἀλλόφυλον γυναῖκα ἔγημεν ὁ Μωϋσῆς. Τινὲς φασὶν
ἄγγελον ὀφθῆναι τῷ Μωϋσῇ ἐν τῇ βάτῳ. Τί δηλοῖ τὸ τὴν
βάτον καίεσθαι καὶ μὴ κατακαίεσθαι. Διατί προσετάχθη ὁ
Μωϋσῆς τὸ ὑπόδημα λῦσαι. Προειδὼς ὁ Θεὸς τοῦ Φαραὼ
τὸ δυσπειθὲς τί δήποτε μὴ ἐξαρχῆς αὐτὸν ἐκόλασε. Διατί
πρῶτον σημεῖον δέδωκε τῆς ῥάβδου τὴν εἰς ὄφιν μεταβολήν.
Ἡ λέπρωσις τῆς χειρὸς τί δηλοῖ. Ὑπουργῷ κεχρημένος
Μωϋσῇ τῶν ὅλων ὁ Κύριος τί δήποτε ἰσχνόφωνον αὐτὸν διέ-
πλασε καὶ βραδύγλωσσον. Τὸ ἐγὼ σκληρυνῶ τὴν καρδίαν
Φαραὼ πῶι νοητέον. Διατί δὲ συνεχώρησεν ὁ Θεὸς ταῦτα
παθεῖν τὸν λαόν. Διατί ἠβουλήθη ὁ ἄγγελος ἀνελεῖν τὸν
Μωϋσῆν. Τί ἐστι καὶ τὸ ὄνομά μου οὐκ ἐδήλωσα αὐτοῖς.
Τί δήποτε τῆς τοῦ Ἀαρὼν γυναικὸς οὐ τὸν πατέρα μόνον,
ἀλλὰ καὶ τὸν ἀδελφὸν δῆλον ἡμῖν πεποίηκε. Πῶς ἐγένετο
τοῦ Φαραὼ Θεὸς ὁ Μωϋσῆς. Τί δήποτε συνεχώρησεν ὁ Θεὸς
τοῖς φαρμάκοις ταῦτα δρᾶσαι τῷ Μωϋσῇ. Τί δήποτε πρώτην
αὐτὴν τὴν τοῦ ὕδατος ἐπήγαγε πληγήν. Εἰ ὅλον τὸ ὕδωρ

εἰς αἷμα μετεβλήθη, πῶς ἐποίησαν οἱ ἐπαοιδοὶ τῶν Αἰγυπτίων τοῖς φαρμακείαις αὐτῷ ὡσαύτως. Τί δήποτε μέλλων ἐπιφέρειν τὸν χάλαζαν παρηγγύησεν αὐτοῖς εἰς τοὺς οἴκους τὰ κτήνη συναγαγεῖν. Διατί τὰ τῶν Αἰγυπτίων ἀνεῖλε πρωτότοκα. Αἰτιῶνταί τινες τὸ προστεταχέναι τὸν Θεὸν τοῖς Ἑβραίοις αἰτῆσαι τοὺς Αἰγυπτίους σκεύη χρυσᾶ καὶ ἀργυρᾶ, καὶ ἐσθῆτας, καὶ σκυλεῦσαι τοὺς Αἰγυπτίους, οὕτω γὰρ ὁ Σύμμαχος τὸ σκευάσασθαι ἡρμήνευσε. Διατί φεύγουσιν ἐπιτελέσαι προσέταξε τὴν τοῦ Πάσχα ἑορτήν. Τινὲς φασὶν εἰς δώδεκα διαιρέσεις διαιρεθῆναι τὴν θάλασσαν καὶ ἑκάστην φυλὴν καθ' ἑαυτὴν διαβῆναι, καὶ τοῦτο νομίζουσι τὸν μακάριον εἰρηκέναι Δαυὶδ τῷ καταδιελόντι τὴν Ἐρυθρὰν θάλασσαν εἰς διερέσεις. Ποῖον τὸ ξύλον τὸ γλυκάναν ἐν τῇ μέρρᾳ τὸ ὕδωρ. Πῶς νοητέον τὸ ὑπὸ τοῦ ἀποστόλου εἰρημένον πάντες εἰς τὸν Μωϋσῆν ἐβαπτίσθησαν ἐν τῇ νεφέλῃ καὶ ἐν τῇ θαλάσσῃ, καὶ πάντες τὸ αὐτὸ βρῶμα πνευματικὸν ἔφαγον καὶ πάντες τὸ αὐτὸ πόμα πνευματικὸν ἔπιον, ἔπινον γὰρ ἐκ πνευματικῆς ἀκολουθούσης πέτρας, ἡ δὲ πέτρα ἦν ὁ Χριστός. Διατί πέτρα ὁ Χριστὸς ὠνομάσθη. Διατί ἄρτον ἀγγέλων τὸ μάννα προσηγόρευσεν ὁ προφήτης. Διατί μάννα ἐκλήθη. Διατί τὸ καταλειφθὲν εἰς τὴν ὑστεραίαν τοῦ μάννα διεφθάρη. Διατί ἐν τοῖς σάββασιν οὐ παρέσχε τὸ μάννα. Ποίοις ὅπλοις ἐχρῶντο τῷ Ἀμαλὴκ πολεμοῦντες. Διατί τῶν Μωϋσῆ χειρῶν ἐκτεταμένων, ἐνίκα Ἰσραήλ, καθιεμένων δὲ ἡττᾶτο. Τί ἐστιν ἔσεσθέ μοι λαὸς περιούσιος ἀπὸ πάντων τῶν ἐθνῶν, ἐμὴ γάρ ἐστι πᾶσα ἡ γῆ. Τί δήποτε οὐ μόνον ἁγνισθῆναι, ἀλλὰ καὶ πλῦναι τὰ ἱμάτια προσετάχθησαν, ἡνίκα τὸν νόμον ἐδέχοντο. Πῶς νοητέον τὸ, οὐκ ἔσονταί σοι θεοὶ ἕτεροι πλὴν ἐμοῦ. Εἴδωλον καὶ ὁμοίωμα ποίαν ἔχει διαφοράν. Τί τὸ, ὁ Θεὸς ζηλωτής ἐστι. Πῶς τὸ δίκαιον σώζεται τῶν παίδων ὑπὲρ τῶν πατέρων κολαζομένων. Τί ἐστιν οὐ λήψῃ τὸ ὄνομα Κυρίου τοῦ Θεοῦ σου ἐπὶ ματαίῳ. Διατί τὸ σάββατον τῇ ἀργείᾳ τετίμηκε. Καὶ διατί μὴ ἐν ἄλλῃ ἡμέρᾳ τοῦτο γενέσθαι προσέταξε. Τί ἐστιν, ἐὰν δὲ θυσιαστήριον ἐκ λίθων ποιήσῃς μοι, οὐκ οἰκοδομήσετε αὐτοὺς τμητούς, τῷ γὰρ ἐγχειριδίῳ ᾧ ἐπιβέβηκας ἐπ' αὐτῷ μεμίανται. Διατί τοῦ Ἑβραίου τοῦ τὴν ἐλευθερίαν δέξασθαι μὴ βουλομένου,

διατρηθῆναι τὸ ὠτίον προσέταξε. Διατί πρόσκειται καὶ
δουλεύσει αὐτῷ εἰς τὸν αἰῶνα δήλης οὔσης τῆς ἀνθρωπίνης
ζωῆς. Τὸν ἀκουσίως πεφονευκότα, διατί φεύγειν παρακε-
λεύεται. Τί ἐστιν ἐξεικονισμένον. Διατί τὸν κερατιστὴν
ταῦρον ἀναιρεῖσθαι κελεύει. Διατί ὁ μόσχον κεκλοφὼς πεν-
ταπλάσια ἐκτείνειν ἐκελεύσθη, ὁ δὲ πρόβατον τετραπλάσια.
Πῶς νοητέον τὸ, θεοὺς οὐ κακολογήσεις. Τίνος ἕνεκεν
θηριάλωτα κρέα ἐσθίειν ἀπαγορεύει. Τί ἐστιν, οὐκ ὀφθήσῃ
ἐνώπιον Κυρίου Θεοῦ σου κενός. Ποῖα ἐστὶν ἑορτὴ ἡ τοῦ
θερισμοῦ τῶν πρωτογενημάτων, καὶ ποία ἑορτὴ συντελείας
ἐπ᾽ ἐξόδῳ τοῦ ἐνιαυτοῦ. Τί ἐστιν, οὐ θύσεις ἐπὶ ζύμῃ αἷμα
θυσιάσματός μου. Πῶς νοητέον τὸ, οὐχ ἑψήσεις ἄρνα ἐν
γάλακτι μητρὸς αὐτοῦ. Πῶς νοητέον, τὸν ἀριθμὸν τῶν ἐτῶν
σου ἀναπληρώσω. Τί ἐστιν ἀποστελῶ τὰς σφηκίας προτέρας
σου. Πῶς ἐπαγγειλάμενος ὁ Θεὸς μέχρι τοῦ Εὐφράτου
ποταμοῦ παραδώσειν αὐτοῖς τὴν γῆν οὐκ ἐπλήρωσε τὴν
ὑπόσχεσιν. Τὴν σκηνὴν τί δήποτε γενέσθαι προσέταξεν.
Διατί οἱ ἱερεῖς τοῖς ἱερείοις τὰς χεῖρας ἐπιτιθέντες οὕτως
ἱέρευον. Τί ἐστιν εἰς ὀσμὴν εὐωδίας, κάρπωμα ἐστὶ τῷ
Κυρίῳ (1). Τί ἐστι τὸ ἵν. Περὶ τῶν σαββάτων νομοθέτων
ἔφη, ἔστι γὰρ σημεῖον ἀναμέσον ἐμοῦ καὶ τῶν υἱῶν Ἰσραὴλ,
εἰς τὰς γενεὰς ὑμῶν, πῶς οὖν τοῦτο νοήσομεν. Τί δήποτε
ὁ Ἀαρὼν τῷ λαῷ τὸν μόσχον διέγλυψε. Πῶς νοητέον τὸ,
καὶ νῦν ἔασόν με καὶ θυμωθεὶς ὀργῇ εἰς αὐτοὺς ἐκτρίψω
αὐτοὺς καὶ ποιήσω σε εἰς ἔθνος μέγα. Διατί τὰς πλάκας
συνέτριψε. Τί σημαίνει τὸ κάλυμμα τὸ ἐπιτεθὲν τῷ προ-
σώπῳ τοῦ νομοθέτου. Πόθεν εἶχον τὰ ξύλα τὰ ἄσηπτα.
Ποίου χαρίσματος οἱ περὶ τὸν Βεσελεὴλ ἔτυχον. Διατί τῇ
νουμηνίᾳ τοῦ πρώτου μηνὸς στῆσαι τὴν σκηνὴν προσέταξεν
ὁ Θεός.

Εἰς τὸ Λευιτικόν.

Τίνος ἕνεκεν τὰς θυσίας προσέταξε προσφέρεσθαι ὁ Θεός.
Τί ἐστι ψυχὴ ἢ ἐὰν λάθῃ αὐτὴν λήθη καὶ ἁμάρτῃ ἀκουσίως
ἀπὸ τῶν ἁγίων Κυρίου. Διατί τοῦ ἱερέως τὴν θυσίαν ὁλο-
καυτοῦσθαι προσέταξε. Διατί ἐν τῷ τόπῳ τῶν ὁλοκαυτω-

(1) Add. marg. : *Deest una.*

μάτων καὶ τὰς περὶ ἀμαρτίας θυσίας ἱερευον. Τί ἐστιν, ὁ ἁπτόμενος τῶν κρεῶν αὐτῶν ἁγιασθήσεται. Διατί μετὰ τὴν τρίτην ἡμέραν οὐ κελεύει τῶν ἱερῶν ἐσθίειν, τῷ δὲ παραβαίνοντι τὸν νόμον ἐπιφέρει ζημίαν ἄθυτον εἶναι λέγων τὴν θυσίαν ἐκείνην (1). Διατί αἵματι καὶ ἐλαίῳ καὶ τὴν ἀκοὴν τοῦ ἱερέως τὴν δεξιὰν ἔχρ<iε, καὶ τὴν χεῖρα τὴν δεξιὰν, καὶ τὸν πόδα ὡσαύτως. Πῶς νοητέον τὸ πῦρ τὸ ἀλλότριον. Διατί τοὺς ἱερέας οἴνου κωλύει μεταλαμβάνειν. Τί σημαίνει τὸ διχηλοῦν καὶ μηρυκόμενον (2). Διατί τὴν τεκοῦσαν ἄρρεν τεσσαράκοντα ἡμέρας ἀκάθαρτον εἶναι φησὶ, θῆλυ δὲ δὶς τοσαύτας. Τί βούλεται ὁ περὶ τῆς λέπρας νόμος. Διατί τὸν ὅλον λεπρὸν γενόμενον, καθαρὸν ὀνομάζει. Διατί τοῦ λεπροῦ ἀκάλυπτον εἶναι κελεύει τὴν κεφαλήν. Πῶς ἐν τοῖς ἱματίοις λέπρα ἐγένετο. Τί σημαίνει τὰ δύο ὀρνίθια τὰ ὑπὲρ τοῦ καθαριζομένου προσφερόμενα. Διατί τὸν γονορροιῇ ἀκάθαρτον ὀνομάζει. Διατί τὴν τὸ περιττὸν τοῦ αἵματος κατὰ φύσιν ἐκκρίνουσαν, ἀκάθαρτον ὀνομάζει (3). Τίνες μέμφονται ταῖς περὶ τὸν γάμον νομοθεσίαις, λέγοντες ἀπαγορεῦσαι τὸν Θεὸν τὰ μηδαμῇ μηδαμῶς γεγενημένα, τίς γάρ φασιν ἠνέσχετο τῇ ἑαυτοῦ μιγῆναι μητρὶ ἢ τίς ποτὲ συνεγένετο κτήνει. Τί ἐστιν, ἀπὸ τοῦ σπέρματός σου οὐ δώσεις λατρεύειν ἄρχοντι, καὶ οὐ βεβηλώσεις τὸ ὄνομά μου τὸ ἅγιον λέγει Κύριος (2). Πῶς νοητέον, τὰ κτήνη σου οὐκ ἀποχεύσεις ἑτέρῳ ζυγῷ, καὶ ἀμπελῶνα σου οὐ κατασπερεῖς διάφορον, καὶ ἱμάτιον ἐκ δύο ὑφασμένον κίβδηλον οὐκ ἐπιβαλεῖς ἑαυτῷ. Τί ἐστιν, οὐ ποιήσετε σισώην τῆς κόμης τῆς κεφαλῆς ὑμῶν, φθειρεῖτε τὴν ὄψιν τοῦ πώγονος ὑμῶν, καὶ ἐντομίδας ἐπὶ ψυχῇ, οὐ ποιήσετε τῷ σώματι ὑμῶν, καὶ γράμματα στικτὰ οὐ ποιήσετε ἐν ὑμῖν (4). Τίνος χάριν τοῖς ἱερεῦσι διαφερόντως περὶ τὸν γάμον νομοθετεῖ. Διατί τὰ πρωτότοκα τῶν θρεμμάτων μετὰ τὴν ὀγδόην ἡμέραν προσφέρεσθαι διηγόρευσεν. Τί ἐστί, πεφρυγμένα νέα χίδρα οὐ φάγεσθε ἕως ἂν προσενέγ-

---

(1) Add. marg. : *Deest una.*
(2) Add. marg. : *Desunt duæ.*
(3) Add. marg. : *Desunt duæ.*
(4) Add. marg. : *Deest una.*

κητε ὑμεῖς τὰ δῶρα τῷ Θεῷ ὑμῶν. Πῶς νοητέον τὸ, ὃς ἂν καταράσηται Θεὸν, ἁμαρτίαν λήψεται, ὀνομάζων δὲ τὸ ὄνομα Κυρίου, θανάτῳ θανατούσθω. Διατί ὀφθαλμὸν ἀντὶ ὀφθαλμοῦ ἐκκόπτεσθαι καὶ ὀδόντα ἀντὶ ὀδόντος, καὶ ὅσα τοιαῦτα προσέταξεν. Διατί τῷ ἑβδόμῳ ἔτει σπεῖραι τὴν γῆν ἀπαγορεύει. Τί ἐστι πέψουσι δέκα γυναῖκες τοὺς ἄρτους αὐτῶν ἐκ λιβάνων (1). Τί ἐστιν ὃς ἂν εὔξηται εὐχὴν, ὥστε δοῦναι τιμὴν τῆς εὐχῆς αὐτοῦ τῷ Κυρίῳ.

Εἰς τοὺς Ἀριθμούς.

Διατί προσέταξεν ἀριθμῆναι τὸν λαὸν ὁ Θεός. Διατί ἐλλάττων ἐστὶν ὁ τῶν λευϊτῶν ἀριθμός. Πῶς οὖν ἡ τοῦ Ἰούδα φυλὴ ὑπερέβαλε πάσας τὸν ἀριθμὸν καίτοι οὖσα βασιλική. Τίνα ἦν τὰ ἔργα τῶν ἱερέων καὶ τίνα τὰ τῶν λευϊτῶν. Τίνος ἕνεκεν προσέταξεν ὁ Θεὸς ἀριθμηθῆναι τοῦ λαοῦ τὰ πρωτότοκα (2). Τίνα καλεῖ ἀκάθαρτον ἐπὶ ψυχῇ. Καὶ τί δήποτε καὶ τοὺς λεπροὺς καὶ τοὺς γονοῤῥοιεῖς ἔξω τῆς παρεμβολῆς διάγειν ἐκέλευσεν. Τί ἐστιν ἀνὴρ ἢ γυνὴ, εἴ τις ποιήσοι ἀπὸ πασῶν τῶν ἁμαρτιῶν τῶν ἀνθρωπίνων. Διατί ἄλευρον κρίθινον ὑπὸ τῆς ὑποπτευομένης μοιχευθῆναι προσεκομίζετο. Τί ἐστιν, ὃς ἂν μεγάλως εὔξηται εὐχὴν ἀραγνίσασθαι ἁγνείαν τῷ Κυρίῳ (3). Διατί μετὰ πέμπτον καὶ εἰκοστὸν ἔτος μέχρι τοῦ πεντηκοστοῦ, λειτουργεῖν τοὺς λευίτας κελεύει (1). Πῶς νοητέον τὸ, σημασία σαλπιεῖτε ἐν τῇ ἐξάρξει ὑμῶν, καὶ ὅταν συναγάγητε τὴν συναγωγὴν σαλπιεῖτε καὶ οὐ σημασία (4). Τίνος χάριν εὐθὺς μὲν προβληθέντες οἱ ἑβδομήκοντα προεφήτευον, μετὰ δὲ ταῦτα οὐκέτι (1). Τίνα χρὴ νοῆσαι τὴν αἰθιόπισσαν γυναῖκα ἣν ἔλαβε Μωϋσῆς. Τί δήποτε τῶν δύο λελοιδορηκότων ἐκείνη δίκας ἔτισε μόνη (1). Τί δήποτε τὸν Ναυῆ ἡνίκα κατάσκοπον ἔπεμπεν ὁ Μωϋσῆς, Ἰησοῦν ἐκάλεσεν. Τίνα λέγει γενεὰν Ἐνάκ. Τί ἐστιν ἐμπλήσει ἡ δόξα Κυρίου πᾶσαν τὴν γῆν (5). Τί δήποτε περὶ τῶν αὐτῶν θυσιῶν πολλὰ νενομοθέτηκεν. Τί ἐστι, ψυχὴ ἥτις ποιήσει

(1) Add. marg. : *Deest una;* et corr. ἐκ λιβάνων in ἐν κλιβάνῳ..
(2) Add. marg. : *Deest una.*
(3) Add. marg. : *Deest una.*
(4) Add. marg. : *Desunt quatuor.*
(5) Add. marg. : *Deest una.*

ἐν χειρὶ ὑπερηφάνιαν. Διατί τὸν ἐν τῷ σαββάτῳ συλλέξαντα
ξύλα καταλευσθῆναι προσέταξε. Τί δήποτε προσέταξεν
αὐτοῖς ὁ Θεὸς τοῖς κρασπέδοις τῶν ἱματίων κλῶσμα ὑακίν-
θινον ἐπιθεῖναι (1). Διατί προσέταξεν ὁ Θεὸς τὰ τῶν θυσια-
στῶν πυρεῖα τῷ θυσιαστηρίῳ γενέσθαι περίθεμα. Πῶς νοητέον τὰ περὶ τῆς πυρρᾶς δαμάλεως διηγορευμένης (1). Τί
δήποτε ὀργίσθη τῷ Μωϋσῇ καὶ τῷ Ἀαρὼν ὁ δεσπότης Θεὸς
ἡνίκα τὸ ὕδωρ ἐκ τῆς πέτρας ἐξήγαγεν. Τί δήποτε διὰ τοῦ
χαλκοῦ ὄφεως θεραπεύεσθαι προσέταξεν ὁ Θεὸς τὰ τῶν ὄφεων
δήγματα. Εἰ μάντις ἦν ὁ Βαλαάμ, τί δήποτε τὸν Κύριον
ἠρώτα. Τίνος χάριν κελεύσας αὐτῷ μὴ ἀπελθεῖν πάλιν
ἐκέλευσεν ἀπελθεῖν. Διατί κελεύσας ἀπελθεῖν, διὰ τοῦ
ἀγγέλου τὴν πορείαν κωλύει. Καὶ ποίαν ἰσχὺν εἶχεν ἡ τοῦ
μάντεως ἀρὰ μὴ βουλομένου Θεοῦ. Τί ἐστιν, ὡς δόξαν
μονοκέρωτος αὐτῷ (2). Τί δήποτε μαρτυρήσας ὁ δεσπότης
Θεὸς τῷ Ἰησοῦ ὅτι ἔχει πνεῦμα Θεοῦ ἐν αὐτῷ προσέταξε
Μωϋσῇ ἐπιθεῖναι αὐτῷ τὰς χεῖρας (3). Τί δήποτε τῷ ἀκουσίως πεφονευκότι, μετὰ τὴν τοῦ ἀρχιερέως τελευτήν, ὁρίζει
τὴν κάθοδον. Τίνος χάριν τὰς φυλὰς διακεχρεῖσθαι προσέταξε.

Εἰς τὸ Δευτερονόμιον.

Διατί τὸ πέμπτον βιβλίον τοῦ νομοθέτου Δευτερονόμιον
ἐκλήθη. Πῶς νοητέον τὸ, ἄκουε Ἰσραὴλ Κύριος ὁ Θεός σου
εἷς ἐστι. Τί ἐστι τὸ, ἀγαπήσεις Κύριον τὸν Θεόν σου ἐξ ὅλης
τῆς καρδίας σου. Τί δήποτε καὶ τοῦ Θεοῦ ὀμνύναι διαγορεύει
ὁ νόμος. Πῶς νοητέον τὸ, οὐκ ἐκπειράσεις Κύριον τὸν Θεόν
σου. Τί δήποτε ἀπαγορεύει ὁ νόμος τὰς πρὸς τὰς ὁμόρους
ἀλλοφύλους ἐπιγαμβρίας. Τίνας λέγει υἱοῦς Ἐνάκ. Πῶς
νοητέον, ὁ γὰρ Κύριος ὁ Θεὸς ὑμῶν οὗτος θεὸς τῶν θεῶν καὶ
κύριος τῶν κυρίων. Πῶς νοητέον, οὐ ποιήσετε πάντα ἃ
ἡμεῖς ποιοῦμεν ὧδε σήμερον, ἕκαστος τὸ ἀρεστὸν ἐναντίον
αὐτοῦ. Τὰς δεκάτας τοῖς ἱερεῦσι νομοθετήσας, πῶς ἔφη, οὐ
δυνήσῃ φαγεῖν ἐν ταῖς πόλεσί σου τὰ ἐπιδέκατα τοῦ σίτου σου,

(1) Add. marg. : *Desunt duæ.*
(2) Add. marg. : *Desunt tres.*
(3) Add. marg. : *Desunt duæ.*

καὶ τοῦ οἴνου σου, καὶ τοῦ ἐλαίου σου. Τί δήποτε συνεχῶς ἀπαγορεύει τὴν τοῦ αἵματος βρῶσιν. Ἐκ ποίας δυνάμεως ὁ τὰ ἐναντία διδάσκων προφήτης θαυματουργεῖ. Τί ἐστιν, οὐ φοβήσετε, καὶ οὐκ ἐπιθήσετε φαλάκρωμα ἀναμέσον τῶν ὀφθαλμῶν ὑμῶν ἐπὶ νεκρῷ. Διατί τὸ πεπρωμένον πρωτότοκον ἀπαγορεύει προσφέρειν (1). Τί ἐστι δικαίως τὸ δίκαιον διώξετε. Τί ἐστιν, ἐὰν ἀδυνατήσῃ ἀπὸ σοῦ ῥῆμα ἐν κρίσει ἀναμέσον αἵματος καὶ ἀναμέσον κρίσεως, καὶ ἀναμέσον ἁφῆς καὶ τὰ ἑξῆς. Τί δήποτε κελεύει τὸν ἄρχοντα ἵππους μὴ πληθύνειν. Διατί τὴν αἰχμάλωτον θρηνεῖν τοὺς οἰκείους κελεύει ῥητὸν ἡμερῶν ἀριθμὸν, εἶθ' οὕτως συναφθῆναι τῷ ταύτην ἀνδραποδίσαντι. Διατί κοινὴν εἶναι βούλεται τὴν τῶν γονέων κατηγορίαν κατὰ παιδὸς γιγνομένην. Τί δήποτε τὸν νεοττοὺς ὀρνιθῶν εὑρηκότα τούτους μὲν κελεύει λαβεῖν τοὺς δὲ γεγενηκότας ἀφεῖναι. Τίνος χάριν στεφάνην τῷ δώματι γενέσθαι παρεκελεύσατο. Τί ἐστιν, οὐ κατασπερεῖς τὸν ἀμπελῶνα σου διάφορον, ἵνα μὴ ἁγιασθῇ τὸ γέννημα καὶ τὸ σπέρμα ὃ ἂν σπείρῃς μετὰ τοῦ γεννήματος τοῦ ἀμπελῶνος σου. Διατί τῷ μοιχῷ παραπλησίως κολάζεσθαι κελεύει τὸν φθείροντα ἄλλω μεμνηστευμένην. Διατί τὸν θλαδίαν καὶ τὸν ἐκτομίαν εἰσελθεῖν εἰς ἐκκλησίαν ἀπαγορεύει. Τί δήποτε τὴν πρὸς Μωαβίτας καὶ Ἀμμανίτας ἐπιμιξίαν κωλύει, οὐ κατὰ ῥητόν τινα χρόνον, ἀλλ' ἕως εἰς τὸν αἰῶνα (1). Τίνα ἐστὶ, τὰ ἐκπορεύομενα διὰ τῶν χειλέων σου φυλάξῃ. Τί δήποτε τοῦ Θεοῦ κελεύσαντος τεσσαράκοντα λαμβάνειν τὸν πλεμμελήσαντα παρὰ μίαν πληγὴν ἐπιφέρουσιν Ἰουδαῖοι. Τί ἐστιν οὐ φιμώσεις βοῦν ἀλλοῶντα. Τί δήποτε ὁπίλεσθαι κελεύει τὸν τοῦ ἄπαιδος ἀδελφοῦ τὴν γυναῖκα μὴ βουλόμενον γῆμαι. Διατί πανωλεθρία κελεύει παραδοῦναι τὸν Ἀμαλήχ. Τί δήποτε κατάραις αὐτοὺς καὶ εὐλογίαις ὑπέβαλε (2). Πῶς νοητέον τὸ, οὐκ ἔδωκε Κύριος ὁ Θεὸς ὑμῶν καρδίαν εἰδέναι, καὶ ὀφθαλμοὺς βλέπειν, καὶ ὦτα ἀκούειν, ἕως τῆς ἡμέρας ταύτης. Πῶς νοητέον τὸ, ἐάν τις ἀκούσῃ τὰ ῥήματα τῆς ἀρᾶς ταύτης, καὶ ἐπιφημίσηται ἐν τῇ καρδίᾳ αὐτοῦ λέγων

(1) Add. marg. : *Deest una.*
(2) Add. marg. : *Desunt duæ.*

ὅσιά μοι γένοιτο ὅτι ἐν τῇ ἀποπλανήσει τῆς καρδίας μου πορεύσομαι. Τί δήποτε μετὰ ἑπτὰ ἔτη πφοσέταξεν ὁ νομο-θέτης ταύτην αὐτοῖς ἀναγνωσθῆναι τὴν βίβλον. Διατί τὸν οὐρανὸν καὶ τὴν γῆν διαμαρτύρεσθαι προσετάχθη. Πῶς νοητέον τὸ, ἐγὼ παραζηλώσω ὑμᾶς ἐπ' οὐκ ἔθνει, ἐπ' ἔθνει ἀσυνέτῳ παροργιῶ ὑμᾶς. Πῶς νοητέον τὸ, εὐφρανθήσεται ἔθνη μετὰ τοῦ λαοῦ αὐτοῦ καὶ ἐνισχυσάτωσαν αὐτοὺς πάντες ἄγγελοι Θεοῦ. Τί δήποτε διὰ σμικρὰν πλημμέλειαν πόρ-ρωθεν ἰδεῖν ὁ Μωϋσῆς προσετάχθη τὴν γῆν, εἰσαγαγεῖν δὲ τὸν λαὸν ἐκωλύθη. Πῶς νοητέον τὰς τῶν φυλῶν εὐλογίας. Τίνος χάριν ἔσχατον ὄντα τέταρτον ἔταξε τὸν Βενιαμίν. Τί δήποτε τὸν Συμεὼν οὐκ εὐλόγησε.

Εἰς τὸν Ἰησοῦν τὸν Ναυῆ.

Τί δήποτε ὑποσχόμενος ὁ Θεὸς πάντα τόπον δώσειν αὐτοῖς, οὗ ἂν ἐπιβῶσι τῷ ἴχνει τῶν ποδῶν αὐτῶν, καὶ τὴν ἔρημον, καὶ τὸν ἀντιλίβανον ἕως τοῦ ποταμοῦ τοῦ μεγάλου Εὐφράτου, οὐκ ἐπλήρωσε τὴν ὑπόσχεσιν. Πῶς νοητέον τὸ, περιέτεμεν τοὺς υἱοὺς Ἰσραὴλ ἐκ δευτέρου. Διατί μαχαίραις αὐτοὺς πετρίναις περιτμηθῆναι προσέταξε. Τίνα νοητέον τὸν ἀρ-χιστράτηγον τῆς δυνάμεως Κυρίου (1). Τί δήποτε ἀλλόφυλος οὖσα ἡ Ῥαὰβ κατῴκισεν ἐν τοῖς υἱοῖς Ἰσραὴλ, ὡς ἱστορία διδάσκει. Τί ἐστιν, ἐν τῷ πρωτοτόκῳ αὐτοῦ θεμελιώσει αὐτὴν, καὶ ἐν τῷ ἐλαχίστῳ ἐπιθήσει τὰς πύλας αὐτοῦ. Τί δήποτε τοῦ Ἄχαρ κεκλοφότος, ἅπας ὁ λαὸς ἐπαιδεύθη. Διατί προσέταξεν ὁ Θεὸς προλοχῆσαι τὴν γαί. Τίνες ὠμό-τητα τοῦ προφήτου κατηγοροῦσιν ὅτι καὶ πάντας ἄρδην ἀνῇρει, καὶ τοὺς βασιλέας ἐσταύρου (2). Τί ἐστι τὸ, οὐχὶ αὐτὸ γέγραπται ἐπὶ βιβλίον τὸ εὑρεθέν (2). Διατί τοῖς μὲν Μωϋσῆς διανέμει τοὺς κλήρους τῆς γῆς, τοῖς δὲ Ἰησοῦς (2). Τίνος ἕνεκα τοῖς ἄλλοις διανείμας τὴν γῆν ὁ Ἰησοῦς, οὐκ ἀπένειμεν αὐτῷ κλῆρον, ἀλλὰ παρὰ τοῦ λαοῦ τὴν Θαμνασα-χὰρ ἐκομίσατο. Τί δήποτε τοῖς ἱερεῦσιν ἐν τῇ Ἰούδα φυλῇ, καὶ τῇ Βενιαμίν, καὶ τῇ Συμεὼν τὰς πόλεις ἀπένειμεν. Τί δήποτε τὸν λίθον στήσας εἴρηκεν, ὁ λίθος οὗτος ἔσται ὑμῖν

(1) Add. marg. : *Desunt duæ.*
(2) Add. marg. : *Deest una.*

εἰς μαρτύριον, ὅτι οὗτος ἀκήκοε πάντα τὰ λεχθέντα παρὰ Κυρίου, ἃ ἐλάλησε πρὸς ὑμᾶς σήμερον.

Εἰς τοὺς Κριτάς.

Εἰ κατ᾽ ἐκεῖνον τὸν καιρὸν ἀνάστατος Ἰερουσαλὴμ ἐγεγόνει, πῶς δεύτερον αὐτὴν βασιλεύων ὁ Δαυὶδ εἷλεν πολιορκίᾳ. Τί ἐστι δός μοι λύτρωσιν ὕδατος, καὶ λύτρωσιν μετεώρων, καὶ λύτρωσιν ταπεινῶν. Πόλιν φοινίκων ποίαν καλεῖ. Πῶς νοητέον τόδε τὸ χωρίον, ταῦτα τὰ ἔθνη ἀφῆκεν Ἰησοῦς ὥστε πειρᾶσαι ἐν αὐτοῖς τὸν Ἰσραὴλ πάντας τοὺς μὴ ἐγνωκότας, πάντας τοὺς πολεμίους Χαναὰν, πλὴν διὰ τὰς γενεὰς τῶν υἱῶν Ἰσραὴλ, τοῦ διδάξαι αὐτοὺς πόλεμον, πλὴν οἱ ἔμπροσθεν αὐτῶν οὐκ ἔγνωσαν αὐτά. Τί δήποτε γυνὴ προφητεύει. Καὶ τὰ ἑξῆς.

Βιβλίον κδ^{ον}.

Δημητρίου Λαμψακηνοῦ ἐξήγησις εἰς τὸν Διονύσιον τὸν περιηγητήν, μετ᾽ αὐτοῦ τοῦ κειμένου.

Βιβλίον κε^{ον}.

Μαξίμου τοῦ Πλανούδου γραμματική.

Βιβλίον κϛ^{ον}.

Σχόλια εἰς τρεῖς τραγῳδίας τοῦ Αἰσχύλου, ἤγουν εἰς Προμηθέα δεσμώτην, εἰς Ἑπτὰ ἐπὶ Θήβαις, καὶ εἰς Πέρσας. Ἀποσημειώσεις εἰς τὴν Ὀδυσσείαν.

Ταῦτα Κωνσταντῖνος Παλαιόκαππος ὁ Κυδωνιάτης γέγραφεν ἐν Λευκετίᾳ τῶν Παρισίων.

INDEX

APPENDICE

DÉDICACES DE CONSTANTIN PALÆOCAPPA

I

Illustrissimo principi Carolo, cardinali Lotharingo S. (1).

Cum frater meus e patria ad me venisset, Cardinale et princeps illustrissime, librum hunc secum attulit, quem ego jam pridem Apteræ, quæ urbs est Cretensium, ex quodam exemplari vetustissimo descripseram, usque adeo vetustate carioso putrique ut vix legi pos-set, mihique non humano, sed Apollinis plane ad divinandum ingenio opus esset. Verum cum certo scirem volumen rarissimum esse, nec usquam gentium facile inveniri posse, neque laboris neque pecuniæ rationem ullam habui dummodo describendi exemplaris mihi copia esset. Imo vero tanto magis ne cui rei parcerem me adhortabatur animus ut ejusmodi librum mihi compararem quanto majore eum rerum varietate, quæ quidem bomini christiano ex usu essent refertum esse viderem atque adeo esse veluti pharmacopolium omni remediorum et herbarum salubrium genere instructum,

---

(1) Ms. Suppl. grec 143, fol. 1-2 v°. *Recueil théologique.* — Les premiers et les derniers mots de cette épltre ont été publiés par P. Pulch dans l'*Hermes*, 1882, p. 189.

ex quo quisque cum ad ægritudines præcavendas, tum ad jam ægros curandos sumere omnia queat. Eo etiam libentius mihi transcribendum putavi quod dignum esse judicarem, qui principi alicui christianæ religionis studioso, nec non magno antistiti, fideique nostræ defensori aliquando offerretur, quod sane mihi ex animi sententia contingit. Nulli enim alii hæ res antiquæ tamque raræ magis conveniunt quam tibi, Mecœnas illustrissime, quem nemo non liberalissimum, principem christianum, antistitem maximum, custodem ecclesiæ vigilantissimum prædicat idque ob tuas divinas virtutes, qui non modo omnibus naturæ, animi, fortunæ dotibus præstantissimus es, verum etiam in omne mortalium genus incredibili benignitate ac munificentia. Hunc igitur librum, princeps omnium humanissime principum, eo vultu accipe, quo soles omnia, quæ ad rei christianæ salutem pertinent, et quo facilius in posterum alios per quam raros ex locis abditissimis eruere possim me tibi commendatum habeas.

Tuæ amplitudinis observantissimus

Constantinus Palæocappa Cydonius.

Εἰς τὸν ἐπιφανέστατον καὶ αἰδεσιμώτατον Κάρολον, πανιερώτατον καρδινάλιν Λοταριγγίας, δεσπότε ἡμέτερον, Κωνσταντίνου Παλαιόκαππα.

Ἦν ἔθος ὠγύγιον δαναοῖς καὶ ἔθνεσιν ἄλλοις
  Δωρεῖσθαι φιλικῶς πάντεσσιν εὐγενέσιν.
Νῦν δὲ ὁ μὲν κρύσταλλον, ὁ δ' ἄργυρον; ὅς δὲ τοπάζους
  Δωροῦν τ' εὐνοϊκῶς, οἷς ἄφενος τελέθει ·
5 Δῶρον ἐγὼ δὲ, πανόλβιε, τιμαλφέστερον ἔμμεν
  Πάντων ἡγοῦμαι τὸ ξύνεσιν παρέχον;
Ὅ, ψυχῶν ταμίαις μεγακυδέσιν ἀνδράσιν ἅδε,
  Καὶ τοῖς μυστοπόλοις, Χριστοφόρον τε φίλον.

Καὶ ὁ φάος βιότου καὶ κόσμου ἔπλετο κρηπὶς,

10   Δῶρον ἀληθὲς ἔην τηλεκλυτοῖσι τέδε

Ὡς τὸ παρὸν βιβλίον τελέθει, ὅπερ ἱερὰ κεύθει

Τῆς θεορημοσύνης δόγματα τῶν χαρίτων.

Δέλτος μέν γε δυσεύρετος οὖσα, τανῦν δ' ἀνέτειλεν

Ἑλλάδος ἐκ πυκινῆς, θεῖα κομιζομένη ·

15 Ὅσσα γάρ ἐστι τριφεγγοῦς ἐξετάσαι περὶ θείης

Μαργαρυγῆς τριάδος, πάντα διηγέεται.

Ἡ δ' ὅτι ἄρτος ὁ θυόμενος τοῖς μυστοπόλοισι

Σῶμα τέλειον ἔνι υἱέος ἀθανάτου.

Καὶ ὡς δεῖ τιμᾷν ἁγίων ἰνδάλματα πάντων

20   Λατρείας ἐκτὸς, ἄλλα κατὰ σχεσίας ·

Καὶ νεκύων ὕπερ εὔχεσθαι, ὀνίνησι γὰρ αὐτοὺς,

Καὶ ἃ φιλεῖ πίστις, δείκνυσιν ἀτρεκέα.

Τριχθὰ διαιρεῖται, τριάδος μυστήρια φαίνει,

Καὶ πολλῶν ἁγίων μαρτυρίας προσφέρει.

25 Νῦν διεπορθμεύθη Κρήτης μέγα κῦμα λιποῦσα,

Ἣν χεὶρ γράψεν ἐμὴ ἀπτέρα τῇ πόλει,

Ἔνθ' Ἑλικωνιάδεσσιν ἀγητῆς οὕνεκ' ἀοιδῆς,

Καὶ σειρῇσι μάχη ἔπλετο ἀμφοτέραις.

Σειρῆνες νικηθεῖσαι δ' ἀπέβαλλον ἔραζε

30   Τὰ πτερὰ τῶν ὤμων, κάππεσον ἐς πέλαγος.

Σειρῆνες τὸ πάλαν πτερόεσσαι, νῦν δέ τε νήκται

Βένθεσι ναίουσι τοῖς νεπόδεσσιν ἅμα.

Τοὔνεκ' ἐπωνυμίην πόλις Ἄπτερα ἔλλαχεν αὔτη,

Ὡς κεῖθι πτέρυγας βάλλον ἔραζε κόραι.

35 Κεῖθι μοι ἐγράφθη, νομίσαντ' ἄρχοντι μεγίστῳ

Ἀρχιερεῖ δοῦναι, ἢ βασιλεῖ στασίμῳ,

Ἢ θυσίας πέμποντι ἀναιμάκτους ἱερῇ

Πορφυρόεντι τινὶ χρώματι εὐσεβίης.

Ὄντως οὐχ ἀφαμαρτοεπὴς λόγος ἔπλεθ' Ὁμήρου.

40   Ἀλλ' ἀψευδὴς ἦν, ὡς ἐπὶ σοί γ' ἐφάνη

Ὡς μὲν ὅμοιον ἄγει Θεὸς ἐς τὸν ὅμοῖον ἀνεῖλεν

Οὕτω μοι δοκέει καὶ ἐπὶ τοῖς ἑτέροις,

Καὶ γὰρ ὅμοι ἀταλάντοις καὶ ἔτι ἄξια πᾶσι

Τοῖς ἐπιτηδείοις ἡ νέμεσις παρέχει.

45 Εὐσεβέας γὰρ χρὴ τοῖς εὐσεβέεσσι παρεῖναι

Καὶ πιστοὺς πιστοῖς, νουνεχέας φρονίμοις.
Οὐ Θέμις οὖ ἄλλῳ τινὶ, ἢ σοι τοῦτο δοθῆναι
Τῷ καθαρῷ μύστῃ τῆς θεορημοσύνης.
Σοὶ ἀρετῆς ἐξάρχω, σοι τῷ εὔχεϊ Χριστοῦ
50 Ἡμῶν σωτῆρος, ἱερέων διόπω,
Σοὶ πενιχρῶν τροφέϊ, σπουδαίοις πᾶσιν ἀρωγῷ,
Σοὶ πατρὶ μουσάων, φωτὶ ἐλευθερίῳ ·
Τῷ δ' ἐμέθεν δέξαι μουσῶν στίχον ὅστις ἐσαιεὶ
Μίμνει καὶ σοφίης σῆμα καὶ εὐσεβίης ·
55 Καί μου τὰν καθαρὰν εὔνοιαν μήγε παρέλθῃς,
Ἀλλὰ μ' ἀεικελίου ῥύεο χητοσύνης.
Ἤ με κατατρύχει καὶ οὐκ ἀφίησι προσάσαι·
Τῷ τῶν σῶν ἀρετῶν κύδεϊ ἀθανάτῳ ·
Καὶ γὰρ Καλλιόπης, ἠδ' οἰάγρου φίλος υἱὸς
60 Ἄχθει σὺν χαλέπῳ οὔποτ' ἂν ἦξε δρύας.
Καίπερ Ἀπόλλωνος χέλυς ἦν, σίγησ' ἂν ἰδ' αὐτὴ
Θλιβομένη δεινῶς πήματι χητοσύνης (1).

II

Illustrissimo principi et cardinali amplissimo D. Carolo
Lotharingo Constantinus Palaeocappa S. (2).

Cum viderem Lutheranorum conspirationem hoc
etiam in catholica et ab apostolis constituta ecclesia
reprehendere, quod sacrificium ab antiquis patribus
atque adeo ipsis apostolis traditum nobis non sit (co-
nantur enim omnibus velut machinis adhibitis persua-
dere, ac demonstrare antiquam et apostolorum eccle-
siam sacrificium illud corporis Christi ab ipso Christo
traditum non accepisse, neque posteris tradidisse, sed

(1) Publié en partie par P. Pulch, *l. c.*, p. 190.
(2) Ms. Suppl. grec 303, fol. 1. *Liturgies.*

recentiorum inventum esse), omni studio per literas
conquirere per totam Græciam desii fratris Christi
λειτουργίαν, ut quum in hanc regionem perlata esset, pii
homines hanc velut medicinam animi haberent, impii
vero et qui pervicaces sunt de peccato convincerentur,
et hac velut scutica cæderentur. Etenim quod antiquius, sanctius, majorisque auctoritatis, divini illius
sacri, quam divi Jacobi testimonium esse potest? qui
et ipse apostolus, et primus Hierosolymis episcopus a
Christo designatus est, quemadmodum multi ex antiquis scriptoribus et ipsis evangeliographis æquales,
literarum monumentis tradiderunt : in quibus est Ignatius Theophorus (1) dictus in suis epistolis, Hegesippus
item, Clemens, Eusebius et Chrysostomus, quinetiam
liber canonicus de consecratione dist. I. in cap. Jaco-
bus (2). Præterea quintus ille ex omni orbe, qui inha-
bitatur centum sexaginta sanctorum patrum conventus
confirmat, divum Jacobum primum omnium missam
ecclesiæ tradidisse, deinde Basilium et Chrysostomum
brevius, omitto prudens divum Clementem apostolum
σύγχρονον sacrificium illud literis mandatum ecclesiæ
catholicæ reliquisse. In cujus libri exemplum una cum
reliquis scriptis celeberrimorum patrum (quos Augus-
tinus ecclesiæ lumina haud injuria appellat), non adeo
diligenter ac nitide descriptum cum incidissem, nihil
potius habui quam ut nitidioribus ac regiis notis trans-
criberem, tuæque amplitudini dicarem. Addidi huic
libro Procli archiepiscopi Constantinopolitani testimo-

---

(1) Hunc Ignatium dicunt nostri theologi Theophorum appellatum
esse propterea quod Christus ipsum jam infantem cum amplexus fuis-
set, benedixit, in medioque XII. discipulorum statuit, illis dicens : Qui
acceperit tale puerum in meo nomine me accipit. (Matt. 18. Marc 10,
Luc 18.) Hic postea Antiochiæ episcopus designatus est.

(2) Josephus lib. 5. Hegesippus lib. 6. Clemens lib. 6 et septimo
Hypotyposeon. Eusebius lib. 2, cap. 23; lib. 3, cap. 2, 5, 11; lib. 4,
cap. 5; lib. 7, cap. 19. Chrysostomus ex interpretatione prioris epis-
tolæ ad Corinthios.

nium, quod quia grave et maximi momenti est, in latinum sermonem convertendum putavi, atque in ipsa
libri fronte collocandum. Haud enim decebat, tantum
principem, in cujus familia christianæ religionis laus
semper floruit, tam raris scriptis carere, præsertim
quum divina providentia te ecclesiæ velut columen
constituerit, quod ut diu incolume sit, cum bonis omnibus ac piis hominibus, tum mihi optandum est. Deum
igitur omnipotentem oro, ut te nobis diu florentem
servet.

III

*Illustrissimo principi et cardinali amplissimo D. Carolo
Lotharingo S. (1).*

Cum primum mihi renuntiatum est, id quod maxime
intelligere cupiebam, te ex Italia magna cum laude ac
gloria salvum sospitemque rediisse, cum meum offi-
cium esse duxi, ut tibi gratularer, tum mihi statui
gaudendum, quod te pro uno patrono optimo ac principe humanissimo utor, jam cum rege omnium maxime
esse audierim. Itaque antiquorum auctorum scripta
ad te affero, ut intelligas nihil mihi antiquius esse
quam ut quoquomodo tibi gratificer. Et vero librum
hunc fore tibi gratum ex eo conjicio quod nihil cupi-
dius persequaris quam eam laudem quæ in vestra illa
generosa stirpe floruit. Nam ut tuæ familiæ columina
omnia sibi pro fidei religionisque tutela ac propugna-
tione et facienda semper et subeunda esse duxerunt,
ita tu his scriptis maxime delectaris, quæ ad religionis
honorem et defensionem christianæ veritatis pertinent,

(1) Ms. grec 1057, fol. 1 et vº. *Recueil théologique.*

cujusmodi sunt ea quibus Leo pontifex maximus ejus
nominis primus Christianos olim erudivit aut potius
sic confirmavit ut libellus hic gravissimo quartæ synodi
judicio στήλης τῆς ὀρθοδόξου πίστεως nomen invenerit, cui
Coran, id est leges a Mahumeto constitutas ex arabico
sermone a Choniata in græcum conversas adjiciendas
putavi ut veritas falso adposito magis elucescat.

Tuæ amplitudinis observantissimus

CONSTANTINUS PALÆOCAPPA.

IV

*Illustrissimo principi et amplissimo cardinali D. Carolo
Lotharingo S. (1).*

Etsi eæ sunt curæ et occupationes tuæ in hoc tempore,
ut magis tu votis precibusque nostris apud Deum ad-
juvandus, quam litteris interpellandus esse videaris,
propterea quod regni administratio tota tuæ fidei dili-
gentiæque permissa in alias cogitationes minime de-
rivanda est; tamen cum veniret mihi in mentem te
eum esse qui summam nobilitatem tuam, quam a majoribus accepisti, virtute etiam et humanitate tua fe-
ceris ampliorem; ingenii autem tui magnitudinem
nossem : qua tu obire simul multa et conficere paratus
es, non putavi molestum tibi me facturum, si græca
quædam exemplaria, ut rarissima inventu, ita utilis-
sima, ad te afferrem, cujusmodi Hieroclis philosophi,
opus est de providentia, quo nemo Platonis mentem,
doctorum hominum judicio, melius assequutus es.

---

(1) Bibliothèque Sainte-Geneviève, A° 2 *bis,* in-fol., fol. E v°. *Recueil théologique.*

Cui magni illius Origenis, et Nemesii philosophi de eadem re scripta apposui, ea autem hoc diligentius tibi conquisivi, quo majori studio concitaris ad ea legenda quæ doctrina reconditiori animum instituunt, et me jam dudum majoribus beneficiis ornas; ut nisi alienigenæ mihi aura tuæ benignitatis aspiraret, jam in vita esse desinerem. Nam præterquam quod magnis rei familiaris difficultatibus affectus sum in morbum etiam ita gravem et diuturnum incidi, ut nullis remediis cedat. Oro te igitur, mi Domine illustrissime, per tuam pietatem ut servum benignitate tua anniversaria sustentare pergas.

Illustrissimæ ac reverendissimæ D. T. servus

CONSTANTINUS PALÆOCAPPA.

V

Illmo principi Carolo, cardinali Lotharingo, ampliss^o archiepiscopo ac duci Remensi, S. (1).

Mos est Persis, illme Princeps, et amplissime Cardinalis, Mœcenasque benignissime, qui etiamnum retinetur, ut venienti Regi in urbem, singuli pro sua quisque munus aliquod afferant, quo ejus benevolentiam conciliare student, suamque obedientiam testantur. Hunc autem morem Romani et Græci lubenter amplexi sunt, ut subjecti principibus et dominis donum aliquod quotannis afferant. Videmus enim in multis Græ-

(1) Bibliothèque de la ville de Reims, ms. E, 291/252. *Recueil théologique.* — Je dois la communication de cette pièce à l'obligeance de mon confrère et ami M. Louis Demaison, archiviste de la ville de Reims.

ciæ urbibus ad Domini Natalem famulos heris munera dare ; nimirum id veluti ab ipsis Persarum Magis edocti, qui donis totius mundi imperatorem affecerunt. Ego vero, unus ex tuo famulatu, te munere eo colere decreveram quod tibi jucundum fore arbitrabar ; sed in hoc tempus a magnitudine operis rejectus sum (id enim nisi multis diebus expoliri potuit). At non in- gratum tibi futurum, quocunque tempore offeratur, vel ex eo ipse auguror, quod pars sit libri illius, quem cum tibi superioribus annis obtulissem, eo maxime delectari mihi visus sis. Alia etiam mihi non minus justa et gravis causa fuit ad te afferendi hunc librum, quod nullum tibi munus convenientius esse judicarem. Nam quemadmodum in ea familia natus es in qua prin- cipes multi viri floruerunt, qui pro Christiana religi- one vitam profuderunt, ita quæcumque sanctorum patrum monimenta alicubi extant, nulli justius couse- crari quam tibi possunt. Si igitur hæc Theodoriti Cy- rensis atque aliorum beatorum patrum scripta eo vultu acceperis quo alia hujusce scriptoris monimenta :

Sublimi feriam sydera vertice,

multoque alacrior ero ad alia hujus generis in ruderi- bus Græciæ conquirenda.

Dominum nostrum Jesum Christum precor, ut te nobis semper florentem reddat.

Tuæ amplitudini deditissimus

CONSTANTINUS PALÆOCAPPA.

VI

Invictiss. ac christianiss. Galliarum regi Henrico II (1).

Etsi bellum principum mentes ad se derivare ac con-
vertere solet, Rex christianiss. ac potentissime, tamen
cum in ea familia natus sis, quæ literarum laude sic
floruit, ut artium parens jure dici possit, non putavi
me tibi molestum facturum si gravioribus rebus occu-
pato tibi opus antiqua doctrina refertum a Basilio illo
magno religionis Christianæ firmissimo columine cons-
criptum offerrem; quo quæ obscura sunt in Ethicis
Nicomachiis illustrat, atque ita illustrat, ut multi hujus
ope Aristotelis sensum intelligentes, multo meliores
in imperio tuo evasuri sint. Sed ne notha hæc scripta
aliqui existiment grave testimonium Theophylacti
adscripsi, in codice quodam admirandæ vetustatis a
me inventum. Hæc igitur verba sunt Theophylacti :

« Φωτεινῷ ἱεράρχῃ Θεοφύλακτος ἐπισκόπων ἐλάχιστος.

Προσαγορεύω σε τὴν μαχαρίαν ψυχὴν, Φοτεινὲ ἱερώτατε, εἰκό-
τως γὰρ καὶ ὄντως, εἰς τὸ τῆς τριφεγγοῦς τριάδος πανάγιον ὄνομα
φωτιζόμενος, Φωτεινὸς ἐπωνοπάσθης, ἐπεὶ πολλοὺς φωτίζειν
ἔμελλες διὰ τῆς σῆς ἱερᾶς καὶ μελιρρύτου γλώττης · τοῖς μὲν τὰ
ἱερὰ λόγια ἀναπτίσσων, τοὺς δὲ τὰ τῶν ἔξωθεν φιλοσόφων παι-
δεύων · τούτου χάριν βουλόμενος σοι χαρίζεσθαι, καὶ τάχα μικρόν

(1) Bibliothèque nationale, Imprimés, réserve, 'E, 3. Constantin Palaeocappa a copié, dans les marges de l'édition de Venise (1498, in-
fol.) des Ethiques à Nicomaque d'Aristote, les scholies de S. Basile.
L'exemplaire est enluminé aux armes de France et au chiffre de Henri II;
c'est l'ancien *Codex Colbertinus* 1955, et on lit sur le feuillet de
garde, en tête du volume : « ·Renvoyé des mss. aux imprimés, le
20 octobre 1738. S[allier]. »

τι ἀνακουφίζειν σε, ᾠήθην πέμψαι σοι τοῦ μεγάλου Βασιλείου εἰς
τὰ Νικομάχεια τινὰ σχόλια, ἅπερ αὐτὸς εἰς ὠφέλειαν τῶν παρὰ ·
Ἰουλιανοῦ δεδιωγμένων ἐξέδωκεν. Ἀκηκόαμεν δὲ καὶ παρὰ
ἀξιοπίστων τινῶν πρεσβύτων τὸν πάνσοφον πατέρα ἡμῶν Ἀθήνῃσι
σπουδάζοντα καὶ σαυτὸν ἐξασκεῖν βουλόμενον, τάδε ἐπισεσημειω-
κέναι · ὡς δὲ τὸ πρᾶγμ' ἔχει τοῦ πατρός ἐστι τὸ πόνημα, διὸ
εὐλαβῶς ἄσμενος αὐτὸ δέχου, εὐχέτης ὑπὲρ ἡμῶν πρὸς Θεὸν
γενόμενος.

« Theophylactus episcoporum minimus Photino
« sacerdotum primo. Saluto te, Photiue, anime divi-
« nissime, jure enim ac re ipsa Photinus cognominatus
« es, ut qui sacro illo Triadis nomine triplici luce nos
« irradiantis, illustratus es : quod multos dulci illa et
« divina tua lingua illuminaturus esses, aliis sacras
« literas explicans, alios vero in externa philosophia
« instituens. Quamobrem quum tibi gratificari, et la-
« borem tibi aliqua ex parte levare cuperem, Basilii
« illius magni scholia in Ethica Nicomachia ad te mit-
« tenda putavi, quæ ipse ad eorum utilitatem, quos
« Julianus infestissime persequebatur, edidit. Audi-
« vimus autem a viris quibusdam doctissimis et pro-
« vectæ ætatis omni exceptione majoribus, patrem illum
« nostrum Athenis literis operam dantem, ac sese
« exercere volentem hæc annotasse. Ut ut res se habet,
« ego confirmo tibi opus esse patris illius, quare reli-
« giose lubenter accipe, votaque fac pro nobis Deo im-
« mortali. » Vale.

Tuæ Majestatis servus

Constantinus Palæocappa Græcus.

LA FABLE DE PROMÉTHÉE

DANS ESCHYLE

PAR M. HENRI WEIL

———

Il est des œuvres d'art puissantes et profondes qui s'imposent à l'admiration par la grandeur de la conception, et qui ont en même temps l'attrait de je ne sais quel mystère qui les entoure. Elles font rêver, elles donnent lieu aux interprétations les plus diverses, chacun les entend à sa façon, mais tout le monde s'accorde sur un point, l'admiration du génie qui les a créées. Tel est l'*Hamlet* de Shakspeare, tel est aussi le *Prométhée* d'Eschyle.

Rien de plus extraordinaire que cette tragédie. Dès le début, le Titan est enchaîné à un rocher par les ministres de Zeus ; à la fin, il est englouti dans les profondeurs de la terre avec son rocher foudroyé. Dans l'intervalle, c'est-à-dire dans tout le cours de la pièce, le héros reste immobile et le drame est immobilisé avec lui. L'action ne peut faire un pas, elle semble enchaînée avec le personnage principal : nous avons continuellement sous les yeux un prisonnier. Il est vrai que sa prison est vaste comme le monde ; il salue l'éther céleste, et les vents aux ailes rapides, et les sour-

ces des fleuves, et les flots innombrables de la mer
souriante, et la terre, sa mère, la mère commune de
tous les êtres, et enfin le soleil, ce grand œil qui voit
tout et qui est témoin des souffrances qu'endure le
Titan.

Si on est étonné d'être ému par un drame en apparence si immobile, l'idée renfermée dans ce drame, la
pensée du poète, est un problème bien plus difficile à
résoudre et plus attachant. On peut se demander, en
effet, si notre point de vue est le point de vue d'Eschyle, si l'impression que reçoivent la plupart des lecteurs modernes est conforme aux intentions du vieux
poète. Prométhée nous touche, nous voyons en lui un
dieu qui aime les hommes, qui est leur bienfaiteur et
qui souffre pour eux. Il souffre avec une fermeté inébranlable; sans défense contre les rigueurs du maître,
il ne cède point à la menace; aux coups qui le frappent,
il oppose une mâle résignation, la conscience de son
droit et l'espérance d'un avenir meilleur. Il est comme
le sage d'Horace : le monde en tombant en ruines peut
s'écrouler sur lui, mais ne peut ébranler son âme.
Nous prenons parti pour Prométhée contre Zeus, pour
la victime contre le bourreau ; mais est-ce bien là le
sentiment que le poète voulait nous inspirer? Ceux qui
ont étudié Eschyle connaissent sa profonde piété, sa
dévotion pour celui qu'il appelle « le Seigneur des Seigneurs, bienheureux entre tous les bienheureux, puissant au-dessus de tous les puissants. » Eschyle ne se
lasse pas d'exalter Zeus, d'adorer les voies mystérieuses de sa providence, de proclamer qu' « il conduit les
humains par la souffrance à la sagesse ». Et ce poète
aurait, dans un de ses drames, présenté le même Zeus
comme un despote haïssable? Plusieurs critiques modernes, et des plus autorisés, se sont refusés à l'admettre, et, tandis que d'autres regardent Prométhée comme
un martyr, ils sont disposés à le traiter de rebelle. De
nos jours un homme très savant et, qui plus est, des

plus sensés, est allé jusqu'à comparer le Prométhée
d'Eschyle avec l'ange déchu, le tentateur de l'humanité ; au contraire, un Père de l'Église comparait son
rocher avec la croix et voyait dans le dieu qui souffre
pour l'humanité une figure du Christ.

Eschyle, à la fois grand poète et penseur profond,
appartient à un âge où la pensée, au lieu de s'exprimer
directement, se laisse entrevoir et deviner à travers le
voile du mythe. Pour comprendre un tel poète, pour
saisir ses conceptions religieuses, il faut examiner
comment il a traité les vieux récits traditionnels, ce
qu'il en a fidèlement conservé, ce qu'il a modifié, re-
tranché, ajouté. De même que la pensée d'un philosophe nous apparaît plus nettement quand nous connaissons les points qui distinguent son système de ceux de
ses devanciers, de même nous connaîtrons mieux les
conceptions religieuses d'Eschyle si nous pouvons
constater ce qu'il a innové, ce qui lui appartient en propre dans la fable de son drame. C'est là le seul moyen
d'entrer dans la pensée d'un poète placé sur la limite
de deux âges, au moment où s'éveillent la raison et la
réflexion philosophique dans les esprits encore dominés par l'imagination et le langage mythologique.

Examinons donc quelle part on peut faire dans le
Prométhée à l'invention personnelle, et parlons des personnages accessoires avant d'arriver au personnage
principal et au fond de la pièce. Si plusieurs de ces inventions sont purement dramatiques, quelques-unes,
celles surtout que nous réservons pour la fin, pourront
nous éclairer sur la pensée du poète ; et les nouveautés
dramatiques, en nous montrant avec quelle liberté Eschyle a traité son sujet, nous prépareront aux nouveautés religieuses et philosophiques.

Les ministres de Zeus, Pouvoir et Force, sont chargés de conduire Prométhée dans le désert de Scythie
aux confins du monde et, sinon d'exécuter le supplice
(ce triste devoir incombe à Hephæstos), du moins de

le surveiller. Pouvoir et Force figurent déjà dans la Théogonie hésiodique : Styx, leur mère, se rangea avec eux du côté de Zeus contre les Titans, et depuis ce jour, ils escortent le maître des dieux, en sont les compagnons inséparables.

Le mot grec *Styx* signifie effroi ; traduit en langage ordinaire, ce mythe veut dire que le pouvoir et la force de Zeus sont l'effroi de tous les êtres. Chez Hésiode, Pouvoir et Force ne sont encore que des personnifications transparentes, des noms abstraits ; Eschyle sut leur donner un corps. Il prêta à ces satellites de Zeus la figure hideuse qui leur convient, et aussi des sentiments, des paroles en rapport avec cette figure. Sans pitié, l'injure et le sarcasme à la bouche, ils pressent Vulcain d'exécuter les ordres du maître. Vulcain, qui semble le plus directement lésé par le larcin de Prométhée, puisque le feu est son privilège, se montre cependant plein de respect et de compassion pour la victime, et cette noble attitude met en lumière tout ce qu'il y a d'odieux dans le langage de Pouvoir et Force, les deux représentants du maître. La manière dont la première scène est conduite ne nous prévient certainement pas en faveur de Zeus.

Le vieil Océan est une de ces divinités primitives que l'on dirait inséparables de leur élément naturel, et que la poésie épique aimait à laisser à l'ombre, dans un certain vague mystérieux. Dans l'Iliade, les deux assemblées, celle des dieux et celle des hommes, qui précèdent le dernier jour de bataille, doivent évidemment renchérir sur les assemblées que l'on a vues au début du poème, de même que les combats d'Achille effaceront tous les combats antérieurs. Les dieux se rendent donc en foule à l'Olympe, non seulement les grands dieux, mais aussi les divinités inférieures, les Nymphes, les Fleuves, à l'exception toutefois du fleuve Océan. Eschyle, le premier, osa tirer ce dieu chenu de sa vénérable retraite : il le fit arriver sur la scène

monté sur un hippogriffe. Le vieillard a des sentiments
affectueux pour Prométhée, son parent et son ami, il
lui prêche la soumission, il voudrait le réconcilier avec
Zeus, sans toutefois se compromettre lui-même. N'allez pas croire, sur la foi d'un vers altéré, qu'Océan
avait été le confident et le complice de Prométhée ; il
sortirait de son rôle et de son caractère. Ce vieillard,
qui ne va pas aux assemblées des dieux, qui se tient
prudemment à l'écart, qui, d'après la tradition homérique, ne prit aucune part à la lutte entre les Titans et
les dieux de l'Olympe, Eschyle lui conserva les traits
faiblement indiqués dans les vieux récits, et en les
marquant plus fortement, il sut lui donner une physionomie propre.

Les filles d'Océan tiennent une plus grande place
dans la pièce. Les Océanides sont de jeunes nymphes
tendres et compatissantes. Oubliant leur réserve virgi-
nale, elles ont, au bruit du marteau d'Héphæstos, quitté les grottes qui leur servaient de demeure, en toute
hâte, sans prendre le temps de se chausser : c'est
qu'elles ont à consoler un ami. Rien n'est plus doux
que leurs paroles, leurs chants, leurs sentiments, et un
chœur pareil contraste bien avec la mâle figure de l'in-
domptable Titan. Faibles femmes, elles ne compren-
nent pas qu'on ose résister aux volontés d'un maître
tout-puissant ; mais si elles n'ont pas le courage d'a-
gir, elles ont le courage de souffrir ; malgré les avertissements d'Hermès, malgré les indices de la tour-
mente qui va se déchaîner, elles resteront près de Prométhée, elles n'abandonneront pas l'ami : ces femmes
timides et soumises ont l'héroïsme de la fidélité. C'est
vraiment merveille de voir comment Eschyle sait nous
intéresser au personnage collectif du chœur, en lui
donnant des traits caractéristiques et, pour ainsi dire,
individuels.

Le personnage de ce drame le plus surprenant, le
plus inattendu, est sans contredit celui d'Io. Devant

le héros cloué sur son rocher apparaît tout à coup une
femme qui erre sans trêve ni repos, harcelée de fatigue
et toujours poussée en avant par un taon invisible : *Io
vaga.* C'est ici qu'on peut voir avec quelle liberté notre
poète dispose des éléments que lui fournissent les traditions. La fable d'Io est tout à fait indépendante de la
fable de Prométhée ; c'est évidemment Eschyle qui eut
le premier l'idée de les rapprocher, de diriger la course
vagabonde de la victime de l'amour de Zeus vers les
lieux où souffre la victime de la haine de Zeus. La
preuve, s'il en faut une, c'est qu'Eschyle lui-même,
quand il écrivit ses *Suppliantes,* ne se doutait pas encore de cette combinaison. Dans cette tragédie, Io passe
le Bosphore de Thrace et traverse l'Asie-Mineure et
la Syrie pour venir en Égypte. C'est le chemin direct.
Dans *le Prométhée,* le Bosphore, ainsi appelé du passage
de la femme aux cornes de vache, est le Bosphore Cim-
mérien, et les lieux qu'elle parcourt se trouvent aux
extrémités du monde : c'est qu'il fallait changer son
itinéraire, l'étendre démesurément pour les besoins de
la pièce. Il est vrai que plusieurs savants se sont ingé-
niés pour accorder les deux itinéraires : ils ont recours
aux interprétations forcées, ils supposent des sous-
entendus, des lacunes du texte, ils se donnent enfin une
peine infinie pour éluder l'évidence. On s'amuserait de
leurs mémoires, s'ils n'étaient quelque peu ennuyeux.
Ne nous y arrêtons pas. Eschyle innove pour mettre
Prométhée en face de l'aïeule de son libérateur. Après
une longue série de générations, un des descendants
d'Io, le grand Hercule, fera tomber les chaînes du Titan. Prométhée le sait, il le prédit, et son courage, sa
fermeté en redoublent. Tantôt il s'était plaint d'avoir à
souffrir encore pendant des myriades d'années, il avait
félicité Io d'être mortelle ; maintenant, en voyant l'aïeule
de son libérateur, il voit l'avenir que cette femme porte
dans son sein, il le touche, il le tient ; les siècles qui
le séparent du jour de la délivrance ne lui semblent

qu'un court espace de temps ; il défie les rigueurs d'un
maître qui tombera bientôt de son trône, s'il ne consent à se réconcilier avec lui. Les paroles menaçantes
qu'il prononce alors amènent le messager de Zeus,
l'aggravation du supplice, et le dénouement du drame.
C'est ainsi que l'épisode d'Io, en apparence un hors-
d'œuvre dans la fable de Prométhée, fait marcher l'action et prépare ce qu'on peut appeler la péripétie de la
tragédie. Io ressemble à ces personnages prophéti-
ques qu'Eschyle aime à introduire dans ses drames, à
Cassandre dans l'*Agamemnon*, à l'ombre de Darius dans
les Perses; il est vrai qu'Io ne fait pas de prédictions,
mais elle en provoque, elle représente en sa personne
les temps à venir.

Mais il faut enfin parler de Prométhée lui-même et
pénétrer au cœur de la fable. Le feu est le point de départ de la civilisation, c'est le feu qui humanise
l'homme. Sans feu, l'homme se nourrirait de chairs
crues comme les bêtes sauvages ; sans feu, point d'art,
point d'industrie, point de foyer domestique. Ce bien
inestimable est chose divine, le feu terrestre vient du
feu céleste. Quelquefois on le considère comme un don
de dieux bienfaisants, d'Héphæstos, d'Athéné. Un
hymne homérique et les cérémonies de certaines fêtes
attestent cette croyance. Plus souvent, les dieux gar-
dent jalousement l'étincelle, qui est leur privilège, et
les hommes n'en jouissent que par suite d'un larcin.
Prométhée est le ravisseur du feu : à travers toutes les
variations de sa fable, c'est là le trait constant et es-
sentiel de son rôle ; et sur ce point, Eschyle s'accorde
nécessairement avec Hésiode. Mais dans la *Théogonie,*
Prométhée veut ruser avec Zeus, le fils de Japet a
l'ambition d'être plus fin que le fils de Kronos ; on sait
que la querelle s'engage à propos de la part réservée
aux dieux dans les sacrifices, et comment la fraude de
Prométhée attire le châtiment sur sa tête et de grands
maux sur le genre humain. La conception d'Eschyle

est plus haute, il ne s'occupe pas de savoir si les hommes font injure aux dieux en leur offrant les os des victimes enveloppés d'un peu de graisse, mais il insiste sur le bienfait du feu et il fait voir comment toute culture humaine est sortie de l'étincelle apportée par Prométhée. Pour lui, l'homme primitif n'était pas tel que le dépeint le mythe de l'âge d'or : c'était un être voisin de la brute, plongé dans une lourde torpeur. Il avait des yeux pour ne pas voir, des oreilles pour ne pas entendre ; il vivait comme la fourmi au fond d'antres obscurs, sans lumière et sans intelligence. C'est Prométhée qui lui enseigna tout art et toute science. C'est l'étincelle du feu qui alluma l'étincelle de l'esprit. Mais là ne s'arrêtent pas les services rendus par Prométhée à l'humanité. Si, dans Eschyle, il n'est pas l'auteur du genre humain, s'il n'a pas façonné avec de l'argile les premiers hommes, il leur donna tout ce qui constitue la civilisation. Ne pouvant en faire des êtres immortels, il détourna au moins leurs pensées de la mort et logea dans leurs cœurs d'aveugles espérances. Et en prenant ainsi hautement le parti des humains contre le nouveau maître du monde, il n'obéit pas aux sentiments d'amour-propre et de rivalité mesquine que lui prête Hésiode ; il a pour unique mobile la compassion pour l'état misérable où languissaient les mortels, l'amour des hommes, la *philanthropie*, qui lui est plus d'une fois reprochée par les ministres de Zeus. Il connaissait la puissance du dieu dont il contrariait les desseins, il savait à quel danger il s'exposait, et il se dévouait pour faire du bien aux hommes.

Ces traits prêtés au patron, à l'ami de l'humanité agrandissent et ennoblissent la conception hésiodique, sans altérer la donnée primitive. Mais il y a plus, le Prométhée d'Eschyle n'est pas seulement le défenseur de l'humanité, c'est un dieu plus ancien que Zeus, à quelques égards son égal, s'il ne lui est pas supérieur. Lorsque s'engagea la lutte entre les dieux antiques et les Olym-

piens, Prométhée seul, parmi les Titans, comprit que
l'issue ne dépendait pas de la force brutale, mais de la
ruse et de l'intelligence ; et comme il ne put faire partager son avis aux autres Titans, il passa du côté de
Zeus et contribua par ses conseils à lui procurer la
victoire. Prométhée a donc été l'auxiliaire du nouveau
maître et l'a aidé à fonder son pouvoir. Ce n'est pas
assez, sans Prométhée ce pouvoir ne sera pas durable
et Prométhée seul peut préserver Zeus de la chute.
Zeus a détrôné son père Kronos, la malédiction paternelle pèse sur lui, il pourra être renversé à son tour
par un fils plus fort que lui : tel est l'arrêt prononcé par la « triade des Parques et par les Furies
qui n'oublient point ». Il y a donc un point noir dans
l'avenir de Zeus, un danger que Zeus ignore et que
Prométhée connaît. Il sait de quel hymen naîtra ce fils
redoutable, mais il ne révèlera ce secret que s'il est
rendu à la liberté. On voit que la science de Prométhée
est, sur un point, supérieure à celle de Zeus ; si le sort
du Titan est entre les mains du dieu souverain, la durée même de cette souveraineté dépend d'une révélation de Prométhée.

On aimerait à savoir si ces choses, qui ne se trouvent
point dans Hésiode, ont été inventées par Eschyle ou
s'il les a empruntées à un autre poète, à une autre version de la légende. Tant de poèmes anciens se sont
perdus, nos connaissances en littérature grecque sont
si fragmentaires, que cette question pourrait sembler
insoluble. Cependant certains rapprochements, certaines inductions permettent d'y répondre assez nettement.

Dans la *Théogonie,* Prométhée est fils de Japet et de
la nymphe Klyméné ; Eschyle ne prononce pas le nom
de son père, mais il lui donne pour mère Thémis. Ce ne
sont pas là, comme on pourrait le croire, des différences insignifiantes, des détails sans importance. Dès le
début de la pièce, Héphæstos, en abordant Prométhée,

l'appelle « Dieu aux conseils profonds, fils de l'infailli-
ble Thémis ». Fils de Thémis — une filiation pareille
a, dans le langage mythologique, une portée considérable, et grandit singulièrement un personnage : Thémis est l'antique et auguste divinité qui personnifie la
loi du monde, la loi éternelle. Mais que faut-il penser
d'un autre passage, dans lequel Prométhée donne à sa
mère les deux noms de Thémis et de Géa, en confondant ainsi deux divinités qu'il distingue ailleurs. En
effet, dans les premiers vers des *Euménides,* Thémis
est donnée pour fille de Géa. Leur identification a cho-
qué plusieurs commentateurs. Les poètes les plus
graves se faisaient-ils donc un jeu de la mythologie?
Croyaient-ils à l'existence de dieux qu'ils confondaient
ou séparaient à leur gré? On a soutenu que le pieux
Eschyle ne pouvait se contredire ainsi, et que le vers
du *Prométhée* auquel nous faisons allusion devait être
interpolé. C'était là une supposition gratuite, et voici ce
qui le prouve. Prométhée donne à sa mère le nom de
Géa au moment où il raconte qu'il tenait d'elle la connaissance des moyens qui procureraient la victoire dans
la guerre des dieux anciens et des dieux nouveaux. Or,
d'après la *Théogonie,* Zeus est victorieux dans cette
guerre grâce aux conseils de Géa. On voit qu'Eschyle,
tout en prêtant à Prométhée le rôle de conseiller et
d'auxiliaire de Zeus, voulait respecter jusqu'à un certain point la tradition hésiodique, et voilà pourquoi il
fit de Géa la mère et l'inspiratrice du Titan. Si le poète
est ainsi amené à identifier deux déesses qu'il distingue ailleurs, de pareilles variations, difficiles à admettre pour les dieux de l'Olympe, dont la personnalité
bien accusée paraît en plein jour, s'expliquent aisément
quand il s'agit de conceptions plus abstraites, d'êtres
qui ressemblent à des personnifications plutôt qu'à des
personnes. C'est ainsi que la mystérieuse puissance
du Destin est représentée tantôt par trois personnes,
tantôt par une seule, la Parque ou Moira par excel-

lence. Enfin le culte de sa patrie autorisait Eschyle à
confondre Thémis avec la terre : les fouilles du théâtre de Dionysos ont mis à jour un siège d'honneur destiné à la prêtresse de Gé-Thémis. Mais il se conformait
aux traditions de Delphes, quand, au début des *Euménides,* il faisait succéder Thémis à sa mère Géa dans la
présidence de l'oracle.

D'un autre côté, la révélation de l'hymen fatal au
maître des dieux était attribuée, dans les anciennes
traditions, à la déesse Thémis. Ici encore Eschyle suivit la même voie. Pour s'accommoder à la tradition,
dont il s'écartait par le fait, il voulut que son Prométhée fût fils de Thémis.

Mais, dira-t-on, Eschyle n'est peut-être pas l'auteur
de cette nouveauté, il a pu l'emprunter à un poète plus
ancien, aujourd'hui inconnu.

Un contemporain d'Eschyle nous aidera à lever ce
doute. Dans sa septième *Isthmique,* Pindare rappelle la
fable suivant laquelle Zeus et Poseidon se disputèrent
la main de Thétis ; « alors, dit-il, la sage Thémis révéla
dans l'assemblée des dieux l'arrêt du destin : unie à
Zeus ou à un frère de Zeus, la déesse marine donnera
le jour à un fils qui l'emportera sur son père, qui bran-
dira une arme plus puissante que la foudre ou que le
terrible trident! » A la suite de cet oracle, Thétis fut
donnée à l'heureux Pélée et devint la mère d'Achille.
Voici maintenant la prédiction du Prométhée d'Eschyle : « Le jour viendra où Zeus, malgré l'orgueil de
« son cœur, deviendra humble, car il médite un hymen
« qui, du haut de son trône souverain, le précipitera
« dans le néant. Alors enfin s'accomplira tout entière
« l'imprécation que Kronos prononça en tombant de
« son trône antique. Et cette fatalité, nul autre dieu
« que moi ne peut la détourner de lui, seul je connais
« ce danger mystérieux et le moyen de l'y soustraire.
« Eh! qu'il se prélasse sur son trône céleste, confiant
« dans le bruit du tonnerre et dans le trait enflammé

« que lance son bras : vain appareil, qui ne l'empêchera
« pas de tomber ignominieusement, d'une chute irré-
« parable. Tel est le rival qu'il se prépare lui-même,
« adversaire irrésistible, qui trouvera une flamme plus
« puissante que la foudre et un bruit dont le fracas
« l'emportera sur le tonnerre; et le trident marin, ce
« fléau qui ébranle la terre, l'arme de Poseidon, il le
« fera voler en éclats. »

Que vient faire ici le trident de Neptune? Il s'expli-
quait dans la version de la fable que Pindare a fidèlement conservée : on y voit, en effet, le dieu de la mer
prétendre à la main de Thétis en même temps que le
dieu du ciel. Dans Eschyle, ce détail est surabondant
et aurait pu être supprimé sans inconvénient. N'est-il
pas clair que les deux poètes ont eu sous les yeux le
même texte poétique, et qu'Eschyle en a conservé la
lettre tout en modifiant l'esprit? La fable avait été d'a-
bord inventée pour glorifier la naissance d'Achille ; notre poète, en la faisant entrer dans le mythe de Prométhée, lui donne une portée qu'elle n'avait pas d'abord,
et en substituant à Thémis, le héros de son drame, il
fait de ce dernier l'arbitre des destinées de Zeus.

Eschyle a donc profondément modifié la tradition,
on peut dire qu'il l'a transformée, et tous les changements qu'il y a introduits sont à l'avantage de Prométhée, servent à grandir démesurément la noble figure
du défenseur des hommes. Si nous prenons parti pour
Prométhée en lisant l'étonnante œuvre du vieux poète,
si tous les arguments, tous les raisonnements contrai-
res ne peuvent rien contre l'impression que ce drame
laisse dans notre esprit; cette impression, la sympathie
que nous ressentons pour la victime de Zeus, n'est donc
pas contraire aux intentions du poète. Il l'a voulu ; il a
introduit de propos délibéré dans sa fable des traits qui
ne permettent pas de voir dans Prométhée la figure de
l'humanité révoltée contre le dieu souverain. Le poète
a fait de son Prométhée un grand dieu, admirable par

la sagesse et la fermeté, ayant ses droits et ses titres et, sinon l'égal du maître, du moins son pair.

Quel dommage que nous n'ayons plus le drame de la *Délivrance de Prométhée,* qui faisait, on ne saurait en douter, suite à celui qui est venu jusqu'à nous. Cet autre.drame, très célèbre dans l'antiquité, est souvent cité par les auteurs anciens. Cicéron en a traduit une longue tirade dans ses *Tusculanes;* aussi pouvons-nous, grâce aux fragments et aux allusions éparses, entrevoir la marche de la pièce et ses principaux incidents. Prométhée, toujours attaché à son rocher, était rendu à la lumière; le lieu de la scène n'était cependant pas le même, le décor ne représentait plus les déserts de la Scythie, mais le mont Caucase. Au lieu des jeunes Océanides, on voyait autour de lui les .dieux les plus anciens, venus des confins méridionaux du monde pour consoler leur parent. En effet, le chœur était composé des Titans, tirés par Zeus du Tartare où ils avaient été enchaînés. Ce trait est à noter. Cependant le supplice de Prométhée dure toujours, il est même devenu plus cruel par l'aggravation de peine déjà annoncée dans le drame précédent. L'aigle de Zeus fouille les entrailles du malheureux pour se repaître de son foie ; après.un jour d'intervalle, le foie a eu le temps de se former de nouveau, et l'affreux repas recommence. C'est le jour où l'aigle doit revenir. Mais auparavant paraît le .glorieux archer, ce descendant d'Io, ce libérateur promis par les destins, révélé dès longtemps par les prophéties. Comme son aïeule, Hercule parcourt la terre, mais il n'est pas, lui, aiguillonné par le délire, il dompte les monstres et laisse partout le souvenir de ses exploits. Prométhée lui enseigne la route à suivre, comme il avait fait à Io. L'itinéraire de cette dernière avait fait connaître l'extrême Orient, Hercule va explorer les pays d'Occident. C'est une occasion pour le poète de compléter en quelque sorte son tour du monde, et d'entretenir encore son public de cette géographie fabu-

leuse, qui avait autant d'attraits pour les hommes d'a-
lors qu'ont pour nous aujourd'hui les récits de l'intérieur mystérieux de l'Afrique. Entre autres merveilles,
Eschyle leur contait comme quoi Hercule, serré de tous
les côtés par les belliqueux Liguriens, à bout de flèches
et de ressources, fut secouru par une pluie de pierres
que Zeus fit tomber à propos, afin qu'elles servissent
de projectiles au héros. Et voilà l'origine de ces amas
de cailloux qui couvrent encore aujourd'hui la plaine
dé la Crau près d'Arles, et qui occupaient déjà, on le
voit, la vive imagination des Grecs. Ce conte assez
enfantin inspira à Eschyle de beaux vers, qui ont été
conservés et qui ont un tour, un son tout à fait tragique.

On entend des battements d'ailes, le redoutable oi-
seau se montre dans les airs, Hercule tend son arc, invoque le secours d'Apollon, l'archer divin, la flèche vole
et l'aigle est abattu. Prométhée remercie son libérateur, « ce fils très cher d'un père ennemi ». Mais la délivrance n'est pas encore complète, les chaînes du prisonnier ne sont pas encore tombées. Il faut qu'il révèle
le terrible secret qui menace le règne de Zeus ; c'est à
cette condition qu'il pourra être rendu à la liberté.

Cette partie de l'action est obscure pour nous, mais
nous savons qu'un accord fut conclu entre les dieux.
Le centaure Chiron, atteint par une flèche d'Hercule et
souffrant d'une blessure incurable, renonce à son privilège divin et endure volontairement la mort, afin de
sauver Prométhée.

Ce détail peut sembler peu nécessaire dans l'économie du drame : car Prométhée s'est déjà racheté par
la révélation du grand secret. Il y a plus : Chiron descend à la place de Prométhée dans les lieux souterrains
où règne la mort. Cela ne se comprend bien que si le
Titan s'y trouve et que le Centaure y prend en effet sa
place. Dans Eschyle, Prométhée avait été, il est vrai,
précipité dans le Tartare, mais il est déjà rendu à la

lumière quand la substitution a lieu. Si je ne m'abuse,
il y a ici contamination de deux versions distinctes. Où
notre poète prit-il le rachat de Prométhée par Chiron?
Peut-être dans la vieille *Titanomachie*. Nous savons
peu de chose de cette épopée, mais on en cite un fragment dans lequel Chiron se trouve mentionné, et Welcker a jugé que, vu le sujet de ce poème, Chiron ne
pouvait guère y être introduit qu'à propos de la fable
de Prométhée.

Dans Eschyle, Prométhée continuait, après sa délivrance, à porter des chaînes, mais des chaînes symboliques et inoffensives; il ceint ou, comme disaient les anciens, il *lie* sa tête d'une couronne d'osier, peut-être met-il
aussi (cela est moins sûr) un anneau fait du métal de ses
chaînes, autre lien commémoratif de son long supplice.
On pourrait être tenté de donner à la couronne une
autre signification qu'à l'anneau. En effet, quelques
critiques prétendent que Prométhée, avant de se soumettre, se déclarait vainqueur dans sa lutte contre
Zeus et se couronnait en signe de triomphe. Mais ce
système est en contradiction avec les témoignages précis de plusieurs auteurs anciens et d'Eschyle lui-même.
Ajoutons qu'il méconnaît le symbolisme antique. Les
couronnes que portaient les victimes, les prêtres, les
pèlerins, les suppliants, n'étaient d'abord autre chose
que des liens qui les consacraient, les vouaient aux
dieux; et la couronne de Prométhée était aussi une
chaîne, « la meilleure des chaînes », comme disait le
poète. Cette chaîne, qui ne serre point, qui n'est qu'une
simple formalité symbolique, n'en constitue pas moins
un acte de soumission, un hommage à la souveraineté
de Zeus. En revanche, le Titan réconcilié avec le maître
de l'Olympe, reprend son rang et ses honneurs parmi
les dieux. On sait que les Athéniens célébraient des
fêtes et des jeux consacrés à Prométhée : l'établissement de ce culte n'était sans doute pas oublié par le
poète qui, à la fin de ses *Euménides*, fait conduire ces

déesses, en solennelle procession, à leur sanctuaire souterrain.

L'inauguration du culte de Prométhée dans l'Attique faisait-elle le sujet d'un troisième drame ? ou faut-il croire, au contraire, que le Prométhée *enchaîné* était précédé d'un drame roulant sur le larcin du feu ? ou bien encore, la fable se déroulait-elle en deux drames, une dilogie au lieu d'une trilogie ? Les trois thèses ont été soutenues. Avouons que les données dont nous disposons ne suffisent pas pour résoudre cette question secondaire. La pensée d'Eschyle, la conception religieuse qu'exprime ou que cache son œuvre, voilà ce que nous aimerions surtout à connaître. Cette pensée, cette conception, est-elle la même dans le drame de l'Enchaînement et dans celui de la Délivrance ? Prométhée et Zeus sont, à proprement dire, les deux acteurs en présence, quoique l'un des deux ne paraisse point, ne parle et n'agisse que par l'intermédiaire de ses ministres. On dirait que, d'un drame à l'autre, un changement s'opère dans ces deux personnages. L'aggravation du supplice, le foie dévoré et toujours renaissant, est l'image des désirs inassouvis, des ambitions impuissantes, des rébellions qui trouvent leur châtiment en elles-mêmes. C'est en ce sens que la même peine est infligée à Tityos, un des criminels typiques châtiés dans les Enfers de l'Odyssée. Cette peine semble ranger Prométhée parmi les impies qui oublient les limites de la condition humaine : en effet, une ode d'Horace nous montre Prométhée dans cette société, avec Tantale et Orion. Eschyle pensait-il de même à ce sujet ? Il faut dire, qu'il n'inventa pas ce châtiment : il le trouva dans Hésiode et dans la tradition populaire : de très anciennes pierres gravées représentent déjà Prométhée et l'aigle. Le poète était obligé de conserver un trait de la fable qui se trouvait établi dans toutes les imaginations, et il convient peut-être d'y attacher moins d'importance : ce trait pouvait ne pas avoir dans son

esprit la même portée que ceux qu'il inventa lui-même
et qui sont l'expression la plus directe de ses idées.
Abstenons-nous donc d'interpréter le foie dévoré, c'é-
tait, aux yeux du poète, un supplice cruel, rien de plus.
Mais on ne saurait méconnaître un certain changement
survenu dans la conduite et même dans les sentiments
du fier Titan. Qu'il consente à révéler le fatal secret,
cela n'est pas en contradiction avec les paroles menaçantes qu'il prononça jadis : il avait toujours regardé
ce secret comme sa rançon future et le gage de sa délivrance ; il n'en est pas de même du lien symbolique
qui rappellera à tout jamais son long enchaînement. En
l'acceptant, Prométhée avoue qu'il a été trop loin dans
sa résistance aux ordres de Zeus, il se lie lui-même, il
s'incline devant le pouvoir dont il prédisait autrefois
et souhaitait si ardemment la chute. D'un autre côté,
ce pouvoir ne s'exerce plus de la même manière, Zeus
a changé de conduite, lui aussi. Les chaînes des autres
Titans sont déjà tombées avant celles de Prométhée,
les combats, les violences d'autrefois sont oubliés.
L'imprécation de Kronos est rachetée. Zeus voulait
jadis détruire le genre humain, les progrès de l'humanité se sont faits malgré lui ; maintenant, il protège le
plus grand des mortels, qui est son fils chéri ; il permet à Hercule de répandre ses bienfaits sur les hommes, de mettre fin au supplice du dieu ami des hommes, de triompher un jour de la mort et de franchir
l'abîme qui sépare les mortels des immortels.

Nous étions-nous donc trompés sur les intentions et
les sentiments de Zeus ? Cela n'est pas admissible,
l'impression que la lecture du *Prométhée enchaîné* fait
sur tout esprit non prévenu, n'est pas de celles qui
cèdent à des raisonnements. Aussi n'est-il nullement
besoin de nous donner un démenti. La conduite de
Zeus a naturellement changé avec les circonstances ;
ses principes de gouvernement ne sont plus les mêmes.
Pour nous, sans doute, Dieu a toujours été ce qu'il

sera de toute éternité ; il est immuable, parce qu'il est
parfait. Gardons-nous bien de prêter cette idée à un
poète hellénique, à quelque hauteur de conception religieuse qu'il ait pu s'élever. Les dieux des Grecs,
après avoir été d'abord les éléments et les forces du
monde visible, se séparèrent insensiblement de la
nature pour devenir des personnes, semblables à
l'homme, tout en lui étant très supérieurs. Ces dieux
sont nés, ils ont grandi, ils ont lutté, ils ont eu leurs
aventures, leur histoire enfin. C'est assez dire qu'ils
ne peuvent pas toujours être identiques à eux-mêmes.
Zeus est arrivé au pouvoir après des combats, par
une révolution violente. Les puissances qu'il a renversées par la force, il faut qu'il les contienne et les
dompte par la force. C'est la condition de tout régime
nouveau ; il ne lui est pas loisible d'être doux ; il faut
qu'il réprime avec la dernière rigueur toute tentative
de résistance, eût-elle les plus nobles motifs, comme
celle de Prométhée. Ajoutez que Prométhée, tout en
ayant secondé l'entreprise de Zeus, appartenait à la
race détrônée, et était par là même suspect. Enfin,
comme le poète le dit lui-même par la bouche d'Héphæstos « tout pouvoir nouveau est rigoureux ». On
a beau être dieu, on n'échappe pas à cette loi des révolutions. Zeus était donc d'abord dur et tyrannique ;
des bourreaux implacables, Pouvoir et Force, étaient
les exécuteurs de sa volonté ; il ne pouvait en être autrement. Mais quand une longue domination a conso-
lidé son pouvoir, quand l'ordre de choses introduit
par lui se trouve définitivement établi, les conditions
ne sont plus les mêmes et les principes de gouvernement peuvent changer. Il est si fort qu'il peut être
doux ; les dieux de l'ancien régime sont pardonnés et,
à leur tour, ils pardonnent et oublient ; une ère de paix
succède à l'ère de violence, et Zeus est devenu le
maitre bon et sage qu'adorent les Pindare et les Eschyle.

On pourrait croire, en isolant quelques vers du *Prométhée enchaîné,* et on cru, en effet, qu'Eschyle prédisait
la chute de Zeus. Il faut le dire, cette chute, à voir les
choses d'une manière générale, n'a rien d'impossible :
un règne qui a commencé peut finir. Mais bâtons-nous
d'ajouter qu'aux yeux d'Eschyle cette possibilité ne se
réalisera pas : pour lui Zeus est bien le dieu définitif.
Déjà avant Eschyle, d'autres poètes, en obéissant à la
logique des fables traditionnelles, avaient envisagé
la possibilité de la chute de Zeus, non pour affirmer
cette éventualité, mais pour la contester. Voici, en
effet, ce qu'on lit dans la *Théogonie*. La première épouse
de Zeus, Métis (sagesse), doit enfanter un fils plus fort
que son père; mais ce fils ne naîtra pas, Zeus prévient
ce malheur en s'incorporant Métis : évidemment il devient ainsi le dieu aux sages conseils, le dieu éminemment sage (μητίετα Ζεύς). De même, dans Eschyle, Zeus,
après avoir grâcié les Titans et conjuré ainsi l'Erinys
de l'imprécation paternelle, détourne à jamais le danger d'une chute en se réconciliant avec le fils de Thémis, dépositaire du secret de sa destinée. La sagesse
du Dieu du feu, du dieu prévoyant entre tous, ainsi
que l'indique son nom de Prométhée, redevient l'auxiliaire de Zeus, se soumet à son pouvoir souverain, et
rend ainsi à jamais inébranlable le trône qu'elle avait
aidé à fonder par ses conseils. Les deux fables, celle
de Métis, et celle de Prométhée, ont le même sens;
elles servent à concilier les deux notions de Zeus, notions contradictoires et coexistantes. D'un côté Zeus
est un dieu qui a son mythe, son histoire, qui n'a pas
toujours régné, ni même toujours existé, qui a triomphé un jour, qui pourrait succomber un autre jour;
d'un autre côté Zeus est « le seigneur des seigneurs »,
le dieu des dieux, enfin le dieu par excellence.

Cependant les querelles des dieux, ainsi que leur accord final, nous intéresseraient médiocrement, si les
intérêts des hommes ne s'y trouvaient pas engagés.

Sous les noms de Zeus, de Prométhée, d'Héraclès, le poète nous parle du bien et du mal de l'humanité, de ses progrès, de ses douloureuses épreuves. D'abord il nous transporte aux origines du genre humain et du monde. Nous sommes au lendemain des batailles des dieux, les grandes convulsions cosmiques viennent à peine de s'apaiser. Typhon, le monstre aux cent têtes, le géant des volcans, rebelle à l'ordre harmonieux du monde, vient d'être précipité dans les profondeurs de la terre. Mais tout vaincu qu'il est, il fait encore sentir parfois sa rage destructrice en s'agitant dans sa prison, témoin la grande éruption de l'Etna qui terrifia les contemporains d'Eschyle et que le poète rappelle dans ses vers. C'est là un écho des révolutions du monde primitif évoquées par le poète. L'humanité végétait dans une triste torpeur et faillit y périr, quand brilla sur la terre, dans les demeures des hommes, la première étincelle de feu. Ce don d'un dieu bienfaisant devient le germe des arts, des sciences, le point de départ de la culture intellectuelle et d'une existence vraiment humaine. Mais le bienfaiteur de l'humanité, son patron, son représentant et comme son image divinisée, est condamné à de longues et cruelles souffrances : tout progrès s'achète, s'expie par la douleur. Enfin cependant les temps s'accomplissent, l'humanité s'exalte en s'inclinant, la paix est conclue entre la terre et le ciel. L'amour des dieux pour les filles des mortels est le signal de ce rapprochement; de leur union naissent des héros aimés des dieux et dignes de partager leur immortalité. Prométhée, délivré par Hercule, est à jamais réconcilié avec Zeus.

LA LOI DE GORTYNE

TEXTE, TRADUCTION ET COMMENTAIRE

PAR M. R. DARESTE

Le fragment le plus anciennement connu de la loi de Gortyne a été rapporté de Crète et publié dans la *Revue archéologique,* en 1863, par M. l'abbé Thenon. Il contient quelques lignes qui font partie des §§ 58-60. La pierre est déposée au Musée du Louvre. On peut voir, sur ce fragment, les travaux de M. Bréal *(Revue archéologique,* 1878) et de M. Roehl *(Inscriptiones græcæ antiquissimæ,* 1882). Il est reproduit dans le recueil de Cauer *(Delectus inscriptionum græcarum,* 1883) et dans celui de Dittenberger *(Sylloge inscriptionum græcarum,* 1883).

En 1880, M. Haussoullier a publié dans le *Bulletin de correspondance hellénique* deux nouveaux fragments dont l'un, très mutilé, fait partie de l'article 39 et l'autre forme l'article 48. Ces fragments ont été publiés de nouveau par Roehl, dans le recueil précité, avec un essai de restitution par Blass. On les trouve également dans les recueils de Cauer et de Dittenberger.

Enfin, au mois de septembre 1884, l'inscription entière dont ces fragments avaient été détachés, a été découverte et copiée par MM. Halbherr et Fabricius. Elle a été publiée en 1885 par M. Comparetti dans le deuxième fascicule du *Museo italiano di antichita classica*, et par M. Fabricius, dans le quatrième cahier des *Mittheilungen des deutschen archæologischen Instituts in Athen*.

Dès le mois de mai 1885, nous avons publié dans le *Bulletin de correspondance hellénique* un premier essai de traduction en français. M. Comparetti publiait en même temps une traduction en italien. Depuis lors, il a déjà paru cinq traductions en allemand, dont voici les titres :

Bücheler et Zitelmann, *Das Recht von Gortyn;*

J. et Th. Baunack, *Die Inschrift von Gortyn;*

H. Lewy, *Altes Stradtrecht von Gortyn;*

Bernhöft, *Die Inschrift von Gortyn ;*

Simon, *Die Inschrift von Gortyn.*

Grâce à ces travaux, le texte de l'inscription paraît être à peu près définitivement constitué, et le sens fixé, autant qu'il peut l'être. Il ne reste plus qu'un très petit nombre de passages dont l'interprétation soit encore douteuse. Les lacunes mêmes, à l'exception de deux, l'une de sept lignes, entre les §§ 52 et 53, l'autre de huit lignes, entre les §§ 67 et 68, ont pu être en grande partie comblées par des restitutions qui, à défaut de certitude, offrent du moins une grande probabilité. Les philologues ont fait leur œuvre. C'est maintenant aux jurisconsultes qu'il appartient de parler. Le moment paraît venu de les convier à cette étude, en leur fournissant la base indispensable, à savoir un texte lisible et une traduction aussi exacte que possible. A cet effet, nous avons soumis notre premier travail à une révision attentive, en profitant des remarquables travaux de Comparetti et des éditeurs allemands. Nous rappelons ici, par forme d'introduction, quelques notions historiques.

Gortyne était, avec Cnosse et Lyctos, une des trois

principales villes de la Crète. Comme toutes les villes
doriennes, elle avait une constitution aristocratique.
Le pouvoir était confié à certaines familles nobles qui
l'exerçaient tour à tour. Les magistrats portaient le
nom de *Cosmes*. L'autorité législative résidait dans
l'assemblée du peuple. Quant au pouvoir judiciaire, il
appartenait, du moins en matière civile, à un juge unique. Il semble résulter de notre texte que le territoire
de Gortyne était divisé en plusieurs circonscriptions
dont chacune avait son juge.

La loi distingue quatre classes de personnes, à savoir les hommes libres (ἐλεύθεροι), les hommes de condition inférieure (ἀπε7αῖροι), les colons (Fοιχῆες), et les
esclaves (δῶλοι). La différence entre les deux premières
classes tient à ce que les hommes libres, proprement
dits, font seuls partie des confréries ou hétairies. Les
autres, comme leur nom l'indique, en sont exclus. Les
colons se rapprochent des esclaves en ce qu'ils ont un
maître, et sont attachés à la glèbe, mais ils ont des
droits sur la terre qu'ils cultivent. Le cheptel, les objets
mobiliers leur appartiennent. Ils font en quelque sorte
partie de la famille. Quant aux esclaves, le maître n'a
pas sur eux un pouvoir illimité, et la loi les protège,
au moins dans certains cas déterminés.

Ce qu'il y a de plus remarquable dans la loi de Gortyne, c'est le système des preuves. Devant le juge la
preuve se fait de trois manières :

Le premier mode est le témoignage. Les témoins
doivent être majeurs et libres, et leur nombre est fixé
suivant les cas. Leur déposition lie le juge. Lorsqu'il
y a des témoignages en sens contraire, ils se détruisent
réciproquement et l'on a recours alors aux autres modes
de preuve, à moins que la loi n'établisse une présomption, telle que la présomption de liberté en faveur de
l'homme qui est revendiqué comme esclave.

Le second mode de preuve est le serment. Il ne s'agit
pas ici d'un serment déféré par la partie adverse. C'est

le juge ou plutôt la loi elle-même qui impose le serment, soit au demandeur, soit au défendeur, suivant
les cas. Elle exige même, dans certaines circonstances,
que la partie qui doit prêter serment soit assistée d'un
certain nombre de cojureurs. Ainsi, pour prouver
l'adultère de la femme, l'homme libre jure lui cinquième ; l'homme de condition inférieure, lui troisième ; le colon, lui second. C'est le système des lois
barbares.

Mais la preuve par témoins ou par serments n'est
pas toujours possible. Elle n'est même pas toujours
admissible. Alors la loi a recours à un troisième moyen.
C'est le juge qui prête serment et statue d'après les
débats, comme juré ; κρινεῖ, dit la loi. Dans les deux
premiers cas, elle emploie une autre expression, δικάζει.

Pour bien se rendre compte de ce système de preuves, il faut se placer au point de vue du droit primitif.
Le serment est un mode de preuve. Il a remplacé les
ordalies. C'est pour cette raison qu'il n'est prêté ni
par les témoins, ni par le juge. Le témoin qui prêterait
serment cesserait d'être un témoin et deviendrait un
cojureur. Le juge ne prête serment que lorsqu'il n'y a
pas de preuve, et alors c'est lui qui fait la preuve par
son serment. Plus tard, les cojureurs disparurent.
C'est alors que se répandit l'usage de faire prêter serment aux témoins pour donner plus de force à leur déposition, aux juges pour leur faire promettre l'impar-
tialité.

Ces seules dispositions suffiraient pour faire assigner à la loi de Gortyne une date très ancienne. Mais
la forme des lettres, et la direction des lignes, qui vont
alternativement de gauche à droite et de droite à gauche ne permettent pas d'assigner à l'inscription une
date plus récente que celle du vi⁰ siècle avant notre
ère. La loi de Gortyne est donc contemporaine de celle
de Solon, et ce n'est pas la plus ancienne. Elle proclame elle-même qu'elle n'a pas d'effet rétroactif et

renvoie pour le passé à une loi antérieure qui paraît
avoir été plus rigoureuse, surtout en ce qui concerne
la situation des adoptés, et celle des filles. Elle ne
comprend d'ailleurs ni le droit politique, ni certaines
parties du droit civil et criminel, comme tout ce qui
touche à la propriété et au meurtre. Il existait donc
sur ces matières une loi antérieure que la loi nouvelle
a laissé subsister en cette partie, comme Soion a conservé les lois de Dracon.

Nous n'avons pas besoin de signaler l'importance de
ce monument législatif. C'est peut-être la plus belle
découverte qui ait été faite depuis longtemps et la plus
féconde en résultats pour l'histoire du droit dans l'antiquité.

LA LOI DE GORTYNE

(1) ὃς κ.'ἐλευθέρωι ἢ δώλωι μέλληι ἀν-
πιμωλεν, πρὸ δίκας μὴ ἄγεν · αἰ δ-
έ κ.' ἄγηι, καταδικακσάτω τῶ ἐλευθέρ-
ω δέκα στατήρανς, τῶ δώλω πέντ-
ε κτι ἄγηι, καὶ δικακσάτω λαγάσαι
ἐν ταῖς τρίσι ἁμέραις. αἰ δέ κα
μὴ λαγάσηι, καταδικαδδέτω τῶ μὲν
ἐλευθέρω στατῆρα, τῶ δώλω δαρκνὰν τᾶς ἁμέρας Γεκάστας πρίν κα λα.
γάσηι · τῶ δὲ κρόνω τὸν δίκαστ-
ὰν ὀμνύντα κρίνεν. αἰ δ'ἀννίοιτο
μὴ ἄγεν, τὸν δικαστὰν ὀμνύντ-
α κρίνεν αἰ μὴ ἀποπωνίοι μαίτυς.

(2) αἰ δέ κα μ.ωλῆι ὁ μὲν ἐλεύθερον
ὁ δὲ δῶλον, καρτόνανς ἦμεν
ὅττοι κ.' ἐλεύθερον ἀποπωνίων-

---

(1) Suivant Platon (*Lois*, xι, 2), un maître peut emmener son esclave, ou l'esclave d'un de ses parents ou amis. Mais toute personne peut revendiquer comme libre celui qui est emmené comme esclave, et l'arracher à celui qui l'emmène, à la condition de fournir trois cautions.
Celui qui arrache un esclave sans fournir ces cautions s'expose à une action de violence et peut être condamné, par cette action, au double du dommage, d'après l'évaluation faite par le demandeur. De même, à Athènes, dans le plaidoyer de Lysias contre Pancléon, nous voyons Nicomède emmener Pancléon qu'il prétend être son esclave. Les amis de Pancléon interviennent et se portent cautions pour lui. Le lendemain, un tiers se présente et revendique Pancléon comme son esclave. Lysias reproche à Pancléon de n'avoir pas intenté contre Nicomède une action en dommages-intérêts. Les actes d'affranchissement recueillis à Delphes, et publiés par MM. Wescher et Foucart, portent tous que si quelqu'un veut emmener l'affranchi, prétendant que c'est son esclave, toute personne pourra intervenir et s'opposer, même par la force, sans s'exposer ni à une amende ni à un procès.
Il y avait, en effet, une action en dommages-intérêts, ouverte à la partie qui avait commencé à emmener le prétendu esclave, contre la partie qui, à tort, s'était opposée à cette main-mise. Dans le plaidoyer de Démosthène contre Nééra (§ 45), nous voyons Phrynion intenter à Stéphanos une action de ce genre, pour lui avoir indûment arraché Nééra. V. aussi dans les fragments d'Isée le plaidoyer pour Eumathès.
A Rome, les choses se passaient de même. On connaît l'histoire de

I

1. Celui qui voudra revendiquer comme sien un homme libre ou un esclave ne pourra l'emmener avant jugement. S'il l'emmène, il sera condamné à payer dix statères pour un homme libre, et cinq pour un esclave, pour le fait de l'avoir emmené, et il lui sera enjoint de mettre cet homme en liberté, dans les trois jours. S'il ne le met pas en liberté, il sera condamné à payer pour un homme libre un statère, pour un esclave une drachme, par chaque jour de retard. Pour le calcul du temps le juge prononcera comme juré. Si le revendiquant nie avoir emmené l'homme, le juge prononcera comme juré, à moins qu'il n'y ait déclaration faite par un témoin.

2. Si les parties prétendent l'une que le revendiqué est libre, l'autre qu'il est esclave, les témoins qui l'auront déclaré libre seront préférés. Si les parties se disputent un esclave que chacune des deux prétend être à elle, en ce cas, s'il y a déclaration faite par un témoin, le jugement sera rendu conformément au témoignage.

Virginie (Liv. III, 44) : « Virgini venienti in forum... manum injecit... sequi se jubebat. » Le premier venu pouvait s'opposer à cette voie de fait, *liberali causa manu adserere*. Il y avait provision en faveur de la liberté, *vindiciæ secundum libertatem*. Enfin, le procès s'engageait par la *legis actio sacramento*. Les situations de ce genre se rencontrent fréquemment dans les comédies de Plaute et de Térence, et se trouvaient sans doute déjà dans les pièces de Ménandre et de Diphile qui leur ont servi de modèle.

La loi de Gortyne ne dit pas, mais elle suppose évidemment que la personne arrêtée comme esclave ne peut se défendre elle-même. Le procès ne peut être engagé que par un tiers intervenant. Il n'y a pas, comme à Rome, provision en faveur de la liberté.

Il faut expliquer ici le système des monnaies de Gortyne. L'unité est la drachme, qui vaut à peu près un franc. Le statère est une monnaie d'argent qui vaut deux drachmes. La drachme se divise en six oboles.

μωλεῖ μάζεται, καὶ ἀντιμωλία δίκα, Hesychius.

λαράσαι κρῖναι, Hesychius.

τι. αἰ δὲ κ᾽ ἀνπὶ δώλωι μωλίωντι
πωνίοντες Γὸν Γεκάτερος ἦμεν,
αἰ μέν κα μαίτυς ἀποπωνῆι, κ-
ατὰ τὸν μαίτυρα δικάδδεν · αἰ
δὲ κ᾽ ἢ ἀνποτέροις ἀποπωνίωντι
ἢ μηδατέρωι, τὸν δικαστὰν ὀ-
μνύντα κρίνεν.

(3) ἢ δέ κα νικαθῆι ὁ
ἔκων, τὸμ μὲν ἐλευθέρον λαγάσαι τᾶν πέντ᾽ ἀμερᾶν, τὸν δὲ δῶλον ἐς κέρανς ἀποδόμεν. αἰ δέ
κα μὴ λαγάσηι ἢ μὴ ἀποδῶι, δικακσάτω νικὲν τῶ μὲν ἐλευθέρω
πεντήκοντα στατήρανς καὶ σ-
τατῆρα τᾶς ἀμερᾶς Γεκάστ-
ας πρίν κα λαγάσηι, τῶ δὲ δώλω
δέκα στατήρανς καὶ δαρκνὰν
τᾶς ἀμέρας Γεκάστας πρίν κ᾽ ἀ-
ποδῶι ἐς κέρανς. ἢ δέ κα καταδι-
κάκσηι ὁ δικαστάς, ἐνιαυτῶι π-
ραδδέθθαι τὰ τριτρὰ ἢ μεῖον
πλίον δὲ μή · τῶ δὲ κρόνω τὸν δικαστὰν ὀμνύντα κρίνεν.

(4) αἰ δέ
κα ναεύηι ὁ δῶλος ὅκα νικαθῆ-
ι, καλίων ἀντὶ μαιτύρων δυῶν δ-
ρομέων ἐλευθέρων ἀποδεικσάτ-
ω ἐπὶ τῶι ναῶι ὁπῆ κα ναεύηι ἢ α-
ὐτὸς ἢ ἄλος πρὸ τούτω. αἰ δέ
κα μὴ καλῆι ἢ μὴ δείκσηι, κατισ-
τάτω τὰ ἐγραμένα, αἰ δέ κα μηδ᾽
αὐτὸν ἀποδῶι ἐν τῶι ἐνιαυτῶι
τὰνς ἁπλόονς τιμὰνς ἐπικαταστασεῖ. αἰ δέ κ᾽ ἀποθάνηι μ-
ωλιομένας τᾶδ δίκας τὰν ἀπλόον τιμὰν καταστασεῖ.

(5) αἰ δ-

Si les témoignages sont également favorables ou également défavorables à l'un et à l'autre, le juge pronoucera comme juré.

3. Si celui qui succombe est en possession, il mettra l'homme libre en liberté dans les cinq jours, et il remettra l'esclave entre les mains de l'adversaire. S'il n'effectue pas cette mise en liberté ou cette remise, il sera contraint, par jugement, à payer à raison de l'homme libre cinquante statères, plus un statère par chaque jour de retard, et à raison de l'esclave dix statères, plus une drachme par chaque jour de retard. Si le juge prononce une condamnation de ce genre, il ne pourra être exigé pour une année que trois fois l'amende, ou moins, mais pas plus.

4. Si, au moment où le défendeur est vaincu, l'esclave a cherché un asile dans un temple, le vaincu fera sommation au vainqueur devant deux témoins majeurs et libres et lui fera voir l'esclave dans le temple où il est réfugié, et il fera cela lui-même, ou un autre pour lui. A défaut par lui de faire cette sommation ou cette montrée, il payera la somme ci-dessus fixée. S'il ne livre pas l'esclave dans l'année, il payera en outre une fois la valeur de cet esclave. Si l'esclave meurt pendant le procès, le vaincu payera une fois la valeur de cet esclave.

5. Si c'est un cosme qui emmène un homme ou si

---

(3) Cette disposition impose une limite à l'accumulation des dommages-intérêts. L'amende pour un homme libre ne pourra dépasser 150 statères, et pour un esclave 30 statères. Autrement elle pourrait s'élever, dans le premier cas, à 360 statères, dans le second à 180. — Suivant Baunack, il s'agit non de trois fois l'amende, mais de trois fois la valeur de l'esclave. Τὰ τρίτρα peut aussi signifier le tiers, mais il est alors plus difficile de comprendre la disposition.

(4) ναύειν, ἱκετεύειν. Hésychius. Il s'agit ici du droit d'asile. Les témoins doivent être δρομέες, c'est-à-dire majeurs de dix-sept ans. A cet âge, en effet, les jeunes gens étaient enrôlés dans les ἀγέλαι, et exercés à la chasse ou à la course, ἐπὶ θήραν καὶ δρόμον, dit Éphore, cité par Strabon, liv. X. — Ἀπάγελος, dit Hesychius, ὁ μηδέπω συναγελαζόμενος παῖς, ὁ μέχρι ἐτῶν ἑπτακαιδεκα. Κρῆτες.

έ κα κοσμίων ἄγηι ἢ κοσμίοντο-
ς ἄλλος ἢ κ᾽ ἀποστᾶι, μῶλεν, κἄι κ-
α νικαθῆι κατιστάμεν ἀπ᾽ ἆς
ἀμέρας ἄγαγε τὰ ἐγραμένα.
τὸν δὲ νενικαμένω καὶ τὸν κα-
ταχείμενον ἄγοντι ἀπατὸν
ἦμεν.

(6) αἴ κα τὸν ἐλεύθερον ἢ
τὰν ἐλευθέραν κάρτει οἴπηι, ἑκα-
τὸν στατήρανς καταστασεῖ, α-
ἰ δὲ κ᾽ ἀπεταίρω, δέκα, αἰ δέ κ᾽ ὁ δῶλο-
ς τὸν ἐλεύθερον ἢ τὰν ἐλευθέρα-
ν, διπλῆι καταστασεῖ, αἰ δέ κ᾽ ἐλε-
ύθερος Ϝοικέα ἢ Ϝοικῆαν, πέντε
δαρκνάνς, αἰ δέ κα Ϝοικεύς Ϝοικέα
ἢ Ϝοικῆαν, πέντε στατήρανς.
ἐνδοθιδίαν δώλαν αἰ κάρτει δαμ-
άσαιτο, δύο στατήρανς καταστασεῖ, αἰ δέ κα δεδαμναμέναν πε-
δ᾽ ἀμέραν, ὀδελόν, αἰ δέ κ᾽ ἐν νυτ-
τί δύ᾽ ὀδελόνς · ὀρκιωτέραν δ᾽ ἦ-
μεν τὰν δώλαν.

(7) αἴ κα τὰν ἐ-
λευθέραν ἐπιπηρῆται οἴπεν ἀκε-
ύοντος καδεστᾶ, δέκα στατήρανς καταστασεῖ, αἰ ἀποπωνίο-
ι μαίτυς.

(8) αἴ κα τὰν ἐλευθέραν

(5) L'action à intenter par le magistrat ou contre lui est suspendue jusqu'au jour où cessent les fonctions de ce magistrat. Ces fonctions étaient annuelles (Aristote, *Politique*, II, 7, 5, et Polybe, VI, 43). — De même, à Rome, le magistrat en fonctions ne pouvait être appelé en justice, l. 2, D. *De in jus vocando* (II, 4). — Băunack cite ici, avec raison, un passage parallèle d'un décret de Dréros (Cauer, *Delectus inscriptionum græcarum*, n° 121) où chacun des citoyens s'engage par serment à poursuivre les cosmes, s'ils manquent à leurs devoirs, devant le Sénat, dans les deux mois qui suivront la démission de ces magistrats, αἰ κα ἀποστᾶντι.

toute autre personne emmène un homme qu'un cosme prétend lui appartenir, l'action sera intentée lorsque les fonctions du cosme auront cessé. La partie qui succombera payera au vainqueur tout ce qui est porté par la loi, à partir du jour où l'homme a été emmené. Si l'homme emmené a été adjugé ou donné en gage, il n'y aura aucune action contre celui qui l'emmène.

II

6. Celui qui, par violence, aura commerce avec un homme libre, ou une femme libre, payera cent statères, et avec (le fils ou) la fille d'un homme de condition inférieure, dix statères. L'esclave qui commettra le même fait sur un homme libre ou une femme libre payera le double. L'homme libre qui le commettra sur un homme ou une femme de la classe des colons payera cinq drachmes ; le colon qui le commettra sur un homme ou une femme de la classe des colons, cinq statères. Celui qui fera violence à sa propre esclave domestique payera deux statères. Dans le cas où elle n'était pas vierge, il payera, si c'est de jour, une obole ; si c'est de nuit, deux oboles. L'esclave en sera crue sur son serment.

7. Celui qui aura tenté d'avoir commerce avec une fille libre qui est sous la garde d'un parent, payera dix statères, s'il y a un témoin qui déclare le fait.

8. Celui qui sera pris en adultère avec une femme libre dans la maison du père, ou du frère, ou du mari de

---

(6) ἀψέταιρος est l'homme de condition libre, mais inférieure, exclu des ἑταιρίαι ou corporations politiques, dont il est parlé dans le traité entre Dreros et Gnossos (Cauer, n° 121). V. Pollux, III, 58, ἀπολῖται καὶ ἀψέταιροι καὶ ἀπαθηναῖοι.

La raison de la différence est facile à comprendre. La nuit, il est plus difficile à la femme de se défendre et d'appeler au secours.

(7) ἀξίυει τηρεῖ, Κύπριοι. Hésychius.

(8) D'après Élien, XII, 12, la loi de Gortyne instituait en outre une

μοιχίων αἴλεθῆι ἐν πατρὸς ἢ ἐν ἀ-
δελπιῶ ἢ ἐν τῶ ἀνδρὸς, ἑκατόν
στατήρανς καταστασεῖ, αἰ δέ κ᾽ ἐ-
ν ἄλω, πεντήκοντα, αἰ δέ κα τὰν
τῶ ἀπεταίρω δέκα, αἰ δέ κ᾽ ὁ δῶλος τὰ-
ν ἐλευθέραν, διπλῆι καταστασε-
ῖ, αἰ δέ κα δώλω, πέν-
τε.

    (9) προϜειπάτω δὲ ἀντί μαιτ-
ύρων τρίων ταῖς καδεσταῖ-
ς τῶ ἐναιλεθέντος ἀλλυέθ-
θαι ἐν ταῖς πέντ᾽ ἀμέραις,
τῶ δὲ δώλω τῶι πάσται ἀντὶ
μαιτύρων δυῶν. αἰ δέ κα μ-
ὴ ἀλλύσηται, ἐπὶ τοῖς ἐλόν-
σι ἦμεν κρῆθθαι ὁπαῖ κα λείωντι.

    (10) αἰ δέ κα πωνῆι δολο-
σάθθαι, ὀμόσαι τὸν ἐλό-
ντα τῶ πεντηκονταστατή
ρω καὶ πλίονος πέντον αὐ-
τὸν Ϝίν αὐτῶι Ϝέκαστον ἐπ-
αριόμενον, τῶ δ᾽ ἀπεταίρω
τρίτον αὐτόν, τῶ δὲ Ϝοικέ-
ος τὸν πάσταν ἄτερον αὐτ-
ὸν, μοικίοντ᾽ ἐλέν, δολοσάθ-
θαι δὲ μή.

    (11) αἴ κ᾽ ἀνὴρ καὶ γυ-

peine pour l'homme pris en adultère. Il était exposé en public avec
une couronne de laine, frappé d'atimie et condamné à une amende
de 50 statères au profit du trésor public.

(9) La loi de Dracon, à Athènes, permettait aussi de tuer l'adultère
pris en flagrant délit, et les mœurs autorisaient à accepter une répa-
ration pécuniaire. V. le plaidoyer de Lysias pour le meurtre d'Éra-
tosthène, et Démosthène contre Aristocrate (§ 53), contre Nééra (§ 66).
La loi de Gortyne a cela de particulier qu'elle fixe elle-même le taux
de l'indemnité, suivant le cas, et oblige l'offensé à recevoir cette indemnité pourvu qu'elle soit payée dans les cinq jours.

celle-ci, payera cent statères, et dans la maison de toute autre personne, cinquante; si c'est avec la femme d'un homme de condition inférieure, dix. Si c'est un esclave qui est pris en adultère avec une femme libre, il payera le double; avec la femme d'un esclave, il payera cinq.

9. L'offensé déclarera, en présence de trois témoins, aux parents de l'homme pris en flagrant délit, qu'ils peuvent le racheter dans les cinq jours. Si c'est un esclave, la déclaration faite à son maître pourra l'être en présence de deux témoins. Si le coupable n'est pas racheté, ceux qui l'auront pris pourront en faire leur volonté.

10. Si l'homme pris en flagrant délit prétend avoir été attiré dans un piège, en ce cas celui qui a pris en flagrant délit prêtera serment, à savoir : celui qui a droit à cinquante statères ou plus, lui cinquième, chacun d'eux jurant avec imprécation sur lui-même, l'homme de condition inférieure, lui troisième, le maître d'un colon lui second. Les termes du serment seront qu'il a pris l'homme en flagrant délit d'adultère, et qu'il n'a tendu aucun piège.

III

11. Si un mari et une femme divorcent, la femme emporte les biens apportés par elle en mariage à son

Le droit romain et le droit germanique permettaient aussi au mari ou au père de tuer l'adultère pris en flagrant délit. La loi des Visigoths ajoute qu'il faut que le crime ait été commis dans la maison. « *Si filiam in adulterio pater in domo sua occiderit* » (L. Visig., III, 4, 5).

(10) Comme exemple de guet-à-pens de ce genre, on peut voir le plaidoyer de Démosthène contre Nééra (§§ 41 et 64 et suiv.).

(11) Ainsi la femme, en se mariant, reçoit une dot qu'elle reprend lors de la dissolution du mariage. De plus, entre époux libres, il y a une sorte de communauté d'acquêts qui se partage par moitié entre le mari et la femme. — A Rome, la femme avait pour l'exercice de ses reprises l'action *rei uxoriæ*.

νὰ διακρίνωνται τὰ Fὰ α-
ὖτᾶς ἔκεν ἅ τι ἔκονσ᾽ ἤϊε π-
αρ᾽ τὸν ἄνδρα καὶ τῶ καρπῶ τ-
ὰν ἡμίναν ἅ τί κ᾽ ἦι καὶ
πέντε στατήρανς αἰ κ᾽ ὁ ἀ-
νὴρ αἴτιος ἦι τᾶς κερεύσιος.
αἰ δὲ πωνίοι ὁ ἀνὴρ αἴτιος μὴ
ἦμεν, τὸν δικαστὰν
ὀμνύντα κρίνεν.

          (12) αἰ δέ τι ἄλλ-
ο πέροι τῶ ἀνδρος, πέντε στατήρανς καταστασεῖ κ᾽ ὅτί
κα πέρηι αὐτὸν κ᾽ ὅτί κα παρελῆι ἀποδότω αὐτόν · ὦν δέ κ᾽
ἐκσαννήσηται, δικάκσαι τ-
ὰν γυναῖκ᾽ ἀπομόσαι τὰν Ἄρ-
τεμιν παρ᾽ Ἀμυκλαίων παρ᾽ τὰν
τοκσίαν · ὅτι δέ τίς κ᾽ ἀπομο-
σάνσαι παρελῆι, πέντε στατήρανς καταστασεῖ καὶ τὸ κρ-.
έος αὐτόν. αἰ δὲ κ᾽ ἀλλόττρι-
ος συνεσάδδηι, δέκα στατήρανς καταστασεῖ, τὸ δὲ κρε-
ῖος διπλῆι ὅτι κ᾽ ὁ δικαστὰς
ὀμοσεῖ συνεσσάκσαι.
(13) αἰ ἀνὴρ ἀποθάνοι τέκνα κατ-
αλιπών, αἴ κα λῆι ἁ γυνὰ, τὰ Fὰ
αὖτᾶς ἔκονσαν ἐπυιέθθα-
ι᾽ κ᾽ ἄτι ὁ ἀνὴδ δῶι κατὰ τὰ ἐγραμμένα ἀντὶ μαίτυρων τρ-
ιῶν δρομέων ἐλευθέρων. αἰ
δέ τι τῶν τέκνων πέροι, ἔνδικον ἦμεν.
          (14) αἰ δέ κα ἄτεκνον

(12) Le droit romain prévoyait aussi les détournements commis par
la femme. Le mari, ou ses représentants, avait de ce chef l'action re-

époux, la moitié des fruits, s'il y en a, provenus des
biens qui lui appartiennent, et la moitié des étoffes
qu'elle a tissées, s'il y en a, et en outre cinq statères
si le divorce est imputable au mari. Si le mari soutient
que le divorce ne lui est pas imputable, le juge statue
comme juré.

12. Si la femme emporte quelque autre chose, appartenant à son mari, elle payera cinq statères et elle restituera en nature ce qu'elle aura emporté ou soustrait.
Si elle nie à l'égard de certains objets, le juge lui en-
joindra de se justifier en jurant par Artémis, la déesse
d'Amyclæ, qui porte l'arc, et si, après qu'elle se sera
justifiée par serment, quelqu'un lui enlève ces objets,
il payera cinq statères et restituera lesdits objets en
nature. Si un tiers se rend complice du détournement,
il payera dix statères et restituera au double l'objet
qu'il sera reconnu avoir aidé à emporter. Le juge statuera comme juré.

13. Si le mari meurt laissant des enfants, la femme
peut, si elle veut, se remarier, en emportant tout ce
qui lui appartient, et ce que son mari lui a donné conformément à la loi, devant trois témoins majeurs et libres. Si elle emporte quelque objet appartenant aux
enfants, il y aura action contre elle.

14. Si la femme reste veuve sans enfants, elle aura

rum amotarum (Dig. xxv, 2). La preuve se faisait aussi, du moins en
général, par le serment de l'époux auquel un détournement était im-
puté. « De rebus amotis, dit Paul (l. 14, h. t.) permittendum marito
vel uxori de quibusdam rebus jusjurandum deferre, de quibusdam
probare. »

Amyclæ, ville de Crète, voisine de Gortyne.

(13) La donation faite par le mari à sa femme au moment du mariage
est subordonnée à la condition que la femme survivra au mari. Il ne
paraît pas qu'elle produisît effet en cas de divorce. C'était du reste
une institution très répandue dans tout l'Orient et qui apparaît même
dans le droit romain du iiiᵉ siècle ap. J.-C. sous le nom de donatio
propter nuptias.

(14) Les ayants-droit, οἱ ἐπιβάλλοντες. Nous essaierons d'expliquer
ce terme au § 27.

καταλίπηι, τά τε Fὰ αὐτᾶς ἔχε-
ν, κ᾽ ὅτι κ᾽ ἐνυπάνηι τὰν ἡμίναν, καὶ τῶ καρπῶ τῶ ἔνδοθεν π-
εδὰ τῶν ἐπιβαλλόντων μοίρα-
ν λάκεν, κ᾽ αἴ τι κ᾽ ὁ ἀνὴδ δῶι αἴ ἐγράτται · αἰ δέ τι ἄλλο πέροι, ἔνδικον ἦμεν.

(15) αἰ δὲ γυνά ἄτεκ-
νος ἀποθάνοι, τά τε Fὰ
αὐτᾶς τοῖς ἐπιβάλλονσι ἀποδόμεν, κ᾽ ὅτι ἐνύπανε τὰν ἡ-
μίναν καὶ τῶ καρπῶ αἴ κ᾽ ἦι ἐς
τῶν Fῶν αὐτᾶς τὰν ἡμίνα-
ν.

(16) κόμιστρα αἴ κα λῆι δόμεν
ἀνὴρ ἢ γυνὰ, ἢ Fῆμα ἢ δυόδεκ-
α στατήρανς, ἢ δυόδεκα στατή-
ρων κρέος, πλίον δὲ μή.

(17) αἴ κ-
α Fοικέος Fοικῆα κριθῆι δωῶ
ἢ ἀποθανόντος, τὰ Fὰ αὐτᾶ-
ς ἔχεν. ἄλλο δ᾽ αἴ τι πέροι, ἔνδικον ἦμεν.

(18) αἰ τέκοι γυνὰ κ-
ηρεύονσα, ἐπελεύσαι τῶι ἀ-
νδρὶ ἐπὶ στέγαν ἀντὶ μαιτύρων τριῶν. αἰ δὲ μὴ δέκσαι-
το, ἐπὶ τᾶι ματρὶ ἦμεν τὸ τέκ-

La femme restée veuve sans enfants prend, non pas la moitié des fruits, comme lorsqu'il y a des enfants, mais une part qui peut varier suivant le nombre des copartageants. Au fond la règle est la même, car les enfants, quel que soit leur nombre, représentent le mari et ne comptent que pour une tête. Zitelmann incline à penser que, dans un cas, il s'agit des fruits des biens de la femme, et, dans l'autre cas, des fruits de tous les biens. Mais nous ne croyons pas qu'on puisse donner ce sens aux mots τῶ καρπῶ τῶ ἔνδοθεν.

(16) Cet article règle la quotité disponible, mais est-ce entre époux

tout ce qui lui appartient, et en outre la moitié de ce qu'elle a tissé. Elle prendra, en concours avec les ayants-droit, une part des fruits trouvés dans la maison, et ce que son mari lui a donné conformément à la loi. Si elle emporte quelque autre chose, il y aura action contre elle.

15. Si la femme meurt sans enfants, les ayants-droit prendront ses biens personnels, la moitié de ce qu'elle a tissé et la moitié des fruits provenant de ses biens personnels.

16. Un mari ou une femme pourront léguer, s'ils le veulent, des aliments, ou un vêtement, ou douze statères, ou un objet valant douze statères, mais pas plus.

17. Si la femme colone d'un mari colon fait valoir ses droits, du vivant ou après la mort de son mari, elle aura ses biens personnels, mais si elle emporte autre chose, il y aura action contre elle.

IV

18. Si une femme divorcée accouche d'un enfant, il sera présenté à l'homme qui a été l'époux, devant la demeure de celui-ci, en présence de trois témoins. Si cet homme refuse de recevoir l'enfant, la femme pourra,

---

seulement, ou d'une manière générale, entre toutes personnes ? Nous croyons qu'il s'agit ici des dons ou legs fait par un mari ou une femme à des tiers. Autre chose est le legs fait par un mari à sa femme à titre de gain de survie, legs qui doit être fait en présence de trois témoins, et dont il est question aux articles 13 et 14.

(17) Cette différence entre le ménage des colons et le ménage libre est remarquable. Si la loi restreint ici les reprises de la femme, c'est sans doute dans l'intérêt du domaine auquel le ménage colon est attaché, et pour prévenir les soustractions.

(18) Lewy cite avec raison un passage d'Andocide (sur les Mystères, 124 et s.). La concubine de l'Athénien Callias accouche après le divorce. Ses parents portent l'enfant devant l'autel à la fête des Apaturies. Callias est obligé de reconnaître l'enfant.

νον ἢ τράπεν ἢ ἀποθέμεν · ὀρκ-
ιωτέρωδ δ' ἦμεν τὼς καδεστὰνς καὶ τὼς μαιτύρανς αἰ
ἐπελευσαν.

   (19) αἰ δὲ Γοικήα τέ
κοι κηρεύονσα, ἐπελεύσαι
τῶι πάσται τῶ ἀνδρὸς ὃ· ὤ-
πυιε ἀντὶ μαιτύρων δυῶν.
αἰ δέ κα μὴ δέκσηται, ἐπὶ τῶι
πάσται ἦμεν τὸ τέκνον τῶι τ-
ᾶς Γοικήας. αἰ δὲ τῶι αὐτῶι αὖ-
τις ὀπυίοι τῶ πρώτω ἐνιαυτ-
ῶ, τὸ παιδίον ἐπὶ τῶι πάσται
ἦμεν τῶι τῶ Γοικέος, κ.' ὀρκιώ-
τερον ἦμεν τὸν ἐπελεύσαν-
τα καὶ τὼς μαιτύρανς.

     (20) γ-
υνὰ κηρεύονσ' αἰ ἀποβάλοι
παιδίον πρὶν ἐπελεύσαι κατ-
ὰ τὰ ἐγραμμένα, ἐλευθέρω μ-·
ὲν καταστασεῖ πεντήκοντα
στατήρανς, δώλω πέντε καὶ Γ-
ίκατι, αἴ κα νικαθῆι. ὦι δέ κα μ-
ήτις ἦι στέγα ὄπυι ἐπελευσῆ-
ι, ἢ αὐτὸν μὴ ὁρῆι, αἰ ἀποθ-
είη τὸ παιδίον, ἀπατὸν ἦμεν·
(21) αἰ κύσαιτο καὶ τέκοι Γοικήα μὴ ὀπυιομένα, ἐπὶ τῶι τῶ
πατρὸς πάσται ἦμεν τὸ τ-
έκνον, αἰ δ' ὁ πατὴρ μὴ δῶοι, ἐ-
πὶ τοῖς τῶν ἀδελπιῶν πάσ-
ταις ἦμεν.

   (22) τὸν πατέρα τῶν

· A Rome, le S. C. *Plancianum,* qui paraît avoir été émis sous Ves-
pasien, prescrit une mesure analogue. V. au Digeste le titre *De agnos-
cendis et alendis liberis* (xxv, 3). « Permittit mulieri parentive in
cujus potestate est, vel ei cui mandatum ab eis est, si se putet præg-

à son choix, nourrir l'enfant ou l'exposer. La preuve de la présentation sera faite par le serment des parents (de la femme) et des témoins.

19. Si une femme de la classe des colons, étant divorcée, accouche d'un enfant, il sera présenté au maître de l'homme qui a été l'époux, en présence de deux témoins. S'il refuse de recevoir l'enfant, cet enfant appartiendra au maître de la femme. Mais si la femme épouse de nouveau le même homme, dans l'année, l'enfant appartiendra au maître de ce colon. La preuve sera faite par le serment de celui qui aura fait la présentation, et des témoins.

20. La femme divorcée qui exposera son enfant avant de l'avoir présenté suivant la loi, payera, si elle y est condamnée, cinquante statères si l'enfant était libre, et vingt-cinq statères s'il était esclave. Si l'homme n'a pas de maison où la présentation puisse être faite, ou si on ne le trouve pas, la femme aura le droit d'exposer l'enfant.

21. Si une femme de la classe des colons devient enceinte et accouche n'étant pas mariée, l'enfant appartiendra au maître du père (de la femme). Si le père n'est pas vivant, l'enfant appartiendra au maître des frères (de la femme).

V

22. Le père sera le maître des enfants et des biens, et il dépendra de lui de faire un partage. La mère sera

nantem, denuntiare ante dies triginta post divortium connumerandos ipsi marito vel parenti in cujus potestate est, aut domum denuntiare si nullius eorum copiam habeat. » L. 1, § 1, *h. t.*

(21) L'enfant d'une fille colone non mariée appartient au maître du père ou des frères de cette fille. La reconnaissance faite par le père naturel ne peut rien changer à la condition de l'enfant. C'est encore là une disposition particulière au régime du colonat; c'est-à-dire à la servitude de la glèbe. L'enfant doit rester attaché à l'habitation dans laquelle il est né.

(22) Le maître des enfants, κύριος. Il ne s'agit point ici, bien entendu;

τέκνων καὶ τῶν χρημάτων κ-
αρτερὸν ἦμεν τᾶδ δαίσιος,
καὶ τὰν ματέρα τῶν Ϝῶν αὐτᾶς χρημάτων. ἆς χα δώωντι
μὴ ἐπάναγχον ἦμεν δατή-
θθαι. αἰ δέ τις ἀταθείη, ἀποδ-
αττάθθαι τῶι ἀταμένωι ἇ-
ι ἐγράτται.

(23) ἦ δέ κ᾽ ἀποθάνηι τις
᾽τέγανς μὲν τὰνς ἐν πόλι κ᾽ ἆ-
τὶ κ᾽ ἐν ταῖς ᾽τέγαις ἐνῆι, αἷ-
ς χα μὴ Ϝοιχεὺς ἐν Ϝοιχῆι ἐπ-
ὶ χώραι Ϝοιχίων, καὶ τὰ πρόβατα χα-
ὶ χαρταίποδα ἃ χα μὴ Ϝοιχέος ἦι
ἐπὶ τοῖς υἱάσι ἦμεν, τὰ δ᾽ ἄλλα χρήματ᾽ ἄπαντα δατῆθθα-
ι χαλῶς, καὶ λανχάνεν τὼς μ-
ὲν υἰὺνς ὁπόττοι κ᾽ ἴοντι δύ-
ο μοίρανς Ϝέχαστον, τὰδ δ-
ὲ θυγατέρανς ὁπότται κ᾽ ἴωντι μίαν μοίραν Ϝεχάσταν.

                         (24) δ-
ατῆθθαι δὲ καὶ τὰ ματρώια, ἦ

---

de la puissance paternelle du droit romain. Les lois grecques, et en particulier la loi de Gortyne, ne reconnaissent au père qu'un pouvoir de tutelle et de protection, qui cesse à la majorité des enfants.

Ainsi, chacun des époux administre ses biens personnels, et en dispose librement, sans que la femme ait besoin de l'autorisation du mari.

Tant que vivent le père et la mère, le partage ne peut pas être exigé. Pour comprendre cette disposition, il faut se figurer la famille comme vivant en communauté. Dans ce régime, les enfants sont en quelque sorte copropriétaires avec le père et la mère, du moins pour les biens qui ont le caractère de propres à l'exclusion des acquêts. Primitivement, le fils pouvait quitter la communauté et se retirer en emportant sa part, comme on le voit dans la parabole de l'enfant prodigue : « Et le fils dit à son père : Mon père, donnez-moi la part qui me revient dans les biens, δός μοι τὸ ἐπιβάλλον μέρος τῆς οὐσίας. »

la maîtresse de ses biens personnels. Tant qu'ils vi-
vront, le partage ne pourra pas être exigé, mais si l'un
des coparçonniers est condamné à une amende, il faudra lui donner sa part, conformément à la loi.

23. Si une personne meurt, les maisons de ville et
tout ce qui se trouve dans ces maisons, et les habita-
tions rurales qui ne sont pas occupées par un colon,
ainsi que les moutons et le gros bétail qui ne seront
pas la propriété d'un colon, appartiendront aux fils.
Tous les autres biens seront équitablement partagés.
Les fils, quel que soit leur nombre, prendront chacun
deux parts; les filles, quel que soit leur nombre, prendront chacune une part.

24. Les biens maternels, si la mère vient à mourir,
seront partagés comme les biens paternels. S'il n'y a

Une disposition semblable existe encore aujourd'hui dans les coutumes des Slaves méridionaux, et même dans quelques-unes de leurs
lois. Comme on le voit, la loi de Gortyne supprime ce droit, et ne
permet plus de demander le partage qu'au décès de l'un des époux.
Elle maintient cependant l'ancien droit pour un cas, celui où un des
coparçonniers vient à être condamné à une amende pour un délit.
En effet, la communauté ne peut être obligée, par le délit d'un de ses
membres, au delà de la part qui revient à celui-ci.

Quant à la dot, elle peut être fournie, soit par le père, soit par le
frère, c'est-à-dire par le chef de la maison, ayant pouvoir et autorité
pour donner la fille à un mari. Elle peut être donnée actuellement
ou promise, comme en droit romain. *Dos,* disait Ulpien, *Reg.,* VI, 1,
aut datur, aut dicitur, aut promittitur. Enfin, la quantité est fixée.
C'est la part héréditaire de la fille, ni plus ni moins; c'est pourquoi
la fille dotée ne vient pas à partage : elle a déjà reçu sa part en avan-
cement d'hoirie.

Cette règle existait encore en Crète au temps d'Éphore, et même au
temps de Strabon, qui cite Éphore : φερνὴ δ'ἐστίν, ἂν ἀδελφοὶ ὦσι, τὸ
ἥμισυ τῆς τοῦ ἀδελφοῦ μερίδος. Strab., *Geogr.,* x, 4, § 20.

(23) Cet article donne aux fils un préciput. Ils prennent seuls, à l'exclusion des filles, les maisons de ville, et hors de la ville tout ce qui
n'est pas occupé par un colon, ou propriété d'un colon. En conséquence, la masse à partager entre les fils et les filles ne comprend en
réalité que les meubles et les rentes ou redevances dues par les colons,
sauf le cas prévu à l'article suivant.

κ᾽ ἀποθάνηι, αἵπερ τὰ πατρώι᾽
ἐγράτται · αἰ δὲ χρήματα μὴ εἴ-
η στέγα δέ, λακὲν τὰ0 θυγατέ-
ρας αἲ ἐγράτται.

    (25) αἰ δέ κα λῆ-
ι ὁ πατὴρ δωὸς ἰὼν δόμεν τᾶ-
ι ὀπυιομέναι, δότω κατὰ τ-
ὰ ἐγραμμένα, πλίονα δὲ μ.ὴ.
ὅτειαι δὲ πρόθθ᾽ ἔδωκε ἢ ἐπέσ-
πενσε ταῦτ᾽ ἔχεν, ἄλλα δὲ μὴ
ἀπολανκάνεν. γυνά ὅτεια χ-
ρήματα μὴ ἔχηι ἢ πατρὸδ δόντος ἢ ἀδελπιῶ, ἤ ἐπισπέν-
σαντος, ἢ ἀπολάκονσα ἇ-
ι ὅκ.᾽ ὁ Αἰθαλεὺς ᾽τάρτος, ἐκόσ-
μιον οἱ σὺν Κύλλωι, ταύτ-
ας μὲν ἀπολανκάνεν, ταῖ-
δ δὲ πρέθθα μὴ ἔνδικον ἦμεν.

    (26) ἤ κ᾽ ἀποθάνηι ἀνὴρ ἢ γυν-
ά, αἰ μέν κ᾽ ἦι τέκνα ἢ ἐς τέκνων τέκνα ἢ ἐς τούτων τέκνα, τούτως ἔχεν τὰ χρήματα · αἰ δὲ κα μήτις ἦι τούτω-
ν, ἀδελπιοὶ δὲ τῶ ἀποθανόντος κ᾽ ἐχς ἀδελπιῶν τέκν-

(25) Cet article est un des plus importants de la loi. D'abord, ainsi que nous l'avons vu, il en donne la date. En second lieu, il montre clairement en quoi consiste l'innovation résultant de cette loi. D'après le droit antérieur, la fille pouvait bien recevoir une dot, mais, dotée ou non, elle n'avait aucun droit dans la succession de son père, ou plutôt dans les biens communs de la famille. C'est la loi nouvelle qui appelle les filles au partage et leur donne une part égale à la moitié de celle des fils. Mais il est expressément déclaré que cette disposition n'aura pas d'effet rétroactif,

σταρτοι · αἱ τάξεις τοῦ πλήθους, Hésych. — Les Æthalées étaient une des familles qui exerçaient le pouvoir à tour de rôle. Les magistrats ou cosmes, étaient choisis dans leur sein. Le terme de σταρτος se re-

pas d'autres biens qu'une maison, les filles y auront
part, conformément à la loi.

25. Si le père veut, de son vivant, faire un don à sa
fille en la mariant, il donnera conformément à la loi,
mais pas plus. Les dons ou promesses faits par un père
à sa fille avant la présente loi sont maintenus ; mais,
en ce cas, la fille ne viendra pas au partage des autres
biens. Lorsqu'une femme n'aura pas de biens à elle
donnés ou promis par son père ou par son frère, ou recueillis par elle dans un partage, si le mariage a eu lieu
depuis l'année où, la famille des Æthaléens étant au
pouvoir, Kyllos et ses collègues furent cosmes, elle
viendra à partage ; si le mariage est antérieur, elle
n'aura pas droit à partage.

26. En cas de décès du mari ou de la femme, s'il y a
des enfants, ou des enfants des enfants, ou des enfants
de ces derniers, ceux-là auront les biens. A leur dé-

---

trouve dans plusieurs inscriptions crétoises dont Comparetti annonce
la publication prochaine.

(26) La loi de Gortyne ne nomme ici que trois générations. soit en
ligne directe, soit en ligne collatérale. En effet, le premier cercle de
la parenté, l'ἀγχιστεία du droit athénien s'arrêtait à ces trois générations. C'est d'ailleurs une idée qui se retrouve jusque dans l'Inde brahmanique. Faut-il conclure de là que la quatrième génération était
exclue ? Il semble que oui, mais il faut ajouter que le cas est extrêmement rare, et que d'ailleurs on pouvait y pourvoir par une adoption.

En général, le droit grec n'admet les filles à succéder qu'à défaut
de fils. Ici la loi de Gortyne, modifiant la législation antérieure, admet
les filles concurremment avec les fils, seulement elle ne leur donne
que demi-part.

Les ayants-droit, οἱ ἐπιβάλλοντες. Ce terme sert à désigner : 1° les
parents appelés à succéder en seconde ligne ; 2° les parents appelés à
épouser la fille patrôïoque ; 3° les témoins qui ont assisté à un acte ou
qui ont déposé dans un procès.

Dans le premier cas, les ayants-droit ne recueillent la succession
qu'à défaut de descendants et de frères ou sœurs, ou descendants
d'eux. Ainsi, la ligne directe et la première ligne collatérale n'appartiennent pas à la classe des ayants-droit. Il faut en dire autant des
ascendants qui ne sont pas nommés dans la loi de Gortyne, pas plus
que dans la loi athénienne, parce que les anciens ne comprenaient pas

α ἢ ἐς τούτων τέκνα, τούτως ἔκεν τὰ κρήματα. αἰ δέ κα
μήτις ἦι τούτων, ἀδελπιαὶ δ-
ὲ τῶ ἀποθανόντος κ.' ἐς ταυτ-
ᾶν τέκνα ἢ ἐς τῶν τέκνων τέκνα, τούτως ἔκεν τὰ κρήματα. αἰ δέ κα μήτις ἦι τούτων,
οἶς κ.' ἐπιβάλλῃι ὁπόκ.' ἦι τὰ κρ·
ήματα τούτως ἀναιλήθθα-
ι · αἰ δὲ μὴ εἶεν ἐπιβαλλοντε-
ς, τᾶς Ϝοικίας οἵτινες κ.'
ἴωντι ὁ κλᾶρος τούτονς ἔ-
κεν τὰ κρήματα.

       (27) αἰ δέ κ.' οἱ
ἐπιβάλλοντες οἱ μὲν λεί-
ωντι δατήθθαι τὰ χρήματ-
α, οἱ δὲ μή, δικάκσαι τὸν δικαστὰν ἐπὶ τοῖλ λείονσι δ-
ατήθθαι ἦμεν τὰ κρήματ' ἄπαντα πρίν κα δαττῶνται.
(28) αἰ δὲ κα δικάκσαντος τῶ δ-
καστᾶ κάρτει ἐνσείῃι ἢ ἄ-
γῃι ἢ πέρῃι, δέκα στατήραν-
ς καταστασεῖ καὶ τὸ κρεῖ-
ος διπλῆι. τνατῶν δὲ καὶ καρπῶ καὶ Ϝήμας κ.' ἀνπιδέμας κ.'
ἐπιπολαίων κρημάτων αἴ κα μ·
ὴ λείωντι δατήθθαι τινά, τὸ-

que la succession pût remonter. Quant à la ligne directe et à la première ligne collatérale, elles ne succèdent pas non plus. Elles prennent les biens *jure non decrescendi*, à raison de la communauté qui
comprenait primitivement toute la famille, jusqu'aux cousins inclusi-
vement. Les parents plus éloignés ne font pas partie de la communauté. Ils viennent d'une autre maison et recueillent les biens du défunt à titre de successeurs, non à titre de communistes.

Lorsqu'il s'agit d'épouser la fille patroïoque, l'oncle et le cousin sont
désignés comme ayants-droit, quoiqu'ils ne le soient pas au point de

faut, les frères du défunt et les enfants des frères, et les enfants de ces enfants, ceux-là auront les biens. A leur défaut encore, les sœurs du défunt et les enfants de leurs enfants, et les enfants de ces enfants, ceux-là auront les biens. A leur défaut encore, les ayants-droit, quels qu'ils soient, recueilleront les biens. S'il n'y a pas d'ayant-droit, les tenanciers du domaine, quels qu'ils soient, ceux-là auront les biens.

27. Si parmi les ayants-droit les uns veulent partager les biens et les autres non, le juge décidera que tous les biens seront à la disposition de ceux qui veulent partager, jusqu'à ce qu'ils partagent.

28. Si, après la décision du juge, une des parties, employant la force, déplace, enlève ou emporte quelque chose, elle paiera dix statères et restituera l'objet au double. Si quelques-uns des héritiers ne veulent pas partager un cheptel, ou des fruits, ou des vêtements ou des joyaux ou d'autres meubles, le juge statuera comme juré, après avoir entendu les parties.

vue de droit de succession. En effet, ce n'est pas à titre de communistes qu'ils sont appelés à épouser. C'est uniquement à raison de leur parenté. C'est pourquoi, à ce point de vue particulier, ils deviennent des ἐπιβάλλοντες. V. les §§ 36-40.

Enfin, les témoins qui ont assisté à un acte ou qui ont déposé dans un procès sont naturellement, nécessairement, appelés à fournir la preuve de l'acte ou du jugement auxquels ils ont assisté. Ce sont donc aussi des ἐπιβάλλοντες. V. § 50.

Après les ἐπιβάλλοντες, la loi appelle à la succession les tenanciers qui sont attachés au domaine, ὁ κλᾶρος τῆς οἰκίας, c'est-à-dire οἱ κλαρῶται, les serfs ou vassaux, c'est-à-dire les descendants des anciens habitants du pays, les paysans, dont un certain nombre avait été attribué lors de la conquête dorienne à chacune des maisons de Gortyne. Ce droit de succession donné aux paysans est très remarquable. Rappelons toutefois qu'à Rome les clients faisaient partie de la *gens*, or, la loi des XII Tables portait : *Si agnatus nec escit, gentiles familiam habento.*

(27) Cette mesure, comme le fait observer Zitelmann, est un moyen de contrainte pour forcer les récalcitrants à partager. Le juge ne peut pas faire lui-même le partage, ni intervenir directement dans les opérations, sauf dans le cas de l'article suivant.

ν δικασταν ὀμνύντα κρίνα-
ι πορτὶ τὰ μωλιόμενα.

(29) αἰ δ-
έ κα χρήματα δατιωμένοι
μὴ συνγιγνώσκοντι ἀν-
πὶ τὰν δαῖσιν, ὠνὲν τὰ χρήματα, κ᾽ ὅς κα πλεῖστον διδ-
ῶι ἀποδομένοι, τᾶν τιμᾶν
διαλαχόντων τὰν ἐπαβο-
λὰν Ϝέκαστος, δατιομέ-
νοιδ δὲ χρήματα μαιτύρα-
νς παρῆμεν δρομέανς ἐλε-
υθέρονς τρίινς ἢ πλίανς.
θυγατρὶ ἢ δίδωι κατὰ τὰ αὐτ-
ά.
(30) ἇς κ᾽ ὁ πατὴδ δώηι τῶν τῶ π-
ατρὸς χρημάτων παρ᾽ υἱέος
μὴ ὠνήθθαι μηδὲ κατατί-
θεθθαι. ἅ τι δέ κ᾽ αὐτὸς πάσητ-
αι ἢ ἀπολάκηι ἀποδιδόθθω
αἴ κα λῆι, μηδὲ τὸν πατέρα τὰ τῶ-
ν τέκνων ἅ τι κ᾽ αὐτοὶ πάσωντ-
αι ἢ ἀπολάκωντι. μηδὲ τὰ τ-
ᾶς γυναικὸς τὸν ἄνδρα ἀπο-
δόθθαι, μηδ᾽ ἐπισπένσαι, μηδ᾽
υἱὺν τὰ τᾶς ματρός.

(31) αἰ δ-
έ τις πρίαιτο ἢ καταθεῖτο ἢ ἐ-
πισπένσαιτο, ἄλλαι δ᾽ ἐγράτται αἴ τάδε τὰ γράμματα ἐγράτται, τὰ μὲν
χρήματα ἐπὶ τᾶι ματρὶ ἦμ-
εν κ᾽ ἐπὶ τᾶι γυναικὶ, ὁ δ᾽ ἀπο-
δόμενος ἢ καταθένς ἢ ἐπι-
σπένσανς τῶι πριαμένωι
ἢ καταθεμένωι ἢ ἐπισπεν-
σαμένωι διπλῆι καταστα-

29. Si les héritiers partageant les biens ne sont pas d'accord sur l'opération du partage, les biens seront mis en vente. Ils seront adjugés au plus offrant et les héritiers se partageront le prix, chacun suivant ses droits. Au partage des biens assisteront des témoins majeurs et libres au nombre de trois ou plus. Les dons faits par un père à sa fille seront faits dans la même forme.

VI

30. Tant que le père est vivant, les biens paternels ne peuvent être ni vendus ni donnés en hypothèque par le fils. Mais ce que le fils aura acquis par lui-même ou par l'effet d'un partage, il pourra le vendre s'il veut. Le père ne pourra ni vendre ni promettre les biens que ses enfants auront acquis par eux-mêmes ou par l'effet d'un partage. Le mari n'aura pas plus de droit sur les biens de sa femme, ni le fils sur les biens de sa mère.

31. Si quelqu'un achète ou prend en hypothèque ou se fait promettre lesdits biens, contrairement à ce qui est écrit dans la présente loi, les biens resteront la propriété de la mère ou de la femme. Celui qui aura vendu, donné en hypothèque ou promis payera le double à l'acheteur, au créancier hypothécaire ou au stipulant, et s'il y a quelque autre dommage il en payera la valeur simple. Pour ce qui s'est passé antérieurement, il n'y aura point d'action. Si l'adversaire se défend au sujet de la chose litigieuse, et soutient qu'elle n'appartient pas à la mère, ou à la femme, on plaidera

---

(29) Les dons faits par un père à sa fille sont assimilés aux partages quant à la forme. En effet, ils tiennent lieu de partage. Dans le droit antérieur, la fille dotée était exclue de la succession. D'après la loi nouvelle elle y vient, mais sans doute à charge de rapport. Le rapport ἀναφορά existait dans les lois athéniennes, et, quoique la loi de Gortyne n'en parle pas, on doit supposer qu'elle l'admet.

σεῖ, καί τι κ' ἄλλ' ἄτας ἦι τὸ
ἀπλόον, τῶν δὲ πρόθθα μὴ ἔνδικον ἦμεν. αἰ δέ κ' ὁ ἀντίμωλος ἀπομωλῆι ἀντὶ τὸ κρ-
έος ὧι κ' ἀντιμωλίωντι μ-
ὴ ἦμεν τᾶς ματρὸς ἢ τᾶ-
ς γυναικός, μωλῆν ὁπῆ κ' ἐπιβάλληι παρ' τῶι δικαστᾶι
ἢ Ϝεκάστωι ἐγράτται.

   (32) αἰ δέ κ' ἀ-
ποθάνηι μάτηρ τέκνα καταλίπο-
νσα, τὸν πατέρα καρτερὸν ἦμεν
τῶν ματρώιων, ἀποδόθαι δὲ μὴ
μηδὲ καταθέμεν αἴ κα μὴ τὰ τέκνα ἐπαινήσηι δρομέες ἴοντες.
αἰ δέ τις ἄλλαι πρίαιτο ἢ καταθεῖτο, τὰ μὲν χρήματα ἐπὶ τοῖ-
ς τέκνοις ἦμεν, τῶι δὲ πριαμένωι ἢ καταθεμένωι τὸν ἀποδ-
όμενον ἢ τὸν καταθέντα τὰν
διπλήιαν καταστάσαι τᾶς τ-
ιμᾶς, καί τι κ' ἄλλ' ἄτας ἦι τὸ ἀ-
πλόον. αἰ δέ κ' ἄλλαν ὀπυίηι, τὰ τ-
έκνα τῶν πατρώιων καρτερὸν-
ς ἦμεν.

   (33) αἰ κ' ἐδδυ. . . . . πε-
ρα. . . . . ἐκς ἀλλοπολίας ὑπ' ἀν-
άνκας ἐχόμενος, κ' ἐλομένω τι-
ς λύσηται, ἐπὶ τῶι ἀλλυσαμέν-
ωι ἦμεν πρὶν κ' ἀποδῶι τὸ ἐπιβάλλον. αἰ δέ κα μὴ ὁμολογίωντ-
ι ἀμπὶ τὰν πληθὺν ἢ μὴ ἐλομε-
νω αὐτῶ λυσάθθαι, τὸν δικασ-

---

(32) Zitelmann rapproche de ce texte une constitution de Constantin
de l'an 319, au Code de Justinien, 1, *De bonis maternis* (VI, 60) : « Res,
quæ ex matris successione fuerint ad filios devolutæ, ita sint in pa-

devant le juge compétent et ainsi qu'il est écrit dans
la loi pour chaque cas.

32. Si la mère meurt laissant des enfants, le père
sera le maître des biens maternels, mais il ne pourra
ni les vendre ni les donner en hypothèque, à moins
que ses enfants ne ratifient, étant devenus majeurs. Si
quelqu'un achète ou prend en hypothèque, contrairement à cette loi, les biens resteront la propriété des
enfants; celui qui aura vendu ou donné en hypothèque
payera à l'acheteur ou au créancier hypothécaire le
double du prix, et pour tout autre dommage la valeur
simple. Si le père épouse une autre femme, les enfants
seront maîtres des biens maternels.

VII

33. . . . . de l'étranger où il était retenu
par force, et si, de son consentement, il est racheté
par quelqu'un, il appartiendra à celui qui l'aura racheté
jusqu'à ce qu'il ait payé ce qu'il faut. S'ils ne sont pas
d'accord sur la somme, ou sur le consentement de la

rentum potestate, ut fruendi duntaxat habeant facultatem, dominio
videlicet earum ad liberos pertinente..... Si quando rem alienare vo-
luerint, emptor, vel is cui res donatur, observet ne quam partem earum rerum, quas alienari prohibitum est, sciens accipiat vel ignorans.
Docere enim pater debet proprii juris eam rem esse, quam donat aut
distrahit; et emptori, si velit, fidejussorem licebit accipere, quia nul-
lam poterit præscriptionem opponere filiis quandoque rem vindican-
tibus. »

(33) Il s'agit ici d'un homme libre qui a été fait esclave à l'étranger
et qui est racheté par un Gortynien. Il est question d'un cas semblable
dans le plaidoyer de Démosthène contre Nicostrate. « Tu sais bien,
dit l'orateur, qu'aux termes des lois le captif délivré des mains de
l'ennemi appartient à son libérateur s'il ne rembourse pas la rançon
payée. » Il en était de même à Rome. Cicéron, *De officiis*, II, 18;
Ulpien caractérise le droit du libérateur comme un droit de rétention,
l. 3, § 3., D., *De homine libero exhibendo* (XLIII, 29). Paul en fait un
droit de gage, l. 19, § 9, D., *De captivis et de postliminio* (XLIX, 15)

τὰν ὀμνύντα κρίνεν πορτὶ τὰ
μωλιόμενα.

(34) ὁ ε. . . . . θερωτο. . αι κ᾽
ἐπὶ τὰν ἐλευθέραν ἐλθὼν ὀπυίηι,
ἐλεύθερ᾽ ἦμεν τὰ τέκνα, αἰ δέ κ᾽
ἁ ἐλευθέρα ἐπὶ τὸν δῶλον, δῶλ᾽ ἦμεν τὰ τέκνα. αἰ δὲ κ᾽ ἐς τᾶς αὐτᾶς ματρὸς ἐλεύθερα καὶ δῶλα
τέκνα γένηται, ἦ κ᾽ ἀποθάνηι ἁ
μάτηρ, αἴ κ᾽ ἦι κρήματα, τὸνς ἐλ-
ευθέρονς ἔχεν. αἰ δ᾽ ἐλεύθεροι
μὴ ἐκσεῖεν, τὸνς ἐπιβαλλόντανς ἀναιλήθαι.

(35) αἰ κ᾽ ἐκς ἀγ-
ορᾶς πριάμενος δῶλον μὴ π-
εραιώσηι τᾶν Ϝεκσήκοντ᾽ ἁμ-
ερᾶν, αἴ τινά κα πρόθ᾽ ἀδικη-
κῆι, ἦ ὕστερον, τῶι πεπαμέν-
ωι ἔνδικον ἦμεν.

(36) τὰμ. πα-
τρωιῶκον ὀπυιέθαι ἀδελπι-
ῶι τῶ πατρὸς τῶν ἰόντων τῶι
πρειγίστωι. αἰ δέ κα πλίες πατρωιώκοι ἴωντι κ᾽ ἀδελπιοὶ τῶ πατρὸς, τῶι ἐπὶ πρειγίστωι ὀπυιέθαι. αἰ δέ κα μὴ ἴωντι ἀδελπιο-
ὶ τῶ πατρὸς, υἱέεδ δὲ ἐκς ἀδελπιῶν, ὀπυιέθαι ἰῶι ἐκς τῶ π-
ρειγίστωι. αἰ δέ κα πλίες ἴωντ-

(34) Lorsqu'un esclave a commis un délit, le possesseur de cet esclave est responsable, et non pas celui qui possédait au moment où
le délit a été commis, mais le possesseur actuel au moment où l'action
est intentée. L'obligation de réparer le dommage ou de faire l'abandon
noxal se transmet avec la possession. C'est ce que les Romains expri-
maient par l'adage *noxa caput sequitur*. La loi de Gortyne proclame
le même principe, à la condition, toutefois, que la possession ait duré
plus de soixante jours. Celui qui achète un esclave au marché a ce

personne rachetée, le juge statuera comme juré, après
avoir entendu les parties.

VIII

34. Si un . . . . . . vient à une femme libre et l'épouse
les enfants seront libres. Si une femme libre vient à
un esclave, les enfants seront esclaves. Si de la même
mère naissent des enfants dont les uns soient libres et
les autres esclaves, si la mère vient à mourir et qu'il y
ait des biens, les enfants libres auront les biens. A défaut d'enfants libres les ayants-droit recueilleront les
biens.

IX

35. Si quelqu'un ayant acheté un esclave au marché
ne l'a pas revendu dans les soixante jours, et si l'esclave a fait quelque tort avant ou depuis (l'achat au
marché) il y aura action contre le détenteur.

X

36. La fille patroïque épousera le frère de son père,

---

délai pour s'enquérir du passé de cet esclave et pour se décharger de
toute responsabilité, en mettant l'esclave hors de ses mains si celui-ci
n'est pas *noxa solutus*. Tel est du moins le sens le plus probable.
Zitelmann entend περαιόω dans le sens de fixer un délai.

(36) La fille patroïoque, qu'Hérodote appelle πατροῦχος, est l'épiclère
du droit athénien. L'institution, dont les plus anciens vestiges remontent à l'Inde brahmanique, se retrouve dans toute la Grèce. Nous
nous contentons de renvoyer à Fustel de Coulanges : *La cité antique*,
2ᵉ éd. (1878), p. 81.

« Un ayant-droit recevra une fille patroïoque, mais pas plus. » Il
ne s'agit pas ici d'une interdiction de la polygamie. Le législateur a
sans doute voulu dire que le droit de l'ἐπιβάλλων ne pourrait être exercé
plus d'une fois. On ne lui permet pas d'épouser successivement plusieurs filles patroïoques, afin de ne pas accumuler toutes les succes-
sions sur une même tête.

ι πατρωιώκοι κ' υίέες ἐκς ἀδελπιῶν, ἄλλωι ὀπυιέθαι τῶι ἐπ-
ι τῶι ἐς τῶ πρειγίστω. μίαν δ'
ἔκεν πατρωιῶκον τὸν ἐπιβάλ-
λοντα, πλίαδ δὲ μή.

(37) ἂδ δὲ κ' ἄν-
ωρος ἦι ὁ ἐπιβάλλων ὀπυίεν ἢ
ἁ πατρωιῶκος, στέγαν μὲν, αἰ
κ' ἦι, ἔκεν τὰν πατρωιῶκον, τᾶδ
δ'ἐπικαρπίας παντὸς τὰν ἡμίναν ἀπολανκάνεν τὸν ἐπιβ-
άλλοντα ὀπυίεν.

(38) αἰ δέ κ' ἀπό-
δρομος ἐὼν ὁ ἐπιβάλλων ὀπυίεν ἡβίων ἡβίονσαν μὴ λῆι ὀπυίεν, ἐπὶ τᾶι πατρωιώκωι ἦμε-
ν τὰ χρήματ' ἄπαντα καὶ τὸν κ-
αρπὸν πρέιν κ' ὀπυίηι. αἰ δέ κα
δρομεὺς ἰὼν ὁ ἐπιβάλλων ἡ-
βίονσαν λείονσαν ὀπυιέ-
θαι μὴ λῆι ὀπυίεν, μωλὲν τὼς
καδεστὰνς τὼς τᾶς πατρωι-
ώκω, ὁ δὲ δικαστὰς δικαδδέτω ὀπυίεν ἐν τοῖς δυοῖς μη-
νσί · αἰ δέ κα μὴ ὀπυίηι αἰ ἐγρά-
ται τὰ χρήματ' ἄπαντ' ἔκονσα-
ν, αἴ κ' ἦι ἄλλος, τῶι ἐπιβάλλοντ-
ι. αἰ δ'ἐπιβάλλων μὴ εἴη, τᾶς
πυλᾶς τῶν αἰτιόντων ὅτιμ-
ί κα λῆι ὀπυιέθαι.

(39) αἰ δέ κα τῶ-
ι ἐπιβάλλοντι ἡβίονσα μὴ λῆ·
ι ὀπυιέθαι, ἢ ἄνωρος ἦι ὁ ἐπιβάλλων καὶ μὴ λῆι μένεν
ἁ πατρωιῶκος, στέγαμ μὲν,
αἰ κ' ἦι ἐν πόλι, τὰμ πατρωιῶκο-
ν ἔκεν, κ' ἄ τί κ' ἐνῆι ἐν τᾶι στέγ-

le plus âgé de ceux qui existent. S'il y a plusieurs filles
patroïoques et plusieurs frères du père, la seconde
épousera celui qui vient après le plus âgé. S'il n'y a
pas de frère du père, et qu'il y ait des fils de frère, la
fille épousera celui qui est issu du frère aîné. S'il y a
plusieurs filles patroïoques et plusieurs fils issus de
frères, la seconde fille épousera celui qui vient après le
fils du frère aîné. Un ayant-droit recevra une fille patroïoque, mais pas plus.

37. Si l'ayant-droit n'est pas en âge d'épouser, ou si
la fille patroïoque n'a pas l'âge requis, la fille patroïoque aura la maison, s'il y en a une, et l'ayant-droit qui
est appelé à épouser prendra la moitié de tous les revenus.

38. Si l'ayant-droit, qui était mineur quand son droit
s'est ouvert, refuse d'épouser lorsque tous deux sont
en âge, la fille patroïoque aura tous les biens et tous
les fruits jusqu'à ce qu'il épouse. Si l'ayant-droit étant
majeur ne veut pas épouser, alors que la fille patroïoque est majeure et consent au mariage, les parents de
la fille patroïoque intenteront une action et le juge or-
donnera par jugement que le mariage ait lieu dans les
deux mois. Si le mariage n'a pas lieu comme il est écrit
dans la loi, la fille, ayant tous les biens, épousera celui
qui vient après, s'il y en a un. S'il n'y en a pas, elle
épousera qui elle voudra parmi ceux de la tribu qui la
demanderont.

39. Si étant en âge la fille patroïoque refuse d'épouser l'ayant-droit, ou si, ce dernier étant encore en bas-
âge, elle ne veut pas attendre, elle aura la maison, s'il
y en a une dans la ville, et tout ce qu'il y a dans la

αι, τῶν δ'ἄλλων τὰν ἡμίναν δ-
ιαλάκονσαν ἄλλωι ὀπυιέθ-
αι τᾶς πυλᾶς τῶν αἰτιόντων
ὅτιμί κα λῆι, ἀποδατῆθαι δ-
ὲ τῶν κρημάτων ἰῶι.

(40) αἰ δὲ μὴ
εἶεν ἐπιβάλλοντες τᾶι π-
ατρωιώκωι αἰ ἐγράτται, τὰ κρήματ' ἄπαντ' ἔκονσαν τᾶς πυλᾶς ὀπυιέθαι ὅτιμί κα λῆι.

(41) αἰ δὲ τᾶς πυλᾶς μήτις λείοι ὀπυίεν, τὼς καδεστὰνς
τὼς τᾶς πατρωιώκω Ϝεῖπαι κ-
ατὰ τὰν πυλάν ὅτι οὐ λῆι ὀπυίεν τις; καὶ μέν τίς κ' ὀπυίηι, ἐ-
ν ταῖς τριάκοντα ἦ κα Ϝείπωντ-
ι. αἰ δὲ μὴ, ἄλλωι ὀπυιέθαι ὅτι-
μι κα νύναται.

(42) αἰ δέ κα πατρὸ-
ς δόντος ἢ ἀδελπιῶ πατρωιῶκος γένηται, αἰ λείοντος ὀπυίεν ὦι ἔδωκαν μὴ λείοι ὀπυιέθαι, αἴ κ' ἐστετέκνωται, δια-
λάκονσαν τῶν κρημάτων αἰ ἐ-
γράτται ἄλλωι ὀπυιέθαι τᾶς π-
υλᾶς· αἰ δὲ τέκνα μὴ εἴη, πάντ'
ἔκονσαν τῶι ἐπιβάλλοντι ὀπυιέθαι αἰ κ' ἦι· αἰ δὲ μὴ, αἰ ἐγράτται.

(43) ἀνὴρ αἰ ἀποθάνοι πατρωιώκωι τέκνα καταλιπὼν, αἴ κα λῆ-
ι, ὀπυιέθω τᾶς πυλᾶς ὅτιμί κα ν-
ύναται, ἀνάνκαι δὲ μή. αἰ δὲ τέκνα μὴ καταλίποι ὁ ἀποθανών,
ὀπυιέθαι τῶι ἐπιβάλλοντι α-
ἴ ἐγράτται.

maison, et la moitié du reste. Elle épousera un autre,
celui qu'elle voudra, parmi ceux de la tribu qui la demanderont, et elle partagera les biens avec le premier.

40. S'il n'y a point d'ayant-droit à la fille patroïoque
conformément à la loi, elle aura tous les biens et épousera qui elle voudra dans la tribu.

41. Si personne dans la tribu ne veut l'épouser, les
parents de la fille patroïoque diront dans la tribu :
« Personne ne veut-il épouser? » Si quelqu'un se présente pour épouser, il faut que le mariage ait lieu dans
les trente jours qui suivront la déclaration des parents,
sinon la fille épousera qui elle pourra.

42. Lorsqu'une fille, après avoir été donnée en mariage par son père ou son frère, devient fille patroïoque, si celui à qui la fille a été donnée veut rester ma-
rié mais que la fille ne le veuille pas, en ce cas, si elle
a des enfants, elle partagera les biens conformément à
la loi, et épousera un autre de la tribu ; s'il n'y a pas
d'enfants, elle aura tous les biens et épousera l'ayant-
droit s'il y en a un ; sinon on suivra la loi.

43. Si le mari meurt laissant à la fille patroïoque des
enfants, celle-ci épousera si elle veut un homme de la
tribu, mais elle n'y sera pas contrainte. Si le défunt ne
laisse pas d'enfants, elle épousera l'ayant-droit, conformément à la loi.

(44) αἰ δ᾽ ὁ ἐπιβάλλων τ-
ὰν πατρωιῶκον ὀπυίεν μὴ ἐπ-
ιδαμώσειε, ἁ δὲ πατρωιῶκος
ὡρίμα εἴη, τῶι ἐπιβάλλοντι ὁ-
πυιέθαι αἶ ἐγράτται.

(45) πατρωιῶ-
κον δ᾽ ἦμεν αἶ κα πατὴρ μὴ ἦι ἢ ἀ-
δελπιὸς ἐς τῶ αὐτῶ πατρὸς.

(46) τῶν
δὲ κρημάτων καρτερὸν ἦμεν τ-
ᾶς Ϝεργασίας τὸνς πατρώανς,
τᾶς δ᾽ ἐπικαρπίας διαλανκάν-
εν τὰν ἡμίναν ᾶς κ᾽ ἄνωρος ἦι.

(47) αἰ δ᾽ ἀνώρωι ἰάτται μὴ εἴη ἐπιβάλλων, τὰν πατρωιῶκον καρ-
τερὰν ἦμεν τῶν τε κρημάτων κ-
αὶ τῶ καρπῶ, κᾶς κ᾽ ἄνωρος ἦι τ-
ραπέθαι παρ᾽ τᾶι ματρί · αἰ δὲ
μάτηρ μὴ ἦι, παρ᾽ τοῖς ματρώσι
τραπέθαι. αἰ δέ τις ὀπυίοι τὰ-
ν πατρωιῶκον ἄλλαι δ᾽ ἐγράτται,
ιε. . . . .

(48) τὸνς ἐπιβα [λλόντανς]. . .
. . . . [πα] τρωιῶκον καταλίπηι, ἤ αὐ . . . .
. . . . [το] νς ματρώαν-
ς καταθέμεν. . . . .
. . . . δίκαίαν ἦμεν τ-
ὰν ὠνὰν καὶ τὰν κα[τάθεσιν]

(49) [αἰ δ᾽
ἄλλαι πρί] αιτό τις κρήματα ἢ
καταθεῖτο τῶν τᾶς πα[τρωιώκω τ-]
ὰ μὲν κρήματα ἐπὶ τᾶι πατρωιώκωι ἦμεν, ὁ δ᾽ἀποδόμενος ἢ καταθένς τῶι πριαμένωι ἢ καταθε-

44. Si l'ayant-droit à la fille patroïoque n'est pas dans le pays, et que la fille soit en âge, elle épousera l'ayant-droit qui vient après, comme il est écrit.

45. La fille patroïoque est celle qui n'a ni père ni frère issu du même père.

46. La gestion des biens appartiendra aux oncles par le père, et en ce cas la fille aura la moitié des fruits jusqu'à ce qu'elle soit en âge.

47. Si la fille est mineure et qu'il n'y ait pas d'ayant-droit, elle aura les biens et les fruits, et jusqu'à ce qu'elle soit en âge elle sera nourrie auprès de sa mère. Si elle n'a pas de mère, elle sera nourrie auprès des oncles maternels. Si quelqu'un épouse une fille patroïoque contrairement à ce qui est écrit dans la loi.....

48. . . . .
. . . .

49. Mais si quelqu'un achète ou prend en hypothèque de toute autre manière les biens de la fille patroïoque, ces biens resteront la propriété de celle-ci, et celui qui aura vendu ou donné en hypothèque sera tenu, s'il perd son procès, au double, envers celui qui aura acheté ou pris en hypothèque ; et s'il y a quelque autre dommage, il en paiera la valeur au simple, ainsi qu'il est écrit dans la présente loi. Mais il n'y aura pas d'action pour les conventions faites avant la présente loi. Si la partie

---

(46 et 47) La personne et les biens de la fille patroïoque sont confiés par la loi à l'ἐπιϐάλλων qui doit l'épouser quand elle sera en âge. A défaut d'ἐπιϐάλλων, la tutelle appartient à la mère pour l'éducation et aux oncles maternels pour la gestion des biens.

La loi de Charondas donnait la garde de la mineure aux parents maternels, et la tutelle des biens aux parents paternels. V. Diodore, xii, 15.

(48) Cette partie de l'inscription est trop mutilée pour qu'on puisse la restituer avec certitude. Nous ne croyons pas utile de reproduire ici les conjectures de Blass et de Comparetti. Tout ce qu'on peut affirmer, c'est qu'il s'agit des biens de la fille patroïoque et des cas dans lesquels ces biens peuvent être vendus ou hypothéqués, τ̔μιν τὰν ὠνὰν καὶ τὰν κα[τάθεσιν.

μένωι, αἴ κα νικαθῆι, διπλῆι καταστασεῖ, κ᾿ αἰ εἰ κ᾿ ἄλλ᾿ ἄτας ἦι, τ-
ὸ ἀπλόον ἐπικαταστασεῖ ἄ-
ι τάδε τὰ γράμματα ἐγράτται, τ-
οῖδ δὲ πρόθα μὴ ἔνδικον ἦμεν ·
αἰ δ᾿ὸ ἀντίμωλος ἀπομωλίο-
ι ἀμπὶ τὸ κρέος ὦι κ᾿ ἀντιμωλίωντι μὴ τᾶς πατρωιώκω ἦμεν,
ὁ δικαστὰς ὀμνὺς κρινέτω · αἰ
δὲ νικάσαι μὴ τᾶς πατρωιώκ-
ω ἦμεν, μωλῆν ὀπῆ κ᾿ ἐπιβάλληι ἠ
Ϝεκάστωι ἐγράτται.

(50) αἰ ἀνδεκσ-
άμενος ἠ νενικαμένος ἠ ἐνκ-
οιοτὰνς ὀπελὼν ἠ διαβαλόμεν-
νος ἠ διαϜειπάμενος ἀποθάνοι, ἠ τούτωι ἄλλος, ἐπιμωλ-
ῆν. . . πρώτω ἐνιαυτῶ, ὁ δὲ δικαστὰς δικαδδέτω πορτὶ τὰ ἀποπωνιόμενα · αἰ μέν κα νίκας ἐπι-
μωλῆι, ὁ δικαστὰς κ᾿ ὁ μνάμων
αἴ κα δώηι καὶ πολιατεύηι, οἱ δὲ μ-
αίτυρες οἱ ἐπιβάλλοντες · ἄνδοκ-
ᾶ δὲ κἐνκοιοτᾶν, καὶ διαβολᾶς κ-
αὶ διρήσιος μαίτυρες οἱ ἐπιϐ-
άλλοντες ἀποπωνιόντων. ἠ δέ κ᾿ ἀ-
ποϜείπωντι, δικαδδέτω ὀμόσάντα
αὐτὸν καὶ τὸνς μαιτύρ-
ανς νικὲν τὸ ἀπλόον.

(51) υἰὸς α-
ι κ᾿ ἀνδεκσῆται ἆς κ᾿ ὁ πατὴδ δώηι,
αὐτὸν ἀγέθαι καὶ τὰ κρήματα

---

(50) On n'est pas encore absolument fixé sur le sens de tous les termes employés dans cet article. Au lieu de οἰότανς que Comparetti traduit par « obligation écrite sur une peau de mouton » je lis avec
Baunack et les autres éditeurs allemands ἐγκοιότανς. Ce mot vient de
κοῖον, qui signifie gage d'après Hésychius. κοῖον, ἐνέχυρον · κοιάζει, ἐνε-

adverse soutient, à l'égard d'un objet litigieux, que cet objet n'appartient pas à la fille patroïoque, le juge statuera comme juré. Si la partie adverse obtient gain de cause par un jugement déclarant que l'objet n'appartient pas à la fille patroïoque, il y aura action de la manière prescrite, ainsi qu'il est écrit pour chaque cas.

XI.

50. Si quelqu'un meurt s'étant porté caution, ou ayant été condamné par jugement, ou étant obligé de restituer un gage, ou en retard de rendre un dépôt, ou ayant pris jour pour payer, ou réciproquement si l'autre partie vient à mourir, l'action sera intentée dans l'année. Le juge statuera d'après les déclarations faites devant lui. Ces déclarations seront faites, lorsqu'il s'agira d'une condamnation prononcée, par le juge et le mnémon s'ils sont encore vivants et habitant le pays, et par les témoins de l'affaire, et s'il s'agit d'un cautionnement, ou d'un gage à restituer ou d'un dépôt à rendre, ou d'une promesse de payer à jour fixe, par les témoins du contrat. S'ils font ces déclarations, le juge donnera gain de cause au demandeur, au simple, à condition qu'il prêtera serment, lui et les témoins.

51. Si un fils se porte caution, du vivant de son père on ne pourra saisir que sa personne et les biens acquis par lui.

χύραξει. On peut aussi rattacher ce mot à κοίνς; ἱερεύς Καβείρων ὁ καθαίρων φονέα. Il s'agirait alors d'une composition pour meurtre.

La condamnation est prononcée au simple parce que la bonne foi de l'héritier ne permet pas de lui appliquer la règle *Lis infitiatione in duplum crescit.*

Au lieu de ὁμόσας τὰ ἁυτῶν, il faut évidemment lire ὁμοσάντα αὐτόν.

(51) L'obligation résultant du cautionnement est considérée dans les anciennes législations comme la plus rigoureuse de toutes. Le cautionnement est toujours un acte judiciaire, ou tout au moins solennel, emportant exécution parée. Le défaut d'exécution volontaire de la part de la caution entraîne généralement contre elle une peine pécu-

ἂ τι κα πέπαται.

(52) αἴ τίς κα πήρα-
ι συναλλάξηι ἢ ἐς πῆραν ἐπιθέντι μὴ ἀποδιδῶι, αἰ μέν κ᾿ ἀ-
ποπωνίωντι μαίτυρες ἡβίοντ-
ες τῶ ἑκατονστατήρω καὶ πλίονος τρέες, τῶ μείονος μήττε-
ς τὸ δεκαστάτηρον, δύο, τῶ μεί-
ονοδ δ᾿ ἕνς, δικαδδέτω πορτὶ τὰ
ἀποπωνιόμενα. αἰ δὲ μαίτυρε-
ς μὴ ἀποπωνίοιεν ἢ κ᾿ ἔλθηι ὁ συ-
ναλλάξανς ὕτερον μὴ λῆι, αἲ ὁ
μενπόμενος ἢ ἀπομόσαι ἢ συν-
. . . .
. . . . (53) ματρὶ
δ᾿υἱὺς. . . . . ἑκα-
τὸν στατήρανς ἢ μεῖον, π-
λίον δὲ μὴ · αἰ δὲ πλία δοίη, αἴ
κα λείωντ᾿ οἱ ἐπιβάλλοντες τ-
ὸν ἄργυρον ἀποδόντες, τὰ κρ-
᾿ήματ᾿ ἐκόντων.

(54) αἰ δέ τις ὀπε-
λών ἄργυρον ἢ ἀτάμενος ἢ μ-
ωλιομένας δίκας δοίη, αἰ
μὴ εἴη τὰ λοιπὰ ἄκσια τᾶς ἄ-
τας, μηδὲν ἐς κρέος ἦμεν τὰν
δόσιν.

(55) ἄντρωπον μὴ ὠνῆθα-
ι κατακείμενον πρὶν κ᾿ ἀρτύσ-
ηται ὁ καταθένς, μηδ᾿ ἀμπίμω-

niaire, par exemple, une condamnation au double. Dès lors, il aurait
pu paraître naturel de dire que si le fils est poursuivi comme caution,
il y aura lieu à partage, comme dans le cas où le fils a encouru quelque amende. Mais c'est précisément ce que la loi ne permet pas. Le
fils poursuivi comme caution n'engage que sa personne et ses acquêts,
mais non sa part des propres.

(52) Comparetti lit αἴ κά τις πέραι συναλλάξηι ἢ ἐς πέραν ἐπιθέντι μὴ

52. Lorsque quelqu'un. . . . ., si des témoins majeurs viennent faire leur déclaration, à savoir s'il s'agit de cent statères ou plus trois témoins, s'il s'agit de moins de cent jusqu'à dix statères deux témoins, et s'il s'agit de moins de dix statères un seul témoin, le juge décidera conformément aux déclarations. Mais s'il n'y a pas de témoins qui déclarent le fait.....

53. *Le fils pourra donner à sa mère ou le mari à sa femme* cent statères ou moins, mais pas plus. Si le don est de plus forte somme, les ayants-droit pourront, s'ils le veulent, prendre les biens en payant la somme entière.

54. Si quelqu'un, devant de l'argent, ou condamné à payer, ou dans le cours d'un procès, fait une donation, et que les biens qui lui restent ne soient pas suffisants pour acquitter la dette, la donation n'aura aucun effet.

55. Un homme donné en gage ne pourra être acheté avant que celui qui l'a donné en gage se soit arrangé avec son créancier. De même pour un esclave litigieux, on ne pourra ni en recevoir ni en stipuler la livraison,

---

ἀποδιδῶι. Mais la leçon est loin d'être certaine, et les interprétations données par les différents traducteurs sont tellement divergentes que, provisoirement, il paraît prudent de s'abstenir. Un seul point est certain, c'est qu'il s'agit d'un débiteur qui ne rend pas, mais on ne sait de quelle dette il s'agit. Au surplus, ce qu'il y a d'intéressant dans cet article, c'est surtout la forme du serment. — Le mot ἐπιθήκη se retrouve dans une loi éphésienne (Dittenberger, n° 253, ligne 52). On trouve dans Hésychius la glose ἐπιθήκη φερνή. Dans ce cas, il s'agirait de ce que les Athéniens appelaient ἀποτίμημα.

(53) Le *maximum* introduit par cet article est une disposition nouvelle, dérogeant à la loi antérieure (V. § 68). Toutefois, la donation qui dépasse ce maximum n'est pas absolument nulle. Elle n'est pas obligatoire pour les héritiers du mari ou du fils donateur, mais elle peut être ratifiée par eux. Tel est, du moins, le sens que nous croyons devoir donner à ce passage. Suivant Zitelmann, les héritiers peuvent s'affranchir de la charge en payant le maximum.

La donation faite par le fils à sa mère, à titre de gain de survie, est rapprochée ici de la donation faite par le mari à sa femme parce qu'elle remplit la même fonction. On suppose, sans doute, que la femme veuve est restée dans la maison dont son fils est le chef. A la mort du fils, elle sera peut-être obligée d'en sortir.

λον, μηδὲ δεκσάθαι μηδ' ἐπισ-
πενσάθαι μηδὲ καταθέθαι. αἰ
δέ τις τουτῶν τι Fέρκσαι, μηδὲν ἐς χρέος ἦμεν αἰ ἀποπωνιο-
ίεν δύο μαίτυρες.

(56) ἄνπανσιν ἦμεν ὁπόκα τιλ λ-
ῆι, ἀμπαινέθαι δὲ κατ' ἀγορὰν
καταFελμένων τῶμ. πολιατᾶ-
ν, ἀπὸ τῶ λαῶ ῶ ἀπαγορεύοντι ·
ὁ δ'ἀμπανάμενος δότω τᾶ-
ι ἐταιρείαι τᾶι Fᾶι αὐτῶ ἱαρε-
ῖον καὶ προκόον Fοίνω.

(57) καὶ
μ.ὲν κ' ἀνέληθαι πάντα τὰ χρήματα καὶ μὴ συννῆι γνήσια τ-
έχνα, τέλλεμ. μὲν τὰ θῖνα καὶ
τὰ ἀντρώπινα τὰ τῶ ἀνπαναμένω, κ' ἀναιλήθαι αἶπερ τοῖς γ-
νησίοις ἐγράτται · αἰ δέ κα μὴ
λῆι τέλλεν αἶ ἐγράτται, τα χρήματα τὸνς ἐπιβαλλόντανς ἔχε-
ν.

(58) αἰ δέ κ' ῆι γνήσια τέχνα τῶι ἀν-
παναμένωι, πεδὰ μὲν τῶν ἐρσ-
ένων τὸν ἀμπαντὸν αἶπερ αἰ θ-
ήλειαι ἀπὸ τῶν ἀδελπιῶν λανκά-
νοντι. αἰ δὲ κ' ἔρσενες μὴ ἴωντ-
ι θήλειαι δέ, FισFέμοιρον ῆ-
μεν τὸν ἀνπαντὸν, καὶ μὴ ἐ-
πάνανχον ῆμεν τέλλεν τὰ τ-
ῶ ἀνπαναμένω, καὶ τὰ χρήμα-
τ' ἀναιλήθαι ἄ τι κα καταλίπηι ὁ ἀνπανάμενος · πλίυι δὲ τὸν

(56) A Athènes, l'adoption se faisait par déclaration à la phratrie et inscription sur le registre. Les membres de la phratrie recevaient à cette occasion la chair de la victime et une distribution de vin. V. Isée,

ni le prendre en gage. Si l'on fait quelqu'une de ces
choses, l'acte sera sans effet, si la preuve est faite par
la déclaration de deux témoins.

XIII

56. On adoptera qui on voudra. L'adoption se fera
dans l'agora, en présence des citoyens assemblés, du
haut de la pierre où l'on monte pour parler au peuple.
L'adoptant donnera à sa confrérie la chair d'une victime et une mesure de vin.

57. Si l'adopté recueille tous les biens, et qu'il n'y
ait pas avec lui d'enfant légitime, il acquittera les
obligations de l'adoptant envers les dieux et envers les
hommes et recueillera les biens comme il est écrit
pour les enfants légitimes. S'il ne veut pas acquitter
ces obligations comme il est écrit, les biens passeront
aux ayants-droit.

58. Lorsqu'il y a des enfants légitimes de l'adoptant,
si ce sont des enfants mâles, l'adopté prendra parmi
eux une part égale à celle que prennent des sœurs en
concours avec des frères. Si ce sont des filles, l'adopté
partagera également avec elles. Il ne sera pas tenu
d'acquitter les obligations de l'adoptant, et recueillera
néanmoins les biens que l'adoptant lui aura laissés,
sans pouvoir prendre davantage.

Sur la succession d'Apollodore, § 15. *Sur la succession d'Astyphile*,
§ 33, et Pollux au mot οἰνιστρία (VI, 22).

(57) L'adopté n'est pas héritier nécessaire. Il peut renoncer à la succession et s'affranchir ainsi de l'obligation d'acquitter les dettes et
charges. — Les biens passent alors aux ayants-droit, c'est-à-dire ici aux
collatéraux. Ainsi les oncles, neveux et cousins sont compris ici parmi
les ayants-droit, tandis qu'ils en étaient exclus à l'article 26. Nouvelle
preuve du sens relatif qu'il faut attribuer au mot ἐπιβάλλοντες.

(58) Lorsque l'adopté est en concours avec des enfants légitimes, la
part qu'il prend est affranchie de toutes dettes et charges.

ἄνπαντομ. μὴ ἐπιχωρέν.

(59) αἰ χ

ἀποθάνει ὁ ἄνπαντος γνήσια
τέχνα μὴ χαταλιπών, παρ τὸνς τ-
ῶ ἀνπαναμένω ἐπιβαλλόντα-
ς ἀνχορῆν τὰ χρήματα.

(60) αἰ δὲ μὴ

λῆι ὁ ἀνπανάμενος, ἀποϜειπ-
άθθω χατ' ἀγορὰν ἀπὸ τῶ λαῶ ὦ
ἀπαγορεύοντι χαταϜελμέν-
ων τῶν πολιατᾶν, ἀνθέμεν...
... στατήρανς ἐδ διχαστ-
ήριον, ὁ δὲ μνάμων πρὸ χσεν·
ίω ἀποδότω τῶι ἀπορρηθέντι.

(61) γυνὰ δὲ μὴ ἀμπαινέθθω μηδ'
ἄνηβος.

(62) χρῆθαι δὲ τοῖδδε α-
ἶ τάδε τὰ γράμματ' ἐγράπση,
τῶν δε πρόθθα ὁπᾶι τις ἔχηι ἢ ἀ-
μπάντυι ἢ παρ ἀμπαντῶ μὴ ἔτ' ἔ-
νδιχον ἦμεν.

(63) ἄντρωπον ὅς χ' ἀγῆι πρὸ δίχας
αἰ ἦι ἐπιδεχέθαι.

(64) τὸν διχαστὰν ὅ τι μὲν χατὰ
μαιτύρανς ἐγράτται διχάδδεν ἢ ἀπομοτὸν διχάδδεν αἶ ἐ-
γράτται, τῶν δ' ἄλλων ὀμνύντ-
α χρίνεν πορτὶ τὰ μωλιόμεν-
α.

(60) A Athènes, l'adoption ne pouvait être rétractée que d'un commun accord. Mais le père pouvait chasser son fils par mesure disciplinaire prise en la forme d'une déclaration publique, ἀποχήρυξις. V. Platon, *Lois*, ıx, 9, et un rescrit de Dioclétien de l'an 288, l. 5 au Code; vıII, 46, *De patriâ potestate*.

59. Si l'adopté meurt sans laisser d'enfants légitimes, les biens reviendront aux ayants-droit de l'adoptant.

60. Si l'adoptant veut rétracter l'adoption, il proclamera sa volonté dans l'agora, du haut de la pierre où l'on monte pour parler au peuple, en présence des citoyens assemblés, et il déposera au tribunal..... statères. Le mnémon, qui siège devant le cosme des étrangers, remettra cette somme à l'adopté congédié.

61. Une femme ne pourra pas adopter, non plus qu'un mineur.

62. Ces dispositions seront observées telles qu'elles sont écrites dans la présente loi. Quant aux actes antérieurs, pour tous les droits constitués au profit d'un adopté ou contre lui, il n'y aura pas d'action.

XIV

63. Lorsqu'un homme sera emmené avant jugement, toute personne pourra lui donner asile.

64. Le juge sera tenu de juger suivant la déclaration des témoins, comme il est écrit, ou selon le serment de la partie, comme il est écrit. En tout autre cas, il statuera comme juré sur les points en litige.

Le sens que nous donnons à ces mots ὁ μνάμων πρὸ ξενίω résulte d'une inscription qui vient d'être publiée par Comparetti dans la dernière livraison du *Museo italiano* (1886), p. 227.

(61) De même à Rome : Feminæ vero nullo modo adoptare possunt, dit Gaius (I, 104). — Minorem natu majorem non posse adoptare placet (Just., *Inst.*, I, tit. XI, § 4, et Gaius, I, 106), p. 227.

(63) Il faut lire, avec Fabricius, αἰ κ'ἄγηι et non αἰ κα λῆι. Quant au mot ἐπιδέκεθαι, j'en trouve l'explication dans un passage de Démosthène (*contre Nééra*, § 45), où l'on voit Phrynion intenter une action en dommages-intérêts contre Stéphanos, pour lui avoir arraché Nééra et l'avoir reçue chez lui, ὅτι αὐτοῦ ἀφείλετο Νέαιραν ταυτηνὶ εἰς ἐλευθερίαν καὶ ὅτι ἃ ἐξῆλθεν ἔχουσα παρ' αὐτοῦ αὕτη, ὑπεδέξατο. — Baunack cite un décret relatif à l'asile de Téos (Cauer, n° 123), où on lit : ἐξέστω τῷ παραγινομένῳ Τηίων ἐπιλαβέσθαι καὶ τῶν σωμάτων, καὶ τὰ χρήματα εἴ τίς κα ἄγη.

(65) αἰ κ' ἀποθάνηι ἄργυρον
ὀπελὼν ἢ νενικαμένος, αἰ μέ-
ν κα λείωντι οἶς κ' ἐπιβάλληι
ἀναιλήθαι τὰ κρήματα, τὰν ἄ-
ταν ὑπερκατιστάμεν καὶ τὸ
ἀργύριον οἶς κ' ὀπελῆι, ἐκόντων τὰ κρήματα, αἰ δέ κα μὴ λείωντι, τὰ μὲν κρήματα ἐπὶ τοῖ-
ς νικάσανσι ἦμεν, ἢ οἶς κ' ὀ-
πελῆι τὸ ἀργύριον, ἄλλαν δὲ
μηδεμίαν ἄταν ἦμεν τοῖ-
ς ἐπιβάλλονσι ·

          (66) ἀγέθαι δὲ ὑ-
πὲρ μὲν τῶ πατρὸς τὰ μα-
τρώια, ὑπὲδ δὲ τᾶς ματρὸς τὰ ματρώια.

(67) γυνὰ ἀνδρὸς ἄ κα κρίνηται,
ὁ δικαστὰς ὀρκῶν αἴ κα δικάκ·
σηι ἐν ταῖς Fίκατι ἀμέραις, ἀ-
πομωσάτω παριόντος τῶ δικα-
στᾶ, ὅτί κ' ἐπικαλῆι προFειπάτ-
ω ὁ ὑπάρκων τᾶδ δίκας τᾶι γυναικὶ καὶ τῶι δικαστᾶι καὶ τῶι
μνάμονι προτέταρτον ἀντὶ μ-
αιτύρων. . . . .

. . . .

(68) ματρὶ υἱύς ἢ ἀνὴρ γυναικὶ
κρήματα αἰ ἔδωκε αἴ ἔγρατ-
το πρὸ τῶνδε τῶν γραμμάτων,
μὴ ἔνδικον ἦμεν, τὸ δ'ὕστερον διδόμεν αἴ ἐγράτται.
(69) ταῖς πατρωιώκοις αἴ κα μὴ

---

(65) De même à Rome, d'après l'édit du préteur. « Sed his (suis et necessariis) prætor permittit abstinere se ab hereditate, ut potius parentis bona veneant. » Gaius, II, 158. « Mortuorum bona veneunt, dit le même Gaius, velut eorum quibus certum est neque heredes neque

65. Lorsqu'un homme meurt étant débiteur d'une somme d'argent, ou condamné dans un procès, si les ayants-droit veulent prendre les biens, ils se chargeront de payer au créancier l'amende prononcée et la somme due, et à ce prix ils garderont les biens. S'ils ne veulent pas le faire, les biens seront à la disposition de ceux qui ont obtenu la condamnation ou à qui l'argent est dû, et les ayants-droit n'auront aucune autre charge à supporter.

66. Pour les dettes du père, on saisira les biens paternels, et pour celles de la mère les biens maternels.

67. Lorsqu'une femme plaide contre son mari, si le juge ordonne une prestation de serment, la femme prêtera serment dans les vingt jours, en présence du juge. Le demandeur fera connaître ses griefs à la femme, au juge et au mnémon quatre jours à l'avance, devant témoins.

XV

68. Si le fils a donné à la mère ou le mari à la femme, comme il était écrit dans la loi qui a précédé la présente loi, il n'y aura pas d'action; mais, à l'avenir, on se conformera pour ces donations à ce qui est écrit dans la présente loi.

69. Pour les filles patroïoques, s'il n'y a pas de juges

bonorum possessores, neque ullum alium justum successorem existere » (III, 78).

(67) Il s'agit non du divorce, qui est un acte extrajudiciaire, dépendant exclusivement de la volonté des époux, mais des conséquences du divorce, c'est-à-dire de la restitution de la dot et de la peine de cinq statères pour celui des époux qui a commis une faute. V. l'article 11.

Pour le terme ὁ ἄρχων τῆς δίκης, v. l'inscription d'Éphèse citée par Comparetti (Dittenberger, n° 344, lignes 53, 97).

68. Il n'y aura pas d'action, sans doute, en répétition des sommes données sous l'empire de l'ancienne loi. C'est le principe déjà souvent exprimé. La loi nouvelle n'a pas d'effet rétroactif.

69. Les juges des orphelins étaient sans doute une magistrature

ἴωντι ὀρπανοδικασταί, ἆ-
ς κ' ἄνωροι ἴωντι κρήθαι κατὰ
τὰ ἐγραμμένα.

(70) ὀπῆ δέ κα
πατρωιῶκος, μὴ ἰόντος ἐπι-
βάλλοντος μηδ' ὀρπανοδικ-
αστᾶν, παρ τᾶι ματρὶ τράπη-
ται, τὸν πάτρωα καὶ τὸμ μά-
τρωα τὸνς ἐγραμμένονς τ-
ὰ κρήματα καὶ τὰν ἐπικαρπί-
αν ἀρτύεν ὀπᾶ κα νυνάνται κά-
λλιστα πρίν κ' ὀπυίηται · ὀπυιέθαι δὲ δυοδεκαϜετία ἢ πρεί-
γονα.

chargée, à certains moments et d'une façon intermittente, de la sur-
veillance des tutelles. On trouve, à Athènes, des ὀρφανοφύλακες, à
Éphèse, des συνορφανισταί; V. Xénophon, *De vectig.*; II, 7, 7, et l'inscription éphésienne (Dittenberger, n⁰ 344, ligne 29). Cf. Suidas et Photius au mot ὀρφανισταί. Suivant Lewy, les ὀρφανοδικασταί seraient des
tuteurs testamentaires.

des orphelins, jusqu'à ce qu'elles soient en âge, elles seront traitées d'après la présente loi.

70. Lorsqu'une fille patroïoque, à défaut d'ayant-droit et de juge des orphelins, est nourrie auprès de sa mère, l'oncle du côté paternel, et l'oncle du côté maternel, tels qu'ils sont désignés dans la présente loi, prendront soin des biens et des fruits, le mieux qu'ils pourront, jusqu'à ce que la fille soit mariée. Elle sera mariée à douze ans, ou plus.

---

70. Dans les lois de Platon (xi, 7), à défaut de tuteurs testamentaires, la tutelle appartient à un conseil de cinq personnes, à savoir deux parents du côté maternel., deux du côté paternel et un ami.

De même à Rome, la puberté pour les femmes était fixée à l'âge de douze ans. A cet âge, la femme pouvait être mariée et la tutelle prenait fin. Just., *Inst.*, 1, 22, pr.

CATALOGUE

DES

LIVRES PROVENANT DE LA BIBLIOTHÈQUE DE M. GUSTAVE D'EICHTHAL

OFFERTS PAR SA FAMILLE

à l'Association pour l'encouragement des Études grecques en France.

---

1. GAZIS. — Λεξικὸν ἑλληνικὸν, τρίτομον, ὑπὸ Ἀνθίμου Γάζη. Ἐκδ. ἐν Βιέννῃ (Αὐστρία) 1835. Τυπογρ. Χαυκολξ. In-4.
2. O. MÜLLER, trad. par VALETTAS. — Ἱστορία τῆς ἀρχαίας ἑλληνικῆς φιλολογίας. Συνέχεια τῆς ὑπὸ Καρόλου Ὀδορρέδου Μυλλέρου συγγεγραμμένης ἱστορίας ἀπὸ τῶν ἀρχαιοτάτων χρόνων μέχρι Σωκράτους, ἐξελληνισθεῖσα ὑπὸ Σ. Ν. Βαλέττα. Εἰς δύο τόμους. Ἐκδ. ἐν Λονδίνῳ, Williams and Norgate, 1871 (1).
3. SATHAS. — Μεσαιωνικὴ βιβλιοθήκη, ἐπιστασίᾳ Κ. Ν. Σάθα. (Bibliotheca graeca medii ævi.) Ἐκδ. ἐν Βενετίᾳ, 1872-1877. 6 vol.
4. PAPARRIGOPOULOS. — Ἱστορία τοῦ ἑλληνικοῦ ἔθνους ἀπὸ τῶν ἀρχαιοτάτων χρόνων μέχρι τῶν νεωτέρων, ὑπὸ Κ. Παπαρρηγοπούλου. Ἐκδ. ἐν Ἀθήναις, 1865-1874. 5 vol.
5. MAMOUCAS. — Τὰ κατὰ τὴν ἀναγέννησιν τῆς Ἑλλάδος, ἤτοι συλλογὴ τῶν περὶ τὴν ἀναγεννωμένην Ἑλλάδα συνταχθέντων πολιτευμάτων, νόμων, καὶ ἄλλων ἐπισήμων πράξεων ἀπὸ τοῦ ἔτους 1821 μέχρι τέλους 1832, ὑπὸ Ἀνδρέου Ζ. Μαμούκα. Ἐκδ. ἐν Πειραιεῖ, 1839. 3 vol.
6. GOUDAS. — Βίοι παράλληλοι τῶν ἐπὶ τῆς ἀναγεννήσεως τῆς Ἑλλάδος διαπρεψάντων ἀνδρῶν, ὑπὸ Ἀναστασίου Ν. Γουδᾶ. Ἐκδ. ἐν Ἀθήναις, 1872-1875. 8 vol.
7. DAMALAS. — Ἑρμηνεία εἰς τὴν Καινὴν Διαθήκην, ὑπὸ Νικ. Μ. Δαμαλᾶ, ἐκδ. ἐν Ἀθήναις, 1876. Tome Iᵉʳ.

---

(1) Les articles dont le format n'est pas indiqué sont in-8.

8. VALAORITIS. — Ποιήματα Ἀριστ. Βαλαωρίτου, ἐκδ. ὑπὸ Παύλου Λάμπρου. Ἀθήνησι, 1868. Tome Iᵉʳ : Ἀγνομόσυνα καὶ ἕτερα ἀνέκδοτα.

9. PAPARRIGOPOULOS. — Ἱστορία τοῦ ἑλληνικοῦ ἔθνους. (Cp. nᵒ 4.) T. I et II.

10. KODRICA. — Μελέτη τῆς κοινῆς ἑλληνικῆς διαλέκτου, παρὰ Παναγιωτάκη Καγκελαρίου Κοδρικᾶ, ἐκδ. ἐν Παρισίοις ΑΩΙΗ (Τυπογρ. Μ. Ἐβεράρτου). T. Iᵉʳ.

11. BOECE. — Βοηθίου βίβλος περὶ παραμυθίας τῆς φιλοσοφίας, ἣν μετήνεγκεν ἀπὸ τῶν λατίνων εἰς τὴν Ἑλλάδα φωνὴν Μάξιμος Πλανούδης, ἐκδ. ἐν Γενεύῃ, 1871 (τυπ. Carey, frères).

12. ICONOMOS. — Τὰ σωζόμενα φιλολογικὰ συγγράμματα Κωνσταντίνου πρεσβυτέρου καὶ Οἰκονόμου τοῦ ἐξ Οἰκονόμων. Ἀθήνησι ΑΩΟΛ. T. I.

13. SOUTZO. — Τὰ Σούτζεια ἤτοι ὁ κύριος Παναγιώτης Σούτζος ἐν γραμματικοῖς, ἐν φιλολόγοις, ἐν σχολάρχαις, ἐν μετρικοῖς καὶ ἐν ποιηταῖς ἐξεταζόμενος. Ἐν Ἀθήναις, 1853 (τύποις καὶ ἀναλώματι Σ. Κ. Βλαστοῦ).

14. RANGABÉ. — Ἰουλιανὸς ὁ Παραβάτης, ὑπὸ Κλέωνος Ρ. Ραγκαβῆ. Ἀθήνησι, 1877.

15. SATHAS et LEGRAND, éditeurs. — Les exploits de Digénis Akritas (épopée byzantine du xᵉ siècle, publiée pour la première fois d'après le manuscrit unique de Trébizonde), par C. Sathas et Em. Legrand. Paris, Maisonneuve, 1875.

16. O. MÜLLER, trad. par KYPRIANOS. — Ἱστορία τῆς ἑλληνικῆς φιλολογίας, μεταφρασθεῖσα ἐκ τῆς Γερμανικῆς ὑπὸ Α. Κυπριανοῦ. Ἐν Ἀθήναις, 1867. 2 vol. en un.

17. GARNIER, trad. par BERNARDOS. — Πραγματεία περὶ τῶν δυνάμεων τῆς ψυχῆς ὑπὸ Ἀδόλφου Γαρνιέρου, καὶ εἰς τὴν καθ' ἡμᾶς διάλεκτον μεθερμηνευθεῖσα, ἐπαυξηθεῖσα δὲ διὰ Ἱστορικῶν σημειώσεων ὑπὸ Χ. Βερνάρδου. Ἐκδ. ἐν Σμύρνῃ, 1857. T. I.

18. DANTE, trad. par MUSURUS. — Δάντου ὁ Ἄϊδης, μετάφρασις Κωνσταντίνου Μουσούρου. Ἐκδ. ἐν Λονδίνῳ. Williams and Norgate, 1882.

19. BYZIKENOS. — Ἀτθίδες αὖραι (συλλογὴ ποιημάτων) Γεωργ. Μ. Βιζυκήνου. Ἐκδ. 2, ἐν Λονδίνῳ (Trübner), 1884.

20. PARASYRAKIS. — Πανελλήνικον ἡμερολόγιον 1880, ἐκδοθὲν ὑπὸ Σωκράτους Παρασυράκη. Λονδίνου, Williams and Norgate.

21. MOLIÈRE, trad. par SKYLISSIS. — Μολιέρου ἄριστα ἔργα, ἐξηλληνισθέντα ὑπὸ Ι. Ἰσιδωρίδου Σκυλίσση. (Κωμωδιῶν : Μισάνθρωπος, Ταρτοῦφος, καὶ Φιλάργυρος.) Ἐκδ. ἐν Τεργέστῃ 1871 (τυπ. Αὐστριακοῦ Λόϋδ).

22. VALETTAS. — Ἐπιστολιμαία διατριβὴ κατὰ τῶν λεγόντων ὅτι ἐννοητέον ἐστὶ περὶ τοῦ θ' ἄρθρου τοῦ συμβόλου τῆς πίστεως τὸ ῥῆμα « πιστεύω », ὑπὸ Ἰωάννου Ν, Βαλέττα. Ἐκδ. ἐν Λονδίνῳ (Clayton), 1871.

23. RONDIRIS. — Ἡ κατὰ σύνταγμα ὀργάνωσις τοῦ κράτους, ὑπὸ Ἀθανασίου Χ. Ρονδήρη. Ἐν Ἀθήναις, 1878. T. Iᵉʳ.

24. VIRGILE, trad. par RANGABÉ. — Βιργιλίου Αἰνείας, μεταφρασθεῖσα

ἐκ τοῦ λατινικοῦ μετὰ σημειώσεων, ὑπὸ Ἰακ. Ῥίζου Ῥαγκαβῆ. Ἐκδ. ἐν Κωνσταντινουπόλει, 1863. Τ. Ιⁱ (ι-νι).

25. RANGABÉ, traducteur. — Μεταφράσεις ἑλληνικῶν δραμάτων ὑπὸ Ἀ. Ῥ. Ῥαγκαβῆ (Σοφοκλέους · Ἀντιγόνη. Ἀριστοφάνους · Νεφέλαι, Εἰρήνη, Ὄρνιθες). Ἐκδ. Ἀθήνησιν, 1860.

26. RANGABÉ. — Ὁ καθ' Ὅμηρον οἰκιακὸς βίος. Κλέων Ῥαγκαβῆς. Ἐκδ. ἐν Λειψίᾳ (τυπ. Γ. Δραγουλίν).

27. TÉPHARIKIS, éditeur. — Παρνασσὸς ἢ ἀπάνθισμα τῶν ἐκλεκτοτέρων τεμαχείων τῆς νέας ἑλληνικῆς ποιήσεως, ἐκδιδόντος Κ. Τεμαρίκη. Ἀθήνησι, 1868.

28. PAPARRIGOPOULOS. — Χαρακτῆρες, ὑπὸ Δ. Παπαρριγοπούλου. Ἀθήνησι, 1870. (2 exemplaires.)

29. VRETOS. — Μαρίνου Π. Βρετοῦ Ἐθνικὸν ἡμερολόγιον τοῦ ἔτους 1865, 1866, 1867, 1868. Ἀθήνησι. 5 vol.

30. IOANNOU. — Φιλίππου Ἰωάννου θετταλομάγνητος Φιλολογικά. Ἀθήνησι, 1865. Ἐκδ. 2. 1874.

31. — Λόγος ὀλυμπιακὸς προσφωνηθεὶς ἐν τῇ ϛ' ἑορτῇ τοῦ ὑδρυτοῦ τοῦ Ὀλυμπίου.

32. — Ὁ ἐν Κωνσταντινουπόλει ἑλληνικὸς φιλολογικὸς Σύλλογος; Σύγγραμμα περιοδικὸν 1863-1882. 10 vol. in-4º et 7 « παραρτήματα ».

33. PHOTIUS; VALETTAS, éditeur. — Φωτίου τοῦ σοφωτάτου καὶ ἁγιωτάτου πατριάρχου Κωνσταντινουπόλεως ἐπιστολαί, αἷς δύο · τοῦ αὐτοῦ παρήρτηται πονημάτια · Α. Ἐρωτήματα δέκα σὺν ταῖς ταῖς ἀποκρίσεσιν. Β. Κρίσεις καὶ ἐπιλύσεις πέντε κεφαλαίων τῷ θεοφιλεστάτῳ ὁσιωτάτῳ ἀρχιεπισκόπῳ Καλαβρίας, μετὰ προλεγομένων περὶ τοῦ βίου καὶ συγγραμμάτων Φωτίου, ὑπὸ Ἰωάννου Ν. Βαλέττα, Ἐκδ. ἐν Λονδίνῳ (τυπ. Δ. Nutt), 1864, in-4.

34. ASTRACHANIOS. — Νικηφόρου Θεοτόκου τοῦ Ἀστραχανίου καὶ Σταυροπόλεως ἀρχιεπισκόπου Κυριακοδρόμιον, ἤτοι ἑρμηνεία καὶ μετ' αὐτὴν ἠθικὴ ὁμηλία εἰς τὰ κατὰ πᾶσαν κυριακὴν ἐν ταῖς ἁγίαις τῶν ὀρθοδόξων χριστιανῶν ἐκκλησίαις ἀναγινωσκόμενα εὐαγγέλια. Ἐκδ. ἐν Τριπόλει, 1871. Ἐκδ. 5. In-4.

35. — Ἠθικὴ ὁμηλία εἰς τὰς τῶν ἀποστόλων πράξεις, τὰς ἐν ταῖς ἁγίαις τῶν χριστιανῶν ἐκκλησίαις ἀναγινωσκομένας καὶ τὰς ἀπὸ τοῦ Πάσχα μέχρι τῆς Πεντεκοστῆς κυριακάς, καὶ εἰς τὰς τοῦ ἀποστόλου Παύλου ἐπιστολάς, τὰς ἀναγινωσκομένας κατὰ τὰς λοιπὰς κυριακὰς τοῦ ὅλου ἐνιαυτοῦ. Ἐκδ. ἐν Τριπόλει. Ἐκδ. 4. Tome Ιᵉʳ, in-4.

36. RANGABÉ. — Θεοδώρα Κλέωνος Ῥαγκαβῆ. Ἐκδ. ἐν Λειψίᾳ (τύπ. Δρουγουλίνου), 1884.

37. RAPTARCHIS. — Τὸ σύμπαν, ἢ τὰ θαυμάσια τοῦ ἀστερόεντος οὐρανοῦ, ὑπὸ Ἰωάννου Μ. Ῥαπτάρχου. Ἐκδ. ἐν Κωνσταντινουπόλει, 1866.

38. STEPHANOS. — La Grèce au point de vue naturel, ethnologique, anthropologique, démographique et médical, par le Dʳ Clon Stéphanos (extrait du *Dictionnaire encyclopédique des sciences médicales*). Paris, Masson, 1884.

39. PSICHARI. — La Ballade de Lénore en Grèce, par Jean Psichari (extr. de la *Revue de l'histoire des religions*). Paris, E. Leroux, 1884.

40. POLITIS. — Μελέτη ἐπὶ τοῦ βίου τῶν νεωτέρων Ἑλλήνων ὁπὸ Ν. Ρ. Πολίτου. (Βραβευθὲν ἐν τῷ Ῥοδοκαναχείῳ διαγωνισμῷ.) Τόμ. α΄, μέρος α΄. (Νεοελληνικὴ μυθολογία.) Ἐκδ. ἐν Ἀθήναις, 1871, in-16.

41. ZÔTOS. — Ἠπειρωτικαὶ μελέται. Δρομολόγιον τῆς ἑλληνικῆς χερσονήτου, ὑπὸ Β.·Δ. Ζώτου. Ἐκδ. ἐν Ἀθήναις, 1878 (Τόμ. δ΄, τεῦχος α΄).

42. QUEUX DE SAINT-HILAIRE. — Notice sur la comédie intitulée Κορακιστικά, de Rizos Neroulos, par le marquis de Queux de Saint-Hilaire. Paris, 1870.

43. COROMILAS. — Δημητρίου Κορομιλᾶ Βιβλιογραφικὸν δελτίον τῆς ἑλληνικῆς φιλολογίας. Ἔτος α΄. Ἐκδ. ἐν Ἀθήναις καὶ ἐν Κωνσταντινου .πόλει, 1872, in-16.

44. GIDEL. — Etude sur une apocalypse de la Vierge Marie (manuscrit grecs de la Bibliothèque nationale de Paris, nos 330 et 1631), par M. Ch. Gidel (extr. de l'*Annuaire de l'Association*, année 1874). Paris, Ad. Lainé, 1871.

45. DUMAS, trad. par GOGOS. — Ἑλλάδος ἐγκώμιον ἤτοι λόγος Ἐκφωνηθεὶς τῇ 6 αὐγούστου 1868 ἐπὶ τῇ διανομῇ τῶν βραβείων τοῦ αὐτοκρατορικοῦ λυκείου Μασσαλιάς, ὑπὸ Ε. Γ. Δυμᾶς. Trad. en grec par M. G. Gogos. Paris, Lainé et Havard, 1863.

46. VALAORITIS. — Ἡ εἰκοστὴ πέμπτη μαρτίου τοῦ 1872 ἑορτὴ τῆς ἑλληνικῆς ἐπαναστάσεως καὶ ἀνεξαρτησίας ἐν Ἰβραΐλα τῆς Ῥωμανίας ἑορτασθεῖσα. Ἡ ἐν Ἀθήναις ἀποκάλυψις τοῦ ἀνδριάντος Γρηγορίου τοῦ ἐθνομάρτυρος πατριάρχου Κωνσταντινουπόλεως, ὁ πρὸς αὐτὸν ὕμνος τοῦ ἐθνικοῦ ποιητοῦ Ἀριστοτέλους Βαλαωρίτου, καὶ ἡ 23 ἀπριλίου ἐπίονυμος ἑορτὴ τοῦ Βασιλέως τῶν Ἑλλήνων Γεωργίου τοῦ Α΄. Ἐκδ. Βραΐλα (τυπογρ. « τὸ Τρίγωνον »), 1872. 2 ex.

47. RHALLI. — Λόγος ἐκφωνηθεὶς τῇ ΚΓ΄ νοεμβρίου 1863 ἡμέρᾳ τῆς ἐγκαθιδρύσεως τῶν νέων ἀρχῶν τοῦ ἐθνικοῦ Πανεπιστημίου ὑπὸ τοῦ πρώην πρυτάνεως Κ. Ρ. Α. Ῥάλλη, παραδιδόντος τὴν πρυτανείαν τῷ Κω II. Καλλιγᾷ. Ἐκδ. ἐν Ἀθήναις, 1870.

48. RÔGOS. — Λόγος περὶ Ἑλληνίδων γυναικῶν Ρ. Ρώγου. ἀρχιμανδρίτου, λεχθεὶς ἐπὶ τῇ ἐπετείῳ ἑορτῇ τοῦ ἐν Ἰβραΐλα ἑλληνικοῦ Φιλομούσου συλλόγου. Ἐκδ. Βραΐλα (τυπ. « τὸ Τρίγωνον »), 1372.

49. PAPADOPOULOS ; ANGELOPOULOS, éditeur. — Τὰ κατὰ τὸν Πατριάρχην Γρηγόριον τὸν Ε΄ ὑπὸ Γ. Γ. Παπαδοπούλου ἐκδοθέντα ὑπὸ Ρ. II. Ἀγγελοπούλου. Ἐκδ. ἐν Ἀθήναις, 1865. Τ. Ι.

50. MOLIÈRE (trad. par Wyndham). — Μολιέρου ὁ πρὸς βίαν ἰατρός (ὁ μεταφραστὴς ἄγνωστος). Ἐν Παρισίοις, Maisonneuve, 1875.

51. COROMILAS. — Ἡ ΚΕ΄ μαρτίου ΛΩΚΑ΄, ποίημα Δημ. Λ. Κορομηλᾶ ἐκφωνηθεὶς ἐν τῷ φιλολογικῷ Συλλόγῳ Παρνασσῷ ἐπὶ τῇ πεντηκονταετηρίδι τῆς Ἑλληνικῆς ἐθνεγερσίας. Ἐκδ. Ἀθήνησιν, 1872, in-16.

52. ALEXANDRE. — Λόγος ἐπιτάφιος ἐκφωνηθεὶς ὑπὸ τοῦ ἀρχιεπισκόπου

Σύρου καὶ Τήνου Κου Ἀλεξάνδρου, κατὰ τὴν κηδείαν τοῦ Ἀθανασίου Μιαούλη τῇ 3 μαίου 1867. Ἐκδ. ἐν Ἀθήναις, 1867.

53. Ὁ ἀοίδιμος μητροπολέτης Σταυροπόλεως Κωνσταντίνου ὁ Τυπάλδος. Ἐκδ. Ἀθήναις, 1868.

54. CLÉOBULE. — Λόγος εἰς τὸ ἱερὸν μνημόσυνον τοῦ ἀθιδίμου Νικολάου τοῦ Ἀριστάρχου μεγάλου λογοθέτου, ὑπὸ Εὐσταθίου Κλεοβούλου. Ἐκδ. ἐν Κωνσταντινουπόλει, 1866.

55. VRETOS. — Biographie de l'archevêque Eugène Bulgaris, par André Papadopoulos Vretos. Athènes, 1860.

56. WYNDHAM. — Ἔμμετρα ἐμμέτρως μεταγραφθέντα εἰς τὴν Ἑλλάδα γλῶσσαν τὴν ἀρχαίαν. Φάκελοι Α´, Β´, Γ´. Παρίσιοι, Maisonneuve, 1873.

57. PAPAMARCOS. — Περὶ τοῦ σκοποῦ τῆς ἐκπαιδεύσεως τῆς Ἑλληνικῆς νεολαίας. Πραγματεία παιδαγωγικὴ ὑπὸ Χαρισίου Παπαμάρκου. Ἐκδ. ἐν Κερκύρᾳ, 1885.

58. MACCAS. — Λόγος Γεωργίου Α. Μακκᾶ, παρακδίδοντος τὴν πρυτανείαν εἰς τὸν διάδοχον αὐτοῦ Παναγιώτην Ῥομισότην τῇ 17 νοεμβρίου 1874. Ἐκδ. ἐν Ἀθήναις, 1875.

59. BLANCARD. — Le grec moderne enseigné à l'aide de la grammaire grecque de Burnouf, par Jules Blancard. Marseille (imp. Camoin), 1868.

60. BECK, trad. par LIVADAS. — Λογικὴ, ὑπὸ Δ. Ι. Βεκκίου, ἐξελληνισθεῖτα ὑπὸ Θεαγένους Λιβαδᾶ, Δ. Φ. Ἐκδ. ἐν Τεργέστῃ, 1861 (τυπ. Αὐστριακοῦ Λόυδ).

61. MAVROCORDATO, édité par LIVADAS. — Ἀλεξάνδρου Μαυροκορδάτου τοῦ ἐξ ἀπορρήτων ἐπιστολαὶ Ρ´ ἐκδίδονται ἐπιστασίᾳ Θ. Λιβαδᾶ, Τεργέστῃ, 1873, in-4.

62. SOCIÉTÉ ARCHÉOLOGIQUE D'ATHÈNES. — Πρακτικὰ τῆς ἐν Ἀθήναις ἀρχαιολογικῆς ἑταιρίας κ. τ. λ. Années 1870-71, 1879, 1880, 1881, 1882.

63. PANTAZIDES. — Διορθώσεις εἰς Μιχαὴλ Ψελλοῦ Χρονογραφίαν ὑπὸ Ἰωάννου Πανταζίδου. Μέρος Β´. Ἐκδ. Ἀθήνησιν, 1883.

64. — Περὶ τῆς λάρνακος τοῦ Κυψέλου, ὑπὸ Ἰωάννου Πανταζίδου (ἀνατύπωσις ἐκ τοῦ θ´. τόμου τοῦ Ἀθηναίου. Ἐκδ. Ἀθήνησι, 1880.

65. CONTOSTAVLOS et KOKKINIS. — Λόγοι ἐκφωνηθέντες κατὰ τὴν ἀποκάλυψιν τοῦ ἀνδριάντος τοῦ Ἀδαμαντίου Κοραῆ ὑπὸ Α. Α. Κοντοσταύλου καὶ Ε. Κοκκίνου. Ἐκδ. ἐν Ἀθήναις, 1875.

66. CONTOPOULOS. — Ἀθανασία τῆς Ἑλληνικῆς γλώσσης ἡ ἀνεύρεσις τῆς Ὁμηρικῆς γλώσσης ἐν ταῖς δημώδεσι διαλέκτοις τῆς συγχρόνου Ἑλλάδος, ὑπὸ Κ. Κοντοπούλου (ἀποσπάσματα ἐξ ἀνεκδότου συγγράμματος). Ἐκδ. ἐν Ὀδησσῷ 1880. (Τύπ. Εὐλερίχου.)

67. DOSSIOS. — Χαρτοφυλάκιον τῶν παιδικῶν μου χρόνων ἢ ἀναμνέσεις τῆς παιδικῆς μου ἡλικίας, ὑπὸ Νικολάου Δοσίου Δ. Φ. Ἐκδ. ἐν Κερκύρᾳ, 1880, in-12.

68. E***. — Ὁ βουλγαρισμὸς πρὸ τοῦ ἱστορικοῦ, τοῦ ἐθνοπολιτικοῦ καὶ τοῦ

ἐκκλησιαστικοῦ βήματος, ὑπὸ Ε. (Α. Δ. Φ.) 'Εκδ. ἐν Κωνσταντινουπόλει, 1864.

69. Le Bulgarisme et Philippopoli. Constantinople, 1869.

70. Réponse du patriarche œcuménique à la récente communication
de la Sublime-Porte (question bulgare). Constantinople, novem-.
bre 1868. ·

71. ARGYRIADIS. — Περικλῆς (ἐθνικὸν μυθιστόρημα), ἐκδιδόντος Ν. 'Αργυ-
ριάδου. Μέρος Α καὶ Β. 'Εν 'Αθήναις, 1863.

72. RANGABÉ. — Οἱ Τριάκοντα, δρᾶμα εἰς πέντε μέρη, ὑπὸ Α. Ρ. 'Ραγκαβῆ.
'Εκδ. ἐν 'Αθήναις, 1867.

73. PALEOLOGOS. — Α. Παλαιολόγου 'Ημηρολόγιον τῆς 'Ανατολῆς πολι-
τειολογικόν, φιλολογικὸν καὶ ἐπιστημονικὸν τοῦ ἔτους 1884. 'Εκδ. ἐν
Κωνσταντινουπόλει, 1883. 2 exemplaires.

74. WAGNER, éditeur. — Trois poèmes grecs du moyen âge inédits,
recueillis par feu le professeur W. Wagner.·Berlin, 1881 (S.
·Calvary).

75. DAMALA. — Περὶ τῆς σχέσεως τῆς 'Αγγλικῆς ἐκκλησίας πρὸς τὴν 'Ορθό-
δοξον, ὑπὸ Νικολάου Μ. Δαμαλᾶ. 'Εκδ. ἐν Λονδίνῳ, 1867 (τυπ. Clayton
& Cᵒ). ·

76. GRÉGOIRE. — 'Η φωνὴ τῆς ὀρθοδοξίας ὑπὸ Γρηγορίου Μητροπολίτου
Χίου τοῦ Βυζαντίου. Μέρ. Α'. 'Εκδ. ἐν Χίῳ; 1863.

77. GÉLON. — Le Russisme grec ou nouvelle lumière sur la question
d'Orient. par Cléon Gélon. Paris. 1867 (Dentu).

78. WAGNER, éditeur. — The Philological Society's extra volume 1863-
72, Medieval greek Texts : being a Collection of the earliest
Compositions in vulgar greek prior to the year 1500, edited
with Prolegomena and critical notes by Wilhelm Wagner. Ph.
D. Part. I, Berlin, 1870, Asher·& Cᵒ. ·

79. COROMILAS. — Δημητρίου Α. Κορομηλᾶ, Παγκάστη, Δρᾶμα ἐκδ. ἐν
'Αθήναις, 1878 (ἔκδοσις δευτέρα), in-12.

80. Mˡˢ DE QUEUX DE SAINT-HILAIRE. — Notice sur Aristote Valaoritis,
Sa vie et ses œuvres, par le marquis de Queux de Saint-Hilaire.
Paris, Leroux, 1880 (non mis dans le commerce).

81. VERGOTIS. — 'Ιστορικαὶ μελέται περὶ ἀγωγῆς καὶ παιδείας ὑπὸ Μαρίνου
Δ. Βεργώτη. Τομ. Α' (ἀρχαῖοι χρόνοι). 'Εκδ. ἐν 'Αθήναις, 1877.

82. CHIOTIS. — Περὶ δημωτικῆς ἐν 'Ελλάδι γλώσσης, Διατριβή, ὑπὸ Η.
Χιώτου. 'Εκδ. ἐν Ζακύνθῳ, 1859, in-16.

83. TRIVOLIS. — 'Ιστορία τοῦ Ταγιαπιέρα (ποίημα) 'Ιακώβου τοῦ Τριβώλης.
'Εκδ. ἐν 'Αθήναις, 1869.

84. REVUE ÉCONOMIQUE. — Οἰκονομικὴ ἐπιθεώρησις. Septembre 1874.
(5ᵉ année, nᵒ 55.) 'Αθήνησιν.

85. CHASSIOTIS. — Γ. Χ. Χασιώτου περὶ Δωδώνης. 'Αθήνησιν, 1867.

86. PETRIDIS. — Κριτικαὶ ἐπιστασίαι τὰ περὶ Δωδώνης ἀφορῶσαι, 'Αθα-
νασίου Πετρίδου. 'Εκδ. ἐν Πάτραις, 1866.

87. ARISTARTIS. — "Εκθεσις ἐπὶ τῶν διαγωνισμάτων Θεσσαλίας καὶ Ηπεί-

ρου, ἀναγνωσθεῖσα ὑπὸ Ἀριστάρτου τῇ 9 μαίου 1865. Ἐκδ. ἐν Κωνσταντινουπόλει, 1865. In-16.

88. Petridis, éditeur. — Νεοελληνικὰ ἀνάλεκτα ἐκδιδόμενα ὑπὸ τοῦ φιλολογικοῦ Συλλόγου Παρνασσοῦ (Τόμου Α' μέρος Β'. φυλλ. Α'). Χρονικὸν Δρυοπίδος ἐκδ. ὑπὸ Ἀδ. Πετρίδου, Ἐν Ἀθήναις, 1871.

89. Sakellaropoulos. — Λόγος εἰσιτήριος εἰς τὸ μάθημα τῆς Ῥωμαϊκῆς γραμματολογίας ὑπὸ Σ. Κ. Σακελλαροπούλου (ἀπόσπασμα ἐκ τοῦ.Γ'. Τόμου Παρνασσοῦ). Ἐκδ. Ἀθήναις, 1879.

90. Bernardakis. — Symbolae criticae in Strabonem. Scripsit Gregorius N. Bernardakis. Lipsiæ, 1876 (Typ. B.-G. Teubneri).

91. Neroulos. — Ἰακωβάζη Ῥίζου Νερουλοῦ ἀποχαιρετισμός· εἰς Ἰταλίαν. Παρίσιοι, 1871 (τύπ. Α. Λαινείου).

92. Drimoticos. — Ἡ εὐμόρφη Βουκόπουλα (ποίημα) Νικ. Δριμωτικοῦ. Παρισίοις, 1869 (Ἐκδ. Α. Λεγραδ.). In-16.

93. Legrand.. — Le Physiologus, poème publié pour la première fois d'après deux manuscrits de la Bibliothèque nationale, par Emile Legrand, et précédé d'une Étude littéraire par Ch. Gidel. Paris, Maisonneuve et Cie, 1873.

94. Legrand, éditeur. — Δημοτικὰ τραγούδια ἐκδ. Αἰμυλίου Λεγρανδίου. Paris, 1870 (Maisonneuve).

95. Telfy. — Ἰωάννου Β. Τέλφυ συγγραμμάτια ἑλληνικά. Joannis Telfy opuscula graeca. Ἐκδ. ἐν Βουδαπέσθῃ (τυπ. Οὑγγρικοῦ βασιλικοῦ Πανεπιστημίου),.1880.

96. Νέος ὁδηγός νεωτέρων ποικίλων διαλόγων εἰς γλώσσας τέσσαρας Ἑλληνικήν, Γαλλικήν, Ἀγγλικήν καὶ Ἰταλικήν. (Chez Wilberg.) Ἀθήνησι, 1818.

97..Pantazidis. — Ἑβραϊκὴ γραμματικὴ ὑπὸ Γεωργ. Πανταζίδου. Ἐκδ. ἐν Λειψίᾳ, 1880. Τ. Ιᵉʳ.

98. Lhomond, trad. par Zevaras. — Γραμματικὴ τοῦ Λομὸν μεθερμηνευθεῖσα ὑπὸ Κωνσταντίνου Ζευαρᾶ. Ἐκδ. Ὁδησσῷ, 1832 (τυπ. τοῦ τῶν Ἑλλήνων ἐμπορικοῦ Σχόλειου).

99. Gennadios. — Γραμματικὴ τῆς Ἑλληνικῆς γλώσσης Γενναδίου. Ἐκδ. ἐν Ἀθήναις, 1853.

100. — Joint au n° 62.

101. Papadopoulos Kerameus. — Κατάλογος τῶν χειρογράφων τῆς ἐν Σμύρνῃ εὐαγγελικῆς σχολῆς, ὑπὸ. Λ. Παπαδοπούλου τοῦ Κεραμέως. Ἐκδ. ἐν Σμύρνῃ, 1877.

102. Κανονισμὸς τῆς ἐν Κωνσταντινουπόλει φιλέργου Ἑταιρίας· Κωνσταντινουπόλει, 1872.

103. — Τῆς ἐν Λονδίνῳ Ἑλληνικῆς σχολῆς Bayswater.

104. — Τοῦ ἐν· Σμύρνῃ φιλεκπαιδευτικοῦ Συλλόγου· Ὁμήρου. Ἐκδ. ἐν Σμύρνῃ, 1872.

105. — Τοῦ ἐν Ἀδριανουπόλει. φιλεκπαιδευτικοῦ Συλλόγου. Κωνσταντινούπόλει, 1877.

106. — Τοῦ ἐν Κωνσταντινουπόλει Ἱερατικοῦ ἐκπαιδευτικοῦ Συλλόγου, Ibid. 1873.

107. — Τοῦ ἐν Σταυροδομείου Ἑλληνικοῦ Λυκείου. *Ibid.* 1871.

108. CARAPANOS. — Ἔκθεσις τῶν κατὰ 1871-72 πεπραγμένων, ἀναγνωσθεῖσα ἐν τῇ ἐπετείῳ ἑορτῇ τοῦ ἐν Κωνσταντινουπόλει Ἑλληνικοῦ φιλολογικοῦ Συλλόγου, ὑπὸ Κ. Καραπάνου, 1872.

109. Κανονισμὸς τοῦ ἐν Κεφαλληνίᾳ φιλοπροοδευτικοῦ Συλλόγου ἡ Ἐλπίς.

110. CONDOS. — Λόγιος Ἑρμῆς, ὑπὸ Κ. Σ. Κόντου. Τομ, Ε΄. τῶχ. Α΄. Ἐκδ. Ἀθήνησι.

111. PROTODICOS. — De Aedibus Homericis scripsit Joannes Protodicos. Lipsiae (Typis Walteri Wigand), 1876.

112. MINOÏDE-MINAS. — Ἔλεγχοι τῶν κατηγόρων τῆς εἰς πρεσβείαν ἀξιώσεως τοῦ Κ. Σίνα, ὑπὸ Μηνωίδου Μηνᾶ. Παρισίῳ, ΑΩΝΗ΄.

113. RALLIS. — Λόγος ἐκφωνηθεὶς τὴν ΚΓ νοεμβρίου 1869 ὑπο Ῥάλλι παραδιδόντος τὴν πρυτανείαν τῷ Π. Καλλιγᾶ.

114. VOUSAKIS. — Λόγος ἐκφωνηθεὶς τῇ ΚΓ νοεμβρίου 1871 ὑπὸ Κωνσταντίνου Βουσάκη πρῴην πρυτάνεως τῷ διαδόχῳ αὐτοῦ Εὐθύμῳ Καταστάρχη. Ἀθήνησι, 1872.

115. SCORZIS; ROMANOS, éditeur. — Γρατιανὸς Σκόρζης (Αὐθέντης Λευκάδας) ἱστορικὴ πραγματεία τοῦ καθηγ. Καρόλου Χόωρ, μεθερμηνευθεῖσα ὑπὸ Ἰωάννου Ῥομάνου. Κερκύρᾳ, 1870.

116. STEPHANOS. — Ἀνέκδοτα ἔγγραφα ἀποσταλέντα πρὸς τοὺς κατοίκους τῶν Κυκλάδων κατὰ τὴν ὑπὸ τῶν Ῥώσσων κατοχὴν αὐτῶν. Ἐκδιδόμενον ὑπὸ Κλῶνος Στεφάνου. Ἀθήνησι, 1878. (Ἀπόσπασμα ἐκ τοῦ Ἀθηναίου Τόμ. ΣΤ΄.

117. RANGABÉ. — Κλέων Ῥαγκαβῆς. Ἡράκλειος. Λειψίᾳ (δ. Δρουγουλίνου), 1885. 3 эх.

118. SATHAS, éditeur. — Μνημεῖα ἑλληνικῆς ἱστορίας. Documents inédits relatifs à l'histoire de la Grèce au moyen âge. Par C. N. Sathas. Première série. (Documents tirés des Archives de Venise, 1400-1500.) T. I⁰ʳ. Paris, Maisonneuve ; Londres, Quaritch ; Athènes, Coromilas; Leipzig & Vienne (Brockhaus), 1880. In-4.

119. — Ἐφημερὶς τῆς Κυβερνήσεως τοῦ βασιλείου τῆς Ἑλλάδος Regierungs-Blatt des Kœnigreichs Griechenland. Ναύπλιον, Ἀριθμοὶ 1 (1 ἰανουαρίου 1834) — 42 (25 δεκεμβρίου, καὶ ἀρ. 1 (11 ἰανουαρίου 1835) — 10 (7 ὀκτωβρίου). — Παράρτημα τοῦ ἀριθ. 3 τοῦ ἔτους 1834 (Ποινίκιος νόμος). In-4. 4 volumes.

120. — Ἀρχεῖα τῆς Ἑλληνικῆς Παλιγγενεσίας μέχρι τῆς ἐγκαταστάσεως τῆς βασιλείας. Ἐκδ. Ἀθήνησι, 1857, in-4.

121. SAKELLARIOS. — Τὰ Κυπριακά, ἤτοι ἡ ἐν Κύπρῳ γλῶσσα ὑπὸ Αθ. Α. Σακελλαρίου. Τομ. τρίτος. Ἀθήνησι, 1860.

122. ICONOMOS. — Περὶ τῆς γνησίας προφορᾶς τῆς Ἑλληνικῆς γλώσσης ὑπὸ Οἰκονόμου Κωνσταντίνου πρεσβυτέρου. Ἐκδ. ἐν Πετροπόλει ΑΩΛΙ΄.

123. — Πολιτικὴ Οἰκονομία (παράρτημα τοῦ 22 ἀριθ. τῆς Ἐφημερίδος Gesetzbuch über das Civil-Verfahren). Ἐκδ. Ναυπλίῳ, 1834.

124. — Ποινικὴ Οἰκονομία (Παράρτημα τοῦ 16. ἀριθ. τῆς Ἐφημερίδος Gesetzbuch über das Staf-Verfahren. *Ibid.* 1834.

125. — Ὀργανισμὸς τῶν δικαστηρίων καὶ συμβουλαιογράφων (Παράρτημα τοῦ 13 ἀριθ. τῆς Ἐφημερίδος Gerichts- und Notariats-Ordnung. Ἐκδ. ἐν Ναυπλίῳ 1834.

126. PARANICAS. — Ματθαίου Κ. Παρανίκα, περὶ τῆς ἐν τῷ Ἑλληνικῷ ἔθνει καταστάσεως τῶν γραμμάτων ἀπὸ ἁλώσεως Κωνσταντινουπόλεως · (1493 μ. Χ.) μέχρι τῶν ἀρχῶν τῆς ἐνεστώσης ἑκατονταετηρίδος (ιθ'.) Ἐκδ. ἐν Κωνσταντινουπόλει 1867.

127. — Κανονισμὸς τοῦ ἐν Κωνσταντινουπόλει φιλολογικοῦ Συλλόγου, Κωνσταντινουπόλει, 1871.

128. ASOPIOS. — Ἀττικὸν ἡμερολόγιον τοῦ 1874, ὑπὸ Εἰρην: Ἀσωπείου. Ἀθήνησι, 1873.

129. — Joint au nᵒ 32.

130. SATHAS. — Κ. Ν. Σάθα. Κρητικὸν θέατρον, ἤτοι συλλογὴ ἀνεκδότων καὶ ἀγνώστων δραμάτων.

131. — Τοῦ αὐτοῦ Ἱστορικὸν δοκίμιον περὶ τοῦ θεάτρου καὶ τῆς μουσικῆς τῶν Βυζαντινῶν. Paris, Maisonneuve, 1873.

132. CHATEAUBRIAND, trad. par DRAGOUMIS. — Σατωμπριὰν οἱ Νατσλοι. Μεταφρασθὲν ἐκ τοῦ γαλλικοῦ ὑπὸ Κωνσταντίνου Ἰ, Δραγούμη. Ἀθήνησι 1864.

133. — trad. par VOUTYRAS. — Μάρτυρες, πεζογραφικὴ ἐποποιία τοῦ Κ; ὑποκόμητος Σάτωμπριὰν, μεταφρ. ὑπὸ Σταύρου Ι. Βουτυρᾶ. Τεῦχος Α'. Ἐκδ. ἐν Κωνσταντινουπόλει 1864.

134. SARIPOLOS. — Νικολ. Ι. Σαριπόλου Πολιτικὴ μελέτη ἐκ τῆς ἱστορίας Ἰουλίου Καίσαρος ὑπὸ τοῦ αὐτοκράτορος τῶν Γάλλων Ναπολέοντος τοῦ Γ' συγγραφείσης. Ἀθήνησι, 17 αὐγούστου 1868.

135. MÉLAS. — Παιδαγωγικὸν ἐγχειρίδιον πρὸς χρῆσιν τῶν παιδαγωγούντων ἐκδιδόμενον ὑπὸ Λέοντος Μελᾶ. Ἀθήνησις 1871.

136. — Ὁ Χριστόφορος ἢ τὸ ναυάγιον καὶ ἡ διάσωσις. Χειρόγραφον ἐκδιδόμενον ὑπὸ Λέοντος Μελᾶ. Ἀθήνησι, 1869.

137. STÉPHANOS. — Ἐπιγραφαὶ τῆς νήσου Σύρου, ὑπὸ Κλῶνος Στεφάνου. Ἀθήνησι, 1875.

138. KAFTANZOGLOU. — Ἐπιστολιμαία διατριβὴ πρὸς Ε. Φρῆμαν περὶ τῆς κατεδαφίσεως τοῦ ἐν τῇ ἀκροπόλει Ἀθηνῶν Τουρκικοῦ πύργου, ὑπὸ Λυσάνδρου Καυτανζόγλου. Ἀθήνησι, 1878.

139. — Λόγος ἐπὶ τὴν θεμελίωσιν τοῦ ναοῦ τοῦ ἁγίου Κωνσταντίνου, ἐκφωνηθεὶς τῇ 19 μαρτίου 1871 ὑπὸ Λυσάνδρου Καυτανζόγλου, Ἀθήνησι, 1871. 2 ex.

140. — Ἀγανίππη, περιοδικόν. Ἰούνιος 1867 φυλ. 7 καὶ 8: Ζακύνθω, 1867.

141. CYRILLOS. — Ψυχωφελὲς Σαράντάρι, ἤγουν ἐξήγησις ψυχωφελὴς διὰ σαράντα στίχων εἰς τὸ ΠΑΤΕΡ ΗΜΩΝ, πονηθὲν παρὰ Κυρίλλου ἱεροδιακόνου Χίου. Παρίσιοι, Maisonneuve, 1863.

142. ROUVRAY. — Discours prononcé par M. Rouvray à la distribution solennelle des prix du collège municipal de Rollin le mardi 10 avril 1869: Paris, impr. E. Donnaud, 1869.

143. EURIPIDE, trad. par ARGYRIADIS. — Εὐριπίδου Ἱππόλυτος, μεταφρ.

εἰς τὴν καθομιλουμένην ὑπὸ Ν. Ἀργυριάδου. 1865. Ἐν Κωνσταντινουπόλει, 1863.

144. ARGYRIADIS. — Ἡ φωνὴ τῆς Πατρίδος, Ν. Ἀργυριάδου. *Ibid.* 1863.

145. — Παρνασσός, περιοδικόν. Τεῦχος θ'. 30 σεπτεμβρίου 1880. Ἀθήνησι.

146. COUGNY. — Προγυμνασμάτων παραδείγματα τέσσαρα, par E. Cougny. Paris, A. Durand, 1863.

147. — Liturgie de saint Jean-Chrysostôme; Paris, 1862, à l'église russe.

148. — Ἡ θεία λειτουργία. 1863.

149. LAUNCELOT DOWDOLL. — Ἀπομνημονεύματα Περσικά. Persia, by Launcelot Dowdoll, M. A: Ch. Ch. Oxon. Cambridge, 1881. in-16.

150. — Ὅμηρος, περιοδικὸν τοῦ ὁμωνύμου φιλεκπαιδευτικοῦ Συλλόγου. Φυλλάδιον ἀπριλίου. Σμύρνη, 1876.

151. PALASCA. — Λεωνίδα Παλάσκα, τὰ συμβάντα τοῦ ὀκτωβρίου 1862 ἐπὶ τοῦ βασιλικοῦ ἀτμοδρόμονος Αἰμιλία. 1882. Ἀθήνησι.

152. VASSIADIS. — Λόγος Ἡρακλέους Βασιάδου ἀναγνωσθεὶς τῇ 5 μαίου 1874 ἐν τῷ Ἑλληνικῷ Φιλολογικῷ Συλλόγῳ Κωνσταντινουπόλεως. Ἐκδ. Κωνσταντινουπόλει, 1874.

153. ICONOMOS. — Λαύριον, ὑπὸ Ἀριστείδου Οἰκονόμου. Ἀθήνησι, 1872.

154. CARAPANOS et VASSIADIS. — Ἑλληνικὸς φιλολογικὸς Σύλλογος. Ἔκθεσις Καραπάνου περὶ τῶν πεπραγμένων κατὰ τὸ ἔτος 1872-73, καὶ λόγος Ἡρακλ. Βασιάδου. Ἐκδ. ἐν Κωνσταντινουπόλει, 1873. 2 ex.

155. SOPHRONIDIS. — Χριστάκης Ζωγράφος. Βιογραφικὸν σχεδίασμα ὑπὸ Δ. Σωφρονίδου. Ἐν Κωνσταντινουπόλει, 1881.

156. — Revue des Deux-Mondes, 15 janvier 1867. « La Crète et la question d'Orient. »

157. RENIERI. — Περὶ Δημαγωγῶν. Ἀπηγγέλθη ὑπὸ Κ. Μ. Ρενιέρη ἐν τῷ Ἀθηναίῳ.

158. Μουσεῖον καὶ Βιβλιοθήκη τῆς εὐαγγελικῆς Σχολῆς, περίοδος Β'. 1876-78. Ἐκδ. Σμύρνη 1878.

159. Ὁ ἐν Ἀθήναις πρὸς διάδοσιν τῶν Ἑλληνικῶν γραμμάτων Σύλλογος; ἐκθέσεις τοῦ πεπραγμένων ἀπὸ τῆς συστάσεως 17 ἀπριλίου 1869. 1871-72; 1875-76; 1876-77. Ἀθήνησι. 3 volumes.

160. SURIA. — Λόγος ἐκφωνηθεὶς ὑπὸ Γ. Σουρία κατὰ τὴν ἔναρξιν τῶν ἐξετάσεων τοῦ ἐν Χίῳ Γυμνασίου. 30 ἰουνίου 1870 καὶ 1871. 2 pièces.

161. VASSIADIS. — Ἡρακλέους Βασιάδου Θράκη, ἤτοι περὶ τῆς ἀρχαίας Θράκης καὶ τῶν λαῶν αὐτῆς. Λόγος ἐκφωνηθεὶς ἐν τῇ συνεδριάσει τῶν ἱδρυτῶν τοῦ Θρᾳκικοῦ φιλεκπαιδευτικοῦ Συλλόγου. Κωνσταντινουπόλει, 1872.

162. — Φίλεργος Ἑταιρία. Ἔκθεσις ἐργατῶν, 1872-73.

163. — Ἐπετηρὶς Θρᾳκικοῦ φιλεκπαιδευτικοῦ Συλλόγου, 1872-73.

164. CONDOS. — Γλωσσικαὶ παρατηρήσεις Κωνσταντίνου Σ. Κόντου περὶ τῆς νῦν Ἑλληνικῆς γλώσσης. Ἀποστάγματα τῆς ἐφημερίδος « Κλείω ».

165. — Ὅμηρος, περιοδικὸν ἐν Σμύρνῃ. 5 fascicules.

166. JOANNOU. — Γαμήλιος ᾠδὴ εἰς τὸν γάμον Γεωργίου τοῦ Α', ὑπὸ Φιλίππου Ἰωάννου. Ἀθῆναι, 1867, in-4.

167. LAMBROS et POSTOLACA. — Κατάλογος ἀρχαίων νομισμάτων τῶν νήσων Κερκύρας, Λευκάδος κ. ἑ. συλλεχθέντων ὑπὸ Μ. Λάμπρου καὶ περιγραφέντων ὑπὸ Ἀχ. Ποστολάκα. Ἀθήνησι, 1865, in-4.

168. — Ἔγγραφα ἀφορῶντα εἰς τὴν ῥῆξιν τῶν μεταξὺ Ἑλλάδος καὶ Τουρκίας σχέσεων. Ἐν Ἀθήναις, 1868, in-4 (Ὑπουργείου ἐξωτερικῶν).

169. CHATZIDAKIS. — Μελέτη περὶ τῆς νέας Ἑλληνικῆς γλώσσης, Γεωργίου Χατζιδάκη. Ἀθῆναι, 1884.

170. THERIANOS. — Διονυσίου Θερειάνου Φιλολογικαὶ ὑποτυπώσεις. Ἐν Τεργέστῃ, 1885.

171. — Documents diplomatiques sur le conflit gréco-turc. Décembre 1868.

172. SHAKESPEARE, trad. par DAMALAS. — Σαίξπηρ, Ἀντώνιος καὶ Κλεοπάτρα, δρᾶμα εἰς 5 πράξεις, μεταφρασθὲν ὑπὸ Μ. Ν. Δαμάλα, Ἀθῆναι, 1882.

173. COROMILAS. — Catalogue des livres publiés en Grèce depuis 1868 jusqu'en 1872, rédigé par Démétrius A. Coromilas. Athènes, 1873.

174. LAMBROS. — Κατάλογος σπανίων βιβλίων τῆς Νεοελληνικῆς φιλολογίας πωλουμένων ἐν Ἀθήναις παρὰ Π. Λάμπρῳ. Ἀθῆναι, 1870.

175. CORAY. — DAMALA, éditeur. — Ἐπιστολαὶ Ἀδαμαντίου Κοραῆ ἐπιμελείᾳ Ν. Α. Δαμάλα ἐκδιδόμεναι. Ἐν Ἀθήναις, 1885. 4 vol. (un double du premier volume).

176. MOLOSSOS. — Πρόδρομος τῆς βιβλιοθήκης τοῦ ἐν Κωνσταντινουπόλει Ἠπειρωτικοῦ Συλλόγου. Ἠπειρωτικαὶ μελέται Β. Δ. Ζώτου Μολόσσου. Tome Ι^{er}. Ἀθῆναι, 1875.

CATALOGUE

DE

PUBLICATIONS RELATIVES AUX ÉTUDES GRECQUES

(1885-86)

DRESSÉ PAR LE BIBLIOTHÉCAIRE DE L'ASSOCIATION (1)

I. PÉRIODIQUES.

ABHANDLUNGEN der philos.-phil. Classe der kgl. bayer. Akademie der Wissenschaften. 17. Bd. 1. Abth. (Denkschr. 59. Bd.) München, 1884, Verl. d. k. Akad. In Comm. bei Franz. 264 S. m. 1 Steintaf. 4.

> *W. Meyer,* über die Beobachtung des Wortaccentes in der altlatein. Poesie. — *W. Christ*, Homer oder Homeriden. — *F. Ohlenschlager*, die römischen Granzlager zu Passau, Künzing, Wischelburg und Straubing.

ACADÉMIE des inscriptions et belles-lettres. Comptes rendus des séances de l'année 1885. 4. Sér. t. XIII. Avr.-Juin.

> *Lagneau,* des anesthésiques chirurgicaux dans l'antiquité et le moyen-âge.

> Juillet-décembre. *L. Heuzey*, Une prêtresse grecque à Antipolis. — *Gaspard-René Grégory*, Les Cahiers des manuscrits grecs. — *Salomon Reinach*, Sur un témoignage de Suidas relatif à Muronius Rufus. —

---

(1) Voir, comme complément de ce catalogue, la liste d'ouvrages insérée page xcix de ce volume, le *Polybiblion,* la *Revue critique,* la *Revue de Philologie (Revue des Revues)*, la *Bibliotheca philologica classica* de Calvary, les Bulletins bibliographiques des Revues d'Athènes Ἑστία et *Bulletin de la Société historico-ethnologique de la Grèce.*

Les auteurs et les éditeurs de toutes publications relatives à la Grèce ancienne et moderne sont invités à faire connaître à la Société l'existence de ces publications. Cet avis aura pour conséquence la mention assurée de l'ouvrage ou de l'article dans le présent catalogue. — Lorsque la date de la publication n'est pas indiquée, le millésime est 1885.   **C.-E. R.**

G. Schlumberger, Trois joyaux byzantins sur lesquels sont inscrits les noms de personnages historiques du IXᵉ siècle. — *H. Vallon*, Notice sur la vie et les travaux de M. Henri-Adrien Prévost de Longpérier.

ACADÉMIE des sciences morales et politiques. Séances et travaux de l'Académie. Compte rendu par M. A. Vergé. 45ᵉ année, 1885. T. 123.

> *Barthélemy Saint-Hilaire*, Mémoire sur la physiologie comparée d'A-ristote (Traité des Parties des animaux). — *Félix Ravaisson*, Rapport sur le prix Victor Cousin (le scepticisme dans l'antiquité grecque). — *R. Dareste*, La loi de Gortyne en Crète.

ANNALES de la faculté des lettres de Bordeaux. 2. sér. 1884. No. 8. Paris, Leroux. gr. 8.

> *P. Tannery*, sur les Mss. de Diophante à Paris. — *Id.*, Sur la langue mathématique de Platon.

ANNUAIRE de l'Association pour l'encouragement des études grecques en France. 19ᵉ année, 1885. Paris, Maisonneuve et Ch. Leclerc ; in-8.

> Assemblée générale du 9 avril 1885. — Discours de M. Glachant, président — Rapport de M. Alfred Croiset, secrétaire général, sur les travaux et les concours de l'année 1884-85. — Publications reçues par l'Association dans les séances d'avril 1884 à mars 1885. — Mémoires et notices. — *Jean Psichari*, Essais de grammaire historique néo-grecque. — *Queux de Saint-Hilaire* (Mⁱˢ de), Notice sur M. Emile Egger. — Bibliographie. — Catalogue de publications relatives aux études grecques (1884-85), dressé par le Bibliothécaire de l'Association. — *Mᵐᵉ veuve Egger*, Bibliographie des travaux de M. Egger.

ARCHAEOLOGICAL Institute of America. Papers of the American school of classical studies at Athens. V. I, 1882-1883. Boston, Cupples, Upham & Co. 7, 262 p. 8. 2 Doll.

> *J. R. S. Sterret*, Inscriptions of Assos. — *Id.*, Inscriptions of Tralleis. — *J. R. Wheeler*, the theatre of Dionysus. — *L. Bevier*, the Olympieion at Athens. — *H. N. Fowler*, the Erechtheion at Athens. — *W. W. Goodwin*, the battle of Salamis.

BERICHTE über die Verhandlungen der kgl. sæchs. Ges. d. Wissenschaften zu Leipzig. Philol.-hist. Cl. 36. Bd. 1884. III. IV. Leipzig, Hirzel. gr. 8.

> *Heinze*, über Prodikos aus Keos.

— 1885. I. II.

> *Hultsch*, üb. d. Sphärik des Theodosius und einige unedirte mathemat. Texte.

BLAETTER für das bayer. Gymnasialschulwesen, red. von *A. Deuerling*. 21. Bd. 1-8. Hft. München, Lindauer. 8. à Bd. 6 M.

> *J. Nusser*, textkritische Erörterungen zu Platos Protagoras. — *S. Rœckl*, Studien zu byzantin. Geschichtsschreibern. — Bemerkung zu Hom. Od. B. 15-34. — *A. Steinberger*, die Oedipussage im Epos. — *S. Zechetmayr*, zu Inclusam Danaen terris aënea. — *L. Schmidt*, zu Oidipus auf Kolonos. — *J. Nusser*, krit. Erörterungen zu Platos Phädon. — *A. Rœmer*, zu Aristarch u. den Aristonicusscholien. — *A. Steinberger*, die Oedipussage in der Lyrik. — *K. Metzger*, Aeschylea. — *A. Rœmer*, zu Aristarch u. den Aristonicusscholien der Odyssee. II. — *C. Meiser*, zur Poetik des Aristoteles (c. 1 u. 6).

BULLETIN de correspondance hellénique. Δελτίον ἑλληνικῆς ἀλληλαγραφίας. 8. année. VIII. Déc. 1884. Ἀθήνησι, Πέρρη. Paris, Thorin. gr. 8. Abonn. 25 fr

— — 9. année I-IV. Janv.-Avr. 1885.

M. B. Hausoullier, inscriptions de Crète. — Inscriptions archaïques d'Axos et de Lyttos. — Conventions entre villes. — Dédicaces. — Inscriptions funéraires. — *Ch. Diehl*, la pierre de Cana. — *M. Collignon*, bronze grec du Musée de Tchinli-Kiosk à Constantinople. — *G. Cousin* et *F. Durrbach*, inscriptions de Lemnos. — *V. Blavette*, légende du plan d'Eleusis — *P. Paris* et *M. Holleaux*. inscriptions de Carie. I. Aphrodisias. — *M. Holleaux* et *Ch. Diehl*, inscriptions de l'île de Rhodes. — *M. Clerc*, inscr, de Nysa. — *E. Miller*, inscriptions grecques de l'Egypte. — *P. Paris*, inscr. choragique de Délos. — *E. Pottier* et *S. Reinach*, Niké et Psyché. — *G. Cousin*, inscr. du Musée de Constantinople. — *E. Pottier* et *S. Reinach*, fouilles dans la nécropole de Myrina. — *Ch. Diehl*, peintures Byzantines de l'Italie méridionale. — *P. Foucart*, inscriptions de Thessalie. — *P. Paris*, fouilles d'Elatée. — Nouveau fragm. de l'Edit de Dioclétien. — *J. Martha*, Castor et Pollux. — *K. D. Mylonas*, inscriptions de Laconie. — *M. Collignon*, miroir grec du Musée du Louvre. — *Th. Homolle*, notes sur trois têtes de marbre trouvées à Délos. — *S. Reinach*, les arétalogues dans l'antiquité. — *B. Latychew*, la constitution de Chersonésos en Tauride d'après des documents épigraphiques — *R. Dareste*, la loi de Gortyne — *F. Durrbach*, inscriptions d'Aegosthènes et de Pagae. — *M. Collignon*, miroir grec à relief. — *P. Paris* et *M. Holleaux*, inscriptions de Carie. — Edit d'Antiochus II. — Inscriptions de Héracléa Salbacée, Apollonia Salbacée, Sébastopolis.

— — V. Mai-Nov. 1885.

G. Cousin et *F. Durrbach*, inscriptions de Némée. — *B. Haussoullier*, inscription de Thèbes. — *E. Pottier*, fouilles dans la nécropole de Myrina faites par A. Veyres. — *E. Egger*, inscr. de l'île de Leucé. — *S. Reinach*, Serv. Corn. Lentulus, préteur proconsul à Délos. — *P. Foucart*, inscriptions d'Asie Mineure. I. Clazomène. — Décret des villes ioniennes en l'honneur d'Antiochus I: — II. Magnésie du Sipyle: — III. Inscriptions de Rhodes. — Note sur le sénatus-consulte d'Adramyttium. — *P. Foucart*, inscriptions de Béotie. — Thespies. — Platées. — Haliarte. Coronée. — Hiéron d'Athéna Itonia. — *G. Radet* et *P. Paris*, deux nouveaux gouverneurs de provinces. — *Ch. Diehl* et *G. Cousin*, sénatus-consulte de Lagina de l'an 81 avant notre ère. Décret relatif au droit d'asile. — *M. Holleaux*, fouilles au temple d'Apollon Ptoos.

VI. Décembre 1885. *E. Pottier* et *S. Reinach*, Fouilles dans la nécropole de Myrina : Eléphant foulant aux pieds un Galate. — *Jules Martha*, Inscriptions de Naxos. — *M. Clerc*, Fouilles à l'Héralon. — *F. Durrbach*, Inscriptions du Péloponèse. I. Tégée. II. Laconie. — *M. Holleaux*, Fouilles au temple d'Apollon Ptoos. — Variétés. — Bibliographie : *G. R.* les Stratèges athéniens, par Am. Hauvette-Besnault.

BULLETIN épigraphique fondé p. *F. Vallentin*, dir. p. *R. Mowat*. 5. année. No. 4. Vienne, Savigné. Paris, Champion. 8. Abonn. 15 fr.

Rochetin, les inscriptions gallo-grecques de Collias (Gard) et de Malaucène (Vaucluse).

CHRONICLE, the numismatic, and journal of the numismatic Society. Ed. by *J. Evans*, *W. S. W. Vaux* and *B. V. Head*. 1885. P. I. (3. ser. vol. 5. No. 17.) London, Smith. 8.   5 sh.

C. W. Greenwell, on some rare Greek coins. — *J. P. Six*, Sinope. — *T. W. Greene*, renaissance medals in relation to antique gems and coins. — Miscellanea.

— P. II.

Gardner, Zacynthus.

ENSEIGNEMENT CHRÉTIEN (l') (bimensuel), 4e année, 1885.

A. Maunoury, Sur un texte de saint Jean Chrysostome. n.4.

Ἐφημερὶς ἀρχαιολογικὴ, ἐκδ. ὑπὸ τῆς ἐν Ἀθήναις ἀρχαιολογικῆς ἑταιρίας Περ. III. 1885. Τεῦχος. 1. 2. Ἐν Ἀθήναις, Πέρρη. 4.

Π. Καββαδιας, ἐπιγραφαὶ ἐκ τῶν ἐν Ἐπιδαυρίᾳ ἀνασκαφῶν (συνέχεια). — Χ. Τσουντας, οἱ προϊστορικοὶ τάφοι ἐν Ἑλλάδι. — Π. Καββαδιας, ἀγάλματα ἐκ τῶν ἐν Ἐπιδαυρίᾳ ἀνασκαφῶν. — Χ. Τσουντας, ἀγγειοπλάσται Ἀθηναῖοι. — Ν. Νοβοσαδσκη, ψήφισμα προξενικὸν ἐξ Ἄργους. — Ι, Πανταζιδης, περὶ νοῦ Ὑπερτελεάτου. — Δ. Θιλιος, τὸ παρὰ τὴν Ζέαν ἐν Πειραιεῖ θέατρον. — Σ. Α. Κουμανουδης, ἀναγραγὴ·Πυλωρῶν τῆς Ἀκροπόλεως, Ἀθηνῶν. — Π. Καββαδιας, ἐπιγραφαὶ ἐκ τῶν ἐν Ἐπιδαυρίᾳ ἀνασκαφῶν (συνέχ.). — Ι. Χ. Δραγατσης, Πειραϊκαὶ ἀρχαιότητες. — Β. Ι. Λεοναρδος, Ἀμφιαρείου ἐπιγραφαί. — Θ. Σοφουλης, ἀγαλμάτιον ἐκ Σπάρτης. — Χ. Τσουντας, σκεῦος πήλινον καὶ τεμάχια ἀγγείων ἐξ Ἀθηνῶν. — Ν. Νοβοσαδσκη, ἐπιγραφαὶ ἐκ Μεγάρων.

— Τεῦχ. 3.

Κρ. Δ, Τσουντας, ἐπιγραφαὶ ἐξ ἀκροπόλεως. — Δ. Θιλιος, ἐπιγραφαὶ ἐξ Ἐλευσῖνος. — Β. Ι. Λεοναρδος, Ἀμφιαρείου ἐπιγραφαί. — Σ. Ν. Δραγουμης, ἐπιγραφαὶ ἐκ Μεγαρίδος. — Σ. Α. Κουμανουδης, Ἀττικαὶ ἐπιγραφαί. — Δ. Θιλιος, εὑρήματα ἐν Ἐλευσῖνι. — Σ. Ν. Δραγουμης, παρατηρήσεις ἐπὶ δημοτικοῦ τινος ψηφίσματος. — Α. Σ. Κουμανούδης, δεκάλιτρον ἰταλικόν.

— Τεῦχ. 4.

Π. Καββαδιας, Ἐπιγραφαὶ ἐκ τῶν ἐν Ἐπιδαυρίᾳ ἀνασκαφῶν. — Em. Loewy, Ἐπιγραφὴ τεχνιτῶν ἐξ Ἀταλάντης (avec vignette). — Στ. Α. Κουμανούδης, Ἐπιγραφαὶ ἐκ τῆς ἐν ἀγόρᾳ Ἀθηνῶν ἀνασκαφῆς (1 pl. et 3 vign.). — Κρ. Δ. Τσουντα, Κρατὴρ ἐξ Ἀκροπόλεως (2 pl.). — Κ. Δ. Μυλονας,|Ὁ ἐν τῇ Συλλογῇ Ἰω. Δημητρίου χαλκοῦς Σάτυρος (1 pl.). — Π. Καββαδιας, Κορινθιακὸν κιονόκρανον (1 pl.). — K. Purgold, Ἀρχαϊκὸν ἀέτωμα ἐκ τῆς Ἀκροπόλεως (2 vign.). — Θ. Σοφοκλης, Κύλιξ ἐκ Κορίνθου. — Ζ. Δ. Γαβαλας. Ἀνέκδοτος ἀναθηματικὴ ἐπιγραφὴ Φολεγάνδρου.

GAZETTE archéologique. Recueil de monuments pour servir à la connaissance et à l'histoire de l'art dans l'antiquité et le moyen-âge, fondé par *J. de Witte* et *Fr. Lenormant*, p. p. *J. de Witte* et *R. de Lasteyrie*. 9. année. No. 9-12. 1884. Paris, Lévy, 4.

E. Babelon, terres cuites grecques de la collection Bellon.

— — 10. année. No. 1-6. 1885.

E. Babelon, tête d'aveugle du Musée d'Orléans. — *S. Reinach*, têtes chypriotes du Musée de Constantinople. — *Hauser*, note sur un miroir grec du cabinet des Médailles. — *Ravaisson*, l'Hercule Epitrapézios, de Lysippe. — *De Witte*, Vénus génitrix en bronze. — *G. Perrot*, figurines sardes du Cabinet des médailles.

— — 10. Année. No. 7-10. Paris, Lévy, 4.

P. Monceaux, fouilles et recherches archéol. au sanctuaire des jeux isthmiques (suite). — *S. Reinach*, enfant criophore. — *E. Babelon*, sarcophage romain trouvé à Antioche. — *E. Pottier*, lécythes à fond blanc et à fond bistre du Cabinet des médailles.

HERMATHENA. No. XI.

On two fragments of a Greek Papyrus. — On the elision of words of Pyrrhic value in the Greek tragics. — The cross references in the « Philosophumena ». — Greek geometry from Thales to Euclid. VI.

HERMES, Zeitschr. f. class. Philologie hrsg. v. *G. Kaibel* u. *C. Robert*. 20. Bd. 1-3. Hft. Berlin, Weidmann. gr. 8.   à Bd. 12 M.

1. Heft : *W. Dittenberger*, die eleusinischen Keryken. — *L. v. Sybel*, Toxaris. — *U. v. Wilamowitz-Mœllendorff*, e. altattisches Epigramm. — *M. Mayer*, der Protesilaos des Euripides — Miscellen : *A. Kirchhoff*, e. altthessalische Grabschrift. — 2. Heft : *A. Kopp*, Apios Homerlexicon. — *H. Kühlewein*, der Text des Hippokratischen Buches üb. die Kopfwunden u. der Medic. B. — *R. Thommen*, üb. die Abfassungszeit der Geschichten des Polybius. — *J. Beloch*, das Volksvermögen v. Attika. — *Th. Kock*, emendationes Aeschyleae. — *G. Hinrichs*, Ναυσικάα. — 3. Heft : *C. de Boor*, zu Johannes Antiochenus. — *B. Keil*, zu den Simonideischen Eurymedonepigrammen. — *C. Robert*, Athena Skiras u. die Skirophorien. — *H. Schrader*, Nachträgliches u. Ergänzendes zur Beurtheilung der handschriftlichen Ueberlieferung der Porphyrianischen Homer-Zetemata. — *U. Wilcken*, Arsinoïtische Tempelrechnungen aus d. J. 215 n. Chr. — *U. v. Wilamowitz-Mœllendorff*, Thukydideische Daten. — Miscellen : *W. Schulze*, zum Dialekt der ältesten ionischen Inschriften. — *O. Schroeder*, Memnon's Tod bei Lesches. — *R. Ellis*, Euripideum.

— 4 H.

Kailel, Dionysios v. Halikarnass u. die Sophistik. — *Dittenberger*, zum Gesetz v. Gortyn. — *Kaibel*, antike Windrosen. — *Keil*, ad epigrammata Eleusinia 'Εφ. άρχ. 1883, 143 et 79.

INSTRUCTION PUBLIQUE (L'). Revue des lettres, sciences et arts (hebdomadaire), 14e année, 1885.

C. Huit, Le Ménexène de Platon, n. 1 et 2. — *A. Croiset* (Sommaire d'un cours professé à la Sorbonne) : L'éloquence en Grèce, n. I, 3, 5, 7, 9, 11, 14, 16, 22, 27, 29, 31, 34, 36, 38, 40, 44. — *C. Huit*, Psychologie d'Aristote, n. 11, 14, 15 et 18. — *Id.*, Physique de Platon, n. 19, 22, 24 et 25. — *Id.*, Polémique d'Arcésilas et de Carnéade contre les stoïciens, n 27, 28 et 29. — *Loisel* Editions savantes d'auteurs grecs, n. 34. — *C. Huit*, le VIe livre de la République de Platon, n. 42, 43, 44, 45 et 46. — *A. Fouillée*, l'idée du Bien dans le Philèbe de Platon, n. 47. — *E. Chaignet*, le caractère d'Antigone dans Sophocle, n. 44 et 45. — *A. Croiset*, la philosophie en Grèce. n. 52. — *Id.*, les manuscrits de Thucydide, n. 52.

JAHRBUECHER, neue, f. Philologie u. Pædagogik. Hrsg. v. *A. Fieckeisen* u. *H. Masius*. 129. u. 130. Bd. 12. Hft. 1884. 131. u. 132. Bd. 1-7. Hft. Leipzig, Teubner. gr. 8.   pro Jahrg. 30 M.

129. u. 130. Bd. 12. Hft. I. Abth. : *H. Düntzer*, des Odysseus sendung nach Chryse im ersten buche des Ilias. — *J. Rost* u. *K. Lugebil*, zu Solons fragmenten. — *A. Weiske*, zur griech. syntax. — *H. Flach*, zum Prometheus des Aischylos. — *A. Breitung*, zur schlacht bei Salamis.

131. u. 132. Bd. 1. Hft. I. Abth. : *H. Gelzer*, Anz. v. Ed. Meyer : Geschichte des Alterthums. I. Bd. — *M. Soroff*, über die άπαγωγή im att. gerichtsverfahren. — *A. Rœmer*, Anz. v. H. Schrader : Porphyrii quæstionum Homeric. ad Iliad. pertinentium reliquiæ. Fasc. II. — *M. Zucker*, Homerisches (νῶτα ὀιηνεκέα). — *O. Rossbach*, χίμαιρα — αλγις. — *M. Schmidt*, zu Antiphon. — *F. L. Lentz*, zu Plutarchos. — *A. Zimmermann*, zu des Quintus Smyrnaeus Posthomerica. — *P. Stengel*, die sagen von der geburt der Athene u. Aphrodite. — *Id.*, noch einmal die aigis bei Homeros.

2. Heft. I. Abth. : *A. Breusing*, nautisches zu Homeros 1-4. — *P. Stengel*, Homerisches I-IV.

3. Heft. I. Abth. : *W. Schrader*, die psychologie des ältern griech. epos. — *O. Keller*, zu Artemidoros (II, 10). — *L. v. Sybel*, Pausanias u. Strabon. — *C. Stegmann* u. *F. L. Lentz*, zu Plutarchos. — *Ch. Ziegler*, zu Theokritos.

4. Heft. I. Abth. : *H. Siebeck*, zur chronologie der Platonischen dia-

loge. — *P. W. Forchhammer*, Anz. v. W. H. Roscher : Lexicon d. **griech.** u. röm. Mythologie 1-5 lief. — *A. Scotland*, Homerisches (2, 486. 542). — R. *Bünger*, zu Xenophons anabasis. — II. Abth. : *G. A. Saalfeld*, wehr u. waffen der Römer, nach ihrer abhängigkeit von griechischen mustern geschildert (sprachwissenschaftlich-culturhistor. skizze). .

5. u. 6. Heft. I. Abth. : *H. Müller-Strübing*, die glaubwürdigkeit des Thukydides geprüft an seiner darstellung der belagerung von Plataia. — *A. Schmidt*, der boiotische doppelkalender. — *J. Beloch*, zu Theokritos Hieron. — *Th. Ziegler*, Platons politeia in gymnasial-prima.

7. Heft. I. Abth. : *B. Lupus*, zur topographie des antiken Syrakus. — *O. Keller*, zu Pindaros (Isthm. 4, 80). — *F. Hartmann*, Homerisches. — *F. Weck*, homerische probleme — *J. Oberdiek*, zu Aischylos. — *F. Blass*, zu den gesetztafeln v. Gortyn. — *H. Blümner*, zu Theophrastos charakteren. — *Id.*, zu Pausanias (I. 27. 1).

— 8. 9. Heft.

Werner, zu Sophokles' Antigone (v. 576). — *Manitius*, zu Geminos. — *Apelt*, die stoischen Definitionen der Affecte u. Poseidonios. — *Graffunder*, üb. d. Ausgang des « König Oedipus » v. Sophokles. — *Liers*, z. Geschichte der rhetor. Ideenlehre. — *Arnoldt*, zu Athenaios ; Zur chronolog. Bestimmung v. Euripides' Ion. — *Peppmüller*, Homerisches (Δ 392). — *Ziegler*, zu den Theokritosscholien. — *Sommerbrodt*, zu Lukianos.

— 14. Suppl.-Bd. 2. Hft. Leipzig, Teubner. III u. S. 339-781. gr. 8. 8 M. (14. Suppl.-Bd. cplt. : 14 M.)

Brachmann, quæstiones Pseudo-Diogenianeæ. — *Melber*, üb. die Quellen u. den Werth der Strategemensammlg. Polyäns. — *Gercke*, Chrysippea.

JAHRESBERICHT über die Fortschritte der classischen Alterthumswissenschaft begr. v. C. Bursian, hrsg. v. *J. Müller*. 12. Jahrg. 1884. N. F. 4. Jahrg. 38-41. Bd. 4-9. Hft. Berlin, Calvary & Co. gr. 8. pro Jahrg. 30 M.

4. u. 5. Hft. : *A. Rzach*, Bericht üb. d. litterar. Erscheinungen auf dem Gebiete des griech. nachhomer Epos f. d. Jahre 1882 u. 1883. — *P. Egenolff*, Bericht ub. die griech. Grammatiker. — Bibliotheca philologica classica. I. Quart. 1885. — Nekrologe.

6. u. 7. Hft. : *P. Egenolff*, Bericht üb. d. griech. Grammatiker. — *N. Wecklein*, Jahresber. üb. die die griech. Tragiker betreff. Litt. d. Jahre 1883 u. 1884. — Anzeigeblatt. — Nekrologe.

8. u. 9. Hft. : *N. Wecklein*, Jahresber. üb. die die griech. Tragiker betreff. Litt. d. Jahre 1883 u. 1884. (Schluss). — *K. Schenkl*, Jahresber. üb. die spätern griech. Geschichtsschreiber. — Bibliotheca philol. class. II Quart. 1885. — Nekrologe.

— 10-11 und 12. Hft. 1. Hælfte. Berlin, Calvary u. Co. gr. 8.

K. Schenkl, Jahresber. üb. die späteren griech. Geschichtsschreiber. — *N. Wecklein*, Jahresber. üb. die die griech. scen. Archäologie betreff. Litt. für 1879-1884. — *O. Keller*, Jahresber. über Naturgesch. für 1883-1884. — *Id.*, Jahresber. üb. Naturgesch. f. 1883-1884. — Nekrologe.

— XIII. Jahrg. N. F. V. Jahrg. 42-45 Bd. 1. H. Ebd. gr. 8. 30 M. pro Jahrg.

F. Susemihl, Ber. üb. Aristoteles u. die ältesten Peripatetiker für 1884. — *H. Guhrauer*, Ber. üb. die Erscheinungen auf d. Gebiete der antiken Musik v. 1881-1884.

JOURNAL des savants. Année 1885. Janv.-Juin 1885. Paris, impr. nat. 4. Abonn. ann. 36 fr.

E. Egger, essai sur Thucydide. — *Id.*, l'épigraphie grecque à l'Académie des inscriptions. — *G. Perrot*, les commencements de l'art en Grèce. — *E. Miller*, sigillographie de l'empire byzantin. — *E Egger*, les inscriptions grecques du British Museum. — *R. Dareste*, les antiquités du droit grec. — *G. Perrot*, les commencements de l'art en Grèce. — *E Miller*, sigillographie de l'Empire byzantin. — *E. Egger*, sur la poésie grecque.

— Juillet-Déc.

Egger, les plaidoyers politiques de Démosthène.

JOURNAL, the American, of Archaeology for the study of the monuments of antiquity and of the middle ages. Vol. I. No. 1. Baltimore. gr. 8. pro Jahrg. 14 M.

Ch. E. Norton, the first American classical archaeologist. — *Ch. Waldstein*, the Panathenaic festival and the central slab of the Parthenon frieze. — *A. C. Merriam*, inscribed sepulchral vases from Alexandria. — *A. L. Frothingam Jr.*, the revival of sculpture in Europe in the thirteenth century. — *A. R. Marsh*, ancient crude-brick construction and its influence on the Doric style.

JOURNAL, the American, of Philology. Ed. by B. L. Gildersleeve. Vol. V, 3. 4. (Whole No. 19. 20.) Baltimore. 8. pro Jahrg. 3 Doll.

C. D. Morris, the jurisdiction of the Athenians over their allies. — *B. Perrin*, Lucan as historical source for Appian. — *B. L. Gildersleeve*, *Friedr. Ritschl*. — *W. A. Lamberton*, on a passage in the Gorgias of Plato. — *Ch. Short*, the new revision of King James revision of the New Testament IV. — *W. H. Simcox*, collation of the British Museum MS. Evan 604. — *C. D. Morris*, the relation of a Greek colony to its mother city. — Notes : *M. Warren*, on the etymology of Hybrid. — *Bywater* and *Th. Davidson*, Herakleitos, Frag. XXXVI. 86, 87 (Mullach.).

— Vol. VI, 2. (21).

A. C. Merriam, the Ephebic inscription of C. I. G. 282, Lebas, Attique 560 and C. I. A. 111. 1079. — *J. R. Harris*, conflate readings of the New Testament. — *M. Bloomfield*, four etymological notes. 1. Latin usque : Vedic. acchā. 2. πίπων, 'ripe' and πάπων, 'mild, weak'. 3. On a probable equivalent in Sanskr. of the Greek article ἄρ, ῥά. 4. ἀμβλακεῖν : Skr. mlecchati. — *B. L. Gildersleeve*, the final sentence in Greek. — *W. A. Lamberton*, on the Theaitetos of Plato.

— No. 2. (22). pro Jahrg. 3 Doll.

Kittredge, arm-pitting among the Greeks. — *Allen*, Greek and Latin inscriptions from Palestine.

JOURNAL of hellenic Studies Society for the promotion of hellenic Studies. Vol. VI. London, Macmillan, 1885. 8.

E. A. Gardner, A Statuette representing a Boy and a Goose (1 pl.). — *G. Baldwin*, Sepulchral Relief from Attica, at Winton Castle (1 pl.). — *Jane E. Harrison*, Odysseus and the Sirens. Dionysiac. A Cylix by Nicosthenes (2 pl.). — *A. Michaelis*, Ancient Marbles in Great Britain. Supplement II (3 pl.). — *F. Imhoof-Blumer* and *P. Gardner*, Numismatic Commentary on Pausanias : Megarica, Corinthiaca (2 pl.). — *L. R. Farnell*, The Pergamene Frieze (continued). — *E. A. Gardner*, Inscriptions copied by Cockerell in Greece. I. — *Lewis Campbell*, The Aeschylean Treatment of Myth and Legend. — *J. B. Bury*, Notes on (1) The Trilogy, (2) Certain formal artifices of Aeschylus. — *Cecil Smith*, Early Painting of Asia Minor. — *Percy Gardner*, Amphora Andles from Antiparos. — *J. Théodore Bent*, On the Gold and Silver Mines of Siphnos. — *Warwick Wroth*, A Torso of Hadrian in the British Museum. — *W. M. Flinders Petrie*, The Discovery of Naukratis. — *James Fergusson*, The Tomb of Porsenna (1 pl.). — *J. Théodore Bent*, Telos and Karpathos. — *A. S.*

Murray, A Terra-Cotta Diadumenos (1 pl). — *E. A. Gardner*, Inscriptions from Cos, etc. — *E. L. Hicks*, Judith and Holophernes. — *J Six*, Archaic Gorgona in the British Museum (2 pl.). — *A. Michaelis*, Sarapis Standing on a Xanthian Marble in the British Museum (2 pl.). — *W. Ridgeway*, The Homeric Land-System. — *E. A. Gardner*, Inscriptions copied by Cockerell in Greece. II. — *A. W. Verrall*, On the Syrinx in the ancient Chariot — *Cecil Smith*, Vases from Rhodes with Incised Inscriptions. — *C. T. Newton*, Statue of an Emperor in the British Museum. — *F. A. Paley*, Remarks on Aeschylus *Agam.* 1172, in emendation of Mr. Bury's reading.

JOURNAL, the, of Philology. Ed. by *W. A. Wright*, *J. Bywater* and *H. Jackson*. Vol. XIII. No. 26. London, Macmillan & Co. 8.
4 sh. 6 d.

L. Campbell, the interpretation of tragedy with notes on the Oedipus Tyrannus of Sophocles. — *Id.*, Aeschylea. — *W. Leaf*, the « Codex Mori » of the Iliad. — *H. Jackson*, Platonica. — *Id.*, Plato's later theory of ideas. IV. The Theætetus. — *D. B. Monro*, note on Homeric geography. — *W. Scott*, a newly identified fragment of Epicurus περὶ φύσεως.

— Vol. IV. No. 27.   4 sh. 6 d.

J. Bywater, Aristotelia II. — *W. H. Thompson*, H. A. J. Munro. — *W. R. Smith*, on the forms of divination and magic enumerated in Deut. XVIII. 10, 11. — *J. E. B. Mayor*, note on Matt. XXVII. 27-30. — *A. T. S. Goodrick*, on certain difficulties with regard to the Greek tetralogy.

MITTHEILUNGEN, archaeologisch-epigraphische, aus Oesterreich-Ungarn hrsg. v. *O. Benndorf* u. *O. Hirschfeld*. 8. Jahrg. (1884) Hft. 2. 9. Jahrg. Hft. 1. Wien, Gerold's Sohn. gr. 8.
pro Jahrg. 9 M.

VIII, 2. Hft. : *Mordtmann*, griech. Inschriften aus dem Hauran Inschriften aus Kleinasien. Zur Epigraphik v. Thracien. — *Domaszewski*, Inschriften aus Kleinasien.

MITTHEILUNGEN des deutschen archæolog. Institutes in Athen. 9. Bd. 3. u. 4. Hft. Athen, Wilberg, 1884. gr. 8. ·   pro Bd. 15 M.

3. Hft. : *B. Latischew*, die in Russland befindlichen Griech. Inschriften. — *Th. Schreiber*, der altattische Krobylos. H. Kallimachos u. Pasiteles. — *E. Fabricius*, Alterthümer auf d. Insel Samos (Forts.). — *R. Koldewey*, die Halle der Athener zu Delphi. — *U. Koehler*, Proxenenliste v. Keos. — *W. Doerpfeld*, e. antikes Bauwerk im Piraeus. — Miscellen. *Th Schreiber*, der alttatische Krobylos (Nachtr.), — *H. G. Lolling*, Inschriften aus Gonnos. — *U. Koehler*, Grabstein einer Poliaspriesterin. — *Id.*, bilingue Grabschr. aus Athen. — Litt. u. Funde. — 4. Hft. : *H. G. Lolling*, z. Topographie v. Doris. — *F. Halbherr*, sopra un catalogo inedito di Keos. — *W. Doerpfeld*, d. Tempel v. Sunion. — *E. Fabricius*, die Skulpturen vom Tempel in Sunion. — *U. Koehler*, numismat. Beiträge 1. 2. — *E. Fabricius*, Alterthümer auf Kreta. I. Gesetz v. Gortyn. — Miscellen. II. Γ. Ζερλέντης, ἐπιγραφαὶ ἐκ 'Ρόδου. — *U. Koehler*, att. Inschriften auf Malta. Att. Thiasoten-decret. Zu C. I. A. I, 441. — Litt. u. Funde.

— 9. Bd. 1. u. 2. Hft.

1. *Petersen*, zum Erechtheion. — *J. H. Mordtmann*, vorderasiat. Gottheiten; Inschriften aus dem Tschinili Kiosck. — *Marx*, Bronzemünze von Elaia. — *Duemmler*, Marmorstatue in Beirut. — *U. Koehler*, Inschrift v. Samos. — *Doerpfeld*, die Propyläen der Akropolis von Athen. 1. Das ursprüngl. Project des Mnesikles. — *Nikitsky*, zu C. I. A. II, 141. — *Fabricius*, Altertümer auf Kreta. II. Die Idaische Zeusgrotte. — 2. *Marx*, Dioskurenartige Gottheiten. — *Fabricius*, Altertümer auf Kreta. III. Archaische Inschriften. — *L. v. Sybel*, Asklepios u. Alkon. — *Nikitsky*, zu den delphischen Proxenenlisten. — *U. Koehler*, Potamos. E. Beitrag

z. Geschichte u. Topographie der att. Demen. — *Latischew*, die in Russland befindl. griech. Inschriften II. — *Doerpfeld*, die Propyläen der Akropolis v. Athen. II. Ueber die Gestalt des Südwestflügels. — *E. Loewy*, Künstlerinschr. aus Megara. — *U. Koehler*, numismat. Beiträge III. Die solon Munzreform. — *Fabricius*, e. bemaltes Grab aus Tanagra. — *J. H. Mordtmann*, Inschriften aus Syrien.

MNEMOSYNE. Bibliotheca philol. Batava. Collegerunt *C. G. Cobet, H. W. v. d. Mey.* N. S. Vol. XIII. P. 1-3. Lugduni-Bat., Brill. 8. à Bd. 9 M.

P. I. : *C. G. Cobet*, ad Galenum (cont.). — *H. v. Herwerden*, Herodotea (cont.). — *H. W. v. d. Mey*, ad Diodorum Siculum. — *Id.*, ad Diodorum Siculum. — *S. A. Naber*, Observationes crit. in Herodotum. — *H. v. Herwerden*, monendum de Herodoti editionis meae vol. I. — *K. G. P. Schwartz*, ad Lucianum. — *H. W. v. d. Mey*, ad Diodorum Siculum. — *K. G. P. Schwartz*, ad Dionysii Halicarn. Antiquitatum Rom. librum I. — *H. v. Herwerden*, Herodotea. — *J. v. Leeuwen Jr*, Disquisitiones de Pronominum Personal. formis Homericis. — *J. J. Hartman*, ad Sophoclis Antigonam. — P. III. : *C. G. Cobet*, ad Galenum (cont.). — *S. A. Naber*, Observatt. crit. in Flavium Josephum. — *H. v. Herwerden*, Epigraphica. — *U. Ph. Boissevin*, de Casii Dionis libris manuscriptis.

— P. 4. 8.

Cobet, ad Galenum (cont.). — *Naber*, observationes criticae in Flavium Josephum (cont.). — *Van Leeuwen*, disquisitiones de pronominum personalium formis homericis (cont.). — *Schwartz*, ad Lucianum (cont.). — Ad Dionysii Halicarnassensis Antiqvit. rom. librum I. — *Boissevain*, addenda ad pag. 345.

MONUMENTS GRECS publiés par l'Association pour l'encouragement des études grecques en France. Nos 11-13. Années 1882-84. 4 pl. et 16 dessins dans le texte. Paris, Maisonneuve, 1886. 10 fr.

Ant. Héron de Villefosse, Tête du Parthénon appartenant au musée du Louvre. — *E. Pottier*, Lécythe blanc du musée du Louvre représentant une scène de combat. — *Maxime Collignon*, Tablettes votives de terre cuite peinte, trouvées à Corinthe (musée du Louvre). — *A. Cartault*, De quelques représentations de navires, empruntés à des vases primitifs provenant d'Athènes (musée du Louvre).

ΜΟΥΣΕΙΟΝ ΚΑΙ ΒΙΒΛΙΟΘΗΙΚΗ τῆς εὐαγγελικῆς σχολῆς. Περίοδος πέμπτη, 1884-1885. Smyrne, 1885.

Ἐπιγραφαὶ ἐναποκείμεναι ἐν τῷ Μουσείῳ. (Inscriptions recueillies pendant les années 1881-1883.) Nos 195-262. Ἐπιγραφαὶ ἐπισταλεῖσαι ἐν ἀντιγράφοις. (Inscriptions publiées de 1880 à 1883 dans les journaux Ἀμαλθεία et Ἁρμονία.) Nos 396-491. — Ἐπιγρ. ἐναπ. ἐν τῷ Μουσείῳ. Nos 263-278.

MUSEO italiano di Antichità classica, diretto da D. Comparetti. Vol. I, punt. II. Torino, Loescher. p. 141 a 252, con tav. 4. 10 L.

D. Comparetti, iscrizione Cretese scoperta in Venezia, con 1 tav. — *Id.*, su di una iscrizione di Alicarnasso. — *Id.*, l'iscrizione del vaso Dressel. — *F. Halbherr*, iscrizione di Koos, con 1 tav. — *D. Comparetti*, varietà epigrafiche : Koos, Amorgos; iscrizioni di vasi. — *Id.*, iscrizioni arcaiche di Gortyna, con 1 tav.

— puntata III. Firenze, Loescher. p. 253 à 382. 4. 15 L.

Comparetti, D., iscrizioni arcaiche di Gortyna (contin.). — Interpretazione della iscriz. del muro circolare. — Commento. — Iscrizione del muro settentrionale. — Età della iscrizioni. — Indice di voci e nomi.

MUSÉON. Revue internationale, publ. par la Société des lettres et

des sciences. T. IV. No. 1 u. 2. 1885. Louvain, Peeters. Par an.
10 fr.

Lanza, Apollonius de Tyr. — *Vito D. Palumbo,* poésie néo-helléni-
que.

MUSEUM, Rheinisches, für Philologie. Hrsg. v. *O. Ribbeck* u. *F.
Buecheler.* N. F. 40. Bd. 2. 3. u. Ergænz.-Heft. Frankfurt a. M.;
• Sauerlænder. 8.   à Bd. 14 M, (Erg.-H. 4 M.)

    2. Hft. : *E. Hiller,* Beiträge zur griech. Litteraturgeschichte III. — *E.
Schwartz,* Hekâtaeos von Teos.'— *C. Wachsmuth,* offentlicher Credit in
der hellen. Welt während der Diadochenzeit. — Miscellen. — *R. Kekulé,*
nochmals der Ostgiebel des Zeustempels zu Olympia. — *F. B.,* οἱ περὶ
Δάμωνα. — *H. Rassow,* zu Aristoteles. — *O. Crusius,* χωρὶς ἱππεῖς.

    3. Hft. : *H. Nissen,* über Tempel-Orientirung IV. — *A. Kopp,* zur Quel-
lenkunde des Etymologicum M. — *J. E. Kirchner,* zur Glaubwürdigkeit
der in die (Demosthen.) Rede wider Neaira eingelegten Zeugenaussagen.
— *Buermann,* Handschriftliches zu den kleineren att. Rednern.— *L. O.
Brœcker,* die Methoden Galens in der literar. Kritik. — *J. M. Stahl,*
Δρακοντίδης ὁ Λεωγόρου Θοραιεύς. — *H. v. Herwerden,* ad Jamblichi de
vita Pythagorica librum. — *R. Foerster,* zur Quellenkunde u. Geschichte
der Philologie III. — Miscellen. *R. Peppmüller,* Hesiodea. — *O. Crusius,* 'Xenophanes' bei Galen. — *R. Muenzel,* Aristotelis Eth. Nic. I. 5.
G. Busolt, Bemerkungen über die Gründungsdata der griech. Colonien
in Sicilien u. Unteritalien. — *C. Wachsmuth,* Eridanos und Ilissos. —
F. B., Sprachformeln in italischem u. griech. Recht.

    Ergänz.-Hft. : Das Recht von Gortyn hrsg. u. erl. v. *F. Bücheler* u.
E. Zitelmann. 180 S.

— 4. H.

    Szanto, zur attischen Phratrien- u. Geschlechtsverfassung. — *Suse-
mihl,* zu den zoolog. Schriften des Aristoteles. — *Gardthausen,* zur Geschichte des griech. Alphabets.

— — N. F. 41. Bd. 4 Hfte. Ebd. (1. Hft. 160 S.) gr. 8.   14 M.

NACHRICHTEN v. d. kgl. Ges. d. Wiss. u. d. Georg-Augusts-
Universitæt zu Gœttingen. 1885. No. 1-6. Gœttingen, Dieterich.
gr. 8.

    H. Wagner, Patrokles am Kara Bugas? — *C. Wachsmuth,* einige an-
tiquarische Bemerkungen zu dem Codex des Privatrechts von Gortyn.

NOTICES ET EXTRAITS des manuscrits de la Bibliothèque nationale et autres bibliothèques publiés par l'Institut de France.
Tome XXXI, 2e partie, 1886, in-4.

    Miller, Catalogue des manuscrits grecs de la Bibliothèque royale de
Madrid (Supplément au Catalogue d'Iriarte).

— Tome XXXII, 1re partie.

    Paul Tannery, Notice sur les deux lettres arithmétiques de Nicolas
Rhabdas (texte grec et traduction).

ΠΑΡΝΑΣΣΟΣ, le *Parnassos,* organe du Syllogue philologique d'Athènes ὁ Παρνασσός. Tome 8, 1884. (Traduction des titres.)

    Condos, Variétés philologiques et littéraires. 4 art. — *Georges Cremès,*
Rectifications historiques. 2 art — Archéologie : Travaux de la Société
archéologique. — Monnaie d'argent inédite d'Epidaure. — *D. Bikélas,*
La Grèce avant 1821. — Archéologie : Antiquités du Pirée; de Siphnos.
— Tombeaux antiques de Céphallénie. — *I. A. Typaldos,* Le combat de
Marathon. 4 art. — *I. Isidoridis Skilizzi,* La guerre sacrée (1827). —
Journal autographe de Stephanos Petrowitz Chmetzioskie (1770-1773). —

N. Petris, Courte description des monastères de Leucade. — *M. P. Lambros*, Notice et texte d'un chant patriotique de Rhigas. — Analectes néohelléniques : Légendes crétoises (tirées du Recueil de I. Zographakis). — *Elie Calligas*, Notice et texte d'un poème de Epiphane Demetriadis, παγκόσμιος πανηγυρίς. 3 articles. — Analectes néo-helléniques : Μοιρολογία χήρας (poésie). — Croyances populaires de Crète. — Veludo (trad. de l'italien), monument antique chrétien (grec) à Venise — *Tsitselis*, éditeur, Variante d'un chant de Rhigas, par Macarios Xydias. — Documents russes sur la Grèce, trad. par K. A. Paleologos. — *Loukas Papajoannis*, Explication de divers passages d'Aristote (Hist. des animaux). — *André Lascaratos*, sur la langue. — *Juliette Lambert*, Les poètes contemporains de la Grèce. trad. par Euphrasie Ketsea. — Coutumes et chants de la Bosnie et de l'Herzégovine. — *Timoléon Argyropoulos*, Rapport sur les travaux du Syllogue Parnassos. — *Balbi*, Deux petites poésies sur Sappho (par Leopardi et par Carolina Coronado).

— Tome 9, 1885 (dernière année).

N. Chatzidakis, Histoire des mathématiques dans l'ancienne Grèce. — *Juliette Lambert*, les Poètes contemporains de la Grèce (5 articles). — *N. Petris*, sur Nicopolis. — Communications et Mélanges : *Paul Lambros*, Curieuse monnaie inconnue de Chio. — Les collections numismatiques d'Athènes. — Travaux du Syllogue Parnassos. — *P. G. Zerlendis*, Documents sur les communautés et églises occidentales de la mer Egée. — Communications et mélanges : Haut-relief en orichalque d'Athènes, avec fig. par *M. P. Lambros*. — Lettre inédite de Coray, par Philadelpheus. — Les études sur le néo-grec, par *Chatzidakis*. — Analectes néohelléniques : Légendes crétoises. — Travaux du Syllogue Parnassos. — *P. G. Zerlendis*, La flotte grecque à Livourne (1805-1837). — *S. K. Papageorgis*, Linguistique. — Analectes néo-hellén. : Légendes de Théra. — Chants populaires. — Travaux du Syllogue Parnassos. — *B. A. Mystakidis*, L'Ile de Sikinos. Sceau d'un monastère de cette Sporade. — *Jean Tzetzis*, La notation musicale au moyen âge dans les manuscrits liturgiques et hymnologiques des églises orientales. — *N. Petris*, Les principaux monastères de Leucade. — Travaux du Syllogue Parnassos. *K. S. Condos*, Variétés philologiques et littéraires. — *K. A. Paleologos*, Documents russes concernant la Grèce, trad. pour la première fois en grec. — Travaux du Syllogue Parnassos.

PHILOLOGUS. Zeitschr. f. d. class. Alterthum. Hrsg. v. *E. V. Leutsch*. 44. Bd. 2. Heft. Gœttingen, Dieterich. 8.

H. Landwehr, über e. kurzschriftsystem des 4. vorchristl. jahrh. — *K. Sittl*, die Griechen im Troerlande u. das homer. epos. — *F. Hanssen*, üb. die unprosodischen hymnen des Gregor v. Nazianz. — *R. Peppmüller*, zu Theognis. — *H. Schrader*, Heraclidea. E. beitrag z. beurtheilung der schriftstellerischen thätigkeit des (ältern) Pontikers Herakleides u. des Herakleides Lembos. — Miscellen : *J. L Heiberg*, e. palimpsest der Elemente Euklids. — *Th. Braun*, zu Sophocl. Trach. 307-313.

— 3. H.

Scotland, krit. Untersuchungen zur Odyssee. — *Hinrichs*, Helena-Kassandra u. Skamandros-Xanthos. Zur Onomatologie der griech. Heldensage. — *Peppmüller*, Heracl. Pont. II. πολιτειῶν 2. — *Haupt*, Dio Cassius.

QUARTALSCHRIFT, theologische. Jahrg. 67. 1885. II. 3. 4.

Klasen, Pelagianistische Commentare zu 13 Briefen des heil. Paulus.

REVUE archéologique (antiquité et moyen âge), publiée sous la direction de *A. Bertrand* et *G. Perrot*. 3. sér. t. IV. Paris, Leroux. Nov.-Déc. 1884. gr. 8. Abonn. an. 25 fr., hez. 28 fr., bez. 28 fr.

— — t. V. Jan.-Juin 1885.

A. Sorlin-Dorigny, timbres d'amphores trouvés à Mytilène. — *Cler-*

mont-Ganneau, inscriptions grecques inédites du Hauràn et des régions adjacentes (suite et fin). — *S. Reinach*, Chronique d'Orient. — *P. Tannery*, le scholie du moine Néophytos sur les chiffres hindous. — *Weber*, trois tombeaux archaïques de Phocée. — *S. Reinach*, la seconde stèle des guérisons miraculeuses découverte à Epidaure. — *M. Collignon*, caractères généraux de l'archaïsme grec.

— Juillet-Oct.

Reinach, chronique d'Orient. — *Batiffol*, Canones Nicaeni pseudepigraphi. — *Normand*, l'architecture métallique antique, ou rôle du métal dans les constructions antiques.

REVUE de philologie, de littérature et d'histoire anciennes. N. S. continuée sous la dir. de *O. Riemann* et *Em. Chatelain*. A. et t. IX. 1re et 2e Livr. Paris, Klincksieck. gr. 8.

O Riemann, Albert Dumont. — *H. Weil*, un fragment sur papyrus de la vie d'Esope. — *A.-M. Desrousseaux*, notes crit. sur les Dialogues des Morts de Lucien. — *Id.*, Aristote, de la divination par les songes, ch. 1. — *O. Riemann*, le dialecte attique d'après les inscriptions. — *P. Tannery*, notes critiques sur Domninos. — *R. Cagnat*, sur un passage inadmissible de Ptolémée.

— 3e Livr.

Weil, l'Iliade et le droit des gens dans la vieille Grèce.

— 2e, 3e et 4e Livraison (entière). Revue des Revues et publications d'Académies relatives à l'antiquité classique (Année 1885).

REVUE numismatique dir. p. *A. de Barthelemy, G. Schlumberger, E. Babelon*. 3. Sér. t. III. 1. 2. trim. 1885. Paris, Rollin et Feuardent. gr. 8.   Abonn. an 20 fr.

A. Engel, notes sur les collections numismatiques d'Athènes. — *E. Babelon*, une monnaie d'or d'Alexandria Troas. — *P. Ch. Robert*, les phases du mythe de Cybèle et d'Atys, rappelées par les médaillons contorniates.

RIVISTA di filologia e d'istruzione classica. Direttori : *D. Comparetti, G. Müller, G. Flechia*. Anno XIII. Fasc. 3-10. Sett. 1884-Apr. 1885. Torino, Loescher. 8.   pro anno 12 L. 50 c.; bez. 15 L.

L. Cerrato, i canti popolari della Grecia antica. — *Id.*, i canti popolari della Grecia antica (contin. e fine). — *G. Bertolloto*, appunti Lucianei. — *L. Cerrato*, postille ai canti popolari della Grecia antica illustrati.

— Fasc. 11. 12.

Cantarelli, sul processo di Frine. — *Setti*, de litterata atque critica Athenaei industria. — *Fraccaroli*, emendamenti ed osservazioni al primo cantico dell'Agamemnone. — *Chiappelli*, de Diogenis Laertii loco quodam restituendo.

— — Anno XIV. Fasc. 1-4.

Cerrato, questione di varianti in un luogo controverso di Pindaro (Olimp. I, 28 sq.). — *Merlo*, cenni sullo stato presente della grammatica ariana, storica e preistorica, a proposito di un libro di G. Curtius.

SITZUNGSBERICHTE d. kgl. preuss. Akademie der Wissenschaften zu Berlin. 1885. No. 28-52.

Tiellmann, über Pithom, Hero, Klysma nach Naville. — *Foerster*, über Hss. des Libanios. — *Lolling*, archaische Inschriften in Böotien.

, *Curtius*, das Neléion oder Heiligthum der Basile in Athen. — *Duncker*, des Perikles Fahrt in den Pontus.

— der kaiserl. Akademie der Wissenschaften. Philos.-histor. Cl. 109. Bd. 2. H. Wien, Gerold's Sohn. Lex.-8.

Petschenig, Studien zu d. Epiker Corippus.

STUDIEN, Berliner, für class. Philologie u. Archaeologie. Hrsg. v. *F. Ascherson*. II. Bd. 2. Hælfte. Berlin, Calvary & Co. S. 269-490. 8:
9 M.

C. E. Illing, de antidosi. — *J. Schmidt*, Ulixes Posthomericus.

— II. Bd. 1. u. 2. H.

L. Stein, Die Psychologie der Stoa.

— 8. Bd. 1. Hft. Leipzig, Hirzel. 8.
4 M

E. Graf, ad aureae aetatis fabulam symbola. — *C. A. Bapp*, de fontibus quibus Athenaeus in rebus musicis lyricisque enarrandis usus sit. — *J. H. Lipsius*, zu Thukyd. II, 2.

STUDIEN, Wiener. Zeitschr. f. class. Philologie. Suppl. d. Zeitschr. f. œsterr. Gymnasien. Red. : *W. v. Hartel*, *K. Schenkl*. 7. Jahrg. 1885. 2 Hfte. Wien, Gerold's Sohn. (1. Hft. 174 S. m. 1. Photolith.) gr. 8.
pro Jahrg. 10 M

1. H. *E. Hauler*, textkrit. Bemerkungen zu Theokrits Φαρμακευτρίαι. *V. Thumser*, Untersuchungen üb. die att. Metoken. — *J. Zycha*, Gebrauch v. ἐπεί, ἐπείπερ, ἐπειδή, ἐπειδήπερ. — *K. Wessely*, die Faijumreste einer Thukydides-Hs. — *Id.*, neue griech. Papyri aus This u. Panopolis. — *W. Hartel*, Analecta. — *C. Wachsmuth*, z. Gesch. des att. Bürgerrechts. — *J. Krall*, zu Herodot II, 4.

— 2. H.

Baran, z. Chronologie des euböischen Krieges. — *Szanto*, Anleihen griechischer Staaten. — *Goldbacher*, Liber περὶ ἑρμηνείας.

SYLLOGUE littéraire grec de Constantinople (ὁ ἐν Κωνσταντινουπόλει ἑλληνικὸς φιλολογικὸς Σύλλογος) Σύγγραμμα περιοδικόν. T. XVI, 1881-82 (1885).

M. Παρανικας, Ὁμηρικαὶ μελέται· περὶ τῆς καθ᾽ Ὅμηρον ἠθικῆς. Ἰλιακά. — Ἡρ. Βασιάδης, Εἰσαγωγὴ εἰς τὴν ἱστορίαν τοῦ ἑλληνικοῦ πολιτισμοῦ καὶ ἰδίᾳ τῆς ἑλληνικῆς παιδείας. — Λ. Παπαδόπουλος Κεραμεύς, Ζωγράφειος ἀγὼν περὶ συλλογῆς Ζώντων μνημείων τῆς ἀρχαίας ἑλληνικῆς γλώσσης. Ἔνθεσις. — Καραπάνειος ἀγὼν περὶ ἐκδόσεως μεθοδικῶν διδακτικῶν βιβλίων πρὸς χρῆσιν τῶν δημοτικῶν σχολείων. Προγράμματα. — Πρακτικὰ τοῦ Συλλόγου· συνεδριάσεις χλέ-χογ᾽. — Κατάλογος τῶν προσενεχθέντων τῷ Συλλόγῳ ἀπὸ μαΐου 1880 μέχρις ἀπριλίου 1881.

— Même recueil. Appendice. (παράρτημα). Ἀρχαιολογικὴ ἐπιτροπή.

C. G. Curtis et *S. Aristarchis*, Ἀνέκδοτοι ἐπιγραφαὶ Βυζαντίου (151 inscriptions), 5 planches.

— Autre appendice. Μαυρογορδάτειος βιβλιοθήκη ἤτοι γενικὸς περιγραφικὸς κατάλογος τῶν ἐν ταῖς ἀνὰ τὴν ἀνατολὴν βιβλιοθήκαις εὑρισκομένων ἑλληνικῶν χειρογράφων καταρτισθεῖσα καὶ συνταχθεῖσα κατ᾽ ἐντολὴν τοῦ ἐν Κ. Π. ἑλληνικοῦ φιλολογικοῦ συλλόγου, ὑπὸ Α. Παπαδοπούλου τοῦ Κεραμέως. Série des notices des mss. (suite), fin du n° 27. — N° 103. — Série des textes inédits (suite) :

Τοῦ Μηδείας Θεοφάνους καὶ φιλοσόφου 'Αμοιρούτζη (alias 'Αμηρούτζη), ἀμοιβαῖαι ἐπιστολαί. — 'Επιστολαί τοῦ μητροπολίτου Μηδείας. — 'Ιωάννου μητροπολίτου Εὐχαίτου ἁγιολογικὴ συγγραφή. ('Εγκώμιον εἰς τὸν ὅσιον καὶ θεοφόρον πατέρα ἡμῶν Βάραν.) — Φιλοθέου Σηλυβρίας βιογραφία Μακαρίου τοῦ ἐν 'Εώα... μονῇ ἀσκήσαντος (à continuer).

— Autre appendice. Παλαιογραφικὸν δελτίον. Συνοπτικὴ ἔκθεσις παλαιογραφικῶν ἐρευνῶν ἔν τε Κωνστ. πόλει καὶ ἐν ταῖς χώραις τοῦ Πόντου διὰ τὴν Μαυρογορδάτειον βιβλιοθήκην, ὑπὸ Α. Παπαδοπούλου τοῦ Κεραμέως. — 'Ιουλιανοῦ αὐτοκράτορος ἀνέκδοτοι ἐπιστολαί, μετὰ προλεγομένων καὶ κριτικῶν σημειώσεων, ὑπὸ Α. Παπαδοπούλου τοῦ Κεραμέως. — Λιβανίου ἐπιστολαί, Αἰσώπειοι μῦθοι καὶ αὐτόγραφοι ἐπιστολαὶ Νικολάου Καβασίλα, ὑπὸ Α. Παπαδοπούλου τοῦ Κεραμέως. — 'Αντιβολὴ τοῦ ὑπὸ W. Wagner ἐκδοθέντος Πουλολόγου πρὸς λεσβιακόν τινα κώδικα, ὑπὸ Α. Παπαδοπούλου τοῦ Κεραμέως. — Σχόλια εἰς Αἰσχίνην. Α. Π. Κ.

TIDSKRIFT, Nordisk, for Filologi. Ny Raekke. VII. Bd. 1. Haefte. Kjobenhavn, Gyldendal. 8. à Bd. 8 Kr.

G. L. Selchau, de aetate Xenophontis.

— 2. Haefte.

C. P. Chr. Schmidt, om det graeske aorists tidsbetydning i conjunctiviske relativ-,tids-og betingelsessaetninger. — S. Larsen, kritiske bemaerkninger til graeske forfattere. — O. A. Danielsson, om etymologien af ἄνωγα.

WOCHENSCHRIFT, Berliner, philologische. Hrsg. v. Chr. Belger, O. Seyffert u. K. Thiemann. 5. Jahrg. No. 27-32, 33-38.

E. Kroker, giebt es e. Portrait des Aischylos? — J. Reimers, die Lehmfunde in Griechenland u. der dor Tempel.

ZEITSCHRIFT für das Gymnasial-Wesen. Hrsg. v. H. Kern u. H. J. Müller. 39. Jahrg., N. F. 19. Jahrg. 1-6. Hft. Jan.-Juni. Berlin, Weidmann. 8. pro Jahrg. 20 M.

J. Rost, Xenophons Anabasis auf dem Gymnasium.

— Juli-Dec.

Schrœder, griech. Lyriker. — Wilms, über den Unterricht in den alten Sprachen, bes. im Latein. — Schaper, Gedächtnisrede auf Fr. G. Kiessling (Schl.). — Schrœder, griech. Lyriker (Schl.). — Zernial, Tacitus' Germania.

ZEITSCHRIFT f. d. œsterreich. Gymnasien. Red. : W. v. Hartel, K. Schenkl. 35. Jahrg. 1884. 11. u. 12. Hft. Wien, Gerold's Sohn. 8. pro Jahrg. 24 M.

R. Schnee, die Aristophanesscholien im Codex Ambrosianus. — J. Walser, üb. d. Tragweite der caesura post quartum trochaeum im antiken u. im deutschen Hexameter.

— 36. Jahrg. 1885. 1-5. Hft.

A. Baar, Beiträge zu e. künft. Ausg. von Lucians Kataplus. — A. Schwarz, zur Kritik d. Götterreden des Aelius Aristides.

— H. 6-9.

Simon, zur jüngst gefundenen Inschrift v. Gortyn. — Scheindler, über gekürzte Homertexte.

ZEITSCHRIFT für kirchliche Wissenschaft u. kirchl. Leben. Hrsg. v. *C. E. Luthardt.* H. 6-12. Leipzig, Dœrffling & Franke.

> *Th. Zahn,* Altes u. Neues zum Verständniss des Philipperbriefs. 3. Ueber Phil. 2, 12-18.

ZEITSCHRIFT für Numismatische, hrsg. v. d. Numismat. Gesellschaft in Wien. 16. Jahrg. 13 Bd. 1. Hft.

> *A. v. Sallet,* die Erwerbungen des Kgl. Münzkabinets v. 1. Apr. 1884 bis z. 1. Apr. 1885. — *Menadier,* der numismat. Nachlass der varianischen Legionen. — *W. Caland,* e neuer Cistophor. — *F. Friedensburg,* die antiken Münzen der Sammlung der *S*tadt Breslau.

— 2. H.

> *Lambros,* uned. Münzen aus d. kret. Stadt Naxos. — *Imhoof-Blumer,* zur griech. Münzkunde. — *Sachs,* Achilleus u. Domitius. — *Stüve,* Zusätze zu Sallets : Die daten der alexandrin. Kaisermünzen aus d. städt. Sammlung zu Osnabrück.

— 16. Jahrg. 2. Halbj. Juli-Decbr. 1884.

> *F. Imhoof-Blumer,* griech. Münzen aus d. Museum in Klagenfurt u. anderen Sammlungen. — *C. Peez,* zur cyprischen Münzkunde.

ZEITSCHRIFT für wissenschaftliche Theologie. Hrsg. v. *A. Hilgenfeld.* XXVIII. Jahrg. 4. H. Leipzig, Fues. 8.

> *Holtzmann,* über die Apostelgeschichte. — *Noeldeehen,* die Lehre vom ersten Menschen bei den Lehrern des 2. Jh. — *Gœrres,* zwei Beiträge zur Hagiographie der griech. Kirche.

— XXIX, 1.

> *Drœscke,* Apollinarios in den Anführungen des Nemesios. — *Hilgenfeld,* kein unentdecktes Evangelium. — *Geizer,* Kallistos' Enkomion auf Johannes Nesteutes.

ZEITSCHRIFT, Westdeutsche, f. Geschichte u. Kunst. Hrsg. v. *F. Hettner* u. *K. Lamprecht.* Jahrg. IV. Hft. 3. 4. Trier, Lintz. 8. pro Jg.   10 M.

> *Robert,* eine alte Zeichnung des Aachener Persephone — Sarkophags. *Hettner,* Juppitersæulen.

ZEITUNG, archæologische. Hrsg. vom archæolog. Institut des Deutschen Reichs. Jahrg. 42. 1884. 4. Hft. Red. : *M. Frænkel.* Berlin, Reimer. 4.   pro Bd. 12 M.

> *O. Rossbach,* Sculpturen v. Ilion. — *P. J. Meier,* Beiträge zu d. griech. Vasen m. Meistersignaturen. — *P. Hartwig,* neue Unterweltsdarstellungen auf griech. Vasen. — *M. Mayer,* e. Theseus-Sarkophag. — *F. Studniczka,* zum Ostgiebel des Zeustempels in Olympia.

— Jahrg. 43. Hft. 2.

> *Wolters,* die Eroten des Praxiteles. — *v. Duhn,* die Götterversammlung am Ostfries des Parthenon. — *Lehnerdt,* Herakles u. Acheloos. — *M. Meyer,* Lamia. — *Furtwængler,* griech. Vasen des sogen. geometrischen Stils. — *Frænkel,* Inschriften aus Mytilene. — *Id.,* Hermes als Kind. — *Furtwængler,* zu Archäolog. Zeitung 1883 Taf. 1.

ZUR Begrüssung der XXXVII. Versammlung deutscher Philologen und Schulmænner in Dessau. Festschrift d. herzogl. Franciscæums in Zerbst. Zerbst 1884 (Zeidler). 4.   75 Pf.

Symbola ad aetatem libelli qui 'Αθηναίων πολιτεία inscribitur definien-
dam..Scripsit *Arminins Zurborg*. S. 1-5. — Studien zu den Ceremonien
d. Konstantinos Porphyrogennetos. Von *H. Wœschke*. S. 6-14.

II. — RELIGION. — PHILOSOPHIE. — DROIT.

BANGERT, A., de fabula Phaetontea. Halis Sax. (Leipzig, Fock.)
41 S. gr. 8. (Diss.) . 80 Pf.

BASTIAN, A., die Seele indischer u. hellenischer Philosophie in
den Gespenstern moderner Geisterseherei. Berlin, Weidmann.
XLVIII, 223 S. gr. 8. 6 M.

BÉNARD, C., la philosophie ancienne, histoire générale de ses systèmes. I. partie : la philosophie et la sagesse orientales : la philosophie grecque avant Socrate ; Socrate et les socratiques ; études sur
les sophistes grecs. Paris, Alcan. CXXVIII, 402 p. 8. 9 fr.

BRUCHMANN, de Apolline et graeca Minerva deis medicis. Vratislaviae. 79 S. 8. (Diss.)

BRULL, H., Entwicklungsgang der griechischen Philosophie. Für
— das Verstændnis der oberen Gymnasial-Klassen dargestellt. Dritte
Folge. Aristoteles. Düren. S. 3-18. 4. (Progr.)

CHAUVET, E., la philosophie des médecins grecs. Paris, Thorin.
LXXXIX, 604 p. 8.

COLLARD, introduction à l'étude de la tragédie grecque. Louvain,
Peeters. 31 p. et un plan. 8. 75 c.

DE CARA, C. A., errori mitologici di A. de Gubernatis : saggio
critico. Prato, tip. Giachetti, Figlio e C., 1883. 94 p. 8. 1 L. 25 c.

DARESTE, R., les inscriptions hypothécaires en Grèce. Paris, Larose et Forcel. 16 p. 8.

ESCHWEILER, A., uber das Wesen und den Namen des griechischen Heilgottes. Deutz. S. 1-13. 4. (Progr. v. Brühl.)

GAIDOZ, H., à propos des chiens d'Epidaure. Paris, Leroux. 5 p.
8. (Extr.)

GILBERT, G., Handbuch der griechischen Staatsalterthümer. 2.
(Schl.-)Bd. Leipzig, Teubner. VIII, 426 S. gr. 8. à 5 M. 60 Pf.

HAUVETTE-BESNAULT, A., de archonte rege, thesim propo-
nebat facultati litt. Parisiensi. Paris, Thorin. V, 130 p. 8.

— Les stratèges athéniens. *Ibid*. X, 194 p. 8.
Bibl. des Ecoles franç. d'Athènes et de Rome (41. fasc.)

HOMOLLE, T., de antiquissimis Dianae simulacris Deliacis. Paris, Labitte. 109 p. et 11 pl. 8. (Diss.)

ILLING, C. E , de antidosi. Berlin, Calvary & Co. 37 S. gr. 8. 1 M. 80 Pf.

KREIBIG, J., Epikur. Seine Persœnlichkeit u. seine Lehre. Eine Monogr. in popülærer Fassg. Wien 1886, Halm et Goldmann. 50 S. gr. 8. 1 M.

LANGL, J., griechische Gœtter- u. Heldengestalten. Nach antiken Bildwerken gez. u. erl. Mit kunstgeschichtl. Einleitg. von *C. v. Lützow*. (In 17 Lfghn.) 1. Lfg. Wien, Hœlder. S. 1-16 m. eingedr. III. u. 3 Lichtdr.-Taf. Fol. 2 M. 50 Pf.

LEWY, H., altes Stadtrecht v. Gortyn auf Kreta. Nach der von Halbherr u. Fabricius aufgefundenen Inschrift. Text, Uebersetzg. u. Anmerkgn., nebst e. Wœrterverzeichnis. Berlin, Gaertner. 32 S. gr. 4. 20 M. 50 Pf.

MACHNIG, J., de oraculo Dodonaeo capita V. Vratislaviae. 39 S. 8. (Diss.)

MÆHLY, J., uber vergleichende Mythologie. 38 S. (Samml. v. Vorträegen hrsg. v. *W. Frommel* u. *Fr. Pfaff*. XIV, 4.) 80 Pf.

MEIER, M. H. E. u. G. Fr. **SCHŒMANN**, der attische Process. 4 Bücher. Neu bearb. v. *I. H. Lipsius*. 6. Lfg. (2. Bd. S. 629-756). (Calvary's philol. u. archæolog. Bibl. 61. Bd.) Berlin, Calvary & Co. 8. Subscr.-Pr. 1 M. 50 Pf.; Einzelpr. 2 M.

MOLIN, A. de, de ara apud Graecos. Berolini, 1884. 2 Bl. 73 S. 1 Bl. 8. (Diss.)

MUELLER, Adph., questiones Socraticae. Dœbeln 1877. (Leipzig, Fock). 36 S. 4. 1 M.

OGEREAU, F., essai sur le système philosophique des stoïciens. Paris, Alcan. XII, 304 p. 8. 5 fr.

PAEHLER, die Lœschung des Stahles bei den Alten. (E. Erœrterung zu Sophocles' Ajax 650 ff.) Wiesbacen. S. 1-32. 4. (Progr.)

PALMA DI CESNOLA, A., il culto di Venere : conference archeologiche. Torino, 1884. 100 p. con molte tav. e fig. 8.

PESCH, Ch., der Gottesbegriff in den heidnischen Religionen d. Alterthums. Eine Studie zur vergleich. Religionswissenschaft. Freiburgi/Br., Herder. X, 144 S. gr. 8. 1 M. 90 Pf.

RAWLINSON, G., the religions of the ancient world : including Egypt, Assyria and Babylonia, Persia, India, Phoenicia, Etruria, Greece, Rome. New York, Fitzgerald, 1884. 95 p. 8. 30 c.

REINACH, S., les chiens dans le culte d'Esculape et les Kelabim des stèles peintes de Citium. Paris, Leroux. 7 p. 8. (Extr.)

RICHTER, W., die Sklaverei im griechischen Altertume. Ein Kulturbild nach den Quellen in gemeinfassl. Darstellg. Breslau 1886, Hirt. 168 S. gr. 8. 2 M. 50 Pf.

ROSCHER, W. H. Lexikon, ausfuhrliches, der grieschischen u. rœmischen Mythologie, hrsg. Mit zahlr. Abbildgn. ö. u. Lfg. Leipzig, Teubner. Sp. 897-1248. Lex. 8.   à 2 M.

RUSKIN, J., the queen of the air : a study of the Gresk myths of cloud and storm. New York. 130 p. 16.   10 c.

SATTIG, der Protagoreische Sensualismus u. seine Um-u. Fortbildung durch die Sokratische Begriffsphilosophie. (Zeitschr. f. Philosophie u. philosoph. Kritik. N. F. Bd. 87, 1.).

SCHMULLING, Th., der phœnizische Handel in den griechischen Gewæssern. II. Münster. S. 3-42. 4. (Progr.)

SEEMANN'S, O., mythologie en kunst der Grieken en Romeinen, bewerkt door A. Halberstadt. Zalt-Bommel, Noman. 8 en 276 bl. met gelith. platen. 8.   3 fl. : in linnen 3 f. 50 c.

SIECKE, E., Beitræge zur genaueren Erkenntnis der Mondgottheit bei den Griechen. Berlin, Gaertner. 27 S. 4. (Progr.)   1 M.

STEIN, L., die Psychologie der Stoa. 1' Bd. Metaphysisch-anthropolog. Teil. Berlin, Calvary & Co. VIII. 216 S. gr. 8.   8 M.

TERZETTI, A., la Grèce ancienne et moderne considérée sous l'aspect religieux. Paris, Leroux. 171 p. 18.   2 f. 50 c.

THAMIN, R., un problème moral dans l'antiquité, étude sur la casuistique stoïcienne, Paris, Hachette, 359 p. 18.   3 fr. 50 c.

THUMSER, V., de civium Atheniensium muneribus eorumque immunitate. Wien. Gerold's Sohn. 151 S. gr. 8.   4 M.

TORR, C., Rhodes in ancient times. With 6 plates. Cambridge, Warehouse. 150 p. 8.   10 sh. 6 d.

WEYGOLDT, G. P., die platonische Philosophie, nach ihrem Wesen u. ihrem Schicksalen f. Hœbergebildete aller Stænde dargestellt. Leipzig, O. Schulze. V, 256 S. 8.

— Ideal commonwealth ; Plutarch's Lycurgus ; More's Utopia ; Bacon's New Atlantis ; Campanella's City of the Sun, and a Fragment of Hall's Mundus' Alter et Idem. With introduction by *H. Morley.* Routledge. 270 p. 8.   1 sh.

ZELLER. Ed. trad. en grec moderne, par M. Evangelidis. Σύνοψις τῆς ἱστορίας τῆς ἑλληνικῆς φιλοσοφίας. Athènes, 1886.

III. — HISTOIRE. — GÉOGRAPHIE.

BLANCARD, sur les chiffres romains ou grecs XX ou K, XXI ou KA des monnaies impériales du IIIe siècle. Marseille. 3 p. 8.

BUSOLT, G., griechische Geschichte bis zur Schlacht von Chaironeia. I. Th. : Bis zu den Perserkriegen. XII, 623 p. 8. (Handbucher d. alten Geschichte. II. Ser. 1. Abth. 1. Th. Gotha, Perthes. gr. 8. 12 M.

BAZIN, H., de Lycurgo. Paris, Leroux. VIII, 146 p. 8. (Thèse.)

— La république des Lacédémoniens de Xénophon : Etude sur la situation intérieure de Sparte au commencement du ive siècle av. J.-C. (Thèse.) *Ibid.* XIV, 291 p. 8.

BIKÉLAS, D., de Nicopolis à Olympie. lettre à un ami. Paris, Ollendorff. 304 p. 18. 3 fr. 50 c.

BISCHOFF, E., de fastis Graecorum antiquioribus. Lipsiae 1884. S. 315-366. 8. (Diss.)

BOLTZ, Aug., die Kyklopen, ein historisches Volk. Sprachlich nachgewiesen. Berlin, Gaertner. VI, 36 S. 8. 1 M.

CARRAROLI, D., i primi storici di Alessandro Magno. (R. Liceo-Ginnasio « Muratori ». Cronaca del 1884-85.) Modena, tip. Paolo Toschi e C. 63 p. 8.

CARTE du golfe d'Arta, golfe d'Ambracie, et de ses abords, pour servir à l'intelligence de la bataille d'Actium, dressée par C. Alary, gravée par Sonnet. Paris, imp. Dufrenoy.

COCCONIS, N. Γ. Ἱστορία τῶν Βουλγάρων. Athènes.

COEN, A., manuale di storia orientale e greca per le scuole secondarie classische, punt. 1. Milano, Vallardi. 113 p., con illustraz. 16. (L'opera compl. 3 L.)

COVINO, A, storia greca; con alcune sommarie notizie storiche degli antichi popoli d'Oriente. Torino, G. B. Paravia e C. di I. Vigliardi. 80 p. 8.

COX, G. W., lives of Greek statesmen : Solon-Themistokles. Longmans. 248 p. 12. 2 sh. 6 d.

DIMITZA, Ἱστορία τῆς Ἀλεξανδρείας. Athènes. 786 p.

DROYSEN, H., Untersuchungen üb. Alexander d. Grossen Heerwesen u. Kriegführung. Freiburg i/Br., Mohr. 78 S. gr. 8. 2 M.

— J. G., histoire de l'hellénisme. Trad. de l'allemand sous la dir. d'A. Bouché-Leclercq. T. 3 et dernier. (Histoire des successeurs d'Alexandre ; Epigones.) Paris, Leroux. VI, 786 p. 8. 10 fr.

DUBOIS, M., les Ligues étolienne et achéenne, leur histoire et leurs institutions, nature et durée de leur antagonisme. (Thèse.) Paris, lib. Thorin. 243 p. 8. (Bibl. des Ec. franç. d'Athènes et de Rome, 40° fasc.)

DUNCKER, M., Geschichte d. Alterthums. N. F. 2. Bd. (Des ganzen Werkes 9. Bd.) Leipzig, Duncker & Humblot. XI, 525 S. gr. 8. 10 M. (1. u. 2. : 19 M.)

FISCHER, Frz., de patriarcharum constantinopolitanorum catalogis et de chronologia octo primorum patriarcharum. Acc. eiusmodi

catalogi duo adhuc non editi. Leipzig 1884. (Jena, Deistung.) 37 S.
gr. 8. (Diss.)   1 M.

GEHLERT, K., de Cleomene III, Lacedaemoniorum rege. Leipzig
1883 (Hinrichs' Sort.). 26 S. gr. 4.   1 M. 20 Pf.

GEORGIADIS, D. Smyrne et l'Asie-Mineure au point de vue économique et commercial. Paris, Chaix.

GROTE, G., history of Greece, from the earliest period to the close
of the generation contemporary with Alexander the Great. New-
York, Alden. 4 vol. 12.   2 Doll. 70 c.

GULDENCRONE (baronne Diane de —, née de Gobineau), L'Achaïe
féodale. Etude sur le moyen âge en Grèce (1205-1456). Paris, E. Leroux. 1886, gr. in-8.

HANOW, W., Lacedæmonier und Athener in den Perserkriegen.
Anklam. 21 S. 4. (Progr.)

HERTZBERG, G. F., Athen. Historisch-topographisch dargestellt.
Mit 1. Plane v. Athen. Halle, Buchh. d. Waisenhauses. VII. 243 S.
8.   2 M. 80 Pf.; geb. 3 M. 60 Pf.

HIRSCH, P., Phrygiae de nominibus oppidorum. Kœnigsberg (Koch
& Reiner). 32 S. gr. 8. (Diss.)   1 M.

HOLM, A., griechische Geschichte von ihrem Ursprunge bis zum
Untergange der Selbstændigkeit d. griechischen Volkes. (4 Bde. in
ca. 20 Lfgn.) 1. Bd. Geschichte Griechenlands bis zum Ausgange
d. 6. Jahrh. v. Ch. 1-4. Lfg. (Calvary's philologische u. archaeolo-
gische Bibliothek. 81-84. Bd.) Berlin, Calvary & Co. 384 S. 8.
                       Subscr.-Pr. à 1 M. 50 Pf.; Einzelpr. à 2 M.

LAMBROS, Sp. P., Ἱστορία τῆς Ἑλλάδος, t. Ier, Athènes.

LUPUS, B., die Stadt Syrakus im Alterthum. Eine historisch-topo-
graph. Skizze. Nebst 1 Karte. Strassburg, Heitz. 26 S. 4. 1 M. 20 Pf.

NEUMANN, C., u. J. **PARTSCH**, physikal. Geographie v. Griechenland m. besond. Rucks. auf d. Alterthum. Breslau, Koebner.
XII, 475 S. gr. 8.   9 M.

PALAMAS, Ἐκκλησιαστικὴ ἱστορία. Ἐν Κωνσταντινουπόλει, 1886.

PAPARRIGOPOULOS, C., Ἱστορία τοῦ ἑλληνικοῦ ἔθνους. Athènes.
— Nouvelle édition, p. p. A. Constantinidis.

PERVANOGLU, P., Corcira nelle attinenze con la colonizzazione
delle coste del mare Adriatico. 16 S. gr. 8. (Estr.)

POLAND, F., de legationibus Graecorum publicis. Lipsiae. 118 S.
8. (Diss.)

RIBBECK, O., Agroikos. Eine etholog. Studie. (Aus : « Abhandlgn.
d. k. sæchs. Gesellsch. d. Wiss. ») Leipzig, Hirzel. 68 S. Lex -8.
                                                                2 M.

RUBIO Y LLUCH, Antonio, Les Navarros en Grecia y el ducado
catalan de Atenas. Barcelona, 1886.

SALINAS, A., osservazioni intorno a due diplomi greci riguardanti la topografia di Palermo. Rocca San Casciano, tip. Cappelli, 1884. 4.

SATHAS, Constantin, Ἕλληνες στρατιῶται ἐν Δύσει. Athènes.

SCHNEIDER, R., Olympias, die Mutter Alexanders des Grossen. Zwickau. S. 1-31. 4. (Progr.)

SCHNEIDERWIRTH, H., das Pontische Heraklea. (Schluss.) Heiligenstadt. S. 1-28. 4. (Progr.)

SEIBT, A., Beurteilung der Politik, welche die Athener wæhrend des thebanisch-sparnatischen Krieges befolgt haben. Cassel. S. 3-22. 4. (Progr.)

STENERSEN, L. B., om Kolonos Agoraios. (Særskilt aftrykt af Christiania Videnskabs-Selskabs Forhandlinger 1885. Nr. 12.). I Komm. hos J. Dybwad. 25 S. 8. 50 ore

STERN, E. v., Geschichte der spartanischen u. thebanischen Hegemonie v. Kœnigsfrieden bis z. Schlacht bei Mantinea. Dorpat, Karow. X, 248 S. gr. 8. (Diss.) 4 M. 80 Pf.

TORR (Cecil), Rhodes under the Byzantines. Cambridge, 1886, in-8 (n'est pas dans le commerce).

USSING, J. L., Erziehung u. Jugendunterricht bei den Griechen u. Rœmern. Neue Bearbeitg. 179 S. 3 M. (Calvary's philol. u. archæolog. Bibliothek. 71. Bd. u. 72. Bd. 1. Hælfte. Berlin, Calvary & Co. Subscr.-Pr. à 1 M. 50 Pf.; Einzelpr. à 2 M.).

WILKEN, U., observationes ad historiam Aegypti provinciae romanae depromptae e papyris graecis Berolinensibus ineditis. Berolini. 59 S. 8. (Diss.)

IV. ARCHÉOLOGIE. — NUMISMATIQUE. — ÉPIGRAPHIE.
SCIENCES ANCIENNES.

ABHANDLUNGEN d. archæologisch-epigraphischen Seminars der Universitæt Wien, hrsg. v. *O. Benndorf* u. *E. Bormann.* 6. Hft. 1. Thl. Ebend. 1886. gr. 8. 6 M.
    Beiträge zur Geschichte der altgriechischen Tracht v. *F. Studniczka.* M. 46.

ANTHES, E. G., de emptione venditione Graecorum quaestiones epigraphicae. Halis Sax. 46 S. 8. (Leipziger Diss.)

ARNOLD, B., de Graecis florum et arborum amantissimis. Gœttingen, Vandenhoeck & Ruprecht XII, 113 S. gr. 8. 3 M.

BAUNACK, J., u. Th. **BAUNACK**, die Inschrift v. Gortyn. Mit 1 Taf. Leipzig, Hirzel. VIII. 167 S. gr. 8.   4 M.

BAZIN, H., le Galet inscrit d'Antibes, offrande phallique à Aphrodite (v⁰ ou ive siècle av. J.-C.), étude d'archéologie religieuse grécoorientale. Paris, Leroux. 28 p. et 3 pl. 4. (Extr.)

BECHTEL. F., thasische Inschriften ionischen Dialekts im Louvre. Gœttingen 1884, Dieterich. 32 S. gr. 4.   2 M

BERTHELOT (M.). Les origincs de l'alchimie. Paris, Georges Steinheil, 1885, in-8.

— Sur les notations alchimiques. (Extr. des *Annales de chimie et de physique*, année 1885), in-8.

BOEHLAU, J., quaestiones de re vestiara Graecorum, Weimar 1884 Bœhlau. 87 S. m. eingedr. Fig. gr. 8.

BOHN, R., der Tempel d. Dionysos zu Pergamon. Mit 1 Taf. u. 2 Vign. Berlin, Dümmler. 11 S. gr. 4. cart.   1 M. 50 Pf.

CATALOGUE d'une collection de médailles grecques, romaines et du moyen âge. Rome, imp. de l'Acad. roy. des Lincei. 216 p. 8.

COLLECTION Cam. Lécuyer. Terres cuites antiques trouvées en Grèce et en Asie-Mineure. Notices de Fr. Lenormant, J. de Witte, A. Cartault, G. Schlumberger, E. Babelon, C. Lécuyer. Livr. 1-4. Paris, Rollin et Feuardent. 156 p. et 84 pl. en photot. Fol.

COLLECTION Sabouroff, la. Monuments de l'art grec. Publiés par *A. Furtwaengler*. 9 et 10 livr. (à 10 Taf. m. 10 Bl. Text.) Berlin, Asher & C. Fol.   à 25 M.

COLLIGNON, M., caractères généraux de l'archaïsme grec. Paris, Leroux. 22 p. 8. (Extr.)

DICTIONNAIRE des antiquités grecques et romaines d'après les textes et les monuments, cont. l'explication des termes qui se rapportent aux mœurs, aux institutions, à la religion, aux arts, aux sciences, etc., et en général à la vie publique et privée des anciens. Ouvrage réd. sous la direction de Ch. Daremberg et Edm. Saglio. Avec 3,000 fig. d'après l'antique, dess. p. P. Sallier et grav. p. M. Rapine. Fasc. 10 : Coe-Con. Paris, Hachette, p. 1281 à 1440. 4.

FUMAGALLI, C. nozioni elementari sulle antichità private greche e romane, ad uso della classe III dei ginnasii. Verona, Drucker e Tedeschi. VIII, 105 p. 15.   1 L.

FURTWÆNGLER, A., Beschreibung der Vasensammlung im Antiquarium der kœnigl. Museen zu Berlin. 2 Bde. Mit 7 Taf. Berlin. Spemann. XXX, 1105 S. gr. 8.   20 M.

HANRIOT, C., notions sur l'histoire de l'art en Grèce. Paris, Leroux. 42 p. 8.

HEYDEMANN, H., Vase Caputi. Mit Theaterdarstellungen. Halle, Niemeyer, 1884. 22 S. 2 Taf. 4. (Winckelmannsprogramm, IX. Hallisches).

JAHRBUCH der kgl. Preussischen Kunstsammlungen. 6. Bd. 1-3. Hft. Berlin, Grote. 4. (Mit. Beil. Der Kunstfreund. 1. Jahrg. No. 1-16.) pro Jahrg. 30 M.

HARRISON, J. E., introductory studies in Greek art. With map and illustrations. Unwin. 318 p. 8. 7 sh. 6 d.

HIRSCHFELD, G., paphlagonische Felsengræber. Ein Beitrag zur Kunstgeschichte Kleinasiens. Mit 7 Taf. u. 9 Abbildgn. im Text. Berlin (Dummler's Verl.). 52 S. gr. 4. (Sep.-Abdr.) cart. 6 M.

HOLWERDA, A. E. J., die alten Kyprier in Kunst u. Cultus. Stu, dien. Mit mehren lith. Abbildgn. (7 Taf.) u. 1 Lichtdr.-Taf. Leiden. Brill. XII, 61 S. gr. 8. 4 M. 50 Pf-

IMHOOF-BLUMER, F., Portrætkœpfe auf antiken Münzen hellenischer u. hellenisierter Vœlker. M. Zeittafeln der Dynastien d. Altertums nach ihren Münzen. Mit 206 Bildn. in Lichtdr. (auf 8 Taf.). Leipzig, Teubner. IV, 95 S. gr. 4. cart. 10 M.

INSCRIPTIONES antiquae orae septentrionalis Ponti Euxini graecae et latinae. Jussu et impensis societatis archaeologicae imperii russici ed. *M. B. Latyschev*. Vol. I, inscriptiones Tyrae, Olbiae, Chersonesi tauricae, aliorum locorum a Danubio usque ad regnum bosporanum continens. Acc. tabulae 2 lith. St. Petersburg. (Leipzig, Voss.) VIII, 243 S. Imp.-4. 20 M.

KASTROMENOS, P. G., the monuments of Athens : an historical and archaeological description Transl. from the Greek by A. Smith. Stanford. 106 p. 8.

KLEIN, W., zur Kypsele der Kypseliden in Olympia. Mit 5 (eingedr.) Abbildgn. Wien, Gerold's Sohn. 35 S. Lex.-8. 70 Pf.

KUHNERT, E., Statue und Ort in ihrem Verhæltniss bei den Griechen, Leipzig, Teubner, 1884, in-8, 92 p. (Extr. des *Jahrbücher für class. Philol.*, t. suppl. XIV.)

LAMBROS, Paul, Μεταιωνικὰ νομίσματα τῶν δυναστῶν τῆς Χίου. Athènes.

LANGL, A., e A. **LABRIOLA,** i principali monumenti architettonici di tutte le civiltà antiche e moderne : scelta di 61 eliotipie, con testo illustrativo. Torino, Loescher. 8. leg. alla bod. 25 L.

— **J.,** Griechische Gœtter- u. Heldengestalten. Nach antiken Bildwerken gezeichnet u. erlæutert. Mit kunstgeschichtl. Einleitg. von *C. v. Lützow*. 2-6. Lfg. Wien. Hœlder. S. 17-72 m. eingedr. Illustr. u. je 3 Lichtdr.-Taf. Fol. à 2 M. 50 Pf.

LESSING, J., Was ist e. altes Kunstwerk werth? (Zeitfragen, volkswirthschaftliche. 50. u. 51. Hft. 7. Jahrg. 2. u. 3. Hft.) Berlin, Simion. 55 S. gr. 8. 1 M.

LOESCHCKE, G., Vermutungen zur griechischen Kunstgeschichte u. zur Topographie Athens. Dorpat 1884, (Schnakenburg). 24 S. gr. 4. (Univ.-Schr.) 1 M. 20 Pf.

LOEWY, E., Inscriften griechischer Bildhauer, m. Facsimiles hrsg. Gedruckt m. Unterstützg. der kaiserl. Akademie der Wissenschaften zu Wien. Leipzig, Teubner. XL, 410 S. gr. 4. 20 M.

LUPPI, C., catalogo delle monete greche e romane, e delle zecche, italiane medioevali e moderne, componenti la collezione di A. Agujari di Trieste. Milano, tip. L. di Giacomo Pirola. X, 232 p. 8.

MILIARIKIS, A., Γεωγραφία νέα καὶ ἀρχαία τοῦ νόμου Ἀργολίδος καὶ Κορινθίας. Athènes, 1886.

MILLER, O., de decretis atticis quaestiones epigraphicae. Breslau (Maruschke & Berendt). 57 S. gr. 8. (Diss.)   1 M.

RACINET, A., das polychrome Ornament. 2. Serie. 120 Taf. in Gold-. Silber- u. Farbendr. Antik. u. asiat. Kunst; Mittelalter-. Renaissance, XVI. u. XVII. Jahrh. Historisch-prakt. Sammlung mit erklær. Text. Deutsche Ausg. v. C. Vogel. (In 40 Lfgn.) 1. Lfg. Stuttgart, Neff. (4. Taf. m. 4 Bl. Text.) Fol.   4 M.

— 2-15 Lfg. (41 Taf. mit 42 Bl. Text.)

— Geschichte d. Costüms in 500 Taf. in Gold-. Silber- u. Farbendr. Mit erlæut. Text. Deutsche Ausg. bearb. v. A. Rosenberg. 3. Bd. 1. u. 2. Lfg. (20 Taf. m. 18 Bl. Text). 4. Berlin, Wasmuth. à 4 M.

REINACH, S. deux moules asiatiques en serpentine. (Musée du Louvre et Cabinet des médailles). Paris, lib. Leroux. 8 p. avec dessins. 8. (Extr.)

— La seconde stèle des guérisons miracúleuses découverte à Epidaure. Paris, Leroux. 6 p. 8. (Extr.)

RIEPENHAUSEN, F., u. J. Gemælde d. Polygnot zu Delphi (die Einnahme v. Troja u. die Abfahrt der Griechen darstellend). Gez. u. gest. nach der Beschreibg. d. Pausanias. 18 Photolith. qu. gr. Fol. Mit Text. Leipzig, Hesse. 4 S. 4. geb.   15 M.

SAMMLUNG der griechischen Dialekt-Inschriften v. F. Bechtel, A. Bezzenberger, F. Blass, H. Collitz, W. Deecke, A. Fick, O. Hinrichs, R. Meister. Hrsg. v. H. Collitz. 2. Bd. 1. Hft. Gœttingen, Vandenhoeck & Ruprecht. gr. 8.   3 M. 60 Pf.; (I. u. II. 1 : 17 M. 60 Pf.)

Die epirotischen, akarnanischen, aetolischen, aenianischen u. phthiotischen Inschriften v. A. Fick. Die lokrischen u. phokischen Inschriften v. F. Bechtel. 80 S.

SCHLIEMANN, H., Ilios, ville et pays des Troyens; Résultat des fouilles sur l'emplacement de Troie et des explorations faites en Troade de 1871 à 1882, avec une autobiographie de l'auteur. Trad. de l'anglais par Mme E. Egger. Paris, Firmin-Didot. XII, 1038 p. avec 2 cartes, 8 plans et env. 2000 grav. 4.   30 fr.

— Tiryns. Der præhistor. Palast der Kœnige v. Tiryns. Ergebnisse der neuesten Ausgrabgn. Mit Vorrede v. F. Adler u. Beitrægen v. W. Dærpfeld. Mit 188 Abbildgn., 24 Taf. in Chromolith., 1 Karte u. 4 Plænen. Leipzig 1886, Brockhaus. LXVIII, 487 S. Lex.-8.   32 M.; geb. 35 M.

— Tiryns : the prehistoric palace of the kings of Tiryns. The results of the latest excavations. Preface by F. Adler, and contributions by W. Dorpfield. With 188 woodcuts, 24 plates in chromolith., one map and four plans. Murray. 440 p. 8.   42 sh.

— Tirynthe ; le palais préhistorique des rois de Tirynthe ; résultat des dernières fouilles. Avec une préface de *F. Adler* et des contributions de *W. Dœrpfeld*. Paris, Reinwald. LXVI, 409 p. avec 4 plans, 24 pl. en chromolith. et 188 grav. 8.

SCHOEMANN, G. F., antiquités grecques. Trad. de l'allem. par *C. Galuski*. T. 2. Paris, Picard. 180 p. 8.

SORLIN-DORIGNY, A , timbres d'amphore trouvés à Mytilène. Paris, Leroux. 4 p. 8. (Extr.)

ΣΥΛΛΟΓΗ ἀρχαιολογικῶν νόμων, διαταγμάτων καὶ ἐγκοκλίων. Ἐκ τοῦ γραφείου τῆς γενικῆς ἐφορείας τῶν ἀρχαιοτήτων. Athènes, 1886.

TIMAYENIS, T. T., Greece in the times of Homer : an account of the life, customs, and habits of the Greeks, during the Homeric period. New York, Appleton. IX, 302 p. 16.   7 sh. 6 d.

WAGNON, A., traité d'archéologie comparée; la Sculpture antique, origines, description, classification des monuments de l'Egypte et de la Grèce. Paris, Rothschild. 173 p. et 16 pl. 8.   25 fr.

WALDSTEIN, Ch., essays on the art of Pheidias. Cambridge. Waherouse. 450 p. 8.   30 sh.

WEBER, G., trois tombeaux archaïques de Phocée, lettre à M. G. Perrot. Paris, Leroux. 10 p. avec fig. 8. (Extr.)

WINTER, F., die jüngeren attischen Vasen u. ihr. Verhœltnis zur grossen Kunst. Berlin, Spemann. VI, 72 S. m. eingedr. Fig. 4.
4 M.

ZIEMANN, F., de anathematis graecis. Kœnigsberg, Koch & Reimer. 60 S. gr. 8. (Diss.)   1 M. 20 Pf.

V. GRAMMAIRE. — LINGUISTIQUE (GREC ANCIEN).

BEITRÆGE zur historischen Syntax der griech. Sprache hrsg. von M. Schanz. Bd. II. (Hft. 4). 1884. Würzburg, Stuber. gr. 8.   3 M.

  Ph. Weber. Entwicklungsgeschichte der Absichtssœtze. 1. Abth. Von Homer bis zur att. Prosa.

— Hft. 2. (Hft. 5). 1885.   4 M.

  Id. 2. Abth. Die att. Prosa u. Schlussergebnisse.

BERNIER, P. D., notions d'étymologie classique grecque, latine et française, d'après les principes de la méthode comparative. Paris, Poussielgue fr. VIII, 364 p. 18.

BEZZENBERGER (Adalbert) et autres. Beitrœge zur Kunde der indogermanischen Sprachen. Gœttingen, Vandenroeck und Ruprecht 1876-1886; 10 vol. et un supplément. Prix des 10 premiers vol.   70 M.

Contenu de matière hellénique :

T. I. *A. Fick* Die suffixlosen nomina der griech. sprache. I. Zum sog. a-suffix im Griechischen. *Leo Meyer* Ueber die griech., insbesondere die homerischen nomina auf ευ. *Gust. Meyer* Ueber den übergang von ει in ι im Griechischen. *A. Fick* und *A. Führer* Die suffixlosen nomina der griech. sprache II. Zum sogenannten ja-suffix im Griechischen. *Gust. Meyer* Die präsentia auf -ώννυμι. *Gust. Meyer* Analogiebildungen der neugriech. declination. *A. Fick* Zum s-suffix im Griechischen. *Aug. Müller* Semit. Lehnwörter im älteren Griechisch. *Leo Meyer* ἵημι und ἵεμαι. *A. Fick* Die suffixlosen nomina der griech. sprache. III und IV.

T. II. *H. Flach* Das nachhesiod. digamma. *W. Deecke* Etrusk. lautlehre aus griech. lehnwortern. *A. Bezzenberger* Ἐντί = ἐστι. *K. Brugman* Ueber einige griech. praeteritalformen mit α vor der personalendung. *Leo Meyer* Ἥρως. *Id.* Δειδέχαται, δεικανάομαι und δειδίσκομαι bei Homer. *N. Dossius* Beispiele der volksetymologie im Neugriechischen.

T. III. *F. Froehde* Zur homer. wortforschung. *N. Dossius* und *A. Fick* Miscellen. *Rud. Pepmüller* Anzeige von Konradus, Zacher De nominibus graecis in κιος. *A. Fick* Die siegessäule des Damonon. *F. Froehde* Ueber den homer. comparativus βράσσων. *A. Fick* und *A. Bezzenberger* Miscellen. *A. Fick* Die epirot. inschriften von Dodona. *R. Meister* Zur siegessäule des Damonon. *H. Rœhl* Zur inschrift des Damonon. *A. Bezzenberger* Zur beurteilung der attischen reduplication. *Leo Meyer* Λᾶας = altind. grâ'van und griech. γλ im anlaut.

T. IV. *Leo Meyer* Die homer. vaternamen u. einige verwandte bildungen. *A. Fick* Zum aorist- und perfectablaut im Griechischen. *A. Bezzenberger* Homer. etymologien.

T. V. *A. Fick* Die quellen des nordthessal. dialekts. *A. Bezzenberger* Das griech. superlativsuffix -τατο- und die lett. gradationsformen auf -άκs. *H. Collitz* Skr. car, cira-m, gr. τελέ-θω, παλαι. *Leo Meyer* Κιχάνω « erreichen » und die zugehör. formen bei Homer. *F. Bechtel* Die inschriftl. denkmäler des äol. dialekts. *A. Fick* Zum schwâ im Griechischen. *A. Fick* Δούρος : δούρατος. *R. Meister* Die inschriftl. quellen des böot. dialekts. I. *A. Fick* Vertretung von r und l durch α im Griech. *A. Fick* Die neu aufgefund. inschriften von Dyme (Achaja). *A. Bezzenberger* Zur beurteilung d. pamphyl. dialekts. *C. Foy* Anzeige von N. Dossius Beiträge z. neugriech. wortbildungslehre. *P. N. Papageorg* Anzeige von C. Foy Lautsystem der griech. vulgärsprache.

T. VI. *R. Meister* Die inschriftl. quellen des boot. dialekts. II. *W. Deecke* Nachtr. z. lesung der epichor. kyprischen inschriften. *O. Weise* Ist anlautendes γ vor λ abgefallen? *F. Bechtel* Noch drei äol. inscriften. *Leo Meyer* Ξεῖνος (ξένος). *Leo Meyer* Θύειν (υ long) « sich heftig bewegen » und θύειν (υ bref) « opfern ». *W. Deecke* Forts. des nachtrags zur lesung der epichor. kyprischen inschriften. *A. Fick* Zur lehre vom griech. β. *Karl Foy* Beiträge zur kenntn. d. Vulgärgriechischen. *N. Dossius* Alt- und neugriech. volksetymologien. *C. Daniel* Die inschriften des elischen dialekts. *A. Führer* Ueb. d. stellung des Lesbischen zu den verwandten dialekten. *A. Fick* Die dialektischen inschr. der Phthiotis. *G. Hatzidakis* Anz. von M. Deffner Archiv für mittel- und neugriech. philologie.

T. VII. *A. Fick* Die entstehung des homer. dialektes. *H. Collitz* Anzeige von Gust. Meyer Griech. grammatik und von Charles R. Lanman On noun-inflection in the Veda. *A. Fick* Inschr. von Larisa in Thess. *Leo Meyer* Ὀφέλλω und zugehöriges bei Homer. *F. Froehde* Griech. wort- und formenerklärungen. *Adolf Erman* Aegypt. lehnworte im Griechischen? *G. Saalfeld* Anz. von O Weise Die griech. worter in Latein. Supplement : *A. Fick* Die homerische Odyssee in der ursprünglichen sprachform wiederbergestellt.

T. VIII. *A. F. Pott* Ἀεί, αἰών u. das amplia[t]ivsuffix ων, lat. ôn, sowie worter auf -go, -do im nominativ. *W. Deecke* Zweiter nachtr. zur lesung epichor.scher kyprischer inschr. *Gust. Meyer* Die stellg. des Albanesischen im kreise der indogerm. sprachen. *A. Bezzenberger* Theodor

Benfey (nekrolog). Briefe an Th. Benfey von *Lassen*, *Welcker*, *Grote-*
fend, *Bopp*, *Burnouf*, A. *von Humboldt*, J. *Grimm*, *von Hammer-*
Purgstall und *Windischmann*. F. *Bechtel* Die inschriftl. denkmäler des
arkad. dialekts. H. *Collitz* Kretisch ἀλλατᾶν = ἀλλάσσειν.
 T. IX. F. *Froehde* Zur griech. und latein conjugation. *Hans Voigt*
Anzeige von W. Deecke Die griechisch-kypr. inschriften in epichor.
schrift. W. *Prellwitz* Kypr. piva. A. *Fick* Die ursprüngl. sprachform
der homer. hymnen. A. *Bezzenberger* Τίνω — τανύω. W. *Prellwitz*
Die gotternamen Apollon und Poseidon.
 T. X. H. *Collitz* Die flexion der nomina mit dreifacher stammabstufung
im Altindischen u. im Griechischen. R. *Meister* Zu dem gesetze von
Gortyn. A. *Bezzenberger* Zur chronologie der griech. lautgesetze *Georg*
Meyer Die Karier ; eine ethnographisch-linguistische untersuchung. *K.*
Lugebil Eine ældtere form des griech. namens der Karier. *Const. Anger-*
mann Georg Curtius (nekrolog).
 T. XI. R. *Meister* Δέμνιον und κόμνις. W. *Deecke* Zu den epichor.
kyprischen inschriften.

BOLDT, H., de liberiore linguae graecae et latinae collocatione
 verborum capita selecta. Gœttingen 1884. (Deuerlich.) 194 S. gr. 8.
 (Diss.) 2 M. 40 Pf.

BRAND, A., die dialectis aeolicis quae dicuntur particula I. Berolini. (Leipzig, Fock.) 77 S. gr, 8. (Diss.) 1 M. 20 Pf.

BROWNE, H., handbook of Greek composition. With exercises for
 junior and middle classes. Dublin, Browne and Nolan ; Simpkin.
 8. 3 sh. 6 d.

COLLITZ, H., die Verwantschaftsverhœltnisse der griechischen
 Dialekte m. besond. Rücksicht auf die thessalische Mundart. Gœttingen, Vandenhoeck & Ruprecht 16 S. gr. 8. 60 Pf.

FERRETTE, J., Ulysses Panhellen, poema heroicum, graecas ra-
 dices universas, ut 3150 censas, jucundissime discendas in versibus
 617 continens. Omnium gratia graecae linguae studiosorum Miran-
 dum Gyrodi perfecit artificium J. F. Leipzig 1886, Matthes. XII,
 92 S. gr. 8. 2 M.

FORMS for parsing Latin and Greek. Rivingtons. 2 p. 8. 1 d.

GARINO, G., esercizi greci ad uso dei ginnasii e dei licei, in cor-
 relazione colla grammatica greca del medesimo autore. Torino, lib.
 Salesiana. VIII, 230 p. 8. 1 L. 60 c.

GARRIGA, R. M., gramatica griega. I. curso. Fonologia y morfo-
 logia. Barcelon ; Madrid, Aguado. 166 p. 4. 20 y 24 rs.

HECHT, M., orthographisch-dialektische Forschungen auf Grund
 attischer Inschriften. Kœnigsberg. (Leipzig, Fock.) 37 S. 4. (Progr.)
 1 M.

HEINICKE, de graecis adverbiis loci. Osterode (Ostpr.) S. 1-5. 4·
 (Progr.)

JESCHONNEK, F., de nominibus quae Graeci pecudibus do-
 mesticis indiderunt. Kœnigsberg (Koch & Reimer). 65 S. gr. 8.
 (Diss.) 1 M. 50 Pf.

KREBS, Frz., die Præpositionsadverbien in der spæteren histor.
 Græcitæt. 2 Tl. München, Lindauer. 64 S. gr. 8. à 3 M.

LANGE, A. R.. de substantivis femininis graecis secundae decli-
nationis capita tria. Leipzig, Fock. 76 S. gr. 8. (Diss.).   1 M.

MEISTERHANS, K, Grammatik der attischen Inschriften. Berlin, Weidmann. IX, 119 S. gr. 8.   4 M.

MIDDENDORF, K., die Konstruktion der Nebensætze der oratio
obliqua in der attischen Prosa. Osnabrück. S. 3-10. 4. (Progr.)

MOLA, E., dizionario latino, con l'etimologia greca : p. I. Lanciano,
tip. Carabba. 34 p. 16.   1 L. 50 c.

NADROWSKI, R., der Lautwandel besonders im Griechisch und
Latein. (Ein Beitrag zur indoeuropæischen Wortkunde). Thorn.
S. 1-14. 4. (Progr.)

NOTES, on negative postfixes in Greek and Latin. By the authors
of « Linguistic notes », etc. Sec. ed., with additions. Williams and
Norgate. 27 p. 8.   1 sh.

PAPPENHEIM, E., die Tropen der griechischen Skeptiker. Cap.
I-III. § 6. Berlin. Gaertner. 24 S. 4. (Progr.)

PHARDYS, N. B., Διατριβη περι ατονου και απνευματιστου γραφης της
Ελληνικης γλωσσης. Marseille (nunc Cargèse), l'auteur. X, 21 p. 8.

PRELLWITZ, W., de dialecto thessalica. Gœttingen, Vandenhoeck
& Ruprecht. 63 S. gr. 8.   1 M. 40 Pf.

REUTER, E., de dialecto thessalica. Berlin, Mayer & Müller. 86 S.
gr. 8. (Diss.)   2 M.

SAALFELD, Dr. G. A., Tansavrvs Italograecvs. Ausführliches
historisch-kritisches Wœrterbuch der griechischen Lehn- und Fremd-
wœrter im Lateinischen. Wien, Carl Gerold's Sohn. 1884. IV, 1184
S. Lex, 8.   geh. 10 fl. 20 Mk., geb. 11 fl. 20 kr. 22 Mk.

SCHMOLLING, E., uber den Gebrauch einiger Pronomina auf
attischen Inschriften. 2. Teil. Stettin. S. 1-20. 4. (Progr.)

SEWALL, J. B., the Greek conditional sentences. Boston, Allyn.
24 p. 16.   20 c.

SMYTH (Herbert Weir), Der diphtong ΕΙ im Griechischen unter
Berucksichtigung seiner Entsprechungen in verwandten Sprachen.
Gœttingen, Vandenhoeck & Ruprecht. 82 S. gr. 8.   1 M. 60 Pf.

SPITZER, J., Lautlehre des akadischen Dialektes. Kiel, Lipsius &
Tischer. VIII, 60 S. gr. 8.   1 M. 60 Pf.

SOMMERFELDT, E., Bemerkungen zum latein. und griech. Un-
terrichte in der Gymnasial-Secunda. Lauenborg i. Pomm. 18 S. 4.
(Progr.)

THOMPSON, F. E., an elementary Greek syntax. Rivingtons.
88 p. 8.   2 sh.

TRAUT, G., Lexikon üb. die Formen der griechischen Verba.
Nehst 2 Beilagen : I. Verzeichniss der Declinations- u. Conjugations-
Endgn. II. Grammat. Schlussel. 2. (Titel-)Ausg. Giessen, Roth.
VIII, 718 u. 44 Sp. u. S. gr. 8.   2 M.

WEBER, H., griechische Elementar-Grammatik. Gotha, F. A. Per-
.thes. X, 202 S. gr. 8.   2 M. 40 Pf.

WHEELER, B. I., der griechische Nominalaccent. M. Wœrter-
verzeichniss. Strassburg. Trübner. VIII, 146 S. gr. 8. 3 M. 50 Pf.

WHITON, J. Morris and Whiton, Mary Bartlett. Three month's
preparation for reading Xenophon; adapted to be used in connection
with Hadley and Allen's and Goodwin's « Grammar ». New York,
Appleton. 24 p. 12.   60 c.

YOUNG, A. W., proemia graeca. A book of easy and entertaining
extracts in Attic Greek. Introductory to the fuller study of the Greek
authors. With notes and complete vocabularies. Simpkin. 124 p.
8.   2 sh. 6 d.

V *bis*. MUSIQUE. — RYTHMIQUE. — MÉTRIQUE.

BOUVY, Poètes et Mélodes. Etude sur les origines du rythme.toni-
que dans l'hymnographie de l'Eglise grecque. Thèse pour le doctorat
ès-lettres. Nîmes, maison de l'Assomption, 1886. xiv, 384 p. 8.

FRITZSCHE, E. V., de numeris dochmiacis particula III-V. (Ros-
tochii 1884. 85). S. 3-8; 3-8; 3-10. 4. (Ind. lect.).

MULLER, L., Metrik der Griechen u. Rœmer. Für die obersten
Klassen der Gymnasien u. angeh. Studenten der Philologie bearb.
Mit e. anh. : Entwicklungsgang der antiken Metrik. 2. Ausg. Leip-
zig. Teubner. XII, 86 S. gr. 8. geb.   1 M. 50 Pf.

RAMORINO, F., letteratura romana. Milano, Hoepli. 290 p. 32.
                                                          2 L.

REISCH. E., de musicis Graecorum certaminibus capita IV. Wien,
Gerold's Sohn. 124 S. gr. 8.   4 M.

REIMANN, H., Studien zur griechischen Musik-Geschichte. B. Die
Prosodien und die denselben verwandten Gesænge der Griechen.
Glatz. 23 S. 4. (Progr.)

ROSSBACH, A., u. R. **WESTPHAL,** Theorie der musischen
Künste der Hellenen. Als 3. Aufl. der Rossbach-Westphalschen
Metrik. 1. Bd. Leipzig, Teubner. gr. 8.   7 M. 20 Pf.

   Griechische Rhythmik. Von R. *Westphal*. Als 3. Aufl. der griech.
   Rhythmik u. der Fragmente u. Lehrsætze der griech. Rhythmiker. XL.
   305 S.

SELIGER, M., de versibus creticis sive paeonicis poetarum graecorum. Kœnigsberg (Græfe & Unzer). 52 S. gr. 8. (Diss.)   1 M.

TICHELMANN, L.; de versibus ionicis a ·minore apud poetas

graecos obviis. Kœnigsberg 1884 (Græfe et Unzer). 64 S. gr. 8.
(Diss.) .   1 M.

— Voir *Section VII*, Philodème et *Section VIII*, Anerdota varia.

VI. PHILOLOGIE. — HISTOIRE LITTÉRAIRE.

ALDEN'S cyclopedia of universal literature, presenting biographical
and critical notices, and specimens from the writings of eminent
authors of all ages and all nations. Pt. I. New-York, Alden, 160 p.
12.   15 c.

ALTHAUS, C., warum erlernt man die alten Sprachen? Eine Zeit-
frage; erœrtert. Spandau, Neugebauer. 20 S. gr. 8.   40 Pf.

ANDREOLI, E., storia della scrittura dai geroglifici fino ai nostri
giorni ; ill. da 24 tav. di fac-simili, specialmente dei caratteri grec.
e romani. Si vendo presso l'autore, Milano, via Bocchetto, 5. 66 p.
4.   15 L.

ARNAUD, E., précis historique et critique des littératures célèbres,
anciennes •et modernes, depuis leurs origines jusqu'a nos jours.
(Littérature hébraïque, grecque; latine, arabe, italienne, espagnole,
portugaise, française, anglaise et allemande.) Paris, Ve Belin et
fils; 419 p. 12.

BATIFFOL (Pierre), Les manuscrits grecs de Bérat d'Albanie et le
codex purpureus Φ. Paris, E. Leroux, 1886, in-8 ; planches.   4 fr.

BIBLIOTHECA philologica od. geordnete Uebersicht aller auf
dem Gebiete d. class. Alterthumswissenschaft wie d. ælteren u.
neueren Sprachwissenschaft in Deutschland u. dem Ausland neu
erschienenen Bücher. Hrsg. v. M. Heyse. 37. Jahrg. 2. Hft, Juli-
Dec. 1884. Gœttingen, Vandenhoeck & Ruprecht. S. 171-400. gr. 8.

— Classica. Verzeichniss d. auf dem Gebiete d. class. Alterthhums-
wissenschaft erschienenen Bucher, Zeitschriften, Dissertationen, Pro-
gramm-Abhandlgn., Aufsœtze in Zeitschriften u. Recensionem.
Beiblatt z Jahresber. ub. d. Fortschritte d. class. Alterthumswiss.
12. Jahrg. 1885. 4 Hfte. Berlin, Calvary & Co. (1. Hft. 114 S.)
gr. 8.   6 M.

BIBLIOTHECA Apostolica Vaticana, codicibus manuscriptis, re-
censita; jubente Leone XIII Pont. max. edita. Tom. I : Codices
Mss. Palatini graeci Bibliothecae Vaticanae descripti, praeside J. B.
Pitra, rec. et dig. H. Stevenson. Romae, ex typ. Vaticana.

BLANCARD, J., études sur la Grèce contemporaine. Alexandre
Mavrocordato. Montpellier, impr. Hamelin fr. 47 p. 8. (Extr.)

BRUCH, K., Lebensweisheit der Alten in Sentenzen aus Aeschylos, Sophokles, Euripide. Minden, Bruns. IV, 178 S. 8.

3 M. ; geb. 4 M. 25 Pf.

CATALOGUE des dissertations et écrits académiques provenant des échanges avec les universités étrangères et reçus par la Bibliothèque Nationale en 1884.

CANTU, C., storia della letteratura greca. 6. impr. Firenze, succ. Le Monnier. XII, 585 p. 16.

4 L.

CERRATO, L., la questione delle origini nella storia della lirica e melica greca. Genova, tip. del R. Istituto Sordomuti. 36 p. 8.

DELISLE, L., The palaeographical society fac-similes of manuscripts and inscriptions, ed. by E. A. Bond and E. M. Thompson, London, 1873-1883, 3 vol. in-fol. (Compte-rendu.) Nogent-le-Rotrou, imp. Daupeley-Gouverneur. 17 p. 8. (Extr.)

FLACH, H., Geschichte der griechischen Lyrik, nach den Quellen dargestellt. 2. Abth. Tubingen 1884, Fues. XIII u. S. 395-698. gr. 8.

6 M. 60 Pf. (cplt. : 13 M.)

— Peisistratos u. seine litterarische Thætigkeit. Tubingen, Fues. 42 S. gr. 8.

1 M. 20 Pf.

FREPPEL, les Pères apostoliques et leur époque. 4ᵉ éd. Paris, Bray et Retaux. 492 p. 8.

FUHRER, A., die Sprache und die Entwicklung der griechischen Lyrik. Münster. S. 1-13. 4. (Progr.)

GRAF. H. E., ad aureae aetatis fabulam symbola. Lipsiae 1884. 47 S. 8. (Diss.)

GREGORY, C. R., les cahiers des manuscrits grecs. Paris, imp. nat. 12 p. 8. (Extr.)

HANDBUCH der klassischen Alterthums-Wissenschaft in systematischer Darstellung m. besond. Rücksicht auf Geschichte u. Methodik der einzelnen Disziplinen. In Verbindg. v. Autenrieth, Bauer, Blass, etc. hrsg. v. Iwan Müller. 2. Halbbd. Nœrdlingen, Beck. (2. Bd. XIII-XX u. S. 289-624.) gr. 8.

à 5 M. 50 Pf.

— **HIMLY, HAURÉAU** et **JOURDAIN**, discours prononcés aux funérailles de M. Egger, de l'Académie des inscriptions et belles-lettres. Paris, Didot. 19 p. 4.

JEBB, R. C., Richard Bentley. Eine Biographie. Autoris. Uebersetzg. v. E. Wœhler. Berlin, Gaertner. XII, 224 S. gr. 4.   4 M.

LETRONNE, A. J., œuvres choisies mises en ordre et augmentées d'un index par E. Fagnan. 3ᵉ série. Archéologie et philologie. T. 2. Paris, Leroux. VII, 600 p. et 6 pl. 8. (Les deux vol. 25 fr.)

MERLET, G., études littéraires sur les grands classiques grecs et extraits empruntés aux meilleures traductions. Paris, Hachette, XVI, 687 p. 18.   4 fr.

MIOLA, A., l'insegnamento della paleografia nella Bibliotheca Nazionale di Napoli : discorso. Napoli, tipp. dell'Acc. delle Scienze. 16 p. 8.

OMONT, H., additions au Supplément grec de la bibliothèque nationale, 1883-1885. Nogent-le-Rotrou, imp. Daupeley-Gouverneur. 4 p. 8. (Extr.)

— alphabets grecs et hébreux publiés à Parie au xvie siècle; Nogent-le-Rotrou, imp. Daupeley-Gouverneur; Paris. 15 p. à 2 col. 8. (Extr.)

— Catalogue des manuscrits grecs de la bibliothèque royale de Bruxelles et des autres bibliothèques publiques de la Belgique. Paris, lib. Picard. 62 p. 8. (Extr.)   2 fr.; Papier vergé 4 fr.

— Inventaire sommaire des manuscrits grecs de la Bibliothèque nationale. 1re partie, ancien fonds grec. Théologie (nos 1-1328). Paris. Alph. Picard, 1886, in-8.   10 f

— Georges Hermonyme de Sparte, maître de grec à Paris et copiste de manuscrits; suivi d'une notice sur les collections de manuscrits de Jean et Guillaume Budé, et de notes sur leur famille. Nogent-le-Rotrou, imp. Daupeley-Gouverneur; Paris. 57 p. 8. (Extr.)

— Catalogue des manuscrits grecs des bibliothèques de Suisse (Bâle, Berne, Einsiedeln, Genève, Saint-Gall, Schaffhouse et Zurich). Leipzig, O. Harrassowitz, 1886, in-8.

— Catalogue de manuscrits grecs copiés à Paris au xvie siècle, par Constantin Paleocappa. Le Puy, typogr. Marchessou. (Extrait de l'Annuaire.) In-8.

PAPAGEORGIOS (P. N.). Κλυταιμήστρα, οὐχί Κλυταιμνήστρα. Constantinople, 1886.

PICCOLOMINI, E., studii di filologia greca. Volume I. Torino, Loescher. VIII, 340 p. 8.   6 L.

RAMAGE, C. T., great thoughts from Greek authors. Elzevir ed. New York, Alden, 1884. 455 p. 16.   50 c.

RIEMANN, O., notice sur Alb. Dumont. Paris, Klincksieck. 18 p. 8. (Extr.)

RIESE, A., l'idéal de justice et de bonheur de la vie primitive des peuples du Nord dans la littérature grecque et latine. Ouvrage trad. de l'allem. par *F. Gache* et *J. Sully Piquet,* augm. de notes par l'auteur et les traducteurs. Paris, Klincksieck. IV, 120 p. 8.

SAAVEDRA, C., il estado de las ciencias en tiempo de Aristoteles. Conferencia. Madrid, impr. de Fortanet. 37 p. 8, (Extr.)   8 r.

SITTL, K., Gesch. d. griech. Literat. bis auf Alexander d. Grossen. 2. Tl. Munchen 1886, Ackermann. X, 494 S. gr. 8.
6 M. 50 Pf. (1. u. 2. : 11 M. 30 Pf.)

STERNBACH, S. L., meletemata graeca. Pars I. Wien 1886, Gerold's Sohn. 226 S. gr. 8.   6 M.

SUSEMIHL, F., Analecta Alexandrina chronologica. Gryphiswaldiae. XVIII S. 4. (Ind. schol.)

TEICHMANN, A., die Universitæt Basel in d. funfziger Jahren seit ihrer Reorganisation im J. 18J5. Programm zur Rektoratsfeier. Basel, Georg. 119 S. 4. 3 M.

THERIANOS. D., philologische Aufzeichnungen. (Griech.) Triest, Schimpff. V, 387 S. 8. 5 M.

WITT, C., the wanderings of Ulysses : a sequel to « The Trojan War. » Transl. from the German by F. Younghusband. Longmans. 240 p. 8. 3 sh. 6 d.

ZIELINSKI, Th., die Gliederung der altattischen Komoedie. Leipzig, Teubner. VIII, 398 S. m. 1 Chromolith. gr. 8. 10 M.

— Die Mærchenkomœdie in Athen. St. Petersburg (Kranz). 72 S. Lex. 8. 2 M. 50 Pf.

ZUR 80 jæhrigen Geschichte der griechischen Elementarbücher v. Fr. Jacobs in Auszugen v. pædagog. Interesse aus seinen u. seiner Nachfolger Vorreden zu den verschiedenen Theilen u. Auflagen, sowie aus seiner Erœffnungsrede der Philologenversammlung in Gotha 1840. Jena, Frommann. 48 S. gr. 8. 60 Pf.

VII. AUTEURS GRECS ANCIENS.

ALEXANDRE D'APHRODISIAS.

Freudenthal, J., Die durch Averroes erhaltenen Fragmente Alexanders zur Metaphysik d. Aristoteles, untersucht u. übers. Mit Beiträgen zur Erläuterung d. arab. Textes v. *S. Frœnkel.* Berlin, Dümmler. 134 S. gr. 4. 3 M.

ANACREON, Anacreonteorum sylloge Palatina recensetur et explicatur (*Hanssen, Fr.,* Corporis carm. Anacreonticorum spec.). Leipzig 1884. 37 S. 8.

— *Poésies* d'Anacréon, nouvellement trad. et accomp. d'une préface par M. Albert. Compositions d'Emile Lévy gravées à l'eau forte par Champollion ; dessins de Giacomelli gravés sur bois par. Rouget. Paris, lib. des bibliophiles. XXXII, 184 p. 18. 20 fr.

ANDOCIDE. Andocides de mysteriis. Ed. with critical and explanatory notes, by *W. J. Hickie.* Macmillan. 190 p. 8. 2 sh. 6 d.

APHTHONIUS.

Schultz, G., Quibus auctoribus Aelius Festus Aphthonius de re metrica usus sit. Breslau, Kuh. 55 S. gr. 8. (Diss.) 1 M.

APOLLONIUS DE RHODE.

Linde, R , De diversis recensionibus Apollonii Rhodii Argonauticon. Hannover, Schulze. 51 S. gr 8 (Diss.)　　　　　　1 M. 50 Pf.

APOLLONIUS LE SOPHISTE.

Leyde, L., De Apollonii Sophistae lexico homerico. Leipzig, Fock. 33 S. gr. 8. (Diss.)　　　　　　　　　　80 Pf

ARISTARQUE.

Ludwich, A., Aristarchs homerische Textkritik, nach den Fragmenten d. Didymos dargestellt u. beurtheilt. Nebst Beilagen. 2. Thl. Ebd. VI, 774 S. gr. 8.　　　　　16 M. (cplt. : 28 M.)

ARISTOPHANE. Aristophanis comoediae. Annotatione critica, commentario exegetico, et scholiis graecis instr. *F. H. M. Blaydes.* Pars XII. Halle, Buchh. d. Waisenhauses. gr. 8.
　　　　　　　　　　9 M. (I-V et XII : 40 M.)

Aristophanis deperditarum comoediarum fragmenta. Auxit, novo ordine digessit, recensuit et annotatione partim aliorum selecta instruxit F. H M. B. XIV, 491 S.

Bamberg, A. v , Exercitationes criticae in Aristophanis Plutum novae Gotha. S. 1-23 4. (Progr.)

Denis. J., Esprit et constitution de la comédie aristophanesque. Caen, Le Blanc-Hardel. 36 p. 8.

Textor, Zur dramatischen Technik des Aristophanes. (Schluss). Stettin. 38 S. 4. (Progr.)

Vahlen, J., Observationum Aristophanearum capita quaedam. Ind. lect. v. Berlin 1884/5. Berolini. S. 3-30. 4.

ARISTOTE. Aristotelis de arte poetica liber, tertiis curis recogn. et adnot. crit. auxit *J. Vahlen.* Leipzig. Hirzel. XXIX, 298 S. gr. 8.　　　　　　　　　　　　5 M.

— Traités des parties des animaux et de la marche des animaux d'Aristote. Traduits en français pour la première fois et accomp. de notes perpétuelles par *J. Barthelemy Saint-Hilaire.* 2 vol. Paris, Hachette. T. 1 : CCXXV, 205 p.; t. 2 : 539 p. 8.

— Politica, version castellana de *A. Zozaya.* T. I, II. Madrid, impr. de M. Minuesa de los Rios. 190 y 206 p. 7.　　　à 2 y 2,50 rs.

— Politics. Transl. into English. With introd., marginal analysis, essays, notes, and indices by *B. Jowett.* 2 vols. Frowde. 766 p. 8.　　　　　　　　　　　　　21 sh.

— Ars rhetorica. Cum nova codicis A^c et vetustae translationis collatione ed. *A. Roemer.* Leipzig, Teubner. XXXVI, 237 S. 8.　2 M.10Pf.

— Commentaria in Aristotelem graeca, edita cons. et auctor. acad. litt. reg. bor. Vol. XVIII pars 3. Berlin, Reimer. gr. 8.　　4 M.

Stephani in librum Aristotelis de interpretatione commentarium, ed. M. Hayduck. VIII, 92 S.

— Supplementum Aristotelicum, editum consilio et auctoritate academiae litt. reg. boruss. Vol. I pars 1. Ebd. gr. 8.　　10 M.

Excerptorum *Constantini* de natura animalium libri II. *Aristophanis* historiae animalium epitome, subiunctis Aeliani, Timothei aliorumque eclogis. Ed. Spyridon P. Lambros. XX, 282 S.

Bullinger, A., Zu Aristoteles' Nuslehre. Offener Brief an F. Suse-mihl. München, Ackermann. 26 S. gr. 8. 50 Pf.

Dehlen, A., Die Theorie d. Aristoteles ü. d. Tragödie der antiken, christlichen, naturwissenschaftlichen Weltanschauung. Gottingen, Van-denhoeck & Ruprecht. III, 124 S. gr. 8. 2 M.

Diels, H., Ub. die Berliner Fragmente der Ἀθηναίων πολιτεία d. Aristoteles. Mit 2 (lith.) Taf. Berlin (Dümmler). 57 S. gr. 4. (Sep.-Abdr.) cart. 4 M.

Heck, L., Die Hauptgruppen des Thiersystems bei Aristoteles u. seinen Nachfolgern, ein Beitrag zur Geschichte der zoolog. Systematik. Leipzig. IV, 70 S. 8. (Diss.)

Jerusalem, E, Ub. die aristotelischen Einheiten im Drama. E. Bei-trag zur Poetik. Leipzig (Fock). 163 S. gr. 8. (Diss.) 3 M. 60 Pf.

Kuzuwelis, περὶ γενέσεως, etc. — Voir PLATON.

Taverni, R., Della educazione secondo Aristotile. Torino, F. B. Pa-ravia e C. di I. Vigliardi, 1884. 80 p. 8. (Estr.)

Vacant, J. M. A., Les versions latines de la Morale à Nicomaque antérieures au xvᵉ siècle, leur emploi, leurs caractères, leur parenté, leur date, leurs auteurs. Amiens, Rousseau-Leroy ; Paris, Taranne. 65 p. 8.

ARRIEN. Arrian's Werke. Uebers. u. erlæutert v. C. Cless. 3 Lfg. Berlin. Langenscheidt. 8. à 35 Pf.

Anabasis od. Feldzüge Alexanders. 3 Lfg. 2 Aufl. S. 97-144.

— Scripta minora, R. Hercher iterum recognovit, edenda curavit A. Eberhard. Leipzig, Teubner. LXXVI, 156 S. 8. 1 M. 80 Pf.

ASCLÉPIADE.

Bruns, H., Quaestiones Asclepiadeae de vinorum diversis generi-bus. Parchimi 1884. 52 S. 8. (Diss. v. Rostock.)

ATHÉNÉE.

Bapp, C. A., De fontibus quibus Athenaeus in rebus musicis lyricis-que enarrandis usus sit. Lipsiae. S. 87-125. (Diss.)

AUTOLYCUS. Autolyci de sphaera quae movetur liber, de ortibus et occasibus libri duo, una cum scholiis antiquis e libris manu scrip-tis ed., latina interpretatione et commentariis instruxit F. Hultsch. Leipzig, Teubner. LXIV, 231 S. 8. 3 M. 60 Pf.

CÉBÈS.

Praechter, K., Cebetis tabula quanam aetate conscripta esse vi-deatur. Marburgi. (Karlsruhe, Braun.) 130 S. gr. 8. (Diss.) 2 M.

CHRYSIPPE.

Aronis, Ch., Χρύσιππος Γραμματικός. Jena (Pohle). 38 S. gr. 8. (Diss.) 1 M.

Gercke, A, Chrysippea. Leipzig, Teubner. 91 S. gr. 8. (Sep.-Abdr.). 2 M.

CLÉMENT D'ALEXANDRIE.

Taverni, R., Sopra il Παιδαγωγός di T. F. Clemento Alessandrino : discorso. Roma. tip. Artero. 36 p. 4.

DÉMOSTHÈNE.

— Le tre orazioni contro Filippo, ill. da G. Bertolotto. Torino, Loescher. XXXII, 103 p. 8. 2 L.

— Leptines. Literal translation, with short notes, introduction and analysis. Oxfort, Shrimpton; Simpkin. 72 p. 8.   1 sh.

— Olynthiske taler samt talen imod Konon. Til. skolebrug udg. og fortolkede af *K. Hude*. Gyldendal. 92 S. 8 Kart.   1 Kr. 50 ore.

— Philippic orations. With short notes, introductions and analyses. Oxford, Shrimpton; Simpkin. 184 p. 12.   1 sh. 6 d.

— La prima Filippica e tre Olintiache; versione letterale italiana di *A. Manoni*, condotta sulla recensione di G. Dindorf. Matera, tip. Conti. 44 p. 16.

— La première philippique. Expl. littéralement, rev. pour la traduction franç. et ann. par *M. Lemoine*. Paris, Hachette. 64 p. 12. 60 c.

Leuc, G., Quo tempore et quo consilio oratio, quae inscribitur περι των προς Αλέξανδρον συνθηκων, composita sit. Halis Sax. (Berlin, Mayer & Müller.) 52 S. gr. 8. (Diss.),   1 M. 20 Pf.

Neupert, A, De Demosthenicarum quae feruntur epistularum fide et auctoritate. Leipzig, Fock. 78 S. gr. 8.   1 M. 50 Pf.

Slameczka, F., Untersuchungen üb. die Rede d. Demosthenes v. der Gesandtschaft. Wien, Hölder. 48 S. gr. 8.   1 M. 60 Tf.

Uhle, P., De prooemio collectionis quae Demosthenis nomine fertur origine. Chemnitz. 29 S. 4. (Progr.)

Wagner, R., De priore quae Demosthenis fertur adversus Aristogitonem orationc. Cervimontii 1883. (Leipzig, Fock.) 49 S. gr. 8. (Diss.)   1 M.

Zannoli, R., La prima olintiaca di Demostene; traduzione, con prolegomeni e note. — Filemone e Bauci. — Origine della pudicizia — Pietosa istoria di una buona moglie.— Eraclito, Timone e Democrito. Bologna, N. Zanichelli. 51 p. 16.

DENYS D'HALICARNASSE. Διονυσίου αλικαναστέως της ρωμαικης αρχαιολογίας τα σωζομενα. Dionysii Halicarnassensis romanorum antiquitatum quae supersunt. Græce et latine ex rec. Adolphi Kiessling et Victoris Prou. Paris, F. Didot, 1886, gr. in-8.

— Antiquitatum romanorum quae supersunt, ed. *C. Jacoby*. Vol. I. Lipsiæ, Teubner. VIII, 403 S. 8.   3 M. 60 Pf.

DIODORE DE SICILE.

Pohler, J., Diodoros als Quelle zur Geschichte v. Hellas in der Zeit v. Thebens Aufschwung u. Grosse. (379-362.) Kassel, Kessler. 84 S. gr. 8. (Diss.)   2 M.

DIOGÉNIEN.

Brachmann, F., Quaestiones Pseudo-Diogenianeae. Leipzig, Teubner. 78 S. gr. 8. (Sep.-Abdr.)   1 M. 60 Pf.

DIOPHANTE.

Heath, T. L., Diophantos of Alexandria : a study in the history of Greek algebra. Cambridge Warehouse, 250 p. 8.   7 sh. 6 d.

ELIEN.

Rudolph, F., De fontibus quibus Aelianus in Varia Historia componenda usus sit. Lipsiae 1884. 48 S. 8. (Diss.)

EPICTÈTE. Manuel d'Epictète. Nouv. éd., avec une étude sur

Epictète, une analyse du Manuel, dès notes historiques et philosophiques, par *L. Montargis*. Paris, Alcan. 72 p. 12.

— Manuel d'Epictète. Texte grec et traduction française en regard. Ed. préc d'une introduction et d'une analyse, et accomp. d'appréciations philosophiques, par *H. Joly*. Paris, Delalain frères. XXIV, 56 p. 12.

ESCHYLE. Aeschyli fabulae, cum lectionibus et scholiis codicis Medicei et in Agamemnonem codicis Florentini ab Hieron. Vitelli denuo collatis, ed. *N. Wecklein*. 2 partes. Berlin, Calvary & Co. XVI, 471 u. III, 316 S. gr. 8. 20 M.

— Aischylos, Agamemnon, griech. text u. deutsche übersetzg. von *U. v. Wilamowitz-Moellendorff*. Berlin, Weidmann. 115 S. gr. 8. 3 M.

— Eumenides. By *J. F. Davies*. A critical edition, with metrical English transl. Longmans. 8. 7 sh.

— Prometheus vinctus. Ed. with notes and vocabulary, by *H. M. Stephenson*. Macmillan. 72 p. 18. 1 sh. 6 d.

— Choephoroi. With introduction and notes by A. Sidgwick. Frowde. 168 p. 12. 3 sh.

> **Klotz, B.**, Studia Aeschylea. Leipzig 1884 (Hinrichs' Sort.). 36 S. gr. 4. 1 M. 60 Pf.
>
> **Kotthoff, W.**, Quaestiones Aeschyleae. Paderborn. S. 3-18. 4. (Progr.)
>
> **Lalin, E.**, De praepositionum usu apud Aeschylum. Upsalae. 57 S. 4. (Diss.)
>
> **Lowinski, A.**, De emendando prologo qui est in Aeschyli Septem adversus Thebas. Deutsch-Krone. S. 3-17. 4. (Progr.)

EUCLIDE. Euclidis opera omnia. Fdd. *I. L. Heiberg* et *H. Menge*. (Vol. IV.) Elementa. Ed. et latine interpretatus est *I. L. Heiberg*. Vol. IV. Libros XI-XIII continens. Leipzig, Teubner. VI, 423 S. m. eingedr. Fig. 8. 4 M. 50 Pf. (I. II et IV : 12 M. 60 Pf.)

— Euclid. Books 1, 2, 3, ed. Dedgson. London, Macmillan. 116 p. 12. 2 sh.

— The text of Euclid's geometry. Book I. Uniformly and systematically arranged with a discussion of Euclid's application of logical principles, copious notes, exercises, and a figure book by J. D. Paul. London, Bell and Son. 182 p. 8. 7 sh. 6 d.

EURIPIDE. Euripides, ausgewæhlte Tragœdien. Für den Schulgebrauch erkl. *v. N. Wecklein*, 4. Bdchn. : Hippolytos Leipzig, Teubner. 129 S. m. 1 Taf. gr. 8. 1 M. 50 Pf. (1-4 : 6 M. 30 Pf.)

— Théâtre et fragments. Trad. nouv., av. introduction, notices et notes, p. *G. Hinstin*. 2 vol. T. 1, XV, 455 p.; t. 2, 453 p. Paris, Hachette. 18. 7 fr.

— Trad. nouv. par Leconte de Lisle. T. 2. Paris, Lemerre. 671 p. 8. 10 fr.

— Alcestis. With introduction and notes by C. A. Jerram. 2. ed., revised. Frowde. 112 p. 12. 2 sh. 6 d.

— Ἑκάβη, μεταφρασθεῖσα, μετὰ εἰσαγωγῆς καὶ σημειώσεων, ὑπὸ Γ. Μ. Σα-
κελλάρου. Athènes, 1886.

— Iphigenie in Taurien. Textausg. f. Schulen *v. Ch. Ziegler*. 2. Aufl.
Mit e. Anh., enth. neue Vergleichgn. d. codex Laurentianus 32,
2 u. Vaticanus Palatinus 287 u. krit. Bemerkgn. Freiburg i/Br. 1884,
Mohr. VI, 74 S. gr. 8.   1 M.

— Iphigenia in Tauris. Edit., with introduction, notes, and critical
appendix for upper and middle forms by *C. S. Jerram*. Frowde,
Macmillan. 184 p. 12.   3 sh.

— — Texte grec, avec une notice sur Euripide, une étude sur Iphigénie
et des notes litt., hist. et mytholog. par C. Gidel. Paris, Dupont.
LX, 152 p. 8.   1 fr. 50 c.

Barthold, Th., Kritische Bemerkungen zu den Prologscenen und
der Parodos der Medea. V. 1-212. Altona. S. 1-15. 4. (Progr.)

Blass, F., Dissertatio de Phaetontis Euripideae fragmentis Claro-
montanis Acc. tabula photolith. Kiel, Univ.-Buchh. 19 S. gr. 4.   1 M.

Bohnhoff, Der Prolog der Iphigenie in Aulis des Euripides. Freien-
walde a/O. S 3-21. 4. (Progr.)

Fraccaroli, J., De Euripidis scribendi artificio. Augustae Taur.,
Loescher. 91 p. 8.   3 L.

Tietzel, H, De conjunctionum temporalum usu Euripideo. Bonn,
Behrendt. 73 S. gr. 8. (Diss.)   1 M. 20 Pf.

Vogel, J., Scenen Euripideischer Tragödien in griechischen Vasen-
gemälden. Archäologische Beiträge z. Geschichte d. griech. Dramas.
Leipzig 1886, Veit & Co. VI, 156 S. gr. 8.   4 M.

EUSTATHE (S.). Des H. Eustathius erzbischofs von Antiochien
Beurtheilung des Origenes betreffend die Auffassung der Warhsage-
rin I. Kœn. (Sam.) 28, und die Bezügliche Homilie des Origenes,
aus der Münchner Handschrift 331, ergænzt und verbessert mit kri-
tischen und exegetischen Anmerkungen von Albert Jahn, Leipzig,
Hinrichs, 1886, in-8.

GRÉGOIRE DE NAZIANZE.

Benoît, A., Saint Grégoire de Nazianze, archevêque de Constantinople et docteur de l'Eglise, sa vie, ses œuvres et son époque. 2 éd.,
revue. 2 vol. T. I, 403 p. ; t. 2, 400 p. Paris, Poussielgue fr. 18.

HANNON.

Mer, A., Mémoire sur le Périple d'Hannon. Paris, Perrin. 160 p. et
carte. 8.

HERMAS.

Haussleiter, J., De versionibus Pastoris Hermae latinis. P. prior.
Erlangae 1884. 32 S. 2 Bl. 8. (Diss.)

HÉRODOTE. ΙΣΤΟΡΙΑΙ praesertim in usum scholarum recogn. et
brevi annot. instr. *H. van Herwerden*. Vol. II continens libros
III, IV et V. Traiecti and Rh., Kemink et fil. X en 347 bl. 8.

Bœttcher, Der Gebrauch der Casus bei Herodot. Halberstadt. S. 1-
24. 4 (Progr.)

Brüll, J., Herodots babylonische Nachrichten. II. Zur Geschichte
u Cultur v. Babylon. 1. Semiramis u. Nitokris. Leipzig, O. Schulze.
14 S. 4. (Progr. v Aachen)   80 Pf. (1 u 2 : 2 M. 30 Pf.)

Meikel, J. A., De participiorum apud Herodotum usu. Helsingfor-
siae 1884. (Berlin, Mayer & Müller) VII, 144 S. gr. 8.   2 M. 40 Pf.

Mariette-Bey, A., Identification des dieux d'Hérodote avec les dieux égyptiens. Paris, Leroux. 8 p. S. (Extr.)

Panofsky, H, Quaestionum de historiae Herodoteae fontibus pars primus. Berolini. 69 S. 8. (Diss.)

Peters, H, De recensendis Herodoti historiarum libris. Wismariae 1881. 40 S. 8. (Diss. v. Rostock.)

Schneege, voyez Thucydide.

HOMÈRE. Die homerische Ilias, nach ihrer entstehg. betrachtet u. m. der ursprüngl. sprachform wiederhergestellt von A. Fick. Gœttingen, Vandenhoeck & Ruprecht's Verl. gr. 8.

— Iliadis praecipua; cur. *H. Ottino.* Aug. Taur., G. B. Paravia e C. di I. Vigliardi. 1884. VIII, 178 p. 16.   1 L. 40 c.

— The Iliad done into English verse. By *A. Way.* Books 1 to 6. Low. 162 p. 4.   5 sh.

— Libro secondo, travestita alla fiorentina da *M. Ricci.* Firenze, tip. Calasanziana. 112 p. 16.   1 L.

— Ilias. 1. Gesang. Wortgetreu in deutsche Prosa übers. v. G. N. 1. Hft. Berlin, Mecklenburg. 32 S. 32.   25 Pf.

— Books 21-22. With English notes and literal translation, by a Graduate. Interleaved. Hall (Cambridge), Simpkin. 8.   6 sh.

— Odyssée, morceaux choisis (texte grec), préc. d'une étude sur Homère et acc. de résumés analytiques et de notes philolog., litt. et grammat. en français, par *P. A. Brach* Paris, Vᵉ Belin et fils. XXI, 227 p. 12.

— Odysseae praecipua, cur. *H. Ottino.* Torino, G. B. Paravia e C. di I. Vigliardi. VIII, 178 p. 16.   1 L. 40 c.

— Odyssea epitome in usum scholarum ed. *A. Scheindler.* Wien, Hœlder. XXVI, 288 S. 8.   2 M.

— Odysseus-Lied. In der Nibelungenstrophe nachgedichtet *v. E. J. J. Engel.* Leipzig, Breitkopf & Hærtel. X, 357 S. 12. 3 M.; geb. 4 M.

Bernhardi, K., Das Trankopfer bei Homer. Leipzig (Hinrichs). 23 S. 4. (Progr.)   1 M. 20 Pf.

Bœhm, F., Ilias u. Nibelungenlied. Eine Parallele. Znaim (Fournier & Haberler), gr. 8.   1 M. 60 Pf.

Buchholz, E., Die homerischen Realien. 3. Bd. : Die religiöse u. sittl. Weltanschaug. der homer. Griechen. 2. ;Schluss-)Abth A. u. d. T. : Die homerische Psychologie u. Ethik. Unter steter Zugrundelegg. der homer. Dichtgn. systematisch dargestellt. Leipzig, Engelmann. XVI, 410 S. gr. 8.   6 M. (cplt. : 35 M.)

Christ, W., Homer oder Homeriden. 2. rev. Ausg. München, Franz. 115 S, gr. 8.   2 M 70 Pf.

Denecke, W., De vi atque usu dativi localis et temporalis in Homeri carminibus. Braunschweig. 20 S. 4. (Leipziger Diss.)

Forchhammer, P. W., Erklärung der Ilias auf Grund der in der beigegebenen Orig.-Karte v. Spratt u. Forchhammer dargestellten topischen u. physischen Eigenthümlichkeiten der Troischen Ebene. E. Beitr. z. Erledig. d. homer. Frage. Kiel 1884, v. Maack. XI, 163 S. 4.   10 M.

Gemoll, A., Homerische Blätter. Striegau. 20 S. 4. (Progr.)

Hanriot, C., Géographie homérique : I, le champ troyen. Paris, Leroux. 22 p. et 2 planches. 8. (Extr.)

Heubach, H., Commentarii et indicis grammatici ad Iliadis scholia veneta A specimen I, quibus vocabulis artis syntacticae propriis usi sint Homeri scholiastae. Jena (Neuenhahn). 67 S. gr. 8. (Diss.)   2 M.

Holzweissig, Fr., Ub. den sociativ-instrumentalen Gebrauch d. griech. Dativ bei Homer. Burg. (Leipzig, Fock.) 24 S. 4. (Progr.)   1 M.

Hubert, Uber den Vortrag der Homerischen Gedichte ἐξ ὑποβολῆς. Rawitsch. 13 S. 4. (Progr.) .

Kuhl, J., Beiträge zur griechischen Etymologie. I. Διά bei Homer. Prag, Tempsky. — Leipzig, Freytag. III, 128 S. gr. 8.   3 M

Lexicon homericum, composuerunt *F. Albrecht, C. Capelle, A. Eberhard, E. Eberhard, B. Giseke, V. H. Koch, C. Mutzbauer, Fr. Schnorr de Carolsfeld.* Ed. *H. Ebeling.* Vol. I. Fasc. 17-21. Leipzig, Teubner. (1. Bd. IV, u. S. 913-1148.) Lex.-8.   à 2 M.

Masius, Ueber den Gebrauch des Konjunctiv in unabhängigen Sätzen bei Homer. Glogau. 30 S. 4. (Progr.) '

Rœmer, A., Ub. die Homerrecension d. Zenodot. München, Franz. 84 S. gr. 4. (Sep.-Abdr.)   2 M. 40 Pf

Schmidt, C. E., Parallel-Homer od. Index aller homerischen Iterati in lexikalischer Anordnung. Zusammengestellt. Göttingen, Vandenhoeck & Ruprecht. VIII, 250 S. gr. 8.   6 M.

Seymour, T. D., Introduction to the language and verse of Homer. Boston, Ginn & Co. 4, 104 p. 12.   60 c. ; pap. 45 c.

Suter, J., Homerische Probleme u. Lösungsversuche. A. u. B. Winterthur 1884. 28 S. 4. (Progr.)

Weil, H., l'Iliade et le droit des gens dans la vieille Grèce. Paris, Klincksieck. 7 p. 8. (Extr.)

Wilkins, G, The growth of the Homeric poems : a discussion of their origin and authorships. Dublin, Hodges; Longmans. £22 p. 8. 6 sh.

Wille, Auf welche Weise stellt Homer eine Verbindung zwischen der directen Rede einer Person und dem Folgenden her? Neustettin. S. 1-10. (Progr.) ' '

IRENÉE et JUSTIN.

Roberts, A., and **J. Donaldson,** The ante-nicene fathers; translations of the writings of the fathers down to A. D. 325; American reprint of the Edinburgh ed., rev. and chronologically arranged, with brief prefaces and occasional notes, by A. C. Coxe. V. I. The apostolic fathers, Justin Martyr, Irenæus. Buffalo, the Christian Literature Pub. Co. 602 p. 8.

ISÉE.

Vollert, J., Annotationes criticae ad Isaei orationes I, II, III, Schleiz. S. 5-18. 4. (Progr.)

ISIDORE DE PÉLUSE.

Bouvy, E. L. A., De S. Isidoro Pelusiota libri tres, scribebat atque operæ æstimationem deferebat Parisiensi litterarum facultati. Nimes, imp. Lafare. IV, 120 p. 8.

ISOCRATE. Il panegirico, e l'orazione per la pace; ediz. ad uso delle scuole, con introduz. e vocabol. di *G. Muller.* Torino, Loescher. VIII, 85 p. 8.   1 L. 50 c.

— Ἰσοκράτους πανηγυρικὸς μετὰ σημειώσεων. Edition de B. G. Bithoulkas. Athenes, 1886, in-8.

Buermann, H., Die handschriftliche Ueberlieferung d. Isokrates. I. Die Handschr. d. Vulgata. Berlin, Gaertner. 28 S. 4. (Progr.) 1 M

JOSÈPHE.

Rosenthal, F, Die Erlässe Cäsars und die Senatsconsulte in Josephus Alterth. XIV, 10, nach ihrem histor. Inhalte untersucht. Krotoschin 1879. (Leipzig, O. Schulze.) 43 S. gr. 8. 75 Pf.

JULES L'AFRICAIN.

Gelzer, H., Sextus Julius Africanus u. die byzantinische Chronographie. 2. Thl. 1. Abth.: Die Nachfolger d. Julius Africanus. Leipzig Teubner. VIII. 425 S. gr. 8. · 12 M. 80 Pf. (I. u. II, 1 : 20 M. 80 Pf.).

LONGIN.

Hersel, H., Qua in citandis scriptorum et poetarum locis auctor libelli περὶ ὕψους usus sit ratióne. Berlin 1884, Calvary & Co. 68 S. gr. 8. (Diss) 1 M. 80 Pf.

LONGUS. Dafni e Cloe ; e Abrocome ed Anzia, di Senofonte Efesio ; nelle versioni di A. Caro e A. M. Salvini. Nuova ed., a cura di Felice *Martine*. Firenze, Barbèra, 1884. LIX, 408 p. 32. 2 L. 25 c.

LUCIEN.

Baar, A., Lucianea. Görz 1884, Wokulat. 31 S. gr. 8. 60 Pf.

LYSIAS. Orátiones 16 ; with analysis, notes, appendices, and indices. New ed., revised. Macmillan. 410 p. 12. 6 sh.

— Orazioni scelte, commentate da *E. Ferrari*. Vol. I. Le accuse di Eratostene e di Agorato. Torino, Loescher. XLIII, 134 p. 8. 2 L. 50 c.

— Le orazioni contro Eratostene e contro Agorato : traduz. e note per *O. Aurenghi*. Torino, G. B. Paravia e C. di I. Vigliardi. 47 p. gr. 16. 1 L. 25 c.

— Orazione contro Eratostene, comment. da *P. Cavazza*. Bologna, Zanichelli. XXXII, 115 p. 16. · 2 L.

— Le orazioni contro Eratostene e contro Agorado, pubbl. per l'uso della scuola ; con prefaz. e vocabolario di *G. Müller*. Torino, Loescher. VIII, 45 p. 8. · 80 c.

Schultze, Paul, de Lysiae oratione XXX. Berlin 1883 (Mayer & Müller). 42 S. gr. 8. (Diss.) 1 M.

MARC-AURÈLE. Los doce libros del emperador Marco-Aurelio, traducidos del griego por *J. Diaz de Miranda*, corregidos nuevamente. Madrid, Minuesa. 208 p. 8. 2 rs.

NICOLAS RHABDAS, Notice sur les deux lettres arithmétiques de Nicolas Rhabdas (texte grec et traduction), par Paul Tamery. Imprimerie nationale, 1886, in-8.

OLYMPIODORUS. Voyez, dans la section VIII, Auctor Heerenii.

ORIGÈNE. — Voir EUSTATHE (S.).

PANÉTIUS. Panaetii et Hecatonis librorum fragmenta, coll., praefationibus illustr. *H. N. Fowler*. Bonn (Cohen & Sohn). 63 S. gr. 8. 1 M. 50 Pf.

PHILODÈME. Philodemi Gadarensis epigrammata ab G. ·Kaibel edita. Gryphiswaldiae. XXVII S. 4. (Ind. schol.)

Gomperz, Th., Zu Philodem's Büchern v. der Musik. Ein krit. Beitrag. Wien, Holder. 40 S. gr. 8. [1 M. 20 Pf.

PHILOSTRATE.

Jessen, J., Apollonius v. Tyana u. sein Biograph Philostratus. Hamburg, Nolte. 36 S. gr. 4. (Progr.) 2 M. 50 Pf.

PHOTIUS.

Zachariæ v. Lingenthal, E., üb. d. Verfässer u. d. Quellen d. (pseudo-Photianischen) Nomokanon in XIV Titeln. St. Petersburg ; Leipzig, Voss. 41 S. Imp.–4. (Mémoires de l'acad. imp. d. sc. de St.-Pétersbourg. VII. Sér. T. XXXII. No. 16.) 1 M. 20 Pf.

PINDARE. The Olympian and Pythian odes. With an introductory essay, notes, and indxees by *B. L. Gildersleeve*. Macmillan. 510 p. 8. 7 sh. 6 d.

— New York, Harper. 113, 395 p. il. 12.

Helmer, A., Studia pindarica. Akad. afhandl. Lund, Gleerup. 148 S. 4. 2 Kr.

Luebbert, E., Comm. de poesis Pindaricae in archa et sphragide componendis arte. Bonnae. XXVI S. 4. (Ind. schol.)

— Comm. de priscae cuiusdam epiniciorum formae apud Pindarum vestigiis. Bonn, Cohen & Sohn. 22 S. gr. 4. (Ind. schol.) 1 M.

— Meletemata de Pindaro nomorum Terpandri imitatore. Ebd. 23 S. gr. 4. 1 M.

PLATON. Opera omnia. Rec., prolegomenis et commentariis instr. *G. Stallbaum*. Vol. VI sect. II. Ed. II. E. s. t. : Platonis Meno et Eutyphro. Incerti scriptoris Theages, Erastae, Hipparchus. Rec., prolegomenis et commentariis instr. *A. R. Fritzsche*. Leipzig, Teubner. VIII, 347 S. gr. 8. 6 M.

— Plato. Opera quae feruntur omnia. Ad codices denuo collatos ed. *M. Schanz*. Vol. IX. Hippias major, Hippias minor, Io, Menexenus, Clitopho. Leipzig, Tauchnitz. XXIV, 103 S. gr. 8. 3 M.

— Dialoghi, trad. da *R. Bonghi*. Vol. V : Cratilo. Roma, frat. Bocca. XXXIX, 412 p. 16. 5 L. 80 c.

— Dialogos socraticos, traduccion de *J. de Vargas*. Seg. edic. T. I. Madrid, Impr. de M. M. de los Rios. 185 p. 8. 2 rs.

— Dialogos polémicos, traduccion y prologo de *A. Zozaya*. T. I. II. Madrid, Impr. de R. Angulo ; Impr. de M. Minuesa. 185 u. 208 p. 8. à 2 rs.

— L'apologia di Socrate, dichiarata da *E. Ferrai*. Torino, Loescher. XXXVII, 79 p. 8. 1 L. 80 c.

— Apology. By *K. D. Cotes*. With an appendix and examination questions and passages set in reference to the context. Oxford, Vincent ; Simpkin. 44 p. 12. 1 sh.

— Criton. Expliqué littéralement et trad. en franç. par *M. Ch. Waddington*. Paris, Hachette. 83 p. 12. 1 fr. 25 c.

— Il Critone, con note italiane per le scuole, di *E. Pezzotti.* 2, ed. Milano, Vallardi. 32 p. 16. 1 L.

— Plato's Meno. By *K. D. Cotes.* With an appendix and examination questions. Oxford, Vincent; Simpkin. 24 p. 12. 1 sh.

— Oversat og oplyst ved anmærkninger af *F. C. B. Dahl.* Reitzel. 120 S. 8. 1 Kr. 50 ore.

— Protagoras. Für den Schulgebrauch erkl. *v. H. Bertram.* Ausg. A. Kommentar unterm Text. Gotha, F. A. Perthes. III, 93 S. gr. 8. 1 M.; Ausg. B. Text u. Kommentar getrennt in 2 Hftn. III, 51 u. 41 S. 1 M.

Christ, W., Platonische Studien. München, Franz. 60 S. gr. 4.,(Sep.-Abdr.) . . 1 M. 80 Pf.

Jecht, R., Welche Stellung nimmt der Dialog Parmenides zu der Ideenlehre Platos ein? Görlitz. 21 S. 4. (Progr.)

Kuzuwelis, A., περὶ γενέσεως καὶ σκόπου τῆς πολιτείας κατὰ Πλάτωνα καὶ ᾿Αριστοτέλη κατ᾿ ἀναφορὰν πρὸς τὴν ταύτης ἐννοίαν καὶ τοὺς θεσμούς. Lipsiae. 45 S. 8. (Diss.)

Liebhold, K., a) die Bedeutung des platonischen Gorgias und dessen Beziehungen zu den übrigen Dialogen, b) Analecta Platonica. Rudolstadt. S. 1-26. 4. (Progr.)

Muche, F., Der Dialog Phädrus und die Platonische Frage. Posen, S. 3-17. 4. (Progr.)

Neuhaus, K., Der in Platos Phädon aus der Idee d. Lebens geführte Beweis f. die Untersblichkeit d. Seele. Hamburg. 27 S. 4. (Progr.)

Schmelzer, C., E. Verteidigung Platos. Studie. Bonn, Cohen & Sohn. 34 S. gr. 8. 60 Pf.

Was, H., Plato's Politeia. Een kritisch-esthetisch onderzoek. Arnhem, Gouda Quint. 72 bl. gr. 8. . 90 c.

Weber, Ph., D. Absichtssatz bei Plato. Würzburg 1884. 23 S. 8. (Diss.)

PLUTARQUE. Vie de Démosthène. Texte grec avec sommaires et notes en franç., à l'usage des classes, p. *Ch. Galuski.* Nouv. éd. Paris, Delagrave. 96 p. 12.

— Lives of the Gracchi. With introduction, notes, and lexikon by *H. A. Hilden.* Cambridge Warehouse. 260 p. 12. 6 sh.

Fulst, W., Über die Quellen Plutarchs für das Leben des Aristides. Duderstadt. 21 S. 4. (Progr.)

Gréard, O., De la morale de Plutarque. 4e éd. Paris, Hachette. XXVII, 391 p. 18. 3 fr. 50 c.

Hobohm, B., Über die Quellen des Plutarch in der Lebens-Beschreibung des Camillus. Halberstadt. 16 S. 4. (Progr.)

Lezius, Jos., Die Plutarchi in Galba et Othone fontibus. Dorpati Liv. 182 S. 8. (Diss.)

Michaelis, K. Th., De Plutarchi codice manuscripto Seitenstettensi. Berlin, Gaertner. 27 S. 4. 1 M.

Schmidt, R., De Ciceronis commentario de consulatu graece scripto a Plutarcho in vita Ciceronis expresso. Jena, Deistung. 44 S. gr. 8. (Diss.) 60 Pf.

— Plutarchs Bericht über die Catilinarische Verschwörung in seinem Verhältnis zu Sallust, Livius und Dio. Lübeck. S. 1-27. 4. (Progr.)

POLLUX.

Zarncke, Ed., Symbolae ad Julii Pollucis tractatum de partibus corporis humani. Leipzig Teubner. 76 S. gr. 8.   1 M. 60 Pf.

POLYBE.

Steigemann, H., De Polybii olympiadum ratione et occonomia. Svidniciae. 54 S. 8. (Diss. v. Breslau.)

POLYCARPE DE SMYRNE. Polycarpi Smyrnaei epistola genuina. In usum scholarum academicarum rec. *G. Volkmar.* Zürich; Schrœter. 12 S. gr. 4.   80 Pf.

POLYEN.

Melber, J., Ub. die Quellen u. den Wert der Strategemensammlung Polyäns. Ein Beitrag z. griech. Historiographie. Leipzig, Teubner. 270 S. gr. 8. (Sep.-Abdr.)   6 M.

PROCOPE. Gœthenkrieg. Nebst Auszügen aus Agathias, sowie Fragmenten des Anonymus Valesianus u. d. Johannes v. Antiochia. Uebers. *v. D. Coste.* Leipzig, Duncker. XI, 398 S. 8.   7 M.

— Vandalenkrieg. Uebers. *v. D. Coste.* Leipzig, Duncker. XXI, 82 S. 8.   1 M. 20 Pf.

RHABDAS. — Voir Nicolas Rhabdas.

SAPPHO. Memoir, text, selected renderings, and a literal translation by *H. Th. Wharton.* Scott. 8.   7 sh. 6 d.

SOPHOCLE. Sophoclis tragoediae ex rec. *Gutl. Dindorfii.* Ed. VI, quam cur. brevique adnotatione instr. S. Mekler. Leipzig, Teubner. CVI, 365 S. gr. 8.   1 M. 50 Pf.

— Erkl. *v. C. Schmelzer.* 3. u. 4. Bd. Berlin, Habel. gr. 8.
            à 1 M. 80 Pf.; Schulbd. à 30 Pf.; Leinw.-Bd. à 1 M.
    3. Antigone. 130 S. — 4. Electra. 149 S.

— Tragoediae. Scholarum in usum ed. *J. Kral.* I. Aiax. Prag (Kytka). 48 S. gr. 8.   30 Pf.

— Erkl. *v. C. Schmelzer.* 1. Bd. Kœnig Oedipus. Berlin, Habel. 152 S. gr. 8.   1 M. 80 Pf.; Schulbd. 30 Pf; Leinw.-Bd. 1 M.

— Dasselbe. 2. Bd. Ajax. Ebd. 132 S. gr. 8.   1 M. 80 Pf.

— Elektra. F. d. Schulgebr. erkl. *v. G. H. Müller.* Ausg. A. Kommentar unterm Text. Gotha, Perthes. IV, 92 S. gr. 8. 1 M. 20 Pf.; Ausg. B., Text und Kommentar getrennt in 2 Hftn. (IV, 51 u. 40 S.)
                                                   1 M. 20 Pf.

— Oedipus Tyrannus. Ed. by *R. C. Jebb.* Cambridge Warehouse. 204 p. 12.   4 sh. 6 d.

— — By *B. H. Kennedy.* With a commentary, containing a large number of notes, selected from the manuscript of the late T. H. Steel. Bell and Sons. 318 p. 8.   8 sh.

— — Ed. for the use of schools by B. H. Kennedy. With a commentary containing a large number of notes selected from the manuscript of the late T. H. Steel, Bell and Sons. 209 p. 8.

—— F. d. Schulgebr. erkl. *v. G. Kern.* Ausg. A. Komm. unterm Text.
Gotha, Perthes, 1884. VI, 91 S. m. 4 T. gr. 8. 1 M.; Ausg. B.,
Text u. Komm. getrennt in 2 Hftn. (VI, 44 u. 45 S. m. 4 Tab.) 1 M.

— Kœnig Oedipus. Tragœdie. Uebers. *v. E. Müller.* Halle, Niemeyer.
V, 74 S. 8.   1 M. 20 Pf.

— Oedipus. Translated into English verse by *E. D. A. Morshead.*
Macmillan. 114 p. 12.   3 sh. 6 d.

— Philoctetes. Scholarum in usum ed. *Frdr. Schubert.* Leipzig 1884.
Fraytag. XV, 47 S. 8.   40 Pf.

   Behme, J., De lite sepulcrali in Sophoclis fabula quae vocatur Aiax.
Maburgi (1884), 78 S. 8. (Diss.)

   Günther, Kritische Miscellen. (Zur Kritik und Erklärung des Sophocles). Greifenberg i. Pomm. 10 S. 4. (Progr.)

   Jahn, P., Quaestionum de scholiis Laurentianis in Sophoclem prima
pars qua agitur de ratione quae inter Suidam et librum Laurentianum
intercedit. Aerolini (1884). 64 S. 8. (Diss.)

   Rœhreke, R., Ueber den Gebrauch der Pronomina ὅς und ὅστις bei
Sophocles. Bremen. 18 S. 8. (Progr.)

   Suchier, Ueber die ethische Bedeutung der sophokl. Tragœdie
Elektra. 2. Teil. Rinteln. S. 1-26. 4. (Progr.)

   Vahlen, J., De Sophocleis quibusdam lectionibus. Ind. lect. v.
Berlin 1885/86. Berolini. S. 3-14. 4.

   Vetter, M. H., Uber die Schuldfrage im Kœnig Oedipus des Sophocles. Freiberg. 31 S. 4. (Progr.)

STOBÉE.

   Thiaucourt, C., De Johannis Stobaei eclogis earumque fontibus.
Paris, Hachette. 99 p. 8. (Diss.)

SUIDAS.

   Unger, G. F., Die troische Aera d. Suidas. München, Franz. 93 S.
gr. 4. (Sep.-Abdr.)   2 M. 70 Pf.

THEOCRITUS. Epitalamio di Elena; idillio, recato in versi ita-
liani da *S. Bentini.* Faenza, tip. Conti. 12 p. 8.

   Brinker, K., De Theocriti vita carminibusque subditiciis. Rosto-
chii 1884. (Leipzig, Fock.) 77 S. gr. 8. (Diss.)   1 M. 80 Pf.

   Calvanna, F., La poesia idillica campestre di Teocrito Siracusano ;
studio. Oneglia, tip. eredi Ghilini, 1884. 29 p. 8.

   Vahlen, J., De Theocriti versibus nonnullis. Ind. lect. v. Berlin
1885. Berolini. S. 3-21. 4.

THEOGNIS.

   Jordan, H., Quaestiones Theognideae. Regimontii. S. 3-16. 4. (Ind.
lect.)

THEOPHANIS chronographia, rec. *Carolus de Boor.* Vol. II.
Theophanis vitas, Anastasii bibliothecarii historiam, tripertitam,
dissertationem de codicibus operis Theophanei, indices continens.
Leipzig, Teubner. 788 S. gr. 8.   30 M. ; (cplt. : 50 M.)

THÉOPHILE. Institutionum graeca paraphrasis Theophilo ante-
cessori vulgo tributa, ad fidem librorum manu scriptorum rec., prolegomenis, notis crit. instr. *E. C. Ferrini.* Acc. epistula C. E.

Zachariae a Lingenthal. Pars II. Fasc. 1. Berlin, Calvary & Co.
S. 257-320. gr. 8. 2 M. (I et II, 1 : 8 M.)

— Dass. Cum versione latina. Pars II. Fasc. 1. Ebd. Doppels. 256-304. gr. 8. 2 M. 40 Pf. (I et II, 1 : 14 M. 40 Pf.)

THUCYDIDE. Θουκυδίδου συγγραφή. Thucydide, Histoire de la guerre du Péloponnèse. Texte grec publié d'après les travaux les plus récents de la philologie, avec un Commentaire critique et explicatif, et précédé d'une Introduction, par Alfred Croiset. Livres I-II. Paris, Hachette, 1886. (Collection d'éditions savantes.)

— The sixth and seventh books (Greek); with an introductory essay, explanatory notes and indexes, by *W. A. Lamberton.* New York, Harper, 1884. 20, 324 p. 12. 1 Doll. 50 c.

— Esay selections from Thucydide. By *E. H. Moore.* With Maps. Rivingtons. 190 p. 8. 3 sh. 6 d.

— Ubers. *v. A. Wahrmund.* 13. Lfg. 2. Aufl. Berlin 1884, Langenscheidt. (6. Bd. S. 107-156.) 8. à 35 Pf.

— Book 1, literally translated by H. Owgan. Cornish. 78 p. 12. 2 sh.

— Book 2. *Ibid.* 60 p. 12. 1 sh.

— Book 3. *Ibid.* 62 p. 12. 1 sh. 6 d.

Cueppers, J. F., De octavo Thucydidis libro non perpolito. Monasterii Guestf. 1884. (Leipzig, Fock.) 67 S. gr. 8. (Diss.) 1 M. 50 Pf.

Faber, J., Quaestiones Thucydideae. Marburgi. 48 S. 8. (Diss.)

Nieschke, A., De Thucydide Antiphontis discipulo et Homeri imitatore. Munden. 73 S. 8. (Progr.)

Oehler, Animadversiones criticae et exegeticae in Hermocratis orationem (Thucyd. VI, 33, 34). Homburg v. d. Hœhe. S. 3-13. 4. (Progr.)

Schneege, G., De relatione historica, quae intercedat inter Thucydidem et Herodotum. Vratislaviae (1884). 60 S. 8. (Diss.)

Steup, J., Thukydideische Studien. 2. Hft. Freiburg i/Br. 1886, Mohr. VII, 100 S. gr. 8. 4 M. (1. u. 2 : 6 M. 40 Pf.

Wilamowitz-Moellendorff, U. v., Curae Thucydideae. Göttingen (Dieterich). 20 S. gr. 4. (Ind. schol.). 80 Pf.

XÉNOPHON. Xenophon's Werke. 17, 20 u. 21. Lfg. Berlin, Langenscheidt. 8. à 35 Pf.

Cyropädie. Uebers. u. durch. Anmerkgn. erl. *v. Ch. H. Dœrner.* 1. Lfg. 3. Aufl. 48 S. — 4 u. 5. Lfg. 2. Aufl. 3. Bd. S. 49-123.

— Anabasis. Book. 1. Ed., for the use of junior classes and private students, with introduction, notes, and index, by *J. Marshall.* Frowde. 140 p. 12. 2 sh. 6 d.

— Il primo libro dell'Anabasi, ann., con riguardo speciale alla sintassi, da *E. Ferraro.* Vol. I. Torino, G. B. Paravia e C. di I. Vigliardi, E. Loescher, O. Scioldo, L. Fenocchio. VIII, 54 p. 16. 1 L.

— La spedizione di Ciro, comm. da *A. Bersi.* Libro primo e secondo, con una carta. Torino, Loescher. XXXIV, 155 p. 5. 2 L 50 c.

— Anabasis ; books III and IV; with the modern Greek version of

M. Constantinides, ed., with prefatory note, by R. C. Jebb. New York, Macmillan. 157 p. 16.   1 Doll. 25 c.

— Ἀναβάσις, μετενεχθεῖσα εἰς τὴν γραφομένην γλῶσσαν, ὑπὸ Μ. Βρατσάνου. Athènes, 1886.

— Récits extraits de l'Anabase (texte grec), contenant des sommaires analytiques et des notes histor., géogr. et grammat. en français, par *M. A. Jacquet.* Paris, Vᵉ Belin et fils. XIV, 172 p. 12.

— Hellenika. Für den Schulgebrauch erkl. *v. I. Grosser.* 2. Bdchm. Buch III u. IV. Ausg. A. Kommentar unterm Text. Gotha, F. A. Perthes. VIII u. S. 87-186. gr. 8. 1 M. 20 Pf. ; Ausg. B, Text u. Kommentar getrennt in 2 Hftn. VIII, 60 u. 40 S.
1 M. 20 Pf. (1 u. 2 : 2 M. 20 Pf.)

— Oconomica or, treatise on household management. Transl. into literal English by *A. Stewart.* Cambridge, Hall ; Simpkin. 40 p. 12.
2 sh.

— Memorabilia of Socrates. Books 1, 2, 4. Arranged for interleaving with the Oxford Text. Shrimpton (Oxford), Simpkin. 8.   3 sh. 6 d.

— Mémoires sur Socrate (Entretiens mémorables). Livre I. Texte grec d'après les éditions les plus récentes, acc. de notes litt. et philos., préc. d'une introduction sur le caractère de Socrate et suivi de quelques éclaircissements par *E. Maillet.* Paris, V* Belin et fils. XXXVIII, 63 p. 12.

Boldt, P., Xenophontis vitae specimen. Posnaniae. 30 S. 8. (Diss. v. Rostock.)

Ferguson, E. C., Questions for classical students on the first books of Caesar's « Gallic war » and Xenophon's « Anabasis » ; with grammatical references. Boston, Ginn & Co. 4, 143, 140 p. 12.   1 Doll. 25 c.

Graeber, G., Die Attraktion des Relativums bei Xenophon. Elberfeld. 24 S. 4. (Progr.)

Hübner, R., C. G. Cobeti amendationes in Xenophontis Commentarios recensuit. Pars prior. Belgardiae. 16 S. 4. (Progr.)

XÉNOPHON D'ÉPHÈSE. — Voyez Longus.

VIII. AUTEURS DIVERS. — ANONYMES.

ANECDOTA BEKKERI.

Boer, C. Z, de, De tertio lexico Bekkeri. Lugduni-Bat. (Brill). 92 S. 8. (Diss.)

ANECDOTA varia graeca et latina. Ediderunt Rud. Schoell et Guil. Studemund. Berolini, apud Weidmannos. 1886, gr. in-8.

. Vol. I. Anecdota varia graeca, musica, metrica, grammatica. Edidit
G. Studemund.

Vol. II. Procli commentariorum in Rempublicam Platonis partes inédi-
tae. Edidit Rud. Schœll.

AUCTOR HEERENII.

Skowronski, L-, De auctoris Heerenii et Olympiodori Alexandrini
scholis cum universis tum iis singulis quae ad vitam Platonis spectant
capita selecta. Vratislaviae 1884. 54 S. 8. (Diss.)

BIBLE GRECQUE. The New Testament in the original Greek;
text rev. by *B. F. Westcott* and *F. J. A. Hort,* New York, Macmillan. 618 p. 16.   1 Doll. 10 c.

— Testamentum, novum, graece et latine. Graecum textum addito
lectionum variarum delectu rec., latinum Hieronymi notata Clemen-
tina lectione ex auctoritate codicum restituit Const. de *Tischendorf.*
Ed. II. cum tabula duplici terrae sanctae. 2 voll. Leipzig, Men-
. delssohn. LXXII, XXXVII, 1860 S. 16.   4 M. ; geb. in Lwd. 6 M.

— Columbian Oxford double Testament. The New Testament, translated out of the original Greek; containing the old and new versions; the marginal readings of the old version; notes on the new
version; notes of the American committee, etc.; history of the committee of revision; history of the three great authorities, by *D.
Curry;* the parallel psalms, New York, Tibbals & Sons. 16, 189 p.
12.   2 Doll.

— *Bugge, F. W.,* Apostlerne Peters og Judas's Breve. Indledede,
overs. og forkl. Steen. VI. 1 Bl. 323 S. 8.   4 Kr.

— *New Testament.* St. Paul's epistles in modern English; transl.
direct from the original Greek texts, with the apostle's own division
. of the subject-matter restored, by *F. Fenton.* New York, de Witt
C. Lept.

— *Boise, J. R.,* Notes critical and explanatory on the Greek text of
Paul's epistles to the Ephesians, the Colossians, Philemon and the
Philippians; text of Tischendorf with a constant comparison of the
text of Westcott and Hort. Cambridge, Mass., Wilson & Son,
1884. 16.   50 c.

— *Greenfield, W.,* A Greek lexicon to the New Testament; in which
the various senses of the words are distinctly explained in English,
and authorized by references to passages of scripture. Boston, Hastings. 3, 98 p. 12.

— *Hastings, H. L.,* and *C. F. Hudson,* A critical Greek and English
concordance of the New Testament; rev. and completed by E. Ab-
bott. 7. ed.; to which is added Green's Greek and English lex.
Ibid. 26, 508 and 3, 208 p. 12.   2 Doll. 50 c.

— *Baethgen, F.,* Evangelienfragmente. Der griech. Text d. Cure-
ton'schen Syrers, wiederhergestellt. Leipzig 1885, viinrichs. 96 u.
92 S. gr. 8.   10 M.

— Evangelium Matthaei, das, griechisch, m. kurzem Commentar nach
W. M. L. de Wette. Halle, Anton. IV, 177 S. gr. 8,   3 M. 60 Pf.

Baron, J., The Greek origin of the Apostles' Creed. Illustr. by ancient documents and recent research. Parker. 100 p. 8.   10 sh. 6 d.

Belsheim, J., Das Evangelium des Marcus nach dem griechischen Codex aureus Theodorae Imperatricis, purpureus Petropolitanus aus dem 9. Jahrh. Zum ersten Mal herausgeg. Nebst einer Vergleichung der übringen 3 Evangelien in demselben Codex mit dem Textus receptus. M. e. Facs. I Komm. hos. J. Dybwad. 51 S. 8. (Sep.-Abdr.) 1 Kr. 50 ore.

Consorti, G. M., Spiegazione del libro dell'Apocalisse; vol. 2. Napoli, tipp. dell'Ancora, 1884. 272 p. 8.

Corssen, P., Epistula ad Galatas, ad fidem optimorum codicum vulgatae recogn., prolegomenis instr., vulgatam cum antiquioribus versionibus comp. P. C. Berlin, Weidmann. 55 S. gr. 8.   1 M. 60 Pf.

Cremer, H., Biblisch-theologisches Wörterbuch der neutestamentlichen Gräcität. 4. verm. u. verb. Aufl. 3-9. Lfg. Gotha, F. A. Perthes. S. 129-596. gr. 8.   à 1 M. 20 Pf.

Epistulae Paulinae ante Hieronymum latine translatae ex codice Sangermanensi graeco-latino, olim Parisiensi, nunc Petropolitano eruit et ed. J. Belsheim. Cammermeyer. VII, 87 S. 8.   2 Kr.

Fraser, D., Metaphors in the gospels : a series of short studies. New York, Carter & Bros. 7, 375 p. 12.   1 Doll. 5 c.

Hughes, L., Analysis of the Gospel of St. Mattehw, with map. Chiefly intended for candidates preparing for the Oxford and Cambridge local and the college of preceptors' examinations. Heywood. 168 p. 8.   2 sh.

— *Jacobsen, A.,* Die Quellen der Apostelgeschichte. Berlin. 26 S. 4. (Progr.)

Keil, C., Commentar üb. den Brief an die Hebräer. Leipzig, Dörffling & Franke. 420 S. gr. 8.   8 M.

Keppler, P., Die Composition des Johannes-Evangeliums. Tübingen 1884. 118 S. 4. (Univ.-Schr.)

Kœnnecke, B., Die Behandlung der hebräischen Namen in der Septuaginta. Stargard. 30 S. 4. (Progr.)

Lindsay, T. M., The acts of the Apostles. With introduction, maps and notes. Vol. 2. Edinburgh, Clark; Hamilton. 158 p. 8.   1 sh. 6 d.

Maurice, F. D., Lectures on the Apocalypse, or book of the revelation of St. John the Divine. 2. Ed. Macmillan. 362 p. 8.   6 sh.

Miller, E., A guide to the textual criticism of the New Testament. Beli and Sons. 140 p. 8.   4 sh.

Nicolas, A., Conjectures sur les âges de l'Eglise et les derniers temps ; commentaire complet de l'Apocalypse. 2e éd., rev., corr., considérablement augm. et ent. refondue. Paris, lib. de l'Œuvre de saint Paul ; Marseille, Chauffard ; Mabily. VIII, 545 p. 8.

Macduff, J. R., Gospel the Golden, being the Gospel according to St. John. With an introd. on the life and writings of the Evangelist. Marcus Ward. 8.   5 sh.

Rœhm, J. B., Der 1. Brief an die Thessalonicher. Uebers. u. erläutert. Passau, Bucher. 143 S. gr. 8.   3 M.

Robinson, E., Harmony of the four gospels in Greek. Rev. ed. by *M. B. Riddle.* Boston. 8.   12 sh.

— A Greek and English lexicon of the New Testament. New ed. Boston, Houghton, Mifflin & Co. 8.   4 Doll.

Spitta, F., Der 2. Brief d. Petrus u. der Brief d. Judas. Eine geschichtl. Untersuchg. Halle, Buchh. d. Waisenhauses. VII, 514 S. gr. 8.   9 M.

Theodorus, Det ny Testamente og den historiske Kritik. Hauberg. 128 S. 8.   1 Kr. 50 ore.

Tyson, W., Expository lectures on the epistle of Paul to the Romans. Woolmer. 8.   7 sh. 6 d.

Voelter, D., Die Entstehung der Apokalypse. 2, völlig neu gearb. Aufl. Freiburg i/Br., Mohr. VII, 192 S. gr. 8.   4 M.

Volkmar, G., Urchristliches Andachtsbuch. Die neu entdeckte urchristl. Schrift : Lehre der zwolf Apostel an die Volker. Deutsch herausgeg. u in Kürze erklärt. Zürich, Schroter. 50 S. 8.   80 c.

CHRONICON Parium, rec. et praefatus est *J. Flach*. Accedunt appendix chronicorum reliquias continens et marmoris specimen partim ex Seldeni apographo partim ex Maassii ectypo descriptum. Tübingen 1884, Fues. XVII, 44 S. m. 2 Taf. gr. 8.   2 M. 40 Pf.

CHRISTUS patiens. Tragoedia christiana, quae inscribi solet Χριστὸς πάσχων. Gregorio Nazianzeno falso attributa. Rec. *J. G. Brambs*. Leipzig, Teubner. 172 S. 8.   2 M. 25 Pf.

ΔΙΔΑΧΗ.

Schaff, P., The oldest church manual, called the « Teaching of the twelve apostles »; the Didache and kindred documents in the original, with translations and discussions of post-apostolic teaching, baptism, worship, and discipline : and with il. and fac-similes of the Jerusalem manuscript. New York, Funk & Wagnalls. 7, 301 p. 8.   2 Doll. 50 c.

— Teaching of the twelve apostles : from the Ms., recently discovered by the Metropolitan Bryennios in the library of the Most Holy Sepulchre in Constantinople : ed. and tr. with introduction and notes by *J. Fitzgerald*. New York, Alden. 16.   35 c.

— Bryennios manuscript (three pages of the); including the last verses of the epistle of Barnabas, the superscription and opening of the first epistle of Clement, the close of the second epistle of Clement, the first verses of the teaching of the Apostlns, the last verses of the epistle of Ignatius to the Romans &c.. Reproduced by photography for the Johns Hopkins University. Ed., with notes, by *J. R. Harris*. Baltimore. 4.   6 sh.

— Teaching of the twelve apostles, recently discovered and published by Ph. Bryennios, Metropolitan of Nicomedia ; ed. with a translation, introduction and notes by *R. D. Hitchcock* and *F. Brown*. New ed. rev. and greatly enl. New York, Scribner.

— La Didache ou l'Enseignement des douze apôtres. Texte grec retrouvé par Ph. Bryennios, publié pour la première fois en France, avec un comm. et des notes, par *P. Sabatier*. Paris, Fischbacher. 773 p. 8.

ETYMOLOGICUM MAGNUM.

Heyden, H., Quaestiones de Aelio Dionysio et Pausania atticistis Etymologici Magni fontibus. Lipsiae. S. 173-234. 8. (Diss.)

MAYER, P., Studien zu Homer, Sophokles, Euripides, Racine u. Goethe. Hrsg. *v. E. Froehwein*. Neue (Titel-)Ausg. Gera (1874), Kanitz. VIII, 412 S. gr. 8.   1 M. 50 Pf.

ORPHICA. Rec. *E. Abel*. Accedunt Procli hymni, hymni magici, hymnus in Isim, aliaque eiusmodi carmina. Prag, Tempsky. Leipzig, Freytag. III, 320 S. 8.   5 M.

PHYSIOLOGUS.

Ahrens, K., Zur Geschichte des sogenannten Physiologus. Ploen. 23 S 4. (Progr.)

POÈTES. Corpusculum poesis epicae graecae ludibundae. Fasc.·II. Sillographorum graecorum reliquiae, recogn. et enarr. *C. Wachsmuth*. Praecedit commentatio de Timone Phliasio ceterisque sillographis. Leipzig, Teubner. 214 S. 8.   3 M.

POETAE lyrici graeci minores, ed. *J. Pomtow*. 2 voll. Leipzig, Hirzel. 356 u. 396 S. m. 1 Titelbl. in Stahlst. 16.
       1 M. ; geb. m. Goldschn. 7 M.

Hahn, H., Die geographischen Kenntnisse der älteren griechischen Epiker. III. (Schluss) Ceuthen O.-S. 12 S. 4. (Progr.)   ·

Hartung, C., Bemerkungen zu den griechischen Bukolikern. Erster Teil : die strophische Responsion. (Fortsetzung u. Schluss). Sprottau. 28 S 8. (Progr.)

Laeger, O., De veterum epicorum studio in Archilochi, Simonidis, Solonis, Hipponactis reliquiis conspicuo. Halis Sax. (Leipzig, Fock.) 75 S. gr. 8. (Diss.)   1 M. 20 Pf.

Rickmann, E., In cumulandis epithetis quas leges sibi scripserint poetae graeci maxime lyrici. Leipzig, Fock, 1884. 44 S. gr. 8. (Diss)   1 M. 20 Pf.

ROCKEL, K. J., De allocutionis usu, qualis sit apud Thucydidem, Xenophonten, oratores atticos, Dionem, Aristidem. Kœnigsberg 1884 (Koch & Reimer). 56 S. gr. 8.   1 M.

STRECKER, C., De Lycophrone, Euphronio, Eratosthene comicorum interpretibus. Gryphiswaldiae 1884. (Leipzig, Fock.) 86 S. gr. 8. (Diss.)   1 M. 50 Pf.

ZOTENBERG, H., Notice sur le livre de Barlaam et Joasaph, accomp. d'extraits du texte grec et des versions arabe et éthiopienne. Paris, Maisonneuve frères et Ch. Leclerc. 172 p. 8.

IX. LANGUE ET LITTÉRATURE NÉO·HELLÉNIQUES.

BIKÉLAS, D., Στίχοι, ἔκδοσις νέα. Athènes, in-12.

CORAY, Ἐπιστολαὶ Κοραῆ. — Publication de K. Prasakakis. Marseille, in-8.

DANTE. Δάντου ὁ Παράδεισος. Traduction en grec moderne par A. Musurus. Londres, 1886.

DROSINIS, G., Διηγήματα καὶ ἀναμνήσεις. Athènes, 1886.

HATZIDAKIS. Γλωσσικῶν ἀτοπημάτων ἀναίρεσις. Athènes, 1886, in-8. 84 p.

HORACE. Traduction des Odes, par B.-G. Bythoulkas, avec lexique, introduction, etc. Athènes, 1886.

LAGARDE, Paul de, Neu-griechisches aus Klein-Asien. Gœttingen, Dietrich; 68 p. gr. in-4. (Extr.)   3 fr.

MILTON. Μίλτωνος 'Απολεσθείς Παράδεισος. Leipzig. (Traduction grecque de A. S. Kastaglis, avec les illustrations de Gustave Doré.) En cours de publication.

PALAMAS, K., Τραγούδια τῆς πατρίδος μου. Athènes.

POLITIS, N., Τὸ δημοτικὸν ἄσμα περὶ τοῦ Νε/ροῦ ἀδελφοῦ. Athènes.

— Ἑλλὰς, κατὰ τὸ γερμανικὸν τοῦ Ἰακ. Φαλκε. Athènes.

RANGABÉ, Cléon. Ἡράκλειος, δρᾶμα εἰς πέντε πράξεις. Leipzig.

THERIANOS, D., Φιλολογικαὶ ὑποτυπώσεις. Ἐν Τεργέστη. In-8.

ZIKIDIS, T. D. Γραμματικαὶ παρατηρήσεις εἰς τὴν ἀρχαίαν ἑλληνικήν. Athènes,

TABLE DES MATIÈRES

PARTIE ADMINISTRATIVE

ASSEMBLÉE GÉNÉRALE DU 29 AVRIL 1886

MÉMOIRES ET NOTICES

BIBLIOGRAPHIE

Le Puy. — Imprimerie de L. & R. Marchessou fils.